전쟁**중독**

전쟁 중독

9·11 테러 이후 미국의 선제공격 전략

The One Percent Doctrine

론 서스킨드 지음 | 박범수 옮김

알마

차례

프롤로그

'그때 만약 그랬더라면⋯.'

뭔가를 놓쳤다. 잠시 방심했던 것이다. 제대로 된 길이 있었는데 딴 길로 접어들고 말았다. 이렇게 곱씹어 생각하다 보면 정말 미쳐버릴 수도 있다. 다행히도 시간이 흐르면 지난 일은 잊게 마련이고 "우린 우리가 할 수 있는 최선을 다했다"고 자위하면서 그냥 넘어가버릴 수 있다. 하지만 9·11이라는 비극의 경우, 사태를 미연에 방지할 수도 있었던 담당자들이 이런 식으로 생각하고 넘어갔다는 점은 특히 유감스럽지 않을 수 없다. 그게 문제다.

2001년 8월 6일. 심상치 않았던 그날 CIA로부터 대통령에게 약식 보고가 있었다. "빈 라덴, 미국 안에서 테러 공격을 감행하기로 결정." 이 것은 이전 몇 년 동안 널리 주목받던 사안이기도 했다.

CIA 정보 분석 담당자들은 크로포드Crawford 목장으로 날아갔다. 대통령의 휴가를 방해하는 한이 있더라도 직접 만나 사안의 심각성에 대한 경고를 하기 위해서였다.

CIA 정보 분석 팀은 일종의 공황 상태에 빠져 있었다. 아랍 세계를 포함해 다른 외국 정보기관도 마찬가지 경고를 하고 있었다. 어디를 둘러봐도 모두 긴급 비상사태를 알리는 적색 경보였다. 테러 공격이 일어날 때와 장소를 알 길은 없었지만 뭔가 일이 벌어지고 있음이 감지되고 있었다. 대통령도 이런 상황을 알고 있어야 했다.

국내 문제에 대해 조지 W. 부시George W. Bush에게 구두로 보고한다는 것은 거의 그 가치를 평가할 수 없을 정도로 중요한 일이다. 그 점에 있어서 부시는 최근 재임했던 역대 대통령들보다 훨씬 더 심하다고 할 수 있다. 비록 백악관 측에서는 대통령이 이런저런 계제에 이런저런 진지한 내용의 책을 읽고 있노라고 열심히 선전해대고 있음에도, 부시는 지금이나 예전에나 도대체 뭔가를 읽는다는 것을 전혀 즐기지 않는 인물이다. 그는 다양한 부류의 목소리에 귀 기울이는 행동에 그다지 가치를 두지 않는 대통령이다.

그는 자신의 그러한 면을 여러 차례에 걸쳐 분명하게 보여줘 왔다. 그가 진심으로 신뢰하는 참모들은 얼마 되지 않는다. 여러 면에서 볼 때, 주지사 시절보다 대통령인 현재 그가 신뢰하는 참모 집단 규모가 훨씬 더 작다는 뜻이다. 하지만 그는 직접 대면한 상대의 말을 대단히 훌륭하게 경청해내며, 그것도 상황을 눈으로 보는 것처럼 생생하게 알아들을 수 있는 능력을 지니고 있다.

부시는 사람들을 순식간에 아주 적절하게 평가해내고, 주의 깊게 관찰할 줄 알며, 그런 자신의 눈을 믿는 사람이다. 타고났다고 할 만한 이러한 비언어적 예리함은 그에게는 버겁다 싶을 정도로 과중한 대통령 직무를 수행해나가는 데 그가 주로 의지하는 부분이다. 이것으로 그는 매일같이 하나하나 중요하기 이를 데 없는 수많은 결정을 내리고, 다양하다 못해 기가 질릴 정도인 갖가지 사안을 파악하며, 진지하기 짝이 없는 어조로 이런저런 의견을 제시해대는 정치판의 전문가라는 사람들과 직업 정치인들을 끝도 없이 상대한다. 부시는 그런 일들을 본인이 직접 처리한다.

대통령 취임 전까지, 특히 국제 관계 처리에 있어서 부시는 그리 대단한 경륜을 지니지 못한 인물일 수도 있다. 하지만 그는 자신이 그리 부족하다고 여기지 않았다. 자신의 분석 능력을 믿었기 때문이다. 정말 어렵고 힘든 업무를 처리한 전문가가 보고를 하면, 대통령은 그의 보고 내용이 어느 정도나 '확실한'지 어떤 식으로든 평가해내려고 애쓴다. 비록 그 사안에 대해 자세히 모르고 있더라도 말이다. 그 전문가가 불안해하거나 확신하지 못하는 듯한 기색을 보이고 있는가, 혹시 적당히 둘러대는 것 같아 보이지는 않은가, 일을 왜 그런 식으로 처리했다고 보는가, 그리고 대통령인 자신에 대해서는 어떤 식으로 생각하고 있는가. 이 마지막 부분이 실은 대단히 중요하다.

물론 직감적으로 파악되는 징후가 대단히 중요한 것일 수도 있다. 고위직 관리들을 상대할 때는 특히 그럴 수 있다. 그러나 그것들이 그리 중요한 단서가 될 수 없는 경우도 있음을 간과하게 될 때가 바로 부시 자신이 파놓은 함정에 빠지게 되는 때다. 어떤 순간에는 초점을 맞춰야 하는 부분이 달라져야 하는 것이다. 누가 어떤 태도로 보고하는가보다 말하고 있는 것이 무엇인지에 초점을 맞춰야 할 경우도 있는 법이니까 말이다. 그런데 그 다급했던 여름, 직접 얼굴을 맞댄 정보 브리핑에서 조지 W.

부시는 잘못된 선택을 해버리고 말았던 것처럼 보인다.

대통령은 겁에 질린 채 보고를 마친 CIA 정보 분석 담당자를 귀찮다는 듯한 눈길로 바라보다 한마디 했다. "좋아, 이제 그쯤 했으면 자네 책임은 면한 걸세."

2001년 9월 11일 아침나절, 조지 테닛George Tenet과 그의 팀원들은 CIA 본부 건물에서는 나왔으나 그리 멀리까지 대피한 것은 아니었다.

콘크리트로 포장된 광장 건너편으로 CIA 소유의 작은 인쇄 공장에 딸린 빈 사무실들이 있었다. 그 인쇄 공장은 버지니아 주 랭리Langley에 있는 별다른 특징 없는 2층짜리 건물로, 지난 한 해 동안 알 카에다 al Qaeda와 그들의 기지에 대해 정기적으로 수없이 만들어내야 했던 브리핑용 책자들을 비롯해 킨코스Kinkos(온라인으로 문서 인쇄를 주문받아 처리해주는 사무 편의점—옮긴이) 10여 곳에서 처리될 만한 물량을 매일 소화해내는 곳이었다. 그들은 브리핑용 보고서를 인쇄하는 그곳에 대피해 있었다.

조지 테닛 국장과 존 맥롤린John McLaughlin 부국장을 위시한 몇몇이 창문도 없는 흰 벽의 정사각형 회의실에서 일렬로 죽 놓인 전화기들을 움켜쥐고는 최신 정보를 얻고, 상황 보고를 하는 등 미친 듯이 일을 시작했다. 시간은 정오에 조금 못 미친 때였다. 얼마 뒤면 초등학생들조차 알게 될 사실들로 초점이 맞춰지고 있었다. 때와 방법만큼이나 장소도 명확해졌다. 텔레비전을 통해 누구나 볼 수 있는 곳 아닌가.

용의선상에 오른 것은 이슬람 과격분자들이었다. 1993년 세계무역센터 폭탄 테러 이후 성전을 외치는 이슬람 과격분자들의 테러가 꾸준히 증가하면서 CIA뿐만 아니라 정부의 다른 부서도 점점 바쁘게 움직이지 않을 수 없었다. 하지만 풀리지 않는 의문은 바로 테러 공격의 이유였다. 무엇이 그들에게 테러를 저지르게 만드는지, 그리고 그들이 원하는 것은 무엇인지. 테러의 근본 원인에 대한 명쾌한 전략적 이해는 여전히 오리 무중 상태였다.

바로 이날, 사건을 분명하게 해줄 새로운 정보가 보고되었다. 오후 1시 10분, 정보 분석관 하나가 컴퓨터에서 출력한 인쇄물을 쥔 채 회의실로 뛰어들었다. 그것은 연방항공청(Federal Aviation Administration)에서 그에게 보내온 비행기 넉 대의 탑승객 명단이었다. 연방항공청은 첫 번째 공격이 있은 그 시간에 이륙 상태에 있던 수백 대의 비행기 위치를 파악하고 비행 금지 조치를 내리느라 악몽과도 같은 아침 시간을 보내고 난 터였다. 조사할 탑승객 명단을 CIA에 보내는 일은 그날 아침 상황 수습 가운데 가장 먼저 취한 조치였다.

정보 분석관이 인쇄물 한 페이지를 펼쳐 꽉꽉 누르며 말했다. "이름 두 개가 일치합니다. 우리가 알고 있는 자들입니다." 모두 모여들어 국방부 건물을 불길에 휩싸이게 만든 아메리칸 에어라인 77번 탑승객 명단을 들여다보았다. 할리드 알 미다르Khalid al-Mihdhar와 나와프 알 하즈미 Nawaf al-Hazmi였다. 알 카에다 조직원으로 CIA가 가지고 있는 테러리스트 명단에 등장한 적이 있는 이름들이었다. 모두들 그 두 이름을 응시하고 있었다. 그 어떤 것도 용서치 않는 역사의 빛 속에서 이제 모습을 드러내게 된 자들이었다.

벌건 대낮에 벌써 몇 차례나 악몽과 대면해야 했던 테닛 국장이 조용히 말했다. "이거로군. 확실한 증거야. 이런, 빌어먹을." 침묵이 흘렀다. 한 10초 정도. 아니, 한 1분은 족히 될 만큼.

두 시간 후, 대통령 전용기인 공군1호기(Air Force One)가 네브래스카

오풋공군기지(Offut Air Force Base)에 내려앉았다. 냉정을 잃은 게 역력해 보이는 조지 W. 부시 대통령이 주요 참모들을 화상회의에 소집했다. 공격이 있은 후 처음으로 열리는 고위급 회의였다. 테닛이 알 카에다 조직원으로 알려진 자들이 아메리칸 에어라인 77번 탑승객 명단에 들어 있었다는 사실을 보고했다. 아울러 그들 가운데 알 미다르라는 자는 정식 미국 비자를 소지하고 있었으며, 1년 전 CIA에 의해 말레이시아에서 활동하고 있는 것으로 파악되었는데, CIA와 FBI의 눈을 피해 미국으로 잠입한 것으로 보인다는 사실도 보고했다. 부시가 정보국과 수사국 사이의 의사소통이 원활치 못한 것에 대해 퉁명스럽게 질책했다. 하지만 그런 질책도 테러 배후가 알 카에다라는 엄청난 증거 앞에서는 맥 빠지는 일이었다.

끝없이 반복되는 삶의 여정에서 어떤 것이 어디서부터 시작되었는지, 그 시점이나 발단을 짚어내기란 도무지 어려운 노릇이다. 어쩌면 "이제 상황은 논란의 여지가 없게 되었다"는 대답만 남은 것인지도 모른다. 그리고 어떤 종류가 될지 알 수 없으나 이제 전쟁이 시작될 수밖에 없게 되었다.

중요도로 따지자면 9월 12일에 벌어지게 될 일은 9월 11일에 일어난 일 못지않다. 그날은 바로 미국이 이 테러에 대응하기 위한 공격 태세를 취하기 시작한 날이었다. 이 비극에 어떻게 대처하느냐에 따라 궁극적인 국가의 성격이 결정될 터였다.

국가라는 거대한 배를 이끌어가는 친숙한 얼굴들은 미국 국민의 강렬한 열망을 담는 그릇으로 바뀌었다. 대통령, 그의 참모들 그리고 정부 고위직 인사들이 이 상황을 더할 나위 없이 유능하게 헤쳐 나가고 용기 있게 행동하기를 바라는 국민의 기도가 그들에게 모아지고 있었다. 이 책은 바로 그들에 대한 이야기다. 그 위기 상황에서 그들은 어떤 조치를 취했는지, 왜 그런 조치를 취했는지, 그리고 그들이 알아낸 것은 무엇이고 알아내지 못한 것은 무엇인지를 새롭고 명쾌하게 밝혀보려는 것이다.

또한 이것은 지금까지도 여전히 사람들의 눈에 띄지 않은 채로 일하고 있는 일단의 미국인에 관한 이야기이기도 하다. 불안해하는 미국 국민, 미국 의회 또는 우려의 눈길을 보내고 있는 국제사회에 어떻게 대처하는 것이 최선인지, 하지만 자신은 어떻게 보일지에는 조금도 신경 쓰지 않는 열정적인 전문가들 말이다. 이 투명 인간들이야말로 적과 맞붙어 싸우는 실질적인 사람들이다.

이들은 오로지 전투와 그 전투에서 이기는 것에 대해서만 신경 쓴다. 전투 상대는 파괴를 목적으로 전 세계에 퍼져 있는, 보이지 않는 테러리스트 조직이다. 새로운 종류의 전쟁과 악에 대한 선전포고가 호기롭게 선언되고 나면, 지도나 나침반도 없고 오직 캄캄한 지평선만 보이는 상태에서 정작 어떤 전략을 세우고, 어디에서 방향을 틀 것이며, 어떤 작전을 펼쳐야 할 것인지 계획을 세워야 하는 사람들이 바로 이들이다. 그때까지의 상황과 최근 사태에 대해 국민들이 입방아를 찧어대는 동안에도 이들은 묵묵히 실제 상황이 어떤지 조사해 보고하고 지켜본다. 대개의 경우는 자신들도 믿을 수 없다는 심정으로. 그리고 단정적 주장이 증거를 압도하는 시대에 주장이 사실을 그토록 쉽게 이겨버리면 자신들이 멈춰야 하는 지점이 어디쯤인지를 정확히 알게 된다. 바로 이 점이 그들을 귀중한 존재인 동시에 위험한 존재로 만들며, 여론 혹은 궁극적으로는 후대 사람들에게 답변을 해야 하는 위치에 있는 사람들보다 그들의 침묵을 우선 돌아봐야 하는 이유다.

여기서 일종의 착시 현상이 일어난다. 부시와 체니Dick Cheney, 라이스Condoleezza Rice와 테닛 같은 유명 인사들이 먼저 눈에 띄며, 중요하게 여겨지고, 사람들의 주목을 받는다. 모든 공적은 그들의 차지가 된다. 때로 그들과는 별반 관계도 없는 사안에 대해 책임자라는 이유만으로 불가피하게 비난받기도 한다. 국민들에게 모든 것이 잘될 거라고 말하거나, 뭔가에 대해 대단히 염려하지 않으면 안 된다고 말하거나, 그 두 가지 모두를 이야기하게 되는 사람들도 그들이다. 그들은 자신감이 넘쳐나는 것처럼 보이기 위해 애쓴다. 자신감이야말로 성공의 열쇠니까. 비록 속으로는 자신들의 운명을 쥐고 있는 사람들—20대 나이에 뛰어난 아랍어 실력으로 밤낮 없이 웹 사이트를 훑고 다니는 요원들, 반감을 갖고 있으나 행동으로 옮기지 않는 집단에게서 진짜 폭력적인 과격 집단으로의 자금 이동 경로를 추적하는 요원들, 적에 대한 정보를 줄 수 있는 정보원을 찾아내고 그 귀중한 존재를 어떤 희생을 치르고서라도 보호해내는 첩보 요원들, 낙하산으로 침투해 적외선 고글을 쓴 채 카라치의 안가를 급습하는 특수부대원들—때문에 마음을 졸이며 염려하느라 속이 다 타들어갈지라도 말이다.

맨 윗자리에 앉아 있는 사람들에게는 일종의 조바심이 있다. 자신들의 행동과 뱉어놓은 말들을 정당화하고자 하는 조바심, 9·11 이전에 권좌에 있던 사람이라면 누구나 갖고 있을, 그런 일이 터지지 않게 손을 쓰지 못했다는 죄책감을 덜고자 하는 조바심이 그것이다. 이에 비해 사람들의 가시선 바로 밑에서 활동하는 잠에 굶주린 전문가들의 기본적 정서는 억눌려진 공황 상태이자, 정반대 증거에도 모든 문제에는 해결책이 존재한다고 스스로에게 강요한 확신이다. 이들은 여러 면에서 자신들이 상대해야 하는 살인마들만큼이나 투명한 존재다.

9·11 테러에 대한 미국의 실제 대응이 어떤 것이었는지를 이해하기

위해서는 양측 모두와 이야기를 나눠보고, 또 양측이 서로에게 하는 이
야기를 들어봐야 한다. 그것은 세세한 부분에까지 신경을 써서 일을 해
내고 작전 계획을 세우는 실무자들과, 진행 상황을 점검하고 결과를 발
표하며 국민들이 신뢰를 보낼 대상이 되는 대통령 이하 감독자들 사이에
오가는 긴장된 대화가 될 것이다. 그리고 양측 모두가 해야 할 가장 중대
한 직무는 아무리 엄청난 중압감에 시달리더라도 어떻게든 답을 이끌어
내야 한다는 것이다.

이제 그 속으로 들어가 보자.

높은 곳에서 내려다보면, 그곳은 발작적인 기만과 찌푸린 얼굴 그리
고 소극적인 동사들이 난무하는 장소다. 잠재적 위협에 대한 보고가 끊
임없이 이어지고, 그것들 대부분이 허울만 그럴듯하다는 것은 잘 알고
있지만 왜 그런지 정확히 이해하고 있지는 못한다. 가끔은 뭔가를 빠뜨
린 것 같기도 하고. 그래서 의문점을 보다 제대로 짚어내기 위해 또 다른
회의를 소집한다. 이 과정에서 자기 당 이익을 챙기느라 바쁜 인사들이
나 의회감독위원회 소속 미국 정계 인사들에게 상황을 어느 정도까지 알
릴지 결정하게 된다. 정치학자라는 사람들조차 공개적으로 진실을 말하
는 것은 위험한 행동이라고 주장하는 시대이기 때문이다. 그러고 나면
다음번 브리핑이나 회의에 참석해야 할 시기가 닥친다. 회의 탁자에는
이름조차 읽기 어려운 아랍인들을 미심쩍게 연관 지어놓은 거미줄 같은
도표가 준비되어 있다.

지금보다 덜 시끄러웠던 시절, 빌 클린턴Bill Clinton은 대통령으로서
자신의 운명이나 국가 경제의 운명이 주식시장에서 내리는 결정에 달려
있노라고 앨런 그린스펀Alan Greenspan에게 투덜거릴 수나 있었다. 그

러나 지금은 달라졌다. 이제는 대통령의 운명이 팰러앨토Palo Alto(캘리포니아 주의 서부에 있는 도시로, 실리콘밸리가 조성되면서 우주 항공·정보·통신·전자 등 첨단 기술 연구 산업의 중심지가 되었다 — 옮긴이)에 있는 네이먼 마커스 백화점 안에서 돌아다니는 한 사내에 대해 어떻게 대처하느냐에 달려 있는 시절이 되었다.

한여름에 오버코트를 걸친 사내가 돌아다닌다. 치자꽃 냄새가 나는 데다 괴상한 옷가방까지 들고 있다. 대통령의 운명은 경비원이 사내를 발견하느냐 못 하느냐에 달렸다. 나아가 대통령과 한 나라의 운명까지도 경비원이 FBI에 전화를 거느냐 마느냐, 또 누가 전화를 받느냐, 그리고 사내의 그런 행색이 도대체 무엇을 암시하는지를 제대로 알 수 있는 다른 누군가에게 전화가 돌려지게 되느냐에 달려 있다. 그것도 제시간 안에 일이 제대로 처리되었을 경우에 한한다.

여기서 잠깐. 그렇다면 CIA가 거의 확신하고 있는 사실 — 오래전 구소련에서 생산해낸 옷가방 모양의 핵폭탄 100여 기가 쥐도 새도 모르게 사라져버렸으며, 체첸 반군과 우리가 이름을 들어본 적도 없는 이런저런 한 무리의 테러 집단뿐만 아니라 빈 라덴Osama bin Laden도 여러 해 동안 그런 종류의 무기를 손에 넣으려고 혈안이 되어 있다는 것 같은사실 — 을 FBI는 알고 있을까? 과연 알아야 하는 걸까? 설사 FBI가 그 사실을 알고 있다 해도 그로 인해 달라지는 게 있을까? 하지만 거리를 분주히 오가는 일반 시민의 경우라면 다르다. 공포감으로 인해 당장에 얼어붙어 뭔가를 사거나, 일을 하거나, 뭔가 큰 것을 꿈꾸거나 하는 일상적인 일을 그만둬버리게 될 게 틀림없다. 그리고 그런 일들 가운데 어느 한 가지라도 일시에 그만둬버리게 된다면 번영과 성장의 톱니바퀴는 느려지기 시작할 터이니, 그런 일은 제발 일어나지 않았으면 싶다.

반면 공포감으로 인해 다른 온갖 정서가 제압당해 모두 제각각인 일반 국민이라는 어중이떠중이들의 마음이 한곳으로 결집되고, 질서정연해지고, 열심이 일하는 지도자들이 어떤 문제와 맞서 싸우고 있는지를 명확히 알 수 있게 된다면, 분명 그만한 가치가 있다고 할 수도 있다. 특히 누군가가 꼬치꼬치 캐고 들지만 않는다면 상황이 어떻다는 것을 인정받는다는 점에서 멋진 일이기도 하다.

그렇기 때문에 일이 마무리될 때쯤에는 약간의 정보를 공개할 수도 있게 된다. 뭔가 두려워할 만한 일이 벌어지고 있다는 조짐이 암시되어 사람들을 긴장시킬 수 있는 정보의 아주 일부만을 말이다. 물론 너무 심하게 두려워하도록 만들지는 않을 정도여야 한다. 왜냐하면 우리가, 즉 정당한 절차를 거쳐 선출된 지도자들과 신뢰할 만한 정부 관리들이 상황을 이미 장악하고 있기 때문이다.

한편 결정이 내려지는 동안, 회의 탁자 건너편에는 어딘가 모르게 자기 본위인 추론 방식에 트집을 잡으려 드는, 세상에 알려지지 않은 한 무리의 전사가 앉아 있다. 그들은 그동안 줄곧 상대가 어떤 인간인지 평가하려 드는 것 같은 자세를 유지하고 있다. 어쩌면 그 생각이 맞을지도 모른다. 그들은 그리 호의적이지 않으니 말이다. 하지만 그들에게 닥친 딜레마에 대해 연민을 갖는 것과 마찬가지로 그들 역시 정부가 안고 있는 현대판 딜레마에 동정적이다. 그들이 맡은 일이 진정 모든 것이 달려 있다고도 할 만큼 어려운 것이기 때문에 특히 그러할 수 있다.

그들의 입장이 되어 보면 부드럽게 굴곡 진 잔디밭에서 발짝을 떼어 놓을 때마다 생겨나는 변화처럼 풍경이 변하는 것을 실제로 느낄 수 있게 된다. 그렇게 한동안 걷고 나면 전 세계 테러 조직이 현재 어떤 식으로 움직이고 있으며, 어떤 식으로 진화하고 있는가에 대해 알아내거나 입증해내는 데 도움이 될 만한 것들을 알게 된다. 또한 무엇을 모르는지, 무엇을 확신하지 못하는지를 충분히 감지할 수 있을 정도로 잡다한 여러 가지를 알게 된다.

적은 어디에나 존재하지만 그 어디에도 존재하지 않는 것처럼 보이며, 이쪽에서 어느 쪽으로 움직이느냐에 따라 정반대 방향, 전혀 예상치 못했던 방향으로 들키지 않고 움직일 수 있도록 웅크린 채 참을성 있고 영리하게 지켜보고 있다는 것을 알게 된다. 그러면 적의 전술에 대해 마지못해 경의를 표하거나 죽이고 싶도록 화가 치밀거나, 그 두 감정 사이를 오락가락하게 된다. 테러 조직의 연락책이나 지부 책임자, 고위 간부를 붙잡아 혼을 내줄 수만 있다면 얼마나 좋을까. 그자들에게 고통이라는 것이 무엇인지를 알 수 있게 해줄 수 있을 게 아닌가. 그리고 모든 것을 털어놓게 만들 수만 있다면, 적어도 그날 밤만은 평안히 잠을 이룰 수 있을 것이다. 이제는 폭탄이 탑재된 무인비행기나 적외선 투시경과 엄청난 화력으로 무장한 부대를 어디로 출동시켜야 할지 알기 때문이다.

화력은 언제든 적을 공격할 수 있게 갖춰져 있다. 하지만 그것을 어디에 퍼부어야 할지에 대한 단서는 아예 없다. 아니 제대로 된 단서, 확실한 단서가 너무도 부족하다고 해야겠다. 도대체 뭐가 뭔지 알 수 없는 숱한 소문과 엄청난 단서가 천장까지 꽉 들어차 있어 인생의 절반을 쓰레기 정보 추적에 허비하고 있다.

모든 것이 의심스러워 보이기 시작한다. 기괴한 언어에 이상한 습관, 어떤 것에 대한 너무도 깊은 확신을 보이는 모든 외국인 집단이 공포감을 갖게 만든다. 그들이 노여움에서 분노로, 분노에서 폭력으로 옮겨가는 방식이 그다지 분명치 않기 때문이다. 비록 그런 자들 100명 혹은 1,000명 가운데 한 명만이 지금 거론되고 있는 거대하고 눈에 보이지도 않는 테러 조직 가운데 하나에 뛰어든다 할지라도 그러한 사실이 주는 공포감은 대단하다. 그런 자들은 군복도 입지 않고, 믿을 수 없을 정도로 파괴적인 것은 뭐든 찾아내어 그것들을 사용해볼 수 있는 시장을 자유롭게 활보한다. 그것들은 그저 클릭 몇 번이면 사들일 수 있고, 다운로드한 매뉴얼로 사용법을 익힐 수 있다.

벌써 몇 주일째 또는 몇 개월째 아내나 남편, 아이들 혹은 사랑하는 사람들을 만나지도 못한 채 지냈다. 게다가 이런저런 헛수고를 신나게 하고 다니는 동안 상사를 포함해 만나는 사람이면 누구나 "우린 안전한 건가, 아직은 안전한 건가?" 하고 물어댄다. 그런 질문을 하지 말아야 할 사람들까지도 말이다. 그 와중에 인간관계는 엉망이 된다. 친구의 임신을 축하하는 모임, 아이가 출연하는 학교 연극, 결혼식이나 장례식 같은 것에 얼굴을 내밀 틈이 없어서다.

결국 익숙한 것들로부터 어떤 구실을 찾으려 들게 된다. 소위 '테러와의 전쟁'이라는 것 내부 깊숙한 곳에 자리 잡고 있는, 늘 심각한 척해야 하는 이 정신 나간 생활을 어떤 의미있는 것으로 만들기 위해 말이다. 그러다 갑자기 깨닫게 된다. 대양과 맞먹는 크기의 풀장에서 목까지 물에 담근 채 전 세계를 상대로, 게다가 패자에게 기회란 없는 끔찍한 마르코 폴로 게임(수영장에서 하는 아이들의 술래잡기. 눈을 가린 술래가 '마르코'를 외치면 다른 참가자들은 '폴로'를 외쳐주어 자신의 위치를 술래에게 알려줘야 한다―옮긴이)을 하고 있다는 사실을 말이다. 그런 풀장에 들어가 있다니, 정말 끔찍한 일이다. 9·11 테러가 발생하고 난 이후의 몇 달간처럼 상대가 죽은 듯이 조용히 침묵을 지키고 있는 경우에는 특히 그렇다. 아무리 '마르코'를 외쳐도 그 누구도 그에 응답해 자신의 위치를 알리지 않으며, 이따금씩 적이 조용히 지나가며 내는 획획 소리만 느껴질 뿐이다. 술래는 상대를 붙잡기 위해 온갖 곳을 다 휘젓고 다니지만 감고 있는 눈꺼풀 아래에서는 불타오르는 건물들과 폭발하는 비행기들의 잔영만이 춤출 뿐이다.

서로 대립되고 엇갈리는 의견들이 난무하는 속에서도 처음부터 몇 가지는 공유되고 있었다. 사람들 앞에 나서야 하는 고위 관료들과 실무자인 투명 인간들 모두 이것이 엄청나게 긴급한 사안이라는 점은 깊이 인정하고 있었다. 9월 12일에는 각 관련 부처 모두 갖가지 결의를 내놓았다. 이들은 자신들이 미국의 국가 공무원으로서 알 카에다와 전 세계적인 조직망, 그리고 이들을 지원하는 배후 세력에 대항해 그들을 쳐부술 수 있는 일이면 무엇이든 하겠다고 엄숙하게 맹세했다. 또한 테러를 자행하는 세력을 근절시키기 위해 연중무휴, 밤낮을 가리지 않고 노력을 계속하겠다고 했다. 그들은 현실적이고 혁신적인 생각을 스스로에게 강요하게 될 것이었고, 그 어떤 난관에도 굴하지 않고 싸울 것이었다. 단 어디서 시작할 것인지에 대한 부분이 정리되는 대로.

초기에는 이 사태를 아폴로 13호가 부닥쳤던 난제(Apollo 13 challenge)와 견주는 정부 인사들도 흔히 볼 수 있었다. 하지만 그것은 어느 경영 대학원에서든, 어느 동기 유발 연설자든 전혀 반박당할 염려 없이 늘 들 수 있는 그저 그런 사례에 불과하기도 했다. 그것은 1970년 미국항공우주국(NASA)에서 쏘아 올린 우주선이 지구에서 20만 마일이나 떨어진 곳에서 공기 여과 장치 고장을 일으켰던 일을 가리킨다. 우주선에 타고 있던 승무원들은 뭐든 수중에 있는 것을 활용해 임시변통으로 고장 부분을 수리해야 했다. 휴스턴에 있는 엔지니어 팀이 우주선 승무원들이 찾아낼 만한 덕트 테이프, 호스, 의료 장비 등과 같은 물건들을 그러모아 탁자

위에 부려놓고 그것들을 이용해 수리할 수 있는 방법을 찾아내는 작업에 착수했다. 몇 시간 내에 둥근 구멍에 정사각형의 여과 장치를 부착시킬 방법을 찾아내지 못하면 얼마 못 가 승무원들이 모두 질식해 의식을 잃게 될 터였다. 게다가 그 방법은 단순명쾌해야 했다. 지상에서 보내는 지시에 따라 승무원들이 직접 해내야 하는데 복잡한 방법이라면 아무런 소용이 없을 것이었기 때문이다. 이 원격 수리 과정에 추진력을 제공한 자기암시와도 같은 주문이 있었다. "실패는 선택이 될 수 없다(Failure is not an option)." 이것은 1995년 론 하워드Ron Howard 감독의 영화(톰 행크스 주연의 〈아폴로 13호Apollo 13〉 — 옮긴이)가 개봉된 이래로 어디에서나 사람들 입에 오르내리게 된 말이기도 하다.

이 상황은 모든 면에서 소위 '테러와의 전쟁'에도 딱 들어맞았다. 그런 대재앙에 뒤이어 내려지게 된 결정들은 사고 우주선을 우주 공간에서 수리해야 했을 때와 마찬가지로 임기응변으로 대책을 마련해야 하는 것이자 감정적 힘이 실리게 마련인 것이었다. 여기서 감정적 힘이란 도움이 되고자 하는 마음으로, 잊혀지기 쉬운 부분이기도 하지만 어떤 식으로든 일을 해나가야 하는 상황에서는 가장 근본적이며 순수한 충동이기도 하다.

초강대국의 각 부처는 전혀 예상치 못했던 임무이자 새로운 위협이기도 한 상황에 대응하기 위해, 그리고 조직의 힘을 발휘할 수 있는 길을 찾아내기 위해 무슨 방법이든 동원할 태세로 돌아섰다. 때로 이런 노력이 효과를 내기도 했다. 하지만 대개의 경우는 그 반대였다. 긴급 상황에서의 대처 방식에 대한 방침은 미리부터 확고하게 세워져 있었다. 실패에 대한 생각은 고려 대상이 아니었다. 사소한 패배나 혼란을 인정하는 것조차 안 되었다.

국방부엔 상비군이 있었다. CIA와 국가안보국(National Security Agency) 산하에서 도청 업무를 수행하는 지부들은 어둠을 꿰뚫어 볼 수 있는 적외선 투시경 같은 정보를 갖고 있었다. 법무부에는 법에서 나오는 힘이, FBI에는 국내에서 활동하는 첩보원들이 있었다. 재무부에는 전 세계 금융 관련 개인 데이터에 접근할 권한이 있었다. 이처럼 공포에 질린 워싱턴 각 부처에는 나름대로 긴급 상황에 대처할 수 있는 수단들이 있었다. 그 각각의 길이 어디로 향하느냐에 따라 4년이 더 흐른 뒤 국가 차원에서의 미국이 어느 위치에 와 있는지, 그리고 어디로 향하게 될 것인지 크게 좌우될 터였다.

하지만 보도 자료와 공식 발표라는 매끄러운 포장을 한 꺼풀 걷어냈을 때, 거기에는 계속 존재해왔으며 점점 높아지는 잡음이 있었다. 바로 "인지상의 부조화"라고 할 수 있는 것이었다. 이 말은 서로 경쟁 관계에 있는 생각들이 충돌해 어떤 방식으로 부조화를 일으키는지를 환기시켜 주는데, 마음의 평정을 유지하기 위해 이전부터 가지고 있던 신념을 바꾸도록, 새로운 신념을 가지도록 강요하는 당혹스런 소음이라고 할 수 있다. 그런데 이런 시대에는 바로 이런 불협화음이 흔히 어떤 일을 진행하는 데 박차가 되기도 한다.

방대한 조직을 갖춘 연방 정부가 어떤 긴급 상황에 처할 경우 한 사람이 움직이는 것처럼 효율적으로 작동되지는 않는다. 정부는 국민을 보호해야 한다는 압력을 받게 되고 서로 상충되는 의제들을 떠안게 된다. 누가 무엇을 해야 할지, 누가 시민과 주권, 상관들에게 취하는 조치에 책임을 져야 할지에 대한 규칙들이 존재한다. 이것들을 기반으로 엄청난 일들이 해결된다는 것은 분명하다. 하지만 동시에 이러한 측면이 안고 있는 역기능을 표출하게 되는 경우도 흔하다. 그리고 그것은 곧 정부 조직이 상황이 허락하는 한 거짓말을 하고, 시치미를 떼고, 사실을 은폐하려 들며, 때로는 정권 유지 차원에서 어떤 조처를 취하려 든다는 것을 의미한다. 국민의 지지가 없는 정부는 그저 사무실이라는 공간에 지나지 않기 때문이다.

막스 베버Max Weber에서 스티븐 R. 코비Stephen R. Covey에 이르기까지 누구나 분통을 터뜨려온 관료주의라는 덫에 갇힌 생명력 문제는 어제오늘의 일이 아니다. 어쩌면 그것은 이제 어쩔 수 없이 받아들여야 하는 체념의 시점에 이르렀을 수도 있다. 그리고 사람들은 정부 내에서 벌어지는 논쟁과 불확실성이라는 혼란스러운 불협화음 따위에 대해 알고 싶어하지 않을지도 모른다. 또한 소란스럽든 명쾌하든 역사의 단층선에 존재하는 어떤 상황에도 휘말리고 싶어하지 않을지도 모른다. 자신들이 사용하는 동사 하나하나가 능동적인 느낌을 주는지에 신경쓰는 유명 인사들과, 그들의 협력자면서 언제든 적을 응징할 태세를 갖춘 솔직한 투명 인간들이 함께 동굴 벽에 비친 적들의 그림자를 추적하면서 만들어가는 역사의 단층선 말이다. 그리고 이 투명 인간들이 바로 독자 여러분이 이 책에서 만나게 될 사람들이다. 그들의 적들은 파괴 능력과 자신들의 종교에 대한 극단적 확신, 인내심, 약삭빠른 단호함 그리고 어쩌면 전략적 우위로 새롭게 무장하고 있는 자들이다.

지금보다 좀 더 조용한 시절이라면, 그저 생계를 위한 일이나 부지런히 하면서 어깨를 으쓱여 보인 다음 이렇게 말하면 그만일 것이다. 주택 구입 융자금도 갚아나가야 하고, 아이들도 학교에 보내야 하며, 연속극도 봐야 한다고. 그리고 애초부터 성벽 밖에 사는 시끄러운 오합지졸들은 "진실을 다룰 수 없다"고. 이것은 미국 건국의 아버지라고 할 만한 사람들이 200년 전에 인정했던 사실이라고.

하지만 지금은 그런 태평한 시절이 아니다. 안다는 것, 그것도 두려움을 날려버릴 수 있을 정도로 충분한 정보를 알고 있다는 것이 곧 힘인 시절이다. 그리고 당신은 적어도 어떤 빌어먹을 일들이 어떻게 진행되어 오고 있는지 정도는 알고 있어야 한다.

이제부터 이야기하려는 것은 미국인들이 하고 있는 일이다.

1장

허위 경보

———

9월 13일 정오, 지나가던 요원 하나가 데니스 로멜Dennis Lormel의 사무실에 불쑥 머리를 들이밀었다. FBI 오마하 지국 사무소에서 누군가가 전화를 걸어왔다는 이야기를 전하기 위해서였다. 정부와 관계없는 업체지만 엄청난 정보처리 시설을 갖추고 있는 퍼스트 데이터(First Data Corporation)에서 어떤 식으로든 돕고자 한다는 소식이었다. 퍼스트 데이터는 세계에서 그 규모가 가장 큰 신용카드 데이터 업체로, 연 매출 65억 달러에 지점망이 전 세계에 걸쳐 있는 회사였다.

잠이 모자라 눈이 충혈된 로멜이 자리에 앉은 채로 그 요원을 올려다보았다. "야, 그거 굉장한데. 정말 적시에 나타난 도움이군그래."

로멜은 뉴욕 시 경찰의 아들로 태어나 FBI에서 20년을 근무해온 인물로, FBI가 맡았던 굵직한 사건들의 금융 관련 부문—앱스캠 스캔들Abscam scandal(FBI가 애초에는 장물 운반을 조사하기 위해 벌인 것이었으나 부패 공직자 수사로까지 확대된 함정수사로, 상원 의원 1명, 하원 의원 6명, 뉴저지 주 캠덴 시 시장, 필라델피아 시의회 의원 1명, 이민귀화국 검사관 등이 기소되었다—옮긴이)에 연루된 부패한 의원들에서부터 리비아 인들로부터 뇌물을 수수했다는 의혹을 받던 빌리 카터Billy Carter 관련 혐의(지미 카터 대통령의 친동생인 빌리 카터가 연루된 사건으로, 일반적으로 Billygate라고 불린다—옮긴이), 모든 국제적 금융 사기의 원조라 할 수 있는 뱅크 오브 크레디트 앤드 커머스 인터내셔널Bank of Credit and Commerce International 사건 등—에 대한 수사를 맡고 있었다.

로멜은 19명의 비행기 납치범부터 시작해 수십 명의 이름을 조사해봐야 할 판이었다. 그 이름들은 테러리스트가 아닌 여러 동명이인의 이름과 일치하는, 일종의 허위 정보일 공산이 컸다. 그렇다면 지출 내역 시간과 장소처럼 상세한 부분들을 대조 점검해야 할 필요가 있는데, 그 조사를 위해서는 시민적 자유를 침해하지 않을 방법이 없었다. 합법적으로 일을 처리하자면 각각의 신용카드를 조사하는 데 수색 영장이 필요했던 것이다. 하지만 또 다른 테러 공격이 진행되고 있을지도 모르는 상황에서 그런 절차를 다 지킬 시간적 여유라곤 없었다.

그런 점에서 로멜은 9·11 테러 공격이 있고 난 이틀째인 그날까지 눈도 못 붙이고 분주하게 움직이고 있는 FBI 요원 대다수가 모르는 뭔가를 알게 된 것이다. 그리고 그 순간부터 세계에서 가장 큰 규모를 자랑하는 퍼스트 데이터는 단순한 신용카드 데이터 회사가 아닌 가장 특별한 동맹자가 되었다.

로멜이 젊은 요원에게 말했다.

"그 회사 내부에 들어갈 있다는 것은 천금 같은 기회라네."

그리고 웨스턴 유니언Western Union.

오랜 역사를 자랑하는 이 전신 회사는 지금부터 수세대를 거슬러 올라간 그 옛날 기술 혁신의 견인차 역할을 했다. 이 회사의 전성기는 미 동북부 지역 전역에 전봇줄을 가설하기 시작했던 1850년대와 최초로 대륙 횡단 전선을 가설한 1861년이라고 할 수 있다. 그로부터 5년 후, 그 전봇줄들은 동부 해안 도시들에 뉴욕증권거래소 거래 상황을 '주식시세 표시기 (tickers. 주식 거래 상황을 좁은 띠 모양의 종이에 인쇄해내는 기계—옮긴이)'를 통해 전했다. 사람들은 그것을 기적이라면서 신기해했다.

그 후로 세상은 계속해서 발전해왔다. 하지만 여전히 한쪽 발을 빼내지 못한 채 과거에 머물러 있는 나라들도 있다. 아랍 22개국 가운데 대다수가 그렇다. 연 매출이 27억 달러에 육박하는 웨스턴 유니언은 300만에 이르는 아랍 세계 사람들에게 여전히 송금 도착지가 되고 있다. 옛날 방식—송금하려는 돈을 웨스턴 유니언 사무소로 가지고 간다, 그걸 직원에게 건네준다, 직원이 그 돈을 헤아린다, 그런 다음 그 현금은 전기 신호로 바뀌어 이 회사의 다른 사무소로 이체된다—을 따르기는 하지만 전 세계적으로 첨단 기술의 혜택을 좀 덜 받은 지역들에서 송금을 할 수 있는 유일한 길이라는 말이다.

소위 '테러와의 전쟁'은 두 기괴한 동맹자로 인해 전혀 일어날 것 같지 않던 급진전이 이뤄질 참이었다. 그것도 전혀 예상치 못했던 데서 도움을 받아. 그런 예상치 못했던 움직임이야말로 신속한 대응 능력을 가진 적들을, 즉 전 세계를 무대로 하고 있는 이슬람 테러리스트들을 불시에 들이칠 수 있게 해준다.

부두 노동자 같은 말투에 다소 거칠게 행동하지만 자신이 노리는 상대편 의중을 헤아릴 줄 아는 치밀함도 갖춘 금융 관련 범죄 해결의 귀재 로멜은, 혁신적 사고를 요구하는 상황에 완벽하게 들어맞는 인물이었다.

그는 전날 밤 저녁 식사를 하러 집에 들렀을 때 아내 몰리에게 이런 말을 했다. 하루 대부분을 미친 듯이 돌아가는 FBI 본부에서 백일몽이라도 꾸듯 온갖 생각을 머릿속에서 굴리고 난 다음이었다.

"문제를 어떻게든 해보려고 온갖 생각을 다 해봤거든…. 이 문제는 대규모 통합 작전으로 접근해야 할 것 같아. 정부 각 부처가 힘을 합쳐 나서야 한단 말이지. 그렇게만 된다면 우리는 그 개자식들을 한 놈도 빠뜨리지 않고 끝장내버릴 수 있어. 금융 쪽에서도 예전 같았으면 절대 불가능했겠지만 이제는 시도해볼 수 있는 방법들이 아주 많더란 말이야. 딱 한 번만이라도 모두를 조직화할 수 있다면."

이제 로멜은 자신의 사무실에 앉아 젊은 요원에게 퍼스트 데이터의 전화번호를 가져다달라고 말해놓고는 이런 생각을 곱씹고 있었다. '이 회사를 아주 치명적인 무기로 만들고 말 거야.'

9월 13일 자정 무렵, CIA 본부 건물 7층. 녹초가 된 48세의 조지 테닛이 자신의 집무실로 들어와 구겨지듯 자리에 앉았다. 테러가 있은 후로 겨우 몇 시간밖에 눈을 붙이지 못했던 여파가 서서히 나타나고 있었다.

테닛의 부관으로 정보국 차장인 제이미 미식Jami Miscik이 문간으로 머리를 들이밀었다.

"눈 좀 붙이시게요?"

테닛이 말했다.

"좀 있다가요. 하지만 오래는 못 잘 것 같아요."

오십 줄에 접어든 미식은 가무잡잡한 피부에 호리호리한 몸매를 하고 있었다. 테닛이 부국장이던 1996년, 그는 그녀를 자신의 수석 부장으로 임명했고, 국장이 되자 정보실(DI, Directorate of Intelligence) 제2인자로 승진시켰다. 정보실은 CIA의 수많은 정보 분석 전문가의 근거지가 되는 부서로, 두 사람은 함께 숱한 일을 겪었지만 앞으로 닥치게 될 그런 일을 겪었던 적은 한 번도 없었다.

제이미 미식은 조지 테닛을 좋아했다. 벽이란 벽은 모두 비밀스러움으로 도배되어 있고, 그런 벽이 만들어내는 상대에 대한 불신이 만연해 있는 CIA 본부 같은 곳에서는 아무리 같은 7층에서 근무한다 해도 생기기 힘든 희귀한 감정이었다. 테닛은 최근 중앙정보국장(DCIs, Directors of Central Intelligence. CIA 이외에 FBI를 비롯해 열 개가 넘는 정보기관, 즉 정보 공동체intelligence community를 총괄하는 인물이다—옮긴이)을 지낸 인물 가운데 별종에 해당하는 인물이었다. 어딘가 모르게 서툴고, 셔츠 자락이 바지 허리춤으로 튀어나와 있어도 신경 쓰지 않고 돌아다닐 정도로 스스로에 대해 별반 감추는 것도 없고, 표정 관리를 제대로 못해 부하들 가운데 누구도 제대로 혼내줄 수가 없었다. 혼이 나 마땅한 부하에게도 마찬가지였다. 화가 나서 고래고래 소리를 질러댈 때조차 마치 상대를 즐겁게 해주려는 것처럼 보였다.

미식이 조심스럽게 방 안으로 들어와서는 테닛의 책상이 마주보이는 푹신한 의자 팔걸이에 걸터앉았다. 만약 그가 지나치게 피곤해하거나, 그와 이야기 못해 안달이 난, 보다 중요한 사람들이 전화를 걸어올 경우 언제든 자리를 비켜줄 수 있음을 나타내는 자세였다. 이즈음 정부 고위층에는 불안해하는 거물들로 가득하다 해도 과언이 아닐 정도였으니까.

1983년에 경제 분석 요원으로 중앙정보국에 들어온 미식은 이제 감독하는 위치에 올라 있었다. 세계 각처에 파견되어 있는 요원들과 비밀 요원들 그리고 외국 정보 수집 기관들에서 들어온 갖가지 인간 정보human intelligence, 즉 휴민트humint와 미국의 엄청난 도청 네트워크를 통해 들어오는 신호정보signals intelligence, 즉 시긴트sigint를 판독하는 수천 명의 정보 분석 요원이 그녀의 관할 아래 있었다. 그들의 목표는 "필요할 때" 또는 시쳇말로 "인명 희생을 막을 수 있을 때"라고 옮기기도 하는 "행동 개시 시간" 안에 적의 움직임을 감지해내는 것이었다. 하지만 그 점에 있어서 그들은 실패한 셈이었다. 상황 판단이 완전히 빗나가버렸던 것이다. 미식도 그것을 잘 알고 있었다. 그녀를 포함한 정보실 요원들의 임무가 뭔가를 알아내야 할 때 알 필요가 있는 모든 것을 알아내는 것이라는, 대단히 추상적인 범위의 놀음이라는 것을.

미식이 말했다.

"우리는 정보를 분석하고 그것을 다시 꿰맞춰 결론을 도출할 새로운 방식을 찾아야 해요. 일이 어떻게 터지는지 보셨을 테니까… 우리가 놓치고 있는 부분이 어디인지 말예요."

테닛이 메모지철을 집어 들었다.

"좋아요. 어디서부터 시작할까요?"

미식이 대답했다.

"대테러와 관련해서 한 번도 일해본 적이 없는 인원들을 지휘할 아주 창조적인 인물들을 몇 명 찾아내는 것부터 시작하죠. 그렇게 해서 그들이 현재 우리가 맞닥뜨리고 있는 사안을 어떻게 보는지, 뭔가 다른 점을 찾아내는지를 알아보는 거죠."

테닛이 손으로 눈두덩을 문질렀다.

"새로운 눈으로 보자는 거군요. 그걸 어느 정도는 활용해볼 수 있을 것 같은데."

한동안 두 사람은 적임자가 될 만한 인물들에 대해 논의했다. 마침내 미식이 아침까지 작성을 끝내야 하는 명단이 있다면서 자리를 떴다.

테닛은 창문 쪽으로 의자를 돌려서는 등받이에 몸을 기댔다. CIA 구내를 가리는 나무들 꼭대기 너머로 이제는 변화된 도시이자 세계관을 다시 구성해나가야 하는가 워싱턴의 불빛이 아스라하게 보이고 있었다. 언제 끝날지 모를 것처럼 길기만 했던 하루가 저물고 있었다. 일이 꼬이기만 해서 긴 하루였다는 뜻은 아니다. 오히려 테닛이 바라던 것보다 훨씬 더 괜찮은 날이었다.

그날 아침, 테닛이 거느리고 있는 핵심 간부 가운데 한 명인 코퍼 블랙 Cofer Black이 백악관 상황실에서 놀라운 수완을 발휘해냈다. 블랙은 정보국 대테러센터를 맡고 있는 인물로, 강인하며 사람들의 주의를 끄는 방법을 잘 알았다. 9개월 동안 하루도 거르지 않고 대통령에게 브리핑을 해오면서 대통령의 성향을 잘 알게 된 테닛은, 조지 W. 부시의 피가 끓어오르도록 분기시킬 수 있을 적임자가 있다면 그건 바로 블랙일 거라고 확신하고 있었다. 그리고 그러한 확신은 빗나가지 않은 것임이 입증되었다. 대통령도 이제 방향을 잡아가고 있는 중이었다. 테러 공격의 배후에 누가 있었는지 명백하게 드러난 상태인지라, 미국이 어떤 대응을 해야 할지에 대해 대통령은 명쾌하게 생각을 정리하고자 애쓰고 있었다.

블랙은 국가안보회의(NSC, National Security Council) 소속 중요 인사들과 걱정이 태산인 대통령의 미심쩍어하는 시선 속에서 상황실 바닥을 천천히 거닐며 테닛과 다른 고참 요원들이 신속하게 짜맞춰놓은 계획을 펼쳐 보였다. 그것은 CIA 지휘 아래 미군 특수부대의 지원을 받아, 빠른 시일 내에 아프가니스탄으로 치고 들어가, 그곳 부족 지도자들과 전투라면 이골이 나 있는 현지 전사들을 고용해 아프가니스탄을 망명지로 삼고 있는 알 카에다 조직을 무력화시킨다는 작전이었다. 물론 그 과정에서 미군 병사들과 CIA 소속 첩보 요원들의 희생이 따르겠지만 적들이 "자신들의 눈알에 파리가 기어 다니는 꼴을 꼭 보게 하는 것"으로 그에 상응하겠다는 게 블랙의 설명이었다.

그 작전을 실행에 옮길 태세로 완전히 돌아선 대통령이 경계심과 결연함이 엿보이는 시선으로 그에 대해 승인했다. 나중에 대통령은 아프가니스탄에 있는 테러리스트들의 본거지를 치고 들어간다는 계획의 틀을 잡게 된 이 브리핑을 "내 사고의 전환점"이라고 회상한다.

그날 오후, 또다시 열린 국가안보회의 미팅에서 부시는 CIA 권한을 확대해야 한다는 테닛의 생각에 대해서도 예비 승인을 했다. 테닛은 "이런저런 골치 아픈 제약을 받지 않고" 진짜로 테러리스트들을 추적하는 데 전념할 수 있는 권한을 요구했었다. 이러한 위기 상황에 대처하기 위해선 전 세계를 무대로 하는 전략이 필요한데, 그러려면 CIA에 더 많은 자금, 잘 훈련된 더 많은 인력, 더 많은 운신의 폭이 필요하다고 요구했던 것이다. 부시는 이 말에 동의했다. 공격이 있고 난 후 겨우 이틀이 지났을 때, 그는 뭔가를 더 원했다. 보다 상세한 정보, 보다 많은 아이디어, 모든 것에 대한 보다 많은 것을 말이다.

이런 모든 정황을 보면서 조지 테닛은 자신이 해임되지는 않으리라는 것을 어느 정도 확신하게 되었다. 물론 그런 점에 대해 궁금해하는 것은 아주 당연한 일이다. 대통령이나 모든 지도적 위치에 있는 인사들은 이런 경우, 즉 한 나라가 예기치 못한 공격을 받았을 때, 비난의 화살을 돌릴 누군가를 필요로 하게 마련이다. 그리고 일반적으로 그 패배의 결과를 떠안는 것은 그러한 기습 공격을 예방하기에 충분할 정도의 정보를 파악하도록 임명된 고위 관리, 주요 인사, 특정 장군, 정보기관의 장 같은 사람들이다. 테닛 밑에서 부국장을 지낸 존 맥놀린의 회고다.

"물론, 누구나 우리 모두 해임될 수도 있다는 걸 알고 있었지요. 하지만 해임되든 말든 그것에 대해 곱씹고 있어도 될 만큼 시간이 남아돌았던 사람은 아무도 없었습니다. 그때 분위기는 '어서 서둘러, 서두르자고. 뭘 해야 할지 몰라서 이러는 거야. 어서 함께 계획을 세워봐야지. 누군가 우리를 해임하려 든다면, 그러라지 뭐! 저 문을 걸어 나가면서 그에게 우리가 세운 계획을 넘겨주고 떠나면 그만이잖아.' 이런 식이었지요."

이후 닥치게 될 4년의 세월 동안 어떤 일이 일어나게 될지를 이해하기 위해서는 이러한 불안감과 감사하는 마음이 뒤섞인 심리 상태를 꼭 이해할 필요가 있다. 살아남은 자의 죄의식, 살아남은 자의 놀라움, 살아남은 자의 감사함 같은 심리 상태가 어떤 식으로 풀려나가게 되었는지에 대해 말이다. 특히 조지 테닛이라는 인물의 경우에는 더더욱.

그것은 두 조지(조지 W. 부시와 조지 테닛) 사이에서 벌어진 '테러와의 전쟁'이라는 춤판에서 가장 핵심적인 관계를 이해할 수 있는 열쇠가 된다. 두 사람은 사람들과 어울리는 것을 좋아하지만 무뚝뚝하고, 그러면서도 활동적이며, 누구든 허튼소리를 늘어놓는 것에 질색한다는 점에서 처음부터 타고난 한 쌍이라고 할 수 있다. 하지만 그 둘의 출신 성분은 판이했다. 민주당원이고, 의회를 통해 정계에 입문, 상원정보위원회 국장, 이어 국가안보회의 국장(정보 계획 담당 선임 국장— 옮긴이), 그리고 1990년대 중반 클린턴 대통령의 신임을 얻으면서 CIA의 제2인자 자리에 올랐던 테닛은, 노동계급 출신 그리스계 이민자 후손이며 뉴요커에 자수성가한 인물이다. 그는 언제나 자신이 뭔가를 증명해 보여야 할 필요가 있으며, 자신의 힘으로 앞길을 개척해나가야 한다고 여겼다. 이에 비해 부시는 자만심 넘치는 골수 공화당원 출신으로, 원래부터 가지고 있던 명성에 든든한 배경이 되는 가문의 유리함까지 더해져 자신의 부친에 필적할 국가 최고 지도자 자리에까지 오른 인물이다.

2000년 43대 대통령 선거가 끝난 후에도 테닛이 유임되자 백악관 내부에서조차 놀라움에 여기저기서 수군거렸다. 백악관 내부 사정에 정통한 몇몇의 이야기에 의하면 아버지 부시(George H. W. Bush)가 그런 조처에 모종의 역할을 했다고 한다. 그가 대통령이 된 아들에게 CIA는 정치적 영향력이 미치지 않는 곳이 되어야 한다며 괜찮은 인물로 테닛을 추천했는데, 그 사실은 테닛이 유임된 것으로 충분히 입증될 수 있는 부분이라는 것이다. 정말 훌륭한 조언이었다. 하지만 결말이 어떻게 나는지는 두고 볼 일이다. 그들 역시 그렇게 말했다. 테닛이 부시나 부통령 체니와 어떻게 맞춰 나가는지 두고 보자고. 테닛도 그들이 어떤 식으로 수군거리는지 알고 있었다. 그래서 공식 행사나 매일 아침 행해지는 브리핑을 통해 자신의 가치를 입증해 보일 방법을 찾으려 애썼다. 모든 고위 공직자가 '대통령의 뜻을 받들기 위해' 그 자리에 있다. 이 말은 대통령 최측근 가운데 국외자 격인 테닛이 매일 아침 찬밥이 놓인 밥상을 받는다는 말이나 마찬가지였다.

그런데 그 모든 일은 이 비극적 사건이 터지기 전 이야기였다. 9·11 테러 공격이 있은 직후 부시가 CIA 국장을 해임했다고 치자. 그렇게 되었더라면 테닛은 그의 인생을 파멸로 몰아넣게 될, 거의 그 깊이를 알 수 없을 비판의 나락으로 처박혔을 것이다. 그 보이지 않는 공격은 비난의 대상이 누구냐에 따라 그에 맞춰지게 되어 있다. 그리고 그 비난은 최후의 심판에 필적할 것이며, 영원히 끝나지 않을 것이다.

9·11 테러가 발생한 지 며칠 후, 공화당 소속 의원들이 테닛을 공격하자 부시가 지체 없이 테닛을 감싸고 나섰다. 9월 27일, 대통령 전용기에 동승한 성난 의원들에게 부시 대통령은 이런 취지의 말을 했다.

"현재 우리의 조직에 대해서 재고하는 것은 불가능한 일이며, 그럴 생

각도 없다. 지금 온 나라가 테러리스트와의 전쟁에 돌입해 있다. 테닛 국
장을 귀찮게 하지 말고 그대로 놔두도록 의회를 진정시켜야 할 필요가
있다. 테닛은 자신의 직무를 훌륭하게 수행하고 있다. 만약 그렇지 않다
고 생각한다면 그가 아닌 나를 비난하라."

　상황이 이쯤 되면 조지 테닛은 자신이 모시는 대통령이 요구하는 것
은 뭐든 하려 들지 않겠는가. 그야말로 뭐든 말이다. 그 점은 조지 W. 부
시도 잘 알고 있었다.

　9월 14일 금요일. 미국 대통령이 의회에 특별 권한의 승인을 요청했
고, 그의 보좌진은 만반의 준비를 갖춘 채 의사당에 도착했다.

　공교롭게도 행정 변호사들이 수개월에 걸쳐 대통령의 권한을 확대시
킬 근거가 될 수 있는 이론에 대해 궁리를 해오고 있던 참이었다. 그 생
각을 최초로 해낸 사람은 체니 부통령이었다. 그는 대통령의 강력한 권
한에 대한 소신을 가지고 있었다. 닉슨 행정부에서 관리로 재직했을 당
시 말단 관리였던 체니는 임기가 끝나가는 대통령의 권한이 위험스러울
정도로 축소되어 자신의 업무를 처리하는 데도 괴로움을 겪어야 했던 경
험을 가지고 있었다. 백악관 측 협상 담당자들은 하원과 상원 양쪽 모두
에 압력을 넣었다. 미국 영토 내에서의 광범위한 활동에 관여하는 것의
인가를 포함해 가능한 한 포괄적인 표현을 사용해달라는 것이었다.

　제안된 결의안에 사용된 표현은 대통령에게 "2001년 9월 11일에 발
생한 테러 공격을 계획했거나 인가했거나 실행했거나 도움을 준 것으로,
혹은 그러한 단체나 개인에게 거점을 제공한 것으로 판단되는 국가들이
나 단체들 개인들에 대해 차후 미국을 상대로 하는 국제적인 테러 행위
를 저지르는 것을 방지하기 위한 모든 필요하며 적절한 무력을 사용하는

것"을 허가했다. 전면적인 권한의 위임이었다. 표결이 진행되기 불과 몇 분 전, 백악관 관리들은 거기서 더 밀고 나아갔다. "모든 필요하며 적절한 무력을 사용"이라는 표현 다음에 "미국 내에서"라는 문구의 삽입을 원했다. 그것은 본질적으로 미국 영토 내에서 대통령이 어쩔 수 없이 해야 한다면 어느 것에 대해서건 무력을 사용할 수 있게 허락하는 것이었다. 상원 의원들은 그 부분을 거부했다. 전례가 없다는 이유에서였다. 결의안은 상원에서 찬성 98의 만장일치로, 하원에서 찬성 420, 반대 1표로 통과되었다.

이틀 후, 9월 16일 일요일 아침. 부통령 딕 체니는 메릴랜드 산악 지대에 있는 대통령 휴양지 캠프 데이비드Camp David가 굽어보이는 통나무 집 안가에 도착했다. 의회가 승인한 특별한 권한을 대통령이 어떻게 사용하게 될지를 설명하기 위해서였다. 최근 부통령을 지낸 그 어떤 인물보다도 행정 분야에 경험이 풍부한 체니는 이 순간이 바로 자신만의 것임을 잘 알고 있었다. 앞서 대통령은 텔레비전으로 중계되는 짤막한 대국민 연설을 했고, 이어 금요일 오후에는 핸드마이크를 든 채 세계무역센터의 잔해를 배경으로 대국민 연설을 했다. 이제는 체니가 말할 차례였다. 그의 전문 분야이기도 한 일의 추진 방식에 대해서였다.

방송용 조명등이 켜지고, NBC 프로그램 '언론과의 만남'의 팀 러서트Tim Russert가 몇 가지 질문을 하게 될 것이었다. 물론 시청자들은 부통령이 무슨 말을 하는지 듣고 싶어했다. 잠시 후, 체니는 예의 스텐토르Stentor(호메로스의 『일리아스』에 나오는, 50명의 목소리를 합한 것만큼 커다란 목소리를 낼 수 있는 전령—옮긴이)에나 비유할 수 있을 쩌렁쩌렁하게 울려 퍼지는 굵직한 목소리로 답변에 들어갔다. 표현 방식에서는 "그 점은 해결이 되었으니 필요하면 내가 연락을 하겠다"는 식으로 상대의 말을 팍팍 끊어버리는 듯한 보수적인 여운이 느껴졌다. 체니는 알 카에다와 싸워나가는 데 있어서 정부가 그 과정을 "어느 정도 은밀한 상태로 진행할" 필요가 있다고 말했다. 위기에 닥치면 허심탄회해진다. 온 나라가 커다란 충격에 빠져 있었다. 체니는 본래 모습과는 어울리지 않게 전국적인 텔레비전 방송망을 통해 자신의 작전 계획을 만천하에 공개했다.

"여기서 처리되어야 할 일들 대부분은 논의 없이, 우리 정보기관들이 이용할 수 있는 모든 정보를 이용해 조용히 처리되어야 하는 것들입니다. 그래야만 성공적으로 목적을 달성할 수 있습니다. 그것이 바로 정보기관 종사자들이 일하는 세계이기도 합니다. 그렇기 때문에 우리의 목적을 달성하기 위해 어떤 수단이건 마음대로 사용할 수 있어야 하며, 이는 절대적으로 필요합니다."

오사마 빈 라덴 전문가들은 "오사마 빈 라덴이 무슨 말을 하는지 귀를 기울여라. 모든 것이 그의 말 속에 다 들어 있기 때문이다. 그자는 허튼 소리를 늘어놓는 부류가 아니다"고 충고하곤 한다. 이번 경우, 그 말은 부통령의 발언에도 들어맞는 것이었다. 그의 발표에는 정말 많은 것이 담겨 있었고, 그가 말하는 방식에는 훨씬 더 많은 것이 담겨 있었기 때문이다. 그것은 해외에 그리고 우리 사이에 숨어 있을지도 모를 우리의 적들은, 악행을 저지르는 자들은 곧 정의로 벼려진 분노의 힘이 어떤 것인지를 맛보게 될 것이라는 대담하고 피를 끓게 만드는 구호에 비할 바가 아니었다. 이런 대담한 구호들이 효과적이지 못해서가 아니다. 그런 구호는 충분히 효과를 낼 수 있었다. 다만 그런 구호가 현재 미국이 직면해 있는 도전에 어울리지 않을 수도 있었다. 체니는 진정한 행동은 소집된 군대와 휘날리는 깃발로 가능한 것이 아니라고 말했다. 그것은 음지에서 조용히 이뤄져야 하는 것이었기 때문이다.

9월 17일 월요일 아침. 특별 각료 회의에서 대통령이 업무를 배정했다. 주말 동안 캠프 데이비드에서 정부 최고 당국자들과 심사숙고를 끝낸 참이었으니 이제는 그것을 실행에 옮겨야 할 때였다. 임무는 알 카에다 조직을 아프가니스탄의 망명지에서 몰아내고, 만약 필요하다면, 아프가니스탄의 집권 세력인 탈레반Taliban 정권까지도 전복시킨다는 것이었다. 이번 경우, 그 대응은 기존 방식과 새로운 방식을 연결시켜주는 것으로, 정보기관원들과 공군력 그리고 현지에 주둔하게 될 경무장 병력을 투입하게 되어 있었다.

그날 아침 부시가 각료 회의 석상에 둘러앉은 17명의 정부 고위 관리에게 말했다. "일차적으로 CIA가 투입될 겁니다."

회의가 끝나고 국무부, 재무부, 에너지국, 국방부, 법무부 장관에게 할당된 업무 목록이 내려졌다.

CIA는 아프가니스탄의 여러 부족에게 양해를 구해 특정 지역에 미군 특수부대가 들어갈 수 있도록 곧 사전 작업에 들어갈 것이었다. 원조를 해주든, 사전 정지 작업을 하든, 뇌물을 먹이든 무슨 방법을 써서라도. 표적 폭격이 곧 시작될 가능성이 대단히 높아졌고, 시기는 10월 초쯤으로 잡히는 분위기였다. 폭격이 끝나면 그곳으로 진군해 주둔하게 될 몇천 명 수준으로 제한된 미군은, 그 지역에 익숙하며 이제는 대통령의 전폭적인 신뢰를 받고 있는 CIA 요원들이 그런 지도에 주로 의존하게 될 터였다.

하루하루 시간이 흐르면서 수도 워싱턴은 '테러와의 전쟁'이라는 보이지 않는 적과의 싸움을 위해 부산하게 돌아가고 있었다. '테러와의 전쟁'이라는 말은 한결같지는 않더라도 이제 세계 각 지역에서 마치 자국어처럼 자리를 잡아가고 있는데, 테러 공격이 있고 난 후 부시 대통령이 그 말을 사용하기 전까지 일주일 남짓 기간 동안 이와 아주 흡사한 표현이 통용되고 있었다. 부시 대통령이 사태 수습에 한 획을 긋는 선포를 했던 것은 2001년 9월 20일 상하 양원 합동 회의에 출석해서였다.

"알 카에다를 상대로 '테러와의 전쟁'을 시작하지만 그것은 거기서 끝나는 것이 아닙니다. 이 전쟁은 전 세계적인 조직을 가지고 있는 테러 집단들을 모두 색출해 더 이상의 테러를 저지르지 못하게 무력화하고 응징하게 될 때까지 끝나지 않을 것입니다."

이 말의 의미는 일종의 잘못된 정의라고 할 수 있었다. 뭔가 부족한 상태로 거듭해서 정의되었던 탓에 자꾸만 그 의미가 변질되면서 통용되었던 것이다. 애리 플라이셔Ari Fleischer 백악관 대변인은 기자회견장에서 기자들의 질문을 받아넘기느라 진땀을 흘리고 있었다. 아주 중요한 사안인 '전쟁'이라는 낱말의 사용을 놓고 벌어진 광경이었다. 기자 중 한 명이 궁금증을 드러냈다.

"한 개인을 상대로 전쟁을 선포하려는 건 분명 아니겠죠?"

그 기자가 이어 물었다.

"관련 여부도 확인할 수 없는 상태에서 어떻게 특정 국가에 대해 전쟁을 선포할 수 있습니까?"

자크 시라크Jacques Chirac 프랑스 대통령은 9·11 직후 미국을 방문해 두 나라의 동맹 관계를 재확인하는 기자회견장에서 조지 W. 부시 곁에 나란히 서서 이렇게 말했다.

"우리가 '전쟁'이라는 낱말을 사용해야 하는 건지는 잘 모르겠습니다. 하지만 내가 말할 수 있는 것은 현재 우리가 완전히 새로운 성격의 전쟁과 대면하고 있다는 점입니다."

사실 몇 가지 즉각적인 대응은 이 "새로운 성격"에 초점을 맞추게 될 터였다. 그중 한 가지는 정보기관인 CIA가 일종의 느슨한 편제의 군대로서 여러 가지 임무를 수행해야 하는 작전의 주역을 맡게 되리라는 점이었다. 어쩌면 과도할 정도로 무거운 임무가 될 수도 있었다. 비록 9·11 테러 당시 정확한 사전 경고라는 가장 중요한 임무를 수행해내는 데는 실패했지만 CIA는 미국 정부 내 그 어떤 기구보다도 그 여파에 대해 잘 대비되어 있었다. 정부의 다른 부서들은 그제야 미국을 보호하고 방어하기 위해 조직의 어떤 능력을 사용할 수 있는지 찾아보고 있었지만 CIA는 '그 계획'을 이미 몇 년 전부터 세워두고 있었다. 테닛이 국제적인 테러 집단의 위협과 싸워나가기 위해 "우리는 비용이나 인력을 전혀 아끼지 않을 것"이라고 간부들에게 밝힌 후 꼭 1년째 되는 1999년에 이미 CIA는 알 카에다와 싸워나갈 전략 분석을 시작하고 있었던 것이다.

강경한 발언이었다. 하지만 이후 몇 개월, 몇 년이 지나도 그 호언장담에 상응할 만한 결과가 나타나지 않았다. 자금이 빠듯하다는 것은 분명한 사실이었다. 클린턴이나 부시 모두 예산 증액 요청을 번번이 거부해오는 동안 CIA 전체 예산 중 아주 적은 액수만이 테러 방지 노력 쪽으로 돌려지게 되었다. 1990년대의 '평화 배당금(peace dividends. 방위비를 줄여 복지·교육 등의 분야에 할당하는 것을 가리킨다— 옮긴이)'의 일환으로 예산의 거의 4분의 1을 삭감당한 CIA는 너무도 많은 분야에서 너무도 많은 약점을 지니게 되었다. 비밀 첩보 조직은 완전히 와해된 상태였다. 아랍 지역 휴민트 분야 정보원들은 거의 존재하지 않는 것이나 마찬가지였다. 테닛은 점점 증가하는 테러 위협에 대응하기 위한 전략으로 CIA 전체를 재건한다는 계획을 세웠다. 어디에 우선순위를 둔다거나 하는 것은 의미 없는 전략이었다. 수리를 위해 배를 통째로 선거船渠에 올리는 것에 비유할 만한 발상이었다. CIA는 한 발짝 한 발짝 계획에 따라, 너무도 많은 계획에 따라, 그 작업을 진행할 길로 들어서고 있었다.

이제 그런 계획들 가운데 일부가 갑작스럽게 실행에 옮겨지게 되었다. 9월 17일 각료 회의를 마친 후, 부시가 기밀 사항인 '대통령 직권명령'을 통해, 특히 비밀 첩보 활동 분야에서 CIA의 권한을 놀라울 정도로 대폭 확대하도록 승인한 것이다. 이제 CIA는 민간 감독 관청의 감독을 받지 않으면서 테러범들에 대한 치명적인 대응 수단을 사용할 수 있게 되었다. 또한 본질적으로는 비밀 외교정책이기도 했던, CIA와 외국 정보기관 사이의 연락 체계도 언제든 개방되어 있도록 할 수 있게 되었다. 이러한 추가 권한의 허가는 그 전날 CIA가 부시에게 보고했던 전 세계 80여 나라에서 테러에 대응할 작전을 어떻게 운용할 것인지에 대한 상세한 계획인 '세계 공격 매트릭스Worldwide Attack Matrix'를 성공적으로 수행하는 데 필요한 것이었다.

9월 18일. 부시는 8억에서 9억 달러 사이의 예산을 즉시 CIA에 배정하도록 하는 비밀 행정명령을 승인했다. 예산의 대부분은 이제까지는 우방이 될 수 없었고, 또한 도움이 되지 않았던 국가 안에 CTICs, 즉 대테러정보센터(Counter-Terrorist Intelligence Centers)를 세우는 데 들어갈 예정이었다. 이 전쟁에서 미국은 새로운 우방을 만들어야 할 판이었다.

CIA는 정보를 수집해 그것을 다른 기관에 넘겨주는 일을 주로 하는 기관이다. 이것이야말로 확실히 CIA의 일차적 역할이다. 이 기능은 워터게이트Watergate 사건을 계기로 과도한 비밀공작이 폭로되면서 갖가지 명령과 제한 그리고 의회감독위원회로부터 제약받기 시작한 1970년대 중반까지 계속 유지되었다. 이제 기존에 폐기된 기능을 새롭게 부활시킬 필요가 있었다. 정보의 정확성에 대한 요구가 더욱 커졌기 때문이다. 적시였다. CIA는 적에게 치명타를 날릴 가능성이 더 높은 비밀 첩보 활동으로 재빨리 그 영역을 넓혔다. 이 승부의 세계는 여러 다양한 문화 속에 몸을 숨긴 채 이슬람 세계를 위한 성전을 내세우는 테러리스트들에게 동조하거나 동조하지 않거나 혹은 그런 주장에 쉽사리 넘어가지 않는 개인이나 집단을 찾아내야 하는, 먹거나 먹히거나 둘 중 하나인 곳이었다. 이것은 상대와 일대일로 맞붙어야 하는 전쟁이었다.

　대통령의 직권명령이 서명되던 9월 18일, 랭리에서 벌어진 토론은 아드레날린과 테스토스테론(남성호르몬의 일종－옮긴이)의 영향으로 점점 더 자극적으로 변해가고 있었다. 코퍼 블랙은 알 카에다와 오랜 세월 싸워온 이력을 호기롭게 내세웠다. 그는 1994년 수단의 하르툼Khartoum에서 빈 라덴과 처음으로 맞붙었다. 둘은 각자의 조직을 동원해 상대를 염탐했고, 자동차 추격전에, 결국 빈 라덴이 블랙을 암살하려 시도하는 상황으로까지 확대되었다. 이제 새로운 경계선이 존재하게 되었다. 블랙은 부시와 국가안보회의 소속 인사들 앞에서 알 카에다 조직원들을 찾아내어 "머리통을 장대에 꿰어 효수"한다는 식의 중세 전쟁에서나 나올 법한 용어를 사용해 브리핑함으로써 그들을 자극했다. 그 용어는 곧 정부 내에 퍼졌고 적개심을 불러일으키게 되었다. CIA와 백악관 내부에서 빈 라덴과 알 자와히리Ayman al-Zawahiri의 머리통을 "상자에 담아" 가져와야 한다는 이야기가 오갈 정도였다. 갓 승인이 떨어진 CIA의 세계 공격 매트릭스에는 테러 용의자들의 체포와 심문 그리고 여기에 덧붙여, '내친김에'라는 단서가 붙기는 했지만 체포된 용의자들을 미국으로 압송해 미국의 법에 의한 심판을 받도록 해야 한다는 내용이 간략하게 언급되어 있었다. 블랙이 랭리의 한 동료에게 한 말이다.

　"간단한 임무야. 우린 적이 지구 어디에 있건 그 소재를 파악하고, 그런 다음에는 놈들을 찾아내 없애면 되는 거란 말일세."

알링턴Arlington 남동쪽으로 8마일 정도 떨어진 지점에 있는 세계에서 가장 큰 사무용 건물에서는 특별 살인 훈련 과정을 이수한 미군들이 대부분 방관자적 입장에서 구경만 하는 신세에 처해 있었다. 그 어느 때보다도 더욱 막강해진 화력을 갖춘 미국의 상비군이 인간의 교묘함에 놀아나 지원 세력 역할을 맡게 된 것이다. 작전의 주체는 CIA. 기존 주체였던 국방부는 아프가니스탄의 자그마한 표적을 겨냥한 작전 준비를 하고 있었다. 배치 예상 병력은 전체 병력의 극히 일부에 지나지 않는 최대 1만 명 내외. 그것도 추가 지시를 기다려야 할 형편이었다.

도널드 럼스펠드Donald Rumsfeld 국방부 장관, 폴 울포위츠Paul Wolfo-witz 국방부 부장관, 더글러스 페이스Douglas Feith 국방부 정책 담당 차관 그리고 그들의 비상임 자문 위원으로 로널드 레이건Ronald Reagan 대통령 재임 시 국방부 차관보를 지냈으며 현재는 대통령 국방자문위원회 의장을 맡고 있는 리처드 펄Richard Perle 같은 국방부 내 민간인 지휘권자들은 이런 점에 특히 속이 뒤틀리고 있었다. 이들은 모두 클린턴 대통령 재임 기간 내내, 그리고 현 부시 행정부 집권 초기 9개월이 지나는 동안 두 가지 주장을 강력하게 펼쳐오고 있었다. 하나는 군대 규모를 축소하는 대신 첨단 무기로 무장시켜 21세기에 어울리는 전투 능력을 갖추도록 하는 군 체질 개선이었고, 다른 하나는 사담 후세인 정권을 전복시킨다는 것이었다.

이들 모두는 오래전부터 CIA에 대해 반감을 가지고 있는 사람들이기도 했다. CIA가 저지른 실수와 멍청한 자만심을 내세웠던 일들은 20년을 거슬러 올라가도 어디서나 찾아볼 수 있었기 때문에 불만의 원인이 되는 사건들의 예를 들자면 끝이 없을 정도였다. CIA는 이란에서 이슬람 원리주의자들과 아야톨라 호메이니Ayatollah Ruhollah khomeini가 부상하게 되리라는 사실을 감지하지 못했다. 구소련의 붕괴도 감지하지 못했다. 1991년 이라크의 쿠웨이트 침공도 놓쳤다. 하지만 9·11에 대해서라면 CIA가 무능하다고 비판하기에는 애매한 면이 없지 않았다. 테닛과 다른 고위 간부들이 후임 대통령에게 하는 최초의 브리핑에서부터 알 카에다의 위협에 대해 거듭해서 경고해왔기 때문이다. 그러나 부시나 좀 더 경험이 많다고 볼 수 있는 체니 그 어느 쪽도 그런 경고에 대해 어떤 조치를 취할 계획을 세우지 않았다. 손쉽게 해결할 수 없는 골칫덩어리이자 종잡을 수 없는 성격을 갖고 있어 미국 정부라는 거대한 조직을 타성에 젖어 있도록 주문을 거는 듯한 존재인 빈 라덴 대신 일차적 초점이 사담 후세인Saddam Hussein 정권을 무너뜨린다는 쪽에 맞춰져 있었기 때문이다. 부시 대통령 임기 중인 2001년 1월 국가안보회의에서 백악관 국가 안보 보좌관 콘돌리자 라이스가 틀을 잡아놓은 대로 "이라크가 중동 지역 정세를 불안정하게 만들고 있다"는 판단 아래서였다. 2001년 봄과 여름, 국방부와 국무부 내에서 이라크의 주변국 침공 가능성에 대해 수십 차례 보고가 올라가는 동안 CIA는 알 카에다의 위협에 대한 경고 수위를 점점 높여갔다.

9월 19일. 부시는 서로 다른 목표를 가진 별개의 존재인 알 카에다와 이라크의 공격 목표가 하나로 집중되고 있는지를 알아보는 최초의 공식적 시도를 했다. 9월 12일 백악관 상황실 출입구에서 국가안보회의 대테러 국가 안보 조정관 겸 안보 보좌관인 리처드 클라크Richard Clarke와 특별히 그 문제에 관해 논의했으나 만족할 만한 결과를 내지 못한 채였다. 부시는 클라크에게 사담 후세인이 이번 공격과 연관성이 있는지를 물었고, 클라크는 후세인이 연루되어 있다는 증거는 분명 존재하지 않으며, 이 공격은 명백히 알 카에다의 소행이고, 알 카에다와 사담 후세인은 서로 잡아먹지 못해 안달인 관계라고 설명했다. 다시 9월 19일. 부시와 부통령 체니는 조지 테닛의 브리핑을 받는 자리에서 이 사안에 대해 한층 더 공식적으로 자신들의 주장을 펼쳤다. 부시가 테닛에게 말했다.

"나는 사담과 알 카에다 사이의 연결 고리에 대해 알고 싶네. 부통령이 뭔가 도움이 될 만한 일을 알고 있다더군."

그런 다음 부시는 비디오 링크를 통해 다른 안전한 장소에서 회의에 참석하고 있는 체니 부통령 쪽으로 시선을 돌렸다. 대부분의 외교정책이 그렇듯이 정보 수집 분야도 부시 행정부 출범 첫날부터 부통령의 업무 영역에 포함되어 있었다. 그리고 9·11 이후 체니의 책임 범위는 더 넓어져 있었다. 그의 집무실에는 거의 열 명에 육박하는 국가 안보 담당 직원과 보좌관이 포진하고 있었다. 체니가 그들 가운데 한 명이 찾아낸 정보를 테닛에게 들이댔다. 비행기 납치범들 가운데 하나인 모하메드 아타가 공격이 있기 5개월 전 체코 공화국의 수도 프라하에서 이라크 측 고위 정보 관리를 만났다는 것이다. 정보국장이 흠칫했다.

"당장 그 부분에 대해 확인해보겠습니다, 부통령 각하."

한 시간 후, 정보국장이 CIA 본부로 돌아오자 그의 사무실로 서너 명의 간부가 모여들었다. 테닛이 작전실 책임자 짐 패빗Jim Pavitt에게 대통령과 부통령의 요청에 대해 말했다.

"이건 체니와 부시가 직접 지시한 걸세. 당장 이 문제에 대해 알아봐야 해."

테닛이 말하는 동안 믿을 수 없다는 눈초리로 바라보던 패빗이 즉석에서 그 임무를 떠맡게 되었고, 그는 바로 그날 프라하 파견 사무소 책임자와 전화 통화를 했다.

9월 21일. 테닛 국장이 한쪽 옆구리에 파일을 끼고 정보실 고위 간부 한 명을 대동한 채 아침 정보 브리핑을 위해 백악관에 도착했다. 부시가 늘 하던 인사로 국장을 맞이했다.

"오늘은 또 어떤 정보를 주러 오셨나, 조지?"

테닛이 곧장 본론으로 들어갔다.

"프라하에 파견되어 있는 사무소에서는 그 보고서 내용에 대해 회의적입니다. 도대체 이해할 수 없는 일이라는 반응입니다."

그러고는 FBI와 CIA에서 수집한 신용카드 사용 기록과 통화 기록을 보면 문제의 기간 동안 아타Mohammed Atta는 버지니아 북부 지역에 머무르고 있었다면서 다른 증거들에 대한 설명도 보탰다. 아타가 머물러 있던 아파트는 CIA 본부에서 겨우 몇 마일 떨어진 거리에 있었다. 화면에서 그 상황을 응시하던 체니는 도대체 믿을 수 없다는 듯 고개를 절레절레 흔들었다.

그로부터 2주일이 지난 10월 초. 부통령 직속 국가 안보 담당 직원들과 국방부 장관실 내부 직원들이 정보 교환을 위해 만났다. 대테러 정책 평가단이라 불리는 펜타곤 소속 사람들은 국방부 정책 담당 차관 더글러스 페이스의 지휘를 받으며 럼스펠드와 부통령 집무실 양쪽에서 요구하는 정보를 즉시 제공하는 역할을 맡고 있었다. 각각 국가 안보 담당 직원들을 두고 있는 국방장관실과 부통령실은 서로를 지원하면서 공유하고 있는 목표를 추진해나가기로 되어 있었다. 굳이 관청 용어를 빌리자면, CIA가 주는 정보를 단순히 '소비하기만 하는' 입장이 되지 않기 위해서였다. 즉 우리도 나름대로 정보 수집을 할 수 있으니 CIA 너희들 너무 잘

난 척하지 마라는 심산에서 마련된 방편인 것이다.

그 자리를 차지하고 있는 정보에 굶주린 두 사람, 즉 부통령과 국방장관은 오랜 세월 함께 일해온 사이이기도 했다. 1969년 겨우 30대 중반의 나이에 전직 의원으로서 닉슨 행정부에 발을 들여놓은 도널드 럼스펠드는, 리처드 닉슨Richard M. Nixon 대통령조차 그를 대할 때 조심스러워 했을 정도로 행정 부문 지도자로서 두각을 나타낸 인물이다. 그는 자신이 맡은 경제기회국(the Office of Economic Opportunity) 수장 자리를 권력 기반으로 탈바꿈시켰고, 와이오밍 주에서 길러낸 국비 장학생이자 빠른 머리 회전에 박사 학위를 받아도 될 정도로 학점이 우수한 백악관 신참 직원 하나를 자신의 보좌관으로 채용했다. 바로 딕 체니였다.

럼스펠드와 체니, 이 두 사람의 입안과 실행 기술이 어느 정도인지를 잘 알게 해주는 사건이 1975년에 일어났다. 당시 럼스펠드는 제럴드 포드Gerald Ford 대통령의 비서실장이었고, 체니는 럼스펠드의 부하로 정보 관련 문제를 감독하는 책임을 맡고 있는 비서실 차장이었다. 이 두 사람은 그해 '할로윈 대학살(Halloween Massacre)'이라고 불렸던 복잡하고 교묘한 개각 작전을 막후에서 조종했다. 그 결과 럼스펠드는 국방장관을, 체니는 대통령 비서실장 자리를 차지하게 되었다. 나아가 국무장관으로 국가 안보 보좌관까지 겸임하던 실세 헨리 키신저Henry Kissinger를 벌거숭이로 만들어 내몰았고, 부통령인 넬슨 록펠러Nelson Rockefeller는 여당 강경파인 우익을 만족시키기에는 외교 문제에서 충분히 보수적이지 못하다는 이유로 권력 중심에서 밀어내버렸다. 럼스펠드와 체니는 포드 대통령에게 우익이 그를 지지한다는 생각을 갖도록 만들었다. 록펠러는 1976년 대통령 선거에서 포드의 러닝메이트로 거명되지만 여기서도 곧 제외되었다.

두 사람의 이런 식의 일 처리는 수도 워싱턴에서는 늘 있는 일이다. 말하자면 야심과 신념이 만나 추진력을 만들어낸 것인데, 특히 키신저의 경우는 대공산권 긴장 완화 정책이 소련에 관대한 것이었다는 확신에서 나온 것이었다. 이런 입장 때문에 두 사람과 당시 CIA 사이에는 불화가 생길 수밖에 없었다. CIA는 소련의 군사력이 급작스럽게 증대한다는 것을 보여주는 보고서를 만들어내는 대신 소련의 군사력이 갖고 있는 한계에 대한 경고(이것은 뒤에 가서 정확한 것이었음이 밝혀지긴 했다)만 가득하며, 전체적으로 상대의 전력을 정확하게 평가하기 힘들다는 내용으로 꽉 찬, 복잡하고 언제나 도망칠 구멍을 만들어놓는 것처럼 애매한 분석만을 내놓았기 때문이다. 결국 CIA의 윌리엄 콜비William Colby 국장을 밀어내어 CIA가 정책 추진 과정에 영향력을 행사하지 못하도록 만드는 것으로 할로윈 대학살이 마무리되었다. 그들은 콜비를 럼스펠드가 경쟁자로 여기던 인물로 교체했다. 찌그러져 가는 CIA로 귀양을 보내기에 적합한 인물 말이다. 그 인물은 중국으로 파견된 밀사(당시 아버지 부시는 국무부 베이징 연락사무소 소장이었다ㅡ 옮긴이) 조지 허버트 워커 부시George Herbert Walker Bush였다.

이것은 지금으로부터 30년 전의 이야기다. 체니나 럼스펠드에게 조지 W. 부시는 자신들과 동시대인의 자식에 지나지 않는 아주 부차적인 인물이었다. 최고 권력을 휘두르는 이 인물들의 복잡한 연대 관계에서는 사람들이 인생을 통해 확실히 알게 되는 기본적인 인간적 상호 작용, 즉 관습을 간과하지 않는 것이 중요하다. 친구나 동료의 아들은 어디까지나 아들일 뿐이며, 잘났건 못났건 그 부모와 관련지어 바라보게 되어 있다는 뜻이다. 체니에게 조지 W. 부시는 사담 후세인을 제거하지 않음으로써 역사의 부름에 화답할 기회를 놓친 전직 대통령이긴 하나, 존경하는 인물의 아들이었다. 한편 럼스펠드에게 조지 W. 부시는 지적인 면에서나 진취적인 면에서나 결코 자신의 상대가 될 수 없다고 여긴 인물이며, 사담 후세인 제거라는 역사의 부름에 화답할 기회를 놓쳐 그 열등함을 증명한 인물의 아들일 뿐이었다.

그런데 이 두 사람이 아들 부시 행정부에서 고위직에 자리를 잡는다. 외교정책 분야에 대해서는 도무지 경험이 없는 데다 편리하게도 자기 아버지 그늘에서 벗어나려고 발버둥치는 대통령이 이끄는 행정부에서 말이다. 복잡하게 계산해볼 필요도 없다. 그러한 제휴 관계는 논쟁적인 비망록이나 잊혀진 토론이 해내는 역할 이상으로 역사의 수레바퀴를 돌리는 힘이 되는 경우가 더 많으니까. 지금으로부터 한 100년쯤 지난 후, 학자들이 이 배역들이 늘어선 것을 보고는 사담 후세인은 이제 틀림없이 죽은 목숨이라고 말하게 될 가능성이 높은 이유도 바로 거기에 있다. 결국 그것은, 단순히 이 세 사람이 모두 동의하고 거기에 열정을 보이느냐의 문제일 뿐이었다. 권력을 잡은 자들은 공교롭게도 자신들이 공유하고 있는 것 쪽으로 무게를 두게 되며 자신들이 원하는 것을 얻으려고 한다. 성품이 곧 팔자라는 말처럼 이런 관점에서 돌이켜본다면, 2001년 1월 부시 행정부 출범 후 처음으로 열렸던 국가안보회의의 회의 내용이 사담 후세인 정권 전복에 관한 논의였다는 것은 전혀 놀랄 만한 일도 아니다. 그리고 두 번째 회의 내용 역시 마찬가지였다는 것도. 그것은 전복시킬 것인지 말 것인지가 아닌 전복시키는 방법에 대한 논의였다.

9·11 이후 미국의 상비군과 그들의 민간인 지휘자들은 필사적으로, 그리고 아주 당연하게 국가에 기여할 방법을 찾으려 들었다. 그것은 주로 어떻게 대통합을 이뤄내느냐의 문제가 될 터였다. 11월이 되어 부시가 럼스펠드를 한쪽으로 데리고 가서는 이라크를 침공하기 위한 자세한

계획을 세우라고 말한다. 체니가 럼스펠드에게 그런 요청이 있게 되리라고 이미 언질을 주었을 것은 거의 확실하다. 부시는 럼스펠드에게 정부 고위층 다른 누구에게도 그런 사실을 발설하지 말 것과, 고위 관리들에게 그 요청이 그저 늘 있어 왔던 일상적인 것처럼 여겨지도록 행동할 것을 지시한다. 만약 두 번째 요구가 체니의 전략적인 브리핑 없이 이뤄진 것이라면 놀라지 않을 수 없는 일이다. 이거야말로 체니가 30년 넘는 세월 동안 수도 없이 해왔던 일 가운데 하나에 지나지 않기 때문이다. 모든 상황을 사전 계획에 의하지 않은 것처럼 더할 나위 없이 교묘하게 막후에서 미리 손을 써두는 것이 그의 장기였다. 그러므로 그것들은 결코 즉흥적으로 결정된 것이 아니다. 그것들은 언론이 캐고 들 것을 예상해 미리 엉뚱한 각본을 짜두는 것에 해당하는 관료주의적 술수다. 미국이 공식적으로 후세인 정권 전복을 위한 구체적인 작전 지침을 세우는 동안 그 사실을 부시와 체니 그리고 럼스펠드, 딱 세 사람만 알고 있었다. 그 사실을 숨기려 드는 근본적 이유는 분명했다. 껄끄러운 문제 하나가 남아 있었다. 사담 후세인의 축출을 '테러와의 전쟁'이라고 불리는 것에 어떻게 매끄럽게 갖다 붙이느냐의 문제였다. 이제 있지도 않는 정황에 대한 갖가지 단정이 내려지게 될 터였다.

정보의 중요성, 이것은 9·11 테러가 주는 근본적인 교훈이다. 지도에도 표시되어 있지 않은 땅을 더듬거리며 필사적으로 나아가고 있는 정부 전체가 바로 그 정보에 굶주려 있었다. 광대한 아프가니스탄 풍경 속에 존재하는 편리한 표적도, 미국의 적인 테러리스트들의 정확한 본질과 능력도 또렷하게 초점이 맞춰지지 않았다.

10월 7일. 미군 폭격기들이 아프가니스탄을 폭격하기 시작하고 미 지상군이 공격을 준비하기 위해 걸프 지역 전체에 집결한 지 얼마 지나지 않았을 때, 서방의 한 정보기관이 미국에 기절초풍할 사실을 폭로했다. 그 정보를 통해 구체적으로 나타난 사실은 바로 악몽의 윤곽이었다.

무대는 9·11 테러가 발생하기 3주일 전, 8월 중순의 훈훈한 밤 칸다하르의 한 모닥불 곁이었다. 남자들이 식사를 하거나 차를 마시고 있었다. 모닥불 불빛으로 보이는 사람은 오사마 빈 라덴과 그와 유일하게 동등한 자격을 가진 인물인 아이만 알 자와히리였다. 알 자와히리는 이집트계 외과의로, 제대로 교육받은 전략가들이 잔뜩 포진된 한 이슬람 성전 조직을 이끌다 1998년 빈 라덴의 성전 조직에 합류해 알 카에다를 구성한다. 이 두 사람은 얼마 지나지 않아 온 세상 사람들의 입에 오르내리게 된다. 10억 정도 되는 사람들에게는 개인숭배 대상인 영웅으로, 그리고 나머지 10억 정도의 사람들에게는 천하의 개쌍놈으로 취급받으면서 말이다. 하지만 이 시점에서 두 사람은 주로 대테러 전문가들이나 별로 인기도 없는 이슬람교도들의 웹사이트를 밤낮으로 뒤지는 정보 수집자들에게나 알려져 있었다.

모닥불을 사이에 둔 빈 라덴과 알 자와히리 맞은편으로는 술탄 바시루딘 마흐무드Sultan Bashiruddin Mahmood와 그와 뜻을 같이하는 동료 압둘 마지드Abdul Majid로 여겨지는 두 남자가 앉아 있었다. 마흐무드는 파키스탄 정부가 30년에 걸쳐 추진하던 핵폭탄 제조 사업에서 핵심적인 역할을 한 족장으로, 그 사업은 마침내 성공을 거두었다. 이러한 노력 이면에 존재하는 추진 세력에는 고집불통에다 도대체 어떻게 손써볼 수 없는 압둘 카디르 칸Abdul Qadeer Khan이 있는데, 그는 1970년대에 농축 우라늄 생산을 위해 서방 국가의 설계도를 훔쳐내 1980년대에 폭약 제조라는 결과까지 달성해낸 인물이다. 한편 파키스탄 원자력에너지위원회 위원장이자 농축 우라늄 제조법 전문가인 마흐무드의 위치는 나라에서 그를 예우하는 훈작까지 내렸을 정도였다. 그 훈작은 1990년대 말 핵무기가 이슬람 제국에 보급되어야 한다는 생각을 지지하는 기반으로 활용되기도 했다. 그 후 그는 점점 더 급진 과격주의 쪽으로 기울었다. 파괴적인 무기의 지원으로 '세계의 종말' 시나리오가 촉발되면 이슬람에게 기쁨에 넘치는 승리를 가져다줄 것이라고 믿어서였다. 1999년이 되자, 그런 큰소리 때문이었는지 그는 공직에서 밀려나는 신세가 되고 말았고, 재임용되긴 했지만 좌천이나 다름없는 자리가 기다리고 있을 뿐이었다. 모욕감을 느낀 마흐무드는 사직하고 말았다. 그리고 이제, 한심한 노릇이지만, 빈 라덴이나 자와히리 따위와 힘을 합쳐서라도 다시 표면에 나서기 위해 애써야 할 정도가 되었다.

엄청나게 많은 일을 신속하게 해치워야 했다. 누가 그 모임에 참석했는지 확실해졌다. 그렇지만 이 시점에서 마흐무드와 연계된 인물이 누구란 말인가? 그는 어느 쪽으로 움직일까? 파키스탄의 핵무기 제조 전문가들과 만난 빈 라덴과 알 자와히리의 의도는 무엇일까? 그리고 미국 정보기관은 과연 파키스탄 측에 미국이 알아낸 것이 무엇인지, 미국이 의심하고 있는 것은 무엇인지 말해줄 수 있을까? 파키스탄 측에서 가장 숨기려 드는 분야가 바로 그들이 탐내는 핵무기 제조 프로그램에 관해서다. 이것은 파키스탄에 있어서 그 가치를 계산할 수 없을 만큼 국가적 자긍심의 핵심이 되는 부분이다. 테닛과 맥롤린은 시작 단계에서 주로 "정보채널"을 통해 접촉이 이루어지는 이 모든 정보의 끈을 결코 놓지 않으리라 다짐했다.

테닛과 패빗은 인접국인 아프가니스탄에서 전쟁이 시작되자마자 CIA 이슬라마바드 파견 사무소 소장 밥 그레니어Bob Grenier에게 연락을 취했다. 그 사무소는 CIA 정보망 가운데 가장 큰 규모로 성장하고 있었다. 그레니어는 비밀 회선을 이용한 통화로 새로운 정보를 입수해왔기 때문에 이제까지 알려진 거의 모든 정보에 대해 알고 있었다. 여기서 하나 묻지 않을 수 없다. 탈레반 정권이 들어서는 데 결정적 역할을 한, 무자비함과 이중성으로 악명이 높은 조직인, 파키스탄의 정보기관 ISI에 어느 정도까지 정보를 줄 수 있는가?

9·11 테러가 터지고 난 후 최초라고 할 수 있는 첩보 활동에서의 긴급한 난제가 표면화되었다. 빈 라덴의 손에 핵무기를 쥐어줄 수 있는, 이슬라마바드에서 칸다하르까지의 비밀에 싸인 경로를 알아내야 했다. 하지만 움직이기에 앞서 전 세계에서 진정으로 신뢰할 만한 우방이 누구인가 하는 점부터 결정을 내려야 했다.

"어서오세요, 브렌트."

"반갑네, 딕."

10월이 되자 백악관에서 자주 만나 자리를 함께하곤 하는 두 사람이 있었다. 보통 사람이라면 아무리 해도 제집처럼 익숙해지지 않을 백악관이 이 두 사람에게는 대부분의 시간을 보낸 곳이었다. 그것도 중요 인사로서 전성기를 누린 곳이었다. 이들은 서로가 일궈낸 성과에 경의를 가지고 상대를 신뢰할 만한 존재라고 여겨왔다. 비록 투표로 선출된 대통령은 아니지만 미국이라는 배에 올라타 육분의와 해도를 자신의 생각대로 휘둘러댈 수 있는 위치에 있었기 때문이다. 그리고 오랜 친구 사이라면 으레 그렇듯 이 두 사람은 결코 서로의 나이나 직위 고하에 따라 위아래를 따질 그런 사람들이 아니었다.

9·11이 터졌던 것은 겨우 한 달 전이었다. 그리고 오늘은 그날 이후

확 달라져버린 세상에 대해 무엇이 변했고 무엇이 그대로인지 솔직하게 의논하는 첫 자리였다. 두 사람이 가장 잘할 수 있는 일을 하게 된 것이다. 이들은 지금껏 치밀한 분석과 상황에 맞는 설명을 바탕으로 심도 있는 평가에 목적과 전략을 결합해 합당한 조치를 찾는 일을 해왔다. 만약 그게 아니라면, 좀 더 구체적으로 말해, 대통령에게 어떤 조치를 취해야 하는지 조언하는 것이 이들이 가장 잘할 수 있는 일이라고 할 수 있다.

브렌트 스코크로프트Brent Scowcroft, 그는 국가 안보 담당 보좌관으로서 제럴드 포드 대통령에게 그랬던 것처럼 아버지 부시 대통령에게도 상담역이었다. 리처드 닉슨 대통령 시절에는 그가 최초로 만나게 된 가장 큰 후원자이자 조언자인 헨리 키신저의 국가 안보 담당 차관보로도 있었다. 헨리 키신저는 당시 세계를 마음대로 주무르던 최고의 권력자였다. 스코크로프트는 그런 자리에서 30여 년간을 보냈고, 그러다 보니 세계정세를 있는 그대로 꿰뚫어 보는 능력에서는 아무도 따라올 수 없을 정도가 되어 있었다. 그뿐 아니었다. 들끓고 있는 지구촌이 미국이 세운 원칙과 실력 행사에 대해 어떻게 반응하게 될 것인지에 대해서도 훤했다. 그는 중국과의 수교, 데탕트, 구소련 붕괴에 대한 대응책 마련 그리고 쿠웨이트에서 사담 후세인을 몰아내기 위한 1991년의 걸프전 등과 같은 다양한 실험의 주역이었다.

조지 W. 부시가 대통령에 당선되자 당시 팔순에 가까운 나이였지만 능력은 조금도 줄어들지 않았던 스코크로프트는 대통령 해외정보자문위원회 의장으로 임명되었다. 해외정보자문위원회는 16명의 의원으로 구성된 초당적 평의회로, 대통령에게 "국가의 정보 공동체가 국가가 필요로 하는 정보를 수집해내고 있는지 그 효율성을 따질 때 독립적인 자문기관 역할"을 수행하도록 1956년 드와이트 아이젠하워Dwight Eisenhower가 설립한 기구다. 비록 조지 W. 부시가 이 위원회에 의존하는 일은 없었지만 말이다. 그거야 아무래도 상관없는 일이었다. 자문을 받느냐 마느냐는 어디까지나 대통령의 선택에 달린 문제였으니까. 그리고 스코 크로프드 역시 그 이상의 것을 기대할 정도로 물정 모르지 않았다. 그는 현 국무장관인 콜린 파월Colin Powell의 조언자이자 안내자며, 국가 안 보 보좌관 콘돌리자 라이스를 발굴해내다시피 한 사람이다. 라이스가 스 탠퍼드 대학교에서 소련의 권력과 유럽 문제 전공 교수로 재직하던 1989 년, 그녀를 발탁하겠다고 점찍었던 사람이 바로 스코크로프트였던 것이 다. 라이스의 국가 안보 보좌관보 스티븐 해들리Sthphen Hadley 또한 스 코크로프트의 사람으로, 그는 1990년대를 이 장군(스코크로프트는 공군 예비역 중장 출신이다― 옮긴이)이 창립한 국제 관계 컨설팅 회사 스코크로 프트 그룹(Scowcroft Advisors)의 주역으로 활동했다.

그런 브렌트 스코크로프트에게 정말 주목을 끌 만한 부분이 있다. 41 대 대통령이었던 아버지 부시가 가장 신뢰하는 의논 상대였던 점이다. 아버지 부시에게는 절정의 순간이자 오래도록 그의 유산으로 기억될 걸 프전도, 후세인의 쿠웨이트 침공은 미국의 핵심적인 이득과 정면으로 배 치되는 국제법 위반이라는 스코크로프트의 단호한 입장과 강력한 권고 가 막후에서 조용히 작용했기 때문에 강행될 수 있었다. 키신저가 닉슨 에게 전 세계에 대한 야심의 날을 예리하게 세우도록 했던 것과 마찬가 지로 스코크로프트는 자신이 모시는 대통령의 세계주의적 충동을 분석 적인 정연한 논리로 더욱 단단하게 강화시켰던 것이다. 그리고 '현실주 의자' 파벌―미국의 야망, 대개는 아주 고상하게 포장되곤 하는 미국의 이상주의는 힘의 한계와 적절한 사용이라는 면에서 실용주의적 측면과 조화를 이루도록 할 필요가 있다는 견해를 가진 집단―을 형성시킴으로써 대외 정책 입안에 있어서 자신의 영향력이 연속성을 갖도록 했다.

올곧은 심성에 예의바른 스코크로프트는 어지간해서는 자신의 주장을 고집하지 않지만 일단 그렇게 하려 들면 요지부동이라는 것과, 그들 세대 남자들이 그런 것처럼 다정한 성품을 지녔다는 점에서 아버지 부시와 잘 통했다. 게다가 그는 케네벙크포트Kennebunkport에 있는 부시 가문 저택 인근에 콘도미니엄 한 채를 소유하고 있어 전직 대통령과 이틀이 멀다 하고 만나 이야기를 나누곤 했다.

그러한 사실은 스코크로프트가 부시 가문 사람이 아니라면 거의 모르고 있는 것들에 대해서도 잘 알고 있음을 의미한다. 아버지 부시와 아들 부시, 이 두 대통령이 그다지 친밀한 사이가 아니라거나, 혈연과 미국의 정치사라는 두 가지 문제에 의해 뗄 수 없는 사이인 두 사람이면 당연히 그러리라 예상할 수 있는 의미 있는 논의 같은 것이 두 사람 사이에 전혀 이뤄지지 않고 있다거나 하는 사실 말이다. 이것은 좀 껄끄러운 문제였다. 스코크로프트는 현 대통령이 취임한 처음 10개월 동안 왜 자신이 좀 더 자주 백악관에 불려 들어가지 않는지, 그 이유가 여기 있을 수도 있겠다고 짐작하고 있었다. 그럼에도 그는 현 대통령 부시를 좋아했다. 어떤 대통령에게든 마찬가지겠지만 이 새 대통령에게는 풍부한 경험을 가진 인물로부터의 조언이 특히 더 절실한 형편이었다. 그는 기다렸다. 대통령이 시키는 일이면 무슨 일이든 늘 해왔던 것처럼 철저하게 해낼 준비가 되어 있었다.

그리고 이번에 스코크로프트에게 맡겨진 일은 미국의 정보 능력을 평가하고, 그 결과를 서면으로 대통령에게 보고하는 것이었다. 그는 젊은이처럼 정력적으로 이 일에 뛰어들었다. 이 일에 그보다 전문가인 사람은 없다고 봐도 과언이 아니었다. 수십 년 동안 그는 루스벨트룸Roosevelt Room(현재 백악관 대통령 집무실인 오벌오피스 맞은편에 있는 회의실. 루스벨트 대통령 시절에는 이 방이 대통령의 낚시 기념품으로 장식되어 있었기 때문에 Fish Room으로 불렸고, 대기실로 활용되었다. 이 방을 루스벨트룸으로 명명한 사람은 닉슨 대통령이었다— 옮긴이) 전체를 도배하고도 남을 만큼의 CIA 보고서와 NSA(국가안보국)에서 급송된 공문서들을 탐독하면서 수집된 정보라는 '제품'의 소비자로 지내왔기 때문이다.

2001년 늦여름에 그가 완성한 보고서의 핵심은, 미국의 정보 체계는 이제는 지나가버린 시대에나 맞는 구시대의 유물이라는 내용이었다.

CIA는 1947년 창설된 조직으로, 비슷한 시기에 민간인 신분으로 군지휘권을 가지며 대통령에게 직접 보고하는 국방장관실(OSD, the Office of the Secretary of Defense)이 생겨났다. CIA 국장은 대외 정부 업무를 관장하며 대통령에게 직접 보고를 하는 것으로 추정되고 있었는데, 두 가지 역할 모두 애매한 면이 있는 데다 더 커질 소지도 다분했다. 반면 육군, 해군, 공군 등 군대 조직은 각기 군인인 지휘관들의 지휘를 받는 독립된 조직으로, 국방장관실은 위태롭게 그 꼭대기에 올라앉은 형국이었다. 하지만 소련이라는 거대 제국과의 45년에 걸친 긴 싸움인 냉전이 시작되고 있었고, 한국과 베트남에서의 전쟁을 치러야 했으며, 영향력과 안보라는 영역에서 서로 경쟁 관계에 있는 기관들이 생겨나면서 제도와 관련된 의문점에 대한 모든 답변을 국방장관실에서 맡게 되었고, 그렇게 조직이 커지자, 거의 10여 개국의 전체 경제 규모보다 더 큰 금액의 예산에 대한 권한을 행사하게 될 정도로 막강한 힘을 갖게 되었다.

스코크로프트는 보고서에서 CIA를 이렇게 분석했다. 근본적으로 CIA는 소련이라는 단일한 적수에 초점이 맞춰져 있으며, 소속 요원들과 분석가들 역시 자신들처럼 존재가 드러나지 않는 공산주의자들의 술수에 대응하는 데는 전문가들이다. 한편 국방부(DoD, Department of Defense) 또한 힘차게 정보 수집 활동에 뛰어들어 삽시간에 CIA를 왜소해 보이도록 만들었다. 1990년대 내내 CIA 예산의 거의 두 배에 해당하는 연간 60조 달러에 육박하는 것으로 추정되는 예산을 사용한 국가안보국은 국방부 관할이다. 정부에 소속된 나머지 정보 수집 기관들의 경우도 엄청난 예산이 투입된다는 점은 마찬가지다. 2000년까지 국방부는 미국 정부 전체 정보 수집 관련 예산의 대략 80퍼센트 정도를 관장하게 될 것이었다.

스코크로프트가 보고서에서 가장 역설한 부분은, 구소련의 붕괴는 미국의 정보 수집 노력과 거기에 투입되는 엄청난 재정이 엉뚱한 방향에 사용되고 있음을 의미한다는 것이었다. 그는 세계 각처에 분산, 포진하고 있으며, 구소련의 경우와 달리 일반적으로 미국을 파괴할 의도를 갖고 있지 않거나, 어떤 경우가 되었건 그럴 능력조차 갖지 못한 상이한 경쟁 세력들, 테러리스트들, 이념 운동가들 그리고 반미 세력들에 대처하기 위해 필요한 정보가 어떤 것이 될지 그 윤곽을 개략적으로 설명했다.

체니와 스코크로프트가 부통령 집무실에서 만나 보고서를 통해 대통령에게 건의할 사항에 대해 논의한 것은 8월이었다. 건의 사항에는 중앙정보국장이 전체 정보기관의 수장 역할을 하면서 현재 국방부가 주관하도록 되어 있는 예산 편성과 관련된 권한의 가장 큰 부분을 좌지우지하게 되는 상황을 변화시키기 위해 "상자들을 옮겨놓는 것"도 포함되어 있었다. 부통령은 주로 상대의 말을 경청하는 쪽이었고, 그 의견에 동의하는 것처럼 보였다. 회의는 아주 화기애애했었다. 하지만 9·11 테러가 발생했고, 스코크로프트는 준비 중이던 보고서를 9·11 테러 공격을 토대로 수정하라는 요구를 받게 되었다. 이제 보고서 수정이 마무리되고 체니가 한 번 정리하게 되면서 다시 부통령 집무실을 찾게 되었다.

스코크로프트와 체니는 먼저 9·11에 대해 이야기를 나누었다. 스코크로프트가 대통령은 어떻게 지내고 계시며, 콘디(콘돌리자 라이스)와 부통령 당신은 지난 한 달간의 곤경을 어떻게 견뎌냈는지 안부를 물었다. 그런 상황에서 자신을 찾지 않는 게 이상했지만 그에 대해서는 언급하지 않았다. 체니가 자신은 별일 없으며 대통령도 괜찮다면서 그의 염려에 화답했다. 스코크로프트가 20쪽짜리 그 보고서는 별로 수정한 게 없다고 말했다.

"세상에, 아프가니스탄에서 시작된 거였네. 전 세계에서 가장 낙후되고 잊혀진 곳에서라니. 이건 위협의 진원지가 어디인지에 대해 우리가 얼마나 아는 게 없는지를 보여주는 것이야."

물론 그 테러 공격은 그들이 늦여름에 논의한 적 있는, 감시하기도 판단을 내리기도 힘든 그런 종류의 위협이었다. 스코크로프트는 필요한 정보가 맞춤한 때에 들어온다면 그 정보의 성격부터 재고해봐야 한다고 덧붙였다. 첩보 기능은 각 정보 수집 기관과 육해공군 소속 정보 수집 기관이 나누어 가지고 있었다.

"우리에겐 분석을 위한 큰 자료실이 필요해."

'집적aggregation'이니 '통합integration'이니 하는 전문가풍의 점잖은 어휘에 밀려난 고풍스런 용어 '자료실'이 스코크로프트로부터 튀어나왔다. 그의 말은 모든 정보를 자료실 한군데에 모아두어야 한다는 의미였다. 그리고 보안 허가를 받은 사람이면 누구나 신분을 확인한 다음 출입할 수 있게 하고, 특정 구역에 대해서는 다양한 추가 허가 절차를 마련하면 될 것이며, 그곳 전체를 CIA 및 새로운 권한을 더 갖게 되는 정보국장(DCI)이 감독하면 된다는 것이었다. 결국 CIA가 여전히 최고의 정보 수집 기관이며 수집된 정보의 집하장이며 까다롭고 난해한 정보 분석을 할 수 있는 기관이니 말이다.

체니가 고개를 끄덕였다. 스코크로프트는 정보를 수집하고 분석해야 하는 새로운 대상들이 분산되어 있고 종류도 다양하다는 점은 정말 생각만 해도 기가 질릴 정도라고 논평했다. 1947년 소련이라는 하나의 적수를 상대할 때 그랬던 것처럼 계속 상승하는 하나의 긴 학습곡선 같은 것은 존재하지 않으며, 이제는 그런 학습 대상이 한 50개는 되는 상황이라고도 했다. 그의 말은 계속되었다. 알 카에다는 이집트와 사우디아라비아 조직이 주를 이루는 몇 개의 이질적인 테러 조직의 결합체지만, 10여 개 나라에 그와 비슷한 다른 조직들이 존재한다. 새롭게 뭔가를 획책하는 국가들은 새로이 파괴적인 무기를 개발하고 그 한계를 시험해보려 든다. 이러한 국가들은 민족주의 운동의 온상이 된다. 전 세계를 휩쓸고 있는 세계화 물결에 맞서는 자연스러운 이질적 현상으로서 말이다. 어떻게 하면 이 모든 세력에게 초점을 맞추도록 해 있는 그대로 명백하게 응징할 수 있을까? 모든 정보 수집 노력을 통합 정리하는 것이 그 방법이라고 생각한다.

스코크로프트가 다시 원래의 논점으로 돌아왔다.

"그거야말로 유일하게 남아 있는 기회일세. 그러지 못하면 우리에게는 계속 기습당할 일만 남겠지. 이것은 우리가 상자들을 옮겨놓아야 한다는 뜻일세."

상자를 옮긴다는 것은 폭넓은 조직 개편을 의미했다.

체니가 이의를 제기했다.

"상자를 옮긴다고 문제가 해결되지는 않아요. 전혀."

스코크로프트가 당장은 아니겠지만 시간이 흐르면서 제도적인 명령이나 지시가 변화를 만들어내기 시작하고, 사람들도 '새로운 방식으로 생각하기 시작할 것'이라며 맞섰다. 그는 당장 무슨 조치를 취해야 하지만 장기적인 안목을 가져야 할 것이라고 말했다.

"소련이 붕괴된 지도 벌써 10년이 지났네. 우린 공격을 받았어. 우리 방식은 오래전에 유통기한이 지난 거란 말일세."

두 사람의 이야기는 정보 수집 기관들 사이에 존재하는 의사소통에 방해되는 벽을 허물 필요가 있다는 것으로 옮겨졌다. 그러나 어떤 방해물이 존재하는지 정도만 논의되었을 뿐 어떤 조치를 취할 것인가에 대한 본질적 합의 수준에는 미치지 못한 채 계속해서 맴돌기만 할 뿐이었다.

결국 스코크로프트가 자신의 칼을 빼들었다. 그는 예산 책정 권한을 국방부에서 넘겨받아 그 대부분을 확대된 권한을 갖게 된 중앙정보국장과 CIA에 넘겨준다는 것을 포함해, 그런 조직 개편에 대해 럼스펠드와도 이야기를 했다고 체니에게 털어놓았다. 스코크로프트는 럼스펠드가 자신과 나눈 대화 내용을 체니와 이미 공유했을 것으로 여기고 있었지만 어쨌거나 럼스펠드와의 대화 결과를 말해줬다. 돈(도널드 럼스펠드)과 딕(체니)은 모든 정보를 공유한다는 것을 그도 알고 있었다.

"돈은 내 생각에 강력히 반대하는 입장일세."

스코크로프트의 단도직입적인 말에 체니가 고개를 끄덕였다. 그렇게 되자 두 사람은 모든 것을, 어쩌면 너무도 많은 것을 다 알게 되었다. 두 사람은 수년 동안 럼스펠드의 방식에 반대해온 10여 명의 인물이 누구누구인지 너무도 잘 알고 있었다. 그들 가운데는 제대로 된 생각에서 반대했던 사람도 있었지만, 이제는 퇴물이었다. 키신저와 록펠러가 대표적이었다. 넬슨 록펠러는 1970년대에 체니의 도움을 받은 럼스펠드에 의해 권좌에서 밀려난 부통령으로, 그 늙은 황소는 럼스펠드를 '경멸할 가치도 없는 인간'으로 치부하는 경우가 많았다.

스코크로프트가 말했다.

"이보게, 딕. 내 제안이 실행에 옮겨진다면 혼란이 따르기는 할 걸세. 그것은 피할 수 없는 일이야. 만약 자네가 지금은 그렇게 하기에 적절한 때가 아니라고 한다면 난 내 생각에 미련 두지 않고 그저 조용히 물러나겠네. 분란을 일으키고 싶지는 않거든. 그런데 말이야, 내가 보기에는, 이 사안이 반드시 당장 어떻게든 다뤄져야 할 필요가 있거든. 지금이 바로 그때란 말일세! …어쨌든 자네 지휘에 따르겠네만."

체니는 한동안 말이 없었다. 앞뒤 상황 판단을 하고 있었던 것이다. 그는 당장에 미국의 힘을 이용하는 대담한 전략들을 염두에 두고 있었다. 첫 단계로 아프가니스탄을 침공하고, 둘째 단계로 이라크 정권을 바꿔놓는다. 하지만 확고한 현실주의자이기도 한 스코크로프트가 럼스펠드의 부하 폴 울포위츠가 갖고 있는 소탕 작전이라는 생각에 끌릴 리 만무했다. 폴 울포위츠는 미국의 힘이 불량 국가들 정권을, 특히 골칫덩어리인 아랍 세계를 친미적 민주주의로 바꿔놓는 데 사용되어야 한다고 믿는 인물이다.

그러니까 이제 스코크로프트는 자신의 신중한 제안으로 인해 도널드 럼스펠드와 충돌하지 않을 수 없는 길에 들어서 있었다. 41대 대통령의 사람과 43대 대통령의 사람이 한판 붙게 된 상황인 것이다.

잠시 뜸을 들이던 체니가 말했다.

"아닙니다. 그렇게 하세요. 대통령께 보고서를 제출하시지요."

스코크로프트는 보고서 전체에 수정할 공간을 따로 남긴 상태로 제출하겠다고 말했다. 그런 다음 수많은 일을 함께 처리해온 전우이기도 한 두 사람은 악수를 나누었다.

그들이 나눈 악수와 어렴풋한 미소 속에는 무엇이 숨겨져 있었을까?

그렇게 헤어지면서 두 사람은 어떤 기분이 들었을까? 그것이 궁금한 이유는, 그것이 스코크로프트와 체니의 마지막 만남이었기 때문이다.

오마하에 있는 퍼스트 데이터의 거대한 데이터 처리 센터에 밥 밀러 Bob Mueller의 요원들이 들어와 자리를 잡았다. 덴버에 본사를 두고 미국 내 신용거래의 거의 절반에 이르는 분량을, 그리고 전 세계 모든 국가의 신용 거래를 관여하던 이 회사는, 『포춘Fortune』지 선정 500대 기업 가운데 하나였다. 그리고 퍼스트 데이터의 자료가 저장된 그 거대한 컴퓨터는 어디라도 자유롭게 돌아다니던 연방 정부 요원들조차 뒤지지 못한 곳이었다. 이제 그들은 그곳의 내부 깊숙이 들어와 있었다.

테러 공격이 있은 직후의 공황 상태와 공격의 '두 번째 물결'을 두려워하는 상황에서 그런 곳에서 보내는 시간은 차라리 잘된 일로 여겨질 정도였다. 어차피 비행기 납치범들의 이름부터 시작해 조사해봐야 할 것들이 산적해 있는 상황이기도 했다. 전 세계의 아타Atta니 한주르Hanjour니 하는 이름을 가진 사람들 하나하나를 찾아내어 대조하고 행적을 추적해야 할 필요가 있었다. 청구서를 보낸 주소지가 카드 사용 내역과 대조되어야 하고, 지역은 날짜와 대조되어야 하는 일들이었다. 이자가 바로 그 문제의 아타일까, 아니면 엉뚱한 아타일까? 만약 이 아타가 그들이 찾는 사람이라면, 그의 지출 내역은 수천의 관련 인물에 대한 조사의 근간이자 암흑의 여정을 밝혀줄 조명탄을 얻게 되는 셈이었다. 그리고 그런 인물은 이미 알려진 또 다른 테러리스트들이나 자금줄, 테러리스트들이 은신해 있을 안가, 그 테러리스트들이 자주 드나드는 장소 등을 찾아낼 수 있는 길을 밝혀주게 될 수도 있었다. 그것은 이 작업으로 얻을 수 있는 최소한의 효과였다.

그렇다면 그들은 왜 시민적 자유와 사생활을 침해받지 않을 권리를 어기는 게 될 수도 있는 이런 조처를 취할 수밖에 없었는가? 먼저 미국의 대테러 노력이 의지해 비벼댈 언덕이 얼마나 적은지, 그리고 얼마나 절박한 상황이었는지를 알고 넘어갈 필요가 있다. 알 카에다에 본거지를 둔 조직 내부에는 단 하나의 이렇다 할 인간 정보, 즉 휴민트도 존재하지 않았다. 뿐만 아니라 미국 내에서도 알 카에다 조직원들이나 그들에게 도움을 주는 자들에 대한 증거가 단 한 가지도 발견되지 않았다. 그런데 19명으로 구성된 아타의 공격조가 미국으로 잠입 활동하며 알 카에다 조직의 지도자급 인물들과 교신을 통해 미국 역사상 미국 내에서 벌어진 최악의 공격을 실행에 옮겼다. 그럼에도 그걸 조사해야 하는 수사관들은 여전히 어떻게 그런 일이 벌어졌는지조차 모르고 있었다!

미국 법무부와 정보기관 관리들은 그저 아무것도 모르는 채 '두 번째 물결'이 닥치게 될 것을 두려워하며 공격을 기다리고 있는 것이나 다름 없는 상황이었다. 그들이 궁리해낸 것은 먼저 행동하고, 세부 계획은 나중에 세워나간다는 전략이었다.

그런 상황에서 퍼스트 데이터가 FBI에 전화를 걸어왔고, 이 회사 관계자들과 만나고 나서야 FBI는 자신들이 의존할 수 있는 몇 가지 전례가 있다는 사실을 비로소 깨달았다.

대개 규모가 크고 유명한 축에 속하는 미국의 기업체들은 비밀리에 미국 정부와 협조 체제를 유지한다는 오랜 역사를 지니고 있었다. 웨스턴 유니언이 바로 그런 관례를 갖고 있는 기업들의 선두에 서 있는 업체였다. 웨스턴 유니언은 남북전쟁 당시 육군성(War Department. 1789~1947년까지 이렇게 불렸다. 현재는 the Department of the Army — 옮긴이)을 대신해 암호문으로 된 전문의 전달을 금지하기도 했다. 그리고 2차대전

기간 동안에는 미국의 모든 전보 회사가 국제 전보 전문을 모두 복사해 연방 정부에 전달하기도 했다. 전령 노릇을 맡은 비밀 요원은 날마다 메릴랜드 주 포트 미드에 있는 국가안보국 본부에서 나와 뉴욕시티로 향하는 열차에 오른다. 그러고는 세 개의 주요 전보 회사 ITT, RCA 글로벌 그리고 웨스턴 유니언을 통해 그 전날 송신된 모든 국제전보 내용을 자기테이프에 복사해, 분석하고 면밀한 검토를 할 수 있게 메릴랜드로 보낸다. '샘록 작전'이라 불렸던 이 프로그램은 전쟁이 끝난 후에도 계속되었다. 의회나 정보기관의 고위 관리조차 모르는 일이었다.

결국 이런 외국 관련 정보는 미국 시민들에 관한 정보도 포함되어 있었기 때문에 1970년대 중반 워터게이트 사건 이후 CIA에 대한 의회 조사 기간 동안 그동안의 사실이 드러나자 다른 정보의 악용을 이유로 차단되었다. 그리고 샘록 작전을 비롯한 이와 유사한 전화 도청을 계기로 1978년 연방정보감시법(the Federal Intelligence Surveillance Act)이 통과되고, '피사 코트FISA Court(혹은 FISA Court of Review. 해외정보감시법 재심 법원. FISA는 Foreign Intelligence Surveillance Act—옮긴이)'가 생겨났다. 이 법은 고맙게도 사흘간의 지연 시간을 정해두고 있어 비상 상황인 경우에는 대통령으로부터 도청에 관한 재가를 받고 그것의 적법성 여부에 대한 검토는 나중에 하도록 되어 있었다. 이후 20년 동안 이 재심 법원은 본질적으로 무조건 허가해주는 기관으로 전락해, 심사가 청구된 1만 9,000건의 사안 가운데 거부된 것은 겨우 다섯 건이었다.

2001년 9월과 10월, FBI와 CIA, NSA 소속 관리들이 백악관에 모였다. 부통령과의 상의하에 열린 전략 회의는 이제 막 시작된 전투를 치러나가는 데 동원할 수 있을 수단을 찾아보려는 필사적인 노력이었다. 회의에서 다룬 것은 크게 통신과 재원 두 가지였다. 그 두 가지는 전 세계적인 기반을 형성한다는 점에서 깍지 낀 오른손과 왼손처럼 서로 아귀가 들어맞게 될 그러한 것이었다.

또 한편에는 통신 기술의 발전이 거의 질주 수준인 이 시대에 자체 신호정보 수집 능력을 확대하고 완벽을 기하려는 국가안보국이 있었다.

2001년까지 미국 시민은 대략 하루 12억 회의 지상 통신선과 8억 회의 휴대전화를 이용했다. 이메일은 지난 5년 동안 연간 조 단위로 늘어났다. 이런 디지털 장비와 기술이 만들어내는 맹렬한 소음의 강물은 글로벌 크로싱, 월드컴, AT&T와 같은 거대한 통신 회사들의 '교환기들'을 통해 각각의 목적지로 갈려 나간다. 그렇지만 미국 내에 있는 이런 회사들의 교환기들은 미국 내에서 발생하는 통화량보다 훨씬 많은 양을 더 처리해낼 수 있다. 오늘날의 통신 내용은 목적지까지 가장 빠른 길을 찾아내기 위해 측정하기조차 불가능할 만큼 빠른 속도로 전 세계를 이동한다. 그것은 프랑스와 스페인 사이를 오가는 한 통의 전화, 한 통의 이메일이 오리건 주를 거쳐 갈 수도 있다는 뜻이다. 그리고 네트워크를 통해 보내지는 디지털 정보는 이슬라마바드Islamabad와 이스라엘에서 보낸 한 묶음의 메시지를 담고 있을 수도 있다. 이 세계에서 국경 같은 것은 아무런 의미가 없다. 장소 또한 전혀 중요하지 않다.

2001년 가을, 끝도 없이 늘어서 있는 원격 통신 교환대 위에 설치된 국가안보국의 블랙박스들은 이 지구상에서 오가는 거의 모든 전화와 이메일 정보를 수집할 수 있었다. 그게 바로 그들이 해온 일이었다. 국가안보국 소속 컴퓨터 기술자들은 그러한 정보의 흐름을 관리하기 위해 '검색 및 분류' 엔진에 활용할 수 있는 연산 방식을 보다 완벽하게 만들기 위한 연구에 미친 듯이 매달려 있었다. 그리고 2001년 10월, 하원과 상원 양쪽 모두의 정보위원회에서 각 당에서 네 명씩, 소위 '8인방'이라

불리는 양당의 지도자들과 대표자들을 상대로 한 브리핑이 있었다.

이 브리핑에 출석했던 몇몇 참석자는 행정부 관리들에게 이 시스템이 이미 알려져 있거나 가능성 있는 테러리스트들과 그들의 조력자들, 그들의 자금원을 추적하는 데 사용될 수 있을 거라고 설명했다. 또한 이 시스템은 테러 작전에 대한 언급은 물론이고, 이미 진행되고 있던 미국과 아프가니스탄 사이에 오가는 모든 통화 내용에 담긴 대규모 정보에서 키워드를 찾는 것과 같은 광범위한 정보검색도 감당해낼 수 있는 기능을 갖추고 있었다. 민주당 소속 일부 의원은 시민적 자유를 침해할 수 있다는 우려를 표명하기도 했으나, 뭘 제대로 알지 못하고 있는 상태였던지라 질문조차 하기 힘든 상황이었다. 그 프로그램은 의원들이 보좌관과 뭘 상의할지조차 짚어내지 못할 정도로 철저한 비밀이 유지된 채 진행되는 것이었기 때문이다.

바로 그 10월에 부시는 국가안보국과 조력자들인 통신 회사들에게 이미 실행 중이던 미국 시민들에 대한 도청을 계속 추진하도록 허가하는 비밀 대통령령을 승인했다. 피사 코트는 무시되었다. 특별법은 피사 코트가 '외국 세력'의 비밀 요원들에 대한 국내에서의 감시 활동과 관련된 사안들에 대해서만 '한정적인' 재심 기관 역할을 하도록 규정하고 있었다. 행정부가 재심 법원과 공조해나간다는 것은 대단히 힘든 일이라는 것이 이미 입증된 사실이었다. 세부적인 계획을 진행하는 것은 말할 것도 없고. 밤을 새워 돌아가는 국가안보국 컴퓨터들의 "맹목적인 눈"으로 감시되고 있는 수많은 미국 시민의 통화 내용—평범한 미국 시민들끼리의 통화도 포함되어 있을 것이 분명한—을 도청하기 위한 영장 심사 청구를 해야 되기 때문이었다. 분명 그리 많지는 않겠지만, 상당수 미국인이 그들이 무슨 행동을 했고, 무슨 말을 했는가에 근거해 보다 높은 감시

등급 범주에 포함되게 되었다. 사실상 행정부는 그보다 적어진 감시 대상자들에 대해서도 마찬가지로 재심 법원과 협의 같은 건 하지 않았다. 국가안보국 프로그램과 테러 공격 직후 얼마간의 내막에 대해 깊이 개입했던 한 정보 제공자는 말한다.

"피사 코트에 감시 허가를 받는다거나 1978년 제정된 법을 개정해보겠다는 생각은 정보 누출로 인해, 혹은 단순히 그 부분에 대해 우리가 답변해내야 하는 질문들을 통해 어떻게든 우리의 시스템이 가지고 있는 능력이 어느 정도인지를 노출시킬 여지가 있었습니다. 일단 그런 식으로 첫 발짝을 떼어놓기만 하면 나머지 문제들은 자동적으로 줄줄이 생겨나게 될 수순이었던 겁니다. 우리가 보다 더 큰 관심을 갖고 걸러낸 감시 대상이라는 부분집합에 대해 피사와 상의만 해도, 그쪽에서는 일차적 감시 대상이었던 엄청난 수의 사람과 관련된 법적 문제에 대해서까지도 추적해야 할 의무가 있다고 생각하려 들 게 분명하다는 공포감까지 포함해서죠."

그것이 전 세계적 기반이라는 것의 한 부분, 그러니까 사람들이 말이나 글로 무슨 이야기를 했는지 알아낸다는 통신 측면이었다. 다른 한쪽은 사람들의 행동이었다. 대체적으로 그것은 사람들이 어디에서 무엇을 구입했는지를 의미하며, 요컨대 어디에서 집으로 가져오게 되었는지를 의미한다고 볼 수 있었다. 이 점을 밝혀내기 위해 행정부가 크게 의존하고 있는 것이 바로 퍼스트 데이터였다.

미국 내 또는 해외의 신용카드 회사들끼리의 계약은 대규모 통신 회사들의 교환대 경우와 대단히 흡사했다. 즉 모든 것이 보이지 않는 상태에서 뒤섞일 수 있다는 의미다. 국경을 초월한 상거래 세계가 아닌가. 웨스턴 유니언도 자사에서 취급하는 전신환과 관련해 주로 은행이나 그 외의 다양한 금융기관과 그와 유사한 정보 공유 협정을 맺고 있었다. 거래를 승인하거나 거래 관계를 추적하기 위해 규모가 있는 카드 회사들은 다른 카드 회사들의 영업 지원 부서(back office) 컴퓨터에 접속할 수 있었던 것이다. 웨스턴 유니언이 가지고 있는 영향력처럼 어디서나 통할 수 있는 출입증만 있으면 그만이었다.

9·11 테러가 있은 후 이 두 개의 부분, 즉 두 개의 강이 합쳐지게 되자 데이터 양은 홍수 수준으로 늘어나버렸다. CIA와 FBI는 NSA에서 보낸 수백만 분량의 통화 기록에 파묻히게 될 지경이었다. CIA는 자동화된 기술을 동원, 법의 제재를 가할 수 있을 금싸라기 같은 정보를 찾기 위해 자체적으로 그 통화 기록들을 미친 듯이 조사했고, 그렇게 해 문제가 될 수 있는 것들을 걸러냈다. 하지만 FBI의 장기는 문제의 정보를 체질해 가려내는 것이 아니었다. 대신 이들은 기소를 위한 증거 수집 쪽으로 방향을 잡고는 사소한 한 조각, 한 방울의 정보도 놓치지 않고 모두 갈무리했다가 다음 단계를 진행하도록 담당 부서에 분배했다. 그러한 과정의 대부분은 FBI의 내부 검색엔진이 되어버린 퍼스트 데이터의 컴퓨터를 통해 중요 정보를 처리하는 방식으로 진행되었다.

테러 공격이 있고 난 후 처음 몇 주 동안에만 수천 건의 금융 관련 검색이 일차적으로 NSA에서 제공한 통신 내용에 대한 단서들을 근거로 이루어졌다. 그런 단서들은 단계적으로 관심이나 우선순위, 기울여지는 노력의 정도가 점차 높아지는 하나의 부분집합으로, 그것이 또 다른 부분집합으로 걸러지고, 요원들은 우선적으로 관련 서류 작업을 서두르게 된다. FBI에서는 요원들의 활동 하나하나에 대해 모두 "문서로 기록이 남겨져야" 하기 때문이다. 그것은 어떻게든 법적으로 그 활동에 대해 변호가 가능한 방식으로 증빙 자료를 남긴다는 것을 의미한다. 필요할 경우에 법원에 제출할 만한 가치를 지닌 기록 말이다.

10월 26일. 법적인 보호 장치라 할 수 있는 미국 애국법(Patriot Act. 정식 명칭은 Anti-Terrorism Legislation. 즉 대테러법이며, 9·11 테러 이후 테러 관련 범죄 수사를 위해 시민적 자유에 제약을 가하는 것을 허락하는 법률이다—옮긴이)이 통과되었다. 이 법은 미국 내에서의 감시 활동 범위를 엄청나게 확대할 수 있도록 허가하는 것이었다. 거기에는 금융 및 개인 기록에 대한 조사와 시민들이 모르는 상태에서 그들의 활동을 감시하는 것을 허락하는 "사생활 훔쳐보기(sneak and peak)" 조항까지 포함되어 있었다.

그때까지 FBI가 즐겨 사용해온 절차는 '국가 보안 소환 영장(national security letter)'이었다. 1970년대에 마련된 이 제도는 첩보 활동과 테러 행위에 대한 조사를 하면서 소비자의 사생활 보호법을 침해하지 않을 수 없다는 법적 모순을 은폐하기 위한 것이라고 할 수 있었다. 이것은 FBI가 외국의 비밀 요원으로 의심하고 있는 인물의 금융 거래 등의 기록을 몰래 조사해볼 수 있도록 허가해주는 것이었다. 결국 연간 몇 백 건의 소환 영장이 발부되게 되었다.

9·11 테러 이후 법무부 소속 법조인들은 이 소환 영장이 새롭고 확대된 방식으로 사용되어야 한다고 제안했다. 그들은 이 소환장이 가장 단순하고, 가장 박약한 의심의 소지만 있어도 발부될 수 있는 것이라는 점에 주목했다. 실제적인 증거 따위는 전혀 필요치 않다는 뜻이다. NSA의 히든카드는 물량으로 밀어붙인다는 것이었다. 여러 명의 영관급 장교를 담당하는 특별 요원을 포함, 수십 명의 고위 관리자급이 소환 영장을 발부할 수 있었다.

그런데 그들은 그것을 한 달에 몇 천 건 비율로 무엇에 쫓기기라도 하는 것처럼 허둥지둥 발부하게 된다. 마치 감기가 유행하는 철에 티슈를 뽑아 쓰듯 말이다. 좋았던 예전의 소환 영장이 사라져서가 아니었다. 그것은 여전히 존재했다. 오마하 연방법원에서 그것들은 무더기로 승인되었다. FBI와 퍼스트 데이터의 특별 공조를 위한 시설이 곧 이 회사의 정보처리 센터 인근에 세워지게 되었다. FBI 요원들과 회사의 컴퓨터 기술자들이 함께 붙어 앉아서 거대한 컴퓨터와 전 세계 금융 시스템의 덕을 보게 되지만 법률은 미치지 못하는 장소였다. 한동안 오마하 법원은 미국 내 그 어떤 법원보다도 더 많은 소환 영장을 발부하는 곳이 되어버렸다.

이 어마어마한 규모의 기획에 대한 의회의 감독이 얼마나 민감한 것이었는지는 그해 늦은 10월의 한 장면이 잘 보여주고 있다.

상하원 정보위원회 소속 의원들이 '테러와의 전쟁'에 대한 브리핑을 받기 위해 의사당 내 보안이 확보된 회의실로 입장했다. 법무부와 재무부, CIA 그리고 FBI 관리들의 "금융 시스템을 활용하는 대테러전"에 대한 증언이 있을 예정이었다.

데니스 로멜은 동료 하나와 이야기를 나누면서 텅 빈 회랑의 뒤쪽을 어슬렁거리고 있었다. 브리핑이 지체되고 있었다. 상원의 표결이 진행을 방해하고 있었다. 그의 순서는 세 번째나 네 번째로 잡혀 있었다. 그와 함께 토론자단에 참석하게 되어 있는 인물은 미국 해외자산관리청(the Office of Foreign Assets Control), 즉 OFAC에 관할권을 가지고 있는 재무부의 짐 구룰Jim Gurule이라는 고위 금융정책 담당관이었다. 딱히 그런 목적을 가진 것은 아니었지만 일종의 선무공작으로 로멜은 신용카드 사기를 관장하는 재무부의 몇몇 관리가 퍼스트 데이터에 들러 돌아볼 수 있게 허락했다. 퍼스트 데이터는 FBI와 공조 관계에 있었기 때문이다. 그들은 결국 카드 대금 청구 세계에서 정보를 낚아내는 달인들이었으니까 말이다.

로멜은 구룰이 준비하는 모습을 멀리서 눈을 가늘게 뜨고 지켜보았다. 구룰은 프레젠테이션을 위해 준비한 시각 자료들을 뜯느라 한창이었다. 괘도걸이로 쓸 화판틀까지 챙겨 가지고 있었다. 퍼스트 데이터 사가 전 세계 금융 정보에 어떤 방식으로 접근하며, 정리하는지를 보여주는 도표가 그려진 커다란 괘도였다. 거의 100킬로그램에 육박하는 거구의 로멜이 방을 가로질러 그를 향해 돌진했다.

"당신 정말 돈 거 아뇨? 그 도표 당장 여기서 치우시오. 이건 누구도 알아선 안 되는 거란 말이오. 게다가, 빌어먹을, 이건 재무부 소관도 아니고!"

구룰이 로멜의 일갈에 어안이 벙벙해졌다. 그는 도표를 내려놓고는 부스럭거리며 그것을 뭉뚱그려가지고 방을 나갔다.

비밀공작을 의회가 감독한다는 사실은 미국을 다른 국가들로부터 구분해주는 한 가지 원칙이 된다. 이것이 매디슨이나 다른 여러 사람이 증언했던 것처럼 권력의 남용을 방지하는 견제와 균형에 집중된다면 대단히 이상적인 일이다. 그러나 '테러와의 전쟁'을 수행하는 사람들은 이 경우를 포함해 다른 수십 가지 사안을 놓고 의회의 감독을 받는 따위의 사치를 부릴 여유가 없다고 판단했다.

그날 증언에서 그리고 그 이후로도 계속된 여러 차례의 증언에서 퍼스트 데이터라는 이름을 입에 올린 사람은 아무도 없었다. 그런 까닭에 금융이라는 몸통과 통신이라는 머리통을 지닌 거대한 수색, 체포 기능을 가진 기계가 상대와 일대일로 맞붙어야 하는 힘겨운 싸움에 불이 지펴진 것이다. 그 기계에 대해서, 그리고 2세기도 더 전에 잉크와 깃펜으로 적혀진 규칙에 반해 그것을 만들어내도록 권한 사람들인 대통령 이하 관료들에 대해서 궁극적으로는 역사가 판단을 내리게 될 것이다.

미국 헌법에 부가된 권리장전(Bill of Rights) 수정 조항 4조에서는 개인의 지위에 대해 다음과 같이 보증하고 있다.

"부당한 수색, 체포나 압수로부터 신체, 가택, 서류 및 개인 재산의 안전을 보장받을 국민의 권리는 침해될 수 없으며, 수색, 체포나 압수의 영장은 상당한 이유에 의하고, 선서 또는 확약에 의해 뒷받침되며, 특히 수색될 장소, 체포될 사람 또는 압수될 물품을 기재하지 아니하고는 발부될 수 없다."

흔히 이 조항은 수정 조항들 가운데서 가장 강력한 어조의 것이라고들 한다. 이 선언적 어투가 수정 조항 작성자들의 열정을, 내 권리를 유린하면 절대 가만두지 않겠다는 맹렬한 기백을 느끼게 해주기 때문이다. 결국 그들은 영국이라는 자신들을 지배하던 권력에 대항하는 반란 행위를 성공적으로 막 끝낸 참이었으니 이해가 가는 일이다. 그들은 보스턴과 필라델피아에서, 콩코드와 호보켄Hoboken에서, 수없이 그 권리를 '침해당해' 왔으며, 자신들의 '신체가 안전을 보장받지 못하는' 경우를 수없이 당해왔던 것이다. '상당한 이유'라는 말은 이 10개의 수정 조항에서 가장 자주 언급되는 표현이자 가장 구어체 표현이기도 하다. 이 말은 합리적인 사람들이라면 대부분 그 기준에 동의하게 될 것이라는 명제 아래에서 시민과 그들의 정부 사이에 존재하는 충돌하게 될 지점을 기술적으로 조절하고 있다.

합리적인 사람들이 이 특정 조치가 진행되는 추이에 대해서나 거기에 부수되는 대통령의 권한 확대에 대해서 동의하게 될 것인지의 여부는 여러 해를 두고 논쟁거리가 될 것이다. 어쩌면 '테러와의 전쟁'이라는 것이 지속되는 동안 내내 계속될 수도 있을 그런 것이다. 알려져 있는 것은 무엇이고, 그중 확실한 것은 무엇인가? 이 기계는 상황을 탐색하고는 의심이 가는 사람들을 혹은 단순히 운이 없는 사람들을 운동장을 가득 채울 정도로 잡아들이게 되지만, 실제로 미국에 위협이 될 만한 사람은 단 하나도 체포하지 못한 걸 어찌란 말인가.

2장

의심을 넘어서

'어두운 이면.'

이 말은 복잡하고도 변화무쌍하다. 그 의미는 말투와 억양에 따라 바뀌게 된다. 테러 공격이 있은 지 며칠 후, 국영 텔레비전에 출연한 체니 부통령이 그 말을 언급했을 때, 그는 체념의 어조로 말했다. 이것은 우리가 살아가야 하는 이곳에서 싫건 좋건 하지 않으면 안 되는 일이라는 식으로. 하지만 그런 일에는, 즉 궁극적으로 성격을 규정하게 되는 어떤 조치를 취하게 될 때는 언제나 한 가지 선택의 여지가 남아 있게 마련이다. 한 개인이나 한 국가의 성격을 규정하게 되는 조치를 취할 때는 말이다.

인간을 돌봐주는 힘센 천사와 힘이 약한 천사가 있다는 말을 들어보았을 것이다. 이것은 인간이 뭔가를 지각하는 능력만큼이나 오래된 논쟁이기도 하다. 특히나 9·11 직후의 그 중요한 몇 개월 동안처럼 임기응변으로 대처해야 하는 난제를 눈앞에 둔 상황에서는 그런 오래된 딜레마를 끄집어내어 다시 검토를 해봐야 한다.

어쩌면 우리가 놓치고 넘어간 것이 있을 수도 있었다. 숭고한 목적에 이르는 하나의 방편으로써 어쩌면 우리가 인간이 지닌 짐승과도 같은 충동에 빠져들 수도 있고, 아니면 그런 사람들을 포용하고 받아들이게 될 수도 있으리라는 점을 말이다. 그 누구도 넘볼 수 없는 안전하기 이를 데 없고 햇볕 따사로운 고원인 미국을 만든다는 가치 있는 목표에 언제나 시선을 두고 있다면, 그 어떤 고난의 골짜기도 헤치고 나아갈 수 있어야 한다는 것이라고나 할까.

2001년 10월 중순. CIA의 벤 본크Ben Bonk가 뭔가 실마리를 찾을 수 있기를 기대하며 런던 리젠트 파크의 위풍당당한 저택에 조용히 찾아들면서, 그런 목표를 위한 음지로의 여행이 시작되고 있었다. 그 저택은 반다르 빈 술탄Bandar bin Sultan 왕자의 소유였다.

반다르 왕자는 8년 여 동안 사우디아라비아를 실질적으로 지배하고 있는 압둘라Abudullah 왕세제의 조카이자 사우디 왕국의 미국 주재 대사였다. 부시 부자와 흉금을 터놓는 사이이기도 한 52세의 반다르 왕자는 속내를 쉽사리 짐작할 수 없는 사람이기도 했지만 쾌활하며, 온갖 일에 엄청난 흥미를 지니고 있는 교양인이었다. 최근에는 NFL의 미식축구 경기가 벌어진 한 경기장의 사이드라인을 따라 걷고 있는 모습과 웨스트 윙에서 식사를 하고 시가를 피우는 모습이 목격되었다. 그리고 만약 전지적 관찰자로서의 능력을 지닌 사람이라면, 매월 일정한 날이 되면 운전기사 하나가 워싱턴에 있는 리그스 은행에 들러 현금으로 5만 달러가 든 수트케이스를 찾아가지고 돌아가곤 하는 것을 목격했을 것이다. 그 거액의 자금은 반다르 왕자가 사우디에 거주하고 있는 자신의 친구들과 친척들, 그리고 미국에서 활동하는 사우디 비밀 정보원들에게 베풀기 위한 것이었다. 그것은 9·11 테러를 저지른 비행기 납치범들을 부지불식간에 도와주는 일이었을지도 모른다.

또한 그는 무슨 일이 성사되도록 입김을 넣을 수도 있고, 자신의 영향력을 동원해 누군가와 어떤 관계를 쌓도록 해줄 수도 있는 능력을 지닌 인물이었다. 오늘도 자신의 저택에서 중요한 만남을 주선하는 중이었다.

반다르가 본크를 반갑게 맞아들여 으리으리하게 꾸며진 응접실로 안내했다. 거기에는 우아한 수제 양복 차림에 미소를 가득 띤 '어두운 이면'이 본크를 기다리고 있었다.

무사 코사Musa Kousa가 말했다.

"흥미진진했지, 스파르탄스(미시건 주립대학교 운동부의 별칭―옮긴이)가 뛴 경기 말이야."

본크가 웃음을 터뜨렸다.

"그래요, 그런 플레이를 오랫동안 기다려왔죠. 매직이 은퇴한 이후로 쭉 말입니다."

그 영광의 시절, 벤은 MSU(미시건 주립대학교)에 다니고 있었다. 그는 매직 존슨Magic Johnson이 입학하기 바로 전해인 1976년에 졸업했다. 그리고 열광적인 농구팬인 코사는 그보다 몇 년 선배로 1973년 MSU에서 사회학 석사 과정을 밟고 있었다. 코사는 그 코스를 몇 년 후에야 끝낼 수 있었는데, 그때 제출한 석사 학위 논문은 교수들이 따로 복사해둘 정도로 보존해둘 만한 가치를 지니고 있다. 각주까지 포함해 총 209쪽의 학술 조사 차원의 인물 연구였던 그 논문은, 전혀는 아니더라도 전체적으로 보아 그다지 날카로운 분석이라고는 할 수 없었지만 모아마르 가다피Moammar Gadhafi를 연구 대상으로 하고 있었고, 리비아 트리폴리의 명문가에서 태어난 코사는 가다피를 직접 인터뷰할 수 있었다.

시간은 흘러버렸고, 이제 두 사람 모두에게 이스트 랜싱(미시건 주 MSU의 소재지—옮긴이)이나 스파르탄 스타디움 그리고 MSU의 녹색과 흰색 유니폼은 대단히 먼 과거의 기억 속에나 남아 있었다.

본크는 CIA에 몸담게 되면서 20여 년 동안 전 세계를, 특히 아랍 세계를 여행하며 보냈다. 대다수의 비밀 요원의 경우처럼 결혼 생활은 얼마 지속되지 못하고 말았다. 2000년에는 CIA 산하 대테러센터 부소장으로 승진했다. 과장이 별로 없는 그의 부드러운 말씨는 코퍼 블랙이 구사하는 현란한 수사를 대조적으로 돋보이게 하는 역할이 되기도 했다. 신뢰할 만하고 매사에 정확한 일처리로 선거 두 달 전인 2000년 9월에는, CIA 부국장 존 맥놀린과 함께 부시의 크로포드 목장에 묵으면서 공화당 대통령 후보 지명자를 위해 조심스럽게 국가 기밀을 누설해줘야 하는 역할을 맡기도 했다. 그때 본크는 부시에게 앞으로 4년의 임기 동안 빈 라덴이 계획했거나 단순히 빈 라덴에게 고무된 테러 공격으로 다수의 미국인이 목숨을 잃게 될 수도 있다는 그리 상서롭지 못한 정보를 주었었다.

9·11 테러가 발생하기 전, 미국에 대한 테러 공격의 가장 생생한 사례로 1988년 12월 스코틀랜드 로커비Lockerbie 상공에서 팬암 여객기가 폭파되는 사건이 있었다. 이 테러로 시라큐스 대학교 학생 35명을 포함 대부분이 미국인인 승객 270명 전원이 사망했다.

본크의 MSU 스파르탄 동료 무사 코사가 그 공격의 계획을 세우는 데 도움을 줬으리라는 것은 거의 확실했다. 그 점은 최소한 서방 세계의 모든 주요 정보기관이 공통적으로 가지고 있는 생각이었다. 코사가 랜싱에서 리비아로 떠난 것은 자국 정부를 위해 일하기 위해서였기 때문이다.

1980년에 코사는 영국 주재 리비아 공관장으로 파견되었는데, 그 직책은 본질적으로 영국 주재 리비아 대사의 역할이었다. 런던의 〈더 타임스The Times)와 가진 특별 인터뷰에서 그는 기자들에게 리비아는 IRA 를 지지하며, 죽어 마땅한 리비아 인 두 명이 런던에 거주하고 있노라고 말했다. 그 이유로 그는 약식 절차를 거쳐 영국에서 추방되었다. 그런 일이 있은 지 얼마 지나지 않아 두 명의 리비아 인이 런던에 있는 그들의 아파트에서 살해된 채 발견되었다. 이듬해에는 유럽 각지에 거주하는 가다피의 정적인 다른 리비아 인 반체제 인사들도 살해되었다.

로커비 상공에서의 비행기 폭파 사건은 가다피가 세계 무대에서 중요한 인물로 얼굴을 내밀어볼 방법을 찾던 시기에 발생한 것이었다. 빈 라덴과 마찬가지로 그가 사용하는 방법은 테러였다. 1980년대 중반 무렵, 로널드 레이건은 가다피를 전 세계에서 가장 위험한 인물로 지목했다. 그는 불량 국가의 독재자였다. 1986년 미국은 리비아가 독일의 한 나이트클럽에 폭탄 테러를 가한 것에 대한 보복으로 리비아를 폭격했고, 그 공격으로 가다피의 딸이 사망하고 두 아들이 부상을 입었다. 또한 리비아에는 엄청난 부담으로 작용하게 될 일방적인 제재 조치가 취해졌다.

1988년 CIA 국장으로 취임한 지 1년째가 되는 조지 테닛과 존 맥놀린이 반다르를 만나러 지다로 날아갔다. 맥놀린의 표현을 빌리자면 "디즈니월드처럼 여우원숭이 무리와 거대한 텔레비전 화면을 갖춘" 광대한 부지를 차지하고 있는 대사의 저택에서 반다르는 자신이 최근 가다피와 이야기를 나눈 적이 있다는 이야기를 비쳤다.

"그분에게 말동무가 필요할 거라고 생각했소. 혼자 있는 것에 진력이 나 계시니까."

1년 뒤, 무사 코사는 영국 정보기관에 의해 제네바로 잠입했다. 당시 리비아 정보기관의 제2인자였던 코사는 영국 정보기관에 의해 1989년 니제르 상공에서 프랑스 항공 소속 UTA 772기 폭파 사건이라는 두 번째 참사에 연루된 것으로 지목되어 있었다. 이 폭파 사건으로 승객 170명이 목숨을 잃었다.

본크가 코사를 만난 것은 거기서였다. 수많은 인명을 앗아간 테러로 얼룩진 10년이 그다음 10년으로 접어들면서 본크에게 분명해진 한 가지 사실은 리비아 인들이 국제사회로부터 따돌림을 받는 것에 진력이 나 있다는 점이었다. 리비아의 특권층들은 자제들을 미국 대학에 유학 보낼 수도 없었고, 곡물에서부터 원유 정제 설비의 핵심적인 부품에 이르기까지 모든 것에 대한 국제사회의 금수 제재 조치로 질식해가고 있었던 것이다. 덕분에 정유 공장 대부분은 수리도 못한 채로 차례차례 제 기능을 잃게 되었다.

클린턴 행정부의 국가안보회의 소속 브루스 리델Bruce Riedel이 곧 외교정책 분야를 맡게 되면서 로커비 문제 해결을 위한 논의가 진행되었다. 그 모든 일은 극비리에 처리되어야 했다. 거기에는 한 가지 이유가 있었다. 로커비 참사 희생자 유족들이 범인들을 체포하거나, 리비아에 제재 조치를 취하거나, 뭐든 응징 비슷한 것으로 여겨질 수 있는 것이면 가리지 않고 조치를 취하도록 로비를 해대는 사납고 다루기 힘든 압력 단체로 오래전에 조직화되어 있었기 때문이다. 그래서 트리폴리의 괴물 같은 집단과 대화를 시작했다는 것이 알려지기만 하면, 이제는 침대 머리맡 탁자의 사진틀 안에서나 홈 비디오와 스러져 가는 기억 속에서나 그들을 지켜보고 있을, 사랑하는 사람들을 잃은 유족들이 당연히 터뜨리게 될 분노가 엄청날 것이기 때문이었다. 하지만 그것은 모두 9·11 테러 공격이 있기 전에 일어난 사건들이었다.

미국과 동맹 관계에 있는 서방 국가들은 이제 궁지에 몰려 있었다. 정보가 없는 것이다. 영국에서 강제 추방된 지 21년 만에 코사는 히드로 공항(Heathrow Airport)에 도착, 비행기에서 내려섰다. 이어 그를 맞이한 것은 영국과 미국 양국 정부에서 외교 및 정보 분야의 고위급 관리들로 이루어진 대표단이었다. 그가 두 손에 들고 있는 것은 유럽, 북미 그리고 중동 지역에서 활동하는 이슬람 테러리스트들의 명단과 소재가 담긴 일 건서류였다.

이제 상당한 규모로 그 수가 불어난 그들은 사우디아라비아의 호의로 마련된 중립지대인 반다르의 거처로 향했다. 9·11 테러 공격 한 달 후이 자 미국이 아프가니스탄에 있는 알 카에다의 망명지에 폭격을 시작한 지 사흘째 되던 바로 그날, 테러리스트들을 저지하고 전 세계 테러 지원 세 력의 무장을 해제한다는 두 가지의 현기증 나는 '테러와의 전쟁' 목표가 반다르의 우아한 거실에서 펼쳐지게 된 것이다.

그날 아침, 코사는 근동 문제 담당 국무차관 윌리엄 번스와 로커비 참 사 유족들에 대한 배상 문제, 리비아 측이 그 공격에 대해 책임을 인정하 는지, 그리고 그에 상응하는 조처로 무장해제를 한다는 등의 사안을 다 뤘다. 리비아는 대량 살상용 화학무기를, 그리고 어쩌면 생물학무기까지 도 보유하고 있는 것으로 널리 알려져 있었다. 그런 모든 것을 다 포기해 야 할 것이라는 이야기를 듣게 된 코사는 주의 깊게 경청하긴 했으나 그 에 대해 직접적인 언질을 피했다. 그의 국가는 한 사람이 모든 결정을 하 게 되어 있으며, 그 결정권자가 이 모든 것에 대해 동의해야 할 것이라면 서 말이다.

시간은 늦은 오후로 접어들고 있었다. 무사와 벤은 자리를 잡고 앉아 미 시건 주립대학교 2000년도 팀의 포인트가드 마틴 클리브즈Mateen Cleaves 에 대해 이야기를 나눴다. 1979년 매직 존슨이 스파르탄스에서 뛸 때, 래 리 버드Larry Bird가 속해 있는 인디애나 주립대학교를 눌러 MSU를 전국 챔피언 자리에 올려놓은 이래 처음으로 이 학교를 다시 전국 챔피언 자리에 올려놓은 마틴 클리브즈가 NCAA 선수권전에서 어떻게 플로리다 팀을 유린했는지 등에 대해서 말이다.

그런 한담은 단지 본론으로 들어가기 전에 목청을 가다듬는 수준에서 진행되는 것이었다. 하지만 '테러와의 전쟁'과 '어두운 이면'이란 문제를 다루면서 봉착하게 되는 윤리적 딜레마가 어떤 것인지를 이해하기 위해서 우리는 이들이 무슨 이야기를 나누는지 들어야 할 필요가 있다. 19명의 9·11 테러 비행기 납치범 가운데 15명의 소속국인 나라에서 파견된 대사의 관저 안에서 미소를 짓고 있는, 쫙 빼입은 신사와 나누는 이야기들을 말이다. 그 신사야말로 승객들이 기내식 쟁반을 내려놓을 기회도 갖기 전에 그들이 탄 비행기를 폭사시킨 혐의를 받고 있는 자인 것이다. 로커비 상공에서 폭파된 그 비행기에 타고 있던 학생들의 유족들이 공교롭게도 이 글을 읽게 된다면 아마 구역질을 하게 될 것이다. 그게 아니라면 저주를 퍼붓든가.

이 무사 코사라는 자와 그의 상관인 가다피는 그 유족들의 악몽에 늘 출연하는 자들이다. 아무 죄도 없는 사람들을 몰살시키는 그런 행동이 용서될 수 있을까? 미국 정부가 파견한 대표와 마주 앉아서 농구 이야기를 나눌 수 있다는 상황이 그에 대한 책임을 면하게 해줌을 나타낸다고 할 수 있을까? 그처럼 잔인한 짓을 저지른 인간이, 어린아이들이 잠들어 있을 마을이나 혹은 테러리스트의 거처에 공습 명령을 내리는 장군과 근본적으로 뭐가 다를까?

하지만 미국은 절박한 난국에 처해 있었다. 공격의 두 번째 파도가 밀려올 것으로 예상되고 있는데도 아랍 세계에서 활동하고 있는 정보 요원들은 얼마 되지 않는 상황이었다. 그들은 전문가의 시각이, 그리고 다양한 형태의 전문 지식이 필요했다.

"이봐요, 무사. 당신은 로커비 사건을 과거로 돌릴 수도 있어요. 우린 그 사건의 해결을 원하니까. 당신도 그걸 원하고 있고. 이제 우린 그 사건을 과거로 돌려야 할 필요가 있어요."

벤의 말에 코사가 대꾸했다.

"우리도 그랬으면 하네, 베니."

코사는 안도하고 있는 것처럼 보였다. 그는 지금 막 본크가 말하는 것과 같은 이야기를 듣게 되기를 여러 해 동안 고대해왔던 것이다. 리비아 측은 그 테러로 목숨을 잃은 사람들의 유족에게 배상할 용의가, 그것도 아주 충분한 액수로 배상할 용의가 있었다.

본크가 진지함 그 자체로 돌아섰다.

"9·11 이후로 모든 것이 변했어요. 특히 두 가지가 크게 변했죠. 리비아가 대량 살상 무기 보유를 포기하도록 만들기 위해서 우리는 당신이 필요하게 될 겁니다. 그리고 가장 중요한 것은, 우리는 테러리스트들에 대항하는 싸움에서 당신을 필요로 하게 되리라는 겁니다."

그랬군. 코사는 상황을 이해하게 되었다. 전 세계 대부분의 사람이 알고 있는 것과 마찬가지로 그도 미국이 빈 라덴과 자와히리라는 가공할 적과 대치하고 있는 상황임을 알고 있었다. 그리고 그는 본크에게 예물 삼아 던져줄 수 있도록 준비된 이름이 하나 있었다.

코사가 말했다.

"중요할 수도 있는 한 인물을 알고 있네."

그자는 바로 알 카에다의 리비아 인 요원 이븐 알 쉬크 알 리비Ibn al-Sheikh al-Libi였다. 상세한 정보랍시고 코사가 말해준 것은 대략적인 수준을 넘지 못하는 것이었지만, 그는 그 알 카에다 요원이 파키스탄에 있을 것으로 여기고 있었다. 언급된 다른 이름들은 대부분 리비아의 적이자 정권의 적이며, 공식적으로는 무슬림이지만 와하비스트들(이슬람 원리주의 세력—옮긴이)에게는 배교자요 타락자들로 여겨지는 각국의 이슬람 원리주의자들이었다.

본크가 그 이름에 주목했고, 탐색에 나섰다. 그는 UTN(Ummah Tameere-e-Nau. '이슬람의 부활'이라는 의미이다— 글쓴이)이라는 조직의 이름을 슬쩍 흘려보았다. 파키스탄을 근거지로 삼고 있는 이 조직은 이제 막 미국 측이 예의 주시하는 관심의 대상으로 떠오른 터였다. UTN은 엔지니어들, 물리학자들, 화학자들, 다양한 분야의 군사 전문가들 그리고 전국의 비밀경찰들, 육해공 통합 정보기관, 즉 ISI의 요원들을 포함하는 파키스탄 내 과격 엘리트 10여 명이 소속되어 있었다. 하지만 이 단체는 파키스탄의 가난에 찌든 이웃인 아프가니스탄 주민들에게 의료 서비스를 제공하고 구호 활동을 하고 있어 대체적으로 인도주의적으로 보였다. 그러나 이 조직의 창설자들 가운데 하나가 바로 파키스탄 인 핵물리학자 마흐무드였다.

본크가 물었다.

"그런 이름 들어보신 적 있나요?"

코사가 무엇을 말해야 할지, 아니면 무엇을 말하지 말아야 할지를 생각하기라도 하는 것처럼 잠시 뜸을 들이다 대답했다.

"그자들이 우리에게 접근했었지. 우리가 핵폭탄을 제조하는 데 자기네 도움이 필요한지 떠보면서 말이야."

그러고는 그 집단의 가장 일차적인 목적이 전 세계 이슬람 국가들에게 핵폭탄 제조 기술을 보급하는 것으로 추정된다고 덧붙였다.

상대의 관심을 다른 곳으로 돌리도록 만드는 기술을 몸에 익혀둔 덕에 본크는, 코사가 방금 말한 것에 자신이 얼마나 큰 관심을 가지고 있는 지를 드러내지 않고 겨우 숨길 수 있었다. 얼마 후 본크는 곧 다시 만날 것을 기약했고, 코사는 그저 미소를 지어 보일 뿐이었다.

이제 백악관과 국방성의 정책 입안자들이 조용히 이라크 침공 계획을 세우고 있는 것과 동시에 진행되는 또 다른 무장해제 실험이 공식적으로 시작된 것이다. 그리고 그것은 작전에 활용할 수 있는 정보, 즉 두둑한 보상금, 대량 살상 무기 그리고 국제적 인정과 같은 귀중한 요소들의 교환을 위한 '어두운 이면'으로의 여행이었다.

본크는 코사가 털어놓은 귀중한 정보를 가지고 CIA로 귀환했다. 정보 기관은 파괴의 씨앗을 구호 기관이라는 위장막으로 단단히 감싸고 있는, 도대체 정체를 알 수 없는 UTN의 맨 꼭대기에 마흐무드를 올려놓았다. 거기가 바로 마흐무드의 자리였다.

소위 '테러와의 전쟁'은 일치되고 합의된 작전을 위한 접근로를 찾아 내기 위해 어떤 경우에는 전혀 어울릴 것 같지 않은 친구들을 필요로 했다. 국가와 국가끼리의 동맹이나 대항이 피륙처럼 짜여진 조직 속에서 동맹자를 찾기란 보기처럼 쉽지 않다. 하지만 UTN이 그 기회를 제공했다. UTN은 비록 공식적인 국가의 후원이 없는 구호 활동을 통한 것이긴 하나 눈에 보이는 족적을 가진 과도적 조직이었다. 이것은 마치 우리 몸이 체내에 들어온 이질적 조직을 공격하는 것처럼 각국이 UTN을 추적하게 될 수 있음을 의미했다.

이 조직이 갖고 있는 비밀 핵개발 계획이 드러나자 미국은 협조 관계에 있는 전 세계의 정보기관들과 접촉했다. 프랑스와 영국, 사우디아라비아, 수단의 정보기관들이 모두 이와 관련된 정보를 캐기 시작했다. 얼어낸 정보는 이론상 언제나 열려 있는 것으로 되어 있는 정보기관들 사이의 정보 통로인 "정보 채널"을 통해 공유되었다.

사실 UTN 조직은 다양한 아랍 국가에 걸쳐 존재하고 있었다. 다른 UTN 조직원들의 이름도 금세 밝혀졌다. 그 이름들은 또한 다른 정보기관들로도 전해졌다. 그런 까닭에 ISI가 움직이도록 압력을 가할 충분한 증거가 확보된 셈이었다. 그것은 모두 정보 채널을 통해 전달되었다. 요란하게 떠벌이지 않을수록 좋은 일이었다.

그레니어가 ISI에 전화를 걸었다. 그는 마흐무드의 UTN에 대한 얼마간의 정보를 펼쳐놓았다. 10월 23일. ISI 소속 요원들이 마흐무드와 압둘 마지드를 체포해 심문을 하기 시작했다. CIA에서 내준 숙제 덕분에 파키스탄 정보기관은 갑자기 심문할 것이 많아졌다.

10월 24일 수요일. 큰 키에 팔다리도 길쭉하며, 나이에 어울리지 않게 일찍 세어버린 듯한 백발의 한 남자가 짐 패빗의 사무실에 그의 흰 더벅머리를 들이밀었다. 패빗은 유럽과 아시아 지역에서 조사원case officer으로 근무했고, 승진을 거듭해 작전실 책임자가 된 인물이다.

패빗이 그를 맞이하기 위해 책상을 돌아나왔다.

"롤프, 잘 왔네!"

옛 친구일까, 아니면 옛 전우? 둘 다였다. 그들은 거의 20년 넘게 알고 지낸 사이였다. 하지만 패빗은 뭔가 팔아치워야 할 것을 가지고 있었고, 롤프 모와트 라센Rolf Mowatt-Larssen은 몇 주일에 걸쳐 그것이 무엇일지에 대한 정보를 수집해보려 애쓰고 있었다. CIA 스타일로 말이다.

롤프 모와트 라센의 입장에서 본다면, 그는 자신이 7층에 다시 불려오게 된 것이 갑작스러운 것으로 여겨질 수도 있었다. 그는 육사를 졸업했고, 육군 낙하산부대에서 복무한 경력이 있으며, 16년이 넘는 세월 동안 CIA 소속으로 여섯 차례나 근무지를 바꿔가며 일한 인물이다. 1980년대 말과 소란스러웠던 1990년대 중반 두 차례에 걸쳐 모스크바 파견 사무소장을 지냈고, 한때는 발레리 플레임Valerie Plame의 상사이기도 했다. 그는 테닛 국장의 참모로 1년을 채우기 넉 달 전, 본부에서 관리자로서 지내는 시절은 끝났다고 생각하고 있었다. 그는 다시 현장으로 돌아갈 준비를 하고 있었고, 46세의 나이로는 조직 내에서 가장 경험이 많은 파견 소장으로서, 자신이 원하던 것을 얻어냈다. 베이징 파견 사무소장 자리였다. 그리고 중국은 미국의 떠오르는 도전자였다.

9·11 테러가 터지고 난 후 몇 주일 동안 롤프의 휴대전화가 계속 울려대고 있었다. 그와 그의 아내는 CIA의 중국어 어학 강좌에 푹 빠져 있던 터였다. CIA 상부에서는 그를 다시 필요로 했고, 그가 해결해야 할 일이 있었다. 방향이 좀 다르긴 하나 작전과 관계된 것이었다. 그는 몇 차례 통화를 했고, 요즘 이 7층이 어떤 상황에 처해 있는지 대충 감을 잡은 상태였다.

패빗은 강매라도 서슴지 않을 자세였다.

"이건 우리에게 가장 중요한 일이야. 화학전, 생물학전, 방사능의 위협으로 이어지게 될 수도 있고…. 이 일을 맡을 적임자는 자네야. 그 대가는 백지수표라고 할 수 있지. 자네가 원하는 건 뭐든 들어주겠네. 이건 온 세계를 구해내는 일이라고도 할 수 있어."

모와트 라센은 귀를 기울이고 있었다. CIA 작전에 투입되는 요원들이 배우게 되는 상대의 말을 경청하는 방식대로 보일까말까 하는 미소와 함께, 어떠한 표정 변화 없이. 그는 미리 몇 가지를 알아본 터였다. 자신의 옛 친구 코퍼 블랙이 지휘하고 있는 대테러센터에는 거의 1,000명에 이르는 요원이 있다. 화학전, 생물학전, 방사능전에는 현재 요원 네 명이 전부다. 만약 무슨 일이라도 터진다면 우리의 생활 방식을 바꿔놓을 수도 있는 일에 겨우 네 명이라니.

패빗은 이제 설교를 해대는 목사가 되어 이야기를 계속했다.

"역사가 손짓해 부르고 있네, 롤프! 이 일을 맡아주겠나? 응?"

모와트 라센은 말을 아끼고 있었다. 제안에 대해 생각을 해봐야 하는 탓도 있었지만 절반쯤은 효과를 극대화하기 위해서였다.

"좋아, 짐. 하겠네."

해보자. 두 사람은 당장 자리에서 일어났고, 패빗은 모와트 라센을 끌다시피 재촉해 테닛 국장에게로 데려갔다.

그들은 만나자마자 서로를 포옹했다. 테닛은 포옹을 좋아하는 인간이다. 그는 모와트 라센이 다시 가족의 일원으로 돌아온 것을 환영했다. 모와트 라센이라는 구성원이 빠지자 큰 상처를 입은 가족 말이다. 그것이 바로 이 중요한 시기에 그의 귀환이 그토록 깊은 의미를 갖는 이유였다. 모두들 그에게 자신이 처한 상황과 무엇이 변했는지와 무엇이 그대로인지를 설명하고, 그에 대한 자신들의 느낌을 피력해야 할 필요가 있었다. 다시 조직의 상층부에서 일하게 된 이 정보국의 전설적인 존재에게 이미 결정이 내려져 한창 진행되고 있는 사안들에 대해 새롭게 확신을 시켜줘야 할 필요가 있었던 것이다.

테닛과 모와트 라센은 복도를 걷기 시작했다. 테닛은 움직이는 것을 더 좋아했다. 그는 끊임없이 복도를 훑고 다녔는데, 직원들은 흔히 그것을 조지 식 "직원 접촉"이라고 불렀다. 머리 반 정도는 더 큰 모와트 라센이 그의 곁을 따라 느릿느릿 걷고 있었다.

테닛이 말했다.

"현재 시점에서는 우리가 불리한 처지네. UBL(오사마 빈 라덴. 사우디 식으로는 Usamah bin Laden으로 표기한다 — 옮긴이)은 현재 핵폭탄을 갖고 있거나, 그게 아니라면 손에 넣을 때까지 절대 멈추지 않거나 둘 중 하나일세."

모와트 라센이 고개를 끄덕이고는 습관처럼 작은 수첩에 뭔가를 메모했다. 조지 테닛이 몇 발자국 더 걸음을 옮겼다.

"내게 본능적으로 드는 생각은 우린 지금 골치 아픈 상황에 처해 있다는 것이야."

이것 또한 테닛의 버릇이었다. 그는 말을 통해 나타나게 되는 의미의 확대와 돌출을 찾아 자신의 생각을 소리 내어 말하고, 말하면서 생각을 하는 스타일이었다. 부시와 이야기를 나눌 때도 매번 이런 식이었다. 행정부의 내부 비망록은 이번 대통령에게 구두 보고가 얼마나 중요한 것인지를 강조하는 경우가 많은데, 그것 가운데 하나는, 어떻게 해서 특정 사안에 대한 '지난번의 구두 보고'가 어떻게 '목적을 달성하게 될 것인가'에 대해 언급하고 있을 정도다.

입으로 떠들어대며 생각하는 테닛의 방식은 다듬어지지 않은 투명한 상태여서 아이디어가 어떻게 형성되는지, 그것의 토대가 되는 증거는 무엇인지, 그리고 어떻게 결론이 내려지는지를 부시가 알아듣는 데 도움이 되었다. 그것은 귀로 들을 수 있는 정신 활동이나 마찬가지였다. 부시처럼 뭔가 읽기를 싫어하는 인간에게 생각 과정까지 귀로 들을 수 있는 이러한 추가된 측면은 구원과도 같은 것이었다.

앞뒤를 가리지 않고 열정적으로 분석해내는 테닛에 대해 체니는 얼떨떨해하면서도 언제나 신중함을 유지했다. 그는 자신의 보좌관 루이스 '스쿠터' 리비Lewis 'Scooter' Libby에게 언제나 자신이 보고할 내용을 재확인하라고 말하곤 했다. 단어 하나하나에까지 말이다. 한편 콘디 라이스는 테닛의 방식을 싫어했다. 그녀는 정확했고, 이따금씩 말을 멈추고는 자신이 뛰어들 수영장 물의 온도가 어떤지를 늘 확인하는 스타일이었다. 테닛은 물을 잔뜩 튀겨 그녀를 흠뻑 젖게 만들어놓고는 대포알처럼 수영장으로 곧장 뛰어드는 인물이었다. 그녀는 자신의 측근들과 "테닛의 헛소리"에 대해 말하곤 했다.

걸음을 옮기는 동안, 모와트 라센은 테닛이 뭔가를 캐내려 하고 있음을 감지했다. 테닛이 갑자기 걸음을 멈췄다. 기다리던 순간이 온 것이다.

테닛이 모와트 라센의 한쪽 팔을 움켜쥐며 말했다.

"내 말을 잘 듣게, 롤프. 자네는 틀려야만 하네."

모와트 라센이 무슨 소린가 하고 묻자, 테닛이 다시 한번 강조했다.

"이따금씩 틀릴 거지, 그렇지? 꼭 그래야만 하네. 이 WMD(Weapons of Mass Destruction. 대량 살상 무기) 문제에 대해 자네는 최전선에 나서서 남보다 멀리 엉뚱한 방향까지 내다보면서 명령을 내리고, 잠재적인 위협 요소를 찾아내야 하는데, 나도 아니고 다른 그 누구도 아니야. 바로 자네가 틀려야 하는 거야. 이 문제에 대해서만은 자네가 우리를 보호해줘야 하고, 자네가 이 나라를 보호해줘야 해…. 남보다 앞장서서 신속한 해결책을 내놓는다는 측면에서 말이야. 들어보게, 만약 자네가 너무 앞서 나가면, 그리고 진짜를 가려내지 못할 상황이 되어 자네가 총대를 메어야 하게 된다면, 그건 자네가 치러야 하는 대가일세."

모와트 라센이 테닛을 응시하면서 고개를 끄덕여 보이고는 이야기를 계속하라고 재촉했다.

"자네가 틀려야 한다는 말이야. 분석 결과가 잘못되어야 한다는 뜻이 아니고. 앞장서서 신속한 해결책을 찾아내는 것에서 그렇다는 거지….

자네도 보다시피 우리의 모든 실패는 제대로 예측을 해내지 못한 것이 원인이었네. 정보의 실패에 뒤따르게 되는 것은 예상을 제대로 해내지 못하게 된다는 것이야. 그런 실패는 자네가 알고 있는 정보에만 의존하고, 모르고 있는 것에 대해서는 걱정하지 않기 때문에 생겨나는 것이지."

테닛이 모와트 라센의 다른 쪽 이두박근마저 꽉 움켜쥐고는 똑바로 눈을 들여다보았다.

"자네는 열정적으로 파고들어야만 해. 자네가 모르고 있는 것을 파헤치는 데 열정적이어야 한단 말일세."

이틀 후, 모와트 라센은 '모르고 있는 것을 파헤치는 데 열정적이어야 한다는 것'에 대한 다른 의견을 들어보기 위해 자신의 옛 친구 코퍼 블랙을 찾았다. 블랙이 만면에 해적 같은 미소를 띤 채 애써 과장하는 듯 요란하게 모와트 라센을 맞았다.

"자넨 이제 신세 조진 거야. 나도 신세 조진 거고. 우리 둘 모두 신세 조진 거라니까. 9·11 같은 더러운 일이 터졌고, 자네는 WMD라는 최악의 일을 떠맡았으니 말이야. 자네는 그 문제와 맞붙어서 이길 수 없어, 절대로. 우리 둘은 결국 추락하고 말 거야. 만약 무슨 일이 일어난다면, 우린 한마디로 박살 나는 거야. 만약 아무런 일이 일어나지 않아도 마찬가지로 박살이 나는 거고. 우리에게 공이란 없어. 오로지 비난만 돌아오게 되어 있으니까. 그래서 하는 말인데, 자네가 이번에 빌어먹을 중책을 맡게 되었다고 거드름 피우면서 좋아할 건 하나도 없어. 왜냐하면, 나와 마찬가지로 자네도 이제 완전히 망한 것이나 다름없거든."

두 CIA 전사는 그 문제를 철저히 따져보기 위해 자리를 잡고 앉았다. 그들은 필요한 일이라면 뭐든 가리지 않고 해치울 수 있는 사람들이었고, 실제로 자주 그래 왔다. 모와트 라센은 넘지 말아야 할 경계선에 지나치게 가까이 접근했다는 이유로 두 번이나 소련에서 축출되기도 했는데, 그것은 일종의 영예에 해당하는 일이기도 했다. 그는 소련 정보원들과 한 수를 두면 다음 수로 맞대응하는, 한 치도 양보가 없는 체스 게임이라도 하듯 정보 수집 활동을 했으며, 한 달에 한 차례씩 KGB 요원들과 만나 보드카를 마시기도 했다.

그들은 '한 가지 질문' 게임을 했다. 각기 질문 하나만을 할 수 있었고, 상대는 그 질문에 정직하게 대답하거나, 아니면 아예 대답을 하지 않거나 하는 게임이었다. 거짓말은 규칙 위반이었다. 그것은 적의 그릇이 어느 정도인지를 파악하면서 신뢰를 쌓아나가는 연습이었으며, 모와트 라센이 자신에게 정보를 줄 수십 명의 이중간첩을 만들어낸 방식이기도 했다. 매력적이지만 필요할 경우에는 가차 없는 인간으로 돌변하는 블랙도 비슷하긴 했지만 그의 최근 이력은 약간 다른 것이었다. 그는 그 누구보다도 먼저 이슬람 과격분자들을 상대해야 하는 것으로 일을 시작했다. 빈 라덴을 추적해낸 것도 그였다. 그는 CIA가 이 전장을 지휘하도록 맨처음 지명한 인물이기도 했다. 그는 빈 라덴의 승리를 자신의 개인적 패배로 받아들였고, 복수를 원하고 있었다.

블랙이 CIA가 적과 신뢰 관계를 구축하고 난 다음 그들을 징발해 사용하는 오래된 기술에 대해 언급했다.

"고전적인 정보원 모집 방식은 이 친구들에게는 효과가 없을 걸세, 롤프. 고전적인 유럽인들의 방식이지. 그건 여기서 안 통하네. 자네는 알카에다에 대해 개뿔도 모르잖아. 이 친구들, 그리 호락호락하지 않아. 이미 죽을 준비가 되어 있는 자들이니까 말이야. 입맛에 안 맞겠지만 납치를 하거나 극단적인 심문 방식을 동원할 것에 대해서도 생각해보게."

블랙은 모와트 라센을 좋아했고, 존중했다. 그들의 대화는 본질적으로 두 시대를 이어줄 다리 같은 것이 존재하는지 여부에 대해 의논하는 셈이었다. 그리고 그 두 시대는 9·11을 기준으로 나뉜 시대였다. 2차 대전 이후부터 9·11 이전까지는 주로 소련이라는 적과 엄청난 규모의 스누커 게임(snooker. 흰 큐볼 하나로 21개의 공을 포켓에 밀어넣는 당구 게임 — 옮긴이)을 벌여놓고 만사를 좌지우지할 수 있었다. 하지만 겨우 한 달이 지난 9·11 이후 시대에는 자살 공격을 서슴지 않는 이슬람 몽상가들의 국제적 조직과 맞붙어야 하는 것이다.

모와트 라센이 먼저 한 수를 뒀다.

"고문 얘기를 꺼내 하는 말인데, 빌어먹을 '편법을 동원하는 행동'은 어느 선에서 취한다는 거며, 증거 기준은 누가 정한다는 건가?"

블랙이 응수했다.

"자네는 그 기준이 뭐라고 생각하는데?"

모와트 라센이 말했다.

"증거라는 건 말이지, 키워드지. 숱한 사람이 자신들이 알고 있지 않은 것을 알고 있다는 식의 의심을 받고 있는 상황이니까. 만약 누가 무엇을 알고 있어야 하는가에 대한 평가가 온당치 못한 것이라고 한다면, 자네는 숱한 사람을 다치게 할 수 있어. 그건 자네가 새로운 적을 잔뜩 만들어내게 된단 뜻일세."

블랙이 뼛속까지 베였다는 듯한 표정으로 고개를 끄덕였다.

"좋아. 그러면 어떤 사람이 UBL과 핵폭탄의 현재 상태에 대해 뭔가를 알고 있을 수도 있는 경우라면 어쩌겠는가? 그리고 그가 알고 있는 것이 무엇인지를 알아내는 것이 숱한 생명을 구할 수 있게 되는 경우라면? 그럴 경우 자네의 기준은 어떻게 되지, 친구?"

그러고는 모와트 라센을 향해 손가락으로 찌르는 시늉을 했다.

"그렇다면 자네는 어떡하겠는가?"

자크 시라크 프랑스 대통령은 '테러와의 전쟁'이 "새로운 성격"의 전쟁이라고 말했다. 하지만 미국의 아프가니스탄 침공은 덕트 테이프와 약간의 허세를 동원해 문제를 해결한 아폴로 13호 스타일의, 새로운 아이디어와 낡은 아이디어를 하나로 조합해 건설한 하나의 다리에 더 가까웠다.

CIA 팀들이 맨 먼저 들어가 부족 지도자들을 회유하는 작업을 시작했다. 자금은 무한정 흘러 들어갔다. 옛 무자헤딘mujahedeen 군벌들이 먼저 협조를 약속했다. 알 카에다는 집권 세력인 탈레반의 지지를 받으며 단 한 곳의 피난처에 집결해 있었고, 그렇기 때문에 한 국가가 주권이 있는 다른 국가의 국경을 침범하는 통상적인 방식이 적용될 수 있었다.

미국의 병력은 얼마 되지 않았다. 정밀 공중 공격의 지원을 받으며 아프가니스탄 군 안내자 역할을 하면서 함께 싸우는 300명 남짓의 특수부대가 전부였다. 그들은 형식뿐인 저항에 부딪쳤을 뿐이었다. 수도 카불Kabul은 탈레반과 알 카에다 세력이 게릴라전 기지를 세우기 위해 험준한 산악 지대로 도망쳐버리자 무방비로 버려진 상태였다. 일부 세력은 파키스탄 국경을 넘어 남쪽으로 그냥 도망쳐버리기도 했다.

11월 11일. CIA 요원들의 도움을 받은 파키스탄 관리들이 무사 코사가 정체를 확인해줬던 이븐 알 쉬크 알 리비를 파키스탄 국내에서 체포했다. 의미 있는 인물을 체포한 첫 사건이었다. 비록 그가 '테러와의 전쟁'에서 중간 정도의 중요도를 지닌 인물이긴 했지만.

그 소식은 CIA 파키스탄 사무소에서 랭리로 전해졌고, 그것은 오후 5시에 열리게 되어 있는 회의의 의제가 되었다. 9·11이 터지고 겨우 두 달이 지난 상태였기 때문에 아직은 새로운 시대로서도 비교적 초기였고,

회의 규모도 비교적 작은 편이었다. CIA 소속 고위 관리들과 국무성에서 정기적으로 파견되는 여남은 명의 관리가 전부였다. 하지만 테닛에 의해 1999년 시작된 회의는 9·11이 터지고 난 후 점점 분명한 중요성을 지니게 되었다. 아무튼 테닛은 백악관이나 의사당 혹은 다른 정부 부처에서 열리는 회의들 때문에 꼼짝 못하고 매일 대부분의 시간을 도심에서 보내고 있었다. 그의 역할은 CIA가 하고 있는 일이 무엇이며, 왜 그런 일을 하고 있는지를 정부의 나머지 부처에 알리는 것이었다.

CIA가 무엇을 해야만 하는가, 그리고 왜 그런 일을 하는가를 결정하는 일은 오후 5시 회의를 위해 남겨둔 상태였다. 테닛은 거의 언제나 제 시간에 버지니아로 돌아오곤 했다. 회의는 전 세계에서 벌어지는 일들을 빠짐없이 모니터하고 있는 대테러센터(CTC, Counter-Terrorist Center)에서 준비하는 "위협 매트릭스"로 시작되곤 했다. 이 시점에서 CTC는 매일 해외 파견 사무소에서 보내오는 거의 2,500건에 달하는 정보를 포함한 주일에 대략 1만 7,000건의 정보를 받고 있었다. 이 조직은 이제까지 단일 테러에 대응해 정보를 수집하는 차원으로는 세계에서 가장 큰 규모였다. 협조는 또 다른 문제였다. 1,000명에 이르는 직원으로도 검토와 평가를 다 해낼 수 없을 정도의 정보가 쏟아져 들어오고 있었다.

한 사람씩 걸어 나와 보고를 시작했다. 모와트 라센은 비국가 행위자들(nonstate actors)과 관련된 WMD 문제에 대해 보고했다. 20년 동안이나 CIA의 비밀 정보 수집 활동에 종사해온 고참으로, 정보국이 아프가니스탄에서 벌이는 작전을 진두지휘한 행크 크럼프튼Hank Crumpton은 전쟁 진행 상황에 대해 보고했다. 다음으로 '안달쟁이 필(Nervous Phil)'이자신이 감독하고 있는, 테러리스트들이 이 지구상 어디에 있건 그들을 추적해내기 위해 시긴트와 지상 기지 데이터를 혼합하는 광범위한 실험인 전 세계 정보 매트릭스에 대해 보고했다. 그때마다 테닛은 자신이 CINC (Commander in Chief), 즉 총사령관에게 할 브리핑 자료를 요구했고, 들은 내용 가운데 다음 날 아침에 있을 브리핑 보고 내용을 평가했다.

이날은 보고가 끝나자 테닛이 분임 토론을 시작했다. 논의의 출발점은 바로 알 리비가 체포된 사실이 되었다. 모두들 보다 가치가 높은 인물을 체포하기를 희망하고 있었지만 아프가니스탄에서 빠르게 그 수가 증가하고 있는 포로들은 대부분 거기서 거기였다. 그자들을 어떻게 처리할 것인가?

테닛이 최근 럼스펠드와 나눈 대화 내용을 참모들에게 설명했다. 이 두 사람은 한 주일 걸러 한 차례씩 만나오고 있었다. CIA와 국방부를 번갈아가며 각자의 회의실에서 음식을 주문해 점심 식사를 함께하는 방식이었다. 그것은 서로 경쟁 관계에 있는 두 기관이 다른 모든 면에 있어서와 마찬가지로, 서로 지지 않으려는 심리에서 합의된 방식이었다. 최근 들어 점심 식사에서 화제로 등장한 것이 감금하고 있는 포로들에 관해서였다. CIA로 구성된 준군사 조직과 미군 특수부대의 통합군이 아프가니스탄 전역에서 신속하게 거두고 있는 승리의 전리품으로 잡은 포로들을 어떻게 처리할 것인가?

가장 불운한 축에 속하는 일부 탈레반 소속 포로는 미군이 지원하는 북부 동맹군 사령부로 넘겨졌다. 그런 포로들은 앞으로도 더 많이 잡혀 들어오게 될 것인데, 미군 측에서는 그들 가운데 귀중한 알 카에다 조직원들이 포함되어 있기를 바라고 있었다.

테닛이 럼스펠드에게 CIA는 이미 전통적으로 예상해볼 수 있는 방식을 넘어선 심도 있는 노력을 기울이고 있다고 말했다. 10여 개국에서 테러리스트들을 추적하고 체포하면서, 빈 라덴을 체포하거나 죽이려는 노력으로 병력을 배치하고 지원했다는 것이었다. 하지만 럼스펠드는 꿈쩍도 하지 않았다.

"우리는 포로수용소 사업이나 하자는 게 아니잖소."

물론 거의 300만 명에 가까운 직원을 거느리는 엄청난 조직인 국방부도 수용 시설로 군용 영창을 운영하고 있었다. 하지만 그건 아니라는 것이었다. 럼스펠드와 테닛 모두 테러리스트 포로들을 감금하는 것이 전투에서 포로들을 잡아 어느 정도 기간 동안 수용했다 풀어주는 것과는 전혀 다른 문제라는 것을 알고 있었다. 럼스펠트의 말은 국방부의 역할은 CIA가 아프가니스탄에서의 작전을 책임지고 이끌어가는 데 지원하는 것만으로도 충분하다는 의미였다. 미국의 자랑스러운 군대가 CIA를 위해서 전혀 생색이 나지 않는 테러리스트 수용소 간수 노릇까지 한다는 것은 절대 있을 수 없는 일이라는 의미였다.

테닛이 자신의 팀에게 그날의 모든 상황을 상세하게 이야기하자 믿을 수 없다는 듯한 신음소리가 터져 나왔다.

"이번에도 또 우리가 잘못했다는 거군. 도둑질하는 놈 자루 붙잡아주고, 책임은 몽땅 뒤집어쓰고."

"이건 우리 전문이 아닌 거지."

CIA 고위 관리자 하나는 미국의 교정 제도에 대해 잘 알고 있는 사람이 있는지를 묻기도 했다. 적어도 그런 일에 어느 정도 경험을 가지고 있는 사람이 필요하지 않느냐는 빈정거림이었다.

그때 A. B. '버지' 크론가드A. B. 'Buzzy' Krongard가 말했다. 그는 이전에는 투자 회사인 알렉스 브라운 앤드 산스Alex Brown and Sons의 대표였으며, 현재는 CIA 세 번째 서열로, 전 세계 금융시장에 대한 감시 책임을 지고 있는 인물이었다.

"포로들의 수가 증가하면, 우리는 그자들을 도대체 어디에 다 수용한단 말인가?"

다양한 방향에서 제안들이 쏟아져 나왔다. 포로들을 근해에 정박시켜놓은 배 안에 감금하는 건 어떨까, 이들 세력과 관계가 없는 섬 하나를 물색해 그곳에 수용하는 건 어떨까 등등.

심문에 관한 문제가 다시 한번 쟁점으로 떠올랐다. 이번에는 10여 명의 CIA 고위 관리자가 참석한 자리에서였다.

벤 본크가 말했다.

"성공적인 심문은 우리가 얻어내야만 하는 모든 중요한 정보, 그리고 실제 작전에 활용할 수 있는 정보를 이끌어낼 수 있는 것이어야 합니다. 우리는 어떻게든 포로들이 입을 열도록 동원할 수 있는 모든 방법을 다 동원해야 할 필요가 있습니다."

포로들이 수용될 수도 있는 국가들이 어디인지도 밝혀졌다. 일부는 친밀한 동맹국들이었고, 일부는 미국에 협조한다는 사실이 알려지기를 원치 않는 협력 국가들이었다.

이 문제들은 이번 회의와 이후 몇 주일에 걸쳐 있었던 오후 5시 회의에서 계속해서 논의되었다. 이러한 시설을 CIA가 운영할 것인가, 아니면 수용 시설을 제공한 국가에서 운영해야 할 것인가 하는 문제도 있었다. 막연했다. 또한 심문의 지침이 될 기준은 무엇이어야 하는지에 대해서도 논의되었다.

테닛은 직업 변호사였다가 최근 정보국에 법률고문으로 합류한 스코트 밀러Scott Mueller와 그의 부관으로 오랜 동안 정보국의 법률 관련 조언자로 일해온 존 리조John Rizzo에게 포로 심문과 관련해 법적인 문제가 생기지 않도록 미리 주의를 해달라고 당부했다. "우리에게 어느 선까지 허락될 것인지에 대해 법무부와 백악관에서 내려온 지침이 필요하네. 우리는 움직이기에 앞서 상부와 교감할 필요가 있어."

한 차례의 회의가 있고 난 다음, 벤 본크와 몇 명의 작전실(DO) 책임자가 여전히 신분을 숨긴 채 작전 책임자로 일하고 있는 한 친구와 복도에서 마주치게 되었다.

이 나이 지긋한 남자가 조용한 어조로 말을 아끼면서 모여 선 사람들에게 말했다. "우리가 어떤 결정을 내리든 우리가 그것을 어떻게 마무리할 계획인지 우리가 모르고 있는 상태에서는 그 어떤 것도 시작해서는 안 되네."

11월 16일. 알 카에다 군 사령관 모하메드 아테프Mohammed Atef가 카불 인근 지역 가르데즈Gardez에 대한 공습으로 사망했다. 그와 다른 알 카에다 요원들이 묵고 있던 호텔은 공습을 받아 돌무더기로 변해버렸다. 프레데터Predator라는 정교하게 무장된 무인 공격기에 의해서였다. 9·11 테러가 발생하기 몇 해 전 프레데터에 대한 무장을 주저했던 방침은 이제 그저 기억 속에나 존재하는 이야기가 되고 말았다. 이 무인 공격기는 9월 12일부터 시작해 그 이후 기간 동안 계획적으로 그 제작과 무장을 서두르게 되었던 것이다. 전직 이집트 경찰 출신인 아테프는 1996년 이후로 알 카에다 군 사령관을 맡아왔으며, 1998년 나이로비와 탄자니아 주재 미국 대사관 공격을 계획했던 인물이다. 그는 알 카에다 내에서 자금을 운반하고, 인원 배치와 작전의 우선순위에 대한 결정 권한을 갖고 있는 조직의 핵심이었다.

그의 사망만큼이나 중요한 것은 돌무더기로 변한 호텔 잔해에서 찾아내어 입수한 문서와 비디오테이프들이었다. 그것들 가운데 하나는 "공격 목표 사전 답사 내용이 담긴" 20분짜리 자작 테이프로 싱가포르 내 미군 기지와 시내 지하철 노선들을 포함해 여러 장소가 담겨 있었다. 이들 장소는 알 카에다 동남아시아 지부 소속인 제마 이슬라미야Jemaah Islamiya가 공격 목표로 잡고 있던 곳들이기도 했다. 또 다른 비디오테이프는 곧 있을 페르시아 만 정상회담에 참석할 예정인 각국 지도자들에 대한 암살 계획을 보여주는 것이었다. 조사관들은 비디오테이프를 정지 화면으로 분석해 거의 50여 명에 이르는 알 카에다 요원의 얼굴 사진을 분리해낼 수 있었다.

그 다음 주 어느 느지막한 아침나절, 행크 크럼프튼을 포함한 테닛 일행이 줄지어 대통령 집무실로 들어갔다. 크럼프튼은 이 시기의 모든 CIA 보고자 가운데 가장 중요하게 여겨지는 인물이다. 조지아 주 애딘스 출신으로 끈적끈적한 느낌의 느린 남부 말투를 사용하는 CIA 근무 경력 21년의 이 고참 요원은 오래도록 비밀 정보 수집 활동에 종사해왔으며, 존 스홉킨스 대학교에서 국제 공익 질서에 대한 연구로 석사 학위를 받은 인물이기도 했다. 그는 랭리에 앉아서 CIA의 아프가니스탄 작전을 진두지휘했다.

대통령과 부통령은 자신들이 늘 차지하고 있는 자리에서 그들을 맞았다. 부시는 벽난로 가까이에 놓인 안락의자에, 체니는 그 곁에 나란히 놓인 안락의자에 앉아 있었다. 크럼프튼이 안락의자 사이에 쭈그리고 앉았다. 부친이 측량 기사에 지형학자였던 까닭에 자연스럽게 지도 애호가가 되어버린 크럼프튼은, 매번 보고 때마다 전투 지역과 지형, 주요 관계자들의 이름, 그리고 그 작전이 다음에는 어디로 향하게 될 것인지를 보여주는 화살표 등을 지도를 통해 한눈에 보여주는 새롭고 상세한 보고 방식을 활용했다.

크럼프튼이 '이제까지 가장 중요했던 교전'이라면서 며칠 전에 벌어진 칸다하르 북방 70마일 지점 타린 코우트Tarin Kowt에서의 전투에 대해 설명하는 동안, 부시와 체니는 공중에 떠 있는 것처럼 상체를 그의 어깨 위로 숙인 채 듣고 있었다. 크럼프튼은 현지의 정치 지도자 하미드 카르자이Hamid Karzai가 11명의 미군 특수부대원과 정확하게 타이밍을 맞춘 공중 지원의 도움으로 적군의 전선을 뚫고 침투, 50명의 부족민을 지휘해 700명의 탈레반 전사를 궤멸시킨 전과에 대해 이야기했다. 부시는 깊은 인상을 받았다.

"이 카르자이라는 인물에 대해 좀 더 상세히 말해보게."

크럼프튼이 부시의 요청에 따라 카르자이에 대해 늘어놓았다. 카르자이는 아프가니스탄의 남부와 북부를 연합할 수 있는 파시툰 족 출신으로, 군사적인 면에서나 국가 재건 노력에서나 "요긴한 결합 요소"가 될 수 있는 인물이라는 설명이었다.

하지만 그로부터 며칠이 지난 11월 말, 크럼프튼은 또 다른 지도를 가지고 와서 빈 라덴 체포라는 작전의 가장 중요한 목표가 어떻게 해서 위기에 빠지게 되었는지 설명했다. 체니가 지켜보는 가운데 아프가니스탄에 파견되어 있는 CIA 팀이 보내온 상세한 급보에 의존, 대통령에게 빈 라덴과 1,000명의 병력이 주둔하고 있는 토라 보라Tora Bora 지역 주변 지형이 어떤지를 설명했던 것이다.

크럼프턴은 작전 수행에 따르는 갖가지 문제점을 죽 열거했다. 그는 특히 은신처로 사용되는 동굴들이 있는 화이트마운틴 지역은 터널과 탈출로 들이 잔뜩 만들어져 있다는 점을 강조했다. 그러자 부시가 파키스탄으로 통하는 길에 대해 물었다. 무샤라프Pervez Musharraf가 거의 10억 달러에 이르는 미국의 원조를 받는 것에 대한 조건으로 군대를 동원해 가장 논리적으로 예상 가능한 도피로인 파키스탄으로 이어지는 통로를 봉쇄하겠다고 확약했던 적이 있어서였다. 크럼프튼은 자신이 준비한 지도를 이용해 이 두 나라 사이에 존재하는 국경선이 어떤 식으로 그런 약속을 동상이몽으로 만드는지 보여주었다. 국경선을 중심으로 파키스탄 쪽 지역은 정부의 법이 통하지 않는 부족 자치 지구여서 무샤라프가 거의 영향력을 발휘할 수 없는 곳이라는 말이었다. 그리고 어느 경우가 되었건 위성사진을 통해 보면 무샤라프가 약속했던 군대는 도착하지 않았으며, 조속한 시일 내에 그럴 가능성도 없어 보였다.

그에 더해 크럼프튼은 아프간 군이 "지치고 추위에 떨고 있으며, 대부분 고향에서 멀리까지 나와 있는 형편이어서 사기가 떨어져 있다"는 사실을 덧붙였다. 그들은 남부 지역에서 탈레반 군과의 계속된 전투로 심한 타격을 입은 상태이며 "그들은 빈 라덴을 체포할 수 있을 정도의 전투력을 전혀 유지하지 못하고 있다"는 것이었다.

그보다 며칠 전인 11월 26일, 아프가니스탄에 주둔 중인 미군 병력 가운데 단연 큰 규모인 대략 1,200명의 해병대 병력이 토라 보라 지역에서 동쪽으로 300마일 거리에 있는 칸다하르 지역에 기지를 마련했다. 플로리다 주 탐파에 있는 중부군 사령부(CENTCOM, Central Command)와 수시로 접촉하던 크럼프튼은 토미 프랭크스Tommy Franks 장군과 아프가니스탄에서 작전 중인 CIA 관리자급 첩보 요원들이 지난 한 주 동안 우려하던 사항인 "퇴로가 열려 있는 상황"에 대해 이야기를 나눈 적이 있다. 그는 프랭크스 장군에게 해군 병력을 그 동굴 밀집 지역으로 이동시켜야 한다고 주장했다. 그에 대한 프랭크스의 반응은 빈 라덴을 추적해 궁지에 몰겠다는 CIA의 노력이 해군 병력의 도착을 기다리는 동안 추진력을 잃게 될 수도 있으며, 해병대가 눈 덮인 산악 지대에 고립되어버릴 가능성에 대한 우려도 배제할 수 없다는 것이었다.

크럼프튼이 대통령에게 브리핑하는 동안 국방부가 대통령에게 CIA의 우려 사항을 보고하지 않았다는 사실도 분명해졌다. 하지만 그 보고는 크럼프튼 자신의 권한을 넘어서는 부분까지도 건드리는 것이었다. 그는 부시에게 "좀 더 신중하게 작전을 펼치지 않는다면 먹잇감을 놓치게 될 수도 있다"고 보고하면서 해병대나 그 지역에 주둔하는 다른 병력이라도 즉시 토라 보라로 투입되어야 한다는 점을 역설했다. 체니는 아무런 반응이 없었다.

부시가 놀란 듯 그에게 보다 상세한 정보를 이야기하도록 재촉했다.

"아프간 주둔군 상황이 실제로 얼마나 안 좋은지 이야기해주겠나? 현재의 임무를 감당해낼 수는 있는 건가?"

크럼프튼이 대답했다.

"감당이 안 되고 있습니다, 대통령 각하. 감당이 안 됩니다."

추수감사절이 다가오고 있었다. 테닛은 두 명의 파키스탄 과학자 건과 관련해 현재 진행되고 있는 것과 진행되지 못하고 있는 것 모두에 대해 점점 좌절감을 느끼고 있었다. 그는 모와트 라센에게 자신은 결과를 원하며 "며칠 상간에" 이 상황이 종료되었으면 좋겠다고 말했다.

"이것은 비상사태일세. 그런데 도대체 왜 우리는 그 상황에 손도 못 대고 있는 건가?"

파키스탄 정부가 큰 도움은 되지 못하고 있었지만 마흐무드와 UTN에 대한 추가 정보를 조금씩이나마 수집해 보내고 있었다. 마흐무드와 마지드는 구금 상태로 있다가 갑자기 석방되었고, 그런 다음 다시 체포되었다. 그들의 가족과 그들을 지지하는 파키스탄의 지식인들이 그들의 석방을 요구했고, 마흐무드 역시 자신의 건강 상태가 좋지 않다고 주장했기 때문이다. 그들은 정부 관리들의 심문에 응하기 위해 출두했다가 저녁이 되면 가족에게 돌아갔다. 놀라울 것도 없었다. 하지만 그들에게서는 아무런 정보도 얻어내지 못했다. 테닛은 지금이야말로 미국의 IC, 즉 정보 공동체의 협조를 구해 정보를 얻어내야 할 때라고 느꼈다.

테닛이 비상 회의를 위해 각 정보기관 책임자들을 자신의 회의실로 불러들였다. 거기에는 FBI의 밥 뮐러 국장, 국방정보국(the Defense Intelligence Agency) 대표자들, 그리고 지구를 둘러싸고 있는 대기층만큼이나 두꺼운 미국의 도청 정보망이라고 할 수 있는 국가안보국 책임자 마이크 헤이든Mike Hayden 중장 등이 포함되어 있었다. 테닛은 그들에게 "현재 상황은 악몽"이라고 말했다. 그러고는 모닥불을 둘러싸고 열렸던 회의와 거기 참석했던 인물들이 어떤 자들인지에 대해 설명했다. 모두들 어떤 상황인지 이해했다. 테닛은 서서히 축적되어 가고 있는 정보에 의해 윤곽이 드러나고 있지만 퍼즐 조각들을 찾아내 제자리에 맞춰놓는 데는 모두의 도움이 필요하다고 말했다.

회의 분위기는 심각했다. 각 기관은 모와트 라센이 지휘하는 합동 작전에 요원들을 파견할 것과 다음 날 비상 대책반을 소집한다는 데 합의했다. 마이크 헤이든은 지난 10년 동안의 관련 신호정보들을 모두 긁어모아 아침까지 준비시키겠다고 말했다. 그가 말하는 정보는 우라늄이나 플루토늄의 운반, 핵폭탄 제조에 사용될 수 있는 물질의 절도나 분실, 그리고 알려져 있거나 의심되는 각 테러 집단의 의도 등을 포함한 모든 분야에 걸친 것이었다. 그는 또한 분석관 팀을 구성해 보내겠다는 약속도 했다.

밥 뮐러는 망연한 표정으로 앉아 있었다. 전직 검사 출신인 그는 9·11이 터지기 한 주일 전 FBI 국장에 취임했다. 도대체 지켜낼 수가 없을 자리에 앉게 된 것이다. 미국 땅에 들어와 있을 수도 있는 테러리스트들을 모조리 찾아내라, 조국을 사수하라, 다음 행보가 어떻게 될지 예측할 수 있도록 적에 대해 속속들이 파악하라… 하는 말들이 무슨 의미건, 그는 당시 대다수 관계자와 마찬가지로 19명의 비행기 납치범 신원을 제대로 파악하는 데도 애를 먹고 있는 상황이었다.

밥 뮬러가 물었다.

"조지, 이런 것 하나 무게가 얼마나 되나요?"

태닛은 소프트볼 크기 정도의 플루토늄 덩어리로 무엇을 만들 수 있는지에 대해 이름난 과학자들에게 이미 자문을 받은 대로 최선을 다해 답변했다. 그러자 뮬러가 계속해서 질문을 던졌다.

"내 말은 그것이 얼마나 커질 수 있는지, 얼마나 작아질 수 있는지 하는 것이오. 또 그것은 어떻게 운반되지요?"

난처한 순간이었다. 그러나 회의에 참석한 모든 사람은 이렇게 다투듯이 뭔가를 알아내려는 FBI 국장의 의도가 무엇인지를 곧 깨닫게 되었다. 그는 자신이 거느리고 있는 요원들에게 어떤 것을 찾아봐야 할지를 말해주고 싶었던 것이다. 그러나 엄연한 현실은 그들 가운데 아무도 정작 그것이 무엇인지를 아는 사람이 없다는 것이었다.

11월 하순의 어느 날, 체니 부통령과 콘돌리자 라이스가 상황실에서 조용히 이야기를 나누고 있었다. 곧 보고자 한 명을 대동한 태닛이 마호가니로 장식된 방으로 서둘러 들어섰다. 잘 나서고, 감정적으로 죄어대는 것이 태닛의 스타일이었다. 콘디가 못마땅한 듯 그를 올려다보았다. 조지와 그녀는 도대체 맞는 것이라곤 없는 사이였다. 태닛은 강경한 발언을 서슴지 않는 뉴요커에다가 조지타운 대학교 예수회에 의해 단련된 세련된 몸가짐을 갖췄으며, 여러 해 동안 정계에서 단련된 인물이었던 반면, 공부에 무섭게 파고들어 그 자리에까지 이른 콘디는 46세의 나이에 벌써 아무도 대적할 인물이 없을 정도였고, 늘 뭔가를 생각하거나 평가하며, 침착한 성격에, 오스카 드 라 렌타Oscar de la Renta가 디자인한 몸에 꼭 맞는 옷으로 빈틈없이 차리고 나서는 인물이었다.

콘디가 말했다.

"좋아요, 시작합시다. 의논할 것들이 많잖아요."

테닛이 고개를 끄덕였다. 체니와 라이스는 마흐무드와 그의 부관 마지드, 그리고 UTN에 대한 보고를 정기적으로 받아왔다. 보고는 점점 깊이를 더해가고 있었다. 그리고 이제 모든 조사의 결과, 모습을 드러낸 위협 요소들을 부통령에게 펼쳐 보여야 할 때가 된 것이다. 이 시점에서 테닛에게는 체니 부통령이 부시 행정부의 외교정책 대부분을 책임지고 있음이 분명해 보였다. 그렇다면 그가 가장 중대한 영역이기도 한 대량 살상 무기에 대해서도 책임을 지고 있지는 않을까.

테닛이 보고를 시작했다.

"부통령 각하, 이것이 바로 우리가 가장 두려워하고 있는 것입니다. 이것은 모든 것을 바꿔놓을 수도 있습니다."

세부 사항들이 죽 열거되었다. 모닥불을 둘러싸고 열렸던 회합은 모두 두려워하는 것이자 이 사실에 대해 알고 있는 사람이라면 걱정으로 잠을 설치게 만들 것이 뻔한 사안들이었고, "두 번째 파도"에 대해 모종의 암시를 주게 될 수도 있는 것이었다. UTN은 아프가니스탄과 사우디아라비아에도 그 촉수를 뻗고 있다. 그리고 그 리비아 인이 폭로한 사실은 특히 우려되는 부분이다. 얼마나 많은 나라가 UTN으로부터 핵무기 개발 제안을 받았을까?

한동안 아무런 말 없이 앉아 있던 체니가 혼잣말에 가깝게 말했다.

"우리는 이 새로운 유형의 위협을 성격 규정도 하지 못한 채 대처해야 한단 말이지. 가능성은 너무나 낮은데, 충격은 비교할 데 없이 강한 상황이라니. 솔직히 난 우리가 어떻게 손을 써야 할지 모르겠네. 이제 이 상황을 전혀 다른 방식으로 들여다봐야 할 것 같은데."

이어 테닛이 동행한 인물에게 보고를 시작하도록 지시했다. 보고자는 마흐무드를 지지하는 파키스탄 엘리트 집단에 대해 상세히 설명해나갔다. 파키스탄 정부는 현재 UTN 조직원 여섯 명을 불러들여 심문을 하고 있는 중이다. 이들은 다양한 분야에 전문 기술을 가지고 있다. 마흐무드는 우라늄 농축에 전문가며, 또 다른 조직원은 적어도 핵폭탄 설계와 제조에 전문 지식을 갖고 있는 기술자다. 하지만 인간적이고 평범한 심문으로는 이들로부터 알아낸 것이 거의 없다. 파키스탄 정부는 거짓말탐지기까지 동원해보았으나 그 기계의 시험이 불충분했는지 결과가 그다지 좋지 않다.

체니는 굳은 표정으로 꼼짝도 하지 않고 보고 내용을 경청했다. 브리핑이 끝났을 때도 그는 한동안 아무런 말도 하지 않았다. 마치 자신이 언급했던 '다른 방식'에 대해 이야기할 준비를 하는 것처럼. 그러고는 자신의 주장을 되새김질하듯이 잠깐씩 멈춰가며 말했다.

"파키스탄 과학자들이 알 카에다의 핵무기 제조나 개발에 조력할 가능성이 단 1퍼센트만 된다 하더라도, 우리가 그에 대응하기 위해서는 그것을 확실한 것으로 간주해야만 합니다… 그것은 우리의 분석이나 증거가 어느 정도의 무게감을 지니는지를 알아내자는 것이 아닙니다… 그것은 우리의 대응에 관한 이야기입니다."

이렇게 해서 구두로 발표된 하나의 원칙이 효력을 갖게 되었다. 향후 몇 년 동안 미 행정부로부터 나오게 될 일 처리나 대응 방식의 틀을 결정하게 될 행동 기준이 마련된 것이다. 체니 독트린이었다. 상상조차 할 수 없는 일이 닥치게 될 가능성이 단 1퍼센트에 지나지 않더라도 마치 그것이 확실히 일어날 일인 것처럼 대응하라. 체니가 말했던 것처럼 그것은 '증거에 대한 분석'이 아니라 '하게 될 대응'에 관한 것이었다.

1퍼센트 솔루션이라는 체니의 해결책은 미국의 외교 정책 시행에서 대개는 불가능한 것으로 여겨졌던, 분석과 작전을 분리시킬 수 있게 만들었다. 정당화되었든 그렇지 않든, 사실에 근거한 것이든 그렇지 않은 것이든, 중요한 것은 '우리의 대응'이란 문제가 되어버린 것이다. '증거'라는 말은 이제 그 의미 자체가 거의 적용될 수 없을 정도로 가치가 하락한 판단 기준이 되어버렸다. 테러리스트들이 대량 살상 무기를 손에 넣을 가능성이 단 1퍼센트만 된다 하더라도, 그리고 미래의 언젠가 그런 일이 일어날 가능성의 기미만 보인다 하더라도, 이제 미국 정부는 확실히 일어날 것처럼 거기에 대응해야 한다. 이것은 유례없는 폭을 지닌 요구 사항이 되어버렸다.

체니가 잠깐 동안의 침묵을 깨고 세부 논의로 들어갔다.

"파키스탄 정부가 이 부분에 대해 숨기는 게 없다고 믿을 수 있습니까?"

과학자들은 체포되었다가 석방되었고, 또 가택 연금이 되었다가 체포도 석방도 아닌 어중간한 상태에 놓여 있었다. 마흐무드의 가족들은 그가 아프다고 주장했고, 파키스탄 정부의 핵심 인사 몇몇은 무샤라프 대통령에게 이 노 과학자를 그냥 좀 내버려두라고 압력을 가하고 있었다.

테닛이 대답했다.

"딱히 신뢰할 수 있는 상황은 아닙니다. 우리가 압력을 가하고 있기는 하지만 여전히 유동적인 상황이라고 할 수 있습니다."

회의 참석자들 모두 그 말에 동감했다. 그러자 라이스가 동정한다는 듯 미소를 지으며 말했다.

"조지, 한 번 다녀오셔야 할 것 같은데요. 유감스럽지만 달리 선택의 여지가 없어요."

논의는 거의 끝난 것이나 마찬가지였다. 테닛이 당장에 여장을 꾸릴 수밖에 없게 되었다. 곧이어 체니가 엄숙한 표정으로 테닛을 바라보며 말했다.

"국장은 대통령을 대신하는 겁니다. 국장의 말이 곧 대통령의 말이라는 뜻입니다."

9월 12일부터 그 이후로 가장 근본적이며 지도적인 정책 방향은 테러리스트들이 어디에 있든 그들을 찾아내어 무력화시킨다는 것이 되었다. 알 카에다의 은신처가 있는 아프가니스탄에 군대를 동원해 공격한 것과 80개국에 CIA 요원들이 파견되는 확대된 작전 계획도 이러한 정책 기조와 무관하지 않았다. 그것은 정부의 법적 권한을 미국 전역으로 확대시키는 미 애국법의 후원을 받는 추진력이기도 했다. 그러한 정책에 대한 후원을 위해 재무부는 일종의 '금융 정보', 즉 피닌트finint로 이용할 수 있도록 개인 소유의 금융 데이터를 각 금융기관으로부터 이끌어내는 운동을 벌였다. 그리고 FBI는 의심이 가는 인물은 무조건 잡아들이고, 심문은 나중에 한다는 식으로 그 정책을 후원했다. '무력화시키는 것'에 선행하는 '찾아낸다는 것'의 문제는 각 기관이 정보 수집 업무에 모든 것을 쏟게 만들었던 것이다.

하지만 무엇보다 미국의 사명을 보다 확장시키는 것이 급선무였다.

빈 라덴과 그의 칸다하르 모닥불 회의에 대한 내용이 밝혀지면서, 정부의 작전 계획은 무장해제라는 비상수단까지 공식화할 정도로 신속하게 그 범위가 넓어지게 되었다.

2차 대전 이후 미국의 역대 행정부들은 월등한 파괴력을 지닌 무기의 확산에 대해 조바심을 나타내왔다. 그래서 미국과 다른 몇몇 국가는 자국 주권의 일정 부분을 국제 협약에 넘겨주게 되었고, 서로 견제하며 균형을 이루는 동맹 세력으로 나뉘게 되었다. 나토나 바르샤바조약기구가 그런 예다. 상호 확증 파괴(MAD)라는 개념은 오래도록 미국과 소련을 대립의, 그리고 막판에는 상호 구속의 춤판 속에 가둬놓았다.

하지만 2001년 이후, 양극화된 균형과 다른 민족국가들을 집단화했던 그런 방식은 거의 사라지게 되었다. 대체할 만한 그 어떤 세력도 생겨나지 않았던 것이다. 그러자 집단에서 풀려나 소, 중, 대로 나뉘게 된 여러 국가가 전 세계 각기 다른 지역에서 자신의 경계가 어디까지인지를 시험해보면서 독자적으로 행동하기 시작했다. 물론 국가라는 것은 여전히 중요한 요소로 남아 있었다.

대체로 미국의 정책 입안자들도 2001년부터 시작해 다른 국가들과 비슷하게 그런 구속에서 풀려났다고 느끼고 있었다. 부시도 대통령으로 취임한 지 몇 개월이 지나면서부터 미국이 오래도록 고수해온 강력한 국제 협조 주의의 신조를 깨버렸다. 즉 국제사회를 무력이 아닌 설득에 의존해 이끌어간다는 근본적인 신조를 버린 것이다. 체니, 럼스펠드, 울포위츠, 페이스, 펄 같은 신보수주의 두뇌 집단과 1990년대 미국을 떠나 외국에서 근무해야 했던 다른 많은 사람이 표명하는 공식적 견해 속에 새로운 임무가 하나 더 보태졌다. 간단히 말하면, 이제 미국이라는 나라가 전 세계적으로 유일한 초강대국으로 남게 된 마당에 무력 사용이라는 면에서 뻔뻔해져야 할 필요가 있으며, 아무런 구속도 받지 말아야 한다는 생각이었다. 오래전부터 미국에 의해 계획되고 장려된 온실 가스 규제에서부터 국제사법재판소 문제에 이르기까지, 국제사회의 동의를 받아야 하는 사안들은 이제 소인국에 간 걸리버를 잡아맨 실 가닥처럼 미국에 이런저런 구속으로 작용하게 되었다. 그러한 협약은 약소국들에나 어울리는 것이었다. 그런 것들은 모두 떨쳐버려야 할 속박이었고, 부시 행정부가 들어선 2001년 초에 시작된 것이 바로 그런 속박을 떨쳐버리는 작업이었다.

하지만 풀려난 걸리버는 무엇을 해야 하는가? 부시 행정부가 들어서고 난 첫 번째 주에 NSC 핵심 인사들에게 보내는 보고서에서 럼스펠드는 이제 더할 나위 없는 힘을 갖춘 미국이 현재 직면해 있는 것이 무엇인지를 설명하는 데 최선을 다했다. 그는 '국가 안보 정책과 관련된 문제: 냉전 이후의 위협'이라는 보고서에서 이렇게 말한다.

냉전 이후 진보된 기술과 서비스의 자유로운 교류로 인해 세계적인 빈국들조차 핵무기와 화학무기, 생물학무기를 갖거나, 발사 기술을 포함해 이제까지 개발된 가장 파괴적인 무기 개발 기술을 순식간에 습득하는 것이 가능해졌다. 우리는 그들이 그렇게 하는 것을 막을 도리가 없다.

그리고 거기서 여섯 쪽쯤 뒤로 넘어가서 "그러한 파괴적인 무기 개발 능력을 갖춘 중국, 러시아, 이란, 이라크, 북한 등 몇몇 나라"와 같은 경쟁자들이 어떤 방식으로 그에 투자를 하고 있는지 살펴본 다음, "그런 국가들이 미국에 도전하는 것을 그만두도록 설득할" 전략을 어떻게 마련할 것인지에 대해 이야기한다. 그 당시에 초점은 대개 국가 주도의 위협에 맞춰져 있었다.

2001년 9월 11일은 비국가적 행위자들의 도래를 알리는 날이기도 했다. 그들은 모든 사람이 알아볼 수 있는 순간에 엄청난 파괴력을 과시하면서 모습을 드러냈다. 그들은 비국가적이었다. 즉 여러 국가를 넘나들며 보이지 않는 곳에 숨어 조심스럽게 기다리고 있었던 것이다. 국가와 국경이 적과 아군을 가르는 데 가장 우선적인 기준이 된다는 개념은, 미국과 소련이라는 양극 대결 구도가 무너져버리고 난 뒤부터 한층 빠르게 약화되고 있었다. 그러니까 빈 라덴이나 자와히리처럼 국가와 국가를 넘나드는 새로운 종류의 테러리스트들은 본질적으로 국가에 토대를 둔 힘이라는 것이 환상이거나, 아니면 적어도 과장된 것임을 말해준 셈이었다. 이 두 테러리스트는 특정 국가의 영토 안에서, 그리고 국가들 사이에서 활동하면서 지하드를 위해서라면 목숨을 기꺼이 던질 수천 명의 전사를 모집하고, 훈련시키며, 전 세계적인 조직을 가진 아주 유연한 조직으로 만들어놓았다.

그들은 미국과 적대 관계에 있는 그 어떤 국가도 감히 상상할 수 없었던 규모의 테러를 미국 본토에서 저질렀다. 이것으로 그들은 전 세계의 지지자들에게 국가권력을 불안정한 것으로 만들어버리는 이념을 전파하고 있었다. 그들의 행위는 세계화의 진행으로 국경은 그리 중요하지 않게 되었으며, 국가라는 것은 그보다도 한층 더 그 중요성이 떨어지는 것이 되었음을 보여주었다.

비록 각국 정부들이 전 세계에 존재하는 살상 무기의 거의 대부분을 보유하고 있으며, 보통은 자국 영토 내에 누구를 어떤 방식으로 살게 할 것인지 결정하지만, 빈 라덴이나 파키스탄 과학자들의 예는 이제 미국이 오래전부터 쟁점으로 삼았던 군비 철폐 문제를 다급한 사안으로 만들고 말았다. 설사 불량 국가로 규정된 국가라 할지라도 대량 살상 무기를 미국이나 미국의 맹방들에 대해 사용하려 드는 자살 행위는 하지 않으리라는 기존의 생각은 이제 비현실적인 것처럼 보였다. 어떤 불량 국가는 만약 그 출처가 발견되지 않는다는 보장만 있다면 가공할 끔찍한 무기를, 혹은 몇 파운드의 농축우라늄을 어떤 비국가적 행위자, 즉 '트랜스냇 transnat'에게 슬쩍 넘겨줄 수도 있는 일이었다. 그렇게 하지 못할 이유가 어디 있는가. 이런 모습을 감춘 테러의 후원자들이 늘 꿈꿔왔던 대로 미국을 무릎 꿇게 하는 데 테러리스트들로 하여금 궂은일을 하게 할 수 있었다. 그리고 그런 행위가 발생할 단 1퍼센트의 가능성만 존재한다 하더라도 미국은 그것이 마치 확실하게 밝혀진 것으로 간주하고 행동해야만 한다는 것이 바로 체니의 대응 방식이었다.

결국 아프가니스탄에 있는 테러리스트들의 피난처를 공격하고, 누구든 적으로 간주할 만한 자들을 찾아내어 없앨 방법을 찾는 것은, 불량 국가가 이제 이 새롭고 은밀한 동업자를 찾아낸 셈이기 때문에 한층 더 위험한 존재가 되었다는 의미다. 다음 번 모닥불 주변에서 빈 라덴이나 그의 모방자가 누구와 만나게 될 것인지는 아무도 모르는 일 아닌가?

12월 1일 아침. 푸른색 공군 707기가 살짝 맛이 간 농약살포 비행기처럼 이슬라마바드로 날아들었다. 기내에는 테닛과 모와트 라센, WMD 분석팀의 팀장 한 명이 자신들의 좌석을 잔뜩 움켜쥐고 있었다. 그 와중에도 테닛은 떠들썩하게 이야기하고 있었다.

신분을 감춘 채 활동하는 분석가 리온은 지난 5년 동안 서서히 CIA에 CBRN, 즉 화학, 생물, 방사능, 핵무기에 대한 분석 자료를 갖출 수 있게 만들어왔다. 그는 갖가지 위협적 조짐과 미사일 발사 시스템 그리고 그 것들을 탐지해내고 무력화시키는 방법 등에 관해 고급지에 인쇄된 소책 자를 만들어낸 적도 있었다. 그는 꼼꼼한 연구가이자 이제까지는 대체적 으로 이론상으로만 떠돌던 사안들에 대한 전문가이기도 했다.

한편 얼마 되지 않는 병력을 거느린 파키스탄 경호 책임자는 겨우 하 루 전에 일정을 통보받고 군용기 편으로 도착할 미국 정부 고위 인사를 맞이하기 위해 거의 공황 상태에 가까운 긴장 속에서 허둥댔다. 그럴 만 한 충분한 이유가 있었다.

방문자들은 위험으로 가득한 영토 안으로 날아오고 있었다. 아프가니 스탄에 주둔하고 있는 미군은 파키스탄 국경에서 전투가 한창이었으며, 카라치에서는 폭동이 일어났다. 또한 암시장에서 구입한 스팅어 미사일 로 무장한 이슬람 과격분자들이 이들을 노리고 있을 수도 있었다. 무샤 라프는 최측근 보좌관들까지 포함해 그 누구든 이 회담에 대해 함구하라 는 전갈을 받은 상태였다. 비행기는 갑자기 방향을 틀었고, 그런 다음 이 슬라마바드 공항을 향해 급강하했다.

테닛은 경비 회사의 밴과 비슷해 보이는 차에 탔다. 정작 리무진은 선 도 차가 되었다. 일행을 노리는 세력의 눈을 속이기 위해 모와트 라센이 리무진을 탔고, 행렬은 대로를 피해 이슬라마바드를 통과했다. 시내에는 핵폭탄을 만들어낸 위대한 승리를 기념하기 위한 구조물이 세워져 있었 다. 그것은 이제 파키스탄이 밉살스러운 인도와 동등한 힘을 가진 강대국 으로의 첫 계단에 발을 올려놓는 것이자, 동남아시아 지역 이슬람 국가들 가운데 핵을 보유한 첫 번째 나라가 되었음을 상징했다. 핵무기 보유는 국민들이 하루 6달러로 생활해나가는 나라에서 자긍심의 원천이었다.

자동차 행렬은 미국 대사관을 들러 웬디 체임벌린Wendy Chamberlin

대사를 태운 뒤 왕궁으로 향했다. 무샤라프 대통령이 카키색 장성 예복 차림으로 나와 부시의 특사들을 맞이해서는 대리석으로 된 계단을 지나 자신의 집무실로 인도했다. 170센티미터가 좀 넘어 보이는 키에 호리호 리하고 가냘프게만 보이는 이 빈틈없는 사내는, 나라를 다스리는 일에 있어서는 키나 풍채 따윈 문제가 아니라는 원리를 몸으로 입증해 보이고 있는 듯했다. 무샤라프는 1999년 군부 쿠데타를 통해 집권했으며, 이후 무자비하다 싶을 정도의 효율성으로 나라를 통치해왔다. 그의 힘은 상황 에 대해 누구보다도 먼저 알아내고, 그런 다음에는, 대개의 경우 무자비 하다 싶을 정도의 신속한 행동을 취하는 데에서 나왔다.

무샤라프가 손님들에게 은으로 된 작은 상자를 하나씩 건넸다. 거기 에는 각기 '페르베즈 무샤라프, 파키스탄 대통령'이라고 박은 명함이 한 장씩 들어 있었다. 이어 그들은 소파와 몇 개의 의자에 각기 자리를 잡고 앉았다. 곧 은으로 만든 찻잔들이 채워졌고, 모두 상냥함이 묻어나오는 표정들로 고개를 끄덕였다. 무샤라프는 말없이 시종 미소를 띠었는데, 상대는 자신이 면밀하게 평가되고 있음을 쉽게 알아차리지 못할 그런 얼 굴이었다.

방문자들은 비행기 안에서 요구 사항에 대한 최종적인 목록을 철저하 게 다시 손봤다. 무샤라프가 해줬으면 하는 내용에 대해서 말이다. 그 첫 번째는 물론 안 좋은 소식에 대한 설명이 될 것이었다. 마침 그들이 탄 공군 제트기가 이슬라마바드를 향해 급강하하는 동안 테닛이 협상의 지침이 될 수 있는 원칙을 내놓았다.

"예의 바른 척 빙빙 돌려 말할 여지가 없다. 무샤라프가 해야 할 일만 통보해주면 될 뿐이다. 무샤라프가 어떤 생각을 가지고 있는지 따위에 대해서는 알 바 아니다."

하지만 그들은 무샤라프가 어떤 생각을 가지고 있는지에 대해 생각해 볼 수밖에 없었다. 그것도 아주 깊이 말이다.

테닛이 찻잔을 탁자에 내려놓고는 생각을 가다듬었다. 미국 정부에 소속된 그 누구에게도 마찬가지였겠지만 그도 이 회의를 위해 갖가지 전술과 목표를 수집하고, 그것을 자신의 것으로 만드는 준비를 한 터였다. 행동 개시 신호에 따라 모든 것이 소음과 움직임 그리고 땀 속에서 그 모습을 나타내게 될 것이었다. 그는 그것을 대단히 사적인 문제처럼 받아들였다. 테닛이 말문을 열었다.

"우리에게 문제가 생겼습니다. 아주 큰 문제지요. 각하에게도 문제가 될 수 있고, 우리에게도 문제가 될 수 있는 그런 것입니다."

그러고는 충분히 숙지한 덕에 능숙하게 모닥불 회합과 관련된 이야기를 꺼냈다. 그 회합에 참석했던 자들이 갖고 있는 의도, 그리고 그들이 갖고 있는 능력에 대해서도. 또한 그들의 공격 목표는 모든 것, 모든 사람이 될 수 있다는 위협적 상황에 대해서도.

"알 카에다는 수년 동안 핵무기를 원한다고 이야기해왔습니다. 이제 그것은 그들 손이 닿기 쉬운 곳에 놓이게 된 셈이죠. 그런 상황은 미국으로서는 결코 용납할 수 없는 일입니다. 도저히 그대로 봐 넘길 수 없다는 말이죠."

무샤라프는 동요도 표정도 없이 말 한마디 한마디를 놓치지 않고 경청했다. 이윽고 그가 말문을 열었다.

"이것은 불가능한 상황입니다, 테닛 국장. 파키스탄도 현재 보유하고 있는 핵무기를 개발해내는 데 여러 해의 시간과 엄청난 재원이 동원되었으니 말입니다. 알 카에다가 핵폭탄을 개발해낸다는 방금 전의 말씀은 그 가능성이 대단히 희박하다고 봐야 합니다."

테닛이 말했다.

"만약 그럴 가능성이 없는 상황이었다면 대통령께서 저희를 이곳에 보내지 않았을 겁니다."

무샤라프도 지지 않았다.

"이 문제를 담당하는 내 핵심 보좌관과 나는 그 문제에 대해, 즉 테러리스트들이 핵무기를 제조해낼 수 있을지 여부에 대해 충분히 논의를 한 적이 있습니다. 보좌관 말로는 그것은 위협이 될 수 없다고 하더군요."

'보좌관'은 두말할 것도 없이 A. Q. 칸으로, CIA의 팀 하나가 통째로 매달려 지난 2년 동안 추적하고, 전화를 도청해온 인물이다. 테닛도 그 보좌관이 칸이라는 것을 알고 있었다. 무샤라프도 테닛이 그 사실을 알고 있을 것으로 여겼을 수도 있지만 이 시점에서 CIA가 어떤 사실을 알고 있는지에 대해서는 모르고 있을 수도 있었다. 즉 A. Q. 칸이 미국에 적대적인 전 세계 국가들에게 핵 기술을 팔아넘기는 사업을 하고 있다는 사실 말이다.

테닛이 모와트 라센 쪽으로 고개를 돌렸다. 그들은 이런 정도의 저항은 이미 예상하고 있었다. 무샤라프에게는 최근의 상황이 어떻게 돌아가고 있는지에 대한 약간의 교육이 필요했다. 비행기를 타고 오는 동안 그들은 그것을 "그가 정신이 번쩍 들도록 몽둥이로 다듬질을 좀 해주는 것"이라고 했다.

모와트 라센이 현 상황에 대해 설명했다. 현재 농축 우라늄이나 플루토늄은 훔치거나 암시장을 통해 구입할 수 있으며 소형의 휴대 가능한 핵폭탄, 갖가지 크기, 형태 그리고 화력을 지닌 핵폭탄들을 만들어낼 수 있는 최신 기술들을 입수하는 것이 어렵지 않다고 말이다. 무샤라프는 몇 분 동안 바짝 긴장해 그 설명에 귀를 기울였고, 설명을 듣고 나서는 방어적인 자세를 약간 늦추었다. 그러고는 이제까지 설명 들은 내용을 받아들였다는 중요한 징후가 되는 질문을 했다.

"테러리스트들이 손에 넣을 수 있고 폭탄 제조에 사용할 수 있는 물질이나 출처가 불분명한 그런 물질을 보유하고 있는 다른 나라들에 대해서는 어떤 조치를 취할 생각인가요?"

테닛이 다시 말을 이어받았다. 그는 현재 미국이 실행에 옮기고 있는 정책의 지침이 되는 일련의 새로운 제안을 시험 삼아 내비쳤다.

"우리가 우려하는 것은 폭탄 제조에 사용할 수 있는 물질을 가지고 있는 국가들의 의도와 관련된 것인 경우가 점점 많아지고 있다는 것입니다. 만약 어떤 이유로 어떤 집단 혹은 국가가 핵무기를 제조하고자 한다면, 저희 대통령께서는 우리가 행동을 취해야만 한다고 생각하십니다."

무샤라프의 질문 속에 깔린 또 다른 질문은, 주권을 갖고 있는 어떤 국가나 그 국가의 독재자가 미국의 입장에 동조하도록 어떻게 설득할 수 있느냐 하는 것이었다. 특히 그런 국가가 강한 반미 정서를 가진 국가라면 말이다. 그런 반미 정서는 바로 미국이 이슬람 테러리스트들과 싸우면서 취해야 한다고 느끼는 바로 그런 생각에 의해 불이 지펴진 것인데 말이다. 그것은 9·11 이후에 생겨난 질문이었으며, 또한 출범 초기부터 교토 의정서(Kyoto Protocol)와 같은 국제적 협약은 이제 전 세계에서 유일하게 남은 초강대국의 손발을 묶어놓는 것이라는, 애초부터 모순이 내재된 이념을 받아들이는 정부에 대한 질문이기도 했다. 생각은 거기서 계속되어 힘이란 사용하지 않고 내버려둔다면 아무런 소용이 없는 것이라는 데까지 이르게 되었다.

대통령은 미국이 "선을 위한 세력이 되어야 한다"고 말했다. 미국은 "악의 뿌리를 뽑는 데" 모든 것을 집중하겠다는 것이었다. 나머지 세계 대부분의 국가는 '세력'에 대해, 초강대국에 의해 좌지우지되는 상황을 피할 방법에 대해 집중해왔다.

테닛이 시급한 현안에서 시작해 두 인물을 공식적으로 체포하는 데 이르기까지 미국이 필요로 하는 사안들을 조목조목 열거했다. 체포했다 석방하는 짓은 더 이상 되풀이되게 하지 않겠다. 미국은 두 인물의 심문에 관여할 것이며 거짓말탐지기 테스트에 대해서도 감독을 하겠다. 무샤라프는 마지못해 동의하긴 했지만 이런 사실을 다른 누구에게도 알리지 않는 게 좋을 거라고 일침을 놓았다.

마지막으로 테닛은 마흐무드의 지지자들 가운데 무샤라프도 잘 알고 있는 영향력 있는 파키스탄 정치인을 체포했으면 한다고 말했다. 무샤라프가 난처한 기색을 보였다.

"만약 그에 대한 무슨 증거를 가지고 있으면 그걸 내게 보여주시오. 그렇지 않으면 난 그렇게 할 수 없소이다."

즉시 모종의 경계선이 가시화되었다. 무샤라프는 도움이 될 만했다. 그는 두 과학자를 체포해 구금해둘 용의가 있는 인물이었다. 하지만 미국의 명령으로 그런 짓을 하는 것으로 여겨진다면 그렇게 할 수 없다는 것이다. 그렇게 되면 국내적으로 타격을 받게 될 것이었으니 말이다. 이러한 노선은 앞으로 다가올 몇 해 동안 이 지역의 다른 여러 국가와 갖게 될 회의의 성격이 어때야 할지를 보여주는 것이기도 했다.

모두 자리에서 일어섰다. 테닛이 파키스탄 대통령에게 그가 협조하기로 동의한 주요 사안들이 포함된 요구 사항 목록이 담긴 서류 뭉치를 내놓았다. 그러고는 악수를 나누었다.

"저희 대통령께서는 각하께서 귀국의 과학자들이 빈 라덴을 위해 일하지 않도록 확약해주시기를 바라고 계십니다."

"그렇게 하리다."

CIA와 FBI 고위 관계자들이 부통령 집무실에 자리를 잡고 앉았다. 콘돌리자 라이스가 거기에 합류했다. 12월 중순이었다. 부통령은 눈에 띄게 초조해하고 있었다. 지난 몇 주일 동안 그는 현실로 나타난 재난 시나리오인 파키스탄의 핵 위협과 관련된 모든 중요 사안을 감독해오고 있었다. 파키스탄의 핵 과학자들은 구금되어 심문을 받고 있었다. 무샤라프에게 직접적인 책임을 물을 수 있게 하려던 압력은 효과를 내고 있는 것처럼 보였다. 이 파키스탄 대통령이 UTN과 그 지지자들에 대해 단호한 조치를 취했기 때문이다. 그 조직은 공격을 받고 있었으며, 조직원들 다수는 현재 구금된 상태였다. 그에 더해 거짓말탐지기를 통한 심문은 현재 이 분야에서 가장 뛰어난 전문가인 미국인이 지휘하고 있었으며, 결실을 맺고 있었다. 거짓말탐지기를 동원하게 되면 현재 구금 중인 마흐무드도 중요한 사실들을 털어놓게 될 터였다.

8월의 그 모닥불 주변에 모여 있던 마흐무드와 마지드는 제국주의자들과 이슬람을 적대시하는 세력들에 맞서 전 세계적인 투쟁을 벌이는 것에 대해, 그리고 자신들 모두는 알라신의 뜻에 인도되고 있으며 앞으로 몇 개월 동안 엄청난 변화와 흥분의 나날이 될 것이라는 등등의 이야기를 빈 라덴과 나눴다. 그런 다음 그들은 핵무기의 원료 조달에서 그것을 폭탄으로 만들어내기까지의 상세한 관리에 대해 의논했다. 마흐무드는 단순한 구조를 하고 있으며, 휴대가 가능하고, 살상 효과 또한 뛰어난 다양한 핵폭탄 설계도를 도식으로 그려 보여주었다. 빈 라덴과 자와히리는 그에게 '방법'에 대해 묻고는 대답을 해달라고 졸라댔다. 마흐무드는 우라늄을 농축하는 방법에 대한 장황한 설명을 늘어놓았다. 복잡한 직렬식

고속 원심분리기를 만들고 그것을 이용해 천연우라늄을 기체 상태로 변화시킨 다음 그것을 다시 농축된 형태로 만들어내는 방법이었다. 그의 장기이기도 한 것이었다. 그리고 그것은 수백만 달러의 비용이 들 것이며, 그 비용은 대부분의 국가나 그 어떤 테러 조직도 감히 감당할 수 없을 거라고 덧붙였다.

마흐무드는 심문관들에게 빈 라덴이 전혀 당황하지 않고 그의 말을 막았다고 털어놓았다. "이미 농축된 우라늄을 가지고 있는 경우라면 어떨 것 같소?" 그것은 그저 순수한 질문이었을까, 아니면 하나의 사실에 대한 진술이었을까? 그것은 분명치 않았다. 그 어느 쪽이건 간에 이 상세 정보에 대한 규명은 체니에게 미지의 것에 대한 두려움을 더욱 부채질했다. 하지만 오늘의 회의는 이 악몽과도 같은 정보에 또 한 가닥의 실을 보태는 것이었다. 바로 탄저균이었다.

오랜 세월 동안 사람들을 떼죽음으로 몰고 간 이 병원균에 대해 미국인들의 생각이 미치게 된 것은 두 달 전의 일이었다. 9월 18일. 탄저균이 든 네 개의 편지가 NBC와 〈뉴욕 포스트〉 그리고 다른 뉴스 매체들에 배달되었다. 먼저 10월 9일, 민주당 소속 상원 의원 톰 대쉴Tom Daschle과 패트릭 리이Patrick Leahy에게 탄저균 편지가 배달되었다. 이 미국 상원 의원들에게 보낸 두 통의 편지에는 "미국에 죽음을, 이스라엘에게 죽음을, 알라신은 위대하다"고 적힌 쪽지가 들어 있었다. 9·11이라는 악몽을 겪은 지 겨우 몇 주가 지난 미국 전역은 또다시 충격에 휩싸였다. 이 탄저균으로 5명이 사망했고, 23명이 감염되었다. 그 상원 의원의 사무실 건물은 31명의 의회 직원이 탄저균에 노출된 것으로 양성 반응을 보이면서 10월 17일까지 폐쇄되었다. 일차적으로 알 카에다의 소행으로 의심이 가긴 했지만 11월 중순 무렵, FBI 수사관들은 미국 내에 있는 누군가의 소행으로 지목했다. FBI 측에서는 그런 범죄를 저지른 자는 탄저균과 관련된 경험으로 인해 불만을 품게 된 과학자일 것이라고 생각했으나 결정적인 증거는 전혀 확보할 수가 없었다.

FBI가 조사를 하는 동안, 아프가니스탄 두룬다Durunda에 있는 알 카에다 주둔지에서 나온 기록들이 랭리로 운반되었다. 그 주둔지는 11월에 미군기의 공습을 받은 곳이었다. 폭격의 잔해 속에서 찾아낸 그 기록 문서들은 묻힐 뻔했다. CIA 리온의 부서에 소속되어 있으며, 생물학 작용제에 대해 특히 뛰어난 전문 지식을 갖고 있는 한 여성 분석관이 거기서 깜짝 놀랄 뭔가를 우연히 발견해내게 되기 전까지는.

그 문서들은 생물학 작용제 생산 설비의 설계에 관한 것이었다. 거기에는 갖가지 생물학 작용제를 다루는 방법에 대한 상세한 매뉴얼도 있었다. 이들이 특히 주목한 것은 탄저균이었다. 그 문서는 자와히리가 직접 그 생물학전 프로그램을 지휘하고 있었고, 알 카에다의 무장 세력 사령관이자 병력 배치에 주도권을 쥐고 있는 인물인 마호메드 아테프가 합류했음을 보여주었다. 그들이 탄저균을 손에 넣었거나 제조해냈는지의 여부는 분명하게 밝혀낼 수 없었으나 알 카에다의 프로그램이 상당히 진행된 것은 분명했다.

체니는 이 문제에 대한 브리핑을 하고 나서 오늘 있을 회의를 소집했던 것이다. 수사에서 막다른 골목에 부닥친 FBI와 외국 세력의 위협임을 밝혀내 논란의 여지를 없앤 CIA가 만나게 될 터였다. 회의 분위기는 회의 참가자들 가운데 하나가 회상했던 그대로였다. "이제까지 내가 참석했던 그 어떤 회의보다도 강도 높고, 허튼소리라곤 전혀 나오지 않았다."

그동안의 세월이 체니를 무겁게 짓눌렀다. 분석관이 균형 잡힌 분석을 내놓더라도 그에 대한 제지와 부인으로 좌절감을 느끼게 만들고, 또한 연방 정부라는 거대한 조직 내부에서 벌어지는 내분으로 사람을 지치게 만드는 수십 년의 세월이 주는 무게였다. 그런 그에게 다소나마 위안을 주는 것이 1퍼센트의 규칙이었다. 그것은 유력한 적으로 혹은 용의자로 의심이 가는 쪽을 밝혀내기만 하면 되었기 때문이다. 그런 다음 그 적이 미국을 공격하기 전에 잡아버리면 그만이었다. 만약 탄저균 편지가 아프가니스탄에서 세워진 계획에 따라 그곳에서 제조한 물질을 담아 보낸 것이라면, 그것은 알 카에다의 생물 공격조라는 적이 현재 미국 내에서 활동하고 있음을 의미하는 것이 될 터였다.

체니가 단호하게 말했다.

"아주 단도직입적으로 이야기하겠소. 지금 여기서 벌어지고 있는 일과 우리가 알 카에다에 대해 알아낸 내용이 어떤 연계성이 있는지 찾아내는 일보다 현 정부에서 더 우선권을 갖는 사안은 없소. 나는 여러분 각자가 알고 있는 모든 것을 알아야겠소. 그것도 지금 당장 말이오."

FBI 팀이 먼저 결과를 브리핑했고, CIA 팀이 그 뒤를 따랐다. 그러고 나자 체니와 라이스가 양쪽 모두에게 속사포처럼 질문을 퍼부어댔다. 어떤 경로를 통해 그 사실을 알아냈는가, 그다음 취할 행동 계획은 어떤 것인가, 우리가 추적하고 있는 자들은 누구인가 등등.

그것은 증거를 찾고 자시고 할 사안이 아니었다. 증거를 들이대는 것은 사건을 자신의 주장대로 이끌어가고자 하는 굼뜬 변호사들이나 할 일이었다. 이것은 행동을 취하는 문제였다. 1퍼센트의 규칙은 그것을 적용할 다음 대상을 찾아내는 것이었다. 대상은 먼저 핵 과학자들과 손을 잡은 알 카에다였다. 현재 자와히리는 생물학 무기 프로그램을 지휘하고 있으며, 동시에 미국은 온 나라가 탄저균 공포에 휩싸여 있다. 체니는 목표물을 원하고 있었다.

"우리가 맨 먼저 누구를 쳐야 하오?"

CIA 팀에게 던진 체니의 질문에 대한 대답은 이런 식으로 시작될 수밖에 없었다.

"당장 그 부분에 대해 알아보도록 하겠습니다."

체니는 조직의 성격상 천적 관계와도 같은 양쪽 팀을 냉랭한 눈길로 쏘아보더니 먼저 FBI 팀을 향해 고개를 돌렸다.

"조사하는 과정에서 외국과의 그 어떤 관련성이라도 보게 되는 즉시 저 강 아래쪽 친구들(CIA를 가리킨다―옮긴이)과 그 정보를 공유하지 않으면 안 되오. 확실히 알아들었소!"

FBI 측 관계자들은 할 말이 없는 까닭에 고개만 끄덕였다. 이번에는 CIA 팀을 향해 고개를 돌렸다.

"당신들, 강 아래쪽 친구들. 어떤 방식으로든 수사국을 도울 수 있다면 그렇게 하는 게 좋을 거요. 그리고 그것도 그저 시늉만 내는 걸로는 안 될 거요. 당신들은 경계선 따위에 구애를 받지 말도록 하시오. 저쪽에 모든 것을 다 말해주란 말이오. 뭐든 절대 빠뜨리고 알리지 않는 일이 없도록 확실히 하란 말이오."

체니가 자리에서 일어섰다. 회의가 끝난 것이다. 마지막으로 그가 양쪽 팀을 멸시하는 듯한 눈초리로 쏘아보았다.

"당신들은 도대체 협조라는 게 뭔지를 모르는 게 문제요. 내가 여기 있는 한 절대 그런 일은 용납하지 않을 것이니 알아서들 하시오."

조지 W. 부시는 하루의 거의 대부분을 자신의 집무실에 앉아 진행 상황에 대한 보고를 받고 있었다. 그가 즐겨 쓰는 표현대로 그는 현재 "전시戰時 대통령"인 셈이었다. 9·11 이후 그에게 무슨 변화가 있었는지 혹은 그동안 잠들어 있던 자질들이 단순히 고개를 쳐든 것인지 여부는 알 수 없지만, 그는 확실히 자신이 가장 잘할 수 있는 분야를 찾은 것처럼 보였다. 부시는 전례를 따지거나 상세한 연구나 조사를 한다거나 하는 사치를 부리지 않고도 아무런 불편 없이 신속한 결정을 내려 왔다. 취임 첫날부터 9개월이 흐르는 동안, 이러한 면 때문에 백악관의 상급 직원들이나 각료들 그리고 의원으로서 오랜 경험을 갖고 있는 의원들 사이에서 우려의 목소리가 나오기도 했다. 대통령이 보고 자료를 읽기는 하는지, 결론이 나올 때까지 충분히 생각은 하는지.

하지만 이제 딱딱 끊기는 신속한 리듬의 결정이 그야말로 반드시 필요한 상황이 되었다. 미국이 당한 일과 미국이 현재 직면해 있는 상황은 전례가 없었고, 이 점이 결정에 자유로움을 주었다. 이 순간은 즉흥적인 결정이 요구되었고, 이러한 요구는 부시를 자유롭게 해줬던 것이다. 구속받지 않게 되고, 문제를 삼는 사람들로부터 자유로워지는 것은 그가 자주 자신의 '본능'이라고 불렀던 그의 천성이었으며, 그렇게 해서 표출된 것은 언제나 그대로 담아두는 게 낫다고 주의를 받아왔던 제어하기 힘들 정도의 과단성이었다.

다른 고위 관계자들도 곧 테닛이 코퍼 블랙을 방문했을 때 들었던 사실에 대해 알게 되었다. 대통령이 직접 도표 하나를 디자인했는데, 거기에는 간략한 인적 사항과 함께 알 카에다 최고 지도자들의 얼굴 사진이 붙어 있었다는 거였다. 그것은 손으로 만지는 것처럼 본능적으로 느껴지는 감각이 무엇인지 보여주는 일이었다. 적을 처치한 적이 있거나 본능적으로 느껴질수록 더 나은 공을 세운 적이 있는 군사 혹은 정보 고문들은 안다. 뭔가 자신이 직접 하게 되는 상황에서 언제나 최상의 집중력을 보여줬던 지도자는 전투에 대한 이야기를 쉽사리 받아들이게 되리라는 것을 말이다. 대통령은 제거 혹은 체포가 확인될 때마다 자신이 만든 도표의 사진 위에 가위표를 그려 넣으며 가엾다는 말투로 이런 농담을 하곤 했다. "일보 전진."

그러한 이유로 해서, 12월 초순 대통령은 일일 보고를 받으면서 특별히 유쾌한 나날을 보내고 있었다. 아프가니스탄 군 장성 하나가 CIA 요원에게 동부 지역 잘랄라바드Jalalabad 시 인근에 가해진 공습으로 자와히리가 사망했다고 말했던 것이다. 흥분한 테닛이 부시에게 그 사실을 보고했고, 부시는 대통령 문장이 찍힌 연필을 집어 들고는 이슬람 세력의 지하드 운동에서 그 중요성으로 치자면 빈 라덴 다음에 해당하는 넓적하고 살집이 좋은 안경잡이 이집트 인의 얼굴에 가위표를 했다. 대통령 집무실은 축하 분위기였다.

그 무렵, 빈 라덴은 토라 보라 고원지대의 미로와 같은 동굴 속에 아예 자리를 잡고 은신해 있었다. 그곳은 1980년대부터 CIA도 잘 알고 있는 장소였다. 당시 CIA는 무자헤딘 전사들과 빈 라덴이 당시의 소련군과 싸우는 전투를 지원하고 있었다.

11월 하순, B-52 폭격기들이 집중 폭격을 시작했다. 이 폭격기들이 투하한 폭탄은 재래식 폭탄 가운데서는 세계 최대 크기인 1만 5,000파운드짜리의 육중한 '데이지 커터스daisy cutters(대인 살상용 파쇄성 폭탄을 가리키는 군사 속어 ― 옮긴이)'로, 이것들이 지축을 흔들어놓으며 폭발하면 질산암모늄과 알루미늄 가스가 퍼지면서 반경 600야드 안에 있는 모든 것을 태워 없애버렸다. 하지만 아프가니스탄에서 벌인 작전의 대부분이 그랬던 것처럼 가장 중요한 것은 화력의 우위가 아닌 표적에 대한 정확한 타격이었다. 네 명의 CIA 요원으로 구성된 한 팀과 이들을 지원하는 10여 명의 아프가니스탄 원주민이 어둠 속에서 산을 기어올라 그 복잡한 동굴 은신처가 내려다보이는 곳에 관측소를 설치했다. 그것은 엄청난 위험이 따르는 작전이었다. 그 유리한 위치에서 그들은 상대에게 발각되지 않고 모든 것을 관찰할 수 있었다. 거기서 발각되는 것은 곧 신속하고도 확실한 전멸을 의미했다. 그들은 베이스캠프와 교신을 시작하면서 미군 폭격기들에게 중요 좌표를 송신했다. 곧이어 폭탄이 빈 라덴과 그의 군대를 초토화시키기 시작했다. 이 팀은 빈 라덴과 그의 수하 지휘자들 사이에 오가는 교신 내용을 근접 수신해 그것을 베이스캠프에 있는 통역 담당자에게 송신했다. 이것이야말로 미국이 도달하고자 사정없이 밀어붙였던 바로 그 순간이었다. 뉴욕과 워싱턴을 화염에 휩싸이게 만든 지 3개월 만에 필사적 저항을 하던 빈 라덴이 마침내 궁지에 몰리게 된 것이었다.

하지만 그런 영광의 순간이 다가오면서 랭리에서는 한 가지 걱정이 점점 더 크기를 더해가고 있었다. CIA 요원들이 대략 15평방마일에 이르는 그 동굴 지역을 포위할 병력 증원을 계속 요청하고 있었던 것이다. 미국 정부 내부에서는 이 문제를 놓고 고위 당국자들끼리 열띤 논쟁을 벌였다. 백악관은 11월 들어 파키스탄 육군이 동굴에서 남쪽으로 빠져나오는 통로를 봉쇄하도록 하겠다는 무샤라프의 확약을 받아놓은 상태였다. 부시, 체니 그리고 럼스펠드는 파키스탄 대통령의 약속이 신용할 만한 것이라고 느끼고 있었다. 사실 그것은 소위 "정치적 수준"에서의 기여라는, 보다 큰 범위의 작전에 대해 가장 중요한 전략적 유산이라고 할 수 있는 것이었다.

하지만 12월 초 조례 브리핑에서 부시에게 전해진 CIA의 기밀 보고서는 "뒷문이 열려 있는 것이나 마찬가지"이며, 얼마 되지 않는 파키스탄 군대가 파키스탄 국경 인근으로 집결하는 것이 관측될 뿐이라고 경고

하고 있었다. 아프가니스탄 영토 내로 진입한 파키스탄 군대는 전혀 없으며, 그곳은 아프간 부족들 사이의 대립이 심한 전투 지역이나 다름없어서 파키스탄 군대는 진입하는 것을 꺼려왔다는 것이었다. 무샤라프는 백악관 측의 독촉을 받자 군대 이동이 좀 느려서 그렇다면서 어쨌든 그곳으로 향하고 있으니 걱정할 일은 아니라고 답변했다.

12월 15일. 빈 라덴이 단파 라디오로 수신되는 방송을 통해 성명을 발표했다. 그는 자신의 "가장 충성스러운 전사들"을 찬양하면서 그들에게 패배를 안긴 "나를 용서해줄 것"을 빌었다. 그의 병력은 800명 정도로 그 복잡한 동굴 미로 전체에 흩어져 있었다. 그는 "이슬람을 적대시하는 세력들"과의 전투는 "새로운 전선에서" 계속될 것이라고 말했다. 그런 다음 그는 그들을 위해 신의 가호를 빌고는 그곳을 빠져나갔다.

빈 라덴은 얼마 안 되는 무리를 이끌고 말을 탄 채 북쪽으로 탈출했다. CIA 내부 보고서에 의하면 이 무리는 낭가르하르Nangarhar로 통하는 북쪽 길로 접어들어 키베르Khyber 산길을, 그리고 잘랄라바드 시를 통과해 코나르Konar 지방으로 들어간 것으로 되어 있었다.

그날과 다음 날, 800명에 이르는 알 카에다 잔여 세력 대부분이 파키스탄을 향해 남쪽으로 이동을 시작했다.

크리스마스가 다가오는 이제, 한층 더 좋지 않은 소식이 들려왔다. 자와히리는 여전히 죽지 않고 건재할 가능성이 높다는 것이었다. 비록 그의 아내와 자식들이 12월 1일경에 행해진 폭격으로 사망했지만 말이다.

테닛이 대통령에게 이 소식을 전했다.

"계속 주시하고 있겠습니다, 대통령 각하. 그것은 확실히 약속드릴 수 있습니다."

부시가 책상에서 지우개를 집어 들고는 자와히리의 얼굴 사진을 가리고 있던 가위표를 지우면서 말했다.

"이건 정말 하고 싶지 않은 일인데."

자와히리의 얼굴은 다시 한번 멀쩡해진 상태로 부시를 노려보고 있게되었고, 그 옆 칸에서는 고양이 같은 미소를 띤 오사마 빈 라덴이 부시를바라보고 있었다.

9·11 테러가 발생한 지 3개월 후, 250명의 알 카에다 병사가 죽거나포로가 된 반면, 나머지 800명은 탈출했거나 해체된 상태였다. 거기에는알 카에다의 거의 모든 상급 지휘관과 탈레반의 애꾸눈 지도자 물라 마호메드 오마르Mullah Mohammed Omar도 포함되어 있었다.

2002년 1월 중순. 가치가 있을 것으로 여겨진 몇 백 명의 포로가 쿠바관타나모 베이에 임시로 설치한 포로수용소인 캠프 엑스레이Camp X-ray로 이송되었다. 포로 문제는 국방부 소관이었지만 국방부의 의지에 반해중간에 CIA가 끼어들게 되었다. 아프간에서 잡힌 다양한 부류의 포로들은 미 육군이 책임지고 처리할 문제였지만 심문 과정에서 귀중한 '수확'을 거둘 수 있을 만한 포로들에 대해서는 CIA가 책임을 지도록 되어 있었기 때문이다.

물론 이 시점에서 그런 포로는 알 리비 하나뿐이었다. 그런데 FBI는이 포로를 어떻게 할 것인지를 놓고 CIA와 다투고 있었다. FBI는 1993년 세계무역센터 폭탄테러 사건과 관련된 알 카에다 소속 용의자들을 심문했던 요원들을 아프가니스탄으로 파견했다. 당시 심문 방식은 포로들의 허를 찌르는 것이었다. 자신들을 포로로 잡은 이교도 심문자들로부터야만적인 대우를 받게 될 각오를 단단히 하고 있는 테러 용의자들에게정보를 내놓는 대가로 호의를 베푸는 방식이었다. 그것은 아주 효과적인 심문 방식이었다. 생산적인 관계가 형성된 것이다. 당장 작전에 활용할 수 있는 정보를 얻어내라는 백악관 측의 압력을 받고 있던 CIA는 그처럼 신중한 접근 방식을 사용할 수 있을 정도의 시간이 없다고 주장했다. 그 논쟁은 뮐러와 테닛 사이에서까지 벌어지게 되었고, 테닛은 부시와 체니에게 직접 호소하는 방식으로 뮐러의 주장을 뭉개버렸다.

알 리비는 수갑이 채워지고 눈이 가려진 상태로 카이로까지 이송되어, 그곳에서 테닛의 친구이기도 한 이집트 정보국 책임자 오마르 술리만Omar Suleiman에게 넘겨지게 되었다.

몇 해가 지난 후, 한 FBI 요원은 〈뉴스위크〉와의 인터뷰에서 아프가니스탄의 비행장 활주로에서의 상황을 이렇게 회고했다.

"그 CIA 조사원이 그에게 다가가 이렇게 말했습니다. '알겠지만, 넌 카이로로 이송되는 거다. 네놈이 카이로에 도착하기도 전에 내가 네 어미를 찾아내어 아랫도리를 아예 못 쓰게 만들어주지.' 그렇게 해서 우리는 그 싸움에서 진 거죠."

CIA의 승리는 아랍어를 잘 구사할 수 있고, 알 카에다에 대해서도 훤히 알고 있으며, 무지막지한 방식으로 포로를 심문하는 성향을 지닌 이집트 인들이 포로들의 심문에 대해서는 아직 제대로 체계가 잡히지 않은 미국의 심문 방식의 공백을 채워주게 됨을 의미했다. CIA는 감독자의 위치에 있으면서 원하는 질문을 주문할 수 있고, 밝혀진 사실이나 심문의 진척에 관해 정기적으로 보고받을 수 있게 된 것이다.

1월이 되자, 벤 본크가 런던에서 무사 코사를 만났다. 전과 마찬가지로 반다르 왕자의 주선으로 이루어진 그 만남은 리젠트 파크가 내려다보이는 왕자의 저택에서였다. 본크는 알 리비의 사진을 가지고 갔다.

코사가 말했다.

"그자가 맞네. 제대로 잡은 거야."

이 시점에서도 알 카에다라는 조직의 성격과 그 활동 상황에 대한 미국 측의 정보는 여전히 초기 단계에 머물러 있었다. 거의 모든 용의자가 서너 개씩의 이름을 갖고 있으며, 신출귀몰이란 말이 어울릴 정도로 쉽게 이동하고, 게다가 경계가 허술해 빠져나갈 구멍 천지인 나라의 국경을 넘나드는 자들과 벌이는 이 전투에서, 이들의 명확한 정체를 파악한다는 것은 정말 힘든 일이었다. 미국은 그들이 누구인지, 어디에 있는지 도무지 파악하지 못하고 있었다.

이 모든 것은 자신들이 볼 수 있는 것에만, 자신들이 측정해낼 수 있는 것에만 집중하는 미국의 보통 사람들 모르게 진행되고 있었다. 미국 측 사상자는 거의 없었다. 반면 정부 내에서는 도널드 럼스펠드와 토미 프랭크스 장군이 미군에게 토라 보라에서 탈출하는 다양한 통로를 봉쇄하라는 명령을 내리지 않았다는 사실에 대한 아쉬움이 쉬쉬하는 가운데 표출되고 있었다. 미국 국민들은 카불과 칸다하르에서 성조기가 나부끼는 것을 보면서 마음속 깊은 곳에 자리한 열망을 충족시켜주는 강대국의 이미지에 압도되고 있었다. 언제부터 미국이 그토록 승리를 염원하게 되었는지 모를 일이다.

하지만 정보 및 군사 공동체에 몸담고 있는 대다수의 사람은 그런 상황이 시작의 끄트머리에 불과하다는 것을 분명하게 알고 있었다. CIA와 국방부의 억지 춘향식 결합은, 즉 CIA가 특수부대와 대등한 위치에 선 정보와 무력의 결합은 이제 대강 정리가 되어 모두들 소속된 곳으로 귀환한 상태였다.

럼스펠드는 국방부 소속 고참 보좌관들을 모아놓고 "군이 CIA의 입장을 충족시키기 위해 끌려 다니는 일이 두 번 다시 일어나지 않기를 바란다"고 말했다. 그가 '탱크'라고 불리는 합동 참모부 기밀 회의실에 모인 고위 장성들에게 한 말은 한층 더 간명했다. "CIA에서 거두는 성공 하나하나가 우리 국방부의 실패라고 보면 됩니다."

"테러와의 전쟁?" 뭔가가 빠진 정의다. 아프가니스탄에서 벌인 전쟁은 그것이 아니었다. 최소한 장기간에 걸쳐 그렇다고 할 수 있는 것은 아니었다는 말이다. 미국은 알 카에다를 둥지에서 튀겨 달아나게 만들었다. 긍정적 결과이긴 하다. 벌써 전조가 보이고 있었다. 부국장 맥놀린의 회고담이다.

"우리는 그자들이 파키스탄 혹은 이란, 혹은 소말리아, 혹은 수단, 혹은 시리아나 예멘으로 분산될 것임을 알고 있었습니다. 그들은 인도네시아로 갈 수도 있었습니다. 그렇다면 우리는 첫 단계로서 그들이 도피한 장소에 고립시켜야 했습니다. 일단 그자들이 흩어지고 나면 그거야말로 우리가 알고 있는 '테러와의 전쟁'의 시작이라고 할 수 있는 상황이 오는 거였습니다. 바로 그때 닥쳐서 싸우는 방법을 배워야 하는 전쟁이지만, 우리가 여전히 수행하고 있는 것이기도 한 전쟁 말입니다."

조지 W. 부시는 이 달라져버린 전쟁에 돌입할 태세를 갖추고 있었다.

1월 29일. 대통령은 이 시대의 가장 막강한 권력을 지닌 사람으로서 미 의회, 전 국민, 전 세계를 상대로 연단에 섰다. 그는, 내키지는 않지만, 전 세계의 유일한 제국이라고 주장할 수 있는 아메리카 제국의 가장 높은 자리에 올라 있는 인물이다. 다양한 여론조사 기관에 의해 조사된 바에 의하면, 그에 대한 국민의 지지율은 90퍼센트를 상회하는 놀라운 수치를 보여주었다.

아프간에서 벌인 모험적인 사업은 미국의 몰락한 경쟁자 구소련이 자멸을 초래한 경험과 훌륭하게 병치되면서 똑바로 자리를 잡게 되었다. 구소련은 치욕스럽게 후퇴하기까지 CIA가 지원하는 무자헤딘과 싸우면서 그들의 부족한 군비를 써 없애고 1만 5,000명의 병력을 잃었다. 미국은 재래식 방법을 따르지 않았다. 전투용 탱크나 비행기 그리고 수만 명에 이르게 될 젊은 병사를 그 위태로운 바위산으로 싸우러 보내는 실수를 저지르지 않았던 것이다. 미국은 비록 좀 지나치다 싶을 정도로 약게 굴었다고도 볼 수 있지만 정보를 이용한 전쟁을 수행했다. 그리 많지 않은 비용으로 두 개의 목표를 아주 훌륭하게 달성해냈다. 알 카에다는 '기지base' 라는 뜻이다. 그런데 그 알 카에다를 무력으로 근거지에서 축출해버렸다. 이 조직을 숨겨주던 정권은 붕괴되었고, 그 지도자들은 '게릴라' 라는 지정학적 최하층 집단에 합류하기 위해 산악 지대로 도망쳐버렸다.

1월 중순, 텍사스 주 오스틴에서 열린 공화당 당 대회에서 대통령의 분신 같은 존재이자 그의 전략적 무의식이라고도 할 수 있는 인물인 칼 로브Karl Rove가 2002년 중간선거에 대해 낙관적인 전망을 냈다. 부시가 이제까지 수행해온 '테러와의 전쟁' 에 대해 국민들이 역사상 유례가 없을 정도로 압도적 지지를 보내고 있다는 게 그 이유였다. 로브의 말이다.

"우리는 이 사안을 국민투표에 부쳐야 합니다. 왜냐하면 유권자들은 공화당이 미국의 군사력을 보호하고 증강할 수 있으며, 따라서 미국이라는 나라를 수호하는 일을 더 잘 해낼 수 있을 것이라고 믿고 있기 때문입니다."

그 당시나 그 이후로나, 그 어떤 여론조사보다도 중요한, 보다 중요한 물음은 대통령이 그런 부분에 대해서 실제로 어느 정도나 알고 있는가였다. 그리고 정확히 말해, 그 지식이 갖가지 역사적 결정을 내릴 수 있을 만큼 충분한가였다.

부시는 기밀로 분류되는 CIA의 평가를 토대로 가치 있는 다수의 포로를 잡는 것이 기가 질릴 정도로 힘든 과제라는 것을 알고 있었다. 빈 라덴만 해도 대략 15제곱마일 정도인 토라 보라 인근 지역을 벗어나서, 이제는 켄터키 주 정도의 넓이인 4만 제곱마일에 걸쳐 뻗어 있는 아프가니스탄과 파키스탄의 국경 지대라는 광대하며 무법천지인 토착 부족들의 지역으로 들어가버렸다. 또한 다른 알 카에다 지도자들은 이란이나 시리아, 예멘, 수단과 같은 미국의 손길이 닿기 힘든 각처로 흩어져버린 상태였다. 매일 아침 대통령이 들고 있는 그 도표에는 손도 대지 못한 얼굴들이 잔뜩 남아 있었다.

　또한 부시는 국민들이 그것에 대해 별반 이렇다 할 의견을 갖고 있지 않다는 것을 너무도 잘 알고 있었다. 거기에는 파키스탄의 핵 과학자들과 그들의 조직이 오사마 빈 라덴과 연합함으로써 생겨나는 위협과, 알 카에다가 생물학무기 제조 시설을 가지고 있음으로써 생겨나는 위협이 포함되어 있었다. 그와 체니는 그러한 위협에 대해 명쾌한 해결책이 없으니만큼 후자 쪽의 위협이 크다는 것도 뼈저리게 느끼고 있었다.

　그러는 동안, 행정부 내에서는 조용하고 지속적인 공세가 꾸준히 계속되고 있었다. 국방부의 네오콘 가운데 민간인 신분의 지도자들은 때를 기다리고 있었지만 CIA와 얼마 되지 않는 병력의 미군 특수부대는 "군대의 변신"이라는 교훈을 잘 입증해낸 것처럼 보였다. 그것은 도널드 럼스펠드가 오래전부터 꿈꿔왔던 작은 규모의 병력으로 정확한 표적에 겨냥된 "고성능 장비를 갖춘" 군대가 어느 정도나 전과를 올릴 수 있는지에 대한 실험이었다.

　국방부 고위 관계자들이 보기에 아프가니스탄에서 거둔 성과는 서막에 해당했다. 공식적으로 11월 들어 시작된 이라크 침공 계획은 이미 몇 차례 되풀이해 진행되어 오고 있었다.

심사숙고 같은 것은 없었다. 조용한 가운데 침공 계획을 지배하고 있는 것은 바로 체니 독트린이었으니까. 분석에 대한 문제가 아니었다. 그것은 미국의 대응에 관한 문제였다. 브렌트 스코크로프트는 더 이상 백악관에서 환영받는 존재가 아니었다. 현실주의자 스코크로프트 계열의 인물인 콜린 파월은 꾸준히 주변으로 밀려나고 있었다. 미국 군대를 이라크로 파병하는 문제에 대해 그와 관련된 경험을 가지고 있는 단 하나의 인물인 조지 H. W. 부시는 상담역조차 되지 못했다. 하지만 그것들은 전혀 중요하지 않았다. 9·11 테러 공격 이후 대통령이 얻게 된 교훈은 누가 가르친다고 배울 수 있는 성격의 것이 아니었기 때문이다.

그랬다. 모든 미국인은 9·11이 주는 충격을 경험했다. 하지만 단 한 사람만이 그것을 대통령, 지도자, 수호자라는 유일무이한 역할을 맡은 가운데 경험할 수 있었다. 그것이 어떤 느낌인지 진정으로 이해할 수 있는 사람은 아무도 없었다. 부시만이 경험할 수 있었던 정서적 영역이 따로 존재한다는 가정하에 그 누구도 말이다. 어쩌면 체니 정도는 예외가 될 수 있었을지도 모른다. 부시 행정부 출범 첫 9개월 동안 두 사람 사이에는 다툼이 있었다. 체니는 능숙했다. 대통령은 이제 막 배워가고 있는 상황이었고. 2002년 봄, 부시는 체니에게 중요 회의에서 뒤로 좀 빠져 있으라고 요구했다. 대통령에게 운신의 폭을 주고, 책임을 질 수 있게 해달라는 것이었다. 부시는 체니에게 사람들이 보고 있는 상황에서는 조언 같은 걸 하지 말아달라고 요구했다. 그것은 남들 안 볼 때 하라는 것이었다. 체니는 그 말에 따랐다.

이제 상황은 보다 쉬워진 것처럼 보였다. 그들은 그 어느 때보다도 더 효율적으로 함께 일을 해나가고 있었다. 오른손과 왼손처럼 보완을 해주고, 각자의 리듬을 내면서 현을 뜯는 것처럼 말이다. 대통령이 전술이나 본인이 직접 할 수 있는 일에 집중하면서 실행에 옮길 방법들을 찾고 있는 동안, 체니는 전 세계적 사안을 지정학적이며 광범위한 시선으로 훑어보면서 결론이 날 때까지 생각을 하는 상황이었다. 그리고 그런 이론들은 '테러와의 전쟁'에서 적들을 찾아내고 저지하라는 지상명령과 불량 국가로 지목된 나라들을 굴복시키고 무장을 해제시킨다는 대담한 부차적 아이디어가 조화를 이루도록 미국의 에너지를 새롭게 결집시키게 될 것이었다.

체니는 대통령이 예전과 현재에도 여전히 우세한 세계 질서를 대표한다는 입장을 분명하게 해둘 필요가 있다고 느꼈다. 과거에 진리였던 것은 변화된 환경에도 여전히 접목될 수 있었다. 국가라는 것은 중요한 문제였다. 테러 조직들은 국가들의 지원을 받지 못하면 장기간에 걸쳐 대규모의 작전을 수행할 수 없다는 판단이 선 것이다. 수세기 동안 미국이 행사하는 힘의 토대가 되었으며, 지금도 여전히 그러한, 국가와 국가 사이의 힘과 외교력을 행사하고 그 반응을 살펴야 했다. 아프가니스탄 탈레반 정권에 부당 행위 정지 명령을 보내는 조치가 전 세계의 모든 사람이 볼 수 있도록 실행에 옮겨졌다. 어떤 국가가 자의에 의해서 테러리스트들에게 숨을 곳을 제공했다면, 그 국가는 이제 그 결과가 어떤 것이 될지를 예측하고, 그에 따라 그 행동을 바꿀 수 있게 된 것이다. 하지만 그것이 거기서 멈춰서는 안 된다. 럼스펠드가 즐겨 사용하는 표현처럼 부적절한 행동을 하는 "나라들을 그렇게 하지 못하도록 단념시키기 위해" 적극적이고 강압적이며 지속적이 되어야 했다. 그것은 이제 미국의 정책으로 자리 잡았다.

1월 29일, 조지 W. 부시는 기립 박수로 환영해주는 의원들이 자리를 잡고 앉자 그러한 정책을 천명하면서 누가 그에 대해 가장 우려하게 될 지를 설명했다.

"이라크는 계속해서 미국에 대한 적대감을 과시해 보이고 있으며, 테러 조직을 후원하고 있습니다. 이라크 정권은 10년이 넘는 세월 동안 탄저균, 신경가스 그리고 핵무기 개발을 획책해왔습니다. 이 정권은 이미 독가스를 사용해 자국 국민 수천 명을 살해했고, 그렇게 해서 남겨진 것은 죽은 아이들을 끌어안고 있다가 함께 죽은 수많은 엄마의 시신이었습니다. 이 정권은 국제적 사찰을 받는다는 데 동의했고, 그런 다음에는 사찰단을 추방했습니다. 이 정권은 문명 세계로부터 숨기고 싶은 뭔가를 가지고 있습니다."

부시의 연설은 계속되었다.

"이런 국가들과 이들과 동맹 관계에 있는 테러리스트들이 바로 악의 축을 이루고 있으며, 이들은 세계 평화를 위협하기 위한 무장을 하고 있습니다. 대량 살상 무기를 보유하게 됨으로써 이런 정권들은 중대하고도 점점 더 커지는 위험 요소로 등장하고 있습니다. 이들은 이런 무기들을 테러리스트들에게 제공할 수 있으며, 그렇게 해서 그들의 증오에 어울리는 수단을 테러리스트들에게 주게 되는 셈입니다. 그들은 우리의 동맹국들을 공격하거나 미국을 협박하려 들 수 있습니다. 그 어떤 것에 대해서도 무관심하게 둔다면 그 대가는 파국적인 것이 될 수 있습니다."

대통령이 발언을 하는 동안 백악관, CIA, FBI, 법무부 소속의 몇몇 고위 관리가 박수를 쳤다. 그들은 대통령이 그러한 발언을 하게 되는 원인이 무엇인지를 알고 있으며, 비밀 정보를 사용할 권한을 가지고 있는 최고위층이라 할 수 있는 인물들이었다. 그리고 그들이 박수를 친 것은 단지 9·11, 칸다하르의 모닥불 회합, 아프가니스탄의 생물학무기 연구소 때문이 아니었다. 느려빠진 데다 곳곳에 장애물까지 널려 있는, 증거를 토대로 하는 상황 분석으로부터 자유로워질 수 있어서였다. 그런 정권이 대량 살상 무기를 보유하고, 그것을 테러리스트들에게 넘겨줄 가능성이 1퍼센트라도 있는 것은 분명했다. 그렇다면 미국은 그것을 확실한 것으로 간주하고 거기에 대응하면 된다.

"우리는 신중을 기하고자 합니다만 시간은 우리 편이 아닙니다. 재난이 점점 더 가까이 다가오는 동안 저는 그대로 기다리고만 있지는 않을 것입니다. 미국은 세계에서 가장 위험한 정권들이 세계에서 가장 파괴적인 무기를 가지고 위협하는 것을 그대로 좌시하지 않을 것입니다."

그런 다음 대통령은 체니가 가지고 있는 정책 목록을 벗어나는 어떤 제안을 했다. 그런 포괄적인 이념보다 한층 더 개인적인 것이었다. 이러한 증거를 제시하지 않아도 되는 영역 속에서, 그는 자신의 확신을 믿음이라는 깊은 우물에서 길어 올리게 될 터였다. 이것은 정말로 그다운 행동이었다.

"이 힘든 시기를 헤치고 살아온 우리는 그들로 인해 변하게 되었습니다. 우리는 절대 의문을 제기할 수 없는 진실을 알게 되었습니다. 악의 존재는 현실입니다. 그리고 그것은 저지되어야만 합니다."

환호성이 터져 나왔다.

"인종이니 종교니 하는 모든 차이를 넘어서서 우리는 하나의 국가로 슬픔도 함께 나눌 것이며, 위험도 함께 맞설 것입니다. 미국인들의 성품 저 깊은 곳에는 영예로움이 자리를 잡고 있으며, 그것은 냉소주의보다 훨씬 강합니다. 그리고 우리 대다수는 비극 속에서, 특히 비극을 당했을 때 더욱 그렇다고 할 수 있지만, 신이 우리 가까이 있다는 사실을 다시 한번 알게 되었습니다."

이 연설에 대해 가장 선견지명이 엿보이고 통찰력 있는 반응은, 백악관 내부에서도 껄끄럽지 않게 인용하곤 하는 인물인 보수파 칼럼니스트 찰스 크라우트해머Charles Krauthammer의 것이었다. 다음은 며칠 뒤 〈워싱턴 포스트The Washington Post〉에 실린 그의 말이다.

"이라크 문제에 어떻게 대처할 것인가에 대해 아무리 심각한 내부 논쟁이 있었다 할지라도 이제 그 논쟁은 끝난 것이 되었다. 대통령의 그 연설은 선전포고나 다름없으니 말이다."

3장
필요의 자식들

"여러분, 우리는 전쟁에 돌입한 것입니다."

극적 효과를 내는 데 타고난 재주를 갖고 있는 테닛은 자신의 말이 깊이 파고들려면 어디에서 잠시 말을 멈추고 뜸을 들여야 하는지를 잘 알고 있었다.

대통령과 부통령 그리고 국방부가 다음 단계인 이라크 침공과 점령에 대해 준비를 하고 있는 동안, 테닛은 완전하게 그리고 최종적으로 '테러와의 전쟁'을 수행하기 위한 본격적인 작업에 착수했다. 그것은 애초에 발작적으로 정의했던 대로 그들을 찾아내고, 저지한다는 것이었다.

작업의 구성은 이미 분명하게 결정되어 있었다. CIA가 공격을, FBI는 수비를 맡게 될 것이고, 법무부는 규칙을 정해놓게 될 것이었다. 물론 그 규칙 가운데 일부는 지켜지지 않을 것이 뻔했다. 그리고 그는 이런저런 일을 해야 되리라. 신문 1면에 실리지 않게 되기를 바라면서. 만약 그가 한 일이 어쩔 수 없이 신문에 실린다면, 그때는 자신을 변호할 수 있는 입장에 있게 되기나 바라야 할 것이다.

테닛이 말을 이었다.

"이것은 이제까지 우리가 대면했던 그 어떤 도전과도 닮지 않았습니다. 이것은 우리가 일하는 방식에 대한, 우리가 생각하는 방식에 대한, 우리가 행동하는 방식에 대한 새로운 정의를 요구할 것입니다. 그리고 이 도전은 내 조국의 정신에 깊이 간섭할 것입니다."

잠시 침묵.

"이것은 지나가는 현상이 아닙니다. 이것은 이 방 안에 있는 사람들 하나하나보다 더 오래 지속될 도전입니다."

그 방에 모인 사람들은 전 세계 '영어를 사용하는 국가들'을 대표하는 정보기관의 책임자들이었다. 그 수는 20명이 넘었다. 그들이 그렇게 한자리에 모인다는 것은 드문 일이기도 했다.

'영어를 사용하는 국가들'이라는 친밀감을 나타내는 표현은 2차 대전을 얼마 앞두지 않은 시점에서 미국과의 동맹 관계를 강화하기 위할 의도로 윈스턴 처칠Winston Churchill이 처음 사용하면서 인기를 끌게 되었다. 그 표현은 수십 년 동안 미국과 캐나다, 영국, 호주 그리고 뉴질랜드처럼 같은 정신을 가진 국가들이 서로 협력 관계를 유지할 수 있게 해주었다. 이들 국가들의 정보기관 책임자들은 몇 십 년 동안 비정기적이고 비공식적으로 모임을 가져왔다. 어떤 때는 CIA 국장이 참석하기도 했지만 대개의 경우는 참석하지 않는 게 통례였다. 하지만 1997년 이러한 모임에는 별반 취미가 없던 존 도이치John Deutch 후임으로 테닛이 국장에 취임하자 그 틀이 바뀌었다. 매년 국가별로 돌아가며 모임을 주선하도록 한 것이다. 미국 정보 공동체의 전위 격에 해당하는 인물이 직접 나서자 모두들 빠짐없이 모임에 참석했다. 올해에는 뉴질랜드가 모임을 주관할 차례였다.

3월 10일 일요일. 퀸스타운 공항에는 비행기들이 줄줄이 내려앉았다. 대개는 아무런 표시가 되어 있지 않은 걸프스트림Gulfstream(걸프스트림 사가 생산하는 소형 비행기로 주로 자가용 비행기로 이용된다— 옮긴이) 기종의 비행기들이었다.

모임에서는 모든 것이 달라져 있었다. 이 모임이 일반적으로 갖고 있던 신호정보에 대한 탄탄한 협조 체제와 인간 정보의 공유도가 높아지고 있던 것에 걸맞게 협력과 조화라는 오랜 공통의 목표는 이제 신성한 임무를 수행하기 위한 것으로 바뀌어야 할 터였다. 이제 협력은 생존과 직결되는 상황이었다. 그런 이유로 월요일 아침, 전 세계를 전장으로 하는 '테러와의 전쟁'에 나서게 될 그 팀은 지구 끝에서 긴 하루를 보내기 위해 사람보다 양 마릿수가 더 많은 섬나라 휴양지 가장자리에 있는 눈에 띄지 않는 한 석조 주택에 모이게 된 것이다.

모임 개최를 알리는 인사가 끝나자 테닛이 말했다.

"우리는 하나처럼 움직여야 합니다. 저는 여러분에게 CIA에 대해 이런 말씀을 드릴 수 있습니다. 적을 저지한다는 우리의 목표를 달성하기 위해서라면 우리는 무슨 일이든 할 것이고, 어떤 시도라도 할 것이며, 그 어떤 나라와도 서슴없이 상대할 것이라고요. 그렇게 할 수 없도록 우리를 구속하던 것들은 이제 다 떨어져나갔습니다."

그런 다음 그들은 본론에 돌입했다. 테닛과 패빗 그리고 NSA 책임자 마이크 헤이든 중장은 회의 진행을 도왔다. 비록 대부분의 주요 정보는 이미 일주일 단위로 전화, 해외전보 그리고 보안 패키지를 통해 이미 전달되고 있었지만, 최신 정보도 공개되었다.

이제 모든 사람이 그 문제에 대해 명쾌한 결론이 날 때까지 논의를 하고, 상황의 진척과 가까운 장래에 대한 전략을 짜기 위해 한방에 모였다. 테닛은 그들에게 뜻밖의 포획물인 알 카에다의 실제적인 지휘자 아부 주바이다Abu Zubaydah를 향해 포위망을 점점 좁혀 들어가고 있음을 느꼈을 것이라고 말했다. 그것은 첫 번째로 처리해야 할 과제였다. 그랬다. 그들은 중간 정도로 중요한 간부들의 존재를 포착할 수 있었다. 아프가니스탄 칼덴에서 알 카에다의 훈련 캠프를 운영했던 이븐 알 쉬크 알 리비 정도의 인물들이었다. 12월 들어서는 아부 파이잘Abu Faisal과 압둘 아지즈Abdul Aziz라는 다른 두 명의 존재가 포착되었는데, 이 두 사람 모두 알 카에다 내에서 중간 정도에 해당하는 계급으로 활동하고 있었다.

테닛은 그보다 겨우 2주일 앞선 2월 말경 있었던 기회에 대해 좌중에게 늘어놓았다. 파제로Pajero 지프(일본 미쓰비시에서 만든 4륜 구동 지프—옮긴이) 한 대가 아프가니스탄 국경 인근 마을인 차프리 검문소에서 민병대에 의해 검문을 받았다. 이 마을은 파키스탄의 토착민 지역인 변경과 연결되는 아치형 통로가 나 있는 곳이었다. 이 지프에는 아주 키가 큰 세 명의 여자가 타고 있었는데, 그들은 모두 부르카로 얼굴을 가리고 있었고 나머지 승객은 남자 네 명이었다. 민병대는 이 사람들을 체포해 심문을 받도록 코하트로 보냈다. 여자로 위장한 남자들은 도대체 입을 열 기미를 보이지 않았지만 파키스탄 인 운전자는 뇌물 같은 것으로 살살 달래면 입을 열 수 있을 것도 같았다. 이 지프 승객들은 파키스탄의 공장들이 밀집해 있는 도시 파이잘라바드Faisalabad로 향하던 길이었음이 밝혀졌다. 운전자는 자신이 파이잘라바드에서 접촉하기로 되어 있는 접선자의 이름을 불었고, 그 접선자는 곧 체포되었으며, 주바이다가 그 도시에 은신해 있다는 사실을 털어놓았다.

패빗은 파키스탄 정보 요원들로 이루어진 팀과 손발을 맞춘 CIA 요원들이 파이잘라바드를 샅샅이 훑었고, 그 수색 범위를 10여 채 남짓 주택으로 좁힐 수 있었다고 덧붙였다.

방 안의 모든 사람은 주바이다가 사우디에서 출생한 팔레스타인 인으로 나아가 30세라는 것 정도는 알고 있었다. 그는 거의 2년 동안 거의 모든 신호정보에서 늘 그 존재가 확인되던 자였다. 그의 이름은 거의 모든 수준의 요원들, 신참들, 병사들 그리고 남부 아시아와 중동 전역에서 이들의 행동을 동경하는 지지자들의 입에 늘 오르내리고 있었다. 그렇지만 주바이다가 그 광대한 조직 내에서 어떤 일을 하는지, 어떤 지위에 있는지는 분명히 밝혀지지 않은 상태였다. 그저 조직원들을 연결해주는 어떤 역할을 하고 있는 것처럼 보일 뿐이었다.

지난 50년이 넘도록 긴밀한 관계를 유지해온 영어를 사용하는 동맹국들 사이에 공유된 신호정보는 서로에 대한 호의와 진보하는 기술에 의해 점점 더 촘촘하게 짜여왔다. 대표적으로 에셜런Echelon(냉전시대 미국이 대 공산권 정보전에 이용하던 것으로 모든 통신에 대한 도청이 가능한 정보 감시망. 냉전 종식 이후에는 테러와 국제범죄 행위 감시에 이용되고 있다— 옮긴이)이라고 불리는 시스템은 2차 대전 기간 동안에는 무선 교신을 엿듣기 위한 것으로 개발되었으며, 기술 혁명의 발전 단계와 함께 점점 성장해왔다. 이것은 전 세계적으로 3만 8,000명의 직원을 거느리고 있는 NSA가 포트 미드에서, 그리고 잉글랜드의 첼테넘 인근에 주둔하고 있는 정부통신본부(HCHQ, Government Communications Headquarters)에서 관리하고 있다. 이 감시망은 매일 무선, 위성, 전화, 팩스 그리고 이메일에 의해 전달되는 대략 30억 회선의 통신을 도청하고, 도청된 정보는 자동화된 컴퓨터 분석 시스템에 의해 분류된다. 이것은 공유된 인공위성들, 광섬유 파이프들, 청음 초소들, 그리고 전화 교환국에 설치된 장치들을 가지고 있으며, 그 내부에 방화벽이 설치되어 있는, 본질적으로 하나인 시스템이다.

비록 기술이 빠른 속도로 발전해나가고 있다고는 하나 거의 비슷한 민주주의 체제를 갖고 있는 각국의 법령은 여전히 개인 정보가 보호되어야 할 권리를 기본적인 틀로 굳게 지켜오고 있다. 본질적으로 그것은 정부가 시민에 대해 그럴 만한 이유나 영장, 즉 미국의 경우 피사 코트(해외 정보감시법 재심법원)를 통해 재가를 받는 것과 같은 유형의 조치가 없는 상태에서 도청하는 것이 금지되고 있음을 의미한다. 하지만 에셜런과 관련해 오랫동안 우려되고 있는 점이 있다. 이 시스템의 주된 목적이 회원국들로 하여금 외국인에 대한 감시 활동을 가능하게 하는 반면 자국에 대한 감시 활동을 막을 수 있는 방화벽을 컴퓨터 코드 안에 심어놓은, 일종의 무감독 시험과도 같은 체제라는 것이다. 연간 수집되는 1조 회선에 이르는 교신 내용은 이 복잡한 코드들을 토대로 검색되고 배분되며 저장된다. 제아무리 우수한 컴퓨터 기술자라 하더라도 그것들을 해독해내는 데 곤란을 겪을 정도인 셈이다.

테닛은 이 회의에서 그러한 제약을 그가 언급했던 '속박' 가운데 하나로 묘사했다. 그리고 새로운 시대에는 창조적인 동반자 관계가 요구된다고 덧붙였다. 그의 말은 그런 부분이, 아예 폐기되지는 않는다 할지라도, 어느 정도 누그러질 것임을 의미한다. 어떤 국가는 자국민의 교신 내용을 법적인 허가 없이 도청한다는 것이 불가능할 수도 있지만, 자국민이 아닌 외국 시민에 대한 도청을 막을 수 있는 것은 이제 아무것도 없게 되었다. 그리고 그렇게 도청된 내용은 그 외국 시민의 해당 정부에 매우 철저한 보고가 이루어지며, 그 보고 내용이 정리되지 않은 자료 그대로 넘겨지는 것—이름과 행동이 언급된 시긴트 상태로 송달되는 것—이 아닌 한 갖가지 사생활 보호법의 자의字義는 해치지 않게 될 터였다. 법의 정신따윈 지옥에나 떨어지라지. 만약 필요가 발명의 어머니라고 한다면, 그 방 안에 모인 사람들은 이제 필요의 아들들이자 딸들인 셈이었다.

잠깐 시간이 흐른 후, 한 외국 정보기관의 책임자 하나가 입을 열었다.

"이것은 민주주의가 가장 잘 지켜지는 나라들의 사생활 보호법이 본질적으로 우회될 수 있음을 의미하는군요. 이런 취지 말입니다. 이것은 전쟁이다. 이것은 전쟁에서 요구되는 것이다."

방 안에 있는 사람들은 각기 깨달아가기 시작했다. 이 전쟁에서 정보는 총에서 혹은 기총소사를 퍼붓는 비행기에서 필요로 하는 탄환만큼이나 중요한 것임을 말이다. 논의가 소용돌이치듯 혼란스럽게 진행되는 동안, 한쪽 구석에 자리한 FBI의 밥 뮬러 국장은 자신이 이제까지 늘 그래왔듯이 아무런 생각도 하지 않으려고 애쓰면서 거기서 논의되고 있는 내용을 말없이 머릿속에 차곡차곡 담아나가고 있었다. 마치 사건을 유리하게 이끌고 갈 수 있는 증거를 확보해나가는 것처럼. 이미 그는 FBI가 정보기관과 법 집행 기관 사이를 무리 없이 이어줄 방법을 찾아야 함을 이해하고 있었다.

뮬러는 거기 모인 사람들에게 "내가 초점을 맞추는 쪽은 정보가 아닌 법 집행 쪽"이라고 간략하게 거부 의사를 밝히고는 다른 이야기는 거의 하지 않았다. 그는 "내가 이 자리에 오게 된 것은 참관자의 입장"이라고 덧붙였을 뿐이다. 그의 발언은 이미 테닛에게 심문과 관련된 문제를 꺼낼 근거를 마련해주었다. 이제 그는 신호정보의 이용 혹은 남용이라는 문제를 반대 방향에서 보게 될 터였다. '테러와의 전쟁'에서 그의 일은 어떤 일들을 하지 말아야 하는 그런 것이었다.

점심시간이 되었다. 사람들은 헐렁한 운동용 바지와 폴로셔츠 차림으로 동지들과 이리저리 몰려다니며 음식을 먹고 있었다. 그 어떤 민주국가에서도 정보 업무라는 것은 그 규모가 그리 크지 않으며 상충되는 면모를 지니고 있게 마련이다. 비밀이니 첩보니 하는 것들은 사생활, 반체제 그리고 정부의 책임 같은 사람들이 소중하게 생각하는 자유라는 것과 대조를 이루는 요소가 된다. 몇 명의 회의 참가자가 샌드위치를 앞에 둔 채 파키스탄 같은 국가들과 일해나가면서 맛보게 되는 기이함에 대해 토론을 벌이고 있었다. 상당한 규모의 비밀경찰과 이들에게 엄청난 행동의 자유가 허용되는 권위주의 국가들에 대해서 말이다. 한 외국 정보 책임자는 자신과 상대로 토론을 벌이고 있는 미국 정보 책임자에게 그럼에도 어떤 면에서 "그것은 우리에게 유리하게 작용할 수도 있다"고 말했다.

점심 식사가 끝나자 테닛은 중단되었던 이야기를 다시 시작했다.

"우리는 일찍이 우리가 한 번도 해보지 않았던 방식으로 다른 나라의 정보기관들과 함께 일해야 할 겁니다. 이집트, 시리아, 러시아, 러시아가 특히 그렇다고 봐야 할 거 같고… 중국, 파키스탄 그리고 사우디아라비아와 인도도 이런 나라들이죠."

각 나라마다 맞장구를 치고 끼어들었다. 영국인들은 파키스탄, 알제리와 잘 맞았다. 호주는 인도와 인도네시아에 영향력을 갖고 있었다. 어떤 나라가 어떤 나라와 활발하고 생산적인 관계를 유지하고 있는가? 그런 관계들이 어떤 방법을 통해 모두에게 공유될 수 있는가?

테닛이 그들에게 간청하듯 말했다.

"위험은 감수해야 할 겁니다. 그런 나라들이 이제는 싫건 좋건 우리의 동반자입니다. 우리는 예전의 습관이나 정신 자세를 탈피해야 할 겁니다."

패빗이 테닛의 말을 넘겨받아 각론으로 들어갔다. 그는 9·11 이후 이루어진 구체적인 혁신들이 어느 정도 진척되었는가에 대해 설명했다. 대체적으로 말해, 거의 모두가 미국에 우호적이라고 할 수 없는 10여 개국에 대테러센터(CTICs)를 설립하는 데 이미 수천만 달러가 투입되었으며, 앞으로 수억 달러가 더 필요할 것으로 예상된다. 현지 정보 담당자들과의 신뢰라는 것은 그들이 마치 군주라도 되는 것처럼 느끼도록 떠받들면서 날이면 날마다 헬리콥터, 도청 장비, 방탄조끼 같은 것들을 지급해주고 겨우 쌓은 관계여서 언제든 깨질 수 있다. 거기에는 세심한 주의가 요구된다. CIA는 이미 예멘과 모로코에 현지의 정보 담당자들을 양성할 수 있는 전문가들을 파견해놓은 상태다.

패빗이 말했다.

"우리는 포로가 입을 열게 하기 위해서는 무슨 짓이건 전혀 서슴지 않고 할 수 있는 그런 정보 요원들과 함께 일해야 할 겁니다."

한 외국 정보 책임자가 불쑥 질문을 던졌다.

"우리가 이 외국 정보기관에 어떤 것을 말해줘야 할지, 혹은 어떤 것을 말하지 말아야 할지를 어떻게 알 수 있죠? 특히 우리가 전통적으로 신뢰할 수 없다는 것을 경험해봤던 국가들에 대해서 말입니다."

테닛이 그에 답변했다.

"대개의 경우, 그들에게 모든 것을 말해주시면 됩니다. 왜냐하면 그들은 이미 당신보다 더 많은 것을 알고 있는 상황일 테니까요… 그들 없이는, 그리고 그들의 도움 없이는, 우리에게 빌어먹을 전 세계적 차원의 노력 같은 건 불가능하단 말입니다. 우리는 무방비에 반쯤 눈이 먼 상태로 아랍 세계로 걸어 들어가는 격이 될 거란 말입니다. 이 시점에서 우리에게 가장 중요한 일은, 우리가 아무것도 모르고 있다는 사실을 똑바로 이해해야 한다는 것입니다."

3월 17일. FBI 요원들까지 합류한 CIA 팀 하나가 파이잘라바드로 조용히 잠입했다. 그곳은 시카고의 두 배 정도인 인구 500만이 조금 넘는 도시였다. 하지만 미국인들의 눈으로 볼 때, 그곳은 끝도 없이, 그리고 뚜렷한 특징도 없이 마구 퍼져나간 도시였다. 모스크와 그에 딸린 학교를 중심으로 모여 있는 건물들이 몇 블록마다 반복되는 듯 보였던 것이다. 줄지어 늘어선 쓰레기장 딸린 점포들, 시멘트로 지어진 밀집된 주택들, 텐트로 된 빈민가, 복개되지 않은 시궁창 따위들이 파키스탄 중앙의 건조한 고원지대 위에 끝도 없이 반복되고 있는 풍경이었다. 이곳 주민들의 평균 수입은 하루 6달러 정도. 인정되고 있는 종교는 살벌하기 그지없는 정통 이슬람교.

모든 부모가 그렇듯 이곳 부모들도 자식들에 대한 꿈을 지니고 있었으며, 자식들 대에서는 보다 나은 삶을 살아가도록 도와주고자 하는 계획을 가지고 있을 터였다. 그들의 자랑이자 기쁨인 아이들은 헐벗고 진흙 먼지에 얼룩이 진 채로 축구공을 차거나 깨진 사금파리들을 모아서 소꿉장난을 하고 있었고, 모든 아이가 그렇듯 필요 이상으로 깔깔거리며 웃어대고 있었다.

보이지 않는 전자 그물 하나가 이런 사람들 위로 드리워져 있었다. 그것은 이 도시의 북서부에 집중되어 있었다. 선정된 몇몇 인근 지역에서 하루 수천 통씩에 이르는 통화 내용이 모두 감청되고 있었다. 요즘은 감청 방법이 노키아 카탈로그에서 나와 있는 제품들만큼이나 다양해졌다. 거기에는 연속된 0들과 1들로 이루어진 디지털 송수신 내용을 특정 낱말로 조합해내는, 전화 회사의 중계선과 전화 교환 시스템에 부착시키게 되어 있는 다목적 센서가 사용될 수도 있다. 위성들과 휴대전화 기지국으로부터, 때로는 위성으로부터 한순간도 쉬지 않고 쏘아 보내는 연산작용은 전화를 건 사람의 위치를 접촉점들을 이용하는 삼각측량법으로 보여주기도 한다. 다음으로 의심이 가는 주택들 앞쪽에 전자 진공청소기를 닮은 레이더 건을 소지한 요원들이 자리를 잡고는 그곳에서 방출되는 모든 신호를 빨아들이기도 한다. 그 주택은 '안전' 가옥으로 여겨지고 있지만 더 이상 안전한 가옥이 아닌 셈이다. 이러한 잡음의 흐름은 일치하는 것만 있으면 단번에 그것임을 알아낼 수 있는 번역자―파키스탄 내에 있거나 어떤 경우에는 미국 내에 있는―에게로 적정한 경로를 통해 분배된다.

월말이 가까워질 무렵, 일치되는 결과 하나가 발견되었다. 아프가니스탄에 있는 정체가 밝혀지지 않은 번호로 두 통의 전화가 연결되었던 것이다. 빈 라덴 혹은 만약 진짜로 살아 있다면 자와히리와 관련된 것일 수도 있고, 관련이 없는 것일 수도 있는 그 번호들은 파이잘라바드에 있는 어떤 가옥에서 건 것이었다.

3월 27일. CIA와 FBI, 파키스탄의 정보기관 ISI 소속으로 방탄조끼까지 갖춰 입은 한 무리의 요원이 파이잘라바드 경찰서장의 사무실에 들어섰다. 그들은 이민법 위반자들을 체포하기 위한 몇 가지 틀에 박힌 업무를 수행한다면서 그 서의 경찰 병력을 지원해달라고 했다. 이곳은 작전과 관련된 비밀 유지가 어려운 데다 ISI와 파키스탄 군대에는 알 카에다나 탈레반 동조자들이 우글거리고 있었다. 이번 작전에 대해서는 무샤라프를 포함해 10여 명도 안 되는 극소수의 사람에게만 자세한 내막을 미리 알렸을 뿐이었다. 서장에게는 검거하게 될 "불법 체류자들" 가운데 한 명이 특별히 관심이 가는 인물이기 때문에 정보기관에서 나선 거라고 말해뒀다. 요원들은 사진을 한 장 꺼내어 죽 돌려 보게 했다. 사진 속의 인물은 쾌활한 표정에 검은 머리칼을 한 젊은 남자로, 철사 테 안경 때문에 학구파로 보였다. 아부 주바이다였다.

자정이 지난 시간, 정보 요원 팀은 파이잘라바드 외곽에 있는 3층짜리 시멘트 빌라 샤바즈 오두막을 포위하던 100명도 넘는, 소규모 대대 병력에 해당하는 경찰 병력과 합류했다. 요원들은 전화 도청과 중간에서 가로챈 이메일을 통해 주바이다가 이 요새 안에 10여 명의 사람과 함께 은신해 있으리라고 확신했다. 그 집은 부유한 과부댁의 소유였는데, 꼭대기를 전기 철조망으로 두른 8피트 높이 담장에 둘러싸여 있었다. 근처에 있는 한 주택 뒤편에서는 CIA 요원들이 그 지역 경찰 책임자와 전략을 논의하고 있었다. 만약 목표가 주바이다를 생포하는 것이라면 그들은 그 집을 포위한 다음 투항을 권유해야 할 것인가, 아니면 급습해야 할 것인가?

새벽 3시, 한 가지 결정이 내려졌다. 파키스탄 인들로 구성된 공격조가 전기 철조망을 끊고 담장을 뛰어넘어 들어간 다음 잠들어 있던 세 명의 보초를 제압하고는 현관문을 부숴 열었다. 주바이다와 다른 세 명은 사우디 여권과 약간의 현금을 챙겨 들고는 계단을 뛰어 올라갔다. 지붕에 이르러 더 이상 도망칠 곳이 없게 되자, 그들은 거기서 도움닫기로 철조망을 뛰어넘어서는 지붕에서 25피트나 아래쪽에 있는 다른 빌라의 지붕 위로 떨어졌다. 경찰들이 기다리고 있었다. 곧 격투가 벌어졌고, 주바이다는 이슬람교도 경관들에게 고함을 질러댔다.

"네놈들은 무슬림도 아냐!"

경관들 가운데 하나가 대꾸했다.

"무슨 소리! 우린 무슬림이야."

주바이다가 내뱉었다.

"그래, 그렇다면 너희는 미국 놈들의 무슬림이겠지!"

더 이상 옥신각신할 틈이 없었다. 주바이다의 부관 가운데 하나인 시리아 인 아부 알 하스낫Abu al-Hasnat이 한 경관에게서 AK-47 소총을 탈취해 쏘아대기 시작했다. 주바이다는 한쪽 다리와 복부 그리고 사타구니에 총상을 입었다. 알 하스낫은 즉사했다. 경관 세 명이 부상했다. 그날 밤 동안, 인근에서 알 카에다 조직원으로 의심되는 용의자 25명이 신속하게 검거되었다. 그들 가운데 절반은 샤바즈 오두막 안에 은신해 있던 자들이었다.

아침이 되자 주바이다는 경찰이 지키는 가운데 병원에 입원했고, 당국은 그날 밤 그들이 알아낸 것 가운데 가장 귀중하다고 여기는 증거물들을 상자에 담아 정리했다. 그곳에서 찾아낸 컴퓨터들과 디스크, 그리고 모두 합해 1만여 쪽에 이르는 노트와 전화번호부였다. 그런 다음 그걸 실은 밴 한 대가 파이잘라바드 공항으로 질주했고, 공항에는 그 귀중 짐을 워싱턴으로 공수할 미 공군기 한 대가 기다리고 있었다. 중요 인물에 대한 체포가 이루어진 것이다. 마침내 말이다. 이제 남은 것은 언론에 공개할 보도 자료를 작성하는 일뿐이었다.

"서둘러요, 숙녀분들. 늦으면 안 되잖아. 견학은 날마다 할 수 있는 게아니야."

4월 중순의 어느 날, 댄 콜맨Dan Coleman은 열두 명의 데이터 입력팀 여직원이 FBI 본부 건물 바깥에 시동을 건 채 대기하고 있는 블루버드 밴에 오르는 것을 미소를 띤 채 지켜보고 있었다. 아직 채 동도 트지 않은 아침이었다.

이 여직원들은 댄을 좋아했다. 누구라도 그를 좋아할 만했다. 그는 강인하고 살집이 좋은 사내로, 고음의 목소리에 부드러운 눈매를 하고 있었다. 하지만 그의 시선은 어느 것 하나 놓치지 않고 순식간에 모든 것을 간파해내는 FBI다웠다. 아일랜드 인 특유의 암갈색 눈동자의 눈매도 이따금씩 무섭게 변하는 때가 있기는 했다. 다만 자기 부하들에게가 아닌, 멍청한 주제에 우쭐대는 것 말고는 도대체 할 줄 아는 게 없는 무능한 상관들을 대할 때면 그랬다.

52세의 댄은 그 수가 엄청나게 많은 미국 정부의 공무원 가운데 알 카에다에 대해 진짜로 뭘 알고 있는, 그리고 얼마간은 직접 경험한 적도 있는 20여 명 남짓한 인원 가운데 하나였다. 그들 가운데 몇 명은 말할 것도 없이 CIA 소속이었고, FBI도 나름대로 몇 명이 그 인원 가운데 속해 있었다. 그들 모두를 통틀어 말하자면, 댄은 알 카에다에 대해 가장 정통한 첫 번째 범주에 속해 있었다. 그는 1990년대 중반, FBI 최초의 오사마 빈 라덴 전담 수사 요원이었으며, FBI에 OBL 전담 팀을 창설하는 데 일조하기도 했다. FBI 내에서 콜맨은 "오사마 빈 라덴을 미국에 소개한 인물"로 통했다.

콜맨은 1993년 발생한 세계무역센터 폭탄 테러 사건과 그것에 관련된 용의자들의 기소를 위해 모든 각도에서 그 사건을 파헤치기도 했다. 그는 그때 전 세계 모든 분쟁 지역을 빼놓지 않고 돌아다닌 경험을 갖고 있었는데, 브루클린과 뉴저지 이슬람 원리주의자들의 지부를 담당하기도 했다. 이 성전 전사들은 맹인인 오마르 압델 라만Omar Abdel Rahman의 지휘를 받는 자들로, 한때 이집트의 이슬람 지하드 운동을 이끄는 지위를 놓고 자와히리와 경합을 벌이기도 했다. 경합에서 밀려난 라만은 결국 미국행을 하게 되었고, 저지시티에 작업장을 차려놓고는 테러를 저질렀던 것이다. 댄과 뉴욕의 FBI 요원들은 확실하고도 꾸준한 보조로 이

집단에 대한 포위망을 조여 들어갔다. 정보원을 확보하고, 체포하고, 필요한 경우에는 거래하기도 하면서 조금씩 증거를 축적해나갔고, 그렇게 해서 모은 증거가 엄청난 양이 되었다. 특히 사람이 아닌 법이 다스리는 미국이라는 나라에서, 법정에서 효과를 발휘할 수 있는 것은 바로 그런 증거였다. 당시 뉴욕 연방 검사였던 패트릭 피츠제럴드Patrick Fitzgerald 가 관련 기소 건 다수를 처리했다. 라만 이하 그의 수하들로 이어지는 그 집단 구성원 전체는 현재 유죄 판결을 받고 복역 중이다. 그들은 이제 아무 데도 가지 못할 것이다.

댄은 전직 알 카에다 출신 정보 제공자들과 업무와 관련해 여전히 연락을 취하고 있었다. 아주 유망한 이슬람 테러리스트였으나 체포되어 연방 정부의 보호를 받게 되었고, 갖가지 기소에 대한 가장 유명한 정보 제공자가 된 자말 알 파들Jamal al-Fadl 같은 인물이 그들이었다.

댄 콜맨에게는 이렇게 오래전부터 이 방면에 대해 많이 알고 있다는 것이 축복인 동시에 부담으로 작용했다. 그는 이들과 관련된 사건들을 줄줄이 암송할 수 있을 정도였다. 1980년대로 거슬러 올라가서, 빈 라덴이 아프가니스탄을 침공한 소련군과 벌이는 전투에 서방 후원자들의 지원을 받아내기 위해 설득하려 들었던 것, 안와르 사다트Anwar Sadat 이집트 대통령 암살과 관련이 있을 것으로 의심되는 이슬람 과격주의자들에 대한 일제 검거에서 체포된 알 자와히리가 이집트 고문실에서 과격주의자로 변해버렸다는 것, 1990년대 중반에 줄줄이 터진 테러 사건, 1998년 케냐와 탄자니아 미국 대사관에 대한 폭탄 테러, 2000년 들어서 미 전함 콜 호(USS Cole, 예멘에 주둔하고 있다—옮긴이)에 대한 폭탄 테러 등등. 콜맨과 소수의 미국 요원은 이런 사건들을 지켜보면서 빈 라덴과 자와히리 두 사람에 의해 구성된 조직의 능력과 자신감이 점점 더 커지는 것을 예의 주시하고 있었다. 그들은 이 두 사람이 누구와 맞서려고 하는지 잘 알고 있었다.

하지만 그 부분에 대해, 즉 알 카에다를 기소한 몇 해 동안 알게 된 모든 사실에 대해 깊이 생각해본다는 것은 9·11 공격을 둘러싼 정서를 의도적으로 모욕하는 일이었다. 그 수법이 아주 새롭다는 것을 지각하게 되는 데서 오는 충격이 불러일으키는 모욕감인 것이다. 그것은 "만약 그랬더라면 어땠을까"라는, 누구도 두 번 다시 겪고 싶지 않은 그 상황을 예방할 수도 있었다는 믿음을 뒷받침해주기 때문이다.

2002년 들어 콜맨은 '높은 분들' 가운데 누군가가 정황과 자문을 필요로 할 경우에 대비해 언제나 대기 상태로 있어야 했다. 그래서 댄은 9·11이 발생한 지 몇 주 뒤에 뉴저지 사우스브룬스윅에 있는 집에서 나와 FBI 본부 건물 맞은편의 원룸 셋집에 거처를 마련했다. 그곳은 워싱턴 번화가에 자리 잡고 있어서 고급 주택가로의 재개발이 더디고, 근처에 차이나타운이 있는, 그리 환경이 좋지 못한 곳이었다. 그는 하루 24시간 대기 상태였다. 질문이 뮐러 국장이나 그의 부관들을 거치는 명령 체계를 통해 백악관에서 하는 것이었기 때문이다. 관리자 혹은 석사 학위 이상의 학위 소지자도 아니었으며, 20달러짜리 이발을 하고 잘 손질된 푸른 셔츠를 입어야 하는 조사원에 지나지 않았지만, 댄은 정말 아무도 대답할 수 없는 것들을 대답해낼 수 있는 인물이었다.

버지니아로 향하는 블루버드 밴은 한쪽에는 "전쟁의 기술" 다른 한쪽에는 평화의 기술이라는 이름의 당당한 두 개의 금빛 조각상이 세워진 메모리얼 브리지를 우르릉거리며 건너고 있었다. 그 길은 알링턴 국립묘지 아래쪽의 산기슭으로 나 있었다. 댄은 시간이 좀 이르긴 했지만 아내 모린Maureen Colema에게 전화를 걸었다. 의좋은 부부들이 대개 그렇듯 그들도 아무것도 아닌 것에 대한 이야기지만 그들에게는 전부인, 그들끼리만 통하는 이야기를 조금 나눈 다음 아이들에 대해 이야기를 주고받았다. 그 부부에게는 아이가 많았다. 10대 아들 셋에 세튼 홀에 다니는 딸이 하나 있었다. 맏이인 대니Dan Coleman는 세계를 반 바퀴 돌아야 갈 수 있는 곳인 아프가니스탄에 미 육군 게릴라 부대원으로 출정해 있었다. 블루버드 밴이 알링턴 국립묘지와 나란히 난 길을 달리는 동안, 댄은 줄지어 늘어서 있는 흰색의 묘표들을 바라보면서 대니가 정말 걱정이 되었지만 거의 소식을 들을 수 없다는 데 생각이 미치게 되었다.

"모린, 아무 소식도 없다는 건 잘 있다는 뜻이야."

밴은 곧 CIA 구내로 들어가 정차했고, 타고 있던 10여 명의 흑인 여성은 차에서 내려 이리저리 둘러보았다. 그들 가운데 몇 명은 FBI에서 20년 이상 비서나 데이터 입력 전문가로 일해온 직원들이었지만, 그들 가운데 누구도 FBI와 짝을 이루며 랭리에 본부를 두고 있는 이 최고의 경쟁 기관을 방문해본 적이 없었다.

FBI와 CIA 사이에 존재하는 적대감과 불신은 길고도 인상적인 역사를 지녔다. 그리고 그것을 증명이라도 하듯 이 두 기관의 요원들은 서로 고양이와 개만큼이나 늘 으르렁거리는 사이였다. 이런 비유에서조차도 양측은 모두 나름대로 자기들의 역할을 잘 보여주고 있었다. FBI가 늘 "우리는 강인하고 진지하며 일에 대해 충성스럽고 진실한 반면 CIA는 호들갑만 떨고 고양이처럼 음험하며 속임수를 일삼고, 믿을 수 없다"고 하면, CIA는 "우리는 빈틈이 없으며, 직관력이 있고 한 번 찍은 먹이는 절대 놓치지 않는다. 혼자, 대개는 소리도 없이 움직이지만, 일이 제대로 돌아가게 만드는 것은 우리 쪽이다. 반면 FBI는 시키는 것이나 겨우 하는 멍청한 짐승들밖에 더 있느냐"고 응수하기 때문이다. 하지만 FBI와

CIA 모두 지금은 특별한 조치를 요구하는 특별한 때라는 것에 합의했다. 두 기관 사이에서의 협력의 부재는 9·11 테러가 6개월이 지난 지금에도 벌써 그러한 공격을 가능하게 만든 가장 중요한 실책 가운데 하나로 열거되고 있었다.

진주만 기습이나 대통령 암살이 있은 후 임명된 것과 같은 종류의 초당적 조사 위원회를 구성하라는 요구를 대통령이 거부하는 동안, CIA와 FBI 내부에서의 국내 문제 조사반 활동은 한참 진행된 상태였다. 하지만 양측이 갖고 있는 의견 차이는 분명했다. CIA는 테러 용의자로 지목되고 있는 모든 사람의 이름을 FBI와 공유하지 않고 있었다. 장차 일어나게 될 사건들에 대해서보다 이미 저질러진 범죄를 기소할 수 있도록 만드는 것에 주력하는 편인 FBI는 비록 고유 권한을 가진 간부들에게 그 이름들을 넘겨줬다 할지라도 그걸 가지고 뭘 어떻게 해야 할 것인지 알고 있지도 못했을 터였다. 그러나 워싱턴의 정책 입안자들로부터 짜증이 날 정도로까지 그렇게 하도록 명령을 받고 있던 FBI와 CIA가, 이제 모든 것을 공유하기로 합의했다 할지라도 남아 있는 것은 "과정의 문제"였다.

두 기관이 정보를 바라보는 시각은 확연한 차이를 보였다. CIA는 알아낼 수 있는 것을 알아내는 것에 전력을 다한 다음 가치 없는 것으로 여겨지는 정보에 대해 경험에 기초한 추측을 통해 버릴 것을 버리고 다음 단계로 나아간다. 새롭게 편제된 CIA가 현대사를 통틀어 가장 행동 지향적이라는 점은 그것으로 충분히 논증할 수 있다. CIA는 때로 그렇게 추려낸 정보에 따라 행동하기도 한다. 하지만 여전히 CIA의 주된 역할은 대통령을 필두로 하는 정책 입안자들이라는 행위자들에게 조언을 해주는 것이다. FBI도 알아낼 수 있는 정보를 알아내고자 하는 점은 마찬가지지만 수집된 정보가 체포나 기소에 어떻게 활용될 수 있을지에 대한 존재

이유부터 따지고 든다. 그것은 이 두 기관이 각기 계속 흘러 들어오는 정보를 각기 다르게, 하나하나를 개별적으로 다루고 있음을 의미한다.

CIA는 뭔가를 뚜렷히 짚어낼 수 있게 해준다거나 중요한 연관 관계가 있거나 하는 귀중한 정보를 신속하게 골라낸다. 국가안보국과 정찰위성을 통해 얻은 정보를 관리하는 국가정찰국(the National Reconnaissance Office), 국방 및 정보 공동체에 속해 있는 여덟 개의 분리된 조직이 사용하는 지도 및 해도 작성, 측지학적 기능의 강점들을 통합하고 있는 국가지리공간정보국(the National Geospatial Intelligence Agency) 등이 쏟아내는 정보를 모두 합쳤다고 생각해보라. 그렇게 수집된 정보의 양이란 인간의 능력으로 처리할 수 있는 범위를 훨씬 벗어난다. 제대로 된 정보를 가려내는 것은 반드시 필요한 일이며, 살아남기 위한 수단이기도 하다.

FBI는 다른 방향에서 접근한다. 누구나 그렇게 되기를 바라는 것처럼 이들은 정보를 곧 증거라고 여긴다. 이들은 관련된 인물들이나 범죄에 대한 혐의점 같은 사안들을 일정한 틀 안에 집어넣으려 애쓴다. 그런 틀은 사실이라는 흐름을 특정 방향으로 유도하는 역할을 하기 때문이다. 그렇게 해서 이들은 증거로 이루어진 광대한 인공 호수를 만들어낸다. 그 증거는 평가되고 범주화된 다음, 하나의 형태를 갖도록 유기적으로 짜 맞춰지며, 그렇게 되면 그것은 언젠가 법정에서 찬란한 빛을 발할 수 있게 된다.

콜맨은 괴짜였으며, 최고 실력을 가진 CIA 분석관만큼이나 신속하고 솜씨 있게 정보를 가려낼 수 있는 FBI 요원이었다. 동시에 그는 자신이 찾아낸 사실을 FBI의 방식대로 필요한 경우 증거로 사용할 수 있도록 일정한 형식에 맞춰 정리해낼 줄도 알았다. 천식으로 고생하면서도 여전히 농담하기를 즐기는 여유를 잃지 않는 이 통통한 사내의 머릿속에서는,

정보가 곧 기소에 사용될 수 있게 가공되어야 한다는 생각이 자리를 잡고 있다는 말이다. '테러와의 전쟁'에 이기기 위해서는 언제든 예리함과 교묘함을 결합시킬 태세가 갖춰져 있는, 수천 명의 댄 콜맨 정도 되는 인물이 1996년 실리콘밸리의 인터넷 천재들만큼이나 자유롭고 수평적인 구조로 짜여 있는 조직이 필요하다. 그러나 그게 어디 가능하겠는가.

물론 댄 콜맨과 국가안보국의 검색 연산 방식 사이에 존재하는 직관의 간격은 거의 측정할 수 없을 정도다. 진짜 정보라는 금 덩어리가 실제로 어떤 모양인지를 알고 있는 것, 즉 정보가 곧 무기인 전쟁에서 그것은 문제의 또 다른 부분이기도 하다. 이 금덩이는 스스로 빛을 내지 않는다. FBI 수사관들은 콜맨을 비롯해 다른 몇몇 사람과 겨우내 면담을 해왔다. 9·11 발생 며칠 후에 드러난 사실들에 대해 국가안보국에서 보낸 몇 개의 중요한 급송 공문서 내용에 대한 정황을 파악하기 위해서였다. 그 사실들 가운데 2000년에 국가안보국이 샌디에이고에서 수집한 것이 가장 주목할 만했다. 그것은 수신지가 예멘인 한 개의 전화번호였다. 그 예멘 전화번호는 어떤 남자가 딸에게 건 것이었는데, 콜맨은 수사관들에게 "그 남자는 이 나라에 있는 것으로 알려진 과격 이슬람 테러리스트의 숙부 정도 되는 인물"이라고 말했다. 이것은 9·11 당시 비행기를 납치한 할리드 알 미다르가 샌디에이고에 은신해 있는 동안 사용했던 번호였다. 알 카에다를 기소하기 위한 조사에서 아주 익숙해진 번호였기 때문에 콜맨은 그것을 외우고 있었다. 실제로 콜맨과 다른 FBI 소속 알 카에다 전문가들은 1998년 국가안보국에 예멘과 미국 사이에 오가는 통화를 FBI에 넘겨달라는 요청을 했지만 국가안보국 측은 그것을 받아들이지 않았다. 콜맨은 그때 "우리에게는 누구든 예멘의 그 번호로 전화를 거는 사람은 지명수배중이나 마찬가지인 최고의 용의자"라고 말했다.

진퇴양난인 것은, CIA와 NSA가 좀처럼 정보를 공유하려 들지 않는다는 문제에서 그치지 않았다는 점이다. 문제는 엄청난 인원이 소속되어 있는 미국 정부 내에서 겨우 몇 사람만이 경험과 연구를 통해 갖고 있는, 정황을 읽어내는 직관력까지도 복제해 전파해야 한다는 상황에도 존재하고 있었다. 콜맨의 어법을 따르면 이렇게 말할 수 있다.

"정보가 지식이 되고, 그런 다음 지혜로까지 발전하는 것은 우리가 생각하는 것만큼 쉬운 일이 아닙니다. 과학 기술자들의 말대로, 다른 누군가의 두뇌를 복제해낼 수 없는 일이기 때문에, 그 점에 대해서는 측정할 수 있는 해결책을 찾아낸다는 것이 전혀 쉽지 않으며, 한 사람의 힘으로는 겨우 그 정도까지밖에 조사해볼 수 없는 것입니다."

이 경우에는 한 사람이 12명의 데이터 입력 담당 여직원의 지원을 받고 있는 셈이다. 이날 아침의 견학은 CIA와 FBI 사이에서 협의된 프로그램의 일부였다.

주바이다의 물건이 도착해 있었다. CIA는 이미 그것을 조사하고 있었다. 댄이 그곳에 간 것은 그것을 미리 좀 들여다보고 싶어서였다. 그런 다음 자신의 팀과 함께 그것을 모두 복사해 FBI로 가져가야 했다.

이 일을 보다 쉽게 하는 방법이 있을 거라고 생각할지도 모르겠다. 하지만 이것은 정부 내에서 벌어지는 너무도 많은 다른 일과 마찬가지로, 또 하나의 단절된 과정을 바로잡는 것인 셈이었다. 문제는 '테러와의 전쟁'을 수행하는 가장 주요한 기관인 CIA가 연방 정부의 다른 여러 기관과 쉽게 공유될 수 있는 데이터베이스를 구축해놓으려 하지 않았거나, 그럴 수 없었거나, 그 어떤 경우에도 그러지 않았다는 것이다. 접근 암호와 폭넓은 응용프로그램을 갖추고 있어 쉽게 들어가 볼 수 있는, '넓은 플랫폼'이라고 불리는 것을 제공하는 시스템이 있다. 그것은 코드명이 '조화

(Harmony)'인 국방부 시스템으로, 다른 여러 기관이 그 시스템에 들어가 볼 수 있는 그런 것이었다. 하지만 CIA는 결코 그렇게 하려 들지 않았다.

그렇게 해서 댄과 그의 팀은 자리를 잡고 앉아 파이잘라바드에서 가져온 주바이다의 컴퓨터 파일들, 그의 노트 그리고 이런저런 생각이나 이름들이 적혀 있는 폴더들을 조사했다. 그 가운데 어떤 것들은 가치가 있었다. 이름들, 전화번호들 그리고 접선자들. 그 각각은 항목별로 조사를 해야 할 것들이었다. 그것들은 어쩌면 완전 별 볼일 없는 납덩이일 수도 있었고, 귀중한 금덩이일 수도 있었다. 그 팀은 그것을 정확하고, 색인이 붙어 있으며, 언제든 다시 꺼낼 수 있도록 FBI 식으로 갈무리하게 된다. 그런 다음 댄은 그 디스크들을 하나도 빼놓지 않고 FBI로 가지고 가서는 내부의 적임자들에게 보내준다. '테러와의 전쟁'에서 제대로 된 정보를 적소에 제공해 책임을 지우고, 적절하게 배분하는 것이야말로 무기에 탄약을 장전하는 것만큼이나 중요한 일이다.

댄은 얼마 지나지 않아 뜻밖의 횡재라고 할 수 있는 것을 하나 찾아냈다. 그것은 주바이다의 일기장이었다. 그것은 10여 년 전까지 거슬러 올라가는, 상당히 오랜 기간에 걸쳐 쓴, 주바이다의 굴곡 많은 삶의 여정을 보여주었다. 주바이다는 리야드Riyadh(사우디아라비아의 수도— 옮긴이) 외곽에서 태어났지만 10대 시절을 요르단 강 서안 지구West Bank(1967년에 이스라엘이 점령했다— 옮긴이)에서 보냈다. 16세이던 1987년, 그는 팔레스타인 민중 봉기에 가담했다. 그는 결국 소련과의 전쟁 막바지쯤에 아프가니스탄으로 이주하게 되었다. 그리고 아마도 아프가니스탄에서라고 여겨지는데, 이 시기의 어느 시점에서 그는 머리에 심한 부상을 당하게 되었다. 댄은 한 1년 전쯤 그 머리 부상에 대한 보고를 받고도 그것을 그리 대단하게 생각하지 않았다. 샤바즈 오두막에 대한 소탕 작전이 있고 난 며칠 후 CIA 팀이 번역해준 일급비밀에 해당하는 그 일기를 읽어보기 전까지는 말이다.

일기에서 주바이다는 세 사람의 화자를 등장시켜 자신의 활약상을 적어나가고 있었다. 세 화자는 하니Hani 1, 하니 2, 하니 3으로 적혀 있었다. 하니 1은 아직 젊은 주바이다의 실제 나이보다 10년은 어린 진짜 소년 같은 화자였고, 하니 2는 주바이다와 같은 나이의 화자였다. 그리고 하니 3은 실제 나이보다 10년 연상인 화자였다. 주바이다는 수없이 많은 날의 인상을 적고 있었다. 뭉뚱그려 말하면, 장래 신병으로 끌어들일 사람들과의 만남이나 사건들과 뉴스 보도에 대한 자신의 반응을 그 세 화자의 관점 모두를 동원해 기술하고 있었다. 각각의 하니는 독특한 표현 방식과 개성을 지니고 있었다. 한편 이 세 쌍의 눈에 의해 관찰되고 있는 것은 도대체 흥미를 돋우는 것과는 거리가 먼 경우가 자주 있었다. 몇 페이지를 읽어도 그저 사람들이 뭘 먹었는지, 어떤 옷을 입었는지 혹은 사람들이 말했던 하찮은 이야기 정도가 고작이었다. 말하자면 주바이다는 회사의 건강보험이나 연금 혹은 인사관리 담당자와도 같다고 할 수 있었다. 그는 주로 갖가지 개인적인 사안들 같은 사소한 것들에 신경을 써야 하는 일종의 업무 조정자 또는 해결사 역할을 했던 인물이었다. 그의 행적에서 '군사작전'과 관련된 것은 거의 전무하다고 할 수 있었다. 그런 것은 조직의 관리를 맡은 팀에서 다루는 문제였다. 그는 군사작전에 관여한 인물이 아니었던 것이다.

일기에 나타난 내용이 실망스러웠지만, 콜맨의 노련한 눈길은 그 속에서 그렇지 않은 부분이 있으리라는 것을 알아채고 있었다. CIA는 오래전부터 어디에나 이름이 오르내리는 주바이다라는 인물이 1998년 아프리카의 미국 대사관들에 대한 폭탄 테러와 관련이 있다고 의심해오고 있었다. 콜맨은 주바이다의 일기 중 1998년 여름에 해당하는 부분에서 뭔가 단서가 될 만한 것을 서둘러 찾아보았다. 아무것도 없었다. 그저 시시콜콜한 이야기가 전부였다.

정보와 정책 부문을 좌지우지하는 권력 중추의 최측근에 포함되어 있는 사람들에게 2002년 봄은 '테러와의 전쟁'에 대한 새로운 교훈을, 그것도 대단히 곤혹스러운 교훈을 얻게 된 시기일 것이다.

4월 들어 대통령의 지지도는 역사상 전례가 없을 정도로 하늘 높은 줄 모르고 치솟고 있었다. 그리고 그 하늘에는 단지 국민의 의아함이라는 작은 구름 한 조각만 떠 있는 상황이었다. 말하자면 빈 라덴이나 자와히리 같은 알 카에다 최고 지도자들 또는 탈레반 지도자 물라 오마르 중 그 누구도 체포되거나 살해되지 않고 있었던 것이다.

이것은 대통령 이하 여러 정책 담당자가 다양한 설명을 하도록 만드는 상황이었다. 3월 13일. 부시가 단독 기자회견을 자청했다. 그리고 전례 없이 자청된 기자회견에서 부시가 이 주제에 대해 장시간 설명한 것을 필두로, 빈 라덴이나 자와히리의 체포는 그리 중요한 문제가 아니라는 취지의 설명이 계속되었다. 부시는 빈 라덴에 대해 이렇게 말했다.

"우리는 그자에 대해 별반 들은 게 없습니다. 그리고 저는 그자가 조직의 명령 체계에서 핵심에 자리를 잡고 있다고 여기지도 않습니다. 다시 한번 말씀드리지만, 저는 그자가 어디에 은신해 있는지 알지 못합니다. 말씀드린 것을 확인하는 차원에서 거듭 말씀드립니다만, 저는 그 자에 대해 전혀 우려하지 않습니다."

하지만 대통령의 일일 브리핑 노트를 보면, 이 시기에 부시는 빈 라덴과 자와히리에 대해 거의 매일 아침 묻고 있었으며, 어떤 때는 하루에 몇 차례나 확인하는 경우도 있었음을 알 수 있다. 백악관과 CIA의 교류에 대해 정통한 한 CIA 관리는 "부시는 두 인물에 대해 거의 병적이다 싶을 정도의 집착을 보였다"고 평한다.

이와 비슷하게 토라 보라에서 일어난 일도 작전 관련자들과 비밀 정보 사용 허가권을 가지고 있는 사람 누구에게나 논란의 여지가 없는 명백한 것이었다. CIA의 충고가 무시되었고, 미군의 민간 및 군 지휘자들이 처참할 정도로 계산 착오를 일으켜 빈 라덴이 도망칠 수 있도록 만들었던 상황 말이다.

4월 17일자 가판에서 〈워싱턴 포스트〉는 어떻게 해서 미 육군이 토라 보라의 동굴 요새를 포위하지 않았는지, 그리고 만약 포위하는 쪽으로 작전을 세웠다면 빈 라덴이 탈출하는 것을 막을 수도 있었다는 내용을 처음으로 보도했다. 그날 기자회견에서 도널드 럼스펠드는 빈 라덴이 "당시 토라 보라에 있었는지, 토라 보라를 떠난 상태였는지 혹은 현재도 그곳에 은신해 있는지는 지금까지도 아무런 증거를 갖고 있지 못하다"고 말하면서 그런 주장을 반박했다.

그런 주장 또한 거짓이었다. 하지만 점점 더 그 폭이 확대되고 있는 '기밀' 지정을 통해 뉴스로서 대단히 가치가 있는 것이 부분적으로 혹은 전체적으로 은폐된다면, 백악관은 무엇이건 날조해버릴 수도 있을 것이다.

사실상 이것은 백악관 측이 그러한 기회를 완벽하게 이용한 셈이었다. 정부의 '통신 기강' 혁신 조치는 9·11이 발생하기 훨씬 전으로 거슬러 올라간다. 부시 대통령과 그의 측근은 처음부터 백악관과 행정부 전체에서 나오게 되는 통신 내용을 어떤 식으로 통제할 것인지에 대한 새로운 아이디어들을 실험했던 것이다.

기계로 치면 회전축에 해당하는 부분이 몇 개 존재했다. 관리들이 정보를 언론 관계자들에게 흘리고, 그들을 통해 일반 대중과 대통령을 포함한 행정부의 다른 부분으로 다시 퍼져나가게 되는 전통적 방식으로, 부시 팀은 여러 분야와 계층의 관리들에게 휴대전화를 지급하고는 반드시 그것을 사용하도록 명령했다. 누가 흘렸는지도 모르게 정보가 새나가는 것을 막기 위해서였다. 이런 방식으로 그들은 사무실 전화와 휴대전화 사이에 걸려오거나 거는 전화 내용을 모두 감청할 수 있게 되었다. 거기에 더해, 위반 시에는 즉시 파면 조치되는 것을 포함하는 징계를 받게 했다. 또 허가 없이는 누구도 언론 관계자와 이야기를 해서는 안 된다는 엄명까지 내려졌다. 그 허가는 전체적으로 백악관 통신규제국(the White House communication office)에서 통제하도록 되어 있었다.

이 부서의 감독자 카렌 휴즈Karen Hughes는 정부 산하 각 기관에서 나온 몇 십 명의 통신 감독관으로 이루어진 자기 팀과 매일 아침마다 만나고 있었다. 그녀는 주요 언론사들은 정치적으로 반대 세력들에 의해 좌우되는 것이어서 어느 경우가 되었건 "정부 내 갈등"에 대한 기삿거리에 끌리게 되어 있다고 확신하고 있었다. 그녀는 주요 신문들과 잡지들 그리고 텔레비전 방송들을 가능한 한 무시해야 한다고 생각했다. 그런 매체들은 모두 수십 년에 걸쳐 현직 대통령과 정기적으로 만나는 것에 익숙해져 있지만, 더 이상 그렇게 놔둘 수는 없었다. 그들의 접근은 제한될 것이며, 주의 깊게 관리될 것이었다. 거기에 더해, 대통령은 빌 클린턴이 그랬던 것보다는 3분의 1로, 그리고 아버지 부시 대통령보다는 5분의 1로 단독 기자회견 횟수를 줄이게 되었다. 그 목적은 뭔가 정보를 알고 묻는 듯한 닳아빠진 질문자들에게 대통령이 사전 준비 없이 뭔가를 이야기할 수 있는 기회를 가능한 한 차단하자는 것이었다. 그런 대화는 현 대통령의 장기가 전혀 아니었다.

뭔가 정보를 알고 묻는 질문들에 대해서도 원천적 차단이 가능했다. 그런 질문들은 기밀로 분류될 수 있는 기준을 꾸준하게 확대시킴으로써 걸러낼 수 있었다. 체니가 그것을 주도했다. 그는 오래전부터 대통령들에 대해 일반 국민이나 의회가 지나치게 따지고 드는 것은 행정부의 힘을 약화시킨다는 지론을 가지고 있었다. 문서들은 체니의 지시에 따라 지난 행정부와 비교했을 때 두 배나 더 높은 등급의 기밀로 분류되고 있었다. 하지만 통신의 흐름에 방해받지 않으려는 이 모든 다면적 전략은 2001년 8월 무렵이 되자 신선미를 잃어버렸다. 부시의 지지도는 50퍼센트 대를 겨우 넘어서고 있었고, 그것은 근래의 대통령으로서는 임기 초기에 너무 일찍 평균치 이하로 떨어진 것이었다. 그는 지나치게 측근들에 의해 좌지우지되며, 겉돌고, 직무가 요구하는 업무를 감당하지 못한다는 비판까지 받고 있었다.

하지만 그런 모든 것은 9·11이 터지면서 일소되었다. 진심에서 우러난 듯한 일련의 조치로 이루어진 대응과 훌륭하게 작성된 연설은, 위기에 처하면 자연스럽게 지도자의 뒤를 에워싸고 밀어주지 않으면 안 된다고 여기는 국민들의 기운을 북돋워주었다. 그리고 비록 많은 것에 변화가 있었지만 통신을 규제한다는 애초의 전략도 그대로 남아 있었다. 이제 그런 전략은 애국주의에 호소해 "뭉치면 산다"면서 전투 준비를 외치는 우세한 주장들을 뒷받침해줄 수 있게 되었다. 지지도는 급상승했다. 국민과 의회는 거의 실질적인 저항 없이 "알아야 할 필요가 있는 것만 알게 되는" 상태를 잠자코 받아들였다. 국민과 의회는 알아야 될 필요가 있는 것들에 대한 발표만을 듣게 되었고, 그 결정은 백악관에 의해 배타적이고 아주 한정된 범위 내에서 결정되었다.

하원과 상원에서는 몇몇 특별 정보감독위원회 소속의 소수 의원만이 기밀 정보라는 미친 듯 흐르는 강물을 조금 들여다볼 수 있었다. 가장 예민한 자료들은 각 당에 한 명씩 위원회별로 간부급 의원들에게만 공개되었다. 그러나 그런 지위에 있는 의원들에게조차도 공개되지 않는 기밀 자료는 여전히 엄청나게 많았다.

요컨대 9·11 테러는 기회를 맞이할 준비를 가능하게 해주었다. 그 결과 국가라는 배를 인도할 책임을 맡은 사람들이 전시체제에서나 가능한 강력한 권한을 갖게 되었다. 일단 아프가니스탄에서의 교전이 종결되자, 전시에는 관례적이었던 최종 점검—정리된 파견 명령 기록과 함께 군대의 이동이나 사상자, 작전에 동원된 부대에 관한 입증 가능한 증거들을 사실과 일치하는지 점검해보는 과정—또한 생략되어버리고 말았다. 왜냐하면 너른 지역에 걸쳐 수행되고 있는 '테러와의 전쟁'에서는, 진행되는 상황의 너무도 많은 부분이 도대체 투명성도 없고 단지 형식적인 감독만을 받으면서 암암리에 일어나고 있기 때문이었다. 행정부에서는 뭐든 입에서 터져 나오는 대로 떠들어대도 괜찮게 되어버린 것이다. 그것이 이 기간 동안에 대한 너무도 명백한 통찰이라고 할 수 있다. 행정부는 편리한 대로 어떤 것이든 현실로 만들어낼 수 있었으니 말이다.

온갖 종류의 통신이 마침내 아무런 제약도, 아무런 도전도 받지 않게 되었다. 그것은 정보에 근거해 동의하고 책임을 진다는 원칙을 너무나 쉽게 압도해버린 일종의 승리이자, 소원 성취라고 할 수 있었다.

책임의 기준은 사실상 미국 본토에 대한 공격을 방지한다는 단 한 가지로 축소되고 말았다. 미 본토에 대한 공격이 없는 한, 그 밖의 다른 것은 별반 중요할 게 없었다.

그러면 이 모든 것은, 예를 들면, 주바이다의 체포와 어떤 연관이 있을까? 바로 '전시' 대통령 자신이 절박하게 해야 할 필요가 있다고 느끼는 말을 실컷 과장해 할 수 있는 자유를 주는 것이었다.

맨 처음 부시가 그런 짓을 한 것은 2002년 4월 9일 코네티컷 주 그리니치의 하야트 리젠시에서 행한 연설에서였다. 대통령은 방 안을 가득 메운 공화당원인 정치 자금 기부자들이 귀가 멍멍해질 정도로 환호하는 가운데 이렇게 말했다.

"얼마 전 우리는 아부 주바이다라는 자를 체포했습니다. 그는 미국에 죽음과 파괴를 안겨줄 음모와 계획을 꾸미고 있던 상급 조직원 가운데 하나였습니다. 그는 이제 더 이상 음모와 계획을 꾸밀 수 없게 되었습니다. 자신이 있어야 할 곳에 가 있으니 말이죠."

그러고는 보다 폭넓은, 국가와 관련된 문제로 얼른 말을 이어갔다.

"역사는 우리에게 행동을 요구해왔고, 지금 이 나라는 그 요구에 응답하고 있습니다. 여러분은 저의 심적 태도를 이해해주셔야 하고, 우리가 무엇을 생각하고 있는지 이해해주셔야 합니다. 우리는 미래의 주인이 될 어린이들을 대신해 행동을 해나가야 합니다. 우리는 현재 우리가 알고 있는 그대로의 이 세계와 문명을 사악한 자들로부터 안전하게 지켜내야 합니다. 우리는 그렇게 해야 합니다. 그리고 거기에는 최악의 무기를 보유하고자 하는 몇몇 국가의 지도자들이 정체도 드러내지 않는 알 카에다와 같은 살인자 조직과 손을 잡지 못하도록 만드는 것도 포함됩니다. 우리는 이 나라의 미래를 위해, 악을 지향하는 동시에 믿을 수 없을 정도로 사악한 무기를 보유하고자 하는 나라들에 대항할 세력을 연합해나가야 할 책임이 있습니다."

이런 식의 호소를 통해 주바이다를 알 카에다의 "군사작전의 주역"으로 묘사하고, 빈 라덴과 알 자와히리 다음 '제3인자'로 추정하도록 만들어버리는 것은, 대통령과 부통령, 국가 안보 보좌관 콘돌리자 라이스, 그리고 그 외의 관계자들이 4월과 그 이후 몇 개월 동안 쉬지 않고 쳐대게 될 북과 같은 것이었다.

그러는 동안, 댄 콜맨과 CIA 소속으로 정보통이며 알 카에다 사냥꾼 부족의 일원인 요원들은 일급 기밀인 주바이다의 일기장을 읽으면서 고개를 가로젓고 있었다.

수송해온 주바이다의 소지품을 며칠에 걸쳐 조사하고 난 뒤, 콜맨이 FBI 고위 간부에게 말했다.

"이 친구는 정신이상입니다. 정신이상임이 확실히 증명될 수 있는 다중 인격자죠. 녀석들이 이자가 전 세계를 쏘다니며 사람들을 만나 아는 척하고 돌아다니도록 내버려 둔 이유가 바로 그 때문입니다. 조직과 관련된 자들이 그의 이름을 온갖 종류의 전화 통화나 이메일에 이용한 것도 바로 그 때문이고요. 이자는 마치 여행사 직원과 같은 역할을 한 겁니다. 비행기 편 예약을 담당하는 그런 친구 말입니다. 이자의 글에서 우리는 이자가 이런 모든 뒤치다꺼리에 얼마나 부담을 느끼고 있었는지를 알 수 있었습니다. 조직원 가족들, 아내들과 아이들을 이 나라에서 저 나라로 옮겨 다니도록 만들어주는 일이 그것이죠. 그는 작전이니 전략이니 하는 것에 대해 쥐뿔도 모르는 자입니다. 아시겠지만, 이자는 사람들을 맞아들이는 데 사용된 소모품에 지나지 않습니다. 시저스 팰리스 로비에서 사람들과 악수하고 있는 조 루이스Joe Louis(1914~1981. '갈색 폭격기'라는 별명으로 더 유명한, 헤비급 챔피언을 지낸 복서이다— 옮긴이)보다 더 위험할 것도 없는 인물이라고 할 수 있습니다."

이러한 의견은 CIA 고위 간부들에게 전해졌고, 당연히 대통령과 부통령에게도 브리핑되었다. 부시가 사람들 앞에 나서서 주바이다의 과장된 악행에 대해 단언하고 다니는 동안, 그가 속으로 느낀 실망감은 종종 그랬던 것처럼, 대통령 자신이 그를 국장 자리에 붙어 있을 수 있게 감싸준 적이 있는 테닛에게로 향하게 되었다.

일일 회의 석상에서 부시가 테닛에게 말했다.

"그자가 중요한 인물이라고 말했잖은가. 이 일로 내가 체면을 잃는 일은 없겠지? 안 그런가?"

테닛은 랭리로 돌아와 주바이다의 입을 열게 만들 대책을 마련하도록 부하들을 족쳤다. 주바이다는 심각한 부상으로 파이잘라바드 인근 병원과 파키스탄 중심부에 있는 몇 개의 병원을 옮겨 다니고 있었다. CIA는 미국에서 가장 실력이 뛰어난 의료 전문가들을 수소문해냈다. 곧 CIA 요원들은 그들이 근무하고 있는 병원에 찾아가 그들을 데리고 파키스탄행 비행기에 올랐다. 한 CIA 관리의 말이다.

"그자는 최고 수준의 치료를 받게 될 것입니다. 우리는 그자의 건강을 완전히 회복시켜놓아야 합니다. 그런 다음 고문을 시작해야죠."

테닛이 몇 개월에 걸쳐 자신의 법률 전문가 팀을 압박했고, 그들은 다시 백악관 소속 법률고문을 압박하게 되었으며, 그것은 법적 대응 문제에 대한 연쇄반응을 일으키게 되었다. 포로들이 관타나모의 포로수용소 캠프 엑스레이로 이송되는 동안 백악관과 법무부는 심문에 대한 일종의 예비 지침에 해당하는 것을 만들어냈다. 주목할 만한 것은 2002년 1월 하순경에 기록된 백악관 법률고문 알베르토 곤잘레스Alberto Gonzales의 보고서이다. 그는 전쟁포로의 취급에 대한 제네바협약은 미국이 아프가니스탄에서 잡혀 수용된 포로들에 대한 취급에는 적용되지 않는다고 주장했다.

이 새로운 규칙은 주바이다에 대해 처음으로 적용될 터였다. 그에 대한 심문에 강압적인 폭력을 사용한다는 것은 결코 선택의 문제가 아니었다. 미국 국민에게 그는 이미 실제보다 지나치게 과장되어 알려졌고, 거기에다 주바이다는 입을 열려고 들지 않았기 때문이다. 테닛이 이번에는 자신이 부시를 구해낼 수 있을 돌파구를 찾아내라며 CIA 간부들을 독려했다. 부시가 공개적으로 한 발언을 뒷받침해줄 만한 사실에 근거한 증거를 확보하는 일이었다. 그것은 이후 여러 해 동안 몇 차례나 반복될 전형이 되는 방식이었다.

CIA 소속의 사람들에게는 이와 같은 순간들이 미묘하고도 정신적으로 피곤해지는 상황이었다. 정부 각 부처의 소위 "정책 도구"라고 불리는 전문가들도 마찬가지겠지만 말이다. CIA 고위직에 있는 모든 사람은 체니 독트린이 무엇인지 잘 알고 있었다. 또 절박한 실행 명령에 직면했을 때 증거 확보 과정이 지지부진하다면 절대 참을 수 없다고 얼마나 분명하게 밝히고 있는지에 대해서도 잘 알고 있었다. 하지만 그런 것들은 대개 행동에 옮기는 이유와 방법을 놓고 내부적으로 논란이 생겼을 경우에 국한되었다. 단기적인 정치적 이득을 제외한 뚜렷한 이유 없이 국민을 오도하는 것은, 자기 고집만 내세우는 것이자 이기적인 것처럼 보이는 일이었다. 그리고 그것은 스스로를 함정에 빠뜨리는 일이기도 했다. 주바이다와 관련된 문제가 화제에 오른 오후 5시 회의에 참석했던 한 CIA 고위 간부의 말이다.

"우리가 백악관 측의 설명을 들었을 때, 방 안의 많은 사람은 그저 못마땅한 눈초리로 보고 있었을 뿐이다. 무슨 말인가 하면, 주바이다에 대해 우리가 알고 있는 사실을 부시와 체니도 이미 알고 있었다는 뜻이다. 이자는 정신적으로 문제가 있었고, 어떤 면에서는 소모품에 지나지 않는 자이기도 했다. 대통령과 부통령의 발언은 마치 사내에서 여행 부서를 맡은 누군가를 COO(Chief Operating Officer. 최고 운영 책임자—옮긴이)

라고 부르는 것이나 마찬가지였다. 참석한 사람들이 하게 된 생각은 이런 것이었다. 도대체 대통령은 왜 우리를 이런 옴짝달싹할 수 없는 궁지에 몰아넣는 것일까?"

그리고 곧 그들은 이것이 대통령의 지휘 방식이라는 것을 깨닫게 되었다. 그가 사람들을 놀릴 때 자주 하는 말대로 그것은 사람들로 하여금 "자신들의 능력으로는 해낼 수 없을 것이라고 생각하는 일들을 하게 만드는" 한 가지 방법이었다.

"이젠 우리를 알아보겠나?"

알 카에다의 실세 할리드 쉬크 모하메드Khalid bin Sheikh Mohammed가 이렇게 묻고는 웃음을 터뜨렸다.

알 자지라Al-Jazeera(카타르 대부호 알 타니 일가가 1억 5,000만 달러를 투자해 설립한 것으로 되어 있으나 실제로는 카타르 정부의 상당한 후원도 받는 것으로 알려진 위성방송 채널. 아랍 최대 뉴스 채널로 아랍권의 CNN이라 불릴 만큼 영향력을 지니고 있으며, 절대 권력을 휘두르는 아랍 지도자들에 대한 비판, 여성 문제, 이스라엘과 관련된 문제까지도 가감 없이 다루기 때문에 중동 지역에서 최고 인기를 누리는 방송으로 급성장했다— 옮긴이)의 고참 기자 요스리 포우다Yosri Fouda는, 이어 람지 빈 알 시브Ramzi bin al-Shibh가 손을 내밀어 자신에게 악수를 청하자 놀라 말도 못하고 그대로 서 있었다.

4월 19일이었다. 방금 전 눈가리개가 풀린 포우다는 부신 듯 눈을 깜박거렸다. 두 남자와 아무런 장식도 없이 벽이 다 드러난 아파트를 훑어보면서, 자신이 그곳에 와 있는 것이 믿어지지 않았다. 알 카에다의 카라치 "안전 가옥" 안이었다.

포우다는 자신에게 악수를 청한 유연하고 우아한 몸놀림의 남자가 누구인지 잘 알고 있었다. 빈 알 시브는 전년도 가을, 웨스턴 유니언을 통해 자카리아스 무사우이Zacarias Moussaoui(아랍계 미국인으로 알 카에다 조직원으로 추정되며, 미네소타의 비행 학교에서 747기 조종법을 배우고 싶다고 하는 등 이상한 행동을 하자 그곳 교관의 신고로 9·11 이전인 2001년 8월 체포되었다— 옮긴이)에게 송금한 사실이 드러난 이후로 그에 대한 수배 전단이 전 세계에 깔려 있었기 때문이다. 그는 흔적을 없앨 수 없을 정도로 깊숙하게 9·11 테러와 관련되어 있는 자로 여겨졌는데, 아마도 자금 출납 담당자로서 관련되어 있었을 가능성이 아주 높았다.

할리드 쉬크 모하메드에 대해서는 어디서 보았는지 기억해내는 데 약간 시간이 걸렸다. 최근 이슬람 테러리스트들의 활동상에 대해 여러 차례 보도해온 알 자지라의 방송 프로그램 〈톱 시크리트〉에서 가장 인정받는 기자인 포우다가 그러하듯, 과격한 성향의 이 성전 전사들을 조심스럽게 따라다니며 취재를 하는 사람들에게 모하메드는 알 카에다 조직원일 가능성이 높다고 널리 알려져 있었다. 여러 해 전, FBI는 그가 1993년 세계무역센터 폭탄 테러로 유죄 판결을 받고 수감된 범인들 가운데 하나인 람지 아메드 유세프Ramzi Ahmed Yousef의 숙부이자 조력자임을 밝혀낸 적이 있다. 모하메드는, 실행에 옮겨지지는 못했지만, 1995년 필리핀에서 미국 상용 항공기를 바다에 추락시킬 계획을 세운 혐의로 기소된 적이 있다. 미국 정부는 양순한 눈매에 수염을 기른 이 젊은 남자의 얼굴 사진과 함께 체포로 이어질 수 있는 정보에 500만 달러의 현상금을 지급하겠다고 발표했다. 포우다의 앞에 있는 남자는 수염을 기르지 않았고, 육중한 몸집이었다. 하지만 그의 눈매만은 그 사진과 다름이 없었다.

빈 알 시브가 미소를 지으며 뒤로 물러나자 포우다가 말했다.

"사람들은 당신들을 테러리스트라고 하던데요."

모하메드가 단호하고 태연하게 대답했다.

"틀린 말은 아니지. 그게 우리 직업이거든."

포우다는 알 자지라 런던 사무국에서 이 아파트로 오기 위해 4,000마일을 여행했다. 암호와 같은 통신문을 주고받고 정체를 밝히지 않은 중개인들과 만나면서 2주일이나 걸렸다.

4월 초, 런던에 머물던 포우다에게 휴대전화 한 통이 걸려오면서 그 여정은 시작되었다. 전화를 걸어온 남자는 9·11 테러 1주년을 맞아 알 자지라가 어떤 계획을 갖고 있는지 궁금해하면서, 포우다에게 안전한 팩스 회선 번호를 물었다. 며칠 뒤 세 쪽짜리 팩스가 도착했는데, 9·11 테러 1주년 축하 3부작 다큐멘터리 제작에 대한 몇 가지 특별한 제안이 적혀 있었다. 그 다큐멘터리에 포함되어야 할 내용, 그때까지 간과된 아주 중요한 사실들, 그리고 포우다가 나서서 취재를 해야 할 9·11과 그 효과에 대해 공감하는 전문가들의 명단 등이었다. 마지막 항목에 추가되는 내용도 얼마 지나지 않아 도착했다. 이슬라마바드행 비행기를 타라는 지시와 "톱 시크릿"이라는 암호를 대는 접선자와 만나라는 것이었다.

포우다는 자신에게 일어난 일 가운데 몇 가지 특별한 부분을 친구에게 털어놓았다. 물론 그 친구에게 비밀을 지키겠다는 맹세를 시키고 나서였다. 상사들이 지시한 특집 기사 취재도 마무리를 지었다(그는 그때 '캠프 엑스레이로 향하는 길'이라는 프로젝트의 다음 회 작업을 하고 있었다). 그런 다음 그는 이슬라마바드로 향했다. 거기서 다시 카라치로 이동한 그는 리젠트 플라자 호텔에 방을 잡으라는 지시를 받았다. 호텔에 도착하니 자신이 잡은 방 안에 불안한 표정의 중년 남자 하나가 그를 기다리고 있었다. 그는 포우다에게 앞으로 어떤 일이 있을 것인지에 대해 몇 가지 부분을 자세하게 설명해주었다. 그는 '쉬크 아부 압둘라Sheikh Abu

Abdullah(빈 라덴의 다른 이름이다)'는 건재하며, 정기적으로 알 자지라 방송을 시청하는데 대개는 녹화한 비디오카세트를 통해서라고 말했다. 또한 빈 라덴이 "우리에게 로버트 피스크Robert Fisk(작가이며 〈인디펜던트 Independent〉지의 저널리스트— 옮긴이)를 오움 압둘라Oum-Abdullah(빈 라덴의 부인— 옮긴이)에게 데려가고, 요스리 포우다를 자기 형제들에게 데려가라"고 지시했다고 말했다.

그렇게 해서 다음 날 저녁 포우다는 한 은신처에서 할리드 쉬크 모하메드와 람지 빈 알 시브 그리고 그들의 부관 몇 명과 함께 기도를 올리게 되었다.

시간이 흘러 밤이 이슥해지면서 유쾌한 농담, 협상, 차 그리고 요구 사항 등이 어우러진 괴상한 자리가 마련되었다. 카메라와 테이프는 알 카에다 측에서 제공키로 했다. 포우다는 절대 그들의 소재를, 외부에 공개된 사진 속의 두 사람 모습이 현재 외모와 다르다는 점 등을 폭로하지 않기로 맹세했다. 모든 것을 코란에 걸고. 포우다는 그곳에서의 일이 끝나면 다시 눈을 가린 채로 공항까지 인도될 것이라는 이야기를 들었다.

잠자리에 들 시간이 되었다. 책임자임이 분명한 모하메드가 포우다에게, 표면상으로는 9·11 1주년 프로젝트로 다큐멘터리를 제작하는 것이었지만, 그곳에 데려온 이유를 분명하게 밝혔다.

"나는 알 카에다 군사위원회의 최고 책임자이며, 람지는 '성스러운 화요일(Holy Tuesday. 2001년 9월 11일은 화요일이었다— 옮긴이)' 작전의 실제 지휘자일세. 그리고 그 소문이 맞네. 그건 우리가 한 일이야."

알 자지라의 일개 기자가 세계 최고의 초강대국과 그 동맹국들이라는 연합 세력이 알아낸 것보다 더 굉장한 진짜 정보를 알게 된 순간이었다.

이제 온 세계는 '테러와의 전쟁'의 진짜 내막을 알 수 있게 되었다.

포우다는 이제 정보를, 그것도 아주 강력한 정보를, 인터넷에서만큼이나 민주적이며 수평적이고 무차별적으로 온 세상에 알릴 수 있게 되었다. 누구나 그 정보를 사용할 수 있게 된 것이다.

포우다는 엄청난 정보에 머리가 다 어찔어찔해진 상태로 침낭 속으로 기어 들어갔고, 깜짝깜짝 놀라 깨면서 편치 않은 하룻밤을 보냈다.

4월 24일 수요일. 휴스턴 인터콘티넨탈 호텔의 주방 직원들은 잠시 일손을 놓고 쉽게 만나기 힘든 기상천외한 광경을 구경하고 있었다. 딕 체니가 전동 휠체어에 몸을 싣고 윙팁wingtip(코 부분에 구멍이 송송 뚫린 가죽을 덧댄 구두 — 옮긴이) 구두를 신은 한쪽 발을 파성추처럼 앞으로 쭉 뻗은 채 빠른 속도로 주방을 통과하고 있었던 것이다. 최근 무릎 뒤쪽의 혈관을 연결하기 위한 관을 삽입하는 수술을 한 뒤라 한쪽 다리를 쭉 뻗은 채로 고정하고 있었던 것이다.

누군가가 고함을 질렀다.

"문을 열어요!"

다행히도 누군가가 얼른 문을 열었고, 그 문을 나는 듯 통과한 체니는 비밀 연회장을 향해 왼쪽으로 급히 방향을 틀었다. 고무로 된 휠체어 바퀴가 나무로 된 바닥에 밀리면서 귀에 거슬리는 마찰음을 내고 있었다.

늦은 오후였다. 할 일과 준비해야 할 일이 정말 많았다. 사우디아라비아의 실질적인 지도자 압둘라 왕세제가 휴스턴에 와 있었다. 하지만 마지못해 온 것이었다. 다음 날에는 화가 잔뜩 나 있는 이 사우디 지도자가 크로포드 목장에서 부시와 만나기로 되어 있었다. 이슬람 세계와 서방 세계 사이의 '최후의 대결'이라고 회자될 회담을 위해서였다. 이번 회동 결과에 정말 많은 것이 좌지우지될 터였다.

회담에 앞서 만찬이 있었다. 체니와 럼스펠드가 참석하는 예비 만찬이자 사우디 지도자의 저항을 사전에 약화시켜놓기 위한 만찬이기도 했다. 두 사람은 내일 목장에서 열리게 되어 있는 그 중요한 회담에 앞서 이 사우디 측의 이야기를 끝까지 실컷 들어주기 위해서 휴스턴으로 날아온 것이었다.

사우디아라비아 왕국과 미국과의 현재 관계는 완전히 갈가리 찢긴 누더기나 마찬가지였다. 사우디 측은 1년 넘게 미국을 애타게 만들어오고 있었다. 2001년 초, 부시 행정부가 이스라엘-팔레스타인 사이의 분쟁에서 오래전부터 미국이 해오던 공정한 중재자 입장에서 후퇴하고 있다는 것이 분명하게 드러난 이후부터였다.

실제로 부시 대통령은 자신의 행정부가 출범한 후 열린 첫 NSC 간부회의에서 "우리는 다시 이스라엘 편을 드는 쪽으로 기울게 될 것"이라고 말했다. 아라파트가 대단히 생산적인 것이 될 수도 있었던 캠프 데이비드 협상에서, 클린턴이 그의 두 번째 임기 말에 야세르 아라파트Yasser Arafat 쪽으로 중심을 잃을 만큼 몸을 굽혔음에도, 마지막 순간에 협상을 중단해버렸다면서 말이다. 그날 상황실에서 의자 한 개를 건너뛴 자리에 앉아 있던 파월은 그러한 조치는 30년에 걸쳐 지속해온 미국의 정책에 역행하는 것이 될 것이고, 그렇게 되면 신임 총리인 아리엘 샤론Ariel Sharon과 이스라엘 군이 팔레스타인 인들을 극단으로 치닫도록 몰아붙이게 만들 수도 있다고 말했다. 그러자 부시는 "이따금씩 한쪽이 무력을 보여주는 것이 상황을 분명하게 만들어줄 수도 있는 법"이라고 대답했다.

압둘라 왕세제는 이러한 정책 변화의 자세한 부분까지는 몰랐을 수 있다. 하지만 그와 나머지 아랍 세계는 그 결과를, 즉 한 달이 다르게 팔레스타인 측에 불리하게만 돌아가는 상황을 죽 주시해오고 있었다.

그런 식으로 몇 개월이 흐르면서 분노는 점점 커져갔다. 이러한 상황은 그 어떤 행정부라도 대경실색하게 만들 수밖에 없는 것이었다. 구소련이 붕괴된 이후로 미국과 사우디아라비아 사이의 이 일정치 않은 애증의 관계는, 거의 틀림없이, 이 지구상에서 가장 중요한 외교적 대화로 남아 있었다. 1945년 이븐 사우드 왕King Ibn Saud과 루스벨트 대통령이 회담을 가진 이후로 미국은 사우디아라비아에 원유 수입의 15퍼센트를 의존하고 있었으며, 두 나라는 악마에게 영혼을 팔아먹은 파우스트 박사조차도 움찔하게 만들 정도의 거래 관계를 갖고 있었다. 즉 미국은 사우디아라비아에서 석유를 갖다 쓸 수 있는 한 사우디 왕가와 거기서 나오는 수십억 달러를 가지고 그들이 무슨 일을 하건 보호해주겠다는 것이었다.

그것은 일종의 눈이 핑핑 돌 정도로 복잡하게 꼬인 플롯의 연극 무대로 전 세계가 휩쓸려 들어가지 않을 수 없도록 만드는 협정이었다. 사우디 왕가는 거의 무한정이라고 할 수 있는 재원과 이슬람 원리주의를 포용하는 정책을 결합하는, 일종의 악마와의 계약이랄 수 있는 것을 통해 권력 기반을 굳혀놓은 터였다. 지난 40년이 넘는 세월 동안 사우디 왕가는 사우디아라비아의 급진파 성직자들(다른 아랍 국가와 몇몇 동남아시아 국가의 이맘imam들에게도)에게 점점 더 많은 그들의 오일 머니를 계속 지원해, 하늘 높이 치솟은 으리으리한 모스크와 학교가 세워진 광대한 종교적 봉토를 건설하고 이끌어나가도록 하면서 맹렬한 신앙의 삶을 살아가도록 아이들을 훈련시키고 있었다. 사우디 성직자들은 그러한 거짓된 흥정을 통해 사우디 왕가를 성지 메카와 메디나의 수호자로 지지해왔으며, 현재 2만 5,000명에 이르는 왕족이 반대파를 억압하고, 걸프스트림 호화 자가용 비행기와 금을 처바른 궁전에 외국 대학원 학위 등으로 현대적 사치의 극을 속속들이 맛보고 있는 것을 눈감아주고 있었다.

석유 수요가 많은 서방의 부유한 국가들과 사우디 왕족들, 그리고 성난 이맘들과의 이 기괴한 회전은 근래 들어 역대 미국 대통령들이 극도로 신경을 써서 보살펴온 관계였다. 그리고 거기에 예술에 가까운 기교를 발휘한 것은 단연 아버지 부시였다.

　오랜 세월 중동 지역에서 미국의 군사기지 노릇을 해온 사우디아라비아는 1991년 벌어진 걸프전에서도 중요한 작전 기지였다. 이 전쟁으로 미국은 석유를 통해 소수 독재자가 지배하는 대다수 산유국의 적 사담 후세인의 독니를 뽑아버릴 수 있었다. 이런 나라들은 전쟁 결과에 감사했다. 유가는 1990년대 내내 안정을 유지했다. 왕족과 결탁한 이맘들은 모스크를 계속 세워나갈 수 있었다. 대통령 임기를 끝내고 물러난 조지 허버트 워커 부시는 자신과 자신의 회사인 칼라일 그룹Carlyle Group을 대신해 사우디 왕가와 자신의 관계를 마치 정원사가 희귀종 난을 돌보듯 챙기고 있었다. 그렇기 때문에 화요일에 이 전직 대통령이 텍사스 휴스턴 교외에 있는 자신의 집에서 오찬과 함께 한 주일을 잔치 기분으로 보내기 시작한 것도 당연한 일이었다.

　반다르 왕자와 사우디아라비아 외무장관 사우드 알 파이잘 왕자Prince Saud al-Faisal가 그곳을 방문했다. 그 자리에는 바버라 부시와 반다르 왕자의 부인으로 기품이 넘치는 하이파 왕비Princess Haifa도 참석했다. 그들은 어떻게 해서 지난 7개월 동안 세계정세가 에드워드 기번Edward Gibbon(1737~1794. 영국의 역사가. 『로마제국 흥망사』의 저자— 옮긴이)이나 셰익스피어William Shakespeare마저 따라잡지 못할 정도로 변해버렸는지에 대해 충분히 이야기를 나눴고, 빈 라덴과 그의 충복들이 어떻게 그토록 빨리 재기할 수 있었으며, 다른 모든 세력이 잿더미 속에서 뒹굴도록 큰 타격을 입힐 수 있었는지에 대해 고개를 갸우뚱거렸다.

하지만 반다르 왕자는 이 특별한 사건이 전직 대통령이 개입하지 않을 수 없도록 만들 것이며, G. H. W. 부시(아버지 부시)는 사람들이 생각하는 것보다 아들인 현 대통령의 심적 상태를 꿰뚫어 볼 수 있는 직관을 갖고 있지 못하다는 사실도 잘 알고 있었다. 그는 그 부분에 대한 제대로 된 정보를 접할 수 있는 대부분의 미국인보다도 훨씬 전에 전직 대통령과 현직 대통령의 부자 관계가 보통 사람들이 아버지와 아들 사이라고 여길 수조차 없을 정도로 냉랭하며 거리감이 있다는 것을 잘 알고 있었다. 어느 정도인가 하면 아들은 아버지와 도대체 뭘 상의하는 법이 없었다. 아버지 부시는 어쩌면 현대사가 낳은 가장 귀중한 조언자가 될 수 있었음에도 말이다. 그런데 이번 만남은 43대 대통령이 꺼리고 있음에도 체니가 주도한 특별 이벤트였다. 그것은 사우디 왕족들에게 그들이 부시 가문이나 미국과 가지고 있었던 오랜 유대 관계에 대해 일깨울 수 있는 귀중한 기회로 활용하기 위한 일종의 수사적 행위이기도 했다.

아버지 부시와 사우디 왕자들 사이에서의 관계 개선을 위한 논의에는, 주로 9·11에 의해 휩쓸려 사라져버린 예전의 세계와 또한 세월이 흘러버렸다는 것에 대한 아쉬운 희망 등이 담겨 있었다. 개인적으로 현직 대통령은 자기 부친의 동맹자들과 부친의 실수에 대해 저주를 퍼부어왔다고 봐도 될 정도였다. 자신과 같은 이름을 쓰는 전직 대통령 아버지에 반발하는 방식으로 살아가고, 나라를 이끄는 것이 아들 부시에게는 지침이 되는 원칙이었다. 자신이 이스라엘을 편드는 쪽으로 기우는 것에 대한 변호로 조지 W. 부시가 한 고위 외교정책 담당자에게 말했던 것이 한 예가 된다.

"나는 내 아버지와 그의 모든 아랍 친구의 지지자가 되지는 않을 작정입니다!"

반다르 왕자와 아버지 부시 모두 크로포드 목장에서의 회담이 순탄치 않으리라는 것을 잘 알고 있었다. 회담이 어찌어찌 잘 진행된다면, 사절단은 텍사스에 며칠 더 머무르면서 금요일에는 칼리지 스테이션College Station(텍사스 주에서 다섯 번째로 큰 도시로 인구는 10만이다— 옮긴이)의 조지 H. W. 부시대통령기념도서관을 방문할 계획이었다. 하지만 그렇지 못할 경우, 압둘라 왕세제는 그 안 좋은 소식을 전하기 위해 아랍 지도자 정상회담장으로 직행할 계획이었다.

전직 대통령이 말했다.

"금요일에 뵐 수 있게 되길 바랍니다."

반다르 왕자가 화답했다.

"저도 그렇게 되길 바랍니다."

다음 날 밤, 체니와의 만찬은 그리 잘 진행되지 못했다. 왕세제가 대단히 심기가 불편한 상태로 도착했기 때문이다. 그날 저녁, 압둘라 왕세제는 체니가 앉아 고개를 끄덕이고 있는 자리에서 그 불편한 심기를 드러냈다. 체니는 국무부에서 올라오는 갖가지 보고와 요약된 정보를 통해 사우디 지도자들이 미국의 중동 정책에 대해 대단히 불만을 갖고 있다는 것을 알고 있었다. 여타의 아랍 제국에게 석유를 미국에 대항하는 무기로 사용하자고 선동하고 나설 태세까지 갖추고 있다는 것을 말이다. 그것은 선전포고나 다름없는 조치였다. 그해 3월 아랍연맹 회의에서 압둘라 왕세제는 다른 아랍 국가 지도자들에게 자신이 아랍연맹 소속 전체 국가가 갖고 있는 불만을 대변하는 역할을 맡겠다고 말했다. 야세르 아라파트가 샤론에 의해 라말라Ramallah에 있는 팔레스타인 자치 정부 청사 안에 포위된 채 고립되어 있었기 때문에 참석하지 못했던 회의였다. 3월 29일, 몇 차례에 걸친 팔레스타인 군의 포격이 있은 후 이스라엘 군의 탱크와 무장 헬기가 요르단 강 서안 지구로 밀고 내려왔다.

"탱크가 상대한 건 다름 아닌 어린아이들이었소."

압둘라 왕세제는 입에 거품을 물고 그것을 비판했다. 한편 부시 대통령은 그런 상황에서도 샤론 이스라엘 총리를 가리켜 "평화를 사랑하는 사람"이라고 칭한 바 있다.

압둘라가, 믿을 수 없다는 듯, 체니에게서는 뭔가 대답을 듣게 되기를 기대하지도 않는다는 투로 말했다.

"그가 어떻게 그런 짓을 할 수 있단 말이오?"

체니는 묵묵히 듣고만 있었다. 럼스펠드가 합참 의장 리처드 B. 마이어스Richard B. Myers 장군과 함께 나서서 압둘라에게 미군은 걸프전 동안 그랬던 것보다 훨씬 더 강해졌다는 이야기를 늘어놓으며 화제를 바꾸려 들었다. 마이어스는 아프가니스탄에서 미군이 거둔 승리의 하이라이트라고 할 수 있는 부분들을 죽 설명했다.

압둘라가 암담한 듯 말했다.

"하지만 빈 라덴은 빠져나갔잖소."

회의적인 눈길로 응시하고 있는 압둘라에게 체니가 말했다.

"그렇기는 합니다만, 현재 미국은 포위망을 좁혀 들어가고 있는 중입니다."

마침내 회담이 끝났다. 곧 헬기 한 대가 부통령을 크로포드 목장으로 실어가기 위해 대기하고 있었다. 체니는 눈에 보일 정도로 안도감을 나타내며 전동 휠체어의 방향을 빙글 틀고는 스쿠터 빌리를 불러 출구로 직행했다.

목요일, 부시는 집 앞 찻길 바닥을 구두 끝으로 긁어대면서 자꾸만 시계를 들여다보고 있었다. 바깥에는 밀집 대형으로 줄지어 늘어선 기자들과 사진기자들이 안전거리를 유지하며 대기하고 있었다. 대통령 삶의 일부이기도 한 억지로 강요된 친밀함을 내보여야 할 그 기괴한 순간을 잡기 위해였다. 부시는 기다렸다. 그들은 부시가 기다리는 것을 지켜보면서 기다렸다. 기다리는 것을 대단히 싫어하는 대통령을 기다리도록 만드는 것을 보면 중요한 일일까? 아무것도 아닌 일일 수도 있고, 아니면 중요하기 짝이 없는 일일 수도 있었다.

호화로운 버스들이 엄청난 속도로 텍사스 평원을 가로지르고 있었다. 압둘라 왕세제는 운전사에게도 담배를 권하고 자신도 피우면서 선도 버스 맨 앞자리에 앉아 있었다. 일렬로 달리고 있는 그 호화로운 버스들은 오늘의 회담을 위해 구입된 것이었다. 뒷좌석에는 파월, 반다르, 사우드 그리고 사우디 주재 미국 대사 밥 조던이 앉아 있었다. 파월과 반다르 두 사람은 모두 입담이 좋았다. 둘은 번갈아가며 이야기를 주고받고 있었다. 두 사람 모두 이 세상을 느긋하게 사는 법을 아는 인물이었다. 잘 지냈나, 친구들. 잘 만났네, 오늘은 무슨 일이 일어날 것 같은가. 그들의 익살스러운 어투는 이렇게 말하는 것 같았다.

"뭐 별일 있겠어. 늘 있는 일이겠지."

물론 그것은 아무것도 아닌 일일 수도 있었다. 압둘라 왕세제는 그때까지 아들 부시를 한 번도 직접 만난 적이 없었다. 그러니 그를 먼발치로 보면서도 뭐 그리 깊은 인상을 받을 수 없었다. 이제 그들 사이의 거리가 100야드로 좁혀졌다. 광대한 평원에 덩그러니 서 있는 수수한 집 앞 차도에 기자들에 둘러싸인 부시가 혼자 기다리고 있었다. 압둘라는 기다리게 한 것에 대해 사과했다.

"무슨 말씀을. 괜찮습니다."

기자들의 주목 속에서 10분 넘게 기다리고 난 부시의 대답이었다.

거기 모인 일행은 집 안 서재 안에 다 들어가기에는 좀 많은 인원이었다. 그들은 라이스와 해리엣 미어스Harriet Miers, 앤디 카드Andy Card와 협장을 짚고 있는 부통령 그리고 "체니의 다리를 들어주기 위해 거기 와 있는 것"이라고 소개되어 좌중을 웃긴 스쿠터 리비 등이었다. 압둘라 왕세제는 이야기를 나누기에 앞서 모인 사람들에게 보여줄 비디오가 있다고 했다. 대통령의 서재 조명이 낮춰졌다. 그리고 그들은 압둘라가 가지고 온 비디오를 통해 요르단 강 서안 지구에서 자행되고 있는 무차별 공격의 결과와 공격에 나선 미국제 탱크들, 엄마를 찾으며 비명을 질러대고 있는 피투성이 아이들, 죽은 아이들의 영상을 15분에 걸쳐 지켜보았다.

아무도 입을 열지 않는 가운데 그들 모두 한 줄로 서재에서 나와 유리로 둘러막은 대통령 별장의 현관으로 나왔다. 적대감을 표출할 시간이 된 것이다.

사우디 측에서는 특별한 요구 사항을 갖고 있었다. 압둘라 왕세제는 최근 자기 나름의 평화 정착 방안인 두 개의 국가를 만든다는 해결책을 제시했다. 아랍 세계에서 이스라엘이라는 국가를 인정하고, 또한 씨도 먹히지 않을 방안인 동 예루살렘을 새 아랍 국가의 수도로 남겨둔 채 1967년의 국경선으로 되돌려놓는 것에 대해, 그리고 요르단 강 서안 지구의 위기를 해결하기 위해 그가 바라고 있는 여러 사안에 대해서였다.

당장 '테러와의 전쟁'에 골몰해 있는 미국은 나름대로 가지고 있는 몇 가지 문제를 제시했다. 사우디아라비아가 19명의 비행기 납치범 가운데 15명의 조국이자 빈 라덴의 조국이면서도, 그에 대해 책임을 느끼기는커녕 오히려 미국에 비협조적이라는 비난인 셈이었다. 납치범 가족들과 면담하는 것을 막고, 대부분이 이 나라의 미로처럼 얽혀 있는 자선단체들과 하왈라들hawalas(외국에 실제로 돈을 송금해 계좌 이체 기록을 남기는 것이 아닌, 신용을 토대로 돈을 융통할 수 있도록 되어 있는 지하 은행 시스템 ― 옮긴이)을 통해 움직이게 되는 테러 자금을 추적하려는 노력을 차단하고 있다는 등의 예를 들었다.

먼저 사우디 측이 요구 사항을 제시하기 시작했다. 거기에는 미국이 샤론과의 거리를 유지할 것과 팔레스타인 인들을 지원할 방안 등을 비롯해 갖가지 사안이 포함되어 있었다.

부시는 듣고는 있었지만 건성이었다. 그곳은 마음에 드는 장소가 아니었다. 생각이 엉뚱한 곳에 가 있었기 때문에 거기서 오가는 이야기가 귀에 들어올 리 없었다. 몇 분 후, 부시가 압둘라에게 말했다.

"드라이브나 가시죠. 저랑 단둘이 말입니다. 목장을 구경시켜드리겠습니다."

그렇게 해서 두 사람은 실무자들끼리의 이야기가 계속되는 가운데 그 자리를 벗어나 부시의 픽업트럭 쪽으로 향했다. 그 광경을 보고 자리에 남은 보좌관들은 놀라 입을 다물 줄 몰랐다. 나중에 그 자리에 있던 누군가가 그 일을 가리켜 "제왕들의 블루스"라고 지칭했다. 무슨 말인가 하면 "국민을 대표하는 이상적인 정부라는 것도 이런 순간에는 옛날과 비교해 하나도 변한 것이 없다는 생각이 든다. 외교 문제라는 것은 결국 군주들끼리 해결하게 되어 있다는 점에서다. 왕들이 얼마나 사이가 좋았는지 혹은 그렇지 못했는지가 국가의 운명을 결정하는 것"이라는 그 사람의 설명처럼 그것은 하나의 깨달음이었다.

울퉁불퉁한 길을 달리는 시보레 픽업트럭의 운전석에서 흔들리고 있는 부시는 외국 지도자의 방문에 대한 예우로 정장에 넥타이 차림이었고, 압둘라 왕세제는 자신의 전통 복장에 트위드 재킷만을 걸치고 있었다. 그들은 마음이 잘 맞는 것처럼 보였다. 부시는 이렇게 하는 것을 좋아했다. 자신의 픽업트럭을 몰고는 1,600에이커나 되는 텍사스 중앙부의 관목 숲 사이를 뚫고 목장의 이곳저곳을 헤집고 다니면서 그때그때 내키는 대로 어디를 먼저 갈지, 어디를 나중에 갈지 결정하면서 돌아다니는 것을 말이다. 그곳에는 17종의 나무가 자생하고 있었다. 그는 그것들을 가리켜 보이면서 압둘라 왕세제에게 자신의 대지에 대한 사랑과 평화에 대한 욕구를 설명했다. 두 사람은 부시가 가장 좋아하는 장소에서 잠시 이야기를 나눴다. 그들은 야생 칠면조 한 마리를 보기도 했다.

대략 한 시간 남짓 지난 후, 그들은 점심 식사를 위해 다시 돌아왔다. 그리고 다 함께 유리로 둘러막은 현관에 준비된 긴 식탁에 자리를 잡고 앉았다. 파월, 라이스, 앤디 카드, 체니, 반다르, 부시, 사우드, 압둘라 그리고 조던 순서였고, 부시는 압둘라에게 감사기도를 올려도 되겠느냐고 물었다. 압둘라가 고개를 끄덕이자 부시는 기도를 올렸다. 그러고는 모두들 쇠고기 안심 스테이크와 감자 샐러드, 브라우니(아몬드나 땅콩이 든 사각형 판 초콜릿— 옮긴이)와 아이스크림을 먹었다.

브라우니 접시가 치워지는 동안 압둘라는 냅킨으로 입가를 훔치면서 느닷없이 주목해줄 것을 청했다. 마치 자신이 무엇 때문에 그곳에 왔는지를 잠시 잊고 있던 사람처럼 말이다. 그 점은 반다르와 사우드도 마찬가지였다. 그들의 요구 사항 목록에는 여덟 가지가 남아 있었다. 그들은 뭔가 실행 가능한 방안을 필요로 하고 있었다. 들끓고 있는 걸프 지역으로 가지고 돌아가 아랍 세계를 진정시킬 뭔가를 말이다. 부시가 자신의 말을 행동으로 뒷받침해줄 수 있을까? 그는 샤론의 편인가, 아니면 미국은 아직도 아랍 우방을 지지하는 데 관심을 갖고 있을까? 미국은 앞으로도 중동 지역에서 어느 한쪽에 치우치지 않은 중재자 역할을 하려 들까?

하지만 논의는 계속 겉돌고 있었다. 사우디 측은 미국이 샤론에게 압력을 가해 라말라에 갇혀 있는 아라파트가 놓여나게 해줄 것을 원했다. 사우디는 미국이 취할 수 있는 조치들을 열거했다. 부시는 멍한 표정으로 그들을 바라보고 있었다. 그들은 항목들을 계속 제시해나갔다. 이따금씩 대통령이 고개를 끄덕였다. 마치 뭔가 합리적인 것으로 여겨진다는 듯이. 하지만 어느 것에도 답변은 하지 않고 있었다.

이런 식으로 거의 한 시간 가까이 시간을 보낸 다음, 사우디 측은 약간 당혹스러워 보이는 표정으로 그곳을 떠나기 위해 자리에서 일어섰다. 부시는 이 회담을 위해 그들이 백악관에 미리 보낸 회담 내용에 관한 문서를 전혀 읽어보지 않은 것 같았다. 그 문서는 사우디 측의 요구 사항과 미국 대통령이 고려해볼 수 있는 몇 가지 선택 사항이 열거된, 겨우 몇 쪽짜리 서류였다. 회담이 끝나고 난 후, 미국 측의 몇몇 참석자는 왜 대통령이 사우디 측이 요구하는 사안들에 대해 도대체 아무런 생각도 없는 것처럼 보였는지, 왜 그는 그들이 우려하는 것들에 대해 답변 같은 것도 하려 들지 않았는지, 그리고 어느 쪽으로든 '테러와의 전쟁'에 대해 그들로부터 그 어떤 동의를 얻어내려 들지 않았는지에 대해 궁금해했다. '테러와의 전쟁'에서 사우디아라비아 측과의 회담보다 더 중요한 대화란 있을 수 없는데 말이다.

참석자 가운데 몇몇이 도대체 어떻게 된 연유인지를 캐고 들었다. 그들은 사우디 측이 보내온 회담 내용에 관한 문서가 딕 체니의 사무실로 빼돌려졌다는 것을 알게 되었다. 대통령은 그것을 아예 받아보지도, 읽어보지도 못했던 것이다. 대통령 직을 수행하는 동안, 가장 중요한 것이자 가장 큰 말썽거리가 될 수도 있을 외교 회담에서, 조지 W. 부시는 사우디 측이 크로프드 목장까지 찾아와서 이루고자 했던 것이 무엇인지 까맣게 모른 채 넘어갔던 것이다.

하지만 압둘라 왕세제의 생각은 그들과 달랐다. 그는 처음으로 조지 W. 부시와 만나보았던 것이다. 그가 만난 부시는 솔직하고 감정에 호소하며, 현실적인 것과는 좀 거리가 있고, 신뢰를 바탕으로 하는 성격이었다. 그는 픽업트럭을 함께 타고 돌아다니면서 약간 얼떨떨하긴 했지만 기묘한 감동을 받았다. 운전을 하고 다니면서 부시가 사랑한다고 말했던 대상들을 통해, 그가 얼마나 절박하게 중동 지역에 평화를 정착시키기 위해 함께 일할 수 있게 되기를 원했는지를 통해, 점심 식사에 앞서 올린 열렬한 기도를 통해, 그리고 헤어지는 자리에서 부시가 그의 손을 잡으면서 보여준 단호하고 숨김없는 열망을 통해 말이다.

압둘라 왕세제가 말했다.

"눈물이 납니다, 대통령 각하."

부시가 대꾸했다.

"저도 눈물이 나네요. 눈물이 납니다."

다리, 사타구니 그리고 복부에 총상을 입은 주바이다는 4월 말과 5월 초에 미국에서 최고라고 할 수 있는 뛰어난 의료진의 노력으로 완치되었다. 의사들은 내출혈, 골절 그리고 손상된 장기를 치료했다. 그는 5월 중순이 되자 안정을 되찾았고, 그렇게 해서 이제 준비가 되었다. '테러와의 전쟁'에서 특별한 순간이 펼쳐질 참이었다. '테러와의 전쟁'에서 포로들에 대한 감금과 심문, 기소 등의 사안에 대해, 그리고 알 카에다 조직원들에게는 "자신이 맡은 일이 무엇이었는지를 순순히 털어놓게 만드는 방법"이 가장 효과적이라는 데이터베이스에 대해 몇 개월에 걸쳐 부처들 사이에 분분한 의견 교환이 있은 후, 미국은 살짝 맛이 간 이 포로를 고문하고는 그가 내뱉는 말 한마디 한마디에 기뻐 날뛰고 환호성을 질러댈 터였다.

9·11 이후 법 이론이 '융통성'을 허용한다는 것으로 정리된 순간에 이르기까지의 8개월이라는 기간은 준비가 절박했던, 그리고 단편소설이라고나 할 정도로 우여곡절이 많았던 시간이었다.

2001년 늦가을 내내 CIA와 FBI, 법무부 그리고 백악관 자문 위원실 소속 변호사들 사이에서 벌어진 협의는 미래에 대한 거의 확실한 틀을 잡아놓으려는 시도였다. 앞으로 미국이 포로들을, 그것도 엄청나게 많은 수의 포로를 잡게 될 때를 대비해서였다.

문제가 되는 점들은 변호사라면 로스쿨의 윤리 세미나에서도 결코 제기할 리가 없는 것들이었다. 말하자면 알 카에다 용의자가 일단 감금되면 그를 죽여도 될까? 그럴 수는 없다는 것이 합의된 의견이었다. 그것은 국제공법에 대한 너무도 심한 위반이 될 터였다. 그것에 대해 논의하지 않아서가 아니었다. 모두들 포로를 가능한 한 오래 붙잡아두는 것에 동의했던 것이다. 그들은 너무도 귀중한 정보의 원천이자, 어쩌면 풀어놓기에는 너무도 위험한 존재일 수도 있기 때문이었다. 전체 정부 부처 소속 변호사들이 추구하는 목표는 선택과 특전, 최대한도의 융통성을 줄 수 있도록 법적 한계를 충분히 넓혀놓는다는 것이었다. 앞으로 무슨 일이 있을지 누가 알겠는가.

2001년 9월 CIA와 법무부가 제기한 의문은 포로들이 미국 형법에 의한 재판을 받아야 하는가 하는 점이었다. 그 물음은 11월 13일 부시가 다음과 같은 내용의 진술을 담은 행정명령에 승인하는 것으로 답변이 되었다.

"미국의 안전에 위험이 되며, 국제적인 테러의 성격을 갖고 있다는 점을 고려할 때, 나는 미합중국 각 지방법원에서 형사사건에 대한 재판을 할 때 적용되는 법리와 증거에 관한 규정이 이 명령에서 거론하고 있는 군사 범죄에 적용되는 것은 실행 불가능하다는 미합중국 법전 10조 836 항에 모순이 없음을 확인합니다."

포로들은 군사 법정에서 재판을 받게 될 터였다. 그것은 분명 상당한 폭의 자유를 허용하게 될 것이었다. 소송 절차에 관한 일정은 포로에 대한 판결이나 심문의 가치에 대한 군사 법정의 판단을 토대로 결정될 것이기 때문에 유동적일 경우가 많았다. 그리고 만약 포로가 "적국의 외국인", 즉 미국 시민이 아닐 경우, 그 포로는 미 연방 법정에 인신 보호 영장을 강력하게 청원해볼 수 있는 가망도 별로 없게 된다.

동시에 2001년이 끝나갈 무렵이 되자 구금 중인 포로를 어떻게 처리할 것인지에 대한 또 다른 문제점이 긴급한 쟁점으로 떠올랐다. 2002년 1월, 가치 높은 몇 명의 포로를 골라내기는 했지만 알 카에다와 탈레반의 병사들인 수백 명의 다양한 계급의 포로가 관타나모 수용소에 도착하기 시작했다. 존 유John Yoo가 작성한 보고서 2002년 1월 9일의 기록에는 전쟁 포로에 대한 보호 및 인도적 취급을 규정하고 있는 제네바협약은 알 카에다나 탈레반 포로들에게는 적용되지 않는다고 주장하고 있다. 존 유는 체니 부통령이 갖고 있는 광범위한 행정상의 특전에 관한 견해를 뒷받침하기 위해 법리 분석을 정리한 법무 장관 부차관보였다. 그의 공동 작업자 로버트 J. 델라헌트Robert J. Dellahunt도 그와 같은 의견으로, 어느 국가에도 속하지 않고 행동하고 있는 알 카에다라는 조직은 전쟁에 관한 국제 협약의 어느 한쪽 당사자가 될 수 없으며, 탈레반 또한 알 카에다와 너무도 "뒤얽혀 있기"때문에 구분한다는 것이 가능하지 않다는 논리를 내세웠다. 계속해서 보고서는 대통령은 그것이 미합중국 헌법에 의해 정식으로 인정된 것이 아니기 때문에 국제공법에 의해 구속받지 아니하며, 어떠한 경우가 되었건 9월 14일의 그 결의안은 대통령에게 "현재의 이 전투와 관련해 포괄적인 권한"을 갖게 해줄 수 있다고 언급하고 있다.

이 보고서는 정부 부처 소속 변호사들 사이에서 상당한 혼란을 일으켰고, 국무부에서는 그러한 분석을 "심각하게 결함을 지닌 것"이라고 날카롭게 반박했다. 대통령은 그런 반박에 동의하지 않았다. 1월 18일, 대통령은 "포괄적 권한"을 가지며, 제네바협약은 적용될 수 없다는 입장의 편을 들었고, 상황 변화에 따라 조건도 변할 수 있다는 단서를 국방부로 내려 보냈다. 이러한 조치에 대해 대통령이 거느리고 있는 고위직 관리들 가운데 가장 군사적 경험이 풍부한 인물인 콜린 파월은 우려된다는 반응을 보였다. 파월은 제네바협약은 그 종류를 불문하고 모든 병사를 보호하는 것이라고 주장했다. 만약 미국이 그 조항을 폐기해버린다면 포로가 될 수 있는 자국 병사들에게도 피해가 갈 수 있으며, 윤리적 정직성이라는 귀중한 지위마저 포기해야 할 것이라고 했다.

대통령은 백악관 법률고문 알베르토 곤잘레스를 불러 파월에게 그 문제에 관한 방침의 정당성에 대해 설명하도록 했다. 곤잘레스는 대통령이 텍사스 주지사 시절부터 신임해온 법조인이었다.

곤잘레스가 부시에게 말했다.

"각하께서 말씀하신 대로 테러와의 전쟁은 새로운 종류의 전쟁이라고 할 수 있습니다. 그것은 '전쟁 포로 취급에 대한 3차 제네바협약'의 배경이 된다고 할 수 있는 전쟁을 수행하면서 지켜야 할 관례를 준수하는 국가 간에 벌어지는 전통적인 싸움이라고 할 수 없습니다. 이 새로운 전쟁의 성격은 다른 요인들로 인해 높은 가치를 지닌다고 할 수 있습니다. 예를 들면, 미국의 민간인들에게 추가의 잔학 행위가 가해지는 것을 피하기 위해서는 체포된 테러리스트들이나 그들의 교사자들에게서 신속하게 정보를 캐낼 수 있는 능력, 그리고 민간인에 대한 무차별 살상 등의 죄목을 들어 테러리스트들을 전범자로 재판할 필요 같은 것들입니다. 저의 판단으로는, 이러한 새로운 패러다임은 적국 포로의 심문에 대해 엄격한 제한 규정을 두고 있는 제네바협약을 쓸모없는 것으로 만드는 것이자, 붙잡힌 적군 포로에게 식량을 지급받을 특권이나 군표(월별 일정 금액을 지급하는 것), 운동복 그리고 과학 기구 같은 것들을 지급해야 한다는 조항이 기괴하게 여겨질 정도로 만들어버리고 있다고 생각됩니다.”

동시에 전술이라는 면에서도 무엇이 효과가 있었는가 하는 점에서 이와 유사한 토론이 벌어지고 있었다. 포로를 카이로의 고문실로 보내어 “진짜 고문의 맛이 어떤지를 보여주는” 방식으로 일단은 CIA가 승리를 한 알 리비를 놓고 벌어진 싸움도 그런 논쟁을 그치게 하지 못했다.

그런 논쟁은 랭리에 있는 CIA와 워싱턴에 있는 FBI 본부 사이에서 한창 벌어지고 있었다. FBI 요원 가운데서도 특히 알 카에다 조직원들을 심문했던 경험이 있는 사람들은 주바이다가 정신적으로 불안정한 상태라 할지라도 그를 심문해 정보를 캐내야 한다고 했다.

1990년대에 FBI가 기소했던 사건들과 관련된 증언으로 유명 인사가 되었고, 테러 조직 출신의 거의 모든 증인을 경험한 댄 콜맨의 말이다.

“이자들은 음모 속에서 평생을 보낸다고 해도 과언이 아닙니다. CIA는 5분 안에 모든 것이 해결되기를 바라는데, 그것은 가능하지 않을 뿐만 아니라 생산적이지도 못합니다. 그런 상황에서는 포로와 그들을 포로로 잡은 측이 서로가 서로에게 예상하고 있는 역할을 해내게 될 뿐입니다. 본질적으로 그런 행위를 통해 얻게 되는 정보는 양만 많을 뿐 활용할 수 있는 것은 아무것도 없습니다.”

FBI 내부에서 밀러와 그의 부하들은 중요한 정보를 가진 용의자들에게 접근하는 것이 그만한 가치가 있는지에 대해 골똘히 생각했다. FBI가 사용하는 "알아서 털어놓게 만드는" 방식이 먹혀들 경우에 말이다.

"만약 FBI가 합법적이지 못한 방식으로 심문하고 있다는 것이 세상에 알려진다면, 여러 해에 걸쳐 비슷한 사건의 재판 때마다 두고두고 우리가 입에 오르내리게 될 겁니다."

어떤 방법이 효과가 있는가를 판단할 수 있는 효율성이라는 잠재된 기준에 대해 FBI는 자신들이 CIA의 방식을 야만적이고 조급한 것이어서 "그저 예상하고 있는 역할을 충족시키는 것일 뿐"이라고 비판한 것에 대응할 무기를 갖추고 있었다. 요원들은 그해 11월 칸다하르에 있는 모하메드 아테프의 벙커 잔해 속에서 찾아낸 훈련 교범 사본을 돌려가며 읽었다. 거기에는 알 카에다 신병들에게 그들이 만약 체포되면 고문과 사지 절단을 당하게 될 것이며 죽는 것은 확실하다고 설명하고 있었다.

FBI 심문자들은 포로들이 자신들에 대한 인격적 존중과 현명한 판단에 의해 제공되는 호의를 예상치 못한다는 점을 경험을 통해 알고 있었다. 콜맨과 FBI 심문자들은 1998년 대사관 폭탄 테러의 주역이었던 와디 엘 하제Wadi el Hage나 빈 라덴과 자와히리의 측근이었으며 증언대에서 결정적인 증언을 해줌으로써 유명 인사가 된 자말 알 파들 같은 포로들에게 중국 음식을 시켜주고, 포르노를 보여주는 등의 선심을 쓰고, 언젠가 한 번은 포로의 아내가 수술을 받을 수 있도록 주선까지 해줌으로써 포로들을 훌륭하게 심문해냈다. 요원들이 수술을 받을 수 있게 손써준 데 대해 감사해하고 있는 아내를 포로에게 데려가자, 그녀는 남편에게 "이제 이분들이 원하는 것을 이야기해버리세요"라고 말했다. 그러자 그는 술술 다 털어놓았던 것이다.

하지만 이와 대조적인 CIA의 특징은 대통령을 필두로 그 아래의 관리들에 이르기까지 미국 정부 내의 심문 전문가를 자처하지만 사실은 아마추어들인 다수가 지지하는 방식이었다. 그들 가운데 '관계'를 형성할 시간 같은 것이 있다고 여기는 사람은 아무도 없었다. 알 카에다 조직원을 악의 화신 정도로 여기는 사람들에게는 '관계'라는 말 자체가 불쾌하기 짝이 없는 것이었다. 모와트 라센과 코퍼 블랙 사이에서 벌어진 논쟁에서처럼 미국 정부가 가지고 있는 조급하고 획일화된 에너지가 블랙과 같은 위치에 있는 사람들의 몸에 배어 있었다. 뭐든 하라. 그것도 신속하게.

2002년 5월, 방법은 결정되었고 주바이다는 어느 정도 회복이 되었으니 이제는 그 경계를 시험해볼 시간이 되었다.

CIA 쪽 소식통에 의하면 주바이다는 워터보드water-board라고 불리는 물고문을 당했다. 그것은 포로의 얼굴에 수건 한 장을 덮고 바로 위에서 물을 부어 익사하기 직전과 똑같은 느낌을 받게 만드는 고문이다. 구타도 있었는데 부상을 더 악화시킬 정도는 아니었다. 곧 죽이겠다는 식의 협박도 반복적으로 있었다. 부상을 치료하는 약의 투여가 중단되기도 했다. 귀를 먹게 만들 정도의 소음에 계속 노출되거나 강렬한 빛 속에 처박히기도 했다. 이미 심각한 부상으로 잔뜩 약해져 있던 그는 보통 포로들보다 더 완전히 심문자들에게 굴복할 수밖에 없었다.

주바이다는 그들에게 알 카에다 조직의 목표물은 쇼핑몰들이라고 털어놓았다. 그 정보는 즉시 전 세계로 퍼져나갔다. FBI와 재무성 비밀 검찰국(Secret Service), 세관 그리고 갖가지 관련 기관에서 나온 요원들이 각 지역 경찰과 연합해 쇼핑몰들을 포위해버렸다. 주바이다는 은행들이 쇼핑몰보다 먼저 공격을 받을 거라고 말했다. 그래, 이번엔 은행이란 말이지. FBI 요원들은 경찰들을 이끌고 서둘러 은행들을 포위하고 지켰다.

그리고 또 슈퍼마켓도. 알 카에다가 사람들로 붐비는 슈퍼마켓을 한꺼번에 서너 개씩 폭파시킬 계획을 갖고 있다는 것이다. 그렇게 되면 사람들은 쇼핑을 중단하게 될 것이고, 국가 경제는 엉망이 되어버릴 게 아닌가. 게다가 이번에는 급수 시설도 목표물이란다. 당연히 핵 발전소도 목표물이고. 그리고 아파트 건물들도.

수천 명의 남녀 경관은 목표물이 될 것 같은 기미가 보이는 것들을 향해 겁에 질려 이리 뛰고 저리 뛰고 했다. 물론 그들의 수에 10을 곱한다고 해도 슈퍼마켓들을 포위하고 안전하게 지킬 수 있을 정도로 미국의 공무원들 수가 충분하지는 않을 것이다. 은행 또한 마찬가지일 것이고. 하지만 그들은 그렇게 해보려고 들었다. FBI는 갖가지 경계 태세에 들어가면서도 그것을 대개는 비밀에 부쳐왔다. 하지만 그런 비밀은 번번이 언론에 흘러나가곤 했다. 거기에 관여하고 있는 인원이 수천 명이라는 점을 고려한다면 무리도 아니지만 말이다.

매일 아침 8시면 대통령은 테닛과 그의 부하들로부터 브리핑을 받았다. 그리고 8시 30분이 되면 뮐러와 그의 팀이 도착했다. 어느 날 아침, 두 사람 사이에 잠시 이야기가 끊겼을 때 대통령이 불쑥 말했다.

"먼저 공격이면 다음엔 수비일세."

부시와 테닛이 즐겨하는 운동 경기에 빗댄 표현은 두 사람 모두 스포츠광인지라 쉽게 와 닿는 것이었다. 이치에 닿는 말이었다. 대체로 '테러와의 전쟁'에서 적들을 찾아내어 저지하라는 임무를 수행하기 위해 전장에 나가 있는 것은 본질적으로 이들 두 팀이라고 할 수 있었다. 정부 내 다른 팀들은 결국 이들을 지원하는 역할을 맡고 있었다. 법무부는 규칙을 정한다. 비록 법적인 기소 자체가 곧 관련성을 갖게 될 것으로 예상할 수는 없었지만 말이다. 이민귀화국세관, 연방항공청 등에 이르는 여러 기관은 전 펜실베이니아 주지사였던 톰 리지Tom Ridge가 대충 감독하는 가운데 국내의 안전 문제를 관장하고 있었다. 하지만 이것은 산만하고 임시변통이라 할 수 있는 노력일 뿐 아직 정식 부서로 자리 잡은 것은 아니었다. 국방부는 아프가니스탄에서 소탕 작전을 벌였고, 이제 이라크를 쓸어버릴 준비를 하고 있었다.

CIA와 FBI는 여러 해에 걸쳐 계속되어 온 역할과 리듬에 따라 움직이고 있었다. CIA가 경보를 발령했다. FBI는 휘둥그레진 눈으로 건물에서 뛰쳐나왔다. 탐지견에게 냄새를 일러주지만 그게 전부다. 어디부터 냄새를 맡게 해야 할까? 생각해낼 수가 없다. 그렇다면 모든 곳에서 다 시작해보자.

주바이다는 알 카에다가 조잡하나마 핵폭탄을 만들어내는 단계에 근접해 있다고 말했다. 이 정보는 정부를 충격에 휩싸이게 만들었다. 하지만 그것은 진위를 확인할 수 없는 정보였다.

이런 경우에 적용하면 좋을 격언이 하나 있다. "가치를 갖는 유일한 정보는 다른 것과는 관계없이 확증할 수 있는 것뿐이다." 심문자들은 언제든 변경될 수도 있는 경보를 본국으로 연이어 보내면서, 입증할 수 있는 정보를 내놓으라고 주바이다를 압박했다. 그들은 그의 동료, 즉 구체적인 인물이 필요했다. 하지만 포로는 정보를 입증할 만한 인물의 이름을 대려 들지 않았다.

그러다 작은 전환점이 생겨났다. 이 심문 과정을 모니터하던 소식통에 의하면, CIA 심문자 가운데 코란 구절에 있는 미묘한 의미 차이를 해석하는 데 숙달된 요원이 있었는데, 그가 그것과 관련해 주바이다의 속내를 슬슬 떠보았다는 것이다. 이 알 카에다 조직원은 숙명이라는 것을 믿고 있었다. 즉 어떤 일이 일어나는 것은 미리 예정된 이유가 있어서라는 믿음이었다. 심문자는 이 점을 이용했다. 코란의 여기저기를 마음껏 인용하면서 말이다. 결국 주바이다는 파이잘라바드에서 받은 공격으로 자기 동료들 몇 명이 죽었지만 자신만 살아남은 것은 다 목적이 있어서 라고 믿게 되었다. 그는 그 목적이라는 것이 바로 죽은 사람은 할 수 없는, 예정된 때에 자신을 체포한 사람들에게 협조하는 것이라고 확신하게 되었다.

그렇게 해서 그는 협조를 하게 되었다. 그가 호세 파디야Jose Padilla라는 인물에 대해 털어놓았던 것이다. 브루클린 태생인 파디야는 소년 시절 시카고로 이사했다가 플로리다 남부로 흘러들었고, 그곳에서 이슬람교로 개종했다. 이후 그는 미국을 떠나 이집트로 갔고, 2001년 11월 아프가니스탄에서 알 카에다 군사 지도자가 살해되었을 당시 모하메드 아테프에게서 훈련을 받고 있었다. 파디야는 국경을 넘어 파이잘라바드로 들어왔고, 실현 가능성이 별반 없어 보이는 아이디어에 대해 주바이다와 의논을 했다. 그는 작은 핵폭탄을 제조해 그것을 미국에 가지고 들어와 터뜨리고자 했다. 그런 쪽으로는 기초조차 훈련되어 있지 않았던지라 신뢰를 받지 못했지만, 주바이다는 그에게 다른 계획을 세워보라고 격려를 해줬다. 그런 다음 그는 가능한 방안에 대해 논의해보도록 진짜 작전 지휘자에게 넘겨졌다.

작전 지휘자의 암호명은 아랍어로 '두뇌'라는 의미의 무크타르Mukhtar였다. 이 무크타르라는 이름은 9·11과 관련되어 도청된 중요한 신호정보들을 포함 지난 2년 동안 국가안보국이 수집한 신호정보에서도 불쑥불쑥 몇 차례나 등장했었다. 잠시 후, 주바이다가 무크타르의 진짜 이름은 할리드 쉬크 모하메드라고 말했다.

이것은 이 심문에서 맞게 된 가장 큰 전환점이었다. 주바이다는 파디야라는 이름을 댔지만, 이러한 폭로는 그 인물이 붙잡히지 않는다면 아무런 의미도 없는 것임을 분명하게 납득했다. 주바이다 자신이 협조했다는 생생한 증거가 될 실제 인물 말이다. 주바이다는 자신의 심문자들에게 파디야를 어떻게 하면 찾아낼 수 있는지를 말해줬다. 며칠 후, 파디야는 파키스탄에서 감시망에 걸려들었다. 미국으로 향하고 있는 중이었다. 5월 8일. 파디야는 시카고 오헤어 공항에 도착, 비행기에서 내렸다. FBI 요원들이 출구에서 그를 붙잡았다.

CIA 본부 건물 7층에서는 회의 참석자들 대부분이 주바이다와 같은 포로를 미국의 사법 시스템에 넘겨주지 않았던 것이 제대로 된 결정이었다며 만족해하고 있었다. 5월 어느 날 오후 5시 회의에서 존 맥놀린이 말했다. 회의에서는 주바이다가 폭로한 중요한 정보에 대해 논의하고 있었다.

"그자가 변호사와 함께 앉아 있다고 한번 상상들 해보게. 그건 완전히 손 떼는 것이나 마찬가지야. 우리는 우리가 뭘 알아내지 못했는지 영영 모르고 넘어가게 될 거야."

심문이라는 문제에 대해서라면 이제 그 결과를 놓고 검토해볼 수 있게 되었다. 주바이다에 대한 심문이 최초의 시험에 해당했다. FBI와 CIA 내에서도 온건한 심문 방법을 옹호하는 사람들의 말이 옳았던 것처럼 보였다. 그런 종류의 전통적이고 섬세한 "알아서 털어놓게 만드는" 심문 방법이 효과가 있는 것처럼 보였기 때문이다. 하지만 "극단적인 방법들"의 가치와 결함은 하나의 대조적 요소를 보여주는 것일 수도 있었다. 작전실 책임자 하나가 말했다.

"그게 효과가 있었던 것은 우리가 먼저 고문을 했기 때문이 아니었을까? 문제는 거기 있는 거야. 일단 이렇게 모든 방법을 다 동원하고 나면 무엇이 그 효과를 냈는지 도대체 알 수가 없는 노릇이니까."

　서서히 계절은 봄으로 향하고 있었고, 그동안에도 경보는 계속되고
있었다. 알 카에다의 희미한 윤곽이 점차 형태를 갖춰가고 있었다. 랭리
에서 즐겨 쓰는 비유는 조각 맞추기 퍼즐이었다. 그것도 엄청나게 커다
란 퍼즐 말이다. 물론 그것은 상자에 그려진 그림을 미리 보거나 크기를
알고 있는 상태에서 맞추는 퍼즐이 아니었다. 존 맥놀린은 고참 지휘자
들에게 말하곤 했다. "그 첫 번째 단계는, 맨 가장자리에 해당하는 조각
들을 먼저 찾아내는 것"이라고 말이다. 그렇게 해서 퍼즐의 틀을 만들어
나가는데, 그 틀은 경계선을 정할 수 있게 해준다. 그런 다음에는 안쪽으
로 파고들어 맞춰나가는 것이다.

　테러리스트를 잡는 거대한 기계라고 할 수 있는 국가안보국과 통신
회사들 그리고 퍼스트 데이터와 다른 여러 금융기관의 밀실은 그 역할을
수행해나가기 위해 고품질의 정보를 투입할 필요가 있음이 분명해졌다.
그러지 못할 경우, 그 기관들은 헛수고만 실컷 하고는 방향을 잃게 되어
온갖 분야에 피해를 입힐 수밖에 없다. 샤바즈 오두막에서 발견된 전화
번호와 이메일 주소들은 국가안보국이 엄청난 양의 정보를 확인하도록
만들었다. 2000년 이후로 전 세계에서 수집된 신호정보들 가운데 '무크
타르'라는 키워드가 들어 있는 것들은 정체가 알려진 할리드 쉬크 모하
메드라는 이름으로 모두 다시 확인되었던 것이다.

　주바이다가 체포되고 나서 한 달이 지난 후, 그의 아파트에서 압수한
전화번호와 컴퓨터, CD 그리고 이메일 주소 등은 뭔가 결과를 보여주기
시작했다. 이것은 퍼스트 데이터를 검색했을 때 같은 다량의 쓰레기만을
모아놓은 것이 아니었다. 보다 품질이 좋은 정보들은 국가안보국의 거대

한 크레이 슈퍼컴퓨터에 입력되었다. 그렇게 하자, 그 정보 가운데 대다수가 감시라는 나무의 뿌리를 만들고 있었고, 거기서 원줄기와 가지, 잔가지와 싹이 자라나게 되었다. 각각의 싹은 자라나서 잠깐 사이에 또 다른 나무로 자라났다.

그런 다음 평가된 정보 가운데 중요한 것들은 CIA 본부의 지하실로 보내졌다. 그곳에서는 전 세계 금융 시스템에서 가장 가망성이 있어 보이는 텔레콤 링크들이 그것들과 짝을 이루는 임펄스와 일치되는지 확인하는 작업을 하고 있었다. 이 지하에서 CIA의 매트릭스 전문가인 '안달쟁이' 필이 여성이 대부분인 통신 접속 팀과 일하고 있었다. 그들은 소파에서 잠깐씩 눈을 붙이면서 매일 긴 하루를 보내고 있었다.

안달쟁이 필은 FBI에 있는 자신의 친구 데니스 로멜과 마찬가지로, 가장 중요한 점이 비효율적인 방식과 정반대로 가야 하는 것임을 깨달았다. 이제까지 해온 그런 방식—대량의 키워드를 검색하거나, 누구든 아랍계 성을 가진 사람이 트럭을 렌트하거나 하면서 남긴 카드 사용 기록을 검색하는 방식—은, 사람들 말마따나, 망원경을 거꾸로 들여다보고 있는 것이나 마찬가지라고 할 수 있었다. 반면에 의심이 가는 특정 신용카드, 은행 계좌, 전화 회선 같은 것에 대한 임펄스를 추적하는 것은 그 대상이 정확히 지구상의 어느 위치에 있는지를 실시간으로 밝혀낼 수가 있었다. 이것은 첨단 기술에 의해 커다랗게 확대된 인간의 직감이라고 할 수 있었다. 짐승 같은 테러리스트들에게 꼬리표를 달아놓고, 그자들이 어디로 가고 있는지를 지켜보는 것이다.

그자들을 체포해서는 안 된다. 그들을 따라다녀야 한다. 용의자일 가능성이 있는 두 사람이 웸블리 스타디움Wembley Stadium(영국 런던에 있는 축구장—옮긴이) 근처에 있는 똑같은 식료품점에서 물건을 샀다? 그렇다면 CIA로 하여금 MI5(영국의 국내 정보 담당 기관으로, 정식 명칭은 Security Service. MI5라는 명칭은 Military Intelligence Section 5에서 유래한다─옮긴이)에 연락을 취하도록 해 근처에 요원을 붙이도록 한다. 세 명의 의심스러운 남자가 뮌헨에 있는 똑같은 대로변의 은행을 이용하고 있다? 그렇다면 그 은행의 모기업을 찾아내라. 누가 누구에게 연결되어 있는지를 죽 보여줄 수 있는 가느다란 실선들로 이어 롤스크린에, 포스터에 혹은 칠판걸이에 얹힌 차트에 거미줄을 짜기 시작하라는 것이다.

그것은 느리지만 꾸준하게 해야 하는, 엄청난 규모의 게임이다. 적중하는 부분이 충분해지고, 충분한 빛이 연결의 밀도, 즉 테러리스트들이 도사리고 있는 장소를 드러내줄 수 있는 밀도를 밝혀줄 수 있어야만 풍경은 그 형체를 갖춰나가기 시작한다.

그때까지는 작은 점에서 다른 작은 점으로 이어질 뿐이었다. 20대 후반으로 바레인 출신인 주마 알 도사리 Juma al-Dosari가 관타나모 수용소에 수용되어 심문을 받으면서 한 가지 사실을 털어놓았다. 알 도사리는 그해 가을 아프가니스탄에서 체포된 포로들 가운데 섞여 있었다. 미국 측 수사관들은 그가 알 카에다의 모병 담당자로 한 해 전인 2001년 4월 미국을 방문했었다는 사실을 알아내는 데 몇 개월을 소비했다. 주마는 심문을 받으면서 자신이 래카와나Lackawana에서 한 무리의 사람을 만났다는 사실을 실토했다. 그곳은 뉴욕 주 서부의 도시로 예멘 이민자들로 이루어진 커다란 공동체가 있으며, 그는 거기서 사람들을 조직에 끌어들이려 했었다는 것이다.

주마가 방문한 지 얼마 지나지 않은 봄, 뉴욕 주 출신 남자들 가운데 하나가 FBI의 주의를 끌게 된다. FBI에서 받게 된 익명의 편지 한 통에는 래카와나 출신인 일단의 남자가 "빈 라덴을 만나보고 그와 함께 훈련을 받기 위해서" 아프가니스탄을 방문했다고 적혀 있었다. 그 편지를 받고 난 직후, 그 남자들 가운데 하나가 아프가니스탄에서 미국으로 되돌아왔고, 버팔로Buffalo에서 FBI의 심문을 받게 되었다. 그 남자의 진술은 개연성이 있어 보였다. 그는 안정된 생활을 하고 있으며, 교육도 받았고, 결혼도 했으며, 몇 명의 자녀도 있다고 했다. FBI는 그에 대한 보고서를 파일로 만들어놓고는 래카와나 공동체에 있는 그와 그의 동국인들의 동향을 정기적으로 확인했다. 하지만 알 도사리를 심문한 결과, 래카와나에 다른 사람의 이름을 사용하는 남자가 하나 사는데, 현재 그의 행방은 알 수 없는 상태라는 것이었다. 그의 이름은 카말 데르위시Kamel Derwish. 데르위시는 버팔로에서 태어나 소년 시절 가족과 함께 예멘으로 귀국했고, 사우디아라비아에서 일정 기간을 보내고 난 후, 25세의 청년이 된 1998년에 버팔로 지역으로 되돌아왔다. 그는 래카와나에 있는 공동체 사람들의 정신적 지도자 격 인물로, 2001년 5월 아프가니스탄에 있는 파루크 훈련 캠프로 공동체 사람들을 인도해 갔다.

데르위시가 사용하는 가명을 알게 된 미국 신호정보 도청 전문가들은 그가 오사마의 아들인 사드 빈 라덴Saad bin Laden이나 2000년에 미 전함 콜 호의 폭탄 테러를 계획한 자들 가운데 하나인 타우피크 빈 아타쉬 Tawfiq bin Attash와 통화한 기록을 찾아낼 수 있었다. 또한 그가 1990년대 중반 아프가니스탄에서 첨단 무기에 대한 훈련을 받았으며, 무슬림 반군과 함께 보스니아 내전에 참전했다는 사실도 알아냈다.

이것은 경보를 울려야 하는 사안이었다. 데르위시는 위험인물이었으며, 알 카에다의 작전 결정권자들과 긴밀하게 연관되어 있었고, 정신적인 지도자이자 카리스마 넘치는 인도자라는 점에서 지부 지도자의 역할에 딱 들어맞았기 때문이다. 이런 정황들을 종합해본다면, 데르위시의 조직은 틀림없이 래카와나에 거주하는 남자들로 구성됐을 것이라는 결론이 내려지게 된다.

5월 17일. 그 정보는 FBI의 과격 이슬람 테러 전담반과 버팔로 지국에 넘겨졌다. 부시가 몇 개월에 걸쳐 매일 뮐러에게 물었던 "미국에 테러 지부가 존재하는가?" 하는 질문에 마침내 대답할 수 있게 된 것이다. 그렇습니다, 대통령 각하. 각지에 퍼져 있겠지만, 일단 뉴욕 주 이리 호 호반의 침체된 도시 래카와나에 있는 알 카에다 지부 하나를 발견했습니다, 라고.

그러는 동안에도 주바이다는 여전히 진술을 계속하고 있었다. 그것은 어쩌면 헛소리에 지나지 않는 것일 수도 있었고, 그렇지 않은 것일 수도 있었다. 그것을 알아낼 방법은 거의 없다고 봐야 했다. 그는 심문자들에게 브루클린 브리지가 목표물이 되고 있다고 말했다. 자유의 여신상도 목표물이 되고 있다고 했다. 그랬다. 그 둘 모두 목표물이었다.

FBI는 그 정보를 철저하게 비밀로 해두려 들었다. 하지만 그것은 내부에서 새어나가 자체 대테러 부서를 갖고 있는 뉴욕시티 경찰국으로 흘러들어갔다. 5월 말, 뉴욕은 온 도시에 비상경계령이 내려졌다.

딕 체니 부통령이 나서서 국민에게 그 경계령에 대한 해명을 했다. CNN 〈래리 킹 라이브Larry King Live〉 프로그램에 출연한 부통령은 이렇게 말했다.

"현재 다수의 용의자가 구금되어 있으며, 장래의 공격 가능성에 대해 좀 더 많은 사실을 알아내기 위해 정기적으로 이러한 과정을 거치고 있습니다. 그리고 그렇게 해서 얻는 보고를 토대로 해, 우리는 대단히 조심스럽게 대처하려는 것이며, 특정 주체나 목표물이 될 만한 것에 대해 우려할 충분한 이유가 있다고 판단되면 국민 여러분께 경보를 발하게 되는 것입니다."

5월 21일, 상원 세출승인위원회에 출석한 도널드 럼스펠드는 군사 예산에 대한 입장을 표명했다. 하지만 주목할 만한 가치가 있는 부분은, 그가 테러리스트의 '위협'에 대해 논리정연하게 행한 짤막한 연설이었다.

"단순히 이러한 사실을 직시하기 위해서도 우리는 테러 조직이 대량 살상 무기를 보유하고 있는 테러 지원 국가들과 관계를 갖고 있다는 사실을, 그리고 그들은 필연적으로 그런 무기들을 손에 넣을 수 있게 되리라는 사실을, 그리고 그들은 그것을 사용하는 데 한순간도 주저하지 않을 것이라는 사실을 인식해야만 합니다. 그것이 현재 우리가 살고 있는 이 세계의 현실입니다."

계속해서 그는 테러리스트들이 이란, 이라크, 시리아, 리비아, 북한 그리고 "그 외로 한두 개의 또 다른" 국가들처럼 대량 살상 무기를 개발하고 있는 국가들과 어떤 방식으로 연계되어 있는지를 이야기했다. 그리고 테러리스트들이 핵, 화학, 생물학 무기들을 손에 넣기 위해 혈안이 되어 있으며, 그것을 막으려는 미국의 노력에도 결국에는 그것들을 손에 넣는 데 성공하게 될 것이라고 하면서 다음과 같이 덧붙였다.

"우리는 아주 제한된 경고 혹은 아예 경고를 받지 못하는 상태에서 테러를 당하게 될 수 있는 시대를 살게 될 것입니다."

그는 알 카에다의 테러리스트들이 미국에 들어와 있으며 "그들은 고도로 훈련된 자들"이라고 말했다.

지난 몇 개월 동안 행정부에서 흘러나온 그러한 언급들은 기대하던 효과를 거두고 있었다. 럼스펠드의 증언과 뉴욕시티의 경보 발령 직전에 발표된, CBS 뉴스가 행한 한 여론조사에서 조사에 응한 사람들의 33퍼센트가 테러리스트들의 또 다른 공격 가능성이 "대단히 높다"고 생각한다고 응답했다. 그보다 일주일 전에는 겨우 25퍼센트가 그런 견해를 갖고 있다고 응답했었다.

갖가지 경보 발령과 애매하면서도 공포감을 자아내는 대국민 발표로 국민들의 우려가 점점 더 커져가는 동안, 행정부 내부 깊숙한 곳과 비밀 정보 사용이 허가된 정부 내 최상층부에서 느끼는 공포감은 활활 타오르는 불길과 같았다고 해도 과언이 아니었다.

미국 내 존재하는 "고도로 훈련된" 테러리스트들이라는 럼스펠드의 마지막 언급은, 수개월 동안이나 일반에 공개되지 않은 채로 철저히 비밀이 유지되던 래카와나에 대한 직접적인 언급이었다. 테러리스트들과 불량 국가들, 또는 내부적으로 통제 불가능한 요소를 안고 있는 파키스탄과 같은 국가들 사이의 연계성에 대한 그의 언급은 칸다하르의 모닥불 회합이나 탄저균에 대한 반복이며, 대개는 화급한 보고가 남긴 비행운과 같은 흔적이라고 할 수 있었다.

첫 번째 사실을 놓고 본다면, 분명 진전이 있었다. 무샤라프 대통령이 파키스탄의 핵 과학자들과 그들이 대표인 UTN에 대해 강경한 조치를 취해줬던 것이다. 그 뒤로 행해진 술탄 바쉬루딘 마흐무드Sultan Bashi-ruddin Mahmood에 대한 심문과 CIA의 거짓말탐지기 사용은, 이들 과학자들이 사실상 빈 라덴에게 방사능 물질을 건네준 적이 없다는 것을 확인해줬다. 거짓말탐지기가 모닥불 회합에 대한 설명을 확증시켜주었으며, 심층적인 부분까지 진술해낼 수 있게 했음은 물론이고, 파키스탄의 정보 요원들에게 미국 내에 있는 테러 조직에 자금을 대주던 몇몇을 포함 UTN의 회원들이나 지지자들이 누구인지를 캐낼 수 있었다는 데서 특별히 도움이 되었다. 특히 파키스탄 군부가 약속했던 것과는 달리 토라 보라에서 탈출하는 통로를 차단해 도와주지 않은 것에 대해 미국 측이 불만을 표시하고 난 이후로 무샤라프는 UTN에 대해 특히 신경을 써서 강경한 조치를 취했다. 2002년 늦은 봄까지 이 조직의 회원 대다수가 구금되었고, 널리 알려진 과학자 마흐무드는 영구 가택 연금 상태에 있게 되었다.

탄저균과 관련된 문제는 좀 더 복잡하다. 원래 생각했던 것보다 훨씬 더 많은 연구소가 존재하며, 보다 폭넓은 생산 능력을 가진 것처럼 보이기 때문이다. 롤프 모와트 라센은 파키스탄, 아프가니스탄, 인도네시아를 여행하면서 보이지 않는 유령을 추적하고 있었다. 방사능, 화학 혹은 생물학 작용제들이 테러리스트들의 손에 들어가게 된다는 점에 대해, 부통령은 그 시기가 언제며 입수 여부가 문제라고 여기고 있었다.

이러한 모든 보고는 미국이 대량 살상 무기의 확산을 저지하고, 그것이 테러리스트들의 손에 들어가지 않도록 막을 수 있는 능력을 갖고 있는지에 대해 럼스펠드가 느끼고 있던 허탈감을 한층 더 심하게 만드는 데 일조했다. 그러한 허탈함은 이라크 침공 계획의 추진에 박차를 가하게 만들었다. 그것도 가능한 한 서둘러야 했다.

6월 6일. 브뤼셀에서 있었던 나토 방위군 사령관들과의 회담에서 럼스펠드는, 비공식임을 전제로 나타난 증거가 무엇이건 간에 "미국의 대응" 방식에 대해 체니가 갖고 있는 생각이 어떤 것이냐에 따라 조치가 결정될 것이라고 발표했다. 연설의 요지는 "반드시 절대적 증거만이 행동을 취하게 만드는 전제 조건은 될 수 없다"였다.

이 시기에 걸프 지역에 관한 NSC 브리핑에 참석했던 사람들의 말로는, 이라크 침공을 결정하게 만든 가장 일차적인 동인은 후세인을 본보기로 만듦으로써, 대량 살상 무기를 보유하겠다고 만용을 부리거나 어떤 방식으로든 미국의 권위를 조롱하려 드는 국가들이 있다면 어떻게 대응할 것인지 지침이 될 시위용 모델을 만들겠다는 것이었다.

백악관 대통령 집무실에서 열린 회의에서, 대통령은 이라크를 가리켜 흔히 "게임 체인저"라고 부르곤 했다. 좀 더 구체적으로 설명하면, 이론상으로 미국이 후세인에 대해 강력한 조치를 취하는 것은 수많은 다른 국가에 대한 지정학적 분석과 조치의 규칙을 변화시킬 수 있다는, 게임의 판도에 변화를 줄 수 있다는 의미였다. 그러나 빈 라덴과 파키스탄 과학자들, 알 자와히리와 그의 탄저균 프로그램에 대한 보고서는 이러한 이론과 깔끔하게 들어맞지 않았다. 이들은 어느 국가에도 소속되어 있지 않은 행위자들로 자유로운 입장에 있는 두 명의 과학자와 자신들의 힘으로 개발한 프로젝트를 진행하고 있었기 때문이다.

이러한 단절은 사담 후세인과 알 카에다의 연계성을 입증해내야 할 압력을 더욱 가중시켰다. CIA가 초기에 이 둘 사이에 어떤 연계성이 존재할 가능성에 대해 의심스럽다는 입장을 표명했던 것은 부통령과 돈 럼스펠드, 그리고 그들 각각의 참모들에 의해 충분히 인정되긴 했으나 대개는 무시되고 말았다. 그들의 정보 팀들도 결국 열심히 정보 수집 활동을 하고 있었으니 말이다. 2002년 늦은 봄까지 폴 울포위츠 국방부 부장관의 무기는 이라크 관리들과 그들이 연결되어 있을 가능성이 있는 모하메드 아타나 다른 알 카에다 조직원들 사이의 관계를 나타내는 도표가 그려진 포스터를 포함, 갖가지 시각 보조 자료들이었다. 그는 그것을 고위급 회의에 가지고 다녔다.

체니 부통령 사무실의 지원을 받는 가운데 국방부에서 더글러스 페이스 차관의 팀이 집중적으로 분석한 영역은 9·11 테러가 있고 난 후, 기쁨에 날뛰는 시위 군중이 얼마나 신속하게 바그다드 거리를 메웠는가 하는 점이었다. 브리핑이 계속되는 가운데, 온갖 아랍 위성 채널을 통해 볼 수 있던 장면을 근거로 한 의문점들이 혼란을 더욱 가중시키고 있었다. 피켓까지 완전하게 갖춘 그런 식의 기쁨의 발산이 자연 발생적인가? 만약 그렇지 않다면, 그 공격을 계획하고 모든 것을 조직화하는 데 얼마나 오랜 기간이 걸렸을까? 그것은 후세인이 사전에 이 공격에 대한 사실을 알고 있었음을 의미하는 것은 아닐까?

그러자 CIA에게 전담 팀을 구성해 그 의문점들에 대한 답들을 찾아내게 했고, 그런 다음 얻게 된 것은 새로운 의문점들이었다. 하지만 외견상으로 그런 새로운 의문점들이 생겨나도록 강제하는 듯 보이는 것은 아무것도 없었다. 그저 반복일 뿐이었다. 정보실(DI) 책임자 제이미 미식은 말한다.

"분명해진 것은 어떤 의문점들은 몇 번이고 계속해서 다시 묻게 된다는 것이었는데… 마치 어떻게 해서든 대답이 변하기라도 할 것처럼 말이죠. 그것이 변해야 할 충분한 이유조차 없는데 말입니다. 어떤 새로운 정보가 들어오게 되기라도 하는 것처럼 말입니다."

CIA는 옴짝달싹 못할 입장에 놓여 있었다. 백악관 측에서 행동에 옮길 생각을 가지고 있는 것이, 스코크로프트나 파월의 영역이기도 한, 기존의 현실적 측면에 기초한 세계에 대해 고려해야만 하는 것이란 사실로 인해서였다. CIA 분석관들은 지적인 측면에서 백악관이 암시하는 것, 즉 체니 독트린이 주장하고자 하는 것에 담긴 대담성을 이해하고 있었지만, 백악관은 그에 따라 행동할 수 없는 처지였다. 적어도 아직은 아니었다.

4장

자와히리의 머리

─

6월 8일 새벽 1시 10분. 디지털 자명종이 울려대기 시작했다. 댄 콜맨은 반쯤 정신이 든 채로 팔을 뻗어 자명종 소리를 죽였다. 집에서 그토록 멀리 떨어진 곳에 얻은 아파트 치장 벽토의 회벽 천장을 멍하니 바라보고 있을 만한 시간은 아니었다. 집이든 아니든, 잠에서 깨어나야 할 시간도 아니었다.

콜맨은 신음을 토하면서 몸을 일으키고, 청바지와 그가 기회가 있을 때마다 입는 세튼 홀 스웨터를 입었다. 그의 딸이 지금 그 대학교 2학년이었다. 몇 분 후, 그는 FBI에서 지급받은 칠흑처럼 새까만 2000년식 올스모빌Oldsmobile을 몰고 주차장을 빠져나왔다. 인적이 끊긴 거리는 조용했지만 수도인 그곳은 언제나 그랬던 것처럼 기념 건조물들, 쇼핑몰들 그리고 백악관에 불이 환하게 밝혀져 있었다. 그는 독일군의 대공습이 있었을 당시 런던에 전기가 완전히 끊겼던 때를 기억해냈다. 한밤중에 이렇게 꼭 불을 환하게 밝혀놔야 할 필요가 있을까? 궁금증이 더해졌다. 공격받기 쉬운 이른 새벽에 누군가가 이 도시를 진짜로 지키고 있기는 한 걸까?

탁 트인 도로 덕분에 그는 순식간에 495번 순환도로에 이를 수 있었다. 도로는 워싱턴 외곽을 감싸고 돈 다음 덜레스 유료 도로로 이어져 버지니아 공항이 있는 북서쪽을 향하고 있었다. 암흑에 덮인 풍경들이 차창 밖으로 휙휙 지나치는 이 시간은 뭔가를 깊이 생각해보기에 딱 알맞았다. 그는 뉴저지 집에 있는 아내와 아이들에 대해, 다시 악화되기 시작한 자신의 천식에 대해, 그리고 아프가니스탄에 육군 특수부대원으로 출정해 칸다하르에 낙하산으로 투입되기도 한 맏아들 대니에 대해 생각했다. 바로 그 주에 대니로부터 온 편지는 상황이 아주 좋아져 할 일이 별로 없을 정도라고 했다. 그는 그 편지를 읽으면서 정말 마음이 편해졌었다.

그가 대니를 마지막으로 본 것은 1월 말에 잠시 휴가를 얻어 귀국했을 때였다. 가족들은 환영 파티를 열었다. 연휴 직전에 아들이 귀국한다는 소식을 듣고 모린은 집 안의 모든 등불을 밝혀놓아야 하고, 크리스마스 선물을 담을 스타킹도 걸어놓아야 한다고 우겼다. 트리로 세워놓은 스카치 파인의 솔잎이 시들어 떨어지지 않도록 그 밑동에 아마 백 번도 더 물을 줬을 것이다. 아들이 도착하면, 그날이 마치 크리스마스이브나 다름없을 것 같았다. 그리고 실제로도 그랬다. 정말 그때 기분은 말로 표현할 수 없는 것이었다. 아내 모린이 차를 가지고 아들을 맞으러 공항에 나갔다. 댄은 아들 얼굴이 보고 싶어 워싱턴에서 뉴저지까지 마치 자동차 경주라도 하는 것처럼 밟아댔다. 군복을 입지 않은 아들의 모습은 정말 보기 좋았다. 그 애는 언제나 가능한 한 서둘러 그것을 벗어버리곤 했다. 그 애는 잔뜩 미소를 머금은 채 자신이 그동안 겪었을 온갖 고생이 아무것도 아니었다는 듯 아주 담담하게 "군대 생활이라고 해봤자 뭐 어려울 게 있나요? 아빠는 그동안 어떻게 지내셨어요?" 하고 말했다. 그런 면에서 녀석은 댄 자신의 부친이나 조부와 닮았다. 경찰이었던 그의 조부와 2차 대전에서 입은 부상으로 경찰이 될 수 없었던 그의 부친은 자신들이 얼마나 강인한 사내들인지에 대해 한 번도 그것을 대단하게 여긴 적이 없었다. 그것은 그들 사이에 내려오는 규범―꼭 해야 하는 일이라면 그게 아무리 위험한 것일지라도 해치워야 한다―이기도 했다.

운명의 장난으로 인해, 그리고 대개는 불운으로 인해 역사적 순간에 보통 사람들이 겪는 것보다 더 많은 몫을 겪는 사람들이 있게 마련이다. 시간을 더듬어 올라가다 보면 그런 경우에 해당하는 예는 수없이 많다. 1861년, 전쟁으로 파괴된 버지니아 주 마나사스Manassas(남북전쟁의 격전지 가운데 한 곳―옮긴이)에 있는 자기 집을 버리고 좀 더 조용한 아포매톡스Appomttox로 이사해 정착했지만 결국 자기 집 거실이 항복 문서를 서명하는 장소가 되어버린 한 농부라거나, 일본계 미국인들이 포로수용소에 끌려가 갇히던 시절인 2차 대전 당시 미군에 입대해 유럽 전선에서 일본계 미국인들로 구성된 "어떤 위험도 우리를 막을 수 없다(go for broke)"는 구호로 유명한 제442연대 소속으로 전투에 참가했고, 명예훈장(Medal of Honor, 전투원에게 의회의 이름으로 대통령이 수여하는 최고 훈장―옮긴이)까지 받게 된 하와이 출신 상원 의원 다니엘 이노우에Daniel Inouye 같은 인물들이 그런 예가 될 것이다.

보다 덜 떠들썩한 방식으로이긴 하나 댄도 남보다 역사의 더 큰 몫을 겪게 되었던 사람들 가운데 하나라고 할 수 있었다. 한가롭게 어슬렁거리는 듯한 그의 커다란 몸에는 9·11 테러로 숨져간 사람들을 애도하는 상장喪章이 여전히 매달려 있는 것 같았다. 물론 그도 현장 근처에 있었다. 무역센터 쌍둥이 빌딩이 무너져 내리는 동안, 그는 몇 안 되는 동료들과 함께 FBI 본부 건물에서 뛰쳐나와 현장으로 달렸다. 그들은 자신들이 할 수 있는 일을 했다. 그날 하루 종일, 그리고 이후 며칠 동안, 땀범벅이 된 채 부상자들을 돌보고 비명과 고함을 질러대면서 보냈던 것이다. 그런 다음 그는 검정 올스모빌을 몰고 아내 모린이 기다리고 있는 집으로 돌아갔고, 그들은 서로를 바라보았다. 큰아들 대니가 육군 특수부대원으로 아프가니스탄에, 그것도 제1진으로 떠나게 되었음을 알고 있었기 때문이다. 어떤 기준을 들이대어 어림해보더라도, 그것은 위험천만의 임무가 될 터였다. 모린은 두 사람이 동시에 생각하고 있던 것을 입 밖에 소리 내어 말했다.

"당신이 그 공격을 막지 못했던 것으로 충분치 않았나 보군요! 이제 우리 아들이 죽으러 가요."

운전하는 동안 댄은 이 모든 것을 기억해내고 있었다. 모린이 했던 이야기들, 그런 다음에는 크리스마스 파티, 그다음엔 다시 모린. 덜레스 공항(Dulles Airport)의 불빛이 시야에 들어오면서 떠오른 두 기억은 악수하고 있는 두 손처럼 완벽하게 들어맞았다.

1962년 아무것도 없는 허허벌판 한가운데 세워졌던 공항은, 여전히 덩그러니 홀로 버지니아의 구릉들 속에 버려진 채, 제 흥에 겨운 듯 새벽 2시에도 불을 환하게 밝히고 서 있었다. 그는 육중한 올스모빌을 커다란 공용 터미널이 멀찌감치 보이는 곳에서 잡아 틀어 군용이나 상용 항공기가 아닌 자가용 비행기 전용 터미널 쪽으로 향해 간 다음 차문을 열고 나와 6월의 밤공기 속으로 들어섰다.

그 작은 터미널 로비에는 두 남자가 기다리고 있었다. 한 사람은 중령 계급장을 달고 있는 덩치 큰 사내로 댄과 안면이 없는 인물이었다. 다른 한 사람은 9·11 이후 알게 된 스티브Steve라는 이름의 사내로, 한때는 사회사업가로 활동했으나 현재는 델타포스Delta Force(미 육군 소속의 대테러 특수부대— 옮긴이)에서 정보 장교로 복무하고 있었다. 그들은 막 아프가니스탄에서 도착한 비행기에서 내린 참이었다.

댄이 스티브의 이름을 소리쳐 불렀다. 그들은 잠시 귀중한 한담을 나누었다. 스티브가 댄이 궁금해하던 이야기를 해줬던 것이다. 그는 대니 소식을 알아본 터였고, 잘 지내고 있더라는 소식을 전했다. 이 문제에 관한 기밀 유지 규칙은 엄격했다. 특수부대에 소속된 병사들 대부분은 자기가 사랑하는 사람들에게조차도 자신들이 주둔하고 있는 위치나 임무의 성격 등에 대해 편지를 쓸 수가 없었다. 하지만 스티브는 자신과 같은 목표를 위해 싸우고 있는 동료 빅 댄을 위해 그 규칙에 약간의 예외를 뒀던 것이다.

"대단한 친구라고 들었네."

스티브의 말에 댄이 고개를 끄덕이며 웃었다.

"그래, 나도 그 소식은 듣고 있네."

이제 일 이야기를 할 차례였다. 스티브가 자기 발치에 놓인 더플 백에 손을 집어넣어 둥근 금속제 통 하나를 끄집어냈다. 그것은 대략 모자 상자 크기로, 육군에서 사용하는 녹색 칠이 되어 있는 바탕에 노란 글자로 "미국 정부"라는 글자가 찍혀 있었다.

스티브가 그것을 콜맨에게 내밀었다. 그 안에서 뭔가 굴러다니는 듯한 소리가 들렸다.

"저, 이거 한 두어 달 걸렸네만. 여기 있네."

댄이 그를 바라보았다.

"그러니까 그게 이 안에 들어 있단 말인가?"

스티브가 대답했다.

"내가 아는 바로는 그렇다네."

자와히리의 머리였다.

어떻게 해서 그 머리통이 이곳 덜레스 공항에까지 오게 되었을까? 다른 어떤 것에서도 마찬가지겠지만 뭐든 시작된 지점을 찾아낸다는 것은 얼마나 깊이 파고 들어가기를 원하는지의 문제이기도 하다.

진짜로 깊이 파고 들어가기를 원하는 사람들이라면, 서기 610년, 중년의 상인 무하마드 이븐 압둘라 이븐 압둘 무탈리브Muhammd ibn ʿAbduʾllah ibn ʿAbduʾl-Muttalib(마호메트의 본명―옮긴이)가 메카 근처의 한 동굴로 기도와 명상을 하기 위해 들어갔다가 천사 가브리엘의 방문을 받게 된 때부터 시작해도 괜찮을 것 같다. 이 천사는 무하마드에게 신이 보낸 길고 긴 시 구절을 모조리 외워 암송하도록 명령했다. 그 시구가 결국 코란의 핵심이 되는 내용이었다.

그로부터 22년 후, 죽음을 눈앞에 두게 될 무렵까지 무하마드는 수많은 적을 정복했고, 새로운 종류의 유일신을 섬기는 종교를 만들어냈다. 그 종교는 기독교와 유대교의 교리 다수를 자체의 교리에 통합시킨 것으로, 그와 그의 추종자들 생각에는 성공적이고 완성된 것이라고 여겨졌다. 그리고 그 신앙은 메카에서 시작되어 이후 2세기 동안 이베리아 반도, 중앙아시아 및 남아시아, 아프리카의 대부분 지역 그리고 동남아시아 일부 지역을 포함하는 제국의 초석이 될 운명이었다.

이 종교가 그렇게 성장하던 시기의 한 가지 특징은 이즈티하드ijtihad, 즉 자신의 삶과 환경에 적용시킬 방법을 찾을 수 있도록 종교적 가르침을 비판적으로 해석하는 것이었다. 무하마드가 등장하기 이전부터 이러한 방식을 받아들이고 있던 아라비아 반도의 학자들은 그의 사후에 이즈티하드의 개념을 한 단계 더 앞으로 밀고 나갔고, 그것은 각기 다른 전통을 갖고 있는 상이한 민족들을 이슬람의 우산 아래로 끌어들여 안돈케 하는 데 도움이 되었다. 하지만 제국을 건설하는 데는 힘든 선택이 따르는 법. 권력을 쥐고 있는 자들은 승리를 공고히 해둘 방법을 찾게 마련이다.

800년대 중반 무렵, 200여 년에 걸쳐 사상적으로 다른 네 개의 주요 학파가 생겨났다. 그리고 그들이 각기 코란과 수나Sunna(코란이 생겨나기 전에 지켜지던 관행을 뜻한다— 옮긴이), 다양한 이슬람 경전에서 제기되는 의문점들에 대한 확고한 답변들을 제공하면서 "이즈티하드의 문들"은 닫혀버리게 된다. 소위 "이슬람의 황금기"와 이 신학을 받아들여 "문명의 요람"이 된 대다수의 국가는 이 시점을 고비로 서서히 그리고 꾸준히 쇠퇴의 길로 접어들었다. 하지만 이즈티하드의 권한을 놓고 벌어지는 종교 내부에서의 싸움은 이 종교의 주요한 두 진영인 수니파Sunni와 시아파Shiite 사이에서, 그리고 각각의 내부에서 1,000년 이상 계속된다.

이러한 싸움은 19세기 초 와하비즘Wahhabism(이슬람 원리주의. 아프가니스탄의 무자헤딘이나 오사마 빈 라덴이 이끄는 알 카에다는 와하비즘 추종 세력 가운데서도 가장 극단적인 단체이다— 옮긴이)이 일어나면서 거의 정점에 이르게 된다. 이러한 믿음의 창시자인 이븐 압둘 와하브Ibn Abdul-Wahhab는 초기 이슬람의 엄격한 교리를 통해서만 이슬람교를 현대적으로 부활시킬 수 있다고 확신하고 있었다. 와하브와 그의 추종자들은 그 '문들'이 열려야 하며, 코란을 글자 그대로의 뜻으로 해석한 것에 기초한 열렬한 원리주의를 주장할 수 있어야 한다고 믿었다. 19세기와 20세기 초에 걸쳐 아라비아에 대한 지배권을 장악한 사우디 왕가가 이 주의의 지지자들이기도 하다. 그리고 19세기 말 무렵까지, 각계각층의 교육받은 젊은 아랍인들이 이 주의의 추종자가 되었다. 이들은 억압적인 전제군주들이 다스리는 '근대화된'(즉 전통주의에 대립되는) 아랍 정권들 치하에서 박탈당한 기회와 쌓여가는 불만에 점점 의기소침해진 젊은이들이었다.

이란, 아프가니스탄, 이라크, 사우디아라비아, 파키스탄, 이집트, 요르단 등 사실상 거의 모든 이슬람 국가의 현대사가 소란스러운 것은 바로 이런 근대주의와 원리주의 사이에서 벌어지는 분쟁 때문이라고 해도 과언이 아니다. 그리고 그러한 분쟁은 대개 석유와 관련된 미국의 전략적 이익 위에서 일어나고 있었다.

이집트의 외과의 알 자와히리도 교육을 받았고, 특권을 가지고 있으며, 의기소침해진 오늘날의 수많은 젊은이 가운데 하나였다. 그는 1981년 안와르 사다트 이집트 대통령이 암살되고 난 후, 일제 검거에 체포되기 전까지는 원리주의나 정치 쪽에 대해 그저 관념의 유희를 즐기는 정도였다고 할 수 있다. 하지만 이집트 감옥에서 고문을 받으면서 과격파로 변했다. 그리고 출옥해서는 이집트의 이슬람 성전 전사들을 이끌게 되었다. 그가 이끌던 단체는 결국 나중에 빈 라덴의 단체와 합쳐져 알 카에다로 형성된다.

재기에 넘치면서도 사악한 자와히리는 자신과 한 패거리가 된 부유하면서도 젊은 동업자들—이집트에서 고등교육을 받은 인물들 가운데 엔지니어, 과학자, 컴퓨터 전문가처럼 갖가지 분야의 전술 전문가들—을 외골수에 과격분자로 만들었다. 9·11 직후 도청된 신호정보에는 알 카에다 조직원들이 이 공격을 '의사 선생의 계획(the doctor's plan)'이라고 부른다는 것이 포함되어 있는데, 자와히리를 추종하고 있던 자들에게 그 사건은 전혀 놀라운 일이 아니었던 것이다. 빈 라덴에게 그는 부시에게 체니 같은 존재로, 생각을 확실하게 실행에 옮길 수 있게 해주는 선배격이었다. 곧 이 의사는 빈 라덴만큼이나 그 목을 원하는 사람이 많은 유명 인사가 되었다. 일단 전쟁이 시작되면서 아프가니스탄 전역에 뿌려진 소책자에서도 유명 인사로 등장했고, 그를 죽이거나 체포하는 데 도움이 되는 정보에 "2,500만 달러의 현상금"이 걸렸다.

자와히리의 사망 소식은 끊임없이 터져 나왔다. 2001년에서 2002년 초에 이르는 기간 동안 최소한 네 번은 그의 사망 소식이 들려왔을 정도였다. 그런 소식이 들려올 때마다 매번 백악관, CIA 그리고 뭐든 이쪽에 대해 좀 알고 있는 사람들은 기대에 가까운 한 줄기 희망을 품곤 했으나 면밀히 확인을 해보면 곧 헛소문으로 밝혀지곤 했다. 하지만 이번 소식은 달랐다. 아프가니스탄 부족장들이 보낸 사절단은 자신들이 결정적인 증거를 확보하고 있다고 했다. 자와히리는 12월에 살해되어 와디, 즉 물이 흐르지 않는 강바닥에 매장되었다는 것이었는데, 그곳은 이제 곧 눈에 덮이게 될 터였다. 그 시기는 여러 차례 그의 사망 소식이 들렸던 때와 얼추 일치했다. 캐나다 특수부대와 합동작전을 벌이고 있는 미군 정보부는 2,500만 달러를 건네주기에 앞서 당연히 명확한 증거가 필요하다고 말했다. 부족장들은 문제없다고 답했다. 그러면서 봄철 해빙기가 되면 시신을 찾아낼 수 있을 거라고 했는데, 이제 그것을 찾아낸 것이었다.

지금까지의 설명이 바로 이 턱뼈도 빠져나간 두개골이 철제 상자에 담긴 채 사회사업가에서 정보 요원으로 탈바꿈한 스티브의 손을 거쳐, 강인한 아일랜드 인의 혈통을 갖고 있는 댄 콜맨의 두툼한 손에 쥐어지게 된 연유였다.

'고맙다'는 인사가 그리 어울리는 것은 아니라고 생각하면서도 댄은 그렇게 말했다. 그런 다음 두 사람은 계속 그들을 지켜보고 있던 장교와 함께 근처에 있는 방으로 걸어 들어갔다.

댄이 말했다.

"한번 들여다보세."

댄은 철제 상자의 뚜껑을 열고, 서늘하고 축축한 어둠 속으로 손을 들이밀어, 강바닥의 진흙이 깔린 바닥을 더듬어 두개골을 집었다. 두개골에는 약간의 피부가 정수리 어름에 아직 남아 있었다. 그것은 마치 보치볼boccie ball(로마제국에서 시작되어 이탈리아에서 주로 했던 게임으로 현재는 미국 등지에서도 인기를 얻고 있는 게임. 볼링 핀 대신 공을 놓고 공으로 맞히는 경기이다— 옮긴이)처럼 느껴졌다. 그는 그것을 손바닥에 똑바로 올려놓았다. 햄릿이 광대 요리크의 해골을 들고 있는 것처럼 말이다. 세 남자도 그것을 평가라도 하는 것처럼 지켜보다 동시에 한곳에 눈길을 모았다. 눈알이 이미 썩어 없어진 머리통 이마 중앙에 움푹 들어간 것처럼 보이는 부분에 말이다. 그것은 놓칠 수 없는 표시였다. 자와히리의 이마에 굳은살 박인 위치가 바로 그곳이었다. 알라신의 뜻에 일생을 헌신하기로 한 그에게 그것은 경건함과 겸손함의 표시였다. 헤아릴 수 없을 정도로 수없이 돌, 콘크리트, 나무 혹은 그냥 흙바닥에 엎드려 머리를 조아리고 눌러댄 흔적이었던 것이다.

댄이 어깨를 으쓱해 보였다.

"난 잘 모르겠는데. 분명 그자 같기는 한데 말이지."

나머지 사람들도 고개를 끄덕였다. 틀림없다는 뜻이리라.

잠시 후, 그 상자를 옆구리에 낀 댄이 자신의 검은색 올스모빌 트렁크를 열고 있었다. 그 차의 트렁크 위에는 먼지가 차분히 덮여 있었다. 뒷좌석의 가죽 씌우개 위에도, 바닥에 깔린 매트에도, 그리고 라디오 주위를 둘러싸고 있는 크롬 장식 돌기에도 고운 흰 가루와도 같은 먼지가 덮여 있었다. 9·11 이후로 꼼꼼하게 내부 청소를 하는 것은 고사하고 세차할 시간조차 없었다. 그렇게 해서 아프가니스탄의 와디 바닥에서 옮겨져

온 머리통은 굴러가는 미국제 유골 단지라고나 할 수 있을, 고운 재가 덮인 차 안에 놓이게 되었다.

댄은 덜레스 공항을 빠져 나오면서 정신이 살짝 돌아버린 거나 아닌가 하는 생각을 했다. 그 빌어먹을 것을 트렁크에 넣고 운전하다니, 정말 이상한 느낌이었다. 이것은 일급 기밀이었다. 비밀 정보 사용 허가를 받은 고위 관리들을 포함, 그 누구에게도 이것에 대해 발설하지 말라는 엄명을 받은 터였다. 빌어먹을, 만약 경찰이라도 나타나 차를 세우게 하고 검문을 한다면 어떻게 해야 하지? 트렁크에 든 두개골에 대해 뭐라고 설명해야 하나?

라디오 스위치를 켰다. 국선을 이리저리 바꿔보았다. 들을 만한 것이 전혀 없었다. 이번에는 최근 듣기 시작한 오디오북 테이프를 집어 들었다. 콜린 맥컬로Colleen McCullough의 『카이사르: 소설Caesar: A Novel』였다. 그것은 그녀의 '로마의 지배자들' 시리즈의 일부였다. 대부분의 경찰이 그렇듯 그 역시 여러 해에 걸쳐 뭔가를 독학하거나 취미를 살릴 수 있을 만큼 차 안에서 보내는 시간이 많았다. 그는 로마인들에 관한 책을 좋아했다. 다른 많은 사람이 그런 것과 마찬가지로 그도 자신과 그들 사이에서 유사점을 발견했던 것이다. 그의 흥미를 자극한 것은 로마인들이 어떻게 자신들의 권력을 사용했으며, 권력의 행사에는 재난이 따르게 된다는 것을 얼마나 분명하게 알고 있었는가 하는 점이었다. 차가 적의 머리통을 트렁크에 담은 채로 수도 워싱턴을 향해 질주하는 동안, 그는 테이프에 귀를 기울였다.

의회와 펜실베이니아 1600번지 사이 한가운데 갇힌 채 9번가에 자리잡고 있는 거대한 콘크리트 건물인 FBI 본부는 불이 밝혀져 있긴 했으나 3층 증거물 감식반 내부는 조명이 희미하게 낮춰져 있었다. 법의학 병리학자가 있어서 그 머리를 접수하고, 그것을 증거물로 등록해놔야 할 필요가 있었지만, 새벽 3시에 그런 일을 처리해줄 누군가를 기대하기는 어려웠다. 그래서 그가 전화 통화를 한 사람은 매장된 사체 감식 전문가였다. 그녀는 모녀 가정의 가장으로, 몇 년 전 러시아에서 여자 아이를 입양했다. 댄은 발꿈치를 들고 살살 걸어 들어갔다. 미시Missy라는 이름의 그 병리학자는 자기 왼쪽으로 오라는 몸짓을 하면서 손가락을 입술에 대어 조용히 하라는 신호를 보냈다. 이제 여덟 살인 그녀의 딸이 소파에서 깊이 잠들어 있었다.

그녀가 속삭였다.

"뭘 가지고 오셨죠?"

댄이 어깨를 으쓱해 보이며 말했다.

"사람 머리입니다. DNA가 일치하는지 검사하려고요."

그것은 하지 않았어도 좋을 이야기였다. 댄과 같은 일을 하는 사람들에게는 정부 내 그리고 미국 내 그 누구에게든, 어디에서든 "알아야 할 필요가 있는" 것만을 말해야 했던 것이다. 그들은 알아야 할 필요가 있는 것만 알면 그만인 것이다. 그 이상은 한마디도 더 할 필요가 없었다.

미시는 상자를 열고 장갑 낀 손을 그 안에 들이밀었다.

"우리가 필요로 하는 게 별로 남아 있질 않네요."

미토콘드리아 내의 독자적인 DNA 테스트에 필요한 것을 가리키는 말이었다. 그 시험은 특정 개인의 DNA를 살아 있는 사람의 조직에 대비시켜 시험함으로써 신원을 확인할 수 있는 방법이었다. 그녀는 마치 치과의처럼 두개골을 번쩍 치켜들고는 코를 바짝 들이댄 채 눈을 가늘게 뜨고 들여다보았다.

"치아 가운데 한 개에 조직이 조금 붙어 있긴 하네요."

그녀가 두개골을 멸균 처리된 매트 위에 올려놓고는 댄을 향해 돌아서면서 증거를 등록하는 서류 양식을 한 장 뽑아냈다.

"어떤 파일에 접수할까요?"

"265ANY-259391."

그가 말하는 동안 그녀는 그 번호를 서류에 휘갈겨 써 넣었다. 그러고는 고개를 들어 뭔가를 기대하는 눈초리로 그를 올려다봤다.

"오사마 빈 라덴의 사건 파일 말인가요?"

댄은 무표정한 얼굴로 고개를 끄덕였다. 그녀는 그에게 영수증을 넘겨줬다. 그들은 한동안 어색한 상태로 그곳에서 머뭇거리고 있었다. 댄, 미시, 자와히리의 머리통 그리고 소파에 잠든 어린 여자애.

그녀가 속삭이듯 말했다.

"누구의 머리든 간에 당신이 바라는 사람의 것이기를 빌어요."

'테러와의 전쟁'에서 하나의 유물이자 부적과도 같은 그 머리통은 잠든 여자애를 깨우지 않도록 소리 없이 증거물 보관함 속으로 들어갔다.

며칠 뒤, FBI 소속 법의학 전문가들은 그 두개골에 구멍을 뚫어 전구치前臼齒 안쪽까지 살폈다. 거기에는 약간의 조직이 남아 있었다. 그들은 샘플을 확보했다. 이제 DNA 분석을 시작할 수 있게 되었다.

CIA 팀이 불려 들어왔고, 행동이 개시되었다. 비교 대상이 없는 DNA 검사에서도 성별과 나이를 판별할 수 있었다. 하지만 특정 신원까지 밝혀내기 위해서는 가족 구성원 중 누군가의 DNA를 대조할 필요가 있었다. 자와히리의 동생 모하메드Mohammed al-Zawahiri가 카이로에 구금되어 있었다. CIA 작전 책임자 한 사람이 이집트 정보국 책임자에게 전화를 걸었다. 그가 상황을 설명하는 동안 그 이집트 인은 귀를 기울이고 있었다.

"걱정 마시오. 녀석의 동생을 끌고 와서 한쪽 팔을 잘라 그쪽으로 보내줄 테니."

이집트 인의 대답에 전화를 건 쪽에서 오히려 말을 더듬었다.

"아니, 그게 아니오! 그게 아니라, 주사약 병으로 한 병 정도의 혈액만 있으면 됩니다. 우리가 필요한 건 약간의 혈액 샘플이란 말입니다."

그 이집트 인이 한숨을 내쉬었다.

"좋소이다. 뭐든 보내드리기로 하죠. 혈액을 원한다고 하셨으니, 혈액을 보내드리지."

요스리 포우다는 알지 말아야 될 것을 너무 많이 알게 된 까닭에 도망 다니는 사람 같았다. 정말이었다. 그는 4월 중순 카라치의 한 아파트에서 할리드 쉬크 모하메드(KSM), 빈 알 시브 그리고 다른 몇 사람과 코란에 대해 이야기를 나누거나, 기도를 올리거나, 9·11에 대해 토론하면서 정말 특별한 이틀을 보냈다.

KSM은 포우다에게 '성스러운 화요일' 작전의 계획은 공격 실행에 앞서 2년 반 전부터 시작된 것이라고 말했다.

"우리가 목표물에 대해 논의하고 있는 동안, 맨 처음 생각했던 것은 핵 발전 시설 두어 곳을 파괴하는 것이었지만, 그렇게 되면 그 결과가 건잡을 수 없이 될 것 같아 그 계획은 접고 말았지."

KSM은 '당분간은' 핵 발전 시설은 그대로 놔두는 쪽으로 결정되었다고 말했다.

할리드 쉬크 모하메드는 쿠웨이트 태생으로, 좀처럼 모습을 드러내지 않으며, 드러냈다 하더라도 연기처럼 사라지는 빈 라덴과 주로 전략을 구상하는 자와히리의 작전 책임자이자 전술 담당 야전 사령관임이 분명했다. 그는 포우다에게 자기 조직에는 골라서 작전에 내보내야 할 정도로 성전에 목숨을 던지려는 신입 조직원들이 줄을 서 있다고 말했다. 그 수가 어찌나 많은지 "이교도들과 시온주의자들(infidels and Zionists)"을 공격하는 데 기꺼이 목숨을 바칠 각오가 되어 있는 "순교자 부서(Department of Martyrs)"라고 불리는 조직이 있을 정도라고 했다.

그의 동료 빈 알 시브는 포우다에게 자신의 "함부르크 기념품(Hamburg souvenirs)"이 담긴 옷가방을 보여주었다. 그 안에는 보잉 사의 안내 책자와 비행 교범에서부터 영어 교과서와 비행 시뮬레이션 프로그램이 담긴 CD-ROM들에 이르기까지 10여 개의 물품이 담겨 있었다. 사실 빈 알 시브는 20번째 비행기 납치범으로 선택되었다. 20번째 납치범은 신뢰할 수 없다고 여겨져 명부에서 빠진 무사위Zacarias Moussaoui가 아니었던 것이다. 하지만 빈 알 시브는 온갖 항공사의 '비행기 탑승 금지' 명단에 올라 있었기 때문에 미국에 입국할 수가 없었다. 젊고 우아한 몸가짐에 고등교육을 받은 그는, 세련되고 지적이며 기민한 포우다와 어딘가 모르게 호적수가 될 법한 인물이었다. 그런 그가 자기 손님을 위해 등골이 오싹해질 내용의 기도문을 암송했다.

"우리가 한 말은 밀랍으로 만든 신부처럼 조용하고 냉혹하게 그대로 남아 있을 것이다. 우리가 자신이 한 말을 지키기 위해 죽음을 맞게 될 때에야 비로소 그것들은 부활해 우리 사이에서 다시 살게 될 것이다."

결국 포우다는 두 사람에 대한 인터뷰를 위해 이틀 밤을 머무를 수 있었고, 그런 다음 그곳을 떠나기 위해 다시 눈을 가렸다. KSM은 이 기자에게 그 테이프들을 지체하지 않고 보내주겠다고 확약했다.

하지만 그런 일은 없었다. 포우다는 시간을 내어 그때까지 일어난 일에 대해서 곰곰 생각해보거나, 빈 알 시브의 함부르크까지의 여정을 추적하는 것으로 조용히 그 프로젝트에 대해 연구하면서 기다리고 있었다. 그는 카이로에서 열린 '미디어와 테러리즘'이라는 세미나에 참석했고, 그런 다음 베이루트로 날아와서는, 펜실베이니아 시골 지역에 추락한 유나이티드 항공사 소속 93편 비행기를 납치해 조종했던 지아드 자라Ziad Jarrah의 가족을 인터뷰했다. 6월 초, 그는 여전히 그 인터뷰 테이프를 받지 못하고 있었지만 현금과 맞바꾸는 조건으로 그 테이프를 보내준다는 내용의 수수께끼 같은 메시지를 몇 차례 받았다. 그러는 동안에도 그는 카라치에서 있었던 일에 대해 그 누구에게도 발설하지 않고 있었다.

카타르 도하에 있는 알 자지라 방송의 본사는 CNN이나 다른 서방 국가의 텔레비전 방송국 본사와 비슷한 외관에 비슷한 분위기였지만, 시청자에게 어떤 식으로 봉사하는가 하는 점과, 이 방송이 처한 딜레마에 있어서 미묘하게 달랐다. 이 방송국이 아랍 지역의 여론을 형성하는 데 특별한 영향력을 행사하고 있는 반면, 전 세계에서 가장 호전적인 이 지역에 자유 언론이라는 이상이 결실을 볼 수 있을 것인지에 대한 광범위한 실험을 하고 있는 셈이기도 했다.

1996년, 나이 들어가는 자신의 부친을 무혈 쿠데타로 밀어내고 새로 토후emir 자리에 오른 카타르의 쉬크 하마드 빈 할리파 알 타니Hamad bin Khalifa al-Thani가 각별한 관심을 갖는 프로젝트로 이 방송국을 개국했을 때, 서방 국가들은 아랍 세계에서의 거대한 도약이라고 환영했다.

광대한 지역을 포괄하는 범아랍 방송을 지향한다는 이상을 맨 처음 받아들인 것은 영국의 BBC였다. BBC는 1994년 사우디에 방송국을 세우고 아랍어 방송을 시작하려 했지만, 그런 노력은 1996년에 실패로 끝나고 말았다. 그리고 그런 영국 방송사의 덕을 톡톡히 보게 된 것은 토후 알 타니였다. 그는 BBC가 사우디에 개국했을 당시 방송국에서 일했던 잘 훈련되어 있으며 아랍어를 유창하게 구사하는 언론인들을 고용했다. 그의 방송국은 순식간에 세력을 키워갔고, 코네티컷 주 정도 넓이에 14 조 세제곱미터의 천연가스가 매장되어 있는 산유국 카타르를 아랍 세계 의 스위스 같은 지위에 올려놓으려는 알 타니의 더 큰 야심에 힘을 보태 주었다. 그렇게 되면 카타르는 부유하고 안정된 중립국이 될 터였다.

이 나라의 국내총생산은 1인당 2만 6,000달러로 서방 민주주의 국가 들 대부분과 동등한 수준이었다. 인구의 95퍼센트는 무슬림이지만 인구 의 거의 절반에 이르는 파키스탄 인, 인도인 또는 이란 인처럼 다양한 인 종이 자신들의 민족성을 내세우며 살아가고 있다. 원리주의적인 무슬림 공동체가 존재하지 않거나, 이 나라 전체 90만 인구 가운데 과격주의로 국가를 시끄럽게 하는 세력이 없어서가 아니었다. 토후 알 타니 가문은 19세기 중반 이래로 카타르를 지배해왔으며, 구세계의 신정정치와 신세 계의 정치적 영향력 사이에서 예술적이다 싶을 정도로 적절히 처신해왔 다. 그것은 기괴한 모순을 의미하기도 했다. 토후의 말이 곧 법이며, 토 후가 곧 국방 장관이기도 한 나라에서 문자를 읽고 쓰는 능력을 가진 국 민이 89퍼센트에, 전국적인 건강보험 제도를 갖고 있으며, 위성 텔레비 전 방송국도 가지고 있으니 말이다.

개국 초기부터 알 자지라는 신기한 존재였다. 특히 거의 모든 텔레비 전 방송국이 국영이며, 정부가 원하는 메시지를 공손하게 전파시키는 역 할이나 하면 그만인 지역에서 말이다.

개국과 즉시 곤란한 문제도 생겨났다. 2000년 들어 이 방송국은 자기 나라 정부를 비판했는데, 그것을 미국 국무부가 훌륭하다고 치켜세웠던 것이다. 요르단 정부를 강경하게 비판하는 뉴스를 방송한 다음에는 암만 지국이 폐쇄되었고, 요르단 정부는 도하에 파견되어 있던 자국 대사를 소환하기에 이르렀다. 사우디 정부도 이와 비슷하게 기분이 상했고, 이 방송국을 약화시키기 위해 광고주들에게 이 방송국에는 광고를 주지 말도록 강제하는 조치를 취해버렸다. 호의적이지 못한 알 자지라의 뉴스에 항의하기 위한 대응으로 다른 여섯 나라도 똑같은 조치를 취했다. 이 케이블 채널은 대략 400여 통의 불만을 제기하는 공식 서한을 받게 되었다.

비록 미국은 이 방송의 뉴스 프로그램이나 서방 세계를 비판하는 토론 프로그램에서 날카로운 질책을 당하는 입장이 되는 경우가 자주 있었지만, 그것은 아랍 세계에서 독립적인 보도 자세를 가진 매체가 하나 존재하는 데서 오는 득에 비하면 정말 약소했다. 하지만 아프가니스탄에서 전쟁이 시작되자, 미국의 외교정책을 규정하게 된 다른 많은 요소와 마찬가지로, 그러한 계산 방식은 재평가되었다.

알 자지라는 무슬림 시청자들에 대한 동정심을 담고는 있지만 어느쪽도 편들지 않고, 아프가니스탄에서 미군기의 폭격 항정에 의해 생겨난 늘비한 시신을 집중적으로 보도했다. 그 화면은 미국 정부 내 정책 입안자들을 격분시켰고, 콜린 파월은 이 방송국에 제재를 가하기 위해 카타르 토후가 10월 초 반드시 미국을 방문하도록 애쓸 정도였다. 하지만 알 타니는 소중한 자유에 대해 설교를 늘어놓는 것으로 이에 대응했다.

"품위 있는 삶은 자유롭고도 신뢰할 만한 언론 매체를 갖고 있어야 한다는 것을 조건으로 하며… 그런 조건이야말로 우리가 추구하고자 애쓰는 것이기도 하다."

잘랄라바드에서 사망한 아프간 어린이들의 불탄 시신 등이 찍힌 으스스한 사진들을 넘어서서, 이 방송은 또한 빈 라덴의 연단으로도 여겨지고 있었다. 빈 라덴은 1998년 이 방송에 처음으로 모습을 나타냈다. 10월 초, 미군 폭격기들이 아프가니스탄에 폭격을 시작한 후 겨우 몇 시간이 지났을 때였다. 전 세계 시청자들은 동굴 은신처 밖에 나와 앉은 오사마 빈 라덴이 칼라시니코프Kalashnikov(미하일 칼라시니코프가 만든 AK-47 소총 — 옮긴이)를 옆에 뉘어놓은 채, 그 전투를 이슬람과 서방 세계 사이에서 벌어지는 것이라는 식으로 이야기하는 것을 지켜보게 되었다. 그는 "우리가 우리 땅에서 안심하고 살 수 없으며, 안전하다고 느낄 수 없는 한, 미국도 절대 안심과 안전의 느낌을 맛볼 수 없을 것"이라고 말했다. 그 뒤로도 빈 라덴의 진술은 얼마간 더 이어졌다. 테이프들은 아프가니스탄 카불에 있는 이 조직의 본부로부터 알 자지라 방송으로 직접 전달되었다. 콘돌리자 라이스는 알 카에다가 이 테이프들을 통해 암호로 된 메시지를 자기편과 지지자들에게 보내고 있는 것이라고 불평하면서, 미국의 방송사들에게 사전에 주의 깊게 테이프를 검토해보지 않은 상태로는 방송에 내보내지 말라고 압력을 가했다. 하지만 좌절감은 깊어져 갔다. 빈 라덴과 알 카에다는 어느 국가에도 속하지 않은 행위자들도 일종의 선전에 의한 힘의 행사가 가능함을 보여준 셈이었다.

빈 라덴이 동굴 은신처 앞에 나앉아서 짓는 미소나 무슬림들이 직면해 있는 미국이라는 골리앗의 도전에 대해 우아한 아랍어로 이야기하는 호소는, 너무도 훌륭한 구경거리이자 너무도 강력한 화술이었다. 한 남자와 그가 이끄는 오합지졸 군대가 성난 제국을 무섭게 을러대고 있었다. 압도적인 군사력에 어울릴 만한 전 세계에 걸친 언론 매체의 힘을 자랑하는 미국이 다시 한번 지고 들어가는 중이었다.

11월 초, 알 자지라는 빈 라덴을 도와주는 것으로 여겨졌다. 10월 4일 미국을 방문한 카타르의 토후 알 타니를 만나보고 난 부시는 테닛에게 도움을 청했다.

테닛과 카타르 토후가 절친한 사이라는 사실은 널리 알려져 있었다. 테닛은 정보국장이 된 이래로 카타르를 여러 차례 방문했었다. 2미터 가까운 키에 150킬로그램의 거구를 금실로 가장자리를 마무리한 전통 복장으로 감싼 채 샌들을 신고 다니는 카타르 토후는 테닛의 사람이라고 할 수 있었다. 그들은 서로 농담을 주고받는 사이였다. 그들은 작당해 뭔가 음모를 꾸미기도 했고, 서로 한 치도 양보하지 않고 목소리를 높이기도 했다.

이것은 물론 테닛이 쓰는 방식의 일부였다. 그는 해가 거듭될수록 더 많은 아랍 국가 지도자들의 신임을 얻었다. 그 신임은 당연히 9·11이 발생한 후 첫 달에 미국으로서는 가장 귀중한 자산 가운데 하나로 여겨지게 되었다. 사우디아라비아의 압둘라 왕세제, 카타르 토후, 무샤라프 그리고 누구, 누구. 계속 이어지는 테닛과 친분 있는 사람들에 대해 CIA 운영 사무처장(executive director) 버지 크론가드Buzzy Krongard가 했던 말이다.

"조지는 개구리들한테 엄청나게 키스를 해대죠. 그건 또 무슨 취미일까요? 개구리들한테 얼마나 더 키스를 하고 다녀야 왕자님을 찾아낼 수 있을까요?"

테닛은 고객의 마음을 얻기 위해 필요하다면 무엇이건 하려 드는 전설적인 세일즈맨과 같은 성향을 보였다. 포도주를 마시며 식사를 같이 하거나, 스카치를 밤새도록 퍼마셔주거나, 명절에 인사장이라도 보내거나 하는 등등 말이다. 대다수의 아랍 지도자에게 테닛은 복잡한 세계정세 속에서 그들이 처리해야 하는 문제에 대한 상담을 마다하지 않고 해주는, 일종의 비공식 보좌관과도 같은 존재였다.

이번 경우에도, 테닛은 알 타니가 아주 곤란한 처지에 빠져 있다는 것을 알고 있었다. 미국에 대한 의무와 불안정한 아랍 세계 사이에 낀 채로 말이다. 그와 동등한 위치에 있는 다수의 아랍 국가 지도자는 최근 몇 년 동안 알 자지라 방송에 의해 무참하게 당해온 것에 대해 약이 잔뜩 올라 있었지만, 알 타니는 그들에게 위안이 될 만한 조치를 전혀 취하지 않고 있었다.

알 타니를 어떻게 하면 미국에 대해 개선된 취재 태도를 보이도록 할 수 있을까? 테닛은 알 자지라 방송을 좀 통제하도록 그에게 압력을 가했다. 알 타니는 아랍 지도자들이 그 점에 대해서는 정기적으로 자신에게 불만을 토로해왔다고 설명했다. 그리고 자신의 아랍 형제들이나 미국 모두에게 있어서 중요한 점은, 취재를 당할 만한 쟁점에 절대 휘말리지 않을 엄한 규칙을 갖고 있어야 하는 것이라고 덧붙였다. 방송사에 대해서 그가 어떻게 해볼 수 있는 방법은 전혀 없다는 것이었다.

CIA는 자신들이 선택할 수 있는 폭을 좀 더 넓게 보고 있었다. 어떤 대책을 강구해야 할 것인지에 대한 논의가 10월 말에서 11월 초에 걸쳐 진행되었다. 크론가드의 말 그대로다.

"그 논의는 아랍 세계에 대해 앞으로 몇 년 동안 귀가 따갑도록 듣게 될 그런 원칙으로 귀착되었다. 즉 '그들이 알아들을 수 있는 방식으로 그들과 대화를 하라'는 것이었다."

북부 동맹군이 카불을 함락시키고 거리에는 그것을 축하하는 사람들로 넘쳐났던 11월 13일, 미군이 발사한 미사일 한 기가 그곳에 파견되어 있는 알 자지라 지국 사무실을 흔적도 없이 날려버렸다. 그 결과, 카불 함락을 취재하던 알 자지라 기자들은 길거리에 나앉게 되었다. 알 자지라 방송의 이사 모하메드 자심 알 알리Mohammed Jashim al-Ali는 그에 대해 이렇게 말했다.

"이 사무실은 모든 사람에게 다 알려져 있었기 때문에 미 공군기들은 사무실의 위치를 알고 있었습니다. 미군은 우리가 거기서 방송을 한다는 것을 알고 있었던 것입니다."

사실 그 모든 주장은 맞는 말이었다. CIA와 백악관 내부에서는 그만 하면 알 자지라가 그 폭격의 의미를 알아차렸을 것이라면서 만족해하는 분위기였다.

2002년 6월 14일 아침. 알 자지라의 가장 큰 특종이 건물 안으로 들어서고 있었다. 비록 아직까지 약속했던 테이프들을 받지는 못했지만, 취재 노트와 털어놓은 이야기들을 가지고 있는 포우다는 마침내 정식으로 자기 상사에게 그 사실을 보고해야 할 필요가 있다고 느끼고 있었다.

포우다는 도하의 해변에 있는 우아한 외교관 클럽에서 함께 점심 식사를 하는, 원래는 알 자지라의 편집 이사이기도 한 모하메드 자심 알 알리에게 그 길고 줄줄이 이어지는 사건과 음모 그리고 그 주역들과의 만남에 대해 설명했다.

알 알리가 눈이 휘둥그레진 채 소리쳤다.

"절대 안 돼!"

그는 자신과 포우다가 윗분들과 상의해야 할 필요가 있음을 역설했다. 우선 이 위성 채널의 부회장에게 보고를 해야 한다고 우겼고, 그날 오후 두 사람은 그렇게 했다.

다음 날 아침, 그들은 알 자지라 방송의 회장 쉬크 하마드 빈 타메르 알 타니Hamad bin Thamer al-Thani(카타르 토후의 사촌)와 만났다. 포우다는 회장이 말을 가로막고 질문을 던질 때까지 대략 30분간 자신이 알아낸 사실들에 대해 설명했다.

"그 테이프 말이야! 그걸 언제쯤에나 손에 넣을 수 있나? 이제까지 이 사실에 대해 알고 있는 사람이 몇이나 되나?"

포우다가 대답했다. 현재 이 방 안에 있는 사람들이 그 사실을 알고 있는 전부라고.

회장이 말했다.

"계속 비밀로 해두게. 위험을 무릅쓸 필요까진 없네. 자네의 신변 안전을 위해 뭔가 특별 조치가 필요하다면, 내게 언제든 말만 하게."

하마드 회장은 할리드 쉬크 모하메드에 대해 물었다. 2주일 전, FBI의 밥 밀러 국장은 기자회견을 갖고 9·11을 배후에서 조종한 인물이 바로 할리드 쉬크 모하메드라고 공식 발표했다. 그것은 주바이다를 심문해 알아낸 가장 큰 정보였다. KSM이 국제 범죄자의 위치로, 그리고 무슬림 세계에서는 민중의 영웅으로 격상되는 가운데, 테러리스트들의 얼굴 사진과 인물 개요가 언론에 도배질되고 있었다.

몇 개월이 지나도록 빈 라덴이나 자와히리에 대한 정보는 전혀 없었고, 그 빈 공간을 KSM이 채우고 있었다. 아직 잡히지 않고 있는 함부르크 지부의 유일한 조직원인 람지 빈 알 시브는 이제 KSM의 조직에 속한 자라는 적절한 맥락에 놓였다. KSM과 람지 빈 알 시브, 이 두 사람과의 인터뷰라? 그것은 알 자지라 개국 이래로 최대의 특종이 될 터였다.

포우다와 그의 상사들은 그날 나머지 시간을 쉬쉬하며 보냈다. 9·11 테러 1주년에 맞춰 방영이 계획된 포우다의 다큐멘터리가 전파를 타려면 아직 3개월이나 더 남은 시점이었다. 그때까지 엄청난 일을 해치워야 했다. 포우다 기자가 소형 카메라로 그 일의 대부분을 직접 해야 할 터였다. 이 프로젝트에 관여하는 사람이면 누구든 그 신분이 밝혀지지 않은 채라야 했다. 그것은 절대적인 비밀 유지를 필요로 하는 작업이었다. 그 마지막 논점에 대해 모든 사람이 동의했다.

오후 5시, 조지 테닛이 뭔가 털어놓고 싶어 안달이라도 난 것 같은 부푼 표정을 한 채 회의실로 들어섰다. 모두가 자리를 잡고 앉는 동안 그가 말했다.

"오늘은 내가 먼저 이야기를 좀 하지."

일반적인 회의 절차는 대테러센터(CTC)의 위협 매트릭스, 그런 다음에는 각 부서에서의 보고들로 이어지는 것이었는데, 그 순서가 변경된 것이다.

"내가 오늘 발표하려는 것은 우리가 앞으로 유일하게 신경을 써야 될 사안이다."

6월 중순이었다. 모두 자기 의자를 찾아 앉았다.

테닛이 말했다.

"여러분도 잘 알고 있겠지만, 우리는 내 친구이기도 한 토후와 의견 차이가 있었다. 하지만 오늘, 내 친구에게서 놀라운 선물을 받았다."

그런 다음 그는 천천히, 기분 좋게, 즐기듯 그것을 부하들에게 조심스럽고 분명하게 설명했다. 포우다가 알 자지라의 최고 경영자와 며칠 전 만났던 것에서 시작해, 모든 상세한 내용에 대해서였다. 그것은 건물의 위치일 가능성이 있는 장소와 누가 그곳에 있었는지, KSM과 람지가 밝힌 내용의 성격은 무엇인지, 그에 더해 알 카에다가 미국의 핵 발전 시설을 파괴하려 했었다는 애초의 계획과 같은 작전상의 주도권 등이 포함된 이야기였다. 포우다는 그 아파트가 카라치의 어느 위치에 있는지, 그리고 그가 들어갔던 방이 몇 층인지 잘 알고 있으리라는 것이었다.

테닛이 늘 그랬듯 자기 나름의 애정 표현으로 결론을 대신했다.

"무슨 말인가 하면, 이 개자식이 스스로 알아서 대가리를 내민 짝이란 말씀이야."

회의 참석자 하나는 CIA가 이 정보를 어떻게 처리할 것인지에 대해 테닛이 토후와 거래할 때 제시할 조건이 논의되었다고 전했다. 알 자지라 방송의 경영진까지 포함해 그 누구도 토후가 미국을 방문했다는 사실을 알고 있는 사람은 없었다.

짧은 순간이나마 회의실은 축하 분위기였다. 회의 석상에 있던 CIA 책임자 한 명은 이렇게 전한다.

"그것은 테닛의 개인 계좌에서 빼낸 것이나 마찬가지의 정보였는데, 그는 그것을 그토록 자랑스럽게 사람들 앞에 내놓을 수 있게 된 것을 기꺼워하는 눈치였다. 그리고 우리 모두 그가 그런 정보를 얻어내어 우리에게 브리핑할 수 있게 된 것이 마음에 들었다. 그것은 그때까지 우리가 얻어낼 수 있었던 최고의 정보였다."

테닛은 CIA에서 잔뼈가 굵은 인물이 아니었다. 즉 정보 수집 훈련을 받은 적이 전혀 없는 인물이었다. 그는 의사당에서 의원 보좌관으로 정계에 첫발을 들여놓은 정치인으로, 빌 클린턴의 신임을 얻게 되는 것을 계기로 국장 자리에까지 오를 수 있었다.

회의가 시작되면서 몇 가지 의문이 제기되었다. 알 타니는 사우디아라비아를 물 먹이기 위해 이런 정보를 던져준 것일까? 사우디 측은 몇 년 전 그를 암살하려 들었다는 의심을 받고 있었으며, 미국의 여러 요구에 전혀 협조하지 않는 경쟁 상대라고도 할 수 있었다. 왜 그는 카불에 있는 자기 방송국 사무실이 미군에 의해 파괴되었다는 사실에도 비위를 맞추려 드는 것일까? 바로 그런 사실 때문에 그러는 것일까? 이번 경우, 무력의 과시가 원하던 결과를 얻어낼 수 있게 해준 것일까? 무력의 과시가 최고라고 믿고 있는 사람들은 그렇다고 대답했다.

CTC는 테러 위협에 대해서 보고했다. 행크는 아프가니스탄의 상황에 대해서, 모와트 라센은 대량 살상 무기에 관한 주도권에 대해서, 안달쟁이 필은 글로벌 매트릭스에 대해서 보고했다. 회의가 끝나고 있었다. 모두들 흥분해서 알 타니의 선물이 만들어낸 과제를 어떻게 실행에 옮길 것인지를 논의했다. 국가안보국은 카라치의 몇몇 특정한 지역을 샅샅이 조사하기 시작할 것이다. CIA 파키스탄 지국장은 인간 정보를 얻어낼 전략을 짜야 할 것이다. CTC의 방대한 작전은 이제 그 도시에만 모든 통합된 노력을 집중할 수 있게 된다. 주바이다의 심문을 담당한 사람들은 이제 주바이다가 예상하지 못한 정보로 그의 허를 찌를 수 있게 되었다. 그들은 이제 '무크타르'가 어디 있는지를 알고 있으며, 빈 알 시브의 소재도 물론 알게 되었다. 그 새로운 무기를 내보임으로써 그들의 포로가 실수든 우연이든 빈 공간을 어떻게 채워놓는지 지켜볼 수 있을 것이다. 그런 방식으로 그냥 줍게 되는 정보 가운데 어떤 것은 그야말로 귀중하기 짝이 없는 것인 경우도 많다. 심문을 당하는 쪽에서 심문자들이 이미 알고 있다고 생각하고 털어놓게 되는 정보 말이다.

테닛이 회의를 끝내며 말했다.

"아무도 잠 같은 것 잘 생각 말도록. 이제 얼마 안 남았어."

상황실은 최근 들어 미국 정부의 여러 부서 가운데서도 가장 이야깃거리가 되고 있는 방이라는 점에서 대통령 집무실에 필적하는 곳이 되었다. 백악관 지하에 있는 직사각형의 그 방은 나무를 댄 벽에, 아래로 잡아당겨 펼치게 되어 있는 롤스크린이 전부인 방이다. 미디어 시대라는 기묘한 변화 속에서 카펫이 깔린 이 작은 방은 대중의 상상을 사로잡아왔다. 수많은 사람이 그 방과 똑같이 복제된 방에서 배우들이 드라마를 연기해내고 있기라도 한 것처럼, 혹은 실제 인물들이 그들에게 익숙한 생활환경 속에 엄숙한 자세로 앉아 있는 이미지를 보고 있기라도 한 것처럼 몇 시간이고 계속해서 지켜보고 있다. 그곳에서는 너무도 많은 일이 진행되고 있는 것처럼 여겨지는 것이다. 도전과 위난의 나날이 계속되는 동안 대통령이 국가안보회의 소속 관리들과 만나는 곳이니 그럴 만도 하다. 하지만 모든 점을 고려해본다면, 그 안에서 실제로 이뤄지는 일이란 별로 없다. 각료 가운데 누구라도 그렇다고 말할 것이다.

상황실에서 진행되는 회의라는 것은 대개의 경우 사람들에게 보여주기 위한 것이다. 의견 따위를 공표하고, 대통령이 주요 부처에서 정교하게 다듬은 보고 내용을 듣고 그런 다음에는 몇 가지 질문을 하는 정도로 그치는 것이다. 이 수준에서는 거의 모든 것이 대통령과의 회의가 시작되기 전에 이미 다 결정이 되어버리거나, 아니면 회의가 끝나고 복도에서 삼삼오오 모여 의논하는 과정에서 진짜 결정이 이뤄지게 된다. 문제 해결이나 행동 계획을 짜기 위해서 마음을 졸이는 공무원들은 번번이 상황실을 그대로 지나쳐, 실제로 일이 이루어지는 그 옆에 붙어 있는 작은 회의실로 들어가곤 한다.

2001년 10월 하순 이래로, 매주 수요일 오전 8시 30분이 되면 여섯 명의 사내가 커피 컵을 손에 쥔 채 미국 정부 내에서 가장 비밀스럽고 생산적인 회의 가운데 하나라고 할 수 있는 회의를 위해 이 방으로 모여든다. 그들은 당파와 소속 기관을 초월한 협력 집단이라고 할 수 있었다. 그 집단은 재무부 소속 최고 법률고문이며 우아한 몸가짐의 워싱턴 출신 변호사로 정부의 전체적인 "금융 전쟁(financial war)"의 조정자이기도 한 데이비드 아우프하우저David Aufhauser가 이따금씩 지휘자 역할을 한다. 거기 포함된 사람들은 국가안보회의, CIA, 국가안보국 그리고 백악관을 대표하는 인물들이었다. 이들 이외에 예정에 없이 간헐적으로 참석하는 사람들도 있긴 했다. 그들의 임무는 전 세계에 자금이 흐르도록 하는 새로운 방식에 대해, 그리고 그 흐름을 어떻게 하면 알 카에다에게 불리하게 작용하도록 만들 것인지에 대해 생각해내는 것이었다.

9월 17일에 있었던 특별 각료 회의에서 대통령이 내린 첫 번째 명령은 미국이 금융 전쟁을 통해 테러와 맞서 싸운다는 것이었다. 재무부 소속 관리들은 의심이 가는 계좌가 발견되는 즉시 그것을 동결시켜버리기 시작했다. 다음 주에 로즈가든Rose Garden에서 있을 대통령의 연설에 대한 뒷받침이 되기에 충분할 정도로 말이다. 9월 24일, 27개 단체와 개인의 명단을 발표하면서 대통령은 이렇게 말했다. 그것은 13개의 테러집단으로 의심이 가는 단체와 11명의 개인 그리고 3개의 자선단체였는데, 이들의 자산은 미국 정부가 동결시켰거나 동결시킬 예정에 있었다.

"오늘 아침, 우리가 테러와 벌이고 있는 전쟁에서 하나의 대규모 공격이 펜 한번 놀리는 것으로 시작되었습니다. 오늘 우리는 전 세계의 테러 네트워크의 재정적 기반에 대한 공격을 시작한 것입니다."

꼭 그렇다고만 할 수 없는 상황이었다. 그것은 아우프하우저와 다른 몇몇이 '로즈가든 전략(Rose Garden Strategy)'이라고 명명한 작전의 시작일 뿐이었다. 아랍식 이름을 가진 단체나 개인의 자산을 동결하는 것에 대한 정식 발표였던 것이다.

대통령 생각은 테러리스트들을 굶겨 죽이자는 것이었다. 그들에게 자금이 공급되는 줄을 끊어버림으로써 말이다. 부시는 또 다른 기자회견에서 이렇게 말했다. 이 기자 회견은 11월 7일 버지니아 주 비에나Vienna

에 마련된 금융 전쟁의 새로운 본부, 즉 FINCEN에서 행한 것이었다.

"이러한 네트워크가 폐쇄되도록 만듦으로써 우리는 이 살인자들의 흉계를 분쇄할 수 있습니다."

한마디 한마디가 결과를 내보여야 한다는 압박감을 고조시켰다.

10월 하순, 아우프하우저는 각 기관을 대표하는 40여 명의 기관장과 전화 통화를 하면서 잠재적으로 테러에 대한 자금 지원을 하는 것으로 여겨지는 가장 유력한 목표물 10곳씩을 알아내도록 했다. 그런 다음 그들은 재무부에 있는 대회의실에서 그 명단을 가지고 회의를 열었다. 여러 명단에서 계속 등장하는 이름이 있었다. 파차 와지르Pacha Wazir였다. 아랍에미리트Arab Emirates 출신으로 그 모습을 전혀 드러내지 않고 있는 와지르는, 아랍 세계의 노천 자금 시장이라고나 할 수 있는 자금줄을 주무르고 있는 거물이었다. 그는 남아시아와 유럽 전역에 걸쳐 하왈라hawala 체인, 점포를 갖춘 은행 그리고 전신환 송금 사무소들을 운영하고 있었다. 그 후 몇 주일 동안, 그러니까 모두들 필요한 데이터를 그러모으는 동안 그가 오사마 빈 라덴을 위한 주요 자금 관리자라는 것이 분명해졌다.

이 무렵쯤, 아우프하우저는 데니스 로멜에게 동결 대상 선정 회의를 수요일부터 열기 시작하자고 요청했다. 그들은 물론 약간 다른 영역에 있었다. 아우프하우저와 그의 동료들은 테러리스트들에게 흘러 들어가는 자금줄을 차단해 대통령의 금융 전쟁 공약을 실행에 옮기려 애쓰고 있었고, 로멜은 돈의 흐름을 테러리스트들의 작전을 찾아내어 저지하는 정보로 이용하려 애쓰고 있었다. 하지만 얼마 안 가 그들과 그들이 속한 부서의 관심사가 한 점에 모아졌다. 와지르는 단순히 그의 자산을 동결해버리고 이겼다고 좋아하기에는 너무도 귀중한 정보원이라는 것이 수요일 회의에서 결정된 요지였다. 12월 11일, 그들은 재무부에서 치러지게 될 한 의식에서 대통령이 발표하기로 되어 있는 자산의 동결 내지 압류 대상 명단에서 그의 이름을 빼버렸다.

그러는 동안 FBI와 그 모 부서라고 할 수 있는 법무부는 중요한 기소건 하나를 남겨놓고 있었다. 와지르가 그들의 첫 번째 기소 대상이었다.

2002년 초, 로멜은 FBI 팀 하나를 아랍에미리트 내부 깊숙이 잠입시켜놓았다. 걸프 지역에 위치한 작고 부유한 이 나라는 아랍 세계의 금융 중심지였다. 놀라울 것도 없이, 아랍에미리트를 거쳐 시티뱅크와 체이스(JP Morgan Chase. 국제 금융 서비스 업체이다— 옮긴이)로, 그리고 궁극적으로는 9·11 테러를 일으킨 비행기 납치범들에게 들어간 10만 9,000달러를 포함하는 송금의 출발점은 두바이Dubai(아랍에미리트를 구성하고 있는 국가의 하나이며, 수도 역시 두바이다— 옮긴이)였다. 아랍에미리트의 주요 은행장들은 조용히 협조하는 것이 최선의 길이며, 그 나라에 들어와 있는 로멜의 팀이 회계감사 관리와 국제은행 업무의 기준을 제시해줄 감독자가 될 수 있다고 판단했다. 워싱턴에서는 법무부 소속 변호사들이 돈 세탁 범죄를 단속하는 데 이용할 수 있는 형법 법규들을 뒤지고 있었고, 아우프하우저는 매주 로멜에게 기소 건이 어떻게 진행되고 있는지를 물었다.

로멜이 대답했다.

"곧 할 수 있을 겁니다, 데이빗. 좀 느긋하게 계세요. 곧 할 수 있게 될 테니까요."

그러는 동안, 다시 봄이 되었고, 수요일 회의에 참석하는 사람들은 차츰 대통령이 말을 잘못했을 수도 있다는 사실을 알아차렸다. 미국 정부 내 다양한 부서에서 추정한 바에 의하면, 이슬람 테러리스트들의 활동을 지원하고 있는 자금의 대략 3분의 2가량이 사우디아라비아에서 나온 것으로 드러났던 것이다. 테러리스트들이 이용할 수 있는 자금의 흐름을 차단하는 것, 즉 대통령의 말대로, "살인자들이 일을 저지르지 못하도록 저지하는 것"은 사우디 측이 제공하려 들지도 않으며, 제공할 수도 없는 종류의 협조가 있어야 함을 의미했다. 사우디 측에서 본다면 그것은 언제나 딜레마로 작용할 수 있는 부분이었다. 의도와 능력 사이의 딜레마 말이다. 9·11이 터지고 난 후 최초 몇 주일이 지났을 때, 문제가 되는 것은 의도 쪽으로는 의심의 여지가 없다는 점이었다. 사우디 재무장관은 미국 재무부 관리들에게 테러리즘을 지원하는 돈이 사우디에서 나온 것은 한 푼도 없노라고 딱 잡아떼었던 것이다. 그들은 자신들이 도움을 제공하고 자시고 할 상황이 아니라고 말했다.

대통령은 사석에서 그것을 "우리의 사우디 문제"라고 말했다. 2002년 봄, 국무부와 재무부, CIA 그리고 NSC 등의 부서와 기관을 대표하는 사절들이 줄줄이 리야드를 방문해 사우디 정부에 압박을 가했다. 약간씩이긴 하나 사우디 측은 양보하기 시작했다. 이런저런 계약과 합의가 이뤄졌고, 사우디-미국 합동 대책반이 구성되었으며, 은제 다기로 엄청난 양의 차를 마셔대며 의논을 거듭한 끝에 공동의 목표라는 표현 쪽으로 슬슬 접근하게 되었다.

이어 두 가지 일이 일어났다. 첫 번째로, 바람이라는 것은 그것이 설사 진정에서 우러나온 것이라 할지라도 그것만으로는 충분치 못하다는 사실을 깨닫게 되었다. 회계감사나 금융 문제에서의 투명성이라고 할 만한 전통이 부재한다고도 볼 수 있고, 너무도 많은 돈이 거의 2만 5,000명에 이르는 왕족의 미로처럼 복잡하게 얽혀 있는 계좌에 묶여 있는 사우디아라비아와 같은 국가는 자금의 흐름을 추적할 수 있는 소위 "금융 문제 관리 수단" 같은 것이 아예 없을 수도 있었다. 2002년 중반, 이 나라에서 몇 건의 자산 압류 사례가 있긴 했다. 그러나 자산의 출처를 확인하는 것조차 겨우 첫발을 뗀 것에 지나지 않는다. 그리고 그 확인이 가능하지 않을 때도 있고.

　돈이 맨 처음 자선단체들을 지원하거나 사우디 왕국, 수단, 바레인 등의 가난한 주민들 기초 생활 지원에 돌려질 때는 깨끗한 것인 경우가 많다. 그러다 그것이 흐름을 따라 하류로 흐르면서, 계좌에서 계좌로, 개인에게서 개인으로 옮겨다니는 동안 점점 '더러워지게' 된다. 그리고 일단 잠재적 테러리스들 손에 들어가게 되면 그것은 아예 시궁창이 되어버린다. 테러리스트들은 아주 소액을 가지고도 "작전을 펼" 수 있다. 9·11 테러를 위한 비행기 납치에 든 총비용은 훈련, 이동 그리고 여타의 잡다한 부분까지 합쳐 겨우 50만 달러가 들었다. 한편 세계 암시장을 통해 쏟아져 나오는 돈은 수십억 달러에 이른다. 테러리스트가 테러를 저지르기 위해 필요로 하는 금액은 콸콸 흐르는 유독한 돈의 강에서 퍼 올린 양동이의 물 중 겨우 한 방울 덜어낸 액수면 충분한 것이다.

　하지만 도움의 손길이 가까워지고 있었다. 재무부와 CIA가 문제를 해결하기 위해 취한 조치는 자금이 전 세계의 계좌들을 거쳐 흐르는 동안 추적하는 데 훨씬 더 나은 성과를 낼 수 있게 했다. 예를 들면 미국에 우호적인 국가든 그렇지 않은 국가든 간에 보다 정확한 표적을 찾아내고, 테러를 지원하는 국가로 지목되지 않은 나라들의 이익을 보다 높일 수 있는 방법과 결합된 국제적인 은행 업무에 대한 계약들이었다. 그것은 사우디로부터 받게 되는 특정 협조를 그리 중요치 않게 여기도록 만들 수 있었다.

　관료주의가 변하기 쉬운 방식으로 작용한다는 것을 이해하는 사람들에게 그 복잡한 방침은 이제 대통령의 성명에 따라 자산을 동결시키면서 앞으로 밀고 나아가는, 그러니까 상부에는 말로만 하는 척하는 태도를 보이고는 그동안 조용하게 완전히 딴판인 일을 추진하는 것이나 마찬가지로 여겨지게 되었다.

그들은 이제 돈이란 것이 대체적으로 정보의 한 형태라는 점을 이해하게 되었다. 현금이 가지고 있는 재원으로서의 성격은 부차적이었다. 자금이 이동한 흔적은 품질은 좀 떨어지나 혼합적 성격을 가진 정보로 이용될 수 있었다. 찾아보기 힘든 아주 귀한 것인, 작전에 당장 활용할 수 있는 인간 정보는 아니지만, 대체적으로 신호정보보다는 훨씬 낫다는 말이다. CIA 책임자 한 사람은 신호정보를 "맥락이 존재하지 않는 인간 정보"라고 말했다. 파이닌트finint 라고도 부를 수 있는 자금의 이동 경로를 나타내는 흔적은 관련 인물, 장소, 그리고 어쩌면 의도까지도 밝혀내 줄 수 있다.

2002년 6월의 어느 날 아침, 수요일 회의 참가자들은 커피 컵을 든 채 각자 조용히 자리를 잡고 앉았다. 아우프하우저가 애원조로 물었다.

"데니스, 와지르 건에 대해서는 좀 진전이 있는 겁니까? 이 시점에서 우리가 그자를 기소할 수 있는 거요, 없는 거요?"

로멜은 심호흡을 했다. 아랍에미리트에 파견되었던 FBI 팀이 막 귀환한 참이었다. 이 나라의 주요 은행 업자들은 마침내 아랍 세계에서는 유례가 없는 방식으로 협조를 한다는 데 동의했다. 미국 관리들은 아랍 세계의 엄청난 자금 이동의 구심점이 되고 있는 이 나라의 금융 제도 안에 머물러 있을 수밖에 없었다. FBI 팀은 정부 전 부처에서 마음속으로 바라던 사항을 충족시키는 협력 조건들을 가지고 돌아왔다. 거기에는 19명의 비행기 납치범에게로 자금이 어디서 흘러 들어갔는지 보여주는 훌륭한 정보도 포함되어 있었다. 금융의 중심지로서 아랍에미리트는 일종의 회계감사 시스템과 사기 행위를 방지할 수 있는 제도적 장치를 채택할 수 있게 되기를 몹시 바라고 있었다. 그렇게만 된다면 미국과 유럽 그리고 일본 등 비공산권의 선진 공업국들, 즉 제1세계(the first world) 정부 기관들에 좋은 인상을 줄 수 있기 때문이었다. 그들은 그런 방법을 배우고 싶어했다. 로멜과 그의 팀이 알게 된 사실은, 와지르가 2년이 좀 넘는 기간 동안 알 카에다를 위해 6,700만 달러라는 어마어마한 자산에 대한 관리 책임을 맡고 있었다는 것이다.

두 번째로 와지르가 알 카에다의 전체 자금 공급에 대해 갖는 중요성에도 미국의 법 규정에 따라 그를 기소할 수 없을 것이 분명해졌다. 자금이 미국과 미국 내 금융기관을 직접 거쳐 이동된 흔적이 너무 적었다. 로멜이 쥐어짜낼 수 있는 혐의는 경범죄에나 해당할 돈 세탁 방지법 위반과 별로 대단치 않은 몇 가지뿐이었다. 이런 정도로는 와지르를 체포해 미국으로 압송한 다음 기소하기에 충분치 못했다. 와지르에 대해 몇 개월에 걸쳐 수사를 하고, 아랍에미리트에 대한 중요 정보를 최종적으로 받고 난 후, 그러한 사실을 싫지만 인정하지 않을 수 없게 되었다.

로멜이 아우프하우저를 포함한 좌중을 향해 말했다.

"그럼요, 기소할 수 있습니다. 빌어먹게도 별 볼일 없는 죄목이라는 게 문제지요. 미국 법률의 측면에서 본다면 와지르 같은 자를 기소한다는 것이 정말 어려울 겁니다. 그자가 전 세계를 돌아다니며 저지른 짓들을 다 포함시킬 수 있다면 문제는 달라집니다. 하지만 미국의 법률은 솜방망이 처벌밖에 할 수 없게 되어 있습니다."

로멜이 법규와 관련된 상세한 부분들을 죽 훑어나갔다. 그러고는 결론을 내렸다.

"이런 이야기를 해야 한다는 건 정말 환장할 노릇이지만, 우리는 이 금융 문제에 대해 우리가 원하는 수준의 기소를 절대 할 수 없을 것 같습니다."

탁자 너머 그의 맞은편에 안달쟁이 필이 앉아 있었다. 데니스가 말했다.

"이제 이자는 온전히 필, 자네 걸세."

필이 미소를 지으며, 어미의 일부를 발음하지 않아 주저하는 듯 들리는 특유의 말투로 말했다.

"와지르에 대해 우리가 가지고 있는 계획은, 계획은 말이지… 뭔가 하면, 그자의 존재를 인정해준다는 것일세."

한 시간 뒤, FBI 본부에 돌아온 로멜이 두바이에 파견되어 있는 자신의 FBI 수석 요원에게 전화를 걸었다. 두바이는 도시 전체가 가지고 있는 열망과 이익을 얻고자 하는 정신이 국가가 아닌 욕망 그 자체에 담겨 있는 아랍 세계의 홍콩이라고 할 수 있는 그런 곳이었다.

로멜은 수석 요원 팀에게 안 좋은 소식을 전해야 했다.

"와지르에게서 손을 떼도록 하게."

팀이 믿을 수 없다는 듯 대꾸했다.

"이해할 수가 없군요. 왜죠?"

로멜은 괴로웠다. 자신이 갖고 있던 목표물 중 가장 가치가 높은 것을 경쟁 기관에 넘겨야 하는 것으로도 충분치 않단 말인가. 손을 떼야 한다는 사실 자체도 기밀이었다.

"미안하네만, 그 이유를 마음대로 이야기할 수 있는 처지가 아닐세. 그냥 손을 떼도록 해."

5월 하순. 국가안보국은 CIA에게 줄 선물 하나를 가지고 있었다. 마이크 헤이든이 그 사실을 알려주기 위해 전화 통화를 하고 있었다. 그들은 9·11

이후 그 어떤 것보다 더 귀중하다고 할 수 있는 급보를 받은 터였다.그것은 빈 라덴이 지명한 인물의 통신 내용에 관해서였다. 이 알 카에다의 우두 머리는 1998년 이후로 휴대전화나 위성 전화를 사용하지 않고 있었다. 그는 대단히 조심스러웠다. 자와히리나 KSM보다 한 계급 정도 아래에 있는 부관들이 그를 위해 소식을 전하는 임무를 맡고 있었다. 미국은 그 연락책들 가운데 몇몇이 누구누구인지를 파악하고 있었다. 그들은 빈 라 덴을 대신해 전화 통화를 하거나 이메일을 보내는 역할을 하고 있었다.

신호정보에 의하면 그러한 통신 가운데 하나가 그 왕국에서 몇 개의 가명으로 행세하는 수수께끼 같은 인물에게 전해졌던 것이다. 그러한 가 명들 가운데 가장 흥미를 돋우는 것은 '스위프트 소드Swift Sword'라는 이름이었다. 두 가지는 확실했다. 오사마 빈 라덴은 아주 건강하게 살아 있으며, 파키스탄-아프가니스탄 국경을 따라 각 부족들이 지배하는 지 역의 어느 장소에선가 이런저런 지시를 내리고 있다는 것이었다. 그리고 스위프트 소드라는 자는 실제로 아라비아반도에서 알 카에다를 대표하 는 인물이라는 것이었다. 그의 손길은 정권에 대해 반감을 가진 여러 지 부를 지휘하면서 왕국의 여러 장소에 한꺼번에 미치고 있는 것처럼 보였 다. 알 카에다 최고 지도부에서 내려오는 지시는 이것이었다. 작전의 초 점을 사우디 정부 전복에 맞출 것.

사우디 정권이 정통성을 갖고 있지 못하다는 점이 빈 라덴에게는 가 장 만만한 주제였다. 그의 꿈은 이집트와 요르단 그리고 이 지역에 있는 각 나라들의 정권과 함께 사우디 정권을 무너뜨리고 난 다음, 테헤란에 서 카이로, 페르시아 만에서 대서양에 이르는 지역에 예전처럼 마호메트 의 후계자들이 지배하는 국가(caliphate)인 무슬림 제국을 다시 건설한 다는 것이었다. 하지만 그 통신 내용은 그런 웅대한 계획이나 먼 장래의 꿈에 관한 것이 아니었다. 그것은 누구를 죽일 것이며 어떤 목표물을 공격할 것인지에 대한 작전 계획에 해당했다. 좀 더 구체적으로 말하면, 사우디 왕족들을 죽이고 유전을 파괴한다는 계획이었다.

전 세계에서 가장 많은 석유 매장량을 갖고 있는 사우디 유전을 파괴한다는 생각은 걸프 지역의 산유국들과 물릴 줄 모르는 소비자들인 선진국들 사이에 존재하는 불편한 상호 의존의 심장부에 날아든 직격탄이나 마찬가지였다. 미국이 소비하는 석유의 15퍼센트가 사우디아라비아에서 생산된다. 빈 라덴의 지시에 담겨 있는 전략적 중요성과 명확성은 미국 정부의 정책 입안자들에게 당장 분명하게 다가왔다. 그의 목표는 지지받을 수 없는 생각인, 미국과 언제 끝날지 모르는 투쟁에 골몰하는 것이 결코 아니었다. 오히려 그의 목표는 미국이 사우디아라비아를 필두로 하는, 다양한 아랍 정권에 대한 지지를 그만두도록 만들어 그 정권들이 민중 봉기에 취약한 상태에 놓이도록 만들자는 것이었다.

국가안보국이 도청하고 있던 것 가운데 색다른 정보가 있었다. 그것은 사우디 성직자들의 견해와 관련되어 있었다. 그들 가운데 일부는 상당히 존경받고 있으며, 엄청난 수의 추종자를 거느리고 있기도 했다. 그들의 의견은 대량 살상 무기가 이교도와 사우디 왕족들을 포함하는, 무슬림의 배교자들에게 사용될 수 있다는 것이었다.

테닛과 모와트 라센은 브리핑 시간에 그 사실을 체니에게 알렸다. 그런 다음 그들은 반다르 왕자를 만나러 갔다.

반다르 왕자는 네트워크 텔레비전에 정기적으로 출연해 자신의 분노와 슬픔을 토로하게 만들었던, 실패로 격앙되었던 그날들 이후로 어느 정도 안정을 되찾은 상태였다. 그는 사우디와 미국 두 나라가 '테러와의 전쟁'에서 협력해나가는 동맹국이자 좋은 우방이라는 점을 거듭해서 공개적으로 확언해왔다. 압둘라 왕세제는 크로포드 목장에서 부시와의 유대를 확인했다. 그리고 미국의 정책 입안자들은 그 회담이 있은 후 몇 날, 몇 주에 걸쳐 사우디 측의 요구에 몇 가지라도 답변을 주기 위해 서둘러 움직였다. 그들은 아라파트가 그의 청사를 떠날 수 있도록 허락하라고 이스라엘에 압력을 넣었다. 베들레헴의 예수탄생교회(the Church of the Nativity. 339년경 로마제국 콘스탄티누스 황제의 명령—일설에는 그의 모친 엘레나의 요청—으로 예루살렘의 마카리오스 주교가 예수가 탄생했다는 자리에 세운 원래의 건물은 529년 사마리아 인들의 반란 당시 화재로 소실되었고, 현재와 같은 모습으로 재건된 것은 재위 기간이 527년에서 565년까지였던 유스티아누스 치세이다. 십자군전쟁 이후로도 계속해서 이슬람 세력과 기독교 세력이 서로 차지하려 싸우는 장소가 되어온 까닭에 파괴와 재건이 반복되었고, 견고한 요새와도 같은 형태를 갖게 되었다—옮긴이)를 포위 공격하던 이스라엘 탱크도 철수했다. 샤론이 "평화를 사랑하는 사람"이라는 따위의 이야기도 더 이상 꺼내지 않게 되었다. 대단한 것은 못 되더라도, 압둘라 왕세제는 아랍 세계로 가지고 돌아갈 것이 생긴 것이다.

반다르 왕자는 버지니아 북부에 있는 자신의 으리으리한 저택으로 사절들을 맞아들였다. 테닛과 그의 부하들 몇 명이었다.

테닛은 왕자와 포옹했다. 테닛은 포옹을 좋아하는 인간이었으니까. 그와 반다르 왕자는 테닛의 주특기이기도 한 신뢰 구축을 하면서 수없이 많은 시간을 함께 보낸 사이였다. 반다르 왕자가 그들을 몇 개의 의자가 놓여 있는 자신의 서재로 안내했다. 왕자에게 늘 붙어 있다시피 하는 보좌관 리아드 마소드Rihad Massoud가 노트패드를 들고 뭐든 받아 적을 준비 태세를 하고 뒤따랐다.

의례적인 인사가 오간 다음, 테닛은 본론으로 들어갔다. 그는 상체를 잔뜩 앞으로 내밀었다. 그의 넓적한 얼굴에 걱정스런 표정이 스쳐 지나갔다.

"안 좋은 소식입니다. 빈 라덴이 공격 목표를 바꿨답니다. 이제 그자의 목표물은 왕자님입니다. 사우디아라비아가 목표가 된 겁니다."

반다르가 침통한 표정을 지었다.

"스카치 한잔하겠소?"

스카치가 대령되었고, 그들은 테닛이 안 좋은 소식을 전하는 동안 조니워커 블루라벨을 함께 마셨다.

테닛이 그 정보에 대해 설명했다. 알 카에다 지도부의 연락책이 사우디아라비아에 있는 조직에 취한 연락에 대해서였다. 이제는 왕족들이 공격 목표로 잡혀 있었다. 유전은 공격 목표로 어느 정도 가치가 있을지 판단하는 중이었다.

반다르가 말했다.

"그 내용을 좀 볼 수 있겠소?"

테닛이 말했다.

"그건 좀 곤란합니다. 하지만 알아두셔야 할 필요가 있는 것은 제가 모두 말씀드리지요."

이것은 말하자면 한쪽으로 비켜나 있던 사우디아라비아가 최전선에 나서도록 만드는, 미국과 사우디와의 관계가 아무도 모르게 바뀌기 시작하는 시점이라고 할 수 있다. 부시와 압둘라 왕세제의 그 기묘했던 회담으로도 이렇게 만들 수 없었고, 사우디 측에 테러리스트들 가족을 면담하게 해달라는, 아니면 최소한 테러에 자금을 지원하는 자들을 추적할 수 있는 계좌만이라도 공개해달라고 졸라대기 위해 줄줄이 리야드를 방문했던 미국의 고관들도 이렇게 만들 수 없었다.

사우디 인들을 움직이게 만든 것은 바로 두려움이었다. 알 카에다 작전 본부는 사우디의 섬세하고도, 대체적으로 비폭력적인 공포와 호의라는 균형을 뒤엎을 준비를 하고 있었다. 왕족들과 성직자들 사이에 존재하는 경건함과 돈줄로 얽힌 유대 관계 말이다. 모든 등식에서 함수와 같은 역할을 하고 있는 유전이 목표물이 되고 있었다. 거기에 사우디 왕가는 직접적인 공격 목표가 되고 있었고. 마침내 이 왕국에도 폭력이 도래한 것이다.

반다르는 언짢았다. 그가 두 번째 잔을 채웠다.

"어디서부터 시작하면 좋겠소?"

모든 행정부의 고위 관리라면 당연히 갖게 되는 물음은, 정확히 말해, 그 유명한 워터게이트 사건에서의 물음과 정확히 같지는 않더라도 상당히 유사하다. "대통령이 알고 있어야 할 것은 무엇이며, 언제 그것을 알아야 하는가?"

일반적으로 대통령들은 이런 물음을 자신이 거느리고 있는 직속 부하들에게 하게 된다. "내가 알고 있어야 할 필요가 있는 것은 반드시 내가 알고 있도록 만들란 말일세."

그들은 좌절감에서 그렇게 야단을 친다. 결국 문제는 알고 있어야 할 것들이 너무 많다는 것이며, 대통령이라 하더라도 이따금씩 눈 좀 붙일 시간이 필요하다는 것이다.

한 가지 분명한 사실은, 2002년 여름 무렵 조지 W. 부시는 '테러와의 전쟁'이 가지는 독특한 성격과 대면해 다른 많은 사안에 대해 그래 왔던 것처럼 자기 나름의 특성을 대입시키려 했다는 점이다.

먼저 연간 예산 20조 달러가 넘는 거대한 규모를 가지고 있는 정부의 상당 부분이 몇 안 되는 테러리스트를 찾아내는 데 전력을 기울이고 있었다. 기묘할 정도였다. 미국은 전에도 몇 차례 그런 일이 있었다. 우드로 윌슨 대통령이 판초 비야Pancho Villa(1878~1923. 본명은 호세 도로테아 아랑고 아람불라. 멕시코의 농지개혁을 이끈 혁명가. 농장 노동자 출신으로 누이가 농장주에게 강간을 당하자 농장주를 죽이고 산적이 되었고, 부자들을 턴 돈과 재물을 가난한 사람들에게 아낌없이 나눠주면서 민중의 신망을 얻게 되었으며, 독재 정권에 맞서는 혁명을 일으켜 멕시코 북부 지역을 장악, 농지개혁을 실시했고, 멕시코의 민중 영웅으로 부상했다. 이 과정에서 미국 영토인 뉴멕시코 주 컬럼버스를 습격했다— 옮긴이)와 그가 이끄는 오합지졸 패거리를 토벌하도록 미 육군을 파견했던 일이 한 예다. 하지만 9·11 이후 시대의 상황은 미국이 그런 일을 아예 대놓고 계속하도록 부추겼다. 개인들이 손에 넣을 수 있는 대량 살상 무기가 그렇게 만든 것이다. 독기를 품은 몇몇 개인으로 이루어진 집단이 대규모 침략군만큼이나 위협적인 존재가 되기에 충분한 상황이었다.

6월 초, 조지 W. 부시는 뉴욕 주 웨스트포인트의 미 육군사관학교에서 그런 취지의 연설을 했다.

"지난 세기 대부분의 기간 동안 미국의 국방은 전쟁의 억제와 견제라는 냉전 시대 원칙에 의존해왔습니다. 어떤 경우에는 그런 전략이 아직도 적용될 수 있습니다. 하지만 새로운 위협은 새로운 사고를 요구합니다. 전쟁 억제라는 것, 먼저 즉 전쟁을 도발한 국가에 대해 반드시 대규모의 보복 공격이 뒤따르리라는 원칙은 자신들이 방어해야 할 국가나 국민 같은 게 없이 그림자처럼 움직이는 테러 조직에게는 아무런 의미가 없습니다. 대량 살상 무기를 보유하고 있는 국가의 균형 감각을 상실한 독재자가 그런 무기를 미사일에 탑재해 발사한다거나, 그것을 비밀리에 자국과 동맹 관계에 있는 테러 조직에 제공하게 될 경우, 견제라는 것은 불가능한 개념이 됩니다. 우리가 좋은 때가 오리라는 낙관적인 생각만 하고 있다면, 우리는 미국과 미국의 우방들을 지켜낼 수 없습니다. 우리는 진지한 척 핵확산금지조약에 서명을 하고는 그것을 조직적으로 위반하기를 일삼는 독재자들의 말을 신뢰할 수 없습니다. 만약 우리가 그런 자들로부터의 위협이 완전히 구체화될 때까지 기다린다면, 우리는 너무 오래 기다린 셈이 될 겁니다."

부시의 연설에 웨스트포인트 축구장을 가득 메운 사관생도들은 천둥과도 같은 박수로 응답했다.

"본토에 대한 방어와 미사일 방어망은 보다 강력한 안전 보장 방식의 일부이며, 그것은 원래 미국의 국방 정책에서 가장 우선시되는 것이기도 합니다. 그러나 '테러와의 전쟁'은 그런 방식의 국방 정책을 통해서는 이길 수 없습니다. 우리는 적에게 선제공격을 가해 그들의 계획을 좌절시키고, 최악의 위협이 모습을 드러내기 전에 그것과 대결을 벌여야 합니다. 우리가 살아가고 있는 이 세계에서 안전을 보장할 수 있는 유일한 길은 바로, 먼저 행동을 취하는 길뿐입니다. 그리고 미국은 행동에 나설 겁니다. 우리의 안전은 동굴 속에 은신해 있으며, 연구소 안에서 자라고 있는 위협들을 밝혀낼 수 있는 최고의 정보전을 요구하게 될 것입니다. 우리의 안전은 FBI와 같은 국내의 안전을 돌보는 기관을 현대화해 그들로 하여금 위험에 맞서 행동을 취할 준비를 시키고, 신속하게 행동하도록 만들 것을 요구하게 될 것입니다. 우리의 안전은 여러분이 이끌게 될 군대의 변신을 요구하게 될 것입니다. 이 세계의 어느 음침한 구석에서든 한순간이라도 도발의 조짐만 보이면 그것을 타격할 준비가 언제나 되어 있는 그런 군대 말입니다. 그리고 우리의 안전은 모든 미국인이 우리의 자유를 지키고 우리의 생명을 지키는 데 필요하다면 언제라도 적에 대한 선제공격을 하겠다는, 먼 장래를 내다보는 단호한 태도를 요구하게 될 것입니다."

'선제공격(preemptive)'이라는 낱말은 조심스럽게 선택된 것이었다. 이 낱말이 사용될 수 있는 상황은 일반적으로 증거, 즉 위해를 가할 수 있는 수단과 욕구 두 가지 모두에 대한 증거가 존재할 경우로 봐야 한다. 플로리다 해안에서 겨우 90마일 떨어진 곳에서 미국에 대한 적대 행위를 공언한 쿠바 정권의 미사일처럼 말이다. 하지만 이날 연설을 들은 사람들 대다수는 이 말이 훨씬 더 광범위한 개념인 '예방(prevention)'에 더 가까이 다가선 것으로 느꼈다. 그것은 파괴 능력을 갖게 된 국가들이 반미로 흐르는 것을 미리 막는다는 것을 의미했다.

그 후 한 달여에 해당하는 몇 주일 동안, 행정부의 여러 관리는 공개적인 자리에서 그토록 범위가 넓은 명령에서 한발 물러서 있었다. 그 말을 사용하려 들지 않았던 것도 분명하다. 그러나 사실상 예방 정책이라는 것은 그보다 한층 더 포괄적인 체니 독트린의 필연적인 결과였다. 커다란 재난이 닥칠 수 있다는 단 1퍼센트의 가능성만 있어도 그것을 '확실한 것'으로 간주한다는 것이자, 확실한 증거, 즉 의도와 능력 어느 쪽이 되었건 그것에 대한 증거가 너무 높은 문턱으로 여겨지는, 본질적으로 의혹을 토대로 하는 예방 원칙이 작동하는 방침 말이다.

세계에서 가장 강력한 국가라 할지라도 기본적인 능력 면에서 본다면, 이것은 너무도 힘에 겨운 방침이다. 예를 들면 100퍼센트에서 '1퍼센트'의 가능성을 추적해내기 위해 들게 되는 인력과 화력, 그리고 어쩌면, 젊은이들의 피와 국고라는 면에서 본다면, 그 비용은 얼마나 될까? 1,000분의 1퍼센트라면 어떻게 할 것인가? 아니면 1만 분의 1퍼센트라면? 그리고 그러한 하루하루의 노력에서 대통령은 어느 위치에 있어야 적합할까? 대통령의 업무 시간 배분은 그의 개인적 선호도에 따르는 것으로 해결될 문제가 아니다. 대통령은 온 국민을 대표하며, 국외 문제든 국내 문제든 중요한 모든 사안을 처리하도록 뽑힌 것이다.

CIA와 FBI 고위 책임자들이 대통령의 처신에 대해 그것이 현명한지 늘 궁금하게 여겨왔던 것도 바로 그런 이유에서다. 일국의 대통령이 대부분 결국 아무것도 아닌 것으로 결론이 날 수도 있는 수많은 이런저런 발의나 수사의 세세한 부분에까지 그토록 깊이 관여하려 드니 말이다.

조지 부시는 매일 아침 5시 30분에 기상해 아침 운동을 하고, 영부인과 커피를 마신 다음, 대개는 성경이나 간략한 설교 같은 종교 관련 책자를 읽고는, 7시 30분 무렵 자신의 집무실에 나오는 것으로 널리 알려져 있다. 오늘 그는 업무를 보러 출근한 것과 거의 동시라고 할 수 있는 오전 8시에 테닛 팀을 만났다. 그다음 차례는 존 애쉬크로프트John Ashcroft 법무장관과 톰 리지까지 포함된 밀러 국장 팀이었다.

대통령이 테닛에게 물었다.

"스위프트 소드에 대해 우리가 확보한 정보는 뭔가?"

테닛이 대답했다.

"어제 보고를 드린 내용이 전부입니다. 하지만 사우디 쪽 정보원을 통해 계속 캐고 있는 중이며… 신호정보에 나타난 것을 본다면… 그리고 내일까지 더 많은 정보를 확보할 수 있을 것 같습니다."

대통령에게서 나온 질문은 단순한 질문이 아니다. 그 질문에 대한 답변을 찾아내는 것은 정부 조직의 엄청난 부분을 거기에만 매달리도록 만들 수 있다. 설사 그것이 전문가이자 날마다 싸움을 해나가고 있는 사람에게 한 질문이라 할지라도 말이다. 하지만 대통령은 그것이 가장 중요한 질문이 될 수 있게 해줄 대답을 원하고 있는 것 아닌가? 한 CIA 고위 관리의 말이다.

"그러니까 어떤 면에서 본다면, 그것은 CIA의 일개 조사원에게 절대 권력을 쥐어주는 것이나 마찬가지입니다. 그것은 엄청난 재앙을 초래할 수 있는 일이죠."

법무부나 정보국 소속으로 부시에게 브리핑을 했던 경험이 있는 많은 인사나 정례적으로 브리핑을 해온 사람의 말에 의하면, "뭔가를 심사숙고하려는 사람보다는 실행에 옮기는 사람들, 행동하는 사람에 대해" 보다 관심을 가지고 있으며, "보다 폭넓은, 이론적 질문을 하는 체니는 심사숙고 유형에 보다 관심이 많다"고 한다. 대통령은 현장이 어떻게 돌아가고 있는지에 더 관심이 있는 것이다.

부시는 싸움 그 자체의 자질구레한 부분에 대해 직접 알아봐야만 직성이 풀렸다. 그는 포로들에 대한 상세한 정황에 대해 묻곤 했는데, 그것으로 "우리 요원들이 실제로 일을 얼마나 했는가를 알 수 있다"고 생각했다. 게다가 자주 그 요원들을 직접 만나보길 원했다. 어떻게 하면 주바이다가 진실을 털어놓도록 만들 수 있을 것인가에 대해 계속 주시하고 있을 때는 한 보고자에게 "이런 거친 방법이 정말 효과가 있던가?" 묻기도 하고, 다른 보고자에게는 "빈 라덴은 어떤 방식으로 충성을 강요한다던가?" 묻기도 했다.

물론 대개는 훌륭하게 싸워낸 부하들에게 이러한 연대감을 표시하면서 챙기려 드는 것에서 그의 온후함을 엿볼 수 있다. 언젠가 브리핑을 받던 도중 부시는 반쯤 장난삼아 이렇게 말하기도 했다.

"만약 그게 자와히리의 머리라고 판명이 되거든 나도 볼 수 있게 한번 가져와 보게."

그리고 이 시기에 부시는 래카와나 건에 대해 뮐러 국장에게 푹 빠져 있다시피 했는데, 한번은 브리핑 시간에 초조해하면서 이렇게 물었다.

"이보게, 이자들 위험한 거야, 아닌 거야? 왜 우리에겐 그런 걸 미리 찾아낼 방법이 없는 건가? 정말 오랜 동안 우리는 안개 속에서 주위에 뭐가 있는지도 모르고 계기에만 의존한 채 비행한 거나 마찬가지 아닌가?"

밥 뮐러는 검사 시절 새벽 5시 30분에 그 누구도보다도 일찍 출근하는 것을 좋아했다. 사람들이 그것을 알아차리게 되었지만, 좀 과하다고 생각했을 뿐 그러거나 말거나 개의치 않고 각자 자기 식대로 출근했다. 하지만 FBI의 체제 순응주의적 문화 안에서 국장의 이런 습관은 무슨 증거 파일이라도 되는 것처럼 아래로 전해지게 되었다. 사람들은 5시에 출근하기 시작했고, 몇몇은 아예 4시 30분에 출근하기도 했다. 비록 숱한 규칙이 있지만 행동, 복장, 거동 등에 대한 규범을 곧이곧대로 따르는 것은 FBI답지 못하다는 생각에서였다.

이 시기의 이런 현상은 점수를 따기 위한 것과 더 관계가 있다고 할 수 있었다. 2002년 여름 무렵까지는 FBI 내의 모든 사람이 직무평가에서 A를 받기 위해 죽어라 신경을 쓰고 있었던 것이다. 그것은 마치 수업 시간마다 무슨 소린지 알아듣지도 못한 채 앉아 있으면서 선생에게는 가외로 숙제를 더 내달라고 조르는 학생 격이었다.

9·11 이후 거의 2,000명에 이르는 미국 내 아랍계 젊은이가 구금되어 갖가지 기관에 넘겨지거나 국외 추방을 당했다. 이것은 쓰레기 같은 정보를 입력하면 그것을 통해 얻게 되는 정보 역시 쓰레기라는, 정보처리 과정에서 나타나는 고질적 문제였다. 쓰레기 정보라는 게 뭔가? 예컨대 모하메드 아타가 자주 드나드는 버지니아 북부의 한 상점에서 물건을 산

모든 사람, 칸Khan이라는 흔해빠진 성을 가진 엄청난 수의 미국인, 그리고 두려움에 사로잡혀 민감해진 온 국민으로부터 터진 봇물처럼 쏟아져 들어온, 때로는 하루에 거의 1,000건에 달하기도 했던, '의심스런 행동'에 대한 신고 등등이 그것이었다.

그것은 마치 세력이 커지고 있는 볼셰비키 당원들이 자국에 발판을 마련하게 되지나 않을까 두려워했던 시절인 1920년대 초 동유럽 사람들에 대한 반응, 또는 진주만 기습 직후 일본계 미국인들에 대한 반응과 비슷했다. 이제는 아랍계 미국인들에 대해 유죄 판결을 받지도 않은 상태에서 유죄로 단정해버리는 시대가 되어버린 것이다. 만약 어떤 남자가 아랍계라면, 그가 뭐가 되었건 평소와 좀 다른 행동, 혹은 명백하게 해명하기 힘든 행동을 하게 되면 즉시 경계 대상이 되어버렸다. 말하자면, 9·11 이전에 자동차 한 대를 렌트했는데 신속하게 반납하지 않았다, 세 명의 남자가 트럭 한 대를 렌트했다가 신속하게 반납은 했으나 어딘가 모르게 '불안해' 보였다. 자신의 고용주에게 자신이 조종사 면허를 가지고 있는데 상용 제트기 조종법을 배우기 위해 돈을 저축하고 싶다고 말했다, 또 다른 사람이 단순히 아메리칸 에어라인 신용카드를 사용했다. 뭐 이런 것들이 다 경계의 대상이 된 것이다.

여기 든 예들은 모두 실제 있었던 일로, 9·11 테러가 있은 후 9개월 동안 아랍계 남자들이 일제 검거되어 브루클린이나 뉴저지의 감옥 또는 다른 시설에 수용된 사유들이다. 대다수는 가장 확실한 올가미인 신용카드 사용 기록에 딸린 주소와 전화번호, 나이, 그리고 분명하게 표시되어 있지는 않지만 그러리라고 추정이 가능한 여타의 관련 데이터를 근거로 체포되었다. 일상의 구체성이란 점에 있어서, 뒤죽박죽이고 땀내 나는 유치장 안에서 이루어지는 외국 억양의 변명보다 훨씬 더 압도적이고 설득력을 갖춘 데이터들로 이루어진, 전산 처리되는 신원에 의해서 말이다. NSA에서 보낸 급송 전문으로 오마하는 마치 경찰과 검찰의 앞길을 환하게 밝혀주고 시스템 전체에 전기 충격을 주면서 형법 체계 전체에 전류를 보내는 발전소처럼 변해버렸다.

여름 무렵까지, 체포 건수에 대한 기소 건수의 비율이 FBI 역사상 그어느 때보다도 한층 더 일치하지 않게 되리라는 것은 분명했다. 기소되는 경우는 사실상 거의 없을 것이었다. '테러와의 전쟁'에서 다른 많은 경우와 마찬가지로, 그 편차는 하향세였다. FBI가 내버려둔 것을 처리하는 쪽은 이민귀화국(INS)이었다. 행동이 의심스럽거든 그냥 국외 추방을 하라는 것이었다.

래카와나에서 알 카에다 지부일 가능성이 있는 조직이 최초로 확인되면서 FBI는 다시 한번 완전히 새로운 영역에 들어서게 되었다. FBI는 그때까지 되는 대로 취해온 조치의 지침이 된 원칙에 따라 안전한 쪽을 택하는 의미에서 이 사람들을 일제 검거할 것인가, 아니면 이들이 정말로 얼마나 위협적인 존재인지를 알아내기 위해 밀착 감시를 붙일 것인가를 고심했다. 후자 쪽 방침은, 만약 그들이 진짜 폭력적인 수단을 사용할 태세가 되어 있는 알 카에다 지부일 경우, FBI의 감시망을 벗어나 끔찍한 피해를 입히도록 방치하는 위험을 무릅쓰는 것이 될 수도 있었다.

밀러는 후자 쪽을, 그리고 위에서부터 철저하게 감독한다는 방침을 택했다. 만약 뭔가 재난이 터진다면 그건 아주 중대 사건이 될 터였다. 지난 9개월 동안 서둘러 허가를 얻어 겨우 수색 "영장을 발부받거나"(혹은 아예 수색 영장도 없이) 진행해야 했던 수천 건에 비한다면, 이번에 FBI는 피사 코트에서 감시 영장을 미리 발부받는 식으로 사려 깊게 움직였다. 그 사람들도 결국 미국 시민이었던 것이다. FBI는 이번 사건을 규정에 따라 처리하려 했다.

늦여름의 해가 뜰 무렵, FBI 본부는 사람들로 들어차기 시작했다. 그 것은 푸른 제복 물결에 여전히 남자들만의 세계로, 사람들은 4층에 있는 이발소에서 자로 잰 듯 똑같은 길이로 머리를 자르고 있었다.

하루를 시작하면서 맨 먼저 받게 되는 전화는 대개 버팔로에 있는 FBI 지부에서 걸려오는 것이었으며, 오후 중반 무렵이 되면 또 한 차례 걸려 오게 되어 있었다. 25명의 대테러 요원과 CIA에서 파견된 대표 한 명이 한때는 나른한 뉴욕 주 서부의 변경 지대였던 이 소읍으로 몰려들기 시 작했다.

8월 12일. 뮐러는 이날을 위해 이 사건을 담당한 수석 요원들인 에드 니덤Ed Needham과 데이브 브리튼Dave Britten을 버팔로에서 워싱턴 본부로 소환했다. 부시가 뮐러에게 대답을 내놓으라고 재촉을 해대고 있었다.

니덤과 브리튼은 뮐러와 함께 그의 회의실에서 그 문제에 대해 아주 충분히 논의했다. 문제점은 이랬다. 이 문제에 대해 지나칠 정도로 관심 을 갖고 있는 대통령이 답변과 사전 조치를 원했다. 감시 단계인 상황에 서는 아무리 그렇게 하려고 해도 그것이 불가능함에도 말이다.

외부 사람이라면 누가 되었건 단박에 알아보는, 서로 긴밀한 관계에 있는 공동체 래카와나로 거의 모든 FBI 요원이 몰려든 것처럼 보였다. 주민들은 도처에서 아무런 표시가 되어 있지 않은 세단에 타고 있는 요 원들을 볼 수 있었다. 나중에 주민 가운데 하나가 현지 기자에게 털어놓 은 바로는, 모든 주민이 그들이 워싱턴에서 왔다는 것을 알고 있었다. 어 떻게 알았을까? 차 안에 앉아서 잠복근무 중인 요원들이 너나 할 것 없이 〈워싱턴 포스트〉를 읽고 있었다는 게 아닌가.

니덤이 뮐러에게 래카와나의 용의자들은 "아마도 우리가 와 있다는 것을 알고 있었을 것"이라고 말했다. "만약 그자들이 마음을 놓게 만들고, 어쩌면 우리가 알고자 하는 다른 무슨 행동을 하게 만들려면, 우리가 약간 후퇴해야 할 겁니다."

뮐러는 그 점에 대해 검토했다. 모든 중요한 사안이 서로 충돌하고 있었다. 만약 FBI가 정보를 수집할 요량이라면, 현재 취한 조치를 잠시 뒤로 물려야 했다. 용의자들이 숨을 쉬고, 어쩌면 다른 곳으로 여행을 하게 만들어 그들이 어디로 가는지 알아보는 것이다. 그러나 만약 목표가 기소라고 한다면, 그자들을 붙잡아 증거를 확보해서 사건으로 만들어야 한다. 사건으로 만들기에 충분한 증거는 없지만 그들이 무슨 짓을 할지 걱정이 된다면 계속 압박을 가할 수밖에 없다. 예방 차원에서 조사를 해볼 수 있는 것이다.

뮐러가 니덤에게 말했다.

"여러 말 말고 바짝 붙어 감시를 계속하게. 우리는 그자들이 감시망을 벗어나서 무슨 짓을 하도록 놔두는 위험을 무릅쓸 여유가 없네."

물론 그것은 무자비하다 싶을 정도로 끊임없이 질문을 퍼부어대는 대통령이 지적하는 부분이기도 했다. 모든 상세한 내용에 대해 윗선에 보고해야 한다는 것은 위험 혐오증 같은 증세를 나타나게 만든다. 그것은 상사의 끊임없는 관찰에 의해 생겨나는 것으로, 결과가 나타난 후 받게 되는 질책과 예민한 신경질이 그 예가 된다. 이런 현상은 정부 조직의 엄청난 부분을 움직여나가야 하는 전문가들을 상사에게 터무니없을 정도로 자주 보고나 해대야 하는 중간 관리자로 만들어버리게 된다. 정보국 소속 한 고위 관리가 털어놓은 말이다.

"우리는 일이 잘못되어 시민들이 목숨을 잃거나 하는 사태가 생기는 걸 원치 않습니다. 그건 악몽입니다. 그래서 모든 것을 윗선에 보고하게 됩니다."

그것은 정보라는 것이, 건전한 것이든 그렇지 못한 것이든, 안전을 기하기 위해 모두 대통령 집무실(Oval Office)로 밀려들게 된다는 것을 의미한다. 대통령의 기분은 날마다 받게 되는 온갖 곡절로 가득한 브리핑, 경보, 장기적인 정책 등에 의해 오르락내리락하게 된다. 여름 내내 부시는 희망에 부풀어 있었다. 누구라도 그랬겠지만, 자와히리의 머리에 대한 DNA 검사 결과가 어떻게 판명될 것인지에 대해서였다. 결국 자와히리는 몇 개월 동안 자취가 드러나지 않고 있었으니 말이다. 그가 살아 있음을 나타내줄 수 있는 그 어떤 신호정보도, 무심코 드러내게 되는 정보도 전혀 없었다. CIA의 한 분석관은 한 회의에서 자와히리가 죽었을 수도 있다고 대통령이 느끼고 있는 것이 미묘하게나마 "대통령으로 하여금 알 카에다와 맞서 싸우는 일을 접어버리고, 이라크 문제로 옮겨가야할 때라고 생각하게 만드는 것이나 아닌지" 내심 궁금했다고 이야기했다. DNA 검사는 결국 일치하지 않는 것으로 판명되었다. 대통령에게는 언짢은 날인 셈이었다. 대통령 이하 숱한 사람에게 그토록 큰 희망을 걸게 만들었던 그 두개골은, 스태튼 아일랜드Staten Island(뉴욕 만 입구 서쪽의 섬—옮긴이)에 있는 FBI 창고로 보내지고 말았다.

여름이 거의 끝나갈 무렵, 버팔로를 떠나 중동 지역을 여행하다 다시돌아온 래카와나의 아랍인들 가운데 무크타르 알 바크리Mukhtar al-Bakri로부터 전송된 몇 통의 이메일이 수집되었다. 그는 곧 있을 결혼식에 대한 이야기를 하고 있었다. 과거에 '결혼식(wedding)'이라는 단어는 공격을 나타내는 암호로 사용되었다. CIA 분석관들은 다급함을 알리고는 서둘러 백악관으로 향했다. 다른 경보의 경우와 마찬가지로 정부

수뇌부에서는 실무자들의 브리핑을 요구했고, 대국민 경보를 발해야 할 것인지 여부를 따져보면서 몇 시간째 공황 상태로 보내게 되었다. 법무부는 국방부와 머리를 맞대고 래카와나의 아랍인들을 당장 "적의 전투원들"로 규정할 것인지의 여부를 숙의했다. 이런 사실은 대통령에게도 통보되었다. 이러한 상황에서 모든 위기는 훈련을 받고 있는 CIA 조사원처럼 모든 사건을 어디에서나 감정적으로 책임지려 드는 대통령에게도 당장 위기가 되었다. 리탈린Ritalin(주의력 결핍 과잉행동 장애 치료제—옮긴이)을 복용해야 마땅한, 롤러코스터라도 탄 것처럼 오르락내리락하는 인물이 전군 최고 사령관인 셈이었다.

아무도 FBI에 그 사실을 확인해보려 들지 않았다. FBI는 알 바크리가 실제로 자기 결혼식을 준비하고 있다는 것을 알고 있었다.

9월 8일. 런던의 〈선데이 타임스〉는 요스리 포우다가 할리드 쉬크 모하메드를 인터뷰한 기사를 실었고, 알 자지라 방송은 9월 12일에 전파를 타게 될 포우다의 다큐멘터리 전체 분량에 대한 이야기와 함께 공개된 사실에 대한 뉴스를 내보내기 시작했다.

그러는 동안, 파키스탄 경찰과 CIA 요원들은 포위망을 좁혀가고 있었다. 급습 시간의 조정은 테닛과 카타르 토후 사이에서 합의된 사항이기도 했다. 포우다의 기사가 발표되기 전에 그 아파트를 급습한다면, 관측통들은 CIA가 방송사에서 정보를 얻었다고 여길 수도 있기 때문이었다. 이제는 의심을 살 만한 부분이 없어졌다고 해도 무방했다. 그 취재 자체가 9·11 테러를 자행한 비행기 납치범들이 은신해 있는 장소를 CIA가 알아내는 데 도움을 주었다고 여겨질 수 있게 되었기 때문이다.

9월 11일 새벽 3시. 경찰관들이 몇 채의 아파트 현관문을 박차고 들어갔다. 한 아파트 안에는 KSM의 아내와 아이들이 있었다. 경찰은 일단 그들을 붙잡았다. 그러나 정작 테러를 저지른 자는 그 어디에서도 흔적을 찾을 수 없었다. 다른 아파트 안에는 빈 알 시브와 여섯 명의 사내가 있었다. 이들은 반사적이다 싶을 정도로 당장 격렬한 저항을 해왔다. 그들 가운데 하나가 경찰을 향해 수류탄을 던졌고, 그것이 폭발했다. 다른 하나는 수류탄과 다른 무기들이 든 가방을 집으려고 손을 뻗다가 사살되었다. 경찰이 그들 가운데 세 명을 제압하는 동안 빈 알 시브와 다른 두 사내는 총을 쏘고 수류탄을 던졌다. 경찰 당국은 이런 저항에 대비하지 못했고, 그들은 포로로 잡은 사람들과 네 명의 부상당한 경찰을 데리고 현장에서 물러났다.

다음 몇 시간 동안, 경찰은 아파트 쪽을 향해 응사하면서 그 안으로 최루탄을 쏘아 넣었다. 빈 알 시브와 남은 두 명은 그래도 밖으로 나오지 않았다. 다시 그 안으로 진입하지 않을 수 없게 된 경찰들은 겁에 질렸다. 〈뉴욕 타임스〉 기자에게 제보한 목격자들에 의하면, 경찰들은 계단을 다시 올라가면서 나지막한 소리로 기도문을 외웠다.

세 명의 테러리스트는 창문이 없는 주방 안으로 물러나 있었다. 그들은 현관으로 들어서는 경찰들을 향해 소총을 쏘아댔고, 무기를 버리고 항복하라고 명령하자 '개자식들!'이라고 고함만 질러댔다. 그들 가운데 하나가 주방의 엄폐물을 벗어났고, 그는 즉시 사살되었다.

빈 알 시브는 끝까지 싸웠다. 그는 경찰관 한 명의 총을 움켜쥐고 놓지 않았다. 결박되는 동안에도 그는 경찰을 향해 아랍어로 고함을 질러댔다.

"네놈들은 모두 지옥에 떨어질 거다!"

그날 늦게, 남서쪽으로 1,000마일이나 떨어진 곳에서, 바레인 경찰이 무크타르 알 바크리를 그의 결혼식 날 체포했다. 이 일은 대통령과 부통령의 명령에 의해 이루어졌으며, FBI와 CIA 모두 어느 정도 반발하고 나섰음에도 강행되었다.

뉴욕 주 북부의 상황에 대해 거의 4개월에 걸쳐 브리핑을 받고 난 후, 부시는 이라크와 전쟁을 벌이는 것에 대한 정당성을 주장하기 위해 유엔에서 하게 될 9월 12일의 연설을 준비하면서 그 명령을 내렸다. 바로 전날인 9월 10일, 그는 미국 내에서 테러 경보의 수준을 높이도록 지시했다.

이런 모든 조치는 어쩌면 '의심＋시간＝체포'라는 등식에 의해 고무된 것일 수도 있었다. 이 예에서, 결혼식과 관련된 이메일에 더해 바크리가 (CIA의 의심을 불러일으킨 어구 목록에 포함되어 있는) '푸짐한 식사(a big meal)'을 대접하는 내용으로 래카와나에 보낸 또 한 통의 이메일이 즉시 행동을 취하는 쪽으로 균형을 무너뜨린 것일 수도 있었다. 그게 아니라면, 그 후로 FBI와 CIA 요원 가운데 일부가 암시해오고 있던 것처럼, 대통령과 부통령이 '테러와의 전쟁'에서 자신들이 가지고 있는 범위에 구애받지 않으며 아주 창조적으로 휘두를 수 있는 특권을 행사한 것일 수도 있었다. 말하자면 무엇이 되었든 자신들이 결정하는 이유로, 자신들이 원하는 것을, 자신들이 원할 때 한다는 것이다.

CIA는 수도 마나마Manama에서 알 바크리를 체포한 바레인 경찰과 통화하라는 지시를 받았고, FBI는 심문자 한 명을 급파했다. 공교롭게도 그는 이슬람교도 출신으로는 최초의 FBI 요원이 된 인물이었다.

바크리는 언제든 순교할 태세가 되어 있는 냉혹한 성전 전사라기보다는 그저 겁에 잔뜩 질려 있는 23세 젊은이에 더 가까웠다. 그는 전해 우연히 알 카에다 훈련 캠프에 흘러 들어가게 되었는데, 얼마 안 가 빈 라덴에게 자기 부모가 자신에 대해 걱정한다는 사정 이야기를 하고는 거기서 빠져나오려 했다고 털어놓았다.

다음 날, 바레인에서 바크리는 심문자에게 자신이 다른 여섯 명의 래카와나 사람과 함께 파키스탄에 있는 알 카에다의 훈련 캠프 알 파루크al Farooq에서 훈련을 받은 방식에 대해 설명했다. 그는 자기 일행이 어떻게 해서 빈 라덴을 만났으며, 어떻게 해서 칼라시니코프로 사격하는 훈련을 받게 되었는지 설명했다. 그는 일행의 이름을 털어놓았다. 자브르 엘바네Jaber Elbaneh(26세), 사힘 알완Sahim Alwan(29세), 야야 고바 Yahya Goba(25세), 파이잘 갈라브Faysal Galab(26세), 샤팔 모세드Shafa Mosed(24세) 그리고 야센 타헤이르Yasen Taheir(24세).

그들은 그 지역 예멘 인 사회에서는 명망 있는 구성원들이라고 할 수 있었다. 갈라브는 그 지역 한 주유소의 일부를 소유하고 있었다. 타헤이르는 고등학교 시절 자기 반에서 "가장 사교적인" 학생이었으며, 대학에 가서는 축구부 주장을 맡기도 했다. 그들 모두 축구를 좋아했고, 지역 리그에서 선수로 뛰고 있었다. 9월 13일과 14일, 그들은 아무것도 하지 말라는 금지 명령을 받았다. 엘바네는 해외에 나가 있었다. 그는 한 해 전 훈련 캠프를 찾아가기 위해 출국한 이후로 다시는 돌아오지 않았다. 각자 자기 일을 부지런히 하고 있던 나머지 다섯 명은 지체 없이 체포되었다. 바크리와 함께 이미 구금되게 된 그들은 곧 '래카와나의 6인'으로 사방에 알려지게 되었다.

유엔에서 연설을 하고 난 직후부터 며칠간은 대통령이 공식적으로 이라크를 보다 폭넓고 도처에 존재하는 테러 위협과 연관 짓기 위해 싸움을 시작한 때이기도 하다. 이 시기에 벌어진 래카와나 용의자의 체포는 신문 머리기사를 장식했고, 행정부 내 여러 관리의 주장을 뒷받침하는 사실이 되었다. 그리고 최초의 테러 지부로 의심이 가는 집단에 대해 생각을 명확하게 정리하고 분별 있는 방식으로 대처하기 위해 FBI가 4개월에 걸쳐 기울여온 노력은, 궁극적으로, 부시가 던진 단 하나의 질문으로 그만 결론이 나버리고 말았다. "이자들이 아무런 짓도 하지 못하도록 만들 자신이 있는가?"

부시는 9·11 테러 1주년이 다가오면서 밥 뮐러와 그가 이끄는 팀에게 계속 그런 질문을 던지고 있었다. 그로부터 1년 후, FBI 대테러센터 실장 데일 왓슨은 〈뉴욕 타임스〉와의 인터뷰에서 그 당시 상황과 FBI의 반응에 대해, "설사 그자들이 무슨 짓을 하려고 계획을 하고 있다 할지라도, 우리는 아무런 짓도 하지 못하도록 막을 수 있다고 어쩌면 99퍼센트 정도까지 확신하고 있었다"고 말했다. 그리고 왓슨은, 대통령의 답변은 "당시 우리가 따라야 했던 규칙에 비춰본다면 그런 확신은 인정될 수 없었다. 그렇기 때문에 '그자들을 이 나라에서 몰아내자'는 의식적 결정이 내려졌던 것"이라고 부연했다.

대통령이 언급하고 있던 그 '규칙들'이라는 것은 말할 것도 없이 부통령이 만들어낸 것이었다. 그것으로 일단 FBI가 체니 독트린의 맛을 본 셈이 되었다.

두바이에서 다급하게 데니스 로멜을 찾는 전화 한 통이 걸려왔다.

9월의 마지막 주였다. 로멜의 부하가 회의 중인 그를 불러내어 전화를 받게 했다. 상대는 아랍에미리트에 나가 있는 그의 수석 요원 팀이었다. 그는 흥분해 있었다.

"와지르가 여기 있습니다. 그리고 우리를 만나고 싶어합니다!"

"뭐라고! 설마 농담은 아니겠지?"

팀은 빠른 어투로 상황을 설명하면서도 중요한 사실들을 빼놓지 않으려 애쓰고 있었다. 그의 보고 내용을 간략히 요약해보면 이렇다. 아랍에미리트 중앙은행은 아주 훌륭하게 일을 완수했다. 어쩌면 너무 잘한 것일지도 모를 정도다. 그들은 자기들 나름의 결정으로 와지르의 자산을 동결시켰다. 그것은 단지 시작에 불과했다. 와지르는 자신의 수백만 달러 재산이 동결되었다는 사실을 알게 되자 직접 중앙은행을 방문해 분통을 터뜨렸다. 중앙은행의 최고 경영자는 와지르에게 당신은 FBI의 조사를 받고 있는 중이라고 말해줬다. 와지르는 침착한 고객이었지만 격분했다.

"이 나라에 FBI 요원들이 들어와 있소?"

은행장은 바로 이곳 두바이에 와 있다고 대답했다.

와지르가 말했다.

"좋소. 그렇다면 내가 직접 그들을 만나 모든 것을 설명하겠소. 분명 뭔가 실수가 있었을 거요."

아랍에미리트의 은행 측은 자신들의 수확물을 자랑스러워하며 FBI 팀에 전화를 걸었다. 은행 측과 통화를 끝낸 팀은 겁을 집어먹었고, 데니스에게 전화를 한 것이었다.

로멜이 자신의 부하에게 명령했다.

"알았네. 아무 짓도 하지 말고 그대로 있어."

로멜은 당장 랭리로 전화를 걸었다.

"와지르가 아랍에미리트에 있네."

안달쟁이 필이 말했다.

"무슨 소리. 아닌데, 그자는 파키스탄에 있단 말일세. 파키스탄에서 그자를 뒤쫓고 있거든."

"내 말을 들으라니까, 필. 그자가 우리 요원에게 전화를 걸어왔단 말이야. 중앙은행이 그자의 자산을 동결시켰거든. 그자는 아마 그 문제를 어떻게든 해결해보려고 우리 측 요원과 접촉하고 싶어해."

"이런, 빌어먹을."

필은 원래의 침착함을 되찾느라 잠시 지체했다. 그는 한여름 이후로 이제까지 CIA가 시도했던 가장 대담한 작전 가운데 하나로 꼽힐 만한 것을 준비해오고 있었다. 와지르는 그 작전의 중심에 서 있는 인물이었다. 이제 그는 FBI가 이 거물 자금책의 의심을 사지 않고 어떤 방식으로건 그를 지체하게 만드는 동안 "작전 개시" 상태에 돌입하지 않으면 안 되었다.

필이 고래고래 소리를 질렀다.

"부하들에게 아무런 행동도 취하지 말라고 해! 그냥 시간만 끌라고 해. 시간이 얼마나 필요한지는 내가 말해줄게."

CIA는 신속하게 움직여야 했다. 뭔가 사고가 있었음이 분명했다. 현금이 넘쳐나는 아랍에미리트는 아랍 세계에서 가장 정교한 국경 검문 시스템을 자랑하고 있었다. 모두 전자 장치로 제어되는 중앙 통제식 시스템이었다. 그런데 이 나라에 누가 입국하고 누가 출국했는지를 일일이 기록하는 이 시스템이 지난 주 고장을 일으켰다. CIA와 FBI 모두 이 시스템에 의존하고 있었는데 말이다. 와지르는 그 틈을 타서 파키스탄에서 아랍에미리트로 누구에게도 들키지 않고 잠입할 수 있었던 것이다. 하지만 이제 그자는 몰래 빠져나갈 수 없을 터였다.

다음 날 아침, 흰 전통 복장에 조끼, 쿠피 캡kufi cap(대개는 뜨개질로 짜서 만들며, 머리통에 꼭 맞도록 되어 있는 이슬람식 모자 — 옮긴이) 차림으로 꼼꼼하게 손질한 수염을 한 통통한 몸집의 에미레이트 금융업자가 두바이에 있는 자신의 으리으리한 저택을 나섰다. FBI 요원들을 만나기 위해서였다. 저택과 연결된 차도에서 CIA 소속 요원 한 팀이 그를 맞이했다. 그는 별다른 저항 없이 그들을 따라나섰다.

두 가지 일이 신속하게 성사되었다. 동결되었던 그의 계좌들이 당장 풀렸고, 그는 심문을 받기 위해 그들과 동행해 에미레이트에 있는 한 시설로 향했다.

CIA 내부에서는 이 경우 심문에 별반 어려움이 없으리라고 예상하고 있었다. 성직자가 아닌 와지르는 와하비스트도 아니었고, 기회주의자였다. 하지만 CIA 심문의 성공 여부라는 측면에서 본다면, 와지르 또한 빈 알 시브보다 별반 나을 것도 없었다. CIA 측은 그자가 벌이고 있는 일의 모든 면에 대해 알아내려 들었다. 그런데 그자는 도무지 아무것도 말하려 들지 않았다.

좌절감을 느끼게 되자, 독일에 있는 한 CIA 팀이 와지르의 동생을 납치했다. 동생이란 자는 엄청난 조직을 자랑하는 하왈라의 공동 경영자 격인 인물이었다. 그자는 입을 열겠지. 하지만 그자 또한 입을 꼭 다물고 있었다. 며칠이 지났다. 아무런 결과도 없었다.

필은 결과가 그 정도보다는 나을 거라고 예상하고 있었지만, 예의 그 꼼꼼하고 빈틈없는 솜씨로, CIA에서 늘 일어나는 것은 아닌 최악의 경우에 대비하고 있었다.

제2단계.

카라치에 머물고 있는 CIA 팀 하나가 시끌벅적한 도심 대로변의 와지르 소유 은행 문을 닫고 있는 두 남자를 주시하고 있었다. 그 두 남자는 퇴근길에 지나가는 차 안으로 빨려 들어가듯 잡혀 들어갔다. 사람들의 눈에 거의 띄지 않는 신속한 작전이었다. 두 남자는 카라치에 있는 CIA의 한 안가로 끌려갔다. 요원들은 신속하게 움직여야 했다. 일처리를 할 시간적 여유는 단 하루밖에 없었다. 한 가지 조건이 제시되었다. 두 남자가 CIA에 협조를 한다면 금전적 보상을 해주겠다는 것이었다. 두 사람다 그 제안을 거절했다. 그자들 또한 와지르나 그의 동생처럼 CIA '블랙사이트black site(군대 용어로 미 정보기관에서 흔히 사용하며, 미 정부가 공식적으로 그 존재를 부인하는 테러 혐의자 수용 시설로 미국 외의 지역에 설치되어 있다— 옮긴이)' 행감이었다.

제3단계.

다음 날 아침, 그 대로변의 은행은 평소와 다름없는 시각에 문을 열었다. 그곳에 새로 나타난 경영자는 파키스탄 출신의 CIA 요원들이었다. 그들은 지난 몇 개월 동안 CIA에 의해 특별 교육을 받은 인물들이었으며, 자신들이 그곳 운영을 맡게 된 이유를 직원들에게 일목요연하게 설명할 만반의 준비를 갖추고 있었다. 그들은 와지르의 먼 친척이라고 둘러댔다. 와지르가 집안에 아픈 사람이 있어서 성직자들을 만나보러 갔기때문에 대신 한동안 그곳을 봐주게 될 것이라고 했다. 아주 위험한 연기를 조리 있게 해내야 하는 특이한 상황에서 그들은 고객들을 받기 시작했다. 앞으로 몇 개월 동안, 파키스탄과 그 밖의 지역에서 10여 명의 중요한 인물을 포로로 잡을 수 있을 것 같았다. 이제 알 카에다의 은행에CIA가 진을 치고 들어앉은 셈이었으니 말이다.

비밀을 철저히 지키는 것만이 유일한 방법은 아니다. 그리고 그것은인간의 상호 작용을 관찰하는 한 방식이기도 하다. 충분한 수의 사람들이 모두 어떤 체계적인 방식에 따라 살아가게 되면, 그것은 공기를 따라전리되듯 하나의 문화가 될 수 있다. 잘못된 방식으로 빠져드는 것을 막아줄 정보도 거의 없는 '테러와의 전쟁'에서 대개는 소규모 팀들이 비밀리에 작전을 펼쳐 싸우게 되며, 올가미는 도처에 존재한다. 하나의 올가미는 곧 다른 올가미가 생겨나게 한다. 누가 알고 있는가? 누가 모르고 있는가?

9·11 테러가 발생한 지 1년이 지난 현재, 미국 정부는 현기증이 날 정도로 다양한 정보의 올가미 속에 갇혀 있다. 사람들은 회의에 참석하긴 하지만 그들이 알고 있는 것을 말할 수가 없다. 회의가 끝나면 그들은 복도에 삼삼오오 모여 "난 그것을 함부로 발설할 처지가 아니다"는 식으로 난색을 표한다. 친한 동료가 비밀 정보 사용 허가권을 가지고 있는지 어쩐지 확신할 수 없기 때문이다. '안전을 택하는 게 최고야. 가능한 한 말을 적게 해야지. 정치적 성향을 띤 사람들이나 정계 후보 지명자 같은 사람들로부터의 외부 간섭을 최소한으로 받도록 처신하는 것만이 살 길이야. 문제가 될 수 있거든.' 문제점은 이렇다. 이러한 태도가 대개의 경우 미국 정부 내에서 성공의 가장 중요한 열쇠라는 점이다.

10월 6일. 데니스 로멜이 FBI 부국장 브루스 게파트Bruce Gephardt와 우연히 마주쳤다. 그는 다음 날 아침 뮐러 국장 대신 와지르 건에 대해 대통령에게 브리핑을 하게 될 대타였다. 그것은 FBI가 주관하는 작전이 아니었다. 적어도 더 이상은 말이다. 하지만 1년 가까이 FBI는 재원과 인력을 소모해가면서 와지르를 기소할 증거를 확보하려고 애써왔다. 이제 그 건은 공식적으로 CIA에 넘겨진 상황이었다. 그것은 이제 진행 중인 사안이자 대통령에게 브리핑을 할 만큼 진전이 된 것이기도 했다.

게파트가 물었다.

"도대체 난 왜 이 건에 대해 전혀 들은 적이 없는 거지? 다른 사람들도 그건 마찬가지인 것 같고."

로멜은 천진난만한 표정으로 어깨를 으쓱해 보였다. 상황실 작업 공간에서 열리는 수요일 아침 회의에서는 기밀 사항에 대해 논의해오고 있었다. 로멜 같은 '투명 인간들'은 날이면 날마다 종일토록 테러와의 싸움을 벌여야 하는 전문가들이었다. 그들에게 성공의 열쇠는 저명한 언론인이나 공인 혹은 정부의 실세들과 이야기를 가능한 한 적게 하는 것이었다. 각 부처의 대표나 장관들과 함께 중요한 회의에 참석하며, 각료들과 성이 아닌 이름을 부를 정도로 친밀하게 지내는 정치권 최고위층에 속해 있는 사람들 혹은 정계의 후보 지명자 같은 사람들이 봉록을 받는 이유는 바로 간섭을 하라는 것이다. 대다수 투명 인간 눈에 그런 사람들은 그들이 알아야 될 필요가 있는 사안에 대해서만 알면 되었다. 물론 결정은 비밀을 알고 있는 사람들에 의해 내려진다. 게파트는 와지르를 추적하는 작전이 시작된 지 꼬박 6개월이 지나도록 그에 대해 전혀 모르고 있었다. 그것은 로멜이 나중에 내심 생각하게 된 바로 그런 이유에서였다.

'게파트에게 알려야 할 필요 따윈 없었거든.'

5장

작전 개시

2002년 여름과 가을에 걸쳐 미국 정부 고위층 내부에서는 특이한 논쟁 하나가 점점 그 열기를 더해가고 있었다. 그것은 일반 국민에게는 거의 보이지 않았으며, 이후로도 그럴 성질의 것이었다. 하지만 그 영향은 여러 해를 두고 반향을 일으키게 될 것이었다. 그것은 '증거'라는 용어의 정의와 활용을 놓고 벌어진 논쟁이었다. 그것은 늘 사용해온 것이지만 한편으로는 복잡하기도 한 용어였다.

'증거'란 여러 방식으로 사용될 수 있는 말이다. 일반적 용법에서는 늘 첫 번째 정의가 적용된다. 웹스터 사전에 깔끔하게 정의되어 있듯 "어떤 결정이나 판단의 토대가 될 수 있는 데이터"라는 것이다. 그러나 '테러와의 전쟁'에서는 이 낱말을 그런 정의에 따라 사용하는 경우가 거의 없었다.

물론 9·11 테러를 일으킨 비행기 납치범들이 알 카에다와 연계되어 있고, 알 카에다는 다시 조직에 은신처를 제공한 탈레반 정권과 연계되어 있다는 떼려야 뗄 수 없는 연결 고리가 존재한다. 그 점을 근거로 아프가니스탄에서 전쟁이 치러지고 있었다. 국제사회에서 널리 지지를 받고 있는 "결정과 판단"에 근거한 전쟁 말이다. 그런 일이 있은 이후로 실제적인 증거는 점점 더 드물어지게 되었다. 체니 독트린의 가장 중요한 특징은 인정되고 있는 증거의 기준에서 행동을 은밀하게 해방시켜버리는 데 있었으며, 그것은 효과적이었다.

미국 내에서나 해외 양쪽 모두에서 의심은 곧 행동을 취하게 만드는 발단이 되어버렸다. 사람이 아닌 법에 의해 다스려지는 미국이라는 국가에서 이로 인해 생겨나는 스트레스는, 점점 시간이 흐를수록 꾸준히 축적될 터였다. 미국 시민들이 체포되거나 도청되고, 이민자들이 일제 검거되어 국외로 추방되고, 그러면서 확립된 원칙이라는 국가의 토대에 균열을 일으키는 스트레스였다. 그러한 행위가 법적으로 저촉되지 않도록 하는 "매끄러운 처리"의 존재 여부는 엄밀한 법 해석의 문제라고 할 수 있었다. 오래도록 유지되어 온 증거에 대한 규칙들과 그것에 수반되는 "유죄를 인정할 수 있는 상당한 근거"라는 기준은, 이제 지나친 것이 되어버렸다. 축소된 기준을 받아들임으로써 이렇다 할 결과를 얻었기 때문이 아니었다. 1년에 걸쳐, CIA와 NSA의 지원을 받으면서, FBI가 미친 듯 래카와나에서 조사를 벌였음에도 미국 내에서 활동 중인 알 카에다 지부 같은 것이 존재한다는 흔적은 여전히 나타나지 않고 있었다. 엄청난 비용이 들어가는 첨단 기술과 육감이라는 비상한 수단을 동원했지만 결과는 아무것도 없었다.

외국의 전선에서는 행동을 부추길 만한 억측들이 난무하고 있었다. 하지만 그곳에서도 의혹에 지나지 않는 것을 근거로 행동하는 것이 얼마나 위험한가에 대한 교훈을 여름과 가을에 걸쳐 뼈저리게 느낄 수 있었다.

백악관 측이 그토록 큰 희망을 걸고 있었고 '테러와의 전쟁'에서 다음 단계, 즉 이라크 문제로 이행해야 할 시점이라는 분석으로까지 논의가 진전되도록 만들었던 자와히리의 머리는 공교롭게도 기도를 올려 이마에 굳은살이 생긴 한 불운한 아프가니스탄 인의 것으로 밝혀졌다. 희박하고, 대개는 미미하기 짝이 없는 사실에 그토록 크게 의존할 때의 문제점은 비현실적인 증거에 너무도 지나친 무게가 실리게 된다는 점이다. 만약 대통령이 뭔가에 대해 의심을 품고 있고, 당연한 일이겠지만, 그것이 입증되기를 갈망하면서 시간을 보낸다면, 그 희망 자체는 진실을 입증할 수 있고, 미국을 그런 쪽으로 인도하게 된다. 하지만 결국에는 엉뚱한 것을 의미하게 될 의사결정에 영향을 미치고 만다면, 대통령이 그 귀중한 시간을 들여 쌓은 전체 구조물은 결국 아무런 결과도 낳지 못한 채 허망하게 무너져버리고 만다.

람지 빈 알 시브의 체포도 이와 비슷한 교훈을 남겼다. 결과론적이긴 하나 이 경우 얻게 되는 교훈은, 맥락이 통하지 않는 사실들을 잔뜩 모아놓는 것이 진정한 가치를 가지는가에 관한 것이라고 할 수 있다. 신출귀몰하며 말 많은 알 카에다 간부가 더 이상 파괴 행위를 저지를 수 없게 되었다는 면에서 본다면, 이 체포는 하나의 승리라고 할 수 있었다. 하지만 그를 체포하고 나서 일주일이 지난 뒤, 심문으로는 그에게서 아무것도 얻어낼 수 없으리라는 것이 분명해졌다. 모든 방법이 다 동원되었다. 물고문, 잠을 못 자게 하는 등 갖가지 생리적 요구의 박탈, 살해 위협, 코란 내용에 대한 두서없는 대화 등등. 하지만 모두 효과가 없었다. 이 체포 가장 큰 가치 혹은 성과는 카라치의 안가에서 압수한 전화번호들과 하드드라이브와 갖가지 디지털 장비였다. 주바이다를 체포했을 때와 마찬가지로, 그러한 움직일 수 없는 증거가 되는 정보는 CIA에 있는 안달쟁이 필의 컴퓨터를 통해 분석되면서, 조직의 전 세계적 기반을, 새로운 단서를, 그리고 새로운 용의자들을 추가로 밝혀내는 데 도움이 되었다. 어떤 정보든 상관이 없었다. 주소도 괜찮았다. 가명도 괜찮았고. 뭔가에 대해 알고 있거나 누군가를 알고 있는 사람도 괜찮았다. 단절된 데이터의 마디마디도 괜찮았다. 새로운 의혹의 계보를 만들어내기에는 충분했으니까.

이 경우, 최고의 보물은 방명록이었다. 그 카라치 안가에는 방명록이 하나 있었다. 방문자들은 거기에 서명을 했는데, 그것은 알 카에다가 사용하는 일종의 조직원 수를 헤아리는 방법이기도 했다. 방문자들의 여권 번호도 적혀 있었다. 그 여권 번호들은 미국과 동맹관계에 있는 각국 정보기관에도 신속하게 전달되었다. 물론 중요한 몇 개는 제외된 채였다. 세 개의 이름과 여권 번호가 별도로 분류되었다. 그것들은 특별 취급되어 테닛, 라이스의 사무실과 부통령실로 보내졌다. 세 개의 이름과 여권 번호는 빈 라덴의 두 아들과 그의 아내에게 발급된 것이었다.

그것들은 9·11 테러가 발생한 이후로 몇 달에 걸쳐 발급된 것이었다. 아프가니스탄에서 탈레반 정권을 몰아내는 것을 정당화하기 위해 부시가 "우리 편 아니면 테러리스트 편"에 설 것을 촉구하고 나선 지 한참 지난 후였다. 그리고 그것들을 발급해준 곳은 파키스탄의 수도 이슬라마바드 주재 수단 대사관이었다. 이 대사관은 수단의 재외 공관 가운데서 가장 규모가 크며, 하르툼Khartoum(수단의 수도—옮긴이)과 직통 전화선도 갖추고 있었다.

이것은 대단히 흥미로운 사실이긴 했지만 과연 이러한 발견으로 증거의 사다리를 딛고 얼마나 높이 올라갈 수 있을까? "결정 혹은 판단"으로 이어지게 될 증거로서 말이다. 수단 대사관은 어떻게 수단 정부의 고위 관계자들도 모르게 2002년 초 빈 라덴의 아내와 아들들에게 여권을 발급해줄 수 있었을까?

9월 중순. 테닛이 빈 알 시브가 체포되면서 드러나게 된 이 사실을 보고했을 때 대통령이 한 질문이 바로 그것이었다. 그것은 무엇을 의미하는 걸까? 수단 정부는 이러한 사실과 대면하자 놀라는 기색이었고, 필시 담당 관리들이 뇌물을 먹었을 것이라고 답변했다. 그 진상은 수단 정부에서 규명하게 될 터였다. 그들은 증거를 찾아내기 위한 자체 조사를 시작했다. 그 시점에서 수단은 미국에 협조적이었던 "어두운 이면"에 존재하는 국가들 가운데 하나였다. 방명록의 발견은 그 지속적인 협조가 결국은 수단 정부가 한쪽으로는 빈 라덴을, 다른 한쪽으로는 미국을 돕는 식으로 양다리를 걸치고 있거나, 그보다 더한 의도를 갖고 있음을 보다 명확하게 나타내주는 지표 같은 것은 아니었을까? 실제로 방명록으로 인해 미국 정부 관리들 다수가 수단 정부의 진짜 의도에 대해 새로이 의심을 품게 되었다. 선의를 보이기 위해 애쓰는 수단 정부의 반응은 CIA의 몇몇 작전에 한층 더 적극적인 도움을 주는 것이었는데도 말이다.

결국 처리해야 할 일이 있는 셈이었다. 수단 측은 미국이 절대 거절할 수 없는 것들을 가지고 있었다. 그것들은 방명록처럼 즉각적인 결론이나 판단으로 이어지는 것은 아닐지라도 보다 많은 그리고 사용하기 적당한 사실들로 연결될 수 있는 것들이었다.

정보국의 한 전직 책임자 말대로 '테러와의 전쟁'은 본질적으로 "제재조치를 취할 수 있는 의심이란 원칙"에 지나지 않는 것에 의해 좌우되고 있었다.

"그런 모든 것이 일반에 알려지지 않은 상태로 진행되고 있었기 때문에 그에 대한 토론 같은 것도 있을 수 없었다. 우리 대부분은 증거 따위와 상관없는 환경에서 미친 듯 작전을 수행하고 있었다. 하지만 확실한 증거가 없다고 해서 실행에 옮기지 못할 이유는 없다는 것이 지배적인 생각이었다. 중요한 것은 행동이었다. 부단한 행동 말이다."

같은 기간, 한여름부터 가을까지, 미국의 대담하고 새로운 행동 원칙을 적용해보는 유사하지만 보다 공개적인 실험이 진행되고 있었다.

선제공격에 대해 대통령이 웨스트포인트에서 했던 6월 연설은, 가장 핵심이 되는 원칙—비록 어느 국가든 대량 살상 무기를 테러리스트에게 넘겨주려 들 "가능성이 단 1퍼센트만 된다"고 할지라도 미국은 그것을 하나의 "확실한 사실"로 간주하고 그에 맞게 대처하겠다—에 대해서는 전혀 언급되지 않았음에도 일련의 새로운 국제적 규칙을 정해두려는 시도로 볼 수 있었다. 그러한 사실이 공개되었더라면 분명 이라크 문제에 대한 광범위한 토론이 벌어지고 말았을 것이다.

CIA와 NSA는 2002년 여름 내내 테러리스트들, 그러니까 테러 공격을 계획하는 자들을 추적하는 한편 이라크 침공 계획을 미세 조정하는 단계에 있었다. 그런데 그 침공이라는 사안 자체는 전술을 놓고 벌어진 갈등의 가장 중요한 항목이었다. 체니와 럼스펠드 그리고 그들이 거느린 지원팀들은 침공이라는 문제를 미국이 선택하는 어느 순간에든 가능하도록 밀어붙이면서 그에 따르는 세부 사항들에 대한 계획을 세워가고 있었다. 대통령의 최측근이 아닌 콜린 파월은 8월 초부터 그에 대해 반대한다는 입장을 분명히 했다. 그리고 우여곡절 끝에 부시와 대면해 이라크 침공이 갖고 있는 "전시된 상품을 깨뜨렸으면 배상 책임은 깨뜨린 사람에게 있다(You break it, you own it)"는 소위 '포터리 반 규칙(Pottery

Barn rule. 미국 정가에서 사용되는 은어로 가정용 도기 제품을 파는 체인점 포터리 반의 영업 방침에서 유래했다— 옮긴이)' 과도 같은 위험성에 대한 자신의 우려를 표명했다. 파월이 부시에게 강조한 요점은, 국제사회의 지지가 없는 상태로는 근본적 이유가 무엇이건 간에 미국이 특정 국가의 정권을 바꿀 수 없으며, 정권을 바꿔놓기 위해서는 재원과 다양한 기술 그리고 국제사회의 인정이라는 합법성이 필요하다는 것이었다. 그것은 이유보다는 방법에 대한 것이라고 할 수 있는, 전술에 관한 논의였다. 파월은 국제사회의 도움을 이끌어내기 위해서는 전쟁을 일으켜야 할 "정당한 근거"가 필요하리라는 점을 부시가 깨닫도록 도움을 주었던 것이다.

파월과 마찬가지로 공화당 실용주의 노선을 따르는 보수파 가운데 한 명인 스코크로프트도 다음 주 〈월스트리트 저널Wall Street Journal〉을 통해 그 논쟁에 끼어들었다. '사담을 공격하지 말라'는 8월 15일의 칼럼에서 그는, 그러한 침공은 미국이 우방국의 도움 없이 "혼자 힘으로 추진해나가는" 전략을 필요로 하게 될 것이며, "미국이 테러와의 싸움에서 국제적 협조를 얻어내는 데 심각한 지위의 하락을 초래하게 될 것이다. 그리고 특히 정보 분야에서 국제사회의 열성적인 협조 없이는 그 전쟁에서 이길 수 없으리라는 것이 분명하다"고 주장했다.

칼럼이 신문에 실린 그날, 대통령은 크로포드 목장에서 여름휴가를 보내고 있었다. 다음 날 NSC에서 열린, 도청 위험이 없는 안전 회선을 이용한 화상회의에서 그는 다음 달 유엔에서 그 문제에 대해 연설을 하겠다고 동의했다.

하지만 행정부의 대외 전략 입안자 격인 체니가 우선적으로 논의의 틀을 정하게 될 것이었다. 8월 26일, 테네시 주 내슈빌에서 해외 참전용사들의 모임이 있었다. 체니가 그 자리에 참석해 행한 연설은 모호한 발언의 위험성을 폭넓게 다루었다.

"이 나라 국민에 의해 선출된 지도자는 선택 가능한 모든 부분에 대해 고려해봐야 할 책임이 있습니다. 저희가 지금 하고 있는 일이 바로 그것입니다. 목숨을 위협받는 상황에 직면해 있는 현재, 우리가 해서는 안 될 것은 안이한 생각이나 고의적 맹목에 굴복해버리는 일입니다. 우리는 일이 어떻게 잘 풀리겠지 하는 생각으로 상황을 외면함으로써, 장래에 이 나라를 맡게 될 다른 행정부가 문제 해결을 떠맡도록 만들지는 않을 것입니다. 부시 대통령의 말을 인용하자면 '시절은 우리의 편이 아닌' 것입니다. 테러 조직에, 혹은 잔인한 독재자의 손에, 혹은 이 양자가 협력하는 상황에 대량 살상 무기가 넘어갈 수 있다는 것은 상상할 수 있는 가장 끔찍한 위협이 될 수 있습니다. 아무런 조치도 취하지 않음으로써 생겨날 수 있는 위험은 행동을 취하면서 마주치게 될 수 있는 위험보다 훨씬 더 큽니다."

체니는 자신이 믿는 바를 강력한 어조로 주장했다. 보고 알 수 있으며, 임박한 것으로 여겨지는 공격의 기를 미리 꺾어놓겠다는 미국의 '선제공격'에는 전혀 예외가 있을 수 없다는 것이다. 테러를 가하려는 계획을 가지고 있는 국가는 상대가 그 공격에 대해 알 수 있도록 절대로 미리 티를 낼 까닭이 없으리라는 것이 체니의 생각이었다.

하지만 상대가 "테러 공격을 개시하는 시간"이 언제일지를 입증할 만한 정보를 얻어내기란 힘든 일일 터였다. 이 작전의 개념은 사실상 '예방'이라고 할 수 있었다. 테러를 일으킬 의도를 가지고 있다면 어느 국가가 되었든 그것을 막기 위해 무력을 사용하겠다는 것인데, 그것은 대체적으로 말하자면, 추정에 근거한 지정학적 전략을 이용하는 작전이었다. 예방이라는 말은, 그것 나름으로 볼 때, 단지 1퍼센트 독트린에 최근 덧붙여진 세부 항목의 하나이자, 이 경우, 국가 대 국가의 영역에서 단 하나의 초강대국으로 군림하는 미국이라는 나라의 행동에 지침이 되는 어휘 가운데 하나일 뿐이었다. 그리고 국제적인 지지가 전술적으로 중요하다는 파월의 의견에 동의하지 않는 한편으로, 체니는 이제 대통령이 유엔 대표들 앞에서 그 전쟁의 "정당성을 입증하기로 한" 결정에 대해 자신이 어떤 식으로 노력을 기울일 것인지를 분명히 해야 했다. 체니와 럼스펠드는 필요하다면 미국이 자체적으로 이라크 문제를 처리할 수 있으며, 국제사회의 간섭이 없는 편이 차라리 낫다고 여기고 있었다.

체니는 도대체 헤아려지지 않는 '테러와의 전쟁'을 몰고 나가는 희박한 연료라고 할 수 있는 '의심'을 곧 국제적인 엄격한 토론을 요구하기에 적절한 증거로 새롭게 정의하는 작업에 착수했다.

"이라크 정권은 사실상 화학 및 생물학 작용제 분야에서의 생산 능력을 강화하는 데 분주하게 움직여왔으며, 여러 해 전에 시작한 핵무기 개발 프로그램도 계속 진행해왔습니다."

체니가 연설에서 한 말이다. 그는 이제 살얼음판을 딛고 섰다. 그리고 얼마 지나지 않아 다른 사람들도 그 뒤를 따르게 될 터였다.

정보실(the Directorate of Intelligence)을 책임지고 있는 부국장 제이미 미식은 부통령의 연설을 상기했다. 그 연설은 사담 후세인과 핵무기에 대한 주장으로 인해 상당히 세간의 주목을 받았다. 그런 주장이 그렇게 확신에 찬 투로 펼쳐진 것은 처음이었기 때문이다. 대통령이 뭔가에 대해 연설을 하게 되면 늘 연설문을 보내왔던 것과는 달리, 체니는 CIA에 자신의 연설문을 보내오지 않았다. 미식은 서둘러 연설문 원고 한 벌을 출력했다.

"부통령은 사담이 핵무기를 개발하고 있다고 말했습니다. 그 연설에 대한 CIA의 반응은 '부통령이 어디서 그런 자료를 입수했을까? 그는 우리도 모르는 어떤 정보원을 가지고 있는 것일까?' 라는 것이었습니다."

이러한 혼란은 주바이다 체포를 놓고 과장되게 떠벌이는 통에 겪게 되었던 그 시끄럽고 현실성이라곤 없었던 당혹스러움의 사촌뻘쯤 된다고 할 수 있었다. 하지만 주바이다의 사건은 그래도 좀 쉽게 수습이 될 수 있었다. 알 카에다 내에서 주바이다가 갖고 있던 제한된 역할과 외견상 그가 보이는 정신장애 증세 등은 철저하게 기밀에 부쳐졌다.

반면 후세인과 핵 개발 프로그램에 대해 세간의 주목을 받고 있는 부통령으로서 그런 식의 발언을 했다는 점은 폭넓은 우려를 불러일으켰다.

CIA 몇몇 부서에 비상이 걸렸다. CIA는 정부 최고위층이 내리는 대단히 공개적인 결정에서도 따돌림을 받고 있는 것이 분명해졌기 때문이다. 분석관들은 CIA 내부에서 후세인과 핵무기 개발에 대해 이미 알려져 있는 정보를 모으고 검토하느라 바삐 움직였다. 정보실(DI) 내부의 이라크 전담반은 그리 큰 힘을 쓰지 못하는 부서였다. 또한 CIA는 이라크 내부에 믿을 만한 인간 정보 요원이 거의 없다고 봐야 했다. 사담 후세인은 극소수의 친밀한 측근에게만 자문을 구했다. CIA는 대통령이 2월에 내렸던 이라크 문제에 초점을 맞추라는 지시를 따르고 있긴 했지만, 요원들은 대량 살상 무기에 대한 확실한 증거를 찾아낼 수 없었다.

CIA 분석관들은 테러리스트들을 찾아내어 저지시킨다는 주된 목표에 매달려 있으면서도 가장 두통거리로 여겨지고 있는 분야가 어디일까 하는 의문을 갖기 시작했다. 그들은 '커브볼'에 대해 보다 집중적으로 초점을 맞추었다. '커브볼'은 이라크의 대량 살상 무기 프로그램에 대해 상세한 주장을 하고 있는 독일 정보국의 이라크 담당 관리들을 가리키는 암호명이었다. 사담 후세인이 니제르Niger에 있는 프랑스 소유 우라늄 광산에서 '옐로케이크yellowcake(대강 정련한 우라늄광. 원자로에서 사용하는 금속 우라늄의 원료가 되며, 색깔 때문에 이런 이름이 붙여졌다 — 옮긴이)'를 구매하려 했다는 부통령실에서 흘러나온 그 소문의 진위를 확인하기 위해 전 가봉 주재 미국 대사 조지프 윌슨Joseph Wilson이 2002년 2월 니제르를 방문한 사실에 대한 보고서가 CIA 고위 간부들에게 정식으로 제출되었다. 그것은 후세인이 제련하지 않은 다공성 우라늄을 구매할 방법을 찾고 있었다는, 정보 요원들이 이탈리아에서 사들인 니제르 정부의 공식 문서 내용과 복잡하게 뒤얽히는 이야기였다. 사담 후세인의 옐로케이크 공급원은 유엔 감시단에 의해 이미 파악되었으며 잘 알려져 있었다. 그 원료를 무기에 사용하기에 적합하도록 농축된 상태로 처리하는 것은 정말 힘들며, 후세인의 능력으로 해낼 가능성도 거의 없는 작업이었다. 어느 경우가 되었건, 그는 왜 손도 대지 않고 놔둔 500톤의 우라늄광 외에 더 많은 양이 필요했을까?

그러는 동안, 행정부 전체에 걸쳐 열기가 거세지고 있었다. 체니와 럼스펠드가 유엔에서 하게 될 부시의 연설 내용을 놓고 파월과 싸움을 벌이고 있었던 것이다. 파월은 후세인을 비난하고, 이 독재자를 보다 광범위한 '테러와의 전쟁'에 연관시키는 것을 넘어서서, 대통령이 이 이라크 지도자를 제재하는 행동을 지지하는 새로운 유엔 결의안 채택을 요구해야 한다고 촉구했다. 체니와 럼스펠드는 이런 생각에 대해 맹렬하게 반대했다. 체니에게는 "전쟁의 정당성을 입증하는 것" 자체도 멍청한 짓으로 여겨졌다. 허락을 청하는 것은 사태를 더욱 악화시킨다는 것이었다.

겨우 며칠을 남겨놓은 대통령의 유엔 연설 내용을 놓고 파월과 체니 양측이 끝장을 보자는 식으로 싸우는 동안, 라이스는 CNN에 출연해 사전에 준비한 원고 없이 인터뷰를 했다.

"여기서 문제가 되는 점은, 사담 후세인이 얼마나 빨리 핵무기를 손에 넣을 수 있는가에 대한 부분에는 언제나 어느 정도의 불확실성이 존재하리라는 것입니다. 하지만 우리는 명백한 증거(the smoking gun)가 곧 핵폭발의 버섯구름으로 이어지게 되는 것을 원치 않을 뿐이지요."

이러한 주장은 엄청난 파장을 몰고 왔다. 라이스는 후세인이 그런 무기를 갖고 있다는 증거가 존재하는 것처럼 암시함으로써 국민의 두려움을 이용해 정책을 관철시키려 든다는 비판을 받게 되었다. 하지만 증거에 대한 논증들은 논점에서 벗어나 있었다. 라이스의 완곡한 주장은 미국이 "명백한 증거"를 찾아내든 그렇지 못하든 관계없이 행동에 돌입해야 한다는 것이었으니 말이다. 라이스는 무력 대응에서 사실에 근거한 분석을 분리시켜버리고, 당장 활용할 수 있는 어떤 어렴풋한 암시만 있어도 그것을 빌미로 행동에 들어간다는, 미국의 실제 정책이 가지고 있는 위험한 부분을 여실히 보여주고 있었다. 물론 그것은 안전을 위해서이며, 적이 공격 능력을 보유하기 전에 저지하기 위해서라는 것은 분명했다. 그렇게 해서 다른 국가들이 미국의 공격 대상이 될 길로 아예 들어서지 못하게 하겠다는 것이다.

그러나 날이 갈수록 논쟁은 미국의 보이지 않는 각본에 담긴 보다 근본적 사안에서 벗어나 표류하고 있었다. 그리고 각본은 말로 표현되어 있지는 않지만, '증거'는 결국 중요하지 않으며 불합리한 출발점일 뿐이라는 결론에 근거하고 있었다. 논쟁은 이런 부분에 초점을 맞추는 대신 대량 살상 무기에 대한 증거나 그것이 존재하지 않는다는 증거를 놓고 소란스럽게 벌어지고 있었다.

며칠 뒤, 부시는 유엔에서 사담 후세인의 도덕적 죄악과 범죄 사실을 조목조목 들며, 만약 유엔이 제지에 나서지 않으면 유엔이라는 기관의 존재에 어울리지 않는 일이라는 주장의 연설을 했다. 부시는 토니 블레어Tony Blair 영국 총리 및 여타의 각국 지도자와 논의를 거친 후 자신이 새로운 결의안 채택을 요구하겠다는 결정을 내렸다. 하지만 가장 중요한 것이자 체니와 몇몇이 기를 쓰고 반대해온 주장을 담은 문구는 연설문에서 감쪽같이 사라져 있었다. 부시는 문구가 빠져버린 것을 알아채고는 이 중요한 이야기를 연설 중간 서투르게 즉흥적으로 이야기해야 했다.

사정이 그랬기 때문에, 미국은 이제 국제사회의 인정과 도움을 얻어내기 위해 사담 후세인이 대량 살상 무기를 보유하고 있다는 확증에 기초해, 진쟁을 벌여야 할 "정당한 근거"를 제시해야만 하게 된 것이다.

대통령의 최측근 가운데 누구에게라도 분명해진 또 한 가지 사실은, 그것이 믿을 수 없는 조치가 될 수밖에 없다는 것이었다. 의심이 곧 예방을 위한 행동의 적절한 출발점이라는 미국 정부의 지도적 원칙을 고려한다면, 그것은 하나의 과시용 조치였다. 콜린 파월이 이러한 사실에 대해 알고 있을 정도로까지 대통령 최측근으로서의 자격을 갖고 있는지는 분명하지 않았다.

물론 테닛은 거의 1년 전, 체니가 획기적인 결정을 내리는 순간 그 자리에 있기는 했다. 하지만 이제 미국 정부가 증거를 기준으로 삼는 원칙을 포기해버린 것이 국제회의 토론장에서 논쟁거리가 되면서, CIA 국장인 그는 증거가 행동을 지배하던 옛날과 증거와는 상관없이 행동을 취한다는 오늘의 현실 사이에 존재하는 단층선 사이에 서 있게 되었다.

이 시기에 조지 테닛의 역할은 점점 기세를 더해가는 폭풍우 속에서 피뢰침에 손을 대고 있는 것에나 비유할 수 있을 그런 것이었다.

테닛의 하루는 보통 대통령에게 브리핑하는 것을 시작으로 의회 증언, 라이스나 체니 아니면 여러 상원 지도자와의 미팅, 곧 있을 대통령 연설문 초고나 그날 NSA에서 보낸 전문 검토, 백악관 '핵심 인사들'과의 회의, 럼스펠드와 점심 식사, 그런 다음 늦은 오후에는 랭리로 돌아와 늘 오후 5시로 잡혀 있는 회의에 참석하는 것으로 쉬지 않고 이어진다. 게다가 오후 5시 회의는 워싱턴에서 가장 인기가 높았다. 매일 회의가 열릴 때마다 각 정보기관과 백악관에서 일부러 보낸 대표 등 60명 정도의 인원이 테닛의 회의실에 몰려들어 북적거렸고, 자리가 모자라 벽을 따라 두 줄로 늘어서서 회의에 참석해야 할 정도였다. 하지만 그것은 그가 해외 출장을 가지 않았을 때 벌어지는 일이었다.

테닛은 미국 정부 내에서 유일하게 압둘라 왕세제와 이야기하면서 가슴을 손가락으로 쿡쿡 찔러대고, 무샤라프의 등을 두드려댈 수 있는 인물이었다. 그랬기 때문에 이 두 사람에게 뭔가에 대해 알아야겠다고 적극적으로 요청하지 않고, 그저 알아야 할 필요가 있을 것 같다는 정도로만 이야기를 비쳐도, 그들이 거느리고 있는 정보기관 책임자들과 만나 어울리며 정보를 공유할 수 있었다. 그랬기 때문에 그는 거의 사흘에 한 번꼴로 해외 출장을 나갔다.

뭔가를 줘야 했고, 실제로 그렇게 되었다. 조금씩 조금씩 말이다. 테닛의 역할이 안고 있는 딜레마는 끔찍한 것이었다. 정보는 '테러와의 전쟁'에서 산소와도 같은 것이었다. CIA는 정보를 수집하고 분석하며, 작전을 수행해야 하는 부담을 안고 있었다. 그리고 거기서 발휘해야 하는 능력은 경험 많고 노련하며, 잘 조정된 정보국 열 개를 합쳐놓은 것 이상이어야 했다. 하지만 CIA는 테러리즘과 무기 확산 두 가지 모두와 싸워나가는 데 있어서 딱히 노련하다고 할 수도 없었고, 특별히 잘 조정되어 있지도 못했다. 테닛도 대단한 관리자는 아니었다. 그는 매일, 하루 종일, 바삐 움직이고, 뭔가에 몰두하고 있기는 했지만 골치 아픈 책임은 슬쩍 피해나가는 데 달인이었다. 그는 감언으로 부추기고, 일을 척척 해치울 수 있고, 필요한 경우, 특히 무엇을 해야 할 것인지, 언제 그리고 왜 그 일을 해야 하는지에 대해 부하들의 주의를 끌 수 있게 큰 목소리를 낼 수 있으며, 그런 다음 "빌어먹을, 다음은 또 뭐야?" 하고 소리칠 수 있는 인물이었지만—그러면 정보국은 그를 뒤쫓아 바삐 움직이게 된다—때로는 이런저런 일이 완벽하고 깔끔하게 매듭지어지지 못하고 내팽개쳐진 채로 남기도 했다.

일단 대통령의 연설이 있고 나자, 그리고 새로운 유엔 결의안의 한계가 정해지고 나자, 미국 정부 대부분의 부처는 표면적인 흐름과는 반대로, 이라크에서의 전쟁을 향해 잡아끄는 맹렬한 저류를 느끼게 되었다. 스코크로프트는 한 국가에 대한 침공은 대외 정책이나 정보 공동체를 '테러와의 전쟁'에서 멀어지게 만들 것이라고 예측했었다. 그런데 그것은 어느 부대가 되었든 공격 태세를 갖추기 훨씬 전부터 날이 갈수록 사실로 나타나고 있었다.

CIA의 랭리 본부 구내 각 건물 내에서는 우선순위에 대한 경쟁에서 오는 긴장감을 느낄 수 있었다. 정보국에서 가장 우선순위인 것은 여전히 '테러와의 전쟁'에서 테러리스트들을 찾아내고, 그들을 저지한다는 노력을 이끌어가는 것이었다. 이러한 임무는 정보실을 일찍이 경험해보지 못했던 탁탁 끊기는 빠른 리듬으로 줄달음치게 만들었다. 정보실 분석관들은 변화무쌍한 정보를 면밀하게 조사하고, 거의 존재감이 느껴지지 않는 테러리스트들의 전 세계적 움직임에 대한 신속한 평가를 내리며, 수천 개에 달하는 신호정보와 금융 정보에서 건져 올린 인물들을 실행 가능한 맥락 속에 집어넣을 태세를 갖춘 채 밤낮으로 대기하고 있었다. 이제 정보실의 초점은 소위 '전투' 정보국 성격에 맞춰지고 있었다. 9·11 테러가 발생하고 나서 몇 시간 후부터 찾아온 이러한 변화는 정보실로서는 충격적이었다. 그들은 전통적으로 인력과 재원의 대부분을 어떤 사건이 일어나고 난 후에 그것을 되돌아보며 분석하거나, 세계의 다양한 국가나 지역에 대한 복잡하고도 상세한 분석적 묘사를 해내는 것에 투입해왔기 때문이다.

하지만 기묘하게도, 정보실은 이라크 문제에 관해 후자 쪽, 즉 과거를 되돌아보며 분석하는 작업을 보다 더 많이 하도록 요구받게 될 터였다. 이들에게 주어진 어려운 과제는, 1991년 걸프전이 끝나고 11년이라는 기간 동안 후세인이 비축하고 있는 무기에 대한 신중하고도 신속한 평가를 해내는 것이었다.

10월 1일. 이라크와 이라크 내 무기와 관련해 90쪽에 달하는 국가정보평가서(NIE, National Intelligence Estimate)가 백악관에 전달되었다. 그것은 모든 NIE 보고서가 그러하듯 전 정보 공동체의 분석을 취합한 내용이었다. 여차하면 엄청난 논쟁에 휩싸일 수 있는 민감한 주제인 데다, 대통령이 평균적인 미국 고등학생들에게나 어울릴 "전쟁을 치르고자 하는" 욕망을 가지고 있는 상황인 이번 경우, NIE는 결국 선반에 있는 온갖 것을 한꺼번에 집어넣고 끓여버리는 거대한 잡탕 냄비 같은 것이 되어버렸다. 난해한 본문과 주석으로 꽉꽉 들어찬 이 NIE는, 사담의 이동 무기 연구소에 대한 장문의 논문에서부터 그의 알루미늄 튜브가 우라늄 처리에 이상적 수단이라는 것, 24쪽에 실린 "이라크는 또한 활발하게 우라늄 광석과 옐로케이크를 확보하려 하고 있다"는 언급에 이르기까지 이라크 문제에 대한 전 범위를 포괄하고 있었다. 각각의 논점에는 합리적인 반론까지 제시되어 있었다.

역사적으로 볼 때, 국제적인 "전쟁을 벌여야 할 정당한 근거"의 핵심을 담은 보고서라면 대통령이 조심스럽게 검토하고, 전군 총사령관으로서 대국민 성명이나 기본적인 분석에서 전쟁의 불가피성을 해명할 수 있어야 한다. 정당한 근거의 핵심으로 이미 잘 알려진 내용을 담고 있을 정도로 중요성을 지니는 보고서라면 더욱. 하지만 부시의 임기 동안, 대통령의 책임이라는 면과 관련해 새로운 개념이 조용히 자리 잡아오고 있었다. 그것은 대체로 체니 부통령의 직관과 주도로 생겨난 변화였다.

포드 대통령 임기 시절부터 체니는 특정 사안을 대통령에게는 알리지 않는 실험을 해왔다. 그것은 대통령이 엄청난 시간을 집중 조명 받으면서 연설을 하느라 보낼 것을 강요하는 매스미디어 시대에 있을 법한 방식은 아니었다. 완전히 역행하는 짓이었다. 공화당 행정부에서 공직 생활을 한 몇몇 인사의 증언에 의하면, 본질적으로 대통령들은 미국 정부가 취한 조치에 대해 내막을 밝히도록 공개적으로 도전을 받게 될 때 절대 안전해야 할 필요가 있다는 것이 체니의 견해였다. 대통령들은 어떤 사안에 대해 전혀 아는 바가 없다고 말할 수 있어야 하며, 알고도 모른다고 말해야 하는 상황에 놓여서는 안 된다는 말이다. 대통령이 거짓말을 하는 것은 상당한 위험을 감수해야 하는 일이다. 결국 신뢰를 잃지 말아야 한다는 사실은, 대통령의 말이 갖고 있는 신빙성이 의존하고 있는, 그리고 어느 정도까지는, 대통령의 권력이 의존하고 있기도 한 귀중한 요소이기도 했다.

이러한 생각은 여러 가지 측면에서 볼 때 체니나 그와 생각을 같이하는 사람들이 워터게이트 같은 추문이 터지는 것을 막기 위한 전략적 대응이었던 셈이다. 워터게이트 빌딩에 침입한 사건에 대한 조사를 '방해'

하라는 리처드 닉슨의 녹음된 진술은, 그가 자신이 알고 있는 것에 대해 거짓말을 늘어놓을 수 없게 되었음을 의미했다. 그것은 닉슨이 사법부의 공무 집행을 방해하는 것과 관련, 법을 어긴 입장에 놓이게 만들었다. 그는 책임을 져야 했고, 그러한 사실로 인해 임기 중에 대통령 직에서 중도 하차해야 했다.

체니를 포함해 닉슨 행정부의 전직 관리들이 갖고 있는 그러한 생각은, 건물에 도청 장치를 하러 침입한 것과 같은 유사한 불법 행위가 문제가 아니라는 것이었다. 문제가 되는 것은 대통령이 그러한 행위를 알고 있다는 사실로부터 보호되어야 했다는, 즉 그런 사실을 모르고 있도록 만들어야 했다는 것이다.

이런 일 처리 방식으로 인해 대통령은, 무슨 일이 일어나든 자신은 대체적으로 만족한다고까지 말할 수 있으며, 그런 바람을 수하의 측근들이 실행하도록 만들면서도 "설득력 있는 부인 가능성(plausible deniability)"을 담보할 수 있다. 그건 바로 로널드 레이건이 사용했던 방식이기도 하다. 그는 자신의 보좌관들에게 만약 니카라과 반군(the anti-Communist contra rebels in Nicaragua. 1979년 니카라과 산디니스타 민족해방전선의 혁명이 성공해 소모사 독재 정권이 붕괴되고 산디니스타 좌익 정부가 수립된 이후, 이 좌익 정권에 반대해 무장투쟁을 시작한 우익 반군— 옮긴이)에 대한 원조를 금지하는 의회를 에두를 수 있는 방법을 찾아낸다 하더라도 자신은 개의치 않겠다는 식으로 말했지만, 뒤에 가서 비디오테이프로 녹화된 선서 증언을 하게 되었을 때 자신은 그들이 실제로 어떤 조치를 취했는가에 대해 "전혀 모르고" 있었다고 말하는 식으로 이런 수법을 활용했다.

아버지 부시를 위시한 몇몇 대통령에게는 이런 방식이 먹혀들지 않았다. 아버지 부시는 실수를 저지르지 않도록 자신이 결정을 내려야 할 것과 관계가 있는 모든 사안에 대해 알고 있게 해줄 것을 요구했다. 일반적으로 대통령들은 자신이 모르고 있었던 상황에서 다른 경로를 통해 갑작스럽게 뭔가에 대해 알게 되는 것을 좋아하지 않으며, "알아야 될 필요가 있는 것"만을 아는 것에서 그치는 것도 탐탁해하지 않는다. 이런 성향을 지닌 대통령들에게는 책임지는 것을 면하게 해줄 애매한 브리핑이나, 투명성을 보다 강조하는 매스미디어 시대에 대한 반작용으로 흔히 욕을 먹게 되는 정부 정책 '과정'의 비효율성을 핑계 삼는다는 생각이 불쾌한 것이다.

하지만 조지 W. 부시가 새 대통령에 취임하면서, 체니는 특별히 혁신적인 방식으로 자신의 보호 전략을 실행에 옮길 수 있었다. 대개는 기밀로 분류되어 보호되는 어떤 정보를 부시에게 알리지 않는다는 것은, 그의 말 한마디 한마디가 전 세계로 알려지게 되어 있는 대통령이 필요한 무슨 말이건 함으로써, 다양한 전략을 구사, 그것을 진척시킬 수 있게 해준다는 것을 의미했다. 이것은 본질적으로 대통령 자신이 한 말을 "관계가 없는 것이라고 부인할" 수 있다는 뜻이기도 했다.

체니의 이러한 혁신이 부시의 성향에 맞춰진 것인지, 아니면 부시가 체니의 방식에 맞춰나가고 있는 것인지의 여부를 따지는 것은 전혀 중요한 일이 못 된다. 어쨌든 둘의 방식은 기가 막히게 궁합이 맞았다. 이러한 전략적인 방식 아래에서 NIE 보고서 전체를 읽는 것은 부시에게 문제로 작용하게 될 수도 있는 일이었다. 그것은 전쟁을 일으키는 쪽을 향해 나아가는 데 가장 중요한 무기가 될 수 있는 대통령의 수사적 기교를 막아놓을 수도 있었다. NIE는 부시가 너무 많은 것을 알게 할 수도 있기 때문이다.

설사 NIE의 내용이 어떤 경로를 통해 일반에 공개될 경우라 하더라도, 백악관 측은 그 보고서가 너무 방대해서 부시는 한 쪽짜리 NIE 요약만 읽었을 뿐이라고 해명하면 그만이었다. 하지만 그 요약마저 두 가지 문제점을 안고 있었다. 첫째, 비록 "대부분의 정보기관이 자체적으로 판단하기에" 그 알루미늄 튜브들은 "우라늄 농축을 위한 노력과 관련된" 것이라고 보고 있지만, 에너지부 소속 정보 담당 부서와 국무부 소속 정보 및 연구 담당 부서는 "그 튜브들이 재래식 무기 제조에 사용될 가능성이 훨씬 더 높은 것으로 여겨진다"고 언급했다. 둘째, 거기에는 옐로케이크에 대한 내용이 전혀 언급되어 있지 않다. 보고서 요약에서 추려 언급하고 있는 "중요한 결과들" 가운데 그 내용이 포함되지 않았던 것이다. 추려진 내용에 포함시키기에는 근거가 너무 약하다는 이유로 말이다. 모하메드 아타가 프라하에서 이라크 인들과 만났다고 확언하는 부분에 대해 CIA가 이미 반대 의견서를 제출한 상황에서, 이제 알루미늄 튜브와 옐로케이크 문제는 "전쟁의 정당화"에 가장 두드러진 논점으로 부상하게 되었다.

마지막 근거로 제시된 옐로케이크 문제는 9월 중순 들어 CIA가 이미 영국 측에 경고를 해준 상태였다. 옐로케이크에 대한 MI6의 비슷한 주장에 대해 미국 정보기관에서 조사를 했고, 그러한 주장이 사실이 아닐 수도 있음을 보여줬던 것이다. 또한 9월 들어서 테닛은 부시와 체니에게 알루미늄 튜브가 로켓탄 제작에 사용될 가능성이 대단히 높다는 점을 보고했다. 그 점에 대해서는 CIA 분석관들도 동의했다.

이러한 분석과 브리핑은 CIA를 백악관과 사이가 틀어지도록 만들고 있었다. 이제 부시가 공개적으로 "전쟁의 정당성"을 알리기로 결정한 마당에, 부통령실과 국방부의 민간인 지도부의 견해로 전쟁을 수행하는 데 가장 큰 방해물은 결국 CIA로 드러나게 된 것이다. 그것은 역기능 조직의 아주 고전적 예가 될 수 있는 상황이었다. CIA의 작전 담당 부서는 이제 자신들이 추정에 지나지 않는 것에 따라 움직여야 되리라는 것을 알고 있었던 반면, 정보실은 자신들도 그와 마찬가지로 움직여야 할 것인지 어쩔지를 도대체 예측할 수가 없었다. 행정부 전체에 걸쳐 소위 '정책 과정(policy process. 정책 문제의 인지, 목표 설정, 대안의 분석 및 결정, 합법화, 집행, 평가 등의 과정을 가리킨다 — 옮긴이)'이라는 것의 부재를 증명할 단서가 될 예는 널려 있었다. 이미 2002년 가을 무렵부터 재무부 경제 분석관들에서부터 환경보호국 지구 온난화 전문가들, 보건후생성 아동 복지 전문가들에 이르기까지, 정부 내 다른 모든 부서는 자신들의 업무가 정책 형성에 도움이 되는 것이 아닌, 이미 형성된 정책을 찬성하고 지지하는 정도의 역할임을 자각하고 있었다. 정보실 소속 한 관리가 털어놓은 말이다.

"우리는 정부가 보다 이념적인 부분을 강요하고 있으며, 국무부와 국방부에 속한 분석관들까지 포함, 전체적으로 분석관들이 무시되고 있다는 것을 알고 있었습니다. 그것은 마치 우리가 전쟁을 치르려는 상황에서 우리의 분석 따위는 적용될 수 없다고 치부되는 것이나 마찬가지였습니다. 말하자면, 예산 정책이나 세금 감면 같은 것과는 다른 기준이 적용되는 것 같았죠. 우리의 일은 대통령에게 어떤 것이 진실인지를 말해주고, 그렇게 해서 사람의 생명이 달린 상황에서 대통령이 올바른 결정을 내릴 수 있게 돕는 것입니다. 그것이 우리가 하는 일입니다. 그런 분석을 무시하는 것은 CIA 따위는 필요 없다고 말하는 것이나 마찬가지죠."

전쟁 준비 단계와 관련된 문제에서 그런 식의 푸념은 백악관 측에서도 나오고 있었다. 이런 상황은 테닛을 어느 쪽에 충성을 바쳐야 할지 모르게 만들었다. 9·11이 터지고 나서 자신을 해임할 수도 있었지만 그러지 않은 대통령을 따를 것인가, 아니면 제도적으로나 정서적으로나 자신이 보호해주는 데 헌신할 책임이 있는 수하 분석관들을 따를 것인가.

10월 5일. 테닛은 자기 자리에 앉아 있었다. 드문 일이었다. 그는 앞으로 이틀 후 신시내티에서 있을 예정인 대통령 연설 원고 초고를 읽고 있었다. 그 연설은 "사담 후세인 정권이 니제르에서 우라늄을 구매하려던 사실이 발각되었다"고 단언하는 내용이었다.

CIA는 당장 스티븐 해들리 국가 안보 보좌관보와 대통령 연설 원고 작성자 마이크 거슨Mike Gerson에게 그 진술이 잘못된 것임을 알리는 통신문을 보냈다. 다음 날, 또 한 통의 통신문을 라이스에게 보내어 니제르에서 발견되었다는 그 증거는 근거가 박약하며, 어느 경우가 되었든 그런 구매는 사담 후세인이 이미 다량의 옐로케이크를 구매해두고 있지만 그것을 사용할 수 있는 농축우라늄으로 처리할 능력이 없기 때문에 그리 중요한 사안이 아님을 되풀이해서 알렸다.

테닛은 그 문구가 삭제되지 않고서는 이 문제에 대해 안심할 수가 없었다. 그는 그 상황에 근본적으로 하나의 철학이 작용하고 있다는 것을 알아차렸다. 대충 정의를 내려본다 하더라도, 그런 증거는 작전의 편의를 위해 갖다 붙인 것에 지나지 않았다. 이 경우는 국제사회가 들어야 할 필요가 있는 이야기를 해서 이 전쟁을 지지하도록 설득하려는 것이었다. 그는 대통령 연설이 있기 하루 전인 10월 6일 해들리에게 전화를 걸었다. 테닛은 알고 있었다. 문제가 되는 것은 니제르에서의 일로 사담이 받고 있는 혐의의 진위가 아니라는 것을 말이다. 문제는 대통령의 단언이, 당연히 그럴 수 있는 일로, 잘못된 것으로 드러날 수도 있는 기밀 자료에서 나온 것이 아닌가 하는 점이었다.

해들리는 테닛의 말에 완강한 반대 입장을 취했다. 이것은 전쟁의 정당성을 확보하는 데 있어서 중요한 주장이었다. 테닛은 그러한 반응에 대응하는 방식을 정치적 용어로 옮기는 방법을 알고 있었다.

테닛이 말했다.

"스티브, 당신은 대통령이 이 사안의 진상을 알고 있다는 것에 대해 증인이 되고 싶지는 않으실 테지요. 내 말 들으시오."

문제의 문구는 삭제되었다. 하지만 그것은 한 차례의 승리에 지나지 않았다.

2주일 후, 테닛은 상원 하트관(Hart Senate Office Building)에 있는 대형 청문회실로 서둘러 들어갔다. 좌석은 이미 다 차 서서 방청해야 할 정도였다. 텔레비전으로 중계되는 그 청문회는 9·11에 관한 상하원특별정보위원회(JIC, the Joint House and Senate Select Intelligence Committee)가 주관하는 것으로, 대개 'JIC 청문회'라고 불렸다. 플로리다 출신 민주당 고참 상원 의원 밥 그레이엄Bob Graham과 한때 CIA 조사원이었으며 플로리다 출신 공화당 의원인 포터 고스Porter Goss가 공동 의장을 맡고 있는 그 청문회에 출석한다는 것은, 피할 수 없는 질문들에 답해야 한다는 것을 의미했다. 상원 의원으로서 임기가 끝나가고 있으며, 이제는 대통령 출마 준비를 하고 있는 그레이엄은 증인들 가운데 국민을 오도했던 자들이 이제는 자신을 오도하고 있기라도 한 것처럼 말끝마다 퉁명스러움이 묻어나고 있었다. 한편 고스는 마치 자신이 이제 막 중앙정보국 국장 임기를 끝내고 난 참이라도 되는 것처럼 만사를 다 아는 척 장황하게 지껄여대고 있었다.

오늘은 중요한 날이었다. 테닛과 NSA 책임자 마이크 헤이든 중장, 그리고 밥 뮐러가 청문회 증언을 위해 모두 출석하기로 되어 있었다.

테닛은 이미 수많은 시간을 의사당에 출석해 집중 조명을 받으며 질문에 답변했던 이력을 지니고 있었다. 그의 얼굴은, 모두 15개의 개별적 기관인 정보 공동체를 대표하는 것이었으며, 모든 미국인이 제때 알았어야 할 필요가 있는 정보를 미리 알고 있지 못해 당했던 참담한 재앙을 대표하는 것이기도 했다. 그는 자신이 할 연설 내용을 사흘에 걸쳐 준비했다. 그는 동료들에게 그 연설을 "나의 선언"이 될 거라고 말했다.

테닛이 선서를 하고 나자 그레이엄은 "답변을 위해 출석한 증인들은 의원들이 질문할 시간을 최대한도로 늘릴 수 있도록 진술을 대략 10분 정도로 요약해서 해줄 수 있는지를 묻고 싶다"고 말했다.

테닛이 대답했다.

"감사합니다, 의장님. 하지만 제가 이야기할 내용은 10분 안에 끝낼 수 없을 것 같습니다. 이야기할 것이 아주 많습니다. 가능한 한 빨리 이야기를 끝내도록 하겠습니다만… 그 부분에 대해서 의장님께서 아량을 베풀어주신다면 감사하겠습니다."

테닛이 이야기를 시작했다.

"9월 11일, 거의 3,000명에 이르는 무고한 생명이 무지막지한 테러로 인해 목숨을 잃었습니다. 미국의 정보기관에서 근무하는 남녀 직원들에게, 우리가 느끼는 슬픔, 우리가 수많은 다른 사람과 공유하는 그 슬픔은, 이 공격을 미리 막으려 그토록 애썼지만 결국 막지 못했다는 사실로 인해 더욱 깊었으며…."

〈CSI 과학수사대〉에 등장하는 경찰서장들 가운데 한 명처럼 테닛의 나무랄 데 없는 정확한 표준 영어식 어조와 허식을 좋아하지 않는 태도는 텔레비전 화면에 훌륭하게 먹혀 들어갔다. 정보 공동체가 무능하다는 억측이 난무하는 상황임을 고려한다면, 그렇게 보일 수 있다는 것이 타고난 재능처럼 여겨지기조차 할 정도였다. 그는 9·11 테러 발생에 이르기까지 저질러진 실수와 '과정'이 이제는 어떤 방식으로 제대로 된 길로 들어서게 되었는지, 그 길고 파란만장한 사연을 중요한 부분들만 요약해서 죽 이야기했다.

10분이 지나자, 그레이엄이 그의 말을 가로막았다. 그리고 다시 10분이 지난 후, 테닛이 어떻게 해서 CIA 소속 관리들이 "자신들이 파일로 가지고 있는 알 하즈미와 미드하르Khalid al-Mihdhar에 관한 정보에 담긴 의미를 알아채지 못했는지"에 대해 설명했다.

"8월 한 달 동안…."

그레이엄 상원 의원: 테닛 선생, 지금 21분 사용하셨습니다.

테닛: 하지만 의원님, 저는 1년을 기다려 온 이야기를 꼭 해야 합니다. 앞으로 20분은 더 할 수 있습니다. 저는 이 내용이 공식적으로 기록되어야 한다고 생각합니다. 이건 중요한 부분입니다. 이것은 상황의 전후 관계와 관련된 것이자 사실에 입각한 것이며, 그렇기 때문에 이야기를 계속하고 싶다는 것입니다!

유타 출신 공화당 소속 상원 의원 오린 해치Orrin Hatch가 테닛의 편을 들고 나섰다.

"의장님, 전체 이야기를 듣고 싶습니다."

캘리포니아 출신의 민주당 소속 상원 의원 다이앤 파인스타인Dianne Feinstein도 거들었다.

"저도 듣고 싶군요."

청문회 광경을 텔레비전으로 지켜보기 위해 모여 있던 CIA에서 함성이 터져 나왔다. 거기서 15마일 떨어진 FBI 본부 건물 강당에 모여 있던 사람들에게서도 마찬가지로 함성이 터져 나왔다.

최근 기억 속에서 그토록 절실하게 잘못을 남의 탓으로 돌려야 할 필요가 있었던 적은 한 번도 없었다. 잘못을 저지른 것으로 되어 있는 사람들을 밝혀내고, 그들을 필요 없는 존재로 만들어버리는 것에서 기묘한 위안을 찾아야 할 필요성 말이다. 의회도 거기에 관계되어 있었다. 백악관 또한 나름의 방식으로 관계되어 있었다. CIA와 FBI만 죽일 놈들이 된 것이었다.

그레이엄이 마지못해 다시 자리에 앉았고, 테닛은 힘을 내어 자신이 주의 깊게 준비한 연설을 끝까지 해나갔다. 그런 다음, 15분간에 걸친 질문이 끝나고 잠시 휴식 시간이 있었다. 테닛은 한껏 고무되어 있었다. 그는 자신의 견해를 충분히 피력했다. CIA가 비록 실수를 하긴 했지만 그럼에도 맡겨진 과업을 감당해낼 능력은 충분하다는 것을 입증해 보였다.

사람들이 부산하게 움직이며 한숨을 돌리는 짧은 휴식 시간 동안 테닛은 자리에서 일어나 탁상용 마이크 옆에 놓여 있는 자신의 원고들을 모아 정리했다. 한 여성이 그에게 다가왔다. 중년 여성이었다. 별다른 특징도 없었다. 갈색 머리칼이었고, 그는 자신이 알고 있는 여자일 수도 있다는 생각에 본능적으로 그녀를 향해 목례를 했다.

그녀는 가까이 다가와서는 멈춰 섰고, 눈물이 그렁그렁한 눈으로 그를 응시했다.

"당신이 내 남편을 죽인 거예요."

2002년 11월의 첫 주말은 조지 W. 부시에게 서서히 만족감이 밀려들기 시작하는 순간이었다. 그는 한 달에 걸쳐 공화당 후보들에 대한 지원 유세차 전국을 돌았고, 그런 노력은 그럴 만한 가치가 있는 것처럼 보였다. 화요일의 중간선거에 앞서 토요일에 실시된 공화당 소속 여론조사원 매튜 도드Matthew Dowd의 선거 동향 조사는 공화당의 인기가 급상승하고 있음을 보여주고 있었다. 대통령 취임 첫해에 여당이 중간선거에서 의석을 잃게 된다는 놀라울 정도로 일관된 결과를 보여주던 전통은 이번 선거에서 뒤집힐 것이었다.

이 소란스럽고 분주한 선거철에도 한 가지 단순하며, 미국인들에게는 대단히 개인적이기도 한 계산법이 승리를 거두고 있는 것처럼 보였다. 즉 미국은 다시 공격당하지 않았다는 계산이었다. 만약 가장 순수한 형태의 성공이란 것이 예상을 넘어선 결과가 나오는 경우라고 친다면, 미국 본토에 대한 추가 무차별 테러가 자행될 것이라는 예상이 들어맞지 않은 것이 광범위한 안도의 한숨 내지 감사의 마음을 불러일으켰던 것이다.

세상살이에 무리가 없을 정도의 정보를 가지고 있는 미국인이라면 무엇을 알고 있었을까? 구두에 폭탄을 장치한 영국의 폭탄 테러범 리처드 레이드Richard Reid가 영웅적인 기내 승무원들과 승객들에 의해 제압된 것을 알고 있는가. 〈월스트리트 저널〉의 잘생기고 진지한 대니 펄이 우리의 적들이 가지고 있는 야만성을 보여주는 처참한 종말을 맞이한 것을 알고 있는가. 적들은 우리 사이에 몸을 숨기고 기회를 노리고 있었다. 비록 근본적인 증거는 박약하지만 테러에 동조하는 반역 행위를 한 것으로 널리 선전된 호세 파디야Jose Padilla나 래카와나의 알 카에다 지부처럼 말이다. 색깔로 구분되는 보안 경고는 심야 코미디언들의 코미디 소재가 되었지만, 만약 다른 어떤 것도 아니라면, 진짜 위험에 직면해 있으며, 일반 국민이 실제로 알 필요가 있는 것에 대해 안절부절못하는 정부가 기울이는 힘들고, 뭐든 할 수 있는 것이면 한다는 노력과 열정을 보여주는 것일 수 있었다. 두려움의 확산은 일종의 패배가 아닐까? 코앞에 닥친

일을 알고 있는 게 좋을까, 아니면 모르고 있는 게 차라리 나을까? 이러한 물음은 여전히 답변되지 않은 채로 남아 있었다.

그러는 동안, 해외에서는 그러한 위협—비록 산만하게 퍼져 있고 실체가 느껴지지 않는 것이긴 하나—이 그 어느 때보다도 실제적이며, 존재하는 것으로 여겨지고 있었다. 비록 빈 라덴의 존재와 활동은 겨우 추측이나 해볼 수 있는 것으로 남아 있었지만, 알 자와히리는 10월 초순의 어느 날인가 쿠웨이트에 주둔하고 있는 미 해병대가 공격을 받았을 때 다시 모습을 나타냈다. 그는 알 자지라 방송에 출연해, 미국 본토와 미국의 경제 그리고 미국의 우방들에 대한 장래의 공격을 확언했다. "내가 장담하건대, 이슬람의 젊은이들이 당신들의 마음을 공포로 채워놓게 될 거사를 준비하고 있다."

하지만 미국에서는 아무런 일도 없었다. 적어도 아직까지는 아무런 일도 일어나지 않고 있었다. 그리고 이러한 점이 국민에게는 경계심을 늦추거나 어쨌든 편안함을 느끼게 해주는 것이라 치더라도, 테러리스트들과의 싸움에 몸담고 있는 사람들에게는 전혀 위안이 될 수 없는 상황이었다. 이들은 미국에 대한 또 다른 공격이 이어지지 않는 것은 알 카에다가 내리는 여러 전략적 판단에 기인한 것일 수도 있다고 생각했다. 즉 9·11에 의해 생겨난 공포감은 마치 메아리와도 같이 또 다른 공격에 의해 그 공포감이 대체되기 전까지 지속되리라는 것이었다. 그렇다면 두 번째 공격의 규모는 알 카에다의 능력과 의도에 대한 새로운 척도로 작용하게 될 터였다. 말하자면, 알 카에다는 두 번째 공격이 세계무역센터와 국방부 건물에 대한 공격을 능가할 정도로 훨씬 더 파괴적이어서, 그것 다음에는 또 어떤 공격이 이어지게 될지에 대한, 점점 그 수위가 높아지는, 끔찍한 예상을 하도록 만드는 것이어야 공격에 나서게 될 것이었다. 두려움에 찬 예상은 시간이 흐르면서 점점 더 다면적으로 증가하게 되고, 그 다음 공격이 있을 때까지 지속될 것이었다. 그것은 말하자면, "특별 행사"라고나 할 수 있는 전략이다. 그런 전략은 테러리스트와의 전쟁은 끝도 없고, 무익한 것이며, 계속 확대되기만 하는 것임을 보여준다. 그리고 썩어빠진 중동 지역의 각국 정권에 대해 미국이 지원을 끊거나, 아라비아반도에서 미군들이 떠난다 하더라도 자신들은 행복하게 살아갈 수 있다는 사실을 미국인들이 깨닫도록 주의를 환기시키는 것이 목적이었다.

사람들은 두려움을 멎게 하기 위해 온갖 수단을 다 동원하게 될 터였다. 그렇기 때문에 두려움을 갖게 만드는 것이 테러리스트들의 목표가 되는 것이다. 하지만 두려움을 갖게 만드는 것은 또한 미국인들의 군수품 창고에 있는 가장 핵심적인 무기이기도 했다.

11월 3일 아침. 대통령이 중간선거의 압승을 예상하는 여론조사 수치를 응시하고 있는 동안 조지 테닛은 CIA에서 커피를 마시고 있었다. 철야를 하고 난 후였다. 그는 앞으로도 몇 시간을 더 바짝 긴장한 상태로 보내야 할 터였다.

NSA와 공조하는 팀들과 미국 정찰위성 담당 팀을 포함하는 한 무리의 신호정보 취급자가 대테러센터에서 CIA 요원들과 함께 모여 있었다. 테닛도 함께였다.

그들 앞에 펼쳐진 널찍한 스크린에는 예멘 마리브 사막(Ma'rib desert)의 황량하게 뻗은 길을 따라 달리고 있는 지프 한 대가 거친 화소와 잿빛을 뒤집어쓴 듯한 색조로 비치고 있었다. 예멘 비밀경찰과 미국의 신호정보에 의하면, 그 차 안에 타고 있는 인물은 '아부 알리Abu Ali'라고 알려진 카에드 살림 시난 알 하레티Qaed Salim Sinan al-Harethi였다. 그는 전함 콜 호에 대한 폭탄 테러를 계획한 알 카에다 소속 인물 가운데 하나로 지목되고 있었다. 그 차에 하레티와 함께 타고 있는 동승자는 여섯이었다. 그들 모두 알 카에다 조직원으로 여겨지는 인물들이었다. 이제 지부티에서 발진한 미군의 무인 공격기 프레데터Predator의 렌즈가 그들을 담고 있었다. 지프가 도로의 외진 부분을 통과하는 동안, 지프 탑승자 하나가 공교롭게도 미국 측에 붙잡혀 있는 알 카에다 병사 한 명에게 전화를 걸어 통화를 시도했다. 물론 그 지프 탑승자는 자신이 통화하고 있는 자가 포로가 되어 있다는 사실을 모르고 있었다. 그는 자신이 통화하고 있는 상대가 근처에 있으며, 랑데부를 하기 위해 움직이고 있는 지프의 위치를 알아내려 애쓰고 있다고 생각했다.

그가 전화에 대고 말했다.

"우린 거의 도착했다. 우리가 보이나? 우린 바로 여기 있다."

테닛이 2001년 9월 4일 대테러센터에서 NSC와 회의를 했던 이래로 오늘까지 딱 14개월이 흘렀다. 당시 테닛은 좌중에게 이렇게 말했다.

"중앙정보국이 이런 무기를 발사하고자 원하는지에 대해 논의를 하는 것은 중요합니다. 나는 내가 그것에 찬성하거나 반대한다는 이야기를 하려는 게 아니라, 단지 그것이 중앙정보국이 하는 일의 성격을 바꿔놓는다는 이야기를 하려는 것입니다. 그것은 우리가 이제까지 넘지 않고 있던 선을 넘는 일입니다."

그날 모였던 사람들은 아무런 결정도 내리지 않고 회의를 마쳤다.

9·11이 터지고 난 후, 더 이상 그런 문제를 논의하기 위해 회의를 열 필요가 없게 되었다. 모두들 그들이 할 수 있는 일을 했을 뿐이었다. 뭐든 효과가 있기를 바라면서 말이다.

무장된 프레데터는 확실히 효과가 있었다. 테닛이 명령을 내렸고, 무인 공격기에서 발사된 헬파이어 미사일Hellfire missile이 비명을 지르면서 날아가 지프에 명중했다. 하레티를 포함 일곱 명이 즉사했다. CIA는 곧 죽은 자들 가운데 래카와나 지부 소속 조직원들의 정신적 친구이자 안내자이기도 했던 카말 데르위시Kamal Derwish가 포함되어 있다는 사실을 확인해냈다. 그자는 정보국에서 찾아내려고 혈안이 되어 있던 자로, 그렇게 찾았던 이유는 그자만이 '래카와나의 6인'이 진짜 알 카에다 지부이며 파괴를 목적으로 하고 있었는지, 그게 아니라면 잠시 생각을 잘못 먹은 버팔로 출신 여섯 친구가 자신들의 능력에 부치는 짓을 저지른 것인지를 명확히 밝혀줄 수 있어서였다. 워싱턴의 고압적 발언과 신문 보도에도 이자들에 대한 일치된 의견은 이미 후자 쪽으로 결정이 난 터이긴 했다. 단 하나의 잠재적인 대조 효과를 낼 수 있는 인물이 이제 예멘의 사막에서 새까맣게 그슬린 숯덩이 시체가 되어버렸다.

그 작전으로 테닛은 심통이 나 있었지만, 대통령은 작전에 뒤이은 신호정보 전문을 통해 특히 그것이 알 카에다에게 충격을 안겨주었다는 사실을 확인하고, 또 주요 아랍 국가들의 지도자들이 두려움을 느끼게 되었다는 소식에 한껏 고양되어 있었다. 부시가 한 고참 보좌관에게 한 말이다. 그는 이런 말을 자주 반복했다.

"우린 이제 그자들이 이해할 수 있게 된 방법으로 이야기를 하기 시작한 거야. 이런 식의 능력이 게임의 판도를 변화시키지."

매일 아침, 대개는 언짢은 것인 그 전날 상황에 대한 상세한 내용을 브리핑하고, 그렇게 해서 부시로 하여금 "작전 돌입"을 가능하게 해주는 것은 이제 CIA 일과의 한 부분이 되었다. 테닛은 다양한 보고자를 대동했다. 그들 가운데 일부에 대해서 부시는 다른 사람들의 경우보다 더 반응을 보이는 것 같았다. 대부분의 대통령은 그들이 매일 아침 받게 되는 정보 브리핑에서 분석관들을 대동하고 앉아 있게 된다. 작전의 상세한 부분들을 설명하면 분석관들은 그것이 어떤 국가에, 어떤 지역에, 미국의 전략에 어떤 구조적 의미를 지니는지를 분석해낸다. 부시는 확실히 여러 명의 분석관을 만나고 있었다. 하지만 부시는 직접 상황에 부딪치는 위치에 있는 사람들을 더 좋아했다. 거의 다 남자인 그들은 테러와의 싸움과 직접 대면하고, 직접 참여해 드잡이를 하는 사람들이었다.

각 기관의 장들과 부처의 장관들인 보고자들은 부시의 갈망이나 조바심이 어떤 것인지를 느끼고 있었으며, 그의 그런 기분의 흐름에 맞추게 되었다. 그들 모두는 어떤 사안에 대해 보고를 하든 간에 마치 자신들이 그 상황에 직접 부딪치는 사람이라도 되는 것처럼 이야기했다. 모든 것을 고려한다 해도 결국 군사작전이라는 것이 사람을 긴장시키는 것인 굴욕감을 느꼈다가, 한껏 고양되었다가, 기묘한 느낌을 주는 방식으로 결말이 나는 효과들을 한 번도 경험한 적이 없는 인간들이었다. 파월이나 그의 부관 리치 아미티지Rich Armitage처럼 그런 경험을 한 적이 있는 몇몇 사람은 이런 불균형을 원만하게 수습하는 역할을 했다. 그들은 전쟁의 매운 맛을 본 사람들이었다. 그래서 그들은 전쟁이라는 것의 핵심을 파고들면 결국 무의미한 것임을 경험을 통해 알고 있다는 강경한 주장을 하게 되는 것이었다.

대통령이 앞장서서 보여주는 쾌활함이 방 안을 생기 넘치게 했고, 어떤 경우에는 거기서 결정이 나는 조치까지도 생기를 띠게 만들었다.

이 시기에 속한 아무 날이나 하루를 골라 이야기해보겠다. 어느 날 아침, 테닛과 그의 팀이 브리핑을 마치고 났을 때 FBI 부국장 브루스 게파트가 방 안으로 들어섰다. 출장 중인 밀러 국장 대신이었다. 그 전날 저녁부터 FBI에 큰 비상이 걸려 있었고, 이제 아침이 된 것이다.

게파트는 사안별로 조목조목 보고를 해나간다. FBI식의 정확함과 철저함을 보이면서 말이다. 캔자스에서 "중동 출신"의 사내들 한 무리에 대한 보고가 FBI에 들어왔다고 한다. 게파트는 부시와 그 브리핑에 참석하고 있는 대여섯 명의 다른 사람에게 이야기를 하고 있다. 그 중동 남자들은 현금을 치를 준비가 되어 있었다고 했다. "거대한 저장 시설을 현금으로" 사들이려 하고 있었다는 것이다. 몇 천 달러의 비용이 드는 정말 큰 시설 말이다.

충분하지는 않았지만, 게파트는 FBI가 알아낸 모든 것을 죽 보고해나갔다. 그 남자들은 농부가 아니었지만 사료 저장용 사일로처럼 거대한 어떤 시설을 찾아다니고 있었다. 이 남자들이 의심스러웠다. 그리고 그들은 현재 아무런 제지도 받지 않고 자유롭게 돌아다니고 있었다.

부시는 극도로 예민해져 있다. 안경을 코끝에 걸치고 무릎에 노트할 공책을 올려놓은 채다. 그러는 동안 방 안 모든 사람은 이런저런 시나리오를 상상하기 시작한다. 점들이 연결되고 공포가 확산되는. 반면 정보 요원들과 형사들은 이런 순간 심호흡을 하게 된다. 수많은 날을 온갖 비상에 시달리고, 뭐가 뭔지도 모르는 상태로 우왕좌왕하고, 처음에 실수한 것으로 인해 모든 것이 달라져버린 이런 상황에까지 이르고 난 다음에 또 맞게 되는 이런 순간에 말이다. 내가 모르고 있는 것이 뭐지? 제대로 확인해보지도 않고 내가 알고 있다고 생각하고 있는 건 또 뭐지? 가장 두려운 것 하나가 아닌, 이렇게 나타나는 온갖 것은 다 뭐지?

부시가 참견한다.

"캔자스에 나타난 중동 남자들이라고 했나? 당장 이 문제부터 확인해봐야 할 것 같군."

당연하지. 그 문제는 그날 하루 종일토록 대통령의 머릿속을 떠나지 않을 것이며, 대통령 집무실에서 흘러나오는 고압전류와도 같은 분위기는 곧바로 FBI와 법무부의 수많은 사람에게로 흐르게 될 테니 말이다.

다음 날 아침, 게파트가 다시 브리핑을 하러 들어온다. 부시의 관심은 온통 그에게 쏠려 있다.

"오늘은 또 어떤 소식인가, 브루스?"

그렇게 되면 전직 FBI 샌프란시스코 지부 책임자이기도 했던 게파트는 자신이 총을 쥐고 현장에 다녀온 사람이라도 되는 것처럼 "그 상황에 대해 이야기를 늘어놓"기 시작한다.

"각하, FBI가 캔자스 전체를 아예 포위해버리도록 조치했습니다!"

부시는 거의 고함을 지르다시피 말한다. 아니, 실제로 고함을 질러낸다.

"그런 게 바로 내가 듣고 싶은 보고야!"

"벼룩시장 운영자들." 그들을 찾아내기까지 며칠이 걸렸다. 그들은 중동계의 남자들이었으며, 실제로 캔자스에는 중동 출신 사람들이 꽤 많이 거주하고 있었다. 실제로 그들은 벼룩시장을 운영할 계획을 세우고 있었다. 수제 보석 장신구, 낡은 플란넬 셔츠, 식탁과 의자 세트 그리고 프랭크 시내트라 음반 등등. 그들은 온갖 잡다한 물품을 저장해둘 공간이 필요했던 것이다. 현찰 거래가 주로 이루어지는 사업이었다.

이런 종류의 사례는 얼마든지 있었다. 언제고 "작전 돌입"을 외칠 태세가 되어 있는 대통령 이하 온 정부를 들썩이게 만든 국내에서의 위협에 대한 신고 사례들 말이다. 그리고 FBI로부터 이런 일은 얼마든지 더 생겨나게 될 터였다. 그런 사례들은 모두 엉뚱한 의심으로 인해 일어난 수선스러움으로 드러나고 말았다.

12월 13일. 캐비닛 룸에서의 회의는 몇 개월에 걸쳐 수많은 고위 관리의 일정 관리 담당자들의 생활을 끔찍한 것으로 만들어놓고 난 결과였다. 20명이 넘는 미국 정부 최고위급 관리를 주중에 두 시간씩이나 한자리에 모아놓기 위해 일정을 서로 조정해 맞추려 들어 보라. 왜 아니겠는가.

회의 목적은 '테러와의 전쟁'의 진행 상황에 대한 연말 결산을 해본다는 것이었으나 앞날에 대비한 여러 전략을 세울 기회이기도 했다. 점심 도시락을 지참하도록 한 것은 회의가 오후 늦게까지 계속될 수도 있음을 의미했다.

회의는 오랜 세월 공군 장성으로 복무했고, 전직 CIA 2인자였으며, 현재는 국가안보회의에서 대통령이 임명한 대테러 최고 책임자이기도 한 존 고든 장군이 주재했다. 아니, 정확히 말하면 부시라는 편이 맞을 것이다. 아니면 부시가 하기로 되어 있었다고 해야 할까. 아니, 어쩌면 체니였다고 해야 옳을지도 모르겠다. 그도 그 자리에 참석해 있었으니까.

참석자들은 "이 전쟁"의 여러 양상에 대해 보고를 했다. 보고 내용들을 통해 분명하게 드러난 것은 진전이 이루어지고 있었다는 점이다. 아프가니스탄과 알 카에다의 은신처에 대한 폭격, 파키스탄 핵 과학자들과 파키스탄 내에 존재하는 그들의 지지자들의 일제 검거, 비록 야만적 심문 방식을 도입했어도 그리 대단한 것을 털어놓지는 않았지만 몇 명의 중요한 조직원에 대한 체포, 테러리스트들과 연관된 것으로 보이며 탄저균 살포를 획책하는 자들에 대해 포위망을 좁혀 들어간 것 등등이 그것이었다. 카라치의 안가에 대한 급습 작전과 NSA 및 각 금융기관의 지원을 받는 CIA의 전 세계적 매트릭스는 전장이 어디인지를 환하게 밝혀주고 있었다.

하지만 자와히리와 빈 라덴은 살아 있었다. 빈 라덴은 몇 주 전 부시를

"현대판 파라오(a modern-day Pharaoh)"라고 지칭하는 오디오테이프를 방송을 통해 공개하기도 했다. 활발히 움직이고 있는 자르카위Zarqawi 라는 조직원도 있었다. 미국은 2002년 내내 이자를 추적하고 있었다. 이 자는 후세인의 지배력이 미치지 못하는 변경 무인 지대에 생물학 및 화학무기 연구소를 세워 가동하고 있었다. 이자는 지난해 여름 영국에서, 아주까리(피마자) 열매(castor beans)로 만든 유독성 반죽으로 사람들을 공포에 떨게 만들었던 리신ricin 사건을 포함, 유럽 지역에서 벌어졌던 몇 건의 생화학 무기 공격의 배후로 여겨지는 인물이었다.

부시는 샌드위치를 먹으면서 잠자코 듣고만 있었다. 2001년 봄으로 거슬러 올라가, 테닛과 리처드 클라크는 대통령에게 아침마다 하는 브리핑 시간에 대통령에게 좀 듣기 싫은 소리를 한 적이 있었다. 그것은 알카에다에 대한 경고를 하기만 하면 직접 나서거나, NSC의 업무 처리 과정을 통해서 늘 하게 되는 라이스의 반발을 에두르기 위해, 테닛이 날마다 자신에게 할당된 그 시간을 이용하는 한 방법이었다. 그날 그들은 부시에게 그들의 적이 보여주고 있는 전 세계적 위협과 다면적 능력에 대해 경고했다. 클라크의 전언에 의하면, 부시는 자신에게 던져진 것에 대해 그리 큰 중요성을 부여할 능력이 없었다. 경고되고 있는 내용은 부시로서는 도대체 알 수가 없는 갖가지 아랍 이름과 나라들에 대한 것이었으니 말이다. 부시는 "파리채로 조무래기 파리들을 한 마리씩 때려잡는 것"이 마땅찮으니 커다란 한 방으로 알 카에다를 순식간에 날려버릴 다른 방법은 없느냐고 물었다.

이제 캐비닛 룸 안은 온통 파리들이 붕붕거리며 날아다니는 꼴이 되어 있었다. 1년 넘게 해온 일이 결국 너무도 많은 조무래기나 사냥하는 꼴이었으니 말이다.

부시는 혼란스러운 듯 닉슨과 레이건 행정부에서 일한 경력이 있으며 골수 공화당원이기도 한 케네쓰 댐Kenneth Dam 재무부 부장관을 돌아보았다.

"켄, 금융 쪽은 테러와의 싸움에 어느 정도 진전을 보이고 있나요?"

댐이 서류 몇 장을 풀풀 넘겼다.

"대통령 각하, 알 카에다에게 자금을 제공하는 자들 대부분이 사우디 인입니다."

"자금 제공자들 대부분이 사우디 인"이라는 말은 회의가 시작될 때 그가 참석자들에게 돌린 한 쪽짜리 보고서의 큰 제목이기도 했다. 그 보고서는 알 카에다에 자금을 대주고 있는 15명 남짓 인물의 명단이었는데, 그들 거의 모두가 사우디 인이었던 것이다.

부시가 당황한 눈길로 댐을 바라보았다. 마치 자신이 앞에 놓인 그 보고서를 읽어보지 않았거나, 아니면 무슨 이유에선지 놀랐거나 한 것처럼 말이다. 사실 그 보고서에 담긴 내용은 누구나 알고 있는, 거의 공공연한 비밀이랄 수 있었다.

부시가 물었다.

"그걸 어떻게 확인할 수 있나요?"

댐이 잠깐 말을 멈췄다.

"제가 방금 돌린 보고서를 보시면 됩니다. 그건 정보국(CIA)에서 수집한 자료입니다."

댐은 그렇게 말하고는 자기 곁에 앉아 있는 맥놀린 쪽을 돌아보았다. 맥놀린 부국장은 그렇다는 뜻으로 고개를 끄덕여 보였다. 그 자료는 CIA에서 나온 것이었다.

부시가 미소를 지었다. 한입거리쯤 되는 이 사안을 부지런히 곱씹으면서 말이다. 하지만 그것이 무엇을 의미하는지에 대한 음미가 곧 끝나면서, 그의 생각은 다른 곳으로 흘러가버렸다. 소위 "마음과 정신"의 싸움이라는 '테러와의 전쟁'에서는 승리는 고사하고, 완벽한 전략이랄 수 있는 것도, 진전의 정도를 제대로 판단할 수 있게 해주는 이렇다 할 척도도, 어떤 방식으로 싸워나가야 할 것인지에 대한 분명한 인식도 존재하지 않았다. 그것은 너무도 진척이 없는, 하루하루를 힘들고 단조롭게 싸워나가야 하는 싸움이었다. 위험한 정권이 들어서 있는 "어두운 이면"에 속했던 동맹국들이 이제 우방처럼 행동하게 되었고, 요즘 들어, 유럽의 옛 맹방들이 오히려 적으로 변해버린 것 같다는 점을 반추해본다면 승리라고 생각했던 것도 결국 패배가 아닌가. 부시 자신을 계속해서 긴장하게 만드는, 미국 내에서 연이어 터져 나오는 테러 위협의 경보라는 것도 번번이 아무것도 아닌 것으로 밝혀졌다.

몇 분 후, 부시가 좌중을 놀라게 할 만한 말을 했다.

"오늘은 이걸로 충분할 것 같습니다."

회의는 한 시간 만에 끝이 났다. 뭐 의논할 게 있어야 회의가 계속될 것 아닌가.

이라크 문제는 예외였다.

이 문제에 관한 한 추진력을 갖는 개념은 지속적이고 파괴적인 압박감이라고 할 수 있었다. 미국 본토가 보호될 수 없는 상황이었다. 미국의 적들은 반응이 빠른 방식으로 끊임없이 움직이고 있었기 때문에 이들에 대응하기 위해 시간을 두고 생각해 다음 작전을 짜고 어쩌고 할 여유가 없었다. "테러리스트들을 찾아내어 저지한다"는 '테러와의 전쟁'은, 상당한 성공을 거뒀음에도, 또 미국 정부가 이 새로운 종류의 전쟁을 실제로 싸워나가는 방법의 이해에 대한 학습곡선이 고통스럽게 상승하고 있음에도, 충분한 압력으로, 즉 장래의 경쟁 상대 및 적들의 행동에 변화를 줄 수 있을 정도의 충분한 압력으로 작용하지 못하고 있었다.

어떤 면에서 본다면, 이라크는 이미 정해진 목표물이었다. 공격 목표물 말이다.

국제사회로부터 그 침공에 대한 인정과 지지를 얻어내는 것이 이날 아침 대통령 집무실에서 열린 회의의 주제가 될 터였다. 12월 21일이었다. 크리스마스가 다가오고 있었고, 대통령이 주관해야 할 갖가지 파티와 공식 축하행사가 열릴 것이었다. 하지만 그런 모든 행사에 앞서, 그리고 해가 바뀌기 전에, 부시는 "그 전쟁을 정당한 것으로 만들어줄" 강매조의 설득 작전에 활용할 최초의 확실하고도 멋진 이유를 원했다.

맥놀린과 테닛이 대통령 집무실로 들어섰다. 모두들 서로에게 다가오는 크리스마스와 새해가 즐겁기를 빈다는 의례적인 인사를 건넸다.

이 토요일 아침, 대통령은 자신의 최측근들을 대동하고 있었다. 라이스, 앤드류 카드Andrew Card 수석 보좌관 그리고 부통령이었다.

맥놀린이 한 벌의 패도를 펼쳐 공개했다. 전직 육군 장교 출신이기도 한 그는, CIA에서 오랜 세월 근무했고, 조용하고 신중하며, 사리분별이 뚜렷하고, 박식한 인물이다. 30여 년 동안 분석관 생활을 한 맥놀린은 행정부가 쏟아낸 말들과 이미 계획된 작전이 이번 프레젠테이션에 미치게 될 압박감에 대해 잘 알고 있었다. 그는 손에 넣을 수 있는 모든 자료를 읽었고, 먼저 NSC 주요 간부들과 함께 예행연습까지 한 터였다. 명확한 증거인 입증된 사실들은 오래전의 것이었다. 1991년에서부터 사담 후세인이 유엔 사찰단을 국외 추방한 1998년 사이에 정식으로 유엔 사찰을 받던 시기까지 거슬러 올라가는 것도 있었다. 그 이후로 정보는 대단히 피상적인 것이자 확인이 거의 불가능한 것들이 대부분이었다. 그리고 맥놀린 자신이 휘하의 분석관들에게 늘 강조하는 것처럼 정보라는 것은 어떤 식으로든 입증될 수가 없는 것이라면 아무런 소용이 없었다.

맥놀린은 그로부터 30분에 걸쳐 이라크 내 대량 살상 무기의 존재에 대한 갖가지 예상되는 점과 가능한 점을 설명했는데, 어떤 것들은 다소 이해하기 힘든 사실들과 함께였다.

궤도 한 면은 미국 정찰위성에 의해 포착된 미국의 무인 항공기(UAV, unmanned aerial vehicle)에 관한 것이었다. 그것은 대략 500킬로미터 반경을 선회 비행할 능력이 있는데, 이런 기종에 대해 유엔이 정해놓은 비행 제한 거리 150킬로미터를 훨씬 초과하는 것이었다. 무장을 하든 하지 않든 제한 규정은 없었으나 항속 거리는 규정 위반이었다.

두 명의 병사가 '신경 작용제'라는 말을, 교범이나 통신에서 앞으로는 사용하지 말자고 의논하는 무전 내용이 도청된 것도 있었다. 사담 후세인이 알 카에다에 생물 및 화학 무기 관련 훈련을 시켜주고 있다는 정보에 대한 설명도 있었는데, 그 혐의점에 대해서는 CIA 내부에서도 이미 몇 사람은 사실이 아닐 수도 있다는 의심을 갖고 있었지만, 1년 후 알 리비의 심문 결과 공식적으로 부인되었다. 알 리비는 무사 코사의 정보 제공으로 정체가 밝혀져 9·11 테러 발생 이후 몇 개월 만에 체포된 리비아인으로 알 카에다의 훈련을 맡았던 인물이었다.

"시도는 훌륭했네만…."

부시의 말인데, 이것은 밥 우드워드Bob Woodward(1943년생. 워터게이트 특종으로 유명해진 기자. 현재 〈워싱턴 포스트〉 편집부 국장이다— 옮긴이)에게 전해지면서 곧 유명세를 타게 될 이야기의 시작 부분이다.

"이건 좀 뭔가 모자라는 것 같은 데다 일반인들이 이해할 만한 것도 아니고, 그게 아니라 하더라도 크게 신뢰를 이끌어낼 수 있을 그런 것도 아닌 것 같다는 생각이 드니 말이야."

그런 다음 부시는 테닛을 향해 말했다고 한다.

"대량 살상 무기 보유에 관한 모든 정보에 대해 듣고 있었는데, 그래, 이게 우리가 갖고 있는 최상의 정보인가?"

우드워드의 설명에 따르면, 테닛은 그 말을 듣자 자리를 박차고 일어서서 두 팔을 공중으로 내뻗었다가 내리꽂는 동작을 취하면서 이렇게 말했다고 한다.

"대량 살상 무기를 찾아내는 것쯤은 슬램 덩크처럼 확실합니다!"

부시가 테닛에게 "우리가 정당한 근거를 마련하는 데 진실을 왜곡하려 드는 자가 없도록 확실히 해두시오"라고 말하는 것으로 끝났다는 이 회의에 대한 설명은 백악관 관리들이 우드워드에게 흘린 내용이었다. 그것은 우드워드 기자가 2003년 12월 11일에 부시와 이듬해 4월로 예정된 "공격 계획"에 대해 마지막으로 인터뷰를 하기 얼마 전에 벌어졌고, 우드워드와 대좌하기에 앞서 폭넓게 브리핑을 받은 대통령은 이 베테랑 기자에게 강조하듯 테닛에게서 확신한다는 이야기를 듣는 것이야말로 "대단히 중요한" 것이라고 말했다.

정말 그랬다. 사실 그 이야기는 후일 역사가 대통령을 향해 퍼붓게 될, 거짓 내용을 구실로 온 나라를 전쟁으로 이끌어갔다는, 가장 심각한 비난을 막아줄 수 있는 방화벽이나 마찬가지였다. 그것은 테닛의 실수가 되어버리기 때문이다. 테닛의 두툼한 목에는 영원히 '슬램 덩크'라는 표지판이 매달려 있을 것이고, 그의 사망을 알리는 기사 첫머리에도 그 문구가 붙게 될 것이었다.

하지만 테닛과 맥놀린은 그 회의에 대해 그리 명확하게 기억하지 못한다. 대통령이나 다른 보좌관들이 이구동성으로 그렇게 이야기하는 것을 들었노라고 주장하는 통에 수적으로 밀려 가만히 있기는 했지만, 테닛은 자신이 "슬램 덩크"든 "식은 죽 먹기"든 그런 따위의 말을 한 적이 있는지 실제로 기억하지 못했다. 하지만 그는 그것에 대해 이의를 제기하지 않았다. 그저 기억하지 못한다고 해둘 뿐이다. 맥놀린도 테닛이 "슬램 덩크"니 하는 말을 입에 올리는 것을 한 번도 들은 적이 없다고 말한다. 그는 테닛이 어느 맥락에서든 의자를 박차고 일어나 팔을 휘둘러 내리꽂는 따위의 행동을 한 기억이 없다고 했다. 그와 테닛 모두 각기 자신들의 친한 친구들에게 그 회의는 실제 조사 내용을 듣자는 것이 아닌, 프레젠테이션 자체를 부각시키기 위한 마케팅 회의 같은 것이라고 털어놓은 적이 있다. 이것은 쉽게 구별하기 힘든 미묘한 문제일 수 있지만, 이 두 단어에 그토록 무게를 두는 것을 본다면, 그렇게 하게 된 전체적 맥락이 중요해진다. 맥놀린은 대통령의 질문은 "우리가 이런 홍보를 위한 회의보다 더 효과적인 설득을 해낼 수 있는 어떤 방안을 강구할 수 있는지의 여부에 대한 것이었으며, 증거의 성격에 대한 것은 분명 아닌" 것이었다고 회상한다.

맥놀린이 분명하게 기억하고 있는 또 한 가지가 있다. 여느 때와 마찬가지로 테닛과 맥놀린이 대통령의 최측근 인사들도 참석한 대통령 집무실에서의 회의를 마치고 랭리로 차를 운전해 돌아오는 길이었다.

맥놀린이 전에도 몇 차례 한 적이 있는 이야기를 꺼냈다.

"조지, 그 방에서 얘기하게 될 때는 정말 조심해야겠다는 생각이 들어."

테닛은 그 말에 동의하지 않았다.

"그렇지 않네. 우리가 한 말이 우리를 따라다니며 괴롭힐 수는 없거든. 우릴 따라다니며 괴롭힐 수 있는 것은 우리가 서면으로 작성하는 보고서 같은 거야. 그건 영구적으로 남는 기록이잖아. 중요하게 생각해야 할 건 바로 그거야."

쉴 틈을 주지 않는 압박도 하나의 전략이다. 그건 언제나 대단히 성공적인 효과를 낸다. 이런 전략은 알 카에다와 벌이고 있는 '테러와의 전쟁'에, 그리고 백악관이 CIA를 몰아붙일 때 모두 사용되고 있었다.

가장 약한 부분을 가격하라. 그러면 상대는 그 불편함을 누그러뜨릴 방법들을 찾아보려 할 것이다. 사담 후세인이 대량 살상 무기를 보유하고 있다는 가정은 폭넓게 인식되고 있었다. 마찬가지로 CIA 내부에서도 확실한 것으로 널리 인식되고 있는 한 가지가 있었다. 대통령은 결국 자기 방식대로 밀고나갈 것이고, 이라크에 대한 침공이 있으리라는 것이었다. 이라크 문제를 관장하는 CIA 정보실 한 고위 관리의 말이다.

"우리는 우리 군대가 직면하게 될 상황에 대해 걱정이 되기 시작했습니다. 그것은 상황을 여기까지 몰고 온 것의 일부분이기도 했습니다. 우리는 사담 후세인이 어떤 무기를 보유하고 있는지 알아낼 방법을 찾고 있었습니다. 그걸 알아야 우리 군대가 자신들이 어떤 무기로 공격을 당하게 될 것인지 미리 알고 대처할 수 있기 때문입니다. 그건 때늦게 후회하느니 안전을 도모하는 것이 낫다는 성격의 것이지요. 그것은 그 상황에 대한 평가의 결과에 영향을 미치게 되었습니다. 그리고 우리가 매번 사담 후세인이 보유하고 있을 수 있는 무기가 또 다른 것이 있다는 것을 알릴 때마다 상부에서 그 정보를 감사히 여기고 있다는 것을 느낄 수 있었습니다."

정보실의 "전쟁 수행" 역할은 이라크와의 전쟁을 대신할 수 있도록 활성화되어 있었다. 그러는 동안, 리비와 해들리는 계속해서 분석관들을 밀어붙였다. 테닛이 고위급 회의에 참석하면 자주 받게 되는 것과 동일한 질문을 분석관들에게도 하면서 더할 수 없이 세게 밀어붙였다. '이러한 잠재적 위협이 정확히 말해 침공이 필요한 이유가 아닌가? 사담이 니제르에서 우라늄을 구입했다는 가장 희박한 가능성, 즉 1퍼센트의 가능성이라도 존재하는가? 알루미늄 튜브가 우라늄을 원심 분리하는 데 사용될 가능성, 모하메드 아타가 프라하에서 어떤 이라크 인이든 상관없으니 희박하더라도 이라크 인 하나를 만났을 가능성은 없는가?' 등등.

끊임없는 압박 프로그램에서 주의해야 할 것은 정보 요원들이 외국에 퍼뜨린 가짜 정보가 진짜로 둔갑해 미국으로 다시 들어오게 되는 상황이었다.

1월 10일 금요일 오후. 정보실장 제이미 미식이 분노에 떨면서 정보국 7층 복도를 걸어오고 있었다. 테닛의 수석 보좌관 존 모스맨John Moseman이 자기 사무실 앞을 지나는 그녀를 보게 되었다.

"괜찮아요?"

"아뇨, 괜찮지 않아요. 그럼요, 절대 괜찮지 못하죠!"

잠시 후, 그녀는 널찍하고 없는 것 없이 갖춰진 테닛의 방으로 들어섰다. 그녀는 간신히 이야기를 꺼낼 수 있었다.

라이스의 입장에 대한 지지자라고 할 수 있는 스티븐 해들리Stephen Hadley가 체니의 수석 보좌관 '스쿠터' 리비의 사무실에서 전화를 걸었다고 했다. 미식이 오후 5시까지 백악관에 있는 리비의 사무실까지 와줬으면 한다는 것이었다. 쟁점이 되고 있는 것은 사담 후세인과 알 카에다 사이의 연관성에 대해 끝도 없이 계속 제출해야 했던 보고서 초안들 가운데 마지막으로 제출한 것에 관해서였다. 보고서 초안을 몇 차례나 제출했을까? 미식은 그 횟수를 기억할 수조차 없었다. 그 압력은 9·11이

터지고 일주일 뒤부터 백악관을 비롯해 부통령실과 국방장관실 산하 갖가지 정보 담당 부서들로부터 내려오는 것이었다.

체니의 사무실에서는 자신들이 정보를 가지고 있다고 주장했다. 럼스펠드 사무실에서도 마찬가지였다. 그들은 미식과 CIA에 계속 그런 정보를 던져댔다. 동일한 정보가 각기 다른 다섯 개의 경로를 통해서 흘러들어오는 격이었다. 그런 정보는 그동안 CIA 내부에서 가치가 없는 것으로 무시되어 왔으며, 출처를 통해 이미 사실이 아닌 것으로 확인된 것이었다. 그랬기 때문에 미식은 백악관을 위시한 그런 부서들이 중요하다고 주장하는 내용들을 제외시킨 상태로 보고서 초안을 작성해 제출했다. 초안을 받는 측에서는 그때마다 '이런, 우리 실수군'이라는 식의 반응을 보이곤 했다. 하지만 다음 주가 되면 문서를 통해 어김없이 그 엉터리 정보가 다시 내려온다는 것이었다. CIA의 입장은 단호했다. 모하메드 아타와 이라크 요원이 프라하에서 만난 사실 같은 것은 결코 없었다는 것이다.

미식은 바보가 아니었다. 그녀는 그런 일이 되풀이되는 것이 무엇을 의미하는지 잘 알고 있었다. 그것은 사실 혹은 사실임을 입증할 수 있는 어떤 것에 대한 이야기를 하자는 것이 아니었던 셈이다. 자기변호의 근거를 마련하기 위해서였다. 아니면 최소한 군대가 바그다드 시내를 행진하면서 해방자로서 환영을 받게 될 시점까지라도 버텨줄 수 있는 어떤 근거를 마련하기 위해서였다.

그보다 며칠 앞서서 미식이 마지막 초안을 리비와 해들리에게 보냈을 때, 그녀는 그들에게 이번 것이 마지막이라는 점을 특히 강조했었다. 더 이상의 초안을 작성하는 일은 없을 것이며, 이 사안에 대해 자신의 분석관들이 해들리, 혹은 페이스, 혹은 페이스의 사무실에서 나온, 뭔가를 슬쩍 그 초안에 보태게 만들려는 사람들과 마주 앉아 회의를 하게 될 일도 더 이상 없을 것이라고 말이다. 그 보고서 초안에는 그들이 원하는 내용이 담겨 있지 않았다. 미식도 그것을 알고 있었다. 증거가 없는 것은 증거가 없는 것일 수밖에 없었으니까.

미식이 말했다.

"전 다시는 그런 자리에 앉지 않겠어요, 조지. 만약 내가 그자들의 헛소리를 다시 들으며 이 빌어먹을 보고서를 다시 쓰기 위해 그런 자리에 다시 앉아야 한다면… 난 지금 당장에라도 사직서를 내겠어요."

그녀는 분한 나머지 터져 나오려는 눈물을 간신히 참고 있었다.

테닛이 전화통을 집어 들고는 그 자리에서 해들리에게 전화를 걸었다. 그러고는 전화에 대고 고함을 질러댔다.

"미식이 그쪽 사무실로 건너가는 일은 없을 거야! 우린 그 쓰레기 같은 보고서를 다신 안 써! 전번에 보낸 걸로 끝이란 말이야! 내 말 알아듣겠어! 그리고 두 번 다시 내 부하들을 이따위 개 같은 식으로 취급하려 들지 말란 말이야! 절대로!"

그들은 보고서를 다시 쓰지 않았다. 그리고 그게 바로 3주일 후 이라크 침공의 정당성에 대해 설파할 기회로 삼고자 했던 연두교서에서 조지 W. 부시가 그렇게 오래도록 하기를 바랐던 이야기를 꺼낼 수 없게 된 이유였다. 알 카에다와 사담 후세인이 9·11이 터지기 이전부터 긴밀한 관계가 있었다는 이야기 말이다.

이제 하나는 쓰러뜨린 셈이었다. 하지만 아주 두드러진 쟁점 두 개가 곧 쓰러질 듯 건들거리기는 했지만 여전히 버티고 있었다. 그것은 문서에 여전히 남아 있는, 기겁할 쟁점인 핵무기에 관해서였다.

"영국 정부는 사담 후세인이 최근 들어 아프리카로부터 상당량의 우라늄을 구매하려 한다는 정보를 포착했다."

"우리 미국 쪽 정보 출처에 의하면 사담이 핵무기 제조에 적합한 고강도 알루미늄 튜브를 구매하려 한다는 사실이 밝혀졌다."

두 진술 모두 사람들에게 공감을 얻어내기 위해 증거가 명쾌하기 짝이 없는 방식으로 만들어진 것이자, 그런 정보를 알고 있기에는 어림도 없는 위치에 있는 사람들에게까지 널리 알려져 있었다. CIA와 백악관 내부자들에 의해서였다.

6장

공포를 느낄 이유

종교를 떠나 대다수 사우디 인에게 부정한 행위의 통로라고 여겨지는 킹 파드 간선도로(King Fahd Causeway). 해안선을 따라 나 있는 그 도로는 사우디아라비아와 바레인을 바다 위로 연결하고 있다. 뿐만 아니라 은유적으로 사우디 왕가와 사우디아라비아 왕국의 종교적 전통주의자들 사이에 체결된 평화협정을 단단하게 유지시켜주는 철근이자 시멘트이기도 하다.

사우디 왕가는 사실상 무한정이라고 할 수 있는 부를 가지고 있으며, 그중 막대한 부분을 그들을 인정해주는 엄격한 성직자들인 동업자들이나 그들의 돈을 관리해주는 와하비스트 회계사들(Wahabist accountants)의 몫으로 떼어주고 있다. 그리고 그 대가로 왕족들은 종교계로부터 메카와 메디나 성지의 진정한 수호자라로 인정을 받고 있다. 2만 5,000명이 넘는 왕족이 원하는 것이면 무슨 짓이든 해도 묵인되고 있는 것이다.

그들이 그렇게 흥청망청 살아가는 동안 엄격하기 그지없는 종교적 율법을 준수하면서 살아가야 하는 2,600만에 이르는 국민이 있다. 간통죄를 사형으로 다스리는 그들의 율법은 전통적인 복장을 할 것을, 여자들은 얼굴을 가리기 위해 뭔가를 뒤집어쓰고 외출할 것을, 술을 마시거나 혼전 섹스를 하지 말 것을 강요한다.

그런 금지된 것을 탐닉하고 수많은 또 다른 쾌락을 맛보고 싶은가? 그렇다면 그저 그 도로를 따라 원래는 섬이었지만 이제는 연육교로 육지가 된 바레인 공국으로 들어가는 다리 하나만 건너면 된다. 높다랗게 솟아 있는 호텔들, 플레이보이인 국왕, 미 해군 제5함대의 기지, 그리고 사우디아라비아에 대한 예의 바른 "서비스 제공자" 역할로 엄청난 현금이 흘러 들어가고 있는, 인구 70만의 나라로 말이다.

사우디 왕족들과 바레인 사람들의 삶은 협정과 그에 수반되는 위선이라는 철저한 틀 속에서 이뤄지고 있다. 그리고 양쪽 모두는 협정의 부산물이 주는 껄끄러움을 공유하고 있다. 자신들만이 정의롭다는 독선적인 생각을 하게 될 기회가 많은, 은밀하고도 폭력적인 종교적 결벽주의자들의 존재가 그것이다.

2003년 2월 13일. 종교적 결벽주의자들이랄 수 있는 한 무리가 킹 파드 브리지를 건너 바레인으로 들어가려다 바레인 경찰에 체포되었다. 체포 배후에는 미국, 특히 CIA의 손길이 미치고 있었다. 이 시점에서, 그리고 중동이라는 이 지역에서 흔한 일이었다. 미국은 정보를 갖고 있었다. 그것은 대개 신호정보였다. 하지만 바레인 경찰들은 정보를 갖고 있지 못했다. 그러나 그들은 미국이 따라갈 수 없는 근접성이라는 유리함을 갖고 있었다. 이번 경우, NSA는 골칫거리가 되고 있는 한 무리의 바레인인이 주고받는 전화 통화와 이메일을 도청했다. 대화 중에는 '꿀단지들

(honey pots)'을 받아 간다는 등과 같은 문제성 있는 어구가 들어 있었다. '꿀'이란 뭔가를 파괴하는 데 사용할 폭탄이나 무기를 가리키는 테러리스트들의 암호다. 그 대화의 내용은 이교도와 불신자들에게 어떤 응징을 할 것인지에 대한 좀 과장된 이야기라고 할 수 있었다.

2003년 초, 사우디아라비아와 바레인의 지도자들은 긴 수염을 기른 폭력적이고 종교적인 반체제 인물들에 적절하게 대응하는 방안을 강구하기 위해 고심하고 있었다. 지난 몇 년 동안, 그들은 국내에서 자생적으로 형성된 테러리스트들을 원리주의자 이맘들에게 떠맡겨 왔다. 그것은 왕족들과 종교 지도자들의 거래에 내재되어 있던, 후자 쪽에 불리한 조건이기도 했다. 만약 문제가 될 행동을 하는 자들이 생기면, 와하비스트 종교 지도자들이 그자들을 책임지고 돌봐야 한다는 것이었다. 그것은 종교 지도자들 자신을 돌보는 일이기도 했다. 그 대가로 종교 지도자들은 석유로 벌어들인 왕족들의 엄청난 재산 가운데서 더 많은 부분을 자신들의 몫으로 챙기게 될 터였기 때문이다. 하지만 양국 정부는 모두 미국과 맺고 있는 관계를 중시하고 있었다. 그런데 미국은 9·11이 터지고 나자 그러한 관계의 현상 유지가 더 이상 곤란하다는 식의 강압적 입장을 취했다. 하지만 그에 따른 테러리스트들에 대한 단호한 조치는 지속성이 없고, 별반 열의도 없는 것이 되는 경우가 많았다. 테러 위협이 국내에서 보다 심각하며, 그것을 해외로 수출까지 한 꼴이 된 사우디아라비아가 특히 그러했다. 체포된 자들에 대해서는 현명하게도 미국에 얼른 보고했고, 그렇게 점수를 따고 난 후에는 그 용의자들을 곧 석방해버렸던 것이다.

그랬기 때문에 지난 몇 년 동안 미국은 그 이상의 조치를 요구해왔다. 체포하고 난 다음에는 미국이 어느 정도 직접적인 개입을 하겠다고 했던 것이다. CIA도 그자들에 대해 조사할 권한을 달라는 입장이었다. 당신들이 체포한 자들이 누구인지 우리도 확인을 해보자, 그자들이 중요한 위험인물인지 여부를 판단하는 데 우리가 도움이 될 수 있지 않느냐는 것이었다.

바레인 인들에 대한 체포가 이루어지고 나서 며칠 후, 그 지역에서 활동하는 CIA 팀이 요구한 내용이 바로 그것이었다. 체포된 바레인 인은 모두 다섯이었다. 둘은 무기 밀수 전력을 가진 범죄적 성향을 지닌 자들이었고, 나머지 셋은 골수 이슬람 옹호 전력이 있는 자들이었다. 그들 모두는 기본적인 법 집행 절차에 따라 조사를 받게 되었는데, 그것은 그런 이유 정도로는 까다롭게 굴지 않는 그 나라에서 흔치 않은 일이었다. 그들의 자동차들과 휴대전화, 지갑 등은 추가 단서를 얻어내는 데 사용될 수 있도록 안전한 장소에 보관되었고, 그들의 아파트는 수색을 받게 되었다.

지하드 운동가 셋 중 하나인 바삼 보코와Bassam Bokhowa는 50대 정도로, 교육을 받은 전문직 종사자이며 컴퓨터를 다루는 기술을 갖고 있었다. 그는 사우디아라비아의 한 아파트를 찾아간 적이 있었다. 반다르 왕자의 서재에서 있었던 회담 이후 구성된 사우디-미국 합동 대테러 부대가 그 아파트에서 컴퓨터 한 대를 찾아냈다. 컴퓨터에 담긴 데이터는 몇 개의 하드드라이브에 나눠 퍼 담은 다음 미국으로 보내져, 암호화되어 있든 그렇지 않든, 그 안에 담긴 모든 디지털 정보를 빨아낼 수 있도록 화상처리되었다.

거기서 바로 무브타카르mubtakkar라고 불리는 장치를 만들어낼 수 있는 설계도를 발견해냈다. 그것은 무시무시한 무기로 대단히 실용적이기도 했다. 정확히 말하면, 무브타카르는 어디서나 손쉽게 구해 혼합할 수 있는 화학물질들을 원하는 장소에서 공격 무기로 사용할 수 있게 해주는 장치였다. 흔히 쥐약과 금속 세정제로 사용되는 시안화나트륨(sodium cyanide)과 대기 속 어디에나 존재하는 수소가 결합되면 무색의 휘발성이 강한 액체, 시안화수소(hydrogen cyanide)가 만들어진다. 시안화수소는 물에 용해되며, 쌉쌀한 복숭아씨나 편도와 비슷한 희미한 냄새를 풍긴다. 그것이 기체화되었을 때 흡입하면 치명적인 결과를 낳는다. 여러 해 동안 이러한 화학물질의 혼합물을 기체 상태로 만들어 살포할 수 있는 장치를 고안해내는 것은 테러리스트들에게 하나의 성배와도 같은 것이 되어 왔다.

람지 유세프Ramzi Yousef는 1993년 세계무역센터에 폭탄 테러를 가하기에 앞서 이 가스를 그 건물 환기 시스템에 투입하려고 했다. 그 뒤를 이어 1995년 3월, 옴 진리교(Aum Shinrikyo)가 도쿄 지하철에 독가스를 살포했던 사건이 터졌다. 이때 방출시킨 사린sarin(강력한 독성을 지닌 신경가스─옮긴이) 가스로 12명이 사망하고 거의 1,000명 가까운 사람이 그 지역에 있는 여러 병원에 분산 수용되어 치료를 받아야 했다. 미수에 그치긴 했지만 그로부터 두 달 후, 청산가리 가스(cyanide gas)를 이용한 공격이 있었다. 도쿄 지하철의 플랫폼으로 공기를 내보내는 화장실에서 난 소규모 화재는 청산가리 가스를 퍼뜨리기 위한 것이었지만 기민한 지하철 경비대에 의해 진압되었다.

각국 정부 내 대테러 전문가들은 이러한 조작상의 장애에 대한 해결책이 생겨나는 것을 예의 주시해오고 있었다. 이제 그것이 해결되었다는 사실을 CIA가 찾아낸 것이다. 무브타카르라는 말은 아랍어로는 '발명(invention)', 페르시아어로는 '창의(initiative)'라는 의미였다. 이 장치는 그 두 가지 성격을 약간씩 지녔다고 할 수 있다. 그것은 안에 두 개의 용기가 든 양철통 모양이다. 하나에는 시안화나트륨이, 다른 하나에는 염화수소산(hydrochloric acid), 즉 염산과 같은 수소 계열의 약품이 담겨 있었다. 그리고 신관은 그 두 개의 용기를 격리해 밀봉하고 있는 부분을 파괴하게 되어 있었다. 휴대전화로 폭파 장치를 작동시키게 되어 있는 폭탄처럼, 그 신관은 원격 조정으로 밀폐 장치를 파괴해 가스를 생성시키고 그것이 방출되도록 작동하는 장치였다. 시안화수소 가스(hydrogen cyanide gas)는 혈액 작용제(blood agent)로, 인체의 세포가 이 가스와 접촉하면 세포가 혈액 속에 녹아 있는 산소를 더 이상 사용하지 못하도록 막아버린다. 이 가스에 노출되면 현기증, 욕지기, 무력감을 느끼게 되며, 의식을 잃고 경련을 일으킨다. 그러다 호흡이 멎고, 곧이어 사망에 이른다. 이런 혈액 작용제에 대한 해독제는 질산 아밀이다. 혈액 작용제들은 호흡기를 통해서만 전달되기 때문에 유일한 방호 도구는 방독면밖에 없다는 게 이런 공격을 막는 데 어려움을 더해주는 부분이다.

사무실용 건물의 환기 시스템이나 지하철 객차와 같은 밀폐된 환경 속에 살포된 시안화수소 가스는 엄청난 수의 사망자를 발생시킬 수 있다. 밀폐된 공간에서 일어날 수 있는 상황의 가장 끔찍한 예는 20세기 들어 저질러진 극악무도한 행위에서 찾아볼 수 있다. 나치는 유태인 강제 노동 수용소 가스실에서 지클론 비Zyklon B라고 불리는 일종의 시안화수소 가스를 사용했다.

보코와의 하드드라이브에 들어 있던 이런 계획들이 밝혀지자, 롤프 모와트 라센과 리온의 심리 상태는 거의 공황이나 마찬가지가 되어버렸다. 모와트 라센과 마찬가지로 분석관인 리온은 테러 집단에 대응하기 위한 CBRN(화학, 생물, 방사능, 핵무기) 부서의 책임자였다. 하지만 그가 맡은 부서는 국가 주도로 오래전부터 그런 무기를 만들어내는 일을 담당해온 부서와는 구별되었다. 리온은 자신이 직접 시험해볼 수 있도록 그런 장치의 모형을 만들 팀을 급조했다.

3월 초 어느 날 오후 5시. 테닛의 회의실에서 리온은 모든 사람이 자리에 앉을 때까지 기다렸다가 자루에서 대략 페인트 통 크기 정도의 원통을 꺼냈다. 그 안에는 주둥이가 넓은 식품 저장용 유리 단지 두 개가 들어 있었다. 그는 그것을 커다란 마호가니 회의 탁자 한가운데 올려놓은 다음 의자에 등을 기대고 앉았다. 거기 모인 사람들은 최근 독가스를 퍼뜨리는 장치에 대해 들어왔던 터였다. 하지만 그것을 직접 두 눈으로 보는 것은 이야기로만 듣던 것과는 사뭇 다른 느낌이었다.

한참 후 테닛이 속삭이는 듯한 목소리로 내뱉었다.

"이런, 빌어먹을."

맥놀린이 앉은 채로 상체를 앞으로 내밀었다. 그의 머릿속을 스친 생각은 그 장치가 배낭이나 옷가방, 쇼핑백을 이용해 정말 쉽게 운반될 수 있으리라는 것, 그리고 정말 전혀 무해한 물건으로 보인다는 것이었다.

방 안은 침묵에 휩싸였다.

"각하도 이걸 보셔야 해."

테닛이 그렇게 말하고는, 다음 날 아침 대통령에게 보고하는 시간에 몇 명의 CIA 보고자가 추가될 것임을 미리 통보하고 출입 허가를 받기 위해 백악관에 전화를 걸었다.

3월 초의 백악관은 그야말로 열기와 기대감으로 들뜬 장소라고 해도 과언이 아닐 정도였다. 마침내 "전쟁을 정당한 것으로 만들기 위한" 최종 문턱을 넘어선 상태였고, 그것에 대한 관리 책임은 콜린 파월에게 맡겨졌다. 2년 내내 체니나 럼스펠드와 맞붙어 싸우면서 백악관의 의사결정 과정에서 주변부로 밀려나 있던 파월이었다. 2월 4일, 마침내 그는 부시에게 어마어마한 가치를 지니는 역할을 떠맡게 되었다. 그것은 WMD를 "전쟁의 정당한 근거"로 전 세계에 인식시키는 작업이었다. 그것은 어느 모로 보나 파월에게는 그가 힘들게 쌓은 신뢰감을 걸어야 하는 더러운 상황에 지나지 않았다. 게다가 그의 전 생애 동안 가장 중요한 일이 될 연설을 준비할 시간도 겨우 며칠밖에 되지 않았다. 1월 말, 파월이 WMD에 대한 정보를 검토하기 위해 CIA에 도착했을 때, 그는 마치 오랜 불행한 결혼 생활 끝에 그것을 정리하기로 작정한 교구민 부부 집에 잠시 들른 목사 같았다.

'스쿠터' 리비는 연설문에 사용할 '조사 결과' 가 담긴 62쪽짜리 기록을 CIA에 보냈다. 백악관 쪽에서는 그것을 CIA가 이미 퇴짜 놓은 적이 있는 여러 근거 없는 주장을 포함해 다수의 그렇고 그런 정보를 되살려 낼 기회로 삼으려는 것 같았다. CIA를 대표해 파월과 함께 유엔 회의에 참석한 존 맥놀린은 백악관이 제시한 정보의 절반 정도가 그 자리에서 즉시 폐기되었다고 회고했다.

연설 날짜가 가까워오자 맥놀린과 파월 그리고 다른 관계자들은 사려 분별을 갖춘 사람이라면 통상적으로 할 수 있는 것에 상당하는 주의를 기울이면서 미친 듯 바빠 움직였다. 그것은 증거라는 문제를 놓고 CIA와 백악관 사이에서 벌어지는 48시간으로 응축된 전투와도 같았다. 그렇게 해서 근거 없는 주장과 소품과 슬라이드가 뒤범벅이 되고 말았다.

위험을 감지한 파월이 테닛에게 자신의 뒤를 받쳐달라고 부탁했다. 테닛은 그의 말에 따랐다. 여차하면 그들은 함께 추락하게 될 터였다. 하지만 결국 추락한 쪽은 파월이었다. 그의 프레젠테이션이 있은 지 딱 한 달 후, 국무부와 CIA 분석 팀들 사이에는 파월이 유엔에서 주장한 내용 중 일부에 대한 의문들로 들끓고 있었다. 그 상황은 강도를 점점 더해갔고, 결국 파월은 리비와 맞대결을 해야 하는 국면에 이르렀다. 체니의 체니라고도 할 수 있는 백악관 소속 변호사는 이견을 내놓았다. 그는 파월에게 유엔에서 한 프레젠테이션이 "변호사가 법정에서 하는 주장"처럼 장황한 설명이나 균형 잡힌 논고가 될 필요는 없었다고 말했다. 물론 대립하는 조언이 주는 혜택 같은 것은 없는 상태였다.

하지만 백악관 내부에서는 파월의 프레젠테이션은 굉장히 성공적이었다고 받아들여졌다. 유엔총회는 그에 대해 신임투표를 제안했고, 15만에 달하는 미 육군 병력은 걸프 지역으로 집결하고 있었다.

마침내 국방부와 미국의 강력한 군대는 기여를 하게 될 참이었다. 아랍 세계의 심장부에서 지상전을 펼쳐 체제 변화, 군비 철폐, 민주주의의 증진, 구세계적 질서의 부양 등등, 다 열거하자면 이야기가 길어지겠지만, 하여튼 그런 것들의 동인이 되도록 만든다는 것이었다. 하지만 이론적 근거의 중요성 같은 것은 점점 더 적어지고 있었다. 현 상태라는 것은 곧 걱정스러운 평화에서 전쟁 상태로 변하게 될 터였다.

그러는 동안, "그자들을 찾아내어 저지한다"는 원래의, 그리고 보다 근본적인 싸움은 서서히 그 강도를 더해가고 있었다.

테닛이 먼저 대통령 집무실로 들어갔다. 대략 4, 5분에 걸쳐 대통령에게 브리핑될 내용을 미리 간단하게 귀띔하기 위해서였다. 이것은 통상적으로 늘 행해지던 일이었다. 테닛이 브리핑될 내용의 내막에 대해 짧게나마 부시에게 말해줘서, 부시가 다른 보고자들이 도착했을 때 권위를 유지하고, 기존에 가지고 있던 정보에 새로운 것을 보태는 데 도움을 주기 위함이었다.

CIA 보고자들이 대기실에서 불려 들어왔다. 그들 가운데 하나가 예의 무브타카르를 들고 들어와 의자가 마련된 구역에 놓인 나지막한 탁자 위에 올려놓았다.

부시가 그것을 바라보았다. 체니와 다른 사람들이 자리를 잡고 앉았다. 대통령은 그것을 집어 들었고, 그것의 무게를 가늠해보았다.

"악몽 같은 물건이구먼."

대통령은 나지막한 어조로 거의 혼잣말 비슷하게 말하면서 그것을 다시 내려놓았다.

CIA 보고자 하나가 그 장치에 대한 상세한 보고—그것으로 해결된 기술적 문제들, 그것의 가능한 용도, 그리고 이 순간에 이르기까지 겪어야 했던 오랜 기간의 시행착오 등—를 해나갔다. 그 장치는 전 세계의 정점이라고도 할 수 있는 이 방 안에서 물리학의 법칙으로 악용되고 있었다. 대통령 집무실에 모인 모든 사람은 그저 그것을 바라보고만 있었다. 그 시대와 그 시대에 대한 도전에 대해 생각하며, 아무런 말도 하지 않고 있었다.

무브타카르 같은 발명품은 순수하게 필요에 의해 생겨나는 것이 아니다. 전 세계 어디를 가나 사람들은, 그 절반은 여전히 하루 1달러 미만의 생계비로 살아가면서도, 언제나 심각한 결핍, 필사적인 행동력, 발명에 대한 활력을 유지해왔다. 변한 것이 있다면 필요하기만 하면 무엇이든 생겨나도록 양분이 공급되고 있다는 점이다. 그 양분은 다운로드할 수 있는 정보에, 날이 갈수록 점점 더 다양해지기만 하는 세계 경제 속에서 무엇이건 즉각 구매가 가능해지며 너무도 쉽게 손에 넣을 수 있게 되었다. 물론 이런 상황은 대개 좋은 쪽에 해당된다. 전 세계 사람들은 그 어느 때보다도 발명의 재간을 자신들의 문제를 해결하는 데 보다 쉽게 이용할 수 있게 되었으니 말이다. 하지만 그런 다음에는 무브타카르 같은 게 생겨난다. 힘들이지 않고 언제든 손에 넣을 수 있는 제품들을 섞어 치명적인 혼합물을 만들어내면 '발명'이라는 말의 가장 어두운 면이 현실화되고 만다.

대통령 집무실에서의 브리핑이 끝난 후, 부시는 미국 정부 전체에 비상경계령을 내리도록 명령했다. 테닛은 각 정보기관의 책임자들을 회의에 소집했다. 모와트 라센과 레온은 그 장치를 경찰 관계자들과 다른 정보기관 소속 사람들에게 공개했다. 이 장치에 대한 소문이 퍼져야 했다. 그 장치는 어떻게 막아볼 도리가 없는 것이었다. 전동차 안이나 열차 혹은 혼잡한 군중 속을 뚫고 그 어떤 종류가 되었건 밀폐된 공간으로 걸어 들어올 수 있는 문제였기 때문이다. 비밀 엄수라는 일사불란한 기준하에 선택적 경계를 하는 것이 유일한 대응책처럼 보였다.

테러 무기의 세계에서 이 장치는 원자를 쪼개는 것에 해당한다. 사람들이 널리 사용하는 화학물질을 손에 넣고 나서 홈 데포Home Depot(미국의 가정용 건축자재 전문 업체와 그 점포 — 옮긴이)에 들르는 것만으로도 이 장치를 만들어낼 수 있으며, 그런 다음에는 그 점포에 있는 모든 사람을 싹 쓸어 죽일 수도 있다.

댄 콜맨이 집에 들러야 할 때가 되었다. 녹초가 되어서가 아니었다. 사실 지치긴 했지만 말이다. 또한 CIA나 다른 정보기관에 파견된, 별도 임무가 주어지지 않은 FBI의 특별 밀사로서, 또는 알 카에다와의 싸움에서 어떤 정보가 실제적인 중요성을 지니고 있는지를 제대로 알고 있는 사람으로서 별로 할 일이 남아 있지 않아서도 아니었다. 해야 할 일이라는 점만 놓고 본다면 일은 여전히 산더미처럼 쌓여 있었다. 하지만 2월 중순의 어느 날 밤, 그는 집으로 가야 했다. 그것도 당장! 치통 때문이었다. 아니, 이가 하나 없어서였다고 하는 게 정확할 것 같다.

2월 13일, 그는 사랑니 하나를 뽑았는데, 뽑은 자리가 아무래도 낫질 않았다. 이를 뽑고 난 후 며칠이 지나 치과를 다시 찾았을 때, 의사는 그의 입 안을 들여다보고는 '드라이 소켓dry socket'이라고 했다. 그것은 이를 뽑았을 때 뽑은 자리가 아물어야 하는데 그렇지 않고 딱지가 앉았 다는 말이다. 그는 자신의 몸이 페르코세트Percocet(진통제 — 옮긴이)로 채워지는 동안 이를 뽑은 자리에 딱지가 앉지 못하도록 거즈로 채워 넣 어 메워야 했다.

하지만 이제, 닷새가 지난 금요일 밤, 디지털 자명종이 새벽 2시를 알 리고 있는 상황에서 그가 먹고 있던 진통제는 슬슬 그를 배반하고 있는 참이었다. 그는 진통제라는 마약에 취한 것과 흡사한 상태에서 고통으로 머리가 어찔어찔해져, 간단히 말하면, 제정신이 아닌 인간처럼 그 원룸 아파트 안을 안절부절못하고 어정거리고 있었다. 그러다 갑자기 신비로 운 구원의 계시와도 같은 것이 문득 머리에 떠올랐다. 집으로 가자. 가서 뉴저지에 있는 원래 다니던 치과의에게 보이자. 그 의사라면 아마 뭔가 방법을 찾아줄 것이다.

심야의 도로는 텅 비어 있다시피 했다. 새벽 4시 무렵 뉴저지 턴 파이 크에는 양쪽 방향 모두 통행하는 차량이 한 대도 없었다. 그래서 콜맨은 티끌만큼이라도 통증을 완화해줄 유일한 방편을 동원하면서 운전할 수 있었다. 입을 벌린 채, 머리를 차창 밖으로 내밀고 운전하는 방법이었다.

그 후 그는 치과를 오가면서 지옥과도 같은 3주일을 보냈다. 하루 걸 러 한 번씩 이 뽑은 자리를 거즈로 채우는 치료였다. 물론 새로운 진통제 를 시험 삼아 복용하면서였다. 야단법석을 떨며 집 안을 돌아다니니 아 내 모린은 돌기 직전이었다.

어느 날 아침, 모린이 말했다.

"당신 제발 다시 돌아가서 무슨 일이든 좀 하지 그래요?"

그가 거즈 사이로 말했다.

"그러디. 할 이리 태단이야, 덩말이야."

1년 반을 워싱턴에서 보냈다는 것은 그가 뉴욕에서 많은 시간을 보낼 수 없었다는 것을 의미했다. 그는 뉴욕에서 더 이상 일하지 않는 거나 마찬가지였다.

콜맨은 자신의 검정 올스모빌을 몰고 저지에서 홀랜드 터널을 거쳐 맨해튼 남부의 별다른 특징이 없는 거대한 건물인 FBI 본부에 도착해 지하 주차장으로 들어갔다. 하지만 늘 그가 차를 세우던 지정 주차 공간은 사라지고 없었다. 그의 자리는 더 이상 어디에도 없었다. 빈 라덴이라는 인물의 존재를 미국에 처음으로 알렸고, 30년을 FBI에 몸담고 있던 사내가 이제는 주차 미터기에 25센트짜리 동전들을 쑤셔 넣게 된 것이다.

사무실도 변해 있었다. 사무실이라는 데가 하도 여러 가지 일이 일어나는 곳인지라 순식간에 그렇게 변하게 마련이었다. 하지만 어쨌든 돌아오니 편안한 느낌이 들었다. 콜맨은 이곳에서는 영웅이었다. FBI에서 그 누구도 제지할 수 없을 정도로 난폭하게 날뛰던 알 카에다 사냥꾼 존 오닐은 세상을 떠났다. 하지만 댄은 여전히 건재했다. 그리고 이 덩치 큰 사내는 진통제에 취해 어찔어찔한 머리로 이제 곧 몰아치게 될 폭풍우 속으로 곧장 걸어 들어갔다.

FBI 뉴욕 지국 책임자 조 빌리Joe Billy는 진퇴양난에 빠져 뭘 해야 할지 갈피를 잡지 못하고 있었다. CIA 뉴욕 사무소에서 전화가 걸려왔다. 해외에서 어떤 인물이 뉴욕으로 오고 있는 중인데, 영국에서 오고 있는 위험인물이라는 것이었다. CIA는 그자의 이름, 도착 비행 편, 사진 정도의 "꼭 알아야 될 정보"만을 보내왔다. FBI가 할 일은 그자를 미행하는 것이라고 했다. 그게 전부였다.

최근 CIA로부터 그와 흡사한 지령이 계속 내려왔다. 누군가가 입국한다. 그자에게 미행을 붙이고 추적하라. 말은 쉽지만 그걸 실행에 옮기기가 어디 쉬운 일인가. 위험인물로 지목된 자가 일단 미국 내에 들어오고 나면, 그자를 계속 추적한다는 것이 훨씬 어려워진다는 것을 CIA나 정부 내 다른 모든 부처에서도 잘 알고 있었다. 사실 지난 18개월 동안 FBI도 그런 자들을 추적하다가 몇 명이나 놓쳐버렸다.

조 빌리는 CIA 뉴욕 사무소 책임자와 입씨름을 했다.

"이보쇼, 당신들은 이걸 기본 정보라고 주고 그자에게 미행을 붙이라고 말하는데, 그게 그리 간단한 문제가 아니란 말이오. 최소한 우리가 그걸 승낙하기에 앞서 훨씬 더 많은 것을 알고 있을 필요가 있소이다. 그자가 누구요? 당신들이 그자에게 두고 있는 혐의는 뭐요?"

CIA는 일반적으로 작전에 옮길 수 있는 정보의 '창출자'라고 할 수 있다. 비록 CIA는 그런 사실을 절대 인정하려 들지 않지만 사실상 그런 정보는 NSA에서 나와 CIA를 통해 전달되는 경우가 흔했다. 어느 경우가 되었건, FBI는 훨씬 저 아래쪽 하류에 있었고, 그런 상황은 CIA의 편의 위주인 것처럼 보였다. 빌리에게 그것은 좌절감을 느끼게 만드는 위치였다. FBI는 단지 사냥개 노릇이나 하기 위해 있는 게 아니었다. 여기 이런 냄새가 있다. 그 냄새를 계속 추적해라. 이건 아니었다. 그들은 힘들고 위험한 감시 임무를 요청받고 있는 상황이었다. 경험상 결과를 예측하기 힘든 그런 임무였다. 그랬기 때문에 그들은 통제실에 들어갈 수 있어야 했다. "꼭 알아야 될 정보"라는 것은 "필요한 정보의 완전한 공개"라는 것으로 대체되어야 했다.

그것이 FBI가 요구하는 입장이었다. 그것은 일종의 최후통첩이나 마찬가지였다. CIA 사무소 책임자가 전화를 끊고는 사실상 자신이 명령을 받고 있는 CTC로 전화를 걸었다. CTC 책임자는 불같은 성격에 삐죽삐

죽한 헤어스타일의 여성이었는데, 그녀는 그 말에 폭발해버렸다. 이것은 정보국과 수사국 사이에 확립되어 있는 일종의 경계선이 되는 벽을 허물려고 드는 행위라는 것이었다. 정부 내 다른 부처들에 알려주게 되는 중요 정보의 수위는 정보 '창출자'의 결정에 의하는 것이라면서 펄펄 뛰었다. 하지만 FBI는 꿈쩍도 하지 않았다. 랭리에 있는 최고 책임자들과의 열띤 협의가 이루어지고 난 후에야 영국에서 온다는 용의자의 신원에 대한 파일이 FBI 뉴욕 지국으로 보내지게 되었다.

그런데 그것이 바로 댄 콜맨 앞으로 오게 된 것이다. 그와 조 빌리의 부관 하나가 그 파일을 검토했다. 그 파일에는 NSA의 회선인 몇 개의 전화번호와 이메일 주소가 담겨 있었다. 그것은 부시 밑에서 권한을 넓혀가고 있는 NSA의 성격을 드러내주는 파일이기도 했다. 용의자는 영국 시민이었다. 그는 미국 시민과 연락을 취하고 있었다. 거기에는 또한 미국 시민들끼리 주고받은 이메일도 여러 통 포함되어 있었다. 통신 내용 하나하나 어떤 종류의 영장 같은 것도 첨부되어 있지 않은 상태로 파일에 일괄적으로 담겨 있었다.

용의자와 이메일을 주고받은 미국 시민 가운데 하나가 아메드 오마르 아부 알리Ahmed Omar Abu Ali였다. 겨우 21세인 그는 버지니아 북부에 살고 있고, 버지니아 주 알렉산드리아에 있는 이슬라믹 사우디 아카데미를 수석 졸업했다고 기록되어 있었다. 이미 여러 아랍 국가를 여행하고 난 다음 버지니아로 돌아온 알리는 미국 정부의 관심거리였다. 그는 똑똑했다. 그는 지도력을 갖춘 인물이었다. 그는 행동 지향적 인물이기도 했다. 다른 통신 내용은 브루클린에 있는 이슬람 과격주의자들이 관련되어 있었다. 물론 거기에도 다른 미국 시민들이 포함되어 있었다. 알리와 연락을 주고받은 인물들이었다.

영국 시민의 이름은 모하메드 시디크 칸Mohammed Sidique Khan. 칸, 알리 그리고 다른 관련자들은 곧 있을 칸의 미국 여행에 대해서, 그리고 갖가지 폭력적인 계획을 실행에 옮기는 것에 대해서 이야기를 주고받고 있었다. 거기에는 "동부 해안에 있는 유대교 회당(synagogue)을 폭파"시키고자 한다는 이야기도 포함되어 있었다. 다른 기록들은 칸이 지난 2년 동안 최소한 세 차례 미국을 방문해 다른 동료 과격분자들을 만났다는 내용이 담겨 있었다.

댄은 그 통신 내용을 꼼꼼하게 읽었다. 그러고는 FBI 동료들에게 "이 자는 대단히 위험한 인물"이라고 말했다.

"우리와 영국 정보기관은 이자를 집중 감시해야 할 것 같군. 그것도 아주 제대로 말이야. 이자를 다루는 데 우리와 CIA가 어떤 식으로든 협력을 하지 않는다면 우리는 감당하기 힘든 위험한 상황에 처할 수도 있어. 이자가 미국에 도착했을 때 빠져나가지 못할 뭔가 확실한 죄목으로 체포해버리거나, 밀착 감시를 붙이거나, 이자와 이자가 접촉하는 다른 자들 모두에 대해 공동 감시망을 형성하거나 해야 해. 이자가 워싱턴에 있는 한 사원으로 가서 그곳을 날려버린다고 가정해보란 말일세. 우리는 이자가 무슨 짓을 저지를지 알고 있었지만, 어쨌든 이자가 입국하도록 내버려뒀노라고 대통령께 설명해야 하는 꼴이 될 게 아닌가?"

그다음 일어난 일은 '테러와의 전쟁'과 서로 경쟁 관계에 있는 정보기관들에 의해 수행되는 전쟁의 위태로움을 충분히 증명하고도 남을 그런 것이었다.

콜맨은 조사원이다. 수없이 많은 시간을 폭력적인 이슬람 과격주의자들과 직접 대면해온 사람인 것이다. 그는 온갖 부류의 그런 자들에 대해 잘 알고 있고, 그들의 습관, 성향, 인적 사항 등에 대해서도 잘 알고 있다. 그리고 그런 자를 보게 되면 알아볼 수도 있다. 이런 정도의 직접적인 경험을 갖고 있는 사람은 관료주의 체제 내에서 대개는 상급 관리자가 될 수 없다. 그들은 바보들을 상대하는 것을 잘 참아내지 못하기 때문이다. 그들은 밤낮으로 매일 매 시간을 투자해 힘들여 얻은 직관을 가지고 있어 제대로 된 답을 알고 있다. 그런 점은 대개 괴로운 최전방에서 보내지 않았거나, 아니면 적어도 최근에는 그런 생활을 하지 않고 어떻게든 책임자 자리에 남아 자신이 받고 있는 높은 급료나 지위, 권한 같은 것이 정당한 것임을 입증해야 하는 관료주의적 상사들의 권위를 미묘하게 약화시키는 것이기도 하다. 이에 대해 상사는 다른 부서의 상사들과 그들이 거느리고 있는 화이트칼라 부대로부터 자신의 부하들에게 외풍이 미치지 않도록 자신의 부하들을 대신해 그들과 맞서주는 것으로 대응하게 된다.

거대 조직이 움직이는 방식이기도 한 이러한 과정의 문제에 대해 논의하는 것은 수긍이 가는 일이다. 그러나 뭔가를 제대로 알고 있는 실무자에게, 그리고 그 광대한 관료조직 내부에서 그런 실무자들의 결정에 그토록 크게 의존하는 싸움에서는 과정이 절대적으로 중요하다. 잘못된 과정, 의사소통의 부재, 부서의 이기적 자기 보호 등은 단순히 그 누구도 거들떠보지 않게 될 보고서나 채우는 내용을 제공하는 것에서 그치지 않는다. 그것은 국민을 죽음으로 몰고 갈 수도 있는 문제다.

댄 콜맨의 평가는 서둘러 조 빌리에게 전해졌고, 그는 CIA 뉴욕 사무소에 다시 연락을 취했다. 빌리는 두 정보기관 사이의 갈등에 초점을 맞추고 있었다. 그는 댄 콜맨이 우려하는 바를 그대로 전했지만 그 영국인을 추적하기 위해서는 신속하게 FBI-CIA 합동으로 대규모의 노력을 기울여야 한다는 댄의 의견에 대해서는 별반 언급하지 않았다. 그 논의는 누가 최종적으로 칸이라는 인물에 대해 책임을 질 것이며, 그자가 감시를 벗어나 무슨 짓이라도 저지를 경우, 그에 대한 죄를 누가 뒤집어쓰게 될지에 대한 것이었다.

빌리가 CIA 뉴욕 사무소 책임자에게 말했다.

"우리는 이 부분에 대해 논의할 모든 가능성을 다 열어놓고 있겠소. 만약 칸이라는 자가 어찌어찌해서 테러를 저지르게 된다면 랭리의 CIA 본부에서뿐만 아니라 모든 사람이 다 FBI를 비난할 거요. 그런 일이 생기게 놔둘 수는 없소."

그들은 결정을 내려야 했다. 신호정보에 의하면 칸은 다음 날 오후 미국으로 날아오게 되어 있었다. FBI와 CIA 사이에서, 워싱턴에 있는 두 기관의 최고 책임자들에게까지 거슬러 올라가, 몇 통의 전화 통화가 더 오가고 팽팽하게 긴장된 의견이 교환되고 난 뒤, 칸을 탑승 금지 명단에 포함시키는 것으로 낙착을 보았다. 본질적으로 그것은 조치를 취하지 않은 것이나 마찬가지였다. 직무태만이었다.

다음 날, 칸은 미국행 비행기를 타기 위해 히드로 공항에 도착했다. 매표창구에서 그는 미국이 자신의 입국을 문제 삼고 있다는 사실을 통보받았다. 그는 탑승 금지 명단에 올라 있었다. 그는 자유롭게 여행할 수 없게 되어버린 것이다. 당황했다. 처음으로 자신이 미국 당국에 알려져 있다는 사실에 긴장하게 된 칸은 리즈Leeds에 있는 자신의 집으로 조용히 돌아갔다. 그는 이제 알게 되었다. 자신은 특히 사람들 눈에 띄는 행동이나 의심을 살 만한 행동을 자제하고, 추적당할 가능성이 있는 전화 통화나 이메일 보내는 일도 삼가야 하리라는 것을 말이다. 테러를 저지를 마음을 먹고 있는 젊은이에게 이 모든 것은 대단히 귀중한 정보가 되었다.

미국 정보기관과 법 집행 기관의 관리들, 그리고 칸의 계획을 미국 측에 알려주고 그를 탑승 금지 명단에 올리는 태만한 결정을 내린 영국 관리들은 엄청나게 다양한 선택의 범위에서 하나를 고른 것일 수 있었다. 선택 사항들로는 이런 것들이 가능할 수도 있었다. 칸이 케네디 국제공항에 도착하는 즉시 체포한다. FBI와 CIA 그리고 NSA를 망라하는 여러 부서가 힘을 합쳐 집중적으로 그를 미행해, 한 CIA 관리의 설명대로, 정교한 감시망과 "밀착 감시"를 한다. 그것은 평범한 일반인들처럼 가장한 CIA와 FBI 요원들이 지하철에서도 칸의 옆에 바짝 붙어 있고, 식당에서도 옆 칸막이에 바짝 붙어 감시하는 등 전자 감시 장비의 도움을 받아 위장한 요원들이 그를 절대 놓아주지 않는 것이다. 그가 어디를 가든 그는 손에서 손으로 다른 감시자에게 넘겨지게 된다. 그렇게 되면 그가 미국에서 접촉하게 되는 여러 인물, 즉 파괴적 의도를 지닌 미국 내 지하드 운동가들이 누구인지 밝혀낼 수도 있다.

하지만 모하메드 시디크 칸은 리즈에서의 교사 생활로 되돌아갔고, 자신이 뽑은 세 명의 젊은 무슬림과 열심히 테러 계획을 세우게 된다. 그리고 2005년 7월 7일, 그는 런던 지하철에 연이어 가해진 테러 공격을 배후에서 조종, 결국 영국이 무릎을 꿇도록 만든다. 당시 56명이 사망했고, 700명이 부상당했다.

한밤중에 존 맥놀린의 침실 전화기가 벨을 울려대기 시작했다. 보통 시민에게라면 한밤중에 걸려오는 전화는 곧 뭔가 문제가 생겼음을 의미한다. 가족 가운데 누군가가 아프다거나, 아니면 그보다 더한 상황이거나, 이웃집에 화재가 났다거나 하는, 잠을 천리만리 달아나게 만들기에 충분한 긴급 상황일 경우다. 하지만 29년째 CIA에 몸담고 있는 맥놀린에게 한밤중의 전화는 그가 점심을 먹으러 나가려는 참에 걸려온 전화나, 회의에 늦어 급하게 나가려는 참에 걸려오는 전화와 별반 다를 게 없었다. 그저 좀 귀찮을 뿐이다. 그게 전부다.

맥놀린이 수화기를 집어 들었다. 테닛이었다.

"그 개자식 말이야, 우리가 그 자식을 잡았어!"

맥놀린의 입에서 환호성이 터져 나왔다.

"이따금씩 이렇게 운이 따르는 맛에 산다니까."

지난 이틀 동안은 체포의 기회에 거의 근접해 있었다. 지난해 9월 빈 알 시브와 KSM의 가족들이 일제 검거될 당시 아슬아슬하게 놓친 이후로, 할리드 쉬크 모하메드라는 자에 대한 수색이 집중적으로 이루어져 왔다. 그 뒤로 6개월 동안, 파키스탄 비밀경찰과 공조 체제를 갖춘 CIA는 거의 200명에 이르는 알 카에다 병사와 교사자를 검거했다. 행운이랄 수 있는 대부분의 좋은 기회는 와지르의 송금 사무소에서 함정수사를 통해 잡은 것들이었다.

함정수사에 참여하고 있는 비밀요원들은 실제 작전에 활용할 수 있는 엄청난 양의 정보를 제공했다. 이러한 작전에서 어려운 부분은 대로변에 위치한 하왈라를 소유하고 있는 것이 CIA라는 사실이 발각되지 않고 적의 허를 찔러야 한다는 점이었다. 와지르에게서 오는 것으로 되어 있는 이메일은 조작된 것이었다. 함정수사 요원들은 거래가 성사되도록 도와주면서 대개는 작전이 언제 어디에서 시작될지, 그리고 누구에 의해 주도되는지를 알아낼 수 있었다. 또한 정확하게 말해서 누가 알 카에다 작전에 자금을 지원하고 있는지도 알아낼 수 있었다. 자금을 지원하는 자들이 하나하나 잡혀 들어가면서, 전 세계에 널리 퍼져 있는 알 카에다 조직의 작전에, 혹은 기본적인 물품을 조달하는 데 필요한 돈줄이 차츰 고갈되어 가기 시작했다.

하지만 KSM은 행방이 묘연했다. 지난해 여름 이후로, 즉 카타르 토후가 KSM과 빈 알 시브의 소재를 밝힌 이후로, 9·11 테러를 배후에서 조종한 자를 체포하는 데 도움을 주는 사람에게는 현상금을 지급하겠다는 사실이 널리 공표되었다. 그 대상이 KSM이든 빈 라덴이든, 아니면 자와히리든 상관없었다. CIA는 제보를 기다렸지만 현상금 제안으로도 아무런 반응을 얻어낼 수 없었다. 그들이 받은 제보 가운데 가장 근접한 것으로 여길 수 있는 물증은 자와히리의 것이 아니라고 밝혀진 두개골이었다.

2003년 2월도 다 갈 무렵, 상황에 변화가 있었다. CIA는 랭리의 고위 간부들이 "제 발로 걸어 들어온 경우"라고 부르는 제보자를 얻었다. 그는 알 카에다 고위급 인물들을 널리 알고 지내며, 파키스탄의 수도 이슬라마바드와 현재는 인구 300만의 도시이자 옛 실크로드의 교역 중심지였던 라왈핀디 지역에서 벌어지는 작전에 대해 속속들이 알고 있는 남자였다. 그런 그가 비밀 요원이 거의 50명에 이르는 가장 큰 규모의 사무소 가운데 한 곳인 CIA 이슬라마바드 사무소에 접촉해왔던 것이다.

그날 밤, 그는 그 지역 알 카에다 조직의 다양한 조직원과 조직 내 고위급 인물들을 만나기로 되어 있었다. 현상금 이야기가 오가기도 했다. 그 남자가 요원에게 어떤 방식으로 신호를 보낼 것인지를 미리 정했다.

그 남자가 다시 전화를 걸어왔을 때는 거의 자정에 가까운 시간이었다. 그는 저녁 식사 시간에 KSM 바로 옆 자리에 앉았고, 그런 다음 차에는 KSM 외에 다른 두 사람과 함께 탔다고 했다. 그들은 라왈핀디의 번화한 구역을 구불구불 통과했다. 알 카에다 최고 책임자가 그날 밤을 보내게 될 안가로 쓸 만한 집을 찾기 위해서였다. 안가로 쓸 만한 집을 찾아냈다. KSM은 거기서 내렸다.

제보자가 전화를 걸었다. 서둘러 나타난 CIA 요원들이 제보자를 차에 태웠고, 몇 시간 동안 차를 몰아 미로와도 같은 인근 지역을 헤집고 다녔다. 그러는 동안 제보자는 자신이 봐둔 안가를 알아볼 수 있게 해줄 표시들을 찾아보려 애쓰고 있었다. 동이 트기 직전, 마침내 안가의 위치가 확인되었다. CIA 요원들이 파키스탄 비밀경찰들과 함께 집결했다. 그 집은 알 카에다 동조자의 소유인 것으로 밝혀졌다.

가장 중요한 임무는 KSM을 산 채로 체포하는 것이었다. 체포조가 집 안으로 뛰어들면서 잠에서 깨어난 KSM은 총을 집어 들었다. 이어 총격전이 벌어졌고, 파키스탄 요원 하나가 발에 총상을 입었지만 KSM은 결국 제압당해 밖으로 끌려 나왔고, 사진이 촬영되었다. 속옷 차림으로 사흘은 깎지 않은 수염에, 지저분하며, 뚱뚱한 한 남자의 모습이 담긴 사진이 몇 시간 후 전 세계에 알려지게 되었다.

테닛은 며칠 뒤 이슬라마바드로 날아갔다. 그는 파키스탄 정부 청사의 한 사무실에서 그 안가를 급습했던 팀과 만날 수 있었다. 그들은 모두 15명이었다. 그들의 지휘자는 다부지고 민첩해 보이는 몸매에 키가 175센티미터 정도인, 아주 강인해 보이는 남자였다. 그는 테닛에게 자신과 자신의 부하들이 테닛을 직접 만나게 된 것을 영광이라고 말했다. 테닛은 자기야말로 영광이며, 그들은 이 역사적인 투쟁에서 피를 나눈 형제와도 같다고 화답했고, 서로 포옹을 하고 감격의 눈물을 흘렸다. 그런 다음 그 지휘자가 테닛에게 총 한 자루를 건넸다. 안가를 급습했을 때 노획한 KSM의 라이플이었다. 실제로 총을 쥐고 테러와 싸우는 전사가 아니라 회의 탁자에서 테러와 싸우는 전사인 테닛은 그 총을 받고는 마치 귀중한 명품 바이올린이라도 되는 것처럼 손에 받쳐 들었다. 그러고는 그들 모두에게 그 선물에 대해 감사 인사를 한 다음 그 자리를 빠져나갔다. 그가 곁에 있는 보좌관을 향해 말했다.

"세상에! 이걸 어디에다 쓰지?"

테닛은 그 출장길에서 다른 사람도 만났는데, 그것은 의례적인 것 이상의 중요성을 지닌 방문이었다. 제보자였다. 그 만남에서도 마찬가지로 테닛은 제보자에게 감사의 뜻을 전했다. 테닛은 그 남자에게 왜 그런 제보를 했는지 이유를 물었다. 남자는 9·11로 인해 생겨난 결과가 마음에 들지 않는다고 말했다. 무고한 시민을 죽이는 것은 코란의 가르침을 어긴 것이라고 했다.

그가 테닛에게 물었다.

"당신네 나라의 대통령도 내가 제보했다는 사실을 알고 계신가요?"

테닛이 대답했다.

"알고 계십니다. 제가 말씀드렸습니다."

그 질문은 부분적으로는 단순한 호기심에서 비롯된 것일 수도 있다. 하지만 또한 부분적으로는 하나의 보험과도 같았다.

알 카에다와의 싸움에서 이 남자는 현상금 지급과 안전한 거처 제공이라는 면에서 CIA 최초의 가장 중요한 실험이었다. 만약 대통령이 알고 있다면, 이 제보자는 자신의 특이한 거래가 언제나 효력을 지닌 상태로 유지될 것이라고 생각했을 수도 있다. 적어도 그는 어디에 호소해야 할지 알고 있는 셈이었다.

그 제보자는 현재 미국에 살고 있다. 어디라고는 밝힐 수 없지만 미국 어딘가에 살고 있으며, 그의 통장에는 2,500만 달러의 금액이 들어 있고, 요람에서 무덤까지 보장해주는 연금과 그의 자녀들, 그리고 그의 친척들의 자녀들에 대해서는 사립학교에 다닐 수 있는 학비가 제공되고 있다. 그와 그의 직계 및 방계 가족들은 평생 보호를 받게 될 것이다. 이 건을 담당했던 한 CIA 고위 관리의 말이다.

"그 액수가 엄청나다고 생각할 사람도 있을 겁니다. 하지만 KSM을 비롯해 맨 꼭대기에 올라 있는 리스트의 몇 명을 찾아내고자 헤아릴 수 없을 정도의 예산이 투입되고 있는 점을 생각하면, 차라리 효율적인 계산법이라고 할 수 있습니다. 이 제보자는 그자를 잡을 수 있게 해줬습니다. 그는 영웅입니다. 그에게 한 백 번쯤 더 똑같은 보상을 해주고 싶군요."

바레인 경찰은 바삼 보코와의 기록에서 전화번호 한 개를 찾아냈다. 그것은 사우디아라비아의 한 주소로 이어지고 있었다. 리야드에서 세 명의 남자가 체포되었다. 그들은 사우디 왕국에 널리 퍼져 존재하는 과격 이슬람 활동가 조직의 일부였지만, 그들이 바레인 인들과 직접 연결되어 있다는 것 외에는 별로 알려진 것이 없었다. 이 사우디 인 3인조는 이 왕국의 또 다른 세 명의 성전 전사와 연결되어 있었다. 그들도 마찬가지로 체포되었다.

이러한 모든 조치는 두 나라 모두에 대규모 사무소를 두고 있는 CIA의 감독과 장려 아래에서 취해진 것이었다.

이제 이 문제에 대한 조사가 최우선적 긴급 사항이 되었다. 바삼 보코와의 컴퓨터에서 찾아낸 무브타카르의 설계도에 의해 확신하게 된 사항이었다. 하지만 사우디 인들로 하여금 어떤 조처를 취하도록 하는 것은 전혀 쉽지 않았다. 테닛이 반다르 왕자에게 경고 메시지를 전달하고 난 지 9개월이나 지났지만 말이다.

심문이 시작되었다. CIA 요원들은 방관자적 입장에 서 있을 수밖에 없었다. 포로들에게 묻는 질문은 방향이 분명하게 정해진 것들이었다. 그러나 '블랙 사이트'에서 주바이다나 빈 알 시브가 당했던 것에 비하면 이들에게 행해진 심문이라는 것은 공손하고 상대를 존중하는 그런 것이라고 할 수 있었다. 포로들은 바레인에서 체포된 한 무리와 사우디에서 체포된 두 무리였다. 모두 종교계 쪽 인물들이었다. 날이면 날마다 이들은 알라신을 찬양해댔고, 서로에 대해 종교적으로 헌신해야 할 의무가 있음을 강조해댔다. 이것이 문제였다. 이 사안을 담당했던 한 CIA 요원의 말이다.

"이자들 가운데 일부는 진짜 성직자처럼 보였습니다. 성직자를 심문한다는 게 어디 쉬운 일인가요?"

보코와는 특히 약아빠진 자였다. 그는 연락책이 되기에는 너무 나이가 들어 있었고, 작전에 직접 투입되는 쪽보다는 분석가였다. 그는 사우디아라비아 내 이슬람 반체제 운동가들 사이에서 지도적 위치에 있는 인물들과 친분 관계를 갖고 있었다. 이 나라에서 보다 폭넓은 범위의 음모가 꾸며지고 있다 할지라도 그것은 눈에 띌 수 없게 되어 있었다.

바레인 인 3인조와 두 무리의 사우디 인 3인조는 서로 유대 관계가 있는 것이 분명했지만 이슬람 지하드 운동의 보다 넓은 전투대형 속에서 그들이 어디에 속해 있는지는 분명하게 밝혀낼 수 없었다. 그들은 미국-사우디 정보기관에 의해 추적을 받고 있는 사우디 내 다른 몇 개 지부와 긴밀한 관계를 갖고 있지는 않은 것처럼 보였다. 또한 그들은 NSA가 도청한 통신에서 수없이 등장하며, 아라비아반도 내에서 뭔가를 진행하고 있는 것처럼 보였던 수수께끼 같은 인물, 스위프트 소드라는 자와도 관련이 없는 것처럼 보였다.

매일 아침 보고를 받는 자리에서 대통령이 테닛에게 묻곤 했다.

"무브타카르에 대해서는 어떤 것을 알아냈는가?"

그러면 테닛은 이렇게 대답하곤 했다.

"아직 추가로 알아낸 건 별로 없습니다만, 이자들이 누구인지를 확실하게 밝혀낼 수 있도록 모든 방법을 다 동원할 예정입니다."

3월 중순, 행정부의 에너지와 관심의 초점이 이라크 침공에 맞춰지고 있는 동안, CIA의 각 부서 책임자들은 랭리에 모여 있었다. 그들이 도무지 알 수 없는 것은, 바레인 인 3인조와 사우디 인 3인조 두 무리가 어디에 선을 대고 있는가 하는 점이었다.

백악관과 CIA는 단 하나의 메시지로 양국 관리들을 압박하고 있었다. "우리는 이 사건을 철저하게 조사하는 중이다. '이자들을 절대 그대로 풀어주는 일이 없도록 하라.'"

3월 19일 아침. 데니스 로멜은 한 무리의 사람을 CIA로 인도했다. 그와 동행한 사람들은 웨스턴 유니언의 중역들과 CIA 시카고 사무소 책임자, 그리고 몇몇 다른 사람이었다. 이들을 떳떳하지 못한 일에 "팔아넘기기" 위해 그곳으로 데리고 온 이유는 하나의 길을 터보기 위함이었다. 즉 웨스턴 유니언이 보유하고 있는 엄청난 정보를 정보기관에서 이용할 수 있게 하자는 것이었다.

미국 정부가 가지고 있는 재원과 인력 그리고 새롭고 독창적인 방식으로 문제를 해결하는 능력의 가장 효과적인 조정은 금융 관련 영역에서였다. "금융 전쟁"에서의 일치된 의견을 이뤄내는 데 조정자 격인 재무부의 데이비드 아우프하우저, CIA의 안달쟁이 필과 함께 로멜은 이 분야에서 중추적 역할을 담당하고 있었다.

성공의 열쇠는 대통령이 맨 처음 권했던 방법을 결코 실행에 옮기지 않는 것이었다. 돈줄을 끊어버림으로써 "테러리스트들을 굶겨 죽도록" 만들어보자는 방법만을 죽어라 파는 것이 능사가 아니라는 뜻이다. 이 부문에서는 이미 상당한 진전을 보이고 있었다. CIA, 재무부, 국무부,

NSC 그리고 사우디 측에서 나온 관리들 사이에서 열렸던 수많은 회의가 이제 결과를 내고 있었던 것이다. 2002년 말, 사우디아라비아 측이 이슬람 사원 소속의 성직자 회계사들에게 기부금이 날짜 단위로 어떻게 사용되는지 감사하도록 시킴으로써 테러리스트들에게 흘러 들어가게 되어 있는 자금의 유입을 차단한 것 또한 도움이 되었다. 알 카에다 측에 조직의 유지비와 작전 비용을 대는 것이 보다 어렵게 되어버린 것이다. 재정적 궁핍은 테러 작전을 펴는 데 시간을 허비하도록 만들 것이고, 그렇게 되면 뭔가 그 내막을 드러내게 될 실수를 저지를 공산이 커지고, 또 그렇게 되면 수사 당국에 발각될 가능성도 높아지게 되리라는 것이 그 이면에 깔린 계산이었다.

하지만 이런 표면적 현상 저 아래 깊은 곳에는 유동적이며 비밀스러운 실험이 진행되고 있었다. 그러한 테러 작전의 저지와 정보 확보 사이의 상충되는 이해관계를 어떻게 하면 잘 조정해나갈 수 있을 것인가에 대해서 말이다. 시간이 흐르면서 미국 정부 관리들은 테러리스트들에게 현금이 흘러 들어가게 되기를 원한다는 사실을 인정하지 않을 수 없게 되었다. 관리가 가능할, 적당한 정도의 흐름 말이다. 그렇게 되면 그들은 뭔가 추적할 거리가 생기게 된다. 정보가 씨가 마른 상황에서는 "돈줄이 곧 정보였다".

어떤 면에서 본다면 퍼스트 데이터는 그 첫발자국을 뗀 것이라고도 할 수 있었다. 딱히 정해진 목표물 없이 엄청난 규모의 정보를 통째로 조사한다는 것은, 우연에 의존해 약간의 가치가 있는 한 조각의 정보, 혹은 법정까지 가면 승소할 수 있을 만한 자투리 증거들을 찾아내기 위해서 수많은 미국인의 사생활을 침해하게 된다는 사실을 함축하고 있었다. 국가안보보고서(National Security Letters. FBI가 발부하는 일종의 행정 소환장

— 옮긴이), 남발되는 각종 소환장, 그리고 빈약한 근거 자료를 토대로 실시되는 엄청난 건수의 수색은 홍수로 불어난 강물이 제방을 넘보듯 "부당한 수색이나 압류"를 금하고 있는 수정헌법 4조를 위협하고 있었다. FBI가 75개의 사건에서 기소와 정보가 적절히 조화를 이뤄야 하는 이유를 보고하는 것에 소홀하다는 피사 코트의 비판 따위는 최고위급 인물들—FBI 혹은 CIA, 혹은 법무부 내에서 비밀 정보 사용 허가를 갖고 있는—에게는 웃기지도 않는 수작 정도로 치부되었다. 75개 사건이라고? 그런 정도는 들끓는 거대한 대양에서 한 동이 분량의 물에 지나지 않는다. 수많은 미국인이 이제 그들의 이름, 재정 상태 그리고 전자 신분이라고 할 수 있는 개인적 정보가 FBI의 컴퓨터나 '테러와의 전쟁'에 대한 갖가지 데이터베이스에 담긴 채로 살아가야 할 터이다. 이 정보는 당장 필요가 없더라도 삭제되거나 하지도 않는다. 그들은 장래에 참고하게 될 수도 있다면서 만약의 경우에 대비해 그것을 그대로 가지고 있으려 든다.

웨스턴 유니언은 그러한 노력에서 가장 효율적인 한 부분이 되어 왔다. 신용카드 대금 청구와 관련된 활동과 비교할 때, 송금 정보는 상이한 종류의 통신 내용을 보여주기 때문이다. 주바이다의 아파트와 KSM과 빈 알 시브의 카라치 안가에서 발견된 송금 정보는 수사관들에게 돈을 보낸 사람과 돈을 받은 사람 양쪽 모두라는 중요한 연결 고리를 제공했다. 웨스턴 유니언에 대한 협조 요청은 파트너를 CIA에 "팔아넘긴" FBI로부터 들어오기 시작했다. 웨스턴 유니언은 사상 유례가 없을 정도의 엄청난 데이터를 점점 더 많은 분야에 걸쳐 요청받게 되었다.

물론 불안감이 수반되는 정보 전쟁에서는 언제나 보다 많은 정보에 대한 욕구가 생겨나게 마련인 것은 어쩔 수 없다. FBI의 로멜과 그의 동료들은 한층 더 깊이 파고들었다. 거래가 이뤄지는 그 순간이라는 실시간 정보를 얻어낼 수 있다면 어떨까? 웨스턴 유니언의 사무소 가운데 몇 군데에 대상물에 대한 정확한 조준 촬영이 가능한 카메라들이 설치되어 있었다. 누군가가 현금자동지급기를 통한 거래를 하고 있을 때 촬영되는 것과 마찬가지로, 송금을 하는 사람과 그 돈을 찾는 사람들은 모르고 있지만 거래 장면이 모두 촬영되고 있었다. 이 회사에서의 정밀 조준 카메라 사용을 확대할 방안은 없을까?

새로운 문제 해결 방안이 보다 진척을 보이게 되면서 로멜은 안달쟁이 필과 더 많은 논의를 하게 되었고, 자신이 FBI에 높은 가치를 지닌 비밀 파트너 웨스턴 유니언과 유지하고 있는 소중한 관계를 CIA에도 넘겨줘야 할 것 같다고 점점 더 확실히 자각하게 되었다. 적어도 거기까지는 하나의 생각에 그쳤다. 하지만 2003년 초, 실제로 이러한 제의를 받자, 웨스턴 유니언과 모기업 퍼스트 데이터의 중역들은 불안해했다. FBI는 일단 별개의 문제였다. FBI가 갖고 있는 확실한 증거에 집착하는 전통, 법 집행 위주의 방침 등은 그나마 다행스러운 면으로 약간의 위안이 될 수 있었다.

이 회사를 초조하게 만든 것은 CIA가 기밀을 다루는 기관인 데다 최근 들어서는 그 정도가 더욱 심해지고 있다는 점이었다. 사정이 그랬기 때문에 로멜은 "거래를 확실하게 타결 지을 인물"을 만나보게 하는 것도 괜찮겠다는 생각을 하게 되었다. 그는 테닛과의 만남을 주선했다. 이때쯤 중앙정보국장은 '테러와의 전쟁' 덕분에 럼스펠드와 라이스 그리고 파월처럼 투표로 선출된 것이 아니면서도 사람들이 곧 알아볼 수 있을 정도로 얼굴이 알려진 유명 인사가 되어 있었다. 이러한 점은 첫 만남에서 즉각적인 효과를 나타냈다. 사람을 설득하는 데 타고난 능력을 지니고 있고, 상대가 누구든 필요하다면 자신의 의지로 친밀감을 만들어낼 수 있는 인물인 테닛은 그 점을 이미 알고 있었다.

랭리 구내를 가로질러 테닛의 사무실에 들어와 자리를 잡은 웨스턴 유니언 중역들은 눈이 휘둥그레졌다. 이 만남에는 눈에 띄는 불균형이 존재했다. 사적인 영역과 공적인 영역 사이의 불균형이었다. 이 회사 중역들은 NSA에서 회의할 때도 그것을 느꼈다. 그 누구도 입을 열어 말하지 않았지만 제시되고 있는 첫 번째 전제는 이랬다. "당신들은 자신들을 위한 일을 아주 잘해나가고 있고… 한편 나는 다른 사람들을 위한 일을 잘해나가고 있소이다."

말하자면, 탁자 한쪽에는 기성복 매장에서 사 입은 양복에, 매고 있는 타이에는 커피 얼룩이 여기저기 묻어 있는 한 무리의 남자(당시 거기 모인 사람들은 대부분 남자였다)가 진을 치고 앉아 있었다. 기억이 날지 모르겠지만, 빌어먹을, 그들은 자기 반에서는 가장 똑똑하다고 자부하는 학생들이었음에도 그런 행색이었다. 한편 탁자의 다른 한쪽에 늘어앉은 사람들은 전혀 다른 길을 간 사람들의 모습이 어떤지를 보여주고 있었다. 모두 만족스런 표정에 새빌로Savile Row(최고급 양복점들이 몰려 있는 런던의 거리 — 옮긴이)나 제냐Zegna(이탈리아의 명품 양복 브랜드— 옮긴이) 혹은 아르마니Armani 맞춤 양복을 걸친 그들은 한때 회사 간의 경쟁에서 이기는 것이야말로 올림픽 메달처럼 강인함 혹은 승리의 척도가 되리라고 여겼지만 이제는 그게 아님—점점 더 그것은 강인함이나 승리의 척도가 아닌, 운이 무지무지하게 좋거나 아주 교묘한 속임수를 얼마나 잘 썼는가의 척도인 것처럼 보이는—을 깨닫게 된 사람들이었다.

테닛은 그 중역들이 자주 만나온 재무부 관리들과는 달랐다. 그는 오히려 점점 더 군 장성처럼 느껴졌다. 그 분위기 전체가 술이라면 테닛은 거기에 한 잔의 강력함을 더할 수 있는 능력을 가지고 있었다. 비록 그는 관료 사회에서 싸움을 해나가는 기술을 배워 익힌 사람이었지만 그의 행동은 전사의 그것에 한층 더 가까웠다. 비밀 정보 수집자라기보다는 무인 공격기 공습의 방아쇠를 당기거나, 적을 포로로 잡는 군인에 더 가깝게 행동하고 있었다.

웨스턴 유니언 중역들과 로멜, CIA 쪽 사람들은 놓여 있는 소파와 의자들에 편안하게 자리를 잡으면서 뼈 있는 농담과 이런저런 잡담을 나눴다. 그 사무실은, 액자에 넣어 테닛의 자리가 있는 쪽 벽에 걸려 있는, 세계무역센터 잔해에서 끄집어낸 불탄 자국이 있는 대형 성조기에서부터 밥 스툽스Bob Stoops 코치의 사인이 있는 오클라호마 수너스Oklahoma Sooners 팀의 붉은 헬멧에 이르기까지, 보는 사람에게 뭔가 격려가 되고 뭔가를 고취시킬 갖가지 물건으로 들어차 있었다.

중역 가운데 한 명이 헬멧을 보고 감탄하자 테닛이 말했다.

"대단한 사람이죠. 승자입니다."

그런 다음 그들은 본론으로 들어갔다. 로멜이 간단하게 9·11 이후 웨스턴 유니언이 자신들에게 얼마나 큰 도움을 준 친구인지에 대해 이야기했다. 안달쟁이 필은 그 관계를 지속시켜나가기 위해 어떤 식으로 일해야 할 것인지에 대해 이야기했다. 웨스턴 유니언은 전 세계에 1만 2,000개, 파키스탄에만 1,300개의 사무소를 가지고 있었다. 테러리스트와의 싸움을 해나가는 데 있어서 파키스탄보다 더 중요한 나라는 없다고 봐야 한다는 이야기였다.

모든 사람이 고개를 끄덕였다. 공감한다는 뜻이었다. 그때 웨스턴 유니언 중역 한 명이 말문을 열었다. 그는 테닛을 향해 말했다.

"제가 우려하는 것이 바로 이런 겁니다. 만약 웨스턴 유니언이 전 세계에서 CIA의 임무를 대신 수행한다는 소문이 퍼지는 날에는 우리는 망하는 겁니다."

테닛이 앉은 채로 상체를 앞으로 내밀고는 비장의 카드를 꺼냈다.

"우리가 좀 과한 요구를 한다는 것을 저도 알고 있습니다. 하지만 이 나라는 지금 살아남기 위한 싸움을 하고 있습니다. 제가 요구하는 것은 여러분과 여러분의 회사가 애국자가 되어달라는 것입니다."

테닛이 이야기가 있고 나서, 양측은 이 일을 어떻게 실행에 옮길 것인가에 대한 상세한 업무 계획 논의에 들어갔다. 이야기가 진행되는 중간 중역 한 명이 테닛에게 물었다.

"우리도 이라크 침공에 참여하게 되는 건가요?"

테닛이 웃으며 대답했다.

"슬램 덩크처럼 확실하지요."

그날 저녁, 미국 대통령이 자신의 집무실에서 대국민 연설을 했다.

"국민 여러분, 지금 이 시간, 우리 미국과 동맹국 군대는 이라크의 대량 살상 무기를 폐기하고, 이라크 국민들을 해방시키며, 전 세계를 중대한 위험으로부터 지켜내기 위한 군사작전의 초기 단계에 돌입했습니다… 저의 지시로, 미국과 동맹국 군대는 사담 후세인의 전투 수행 능력을 무력화시키기 위해 군사적 중요성을 지니고 있는 목표물들에 대한 선별 타격을 시작했습니다. 이것은 전면적이고, 일치된 전투의 개전 단계입니다."

이라크에서의 전쟁은 시작되었고, 9·11에 대한 미국의 복합적인 대응의 장은 막을 내리고 있었다. 이제 새로운 장이 열리고 있다. 9·11 다음 날부터 쟁점이 되어온 것은, 이라크 정권을 바꿔놓는 것과 관련된 문제였다. 즉 미국에 위해를 가할 의도와 능력을 가지고 있는 테러리스트들을 찾아내고 저지한다는, '테러와의 전쟁'이라는 광범위한 임무에 통합시키면서 동시에 어느 정도는 그것과 관계가 없는 것처럼 보이게 만들 방법을 찾아낸다는 것이었다.

미국인들과 전 세계의 사람들은 그것의 매끄러운 통합을 이끌어내기 위한 다양한 시도를 검토하고 평가했다. 그것은 고통 받고 있는 아랍 세계에 민주주의를 정착시키고, 테러가 자라날 수 있는 잠재적인 피난처를 없애버린다는 것이었다. 비록 영국, 파키스탄 그리고 수많은 다른 국가처럼 민주주의가 잘 발달한 나라에서부터 독재자가 지배하는 국가에 이르기까지 모두 테러리스트의 피난처가 되고 있는 상황이긴 하지만 말이다. 그것은 그 어떤 국가 지도자도 국제법과 유엔의 명령을 지속적으로 모욕하는 짓을 하고는 살아남을 수 없다는 것을 보여주기 위한 것이기도 했다(물론 그런 짓을 하고도 여전히 잘 견디는 독재자들도 많긴 하다). 그것은 독재자의 손에서 대량 살상 무기를 제거하기 위한 것이기도 했다. 비록 북한에서 이란, 파키스탄에 이르는 독재자가 지배하는 다수의 국가가 후세인이 가지고 있다고 소문이 나 있는 것보다 훨씬 더 파괴적인 무기를 보유하고 있기는 하지만 말이다.

궁극적으로, 그것은 이런 것들 가운데 그 어느 것에도 해당되지 않을 수 있었고, 그 각각을 조금씩 합해놓은 것일 수도 있었다. 그것은 '테러와의 전쟁'이라는 것처럼 산만하게 퍼져 있고, 다루기 힘든 어떤 것에 대해 우리가 정의하려 드는 방식과 대단히 흡사한 하나의 기본값이다. 그러나 비록 공개적으로는 거의 논의되지 않았지만 이 기본값의 추론은 미 행정부가 받아들인 하나의 확실성에 의해 생겨났다. 그것은 2001년 1월 럼스펠드가 대통령과 NSC 소속 주요 인사들에게 보낸 문서에 나타난 것과 동일한 깨달음이다.

"냉전 이후 진보된 기술과 서비스의 자유로운 교류로 인해 세계적인 빈국들조차 핵무기와 화학무기, 생물학무기를 갖거나, 발사 기술을 포함해 이제까지 개발된 가장 파괴적인 무기 개발 기술을 순식간에 습득하는 것이 가능해졌다. 우리는 그들이 그렇게 하는 것을 막을 도리가 없다."

9·11 이후 수많은 보고를 통해 대통령은 그런 무력감을 절실하게 깨닫게 되었다. 칸다하르의 모닥불, 아프가니스탄이나 그 외 지역의 탄저균 배양 연구소들, 그리고 이제 조립하기도 쉽고 휴대 가능한 대재앙의 근원이 될 무브타카르가 있다.

그러한 확실하고 변하지 않는 사실들은 또 다른 무력감의 영역과 기분 나쁠 정도로 잘 들어맞았다. 그건 바로 미국 본토도 방어가 불가능하다는 깨달음이다. 미국 본토를 지켜낼 수 있음을 국민들에게 공식적으로 확신시켜주는 것이 필요한데도 정부 내 고위 관리들 가운데 그 누구도 미국 본토가 공격을 받을 수 있다는 사실을 의심하지 않았다. 솔직한 답변을 요구받게 되면, 의기소침해지게 만드는 진실에 대해 가장 가까이 근접한 이야기를 하는 사람은 누구든, 톰 리지가 의회 청문회에서 했던 것과 비슷한 정도의 이야기를 하고 있게 될 것이다.

"우리는 그들이 우리를 공격하는 일을 보다 힘들게 만들 장애물을 설치할 수는 있지만 그들을 완전히 저지할 수는 없습니다."

이런 모든 계획의 지연과 연이어 나타나는 움직일 수 없는 사실들, 그리고 별반 선택의 여지도 존재하지 않는다는 점은 3월 19일 밤, 그다지 신통치 않은 한 가지 대응을 하는 것으로 어찌어찌 낙착을 보게 되었다. 그 대응이란 당연히 체니와 부시에게서 나온 것이었다.

이번 대통령의 임기에서 뭔가 결핍된 부분은 대통령과 체니 두 사람 가운데 체니가 국제 정책에 대한 계획을 세우는 인물이라는 점이었다. 대개 이 역할은 대통령이 맡았다. 닉슨도 그랬고, 소련의 역사나 관련 문제에 대해 며칠이고 계속해서 이야기할 수 있는 능력을 가졌던 레이건도 그랬고, 클린턴, 케네디, 존슨 대통령의 경우도 그랬다. 부시는 전 세계에 자유를 실현시킨다거나 민주주의를 전파한다거나, 테러를 종식시킨다거나 하는 것처럼 개인적 혹은 종교적 신념에서 비롯된 포괄적 생각들을 갖고 있다. 그것은 지나치게 장대한 것들이자 대다수 사람이 공통적으로 추구하게 되는 희망 사항일 뿐 정책은 아니며, 한 국가와 그 국가가 국제사회에서 지니고 있는 위치에 대한 엄정한 평가도 될 수 없었다.

정책을 결정하고 국가가 처한 상황에 대한 평가를 내리는 일은 체니가 맡고 있었다. 대통령 취임 초기부터 시작되었고, 9·11 직후 한층 더 분명해진 이러한 사실은 행정부와 의회 여러 영역의 지도적 위치에 있는 인사들로 하여금 주저하지 않을 수 없게 만들고 있었다. CIA 고위 관리들도 거기에 포함된 인사들이었다. 오로지 확실한 증거만을 지침으로 삼고 정보를 수집하고 분석하는 기능만을 수행하며 공평무사하고 정직한 중재자로서 최고 통수권자인 대통령을 보좌하도록 제도적으로 맡겨진 역할을 수행해야 하는 CIA는 유리한 점과 불리한 점을 모두 가지고 있었다. 이번 대통령은 그런 서비스를 그다지 필요로 하지 않는 유형이었다. 그가 자주 말하듯 그는 '본능'에 의해 생겨난 아이디어들에서 추진력을 얻는 인물이기 때문이었다. 그리고 대개 대통령의 직무로 되어 있는 부분을 맡아 처리하는 체니는 그런 서비스를 받기에는 어딘가 모르게 배역이 잘못 맡겨진 인물이었다.

2003년 초반, 미국이 전쟁을 향해 치닫고 있는 동안, 이러한 역할의 반전은 조롱의 대상으로 떠오르게 되었다. 당시 CIA 내부에서 불리는 체니의 별명은 '에드거'였다. 에드거 버겐Edgar Bergen에서 따온 에드거. 그렇게 되니 대통령은 암암리에 찰리 맥카시Charlie McCarthy 역할을 맡게 되었다(에드거 버겐은 〈Edgar Bergen and Charlie McCarthy Show〉라는 라디오 프로그램에 등장하는 복화술사다. 찰리 맥카시는 그가 사용하는 꼭두각시 인형의 이름이다— 옮긴이). 그리 공정하다고는 할 수 없었지만 적어도 절반은 진실이었다.

이라크 침공이 시작되었고, 그것은 대부분이 부통령 체니의 좌뇌에서 나온 생각이었다. 사담 후세인이 대량 살상 무기를 가지고 있으며, 그것을 테러리스트들에게 넘겨주고 있다는 예상은, 사실상 무기의 보유나 알 카에다와의 연계성에 대한 확실한 증거의 부족에도 1퍼센트의 가능성이라는 한계를 확실하게 충족시켜주는 사실상 "가능성은 낮지만 부담은 높은 사건(low-probability, high-impact event)"이었다. 그랬기 때문에, 1퍼센트 독트린은 그런 낮은 가능성을 "미국이 대응하는 데" 있어서 "하나의 확실성으로(as a certainty)" 취급해야 한다고 주장한 것이다. 전쟁 준비를 하면서 증거가 부족하니 어쩌니 하면서 수선을 피우는 사람들은 요컨대 논점을 잘못 읽고 있는 셈인 것이다. 1년 전 럼스펠드가 나토 지도자들이 모인 자리에서 했던 연설이 그러한 점을 잘 말해주고 있다. 럼스펠드는 그런 일에 있어서는 "절대적 증거"라는 것을 결코 손에 넣을 수 없는 법이라고 단언했다. 2002년 6월 웨스트포인트에서, 테러에 대응하는 조치를 하도록 촉발시키는 데는 위협의 증거가 필요하게 될 것이라는, 자신의 선제공격 원칙을 생도들 앞에서 설파했던 대통령은 표리부동한 사람이 되었다. 대통령 최측근 가운데서 그 말을 액면 그대로 믿은 사람은 아무도 없었다. "전쟁의 정당한 근거를 마련한다는 것"은 연구 개발이나 CIA 분석관들이 갖고 있는 분별력을 잃게 만들고 기를 꺾어놓는 생각이 아닌, 홍보와 마케팅에 해당하는 셈이었고, 그 문제에 대해서 콜린 파월은 외면한 채 물러나버렸던 것이다. 테닛이 그와 비슷한 여러 차례의 부인을 했는지 여부와는 상관없이, 그가 갈등을 겪고 있으며, 언제든 굴러 떨어질 수 있는 위태로운 위치에 있다는 것은 분명했다. 체니는 "정당화와 합법성" 같은 것은 구시대적 사고라고 말하게 될 터였다.

체니의 독트린이 가지고 있는 "다른 방식"은 국제법적 적법성에 안하무인격으로 대담한 도전을 하는 것이었다. 한때는 미국이나 미국의 국익에 대한 공격으로 판별할 수 있는 행동이 미국으로 하여금 군사적 대응을 하게 하는 한계선이 되었지만, 이제는 위협의 증거가 필요하다는 이야기조차 군사행동을 지나치게 제약하는 기준으로 매도되고 있었다.

요컨대 미국은 움직일 수 없는 증거가 있건 없건 도전으로 여겨질 수 있는 그 어떤 것이든 좌절시키기 위해서라면 언제든 행동을 개시할 준비가 되어 있었다. 그렇기 때문에 다른 모든 국가는 더러운 꼴을 당하지 않기 위해 어떤 대가를 치르더라도 미국의 국익과 일치하지 않는 행동을 하겠다는 암시조차도 말아야 하게 된 것이다. 울포위츠, 페이스 그리고 같은 성향을 지닌 인물들이 느끼기에 사담 후세인은 손쉬운 표적에 지나지 않는 것이자 미국의 새로운 결의와 미국이 국제사회에서 행동하는 데 있어 기존의 규칙 따위는 따르지 않으리라는 것을 보여주기 위한 견본품과도 같았다. 그것이 바로 행동을 변화시키는 방법이 된다. 그 어떤 행동과학자라도 그렇다고 말할 것이다. 행동을 변화시키는 방식은 피실험자가 어떤 행동을 하든 상관없이 몇 번이고 거듭해서 하도록 만들고자 하는 행동을 강제로 시키는 것이다. 그러고 나면 하도록 만들고자 하는 행동이 아주 습관으로 자리를 잡게 되고 반사적이 되며 하나의 욕구가 되어버리는 것이다.

이것이 바로 무익해 보이는 투쟁에서 시간을 버는 방식이다. 그 투쟁이 도무지 저지할 수 없는 대량 살상 무기의 확산을 막는 것이든, 혹은 특정 국가 소속이든 아니든 테러리스트들이 미국 땅에 발을 붙이지 못하게 막는 것이든 간에 말이다. 그들 모두와 싸울 수는 없다. 세계 어디에서나 모든 사람이 미국을 절대로 건드려서는 안 되는 나라라고 생각하도록, 아예 생각하는 방식으로 바꿔놓아야만 한다는 것이다. 그리고 그렇게 생각하도록 만드는 방식은 지속적이고 강압적이며 인정사정 안 봐주는 행동을 통해서라야 한다. 그것이 바로 "게임의 판도를 변화시킬 수 있는 것"이며, 전 세계를 무대로 하는 인간 행동 연구 실험에서 조지 W. 부시의 성격은 대단히 적절하게 들어맞는다.

이런 실험 계획을 실행에 옮기는 데는 특정 유형의 지도자가 필요하다. 조지 W. 부시가 그러한 임무에 얼마나 잘 들어맞는 인물인가에 대한 숱한 설왕설래 가운데 일반에게는 절대 공개되지 않았지만 특히 공감을 불러일으키는 이야기가 하나 있다.

이야기는 그가 완전한 성인의 세계로 처음 발을 내딛는 시기라고 할 수 있는 1975년 하버드 경영 대학원 졸업생이었을 시절로 거슬러 올라간다. 당시 그의 동급생들 10여 명과 인터뷰를 한 적이 있다. 그들 말에 따르면, 하버드 경영 대학원 시절 부시는 학문적 능력은 모자랐지만 분별없는 허세와 촌놈다운 카리스마는 넘칠 정도로 충분했다. 그는 교내 운동경기에서 발군의 실력을 드러냈고, 자신과 같은 기수의 학생들로 구성된 승승장구하는 농구 팀의 명실상부한 주장이 되었다. 그 팀은 자기들보다 한 기수 낮은 1976년도 졸업생들로 구성되었으며, 앞서 우승했던 팀과 맞붙게 되었다. 게임은 우열을 가리기 힘든 접전이었다. 상대 팀의 주장 게리 잉글Gary Engle은 어느 모로 보나 부시와 닮은꼴인 인물이었다. 강건한 체력에 체격도 비슷했고 무모하고 교활하며 경증의 주의력결핍 장애까지 닮아 있었다. 그가 막 슛을 쏘려는 참이었다. 부시는 그에게 달려들어 팔꿈치로 그의 입가를 가격해 코트 바닥에 널브러지게 만들었다. 잉글은 자신이 이렇게 말했던 것으로 기억하고 있다.

"무슨 짓이야, 이게! 주먹다짐이라도 해서 우리 둘 다 그 빌어먹을 응급실에라도 가서 누워 있자는 거야, 뭐야?"

부시는 그저 미소만 짓고 있었다.

잠시 시간이 흐른 후, 코트 반대쪽에서 리바운드를 잡기 위해 높이 뛰어올랐던 잉글은 떠 있는 상태에서 누군가 자신의 두 다리를 후려치는 것을 느꼈다. 이번에도 부시였다. 잉글은 펄쩍 뛰어오르면서 공을 부시의 얼굴에 내팽개쳤다. 다음 순간 둘은 서로에게 덤벼들어 드잡이로 들어갔고, 장래의 기업체 지도자들로 구성된 두 팀 선수들은 각기 자기 팀 주장에게 달려들어 싸움에서 떼어놓았다. 자신이 당한 일에 분통이 터지고 짜증도 난 잉글은 도대체 부시 녀석이 왜 그런 짓을 했는지 이해할 수가 없었다. 잉글은 침착성을 잃었고, 그렇게 해서 그의 팀은 결국 지도자를 잃은 셈이 되었다.

몇 년 후, 플로리다에서 부동산업으로 떼돈을 벌어들이고 있던 잉글은 우연히 젭 부시Jeb Bush(조지 W. 부시의 아우로 1999년~2007년 플로리다 주지사를 지냈다 — 옮긴이)를 만날 기회가 있었다. 그해는 1980년이었고, 젊은 부시 가문의 아들은 마이애미의 사업가 아만도 코디나Armando Codina와 일하고 있었다. 아만도 코디나는 조지 허버트 워커 부시(아버지 부시)를 공화당 대통령 후보 지명자로 밀기 위한 플로리다 선거운동 본부장이었다. 공화당 쪽에 정치 자금을 기부한 잉글은 이따금씩 조지 부시와 맞붙었던 그 농구 경기를 떠올리곤 했다. 그 이전에도 그리고 그 이후에도 그는 어디서든 그런 일을 당했던 적이 없었다. 그것은 그런 상황에 대해 그가 약간이나마 어떤 직관 같은 것을 얻게 된 기회였다. 그는 그때

이야기를 했다. 젭 부시는 그 말을 듣고 웃어넘겼던 것으로 기억한다고 잉글은 회상했다.

"텍사스에서는 조지 형 같은 사람들을 '완쾌될 가망이 없는 환자(hard case)'라고 부르죠. 그런 사람의 동생 노릇 하기 또한 쉽지는 않았어요. 형은 어떻게든 사람들을 자기 발밑에 굴복시키는 것에 진짜 재미를 붙인 사람이죠."

그 독트린을 생각해낸 건 체니였지만 조지 W. 부시는 그것을 어떻게 실행에 옮겨야 할 것인지를 직관적으로 이해하고 있었다. 아무런 이유도 없이 갑자기 한 대 후려치는 것은 그럴듯한 이유를 만든 연후에 정식으로 한 대 때리는 것보다 훨씬 그 효과가 크다. 그것은 적이 스스로에 대해 사후 비판을 해보도록 만든다. 그게 바로 그들이 실수하는 순간이다.

이 세상은 위태로운 곳이다. 상대 팀이 뭔가 자연적인 유리한 점들을 가지고 있다면, 그리고 만약 그들이 두렵다면, 당신은 그들이 당신을 두려워하도록 만들 방안을 생각해내야 한다. 그것은 바로 상대가 방심하고 있는 사이 때려눕히는 것이다.

대국민 연설을 한 지 이틀 후 미군이 서둘러 바그다드Baghdad를 향해 진군하는 동안 조지 W. 부시는 크로프드 목장으로 떠나기 위해 개인 소지품을 챙기고 있었다. 그는 고이즈미 준이치로Junichiro Koizumi 일본 총리와 만나기로 되어 있었다. 일본은 다국적군 구성에 대해 지지의 목소리를 낸 몇 안 되는 주요 국가 가운데 하나였다. 비록 약간은 내켜하지 않는 투였지만 말이다. 결국 일본은 600명의 병력과 수천만 달러의 자금을 지원했다.

부시는 미국과 문명 세계가 현재 처한 상황이 어떤지, 그리고 미국이 왜 약간은 불합리해 보일지라도 그처럼 극적이고 제멋대로처럼 보이기까지 하는 조치를 취해 미국의 적들이 행동에 변화를 가져오게 만들어 그들로 하여금 스스로에 대한 사후 비판을 해보도록 그들을 순식간에 해치워버려야 하는지를 고이즈미가 이해하도록 하는 데 도움을 줄 필요가 있었다.

왜 이러한 조치가 그토록 필요했나? 그는 무브타카르도 챙겼다. 이 물건을 보여준다면 고이즈미도 그들이 상대해야 하는 적이 어떤 자들인지를 확실히 알게 되겠지. 이 물건을 한 번만 본다면 말이야.

미국이 알 카에다 내부에 이렇다 할 인적 자원, 정보 용어를 빌리자면, 휴민트 요원을 갖고 있지 못하다는 것은 일반적으로 인정되어 온 부분이었다. 그러나 그것은 사실이 아니다. 적어도 2003년 초까지는 사실이 아니었다. 알 카에다 지휘부와 긴밀한 유대 관계를 지니고 있는 인물 하나가 파키스탄에 존재했다. 그를 알리Ali라고 해두자.

놀라울 것도 없는 것이 알리는 대단히 복잡한 성격의 인물이었다. 그는 빈 라덴이 미국을 공격한 것이 실수였을 수도 있다고 여겼다. 조직 내부 고위급 인물들 사이에서 이것은 거의 공통적으로 갖고 있는 정서라고도 할 수 있었다. 이 시기에 도청된 신호정보에 의하면, 이 문제는 사실상 알 카에다 조직 내부에서 정기적으로 논쟁거리로 부상하는 쟁점이기도 했다. 애초 빈 라덴의 계산은 미국이 그 공격에 대응을 하지 않으리라는 것이었다. 그게 아니면 대응이라는 것이 고작해야 소련군에 이어 미군이 아프간에 다시 진주하게 되는 정도일 것이라고 여겼다. 그렇게 된다면 새로운 군대인 미군도 소련군이 그랬던 것처럼 아프가니스탄이라는 수렁에 빠져 허우적거릴 게 뻔하다고 생각하면서 말이다. 물론 그런 일은 일어나지 않았다. 미군은 비록 빈 라덴, 자와히리, 그리고 조직 대부분의 지휘부를 놓치는 실수를 저지르기는 했지만, 탈레반 정권을 무너뜨리고 알 카에다를 은신처에서 튀겨 달아나게 만들었던 것이다. 알 카에다는 이제 전 세계로 분산되어버렸다. 지도자 가운데 일부와 다수의 전투원이 체포되거나 죽었다. 어떤 조직의 경우와 마찬가지로 시간이 흐르자 사후 비판이 시작되었다.

그것은 하나의 서막이었다. 그렇게 해서 생겨난 불만은 얼마간의 잠재적 밀고자들이 활동을 시작하게 만들기에 충분한 조건이었다. 그것은 코퍼 블랙의 경고에도 불구하고 전통적인 유럽식 첩보 기술을 반영하는 관계 구축 작전이라고 할 수 있었다. 공통의 유대 관계를 구축하라. 정보 제공자가 우려하는 부분에 대해 공감하고 있음을 보여줘라. 신뢰를 쌓아라. 알 카에다의 신입 조직원들은 순교자가 될 태세를 갖고 있지만 조직의 지도부는 그것을 그리 탐탁지 않게 생각하고 있는 것처럼 여겨지는 부분이기도 했다. 한 CIA 지휘자의 말대로 "배후에서 조종하는 주모 자격 인물들은 순교자로 만들어버리기에는 너무도 귀중한 존재들"이었던 것이다. 알리의 동기가 무엇이었든 그가 그 이전 6개월 동안에 걸쳐 제공한 정보는 개중 체포로까지 이어진 몇 건을 포함해 거의 언제나 정확한 것이었다.

이제 2003년 3월 하순으로 접어들었고, CIA는 곤경에 처해 있었다. 사우디 측이 무슨 잘못을 저질렀다는 증거도 없이 더 이상 용의자들을 붙잡아둘 수 없노라고 불평을 하고 있었기 때문이다. 그 3인조는 바레인인들과 직접 관련된 자들이었기 때문에 겨우 몇 주 동안밖에 더 잡아놓고 있을 수 없다는 것이었다. 두 무리 사우디 인 3인조 가운데 한쪽인 세 사람도 풀려났다. 그들에 대해서도 더 잡아놓고 있을 빌미를 발견할 수 없었던 것이다.

이제 알리에게 연락을 취할 차례였다. 담당 요원이 복잡한 신호 방식에 따라 그와 접촉했고, 만날 약속이 잡혔다. CIA 요원들은 그에게 사우디아라비아와 바레인에서 체포된 자들의 이름과 무브타카르의 설계도에 대해 말해줬다.

알리는 자신이 도움이 될 수도 있을 것이라고 반응했다. 그리고 자신을 담당한 CIA 요원에게 사우디 과격파들이 2003년 1월에 자와히리를 찾아왔었다고 말했다. 그 사람은 아라비아반도의 알 카에다 조직을 관장하는 인물로 여러 개의 별명 가운데 하나가 '스위프트 소드'라고 했다. 알리는 그 남자의 이름이 유세프 알 아이에리Yusef al-Ayeri라고 했다. 마침내 미국은 신호정보에 그토록 자주 등장하면서도 요리조리 잘도 빠져나가며 어디에나 존재하는 것처럼 보였던 스위프트 소드가 누구인지 알게 된 것이다.

이러한 사실은 CIA를 한껏 들뜨게 만들었다. 수수께끼를 풀었고 단단한 껍질을 드디어 깼다는 기쁨에서였다. 하지만 그 기쁨은 곧 고통스러운 비명으로 변해버리고 만다. 알 아이에리는 사우디 측이 석방한 사우디 3인조 가운데 한 명이었던 것이다. 그를 체포했던 것이다. 그걸 사우디 측에서 놔줘버린 것이고. 하지만 알리가 자신과 접선하는 미국 측 요원에게 다음으로 말해준 것이야말로 미국의 정책 결정에 영향을 미치게 되고, 이후 여러 해에 걸쳐 백악관 내부에서 계속된 논쟁의 출발점이 된다.

알 아이에리가 자와히리에게 와서 털어놓은 테러 계획이 미국 내에서 상당히 진행되었다는 이야기였다. 그것은 뉴욕의 지하철에 시안화수소로 테러를 가하겠다는 계획이었다. 지부 조직원들이 그해 가을 북아프리카를 거쳐 뉴욕시티를 답사했으며, 공격 장소를 철저하게 살피고 돌아갔다는 것이었다. 그때 사용될 테러 장치가 바로 무브타카르였다. 그것을 지하철 전동차 몇 량 안에, 그리고 다른 전략적 위치에 몇 개씩 숨겨놓은 다음 원격 조종 방식으로 작동시킨다는 것이었다.

계획의 생각 단계는 이미 한참 지나 있었고, 계획 실행의 초기 단계에 접어든 상황이었다. 이 작전을 맡은 집단은 이미 움직이고 있었다. 작전 실행 시간까지는 겨우 45일이 남은 상황이었다.

얼마 후, 알리가 자신의 담당 요원에게 뭔가를 전했다. 그 이야기를 전해들은 정보국 관리들은 충격으로 말문이 막혔고, 분통을 터뜨렸다. "자와히리가 그 공격을 취소시켰다는 것"이었다. 알리도 그 정확한 이유를 설명하지는 못했다. 그는 단지 자와히리가 그 공격을 취소했다는 사실만을 알고 있을 뿐이었다.

이어서 알리는 점점 드러나는 이슬람 테러리스트 네트워크 구조를 파악할 수 있는 정보를 제공했다. 미국 내 존재하는 사우디 인 테러리스트 집단은 알 아이에리나 알 카에다에 의해 느슨한 통제를 받으면서 필요한 경우에만 지휘를 받고 있었다. 그들은 과격주의와 폭력 투쟁의 이념에 의해서, 그리고 빈 라덴에 대한 애정에 의해 서로 연결되어 있는 조직으로, 유럽 지역과 걸프 지역 전역에 걸쳐 존재하는 보다 폭넓고 다양한 유형의 자체적으로 움직이는 지부들 가운데 하나였다. 그들은 일종의 계열 조직이었다. 보다 넓은 알 카에다 조직과 긴밀하게 연관되어 있지는 않았지만 여전히 빈 라덴이나 자와히리가 원하는 바에 신경을 써주는 조직이었다. 알 아이에리는 자와히리의 메시지를 미국 내 테러 지부에 전했다. 그들은 실행하려던 계획을 철회했다.

알리와의 접촉이 있은 뒤 며칠에 걸쳐 CIA 보고자들과 분석관들, 그리고 비밀 요원들 여러 팀이 대통령 집무실에 드나들었다. 대통령과 부통령은 모두 벽난로를 등지고 있도록 놓인 안락의자에 앉아 있었다.

부시가 말했다.

"우린 이 문제를 제대로 파악하고 있어야 할 필요가 있겠어. 이 문제가 진행되는 한은 말이야. 우리는 이 물건으로 인해 문제가 생기지 않도록 확실하게 손을 써둬야 해."

우선 공격 목표가 되는 지점에서 독가스를 퍼뜨리게 될 장치가 휴대와 조립이 간편하며, 치명적일 수 있다는 점이 끔찍한 악몽이었다. 9·11 이후 처음으로 미국 본토에서 작전이 진행되고 있다는 진짜 증거가 나났다는 점 역시 악몽이었다. 뉴욕 지하철에서 무브타카르가 터진다? 이런 물음이 사람들 각자의 마음 저 뒤편에서 떠올라 소용돌이쳤다. 이런 물음은 뉴욕 지하철 안에서 공포에 질린 사람들의 장면이 연속적으로 재생되는 재난 시나리오로 곧바로 이어졌다.

부통령은 격앙되어 있었다.

"문제는 자와히리가 왜 계획을 취소했느냐 하는 겁니다. 그것은 알 카에다의 전략에 대해 무엇을 나타내주는 거요?"

부시가 체니의 말을 자르고 나섰다. 그는 알리에 대해 보다 관심이 있었다.

"이 사람은 왜 우리에게 협조하는 걸까? 이해가 가지 않는걸."

CIA 분석관들은 대답을 해보려 했지만 할 수가 없었다. 각각의 질문은 질문자의 성격을 적절하게 나타내주는 것이자 질문자들 서로의 관계도 잘 나타내주는 것이었다. 체니는 의도와 행동의 틀을 정하게 되는 폭넓은 범위의 관념 형태와 일관성 있는 생각의 체계를 찾으려는 경향을 보이는 질문을 던졌다. 부시는 그와 정반대 방향에서, 포괄적이고, 대개는 복잡한 것인 상황을 대단히 직접적으로 이해할 방법을 찾았다. 그것들을 자신의 육감이나 본능과 연결해 신속한 결정을 내리려 했던 것이다. 우리의 적은 누구인가? 그들의 본성과 그들의 성격은 어떤 것인가? 그들에 대해 우리는 어떤 식으로 대처해야 하는가?

그 질문들은 그렇게 맴돌고 있었다. 질문 대다수는 도대체 답변할 수가 없는 것들이었다.

부시는 테러리스트들에 초점을 맞추고 있었다. 이제 미국은 스위프트 소드라는 자의 정체를 알게 되었다. 그자를 어디에 끼워 맞춰야 할까? CIA 분석관들은 삼각형을 그리고 있는 관련성에 대해서와 알 아이에리가 체포되었다가 풀려났다는 설명을 했다.

"사우디 측은 자신들이 그자를 잡고 있었다는 사실조차 모르고 있었습니다."

하지만 알 아이에리의 정체를 알게 된 것은 CIA가 알 카에다의 사우디 내 최고 지휘자와 여전히 체포된 상태로 있는 나머지 사우디 인 3인조 사이에 관련성이 존재한다는 사실을 입증하는 데 도움이 되었다. 소재가 여전히 파악되지 않고 있는 미국 내 지부도 그 둘 모두와 관련성이 있었다.

부시가 능란한 책략가처럼 그들에게 답변을 요구했다.

"누가 뉴욕으로 왔는가? 그리고 그자들이 아직도 이 나라의 어디엔가 머무르고 있는가?"

CIA 보고자들에게서 나온 대답.

"파악하지 못하고 있습니다."

부시가 점점 깊이 캐고 들어가는 동안, 체니는 앞서 자신이 꺼냈던 부분에 대한 논의로 다시 돌아왔다.

"자와히리가 공격을 취소하도록 한 것은 미국이 알 카에다 조직에 대해 너무 압박을 하기 때문이었을까? 아니면 그자가 계획했던 공격이 '두 번째 파도'로서는 강도가 충분치 않을 거라고 여겼기 때문이었을까?"

체니가 질문을 계속했다.

"그자가 이번 공격을 취소한 이유가 그것이었을까? 그것이 충분히 강하지 못한 것이기 때문에?"

모든 사람의 머릿속에서 표현되지는 않고 있지만 여전히 돌아가고 있는 파괴의 테이프는 이제 방향을 바꿔 계산 쪽을 향해 돌아가고 있었다. 러시아워에 운행하는 10량의 객차라면 각 량마다 200명의 사람이 타고 있을 것이고, 러시아워의 지하철역에 가스가 퍼지면서 또 다른 1,000여 명이 공포에 질려 서로 짓밟고 탈출하기 위해 아수라장이 될 것이다. 공기를 타고 전파되며 파괴적인 공포의 대량 살상 무기 공격이 9·11만큼이나 수많은 인명을 앗아가게 될 게 뻔했다. 그런데 두 번째 파도로서 '충분치 않다'고?

"내 말은 이것만으로도 충분히 끔찍한 것이란 뜻일세. 그자들이 이 공격 계획을 취소한 것은 또 다른 어떤 공격을 계획을 하고 있다는 의미일까?"

부시가 불쑥 내뱉었다. 눈에는 힘이 잔뜩 들어가 있었고, 두 주먹은 꼭 쥔 채였다.

"자와히리가 망치게 되기를 원치 않는 더 큰 공격 계획이라는 게 도대체 뭘까?"

7장

독재자들과의 대화

미군이 한 불량 국가(rogue state)를 응징하기 위해 페르시아 만으로 집결하고 있던 3월, 모아마르 가다피 측에서 무장해제를 제안해왔다. 이것은 무엇을 의미할까? 미국의 행동과학 실험이 효과를 내고 있어서 국제법을 무시하는 무법 국가 리비아가 미국이 정한 새로운 규칙과 새로운 질서에 굽힐 태세가 되었음을 보여주는 것일까? 아니면 국제법 따위는 아랑곳하지 않고 여러 해를 보낸 리비아가 국제사회로 귀환하려는 다음 수순이자 마지막 단계로 진입하는 그저 단순한 일정의 문제일까?

분명한 사실은 가다피의 정보국 책임자 무사 코사가 영국 정부에 연락을 취해왔다는 점이다. 그의 아들 시프 알 이슬람Sief al-Islam도 마찬가지로 전화 연락을 취해왔다. 최초의 접촉을 해온 것은 3월 19일, 이라크 침공 사실이 발표되기 몇 주일 전이었다. 가다피가 미국 및 영국 대표들과 직접 회담에 나설 태세가 되어 있음을 알리는 그 소식은 토니 블레어 영국 총리에게 전해졌다.

블레어는 부시에게 전화를 걸었고, 부시는 조간 브리핑 시간에 테닛에게 그 사실을 전했다. 그러자 테닛은 그에 대해 검토하고 작전 계획을 짤 기한으로 하루나 이틀 정도의 시간을 대통령에게 요구했다.

가다피가 직접 나선다고? 그것은 고무적인 사실이었다. 특별히 놀랍거나 할 정도의 사안은 아니지만 말이다.

군비축소 문제는 오랜 세월 미국과 리비아 사이에서 참을성 있게 진행되어 왔던 대화의 목표이기도 했다. 스코틀랜드 로커비 상공에서 미국 여객기를 추락시킨 테러에 대해 미국과 리비아가 비밀리에 협상을 벌였던 1992년, 반다르 왕자의 제의로 테닛과 맥놀린이 참석한 1998년 제다 Jiddah(사우디아라비아 서부 지역 홍해 연안의 도시—옮긴이) 회담, 그리고 9·11 테러가 있고 몇 개월 후 정보 문제를 놓고 벤 본크가 무사 코사에게 연락을 취하게 되었던 것에까지.

본크와 코사의 회담은, 비록 생산적이긴 했으나, 또 다른 중대한 문제에 대한 논의로 인해 합의점에 이르지 못하고 계속해서 평행선을 달리고 있었다. 문제란 바로 로커비 유족들에 대한 보상 문제의 최종 타결이었다. 그 문제가 우선 완전히 해결되어야 한다는 데 합의한 미국과 영국의 외교 담당자들은 리비아의 군비축소 문제에 대한 협상이 본격적으로 시작되기도 전에 협상 테이블을 떠나고 말았다. 당시 회담에 관여했던 국무부 고위 관리의 말이다.

"그것은 그다음 단계 협상이 시작될 수 있기 위해 먼저 완결되어야 할 첫 단계였으니까요. 로커비 유족이나 그들에 대한 보상 문제가 리비아의 화학무기 제조 시설 제거 논의와 뒤섞이게 되는 것을 원치 않았던 겁니다."

2002년 5월. 그 첫 단계가 조용하게 거의 완결되었다. 그것은 거의 15년에 걸쳐 리비아에 대한 경제제재 조치를 취하도록 만든 유족들의 분노와 슬픔을 달래주기 위한 것이 아니었지만, 돈이 걸린 문제였다. 로커비 희생자 유족들은 각기 1,000만 달러씩을 받는 것으로 낙착이 되었고, 리비아가 지불해야 할 총액은 27억 달러였다.

테닛은 대통령이 밝힌 사실에 대해 취할 수 있는 다음 단계를 마련한다는 숙제를 랭리로 가지고 돌아왔고, 정보국은 그로 인해 부산하게 돌아가기 시작했다. '테러와의 전쟁'은 "대단히 개인적 노력"이 되어버렸다고 테닛은 지난해 가을에 열렸던 정보 공동체 합동 청문회에서 밝혔던 적이 있다. 테닛이 그 발언에서 강조한 것은, 이 전쟁에서는 타국 정보기관과의 협조 관계를 유지하는 것이 재래식 전쟁에서 다른 나라나 군대 사이의 전통적 동맹 관계만큼이나 중요하다는 점이었다. 누가 누구를 알고 있는가? 누가 신뢰의 바탕을 구축해냈는가? 벤 본크는 2002년 1월 CTC를 떠나 CIA 정보실 소속 중동 전담반 지휘를 맡게 되었고, 미국이 리비아 인들과 무사 코사와 연락을 취하는 데 있어서 가장 중요한 역할을 맡게 되었는데, 관료들의 말투를 빌리자면 "다른 목적으로 돌려진" 셈이었다. 2002년 내내 CIA는 리비아 측과 별다른 대화가 없었다.

그것이 이제 변하려 하는 것이다. 테닛은 그 일을 맡아 처리할 부하 스티브 캡스Steve Kappes와 함께 서둘러 대통령 집무실로 향했다. 스티브 캡스는 비밀 첩보 업무에 22년의 경험을 가진 상당히 존중받는 요원이었다. 학창 시절에는 대학 축구팀의 공격수였고 해병대에 복무했으며, 꼿꼿한 자세에 부드러운 목소리를 갖고 있었고, 간결하고도 정확한 언어 구사 능력을 타고난 인물이었다. 당시 그는 작전실 부실장, 즉 정보국 작전실 제2인자로, 짐 패빗의 일을 맡기 위해 업무 파악을 하는 중이었다.

부시, 체니, 테닛 그리고 캡스는 앞으로 있을 리비아 지도자와의 군비 철폐 협상이 지니고 있는 복잡한 문제들에 대해 논의했다. 모두들 그 협상에 기회가 존재한다는 것을 알고 있었지만, 또한 위험도 존재한다는 것을 알고 있었다. 가다피라는 인간을 상대하는 것은 쉬운 일이 아니었다. 그는 리비아에서 절대 권력을 휘두르고 있었고 상황이나 자기가 거느리고 있는 부하들을 자기 마음에 들도록 만들어놓을 수 있는 인물이었다. 만약 그가 어떤 것에 대해서든 확신을 갖고 밀어붙인다면 어떻게 손을 써보기가 힘들게 될 것이었다.

특히 체니가 회의적인 의견을 갖고 있었다. 그는 미국이 갖고 있는 힘을 이용해 주권을 갖고 있는 특정 국가들의 행동에 변화를 가져오도록 만든다는 보다 광범위하며 암묵적인 미국의 전략에 대해 생각하고 있었다. 체니는 가다피가 "오랜 세월 마음에 들지 않는 식으로 행동해왔다"면서 그런 자에 대한 사면에 동의하거나 제안함으로써 "그렇게 마음에 안드는 행동을 한 것에 대해 상을 주고 싶지는 않다"고 말했다.

반면 부시는 가다피의 제안을 이라크가 게임의 판도를 변화시키는 역할을 해낸 증거로 보고 있었다. 그러자 누군가가 그 인과관계는 분명치 않다고 말했다. 그러한 변화에 이라크의 예가 상당히 기여를 한 요인이었을 수도 있지만, 만약 미국이 군비 철폐 문제를 논의하기에 앞서 배상금 문제가 우선 해결되어야 한다고 오래전부터 강력하게 주장해왔더라면, 가다피는 여러 해 전에 이렇게 나왔을 것이라는 주장이었다. 부시는 그 말에 수긍이 간다는 투로 고개를 끄덕였다.

하지만 그런 모든 주장이나 예측은 중요하지 않았다. 기밀이 유지되고 있는 영역에서, 사안이 보여주고 있는 구체적 내용과 가다피가 제안해온 표면적 타이밍을 본다면 그 밑에 깔려 있는 진실이 무엇이든 그것을 충분히 증명하고도 남음이 있었다. 그렇다면 중요한 점은 "이 과정에서 우리가 도달 가능한 뭔가를 확실히 얻어내는 것"이라고 부시가 말했다. 그런 다음, 리비아를 증거로 들어, 새로운 팍스아메리카나Pax Americana(미국의 지배에 의한 평화―옮긴이)가 작동하기 시작했다고 세계 만방에 알릴 수 있게 된다. 그것 한 가지만으로도, 골치를 썩이는 국가들의 행동에 변화를 가져오게 만들 수 있을 것이다. 그것은 단순히 전 세계에 알리는 것에 국한되는 문제가 아니었다. 목표는 바로 그것에 대한 인지 작용이 제대로 진행되도록 상황을 제대로 관리해나가는 것이었다.

리비아가 순종적이 되리라는 기대에 한껏 고양된 부시는 그 문제를 담당할 인물 선정에 초점을 맞췄다. 그는 처음부터 캡스가 마음에 들었다. 부시가 보기에 캡스는 뭔가에 쉽게 감동을 받거나 쉽게 흔들리는 것과는 거리가 먼 인간으로 보였다. 부시와 테닛은 캡스가 그 수다스러운 과대망상증 환자 가다피와 마주앉게 될 경우 그런 점이 대단히 중요한 자질이 될 거라고 여겼다.

또한 캡스는 비밀을 지켜낼 수 있는 인물인 것이 분명했다. 그래서 부시는 그에게 한 가지 비밀을 털어놓았다. 국무부나 국방부의 그 누구도, 럼스펠드나 파월조차도 이 중요한 작전에 대해 알아서는 안 되었다. 그 누구도 말이다.

'정책 과정'이라는 말은 자치라는 무엇보다도 생생한 개념의 일부를 숨기고 있는 단조롭고도 빤한 용어다.

그 첫 번째 원칙은, 최종 결정과 책임은 대통령이 지게 되는 반면 업무 자체는 거의 언제나 한 개인이 제대로 감당할 수 있는 것 이상이다. 이러한 "규모의 딜레마"는 지난 몇 십 년 동안, 대통령에게 설명하여 재가를 받기 위해 사안들을 전체적이고 완전하게 분석하고 심리하는 과정에 엄청난 부담이 되어 왔다. 이러한 과정의 옹호자들은 대개의 경우 대통령 자신들이다. 한 국가의 지도자는 갖가지 폭넓고 다양한 대외 및 국내 문제에 대해 숱한 결정을 내려야 하는 부담을 안고 있다. 그렇기 때문에 대통령들은 자기 밑에서 일어나고 있는 일들에 대해 신경을 곤두세우지 않을 수 없게 된다. 정책 담당자들이 모든 방면의 의견에 귀를 기울이고 있는가? 중요한 사실들이 파악되었는가, 아니면 그 중요한 사실이라는 것이 파악할 만한 가치가 있는 것인가? 선택과 결과에 대한 응축된 추출물을 받아보고 있는가? 대통령들로 하여금 이러한 부분을 챙기도록 무섭게 내모는 힘은 바로 실수를 저지르게 될 것에 대한 두려움이다. 그것도 충분히 피할 수 있는 실수 말이다.

이러한 염려가 가장 극명하게 표출되는 부분이 바로 대외 정책과 관련된 영역이다. 국내 문제들은 그것이 지니고 있는 중요성에도 대개는 유동적이며 통제가 가능하고 정치적으로 처리할 수 있는 특질들을 지니고 있다. 반면 대통령이 현재 가지고 있는 권한의 한계가 어디까지인지 가장 확실하게 나타나는 영역인 해외에서의 미국의 처신은 그런 부담에 한층 더 무게를 더하게 된다. 여기서 생겨나는 실수는 엄청난 규모로 생사가 갈리게 될 수도 있음을 의미한다.

그것은 행정부 출범 초기에 대외정책 수립을 담당한 부서의 관리 대다수가 전통적인 정책 과정 방식이 생산적이기보다는 위태롭게 느껴진다는 사실에 당황하는 이유이기도 하다. 전통적 정책 과정이란 다양한 부서가 보고서를 만들어내고, 그런 다음에는 그 안에 담긴 사안들이 차관보들로 이루어진 위원회에서 부서의 차관들 그리고 마지막으로 국가안전보장회의(National Security Council) 위원들에게까지 올라가면서 계속 수정되는 정책 공정이라고 할 수 있다.

파월과 그의 오랜 친구이자 동료인 리처드 아미티지 국무부 부장관은 정책 과정이 망가진 것이나 다름없다고 부시와 체니 그리고 라이스에게 자주 불평했다. 그것을 바로잡지 않으면 위험을 초래하게 될 것이며, 대통령에게 필요하며 당연한 권리인, 균형 잡힌 자문을 얻지 못하게 될 것이라면서 말이다.

이에 대해 바로잡힌 것은 거의 없었다. 파월의 눈에는 라이스에게 집중되는 비난의 화살이 대개 자기 일을 제대로 해내지 못했다는 이유로 보였는데, 라이스의 업무에 대해서는 파월 자신도 익히 알고 있었다. 그렇지 않으면 비난의 화살은 체니에게로 향했다. 체니가 자신의 견해만을 내세워 대외 정책에 대한 논의를 틀에 박힌 것으로 만들어버린다는 이유에서였다. 하지만 2003년 여름 무렵, 백악관 내부에서 정책이 검토되거나 혹은 검토되지 않는 방식은 곧 조지 W. 부시의 지도 스타일의 연장임이 분명해졌다. 백악관에 입성하는 대통령은 자신이 원하는 것, 그리고 자신에게 합당한 것을 얻게 된다는 것은 흔히 듣는 말이다. 조지 W. 부시에게는 그러한 문제에서 한 차례 진화 과정이 있었다고 할 수 있다.

취임 초기, 9·11 테러를 당하기 이전의 대통령으로서의 부시는 대외 문제에 대한 부분을 거의 파악하고 있지 못했고 이 분야에 대한 굵직굵직한 결정들을 내리는 일도 거의 없었다. 하지만 9·11 테러가 터지고 나서는 거의 초자연적이라고 할 수 있고 신념에 기초하고 있으며 자가발전으로 얻어낸 확신에서 오는 단호함으로 미국이 외부로부터 받게 되는 도전에 맞서는 대통령으로 변했다. 사실 정책 과정이라는 면에서는 그리 크게 변한 것이 없었다. 각 사안들은 부장관이나 장관 선에서 대개는 아주 시끄럽게 논의되곤 했지만 그 과정 전체가 대통령에게까지 올라가는 경우는 거의 없는 것으로 보였고, 혹 그렇게 된다 할지라도, 부시는 스스로 자신의 '본능'이나 '육감'이라고 들먹이는 것에 근거해 이미 결심을 굳힌 것처럼 보이는 경우가 대부분이었다. 나중에 아미티지와 파월이 집무실을 나온 후, 아미티지가 특유의 무뚝뚝한 말투로 그것을 간결하게 표현했다.

"콘디든 누구든 망가뜨리고 자시고 할 정책 과정 같은 건 전혀 없었네. 애초부터 정책 과정 같은 건 없었다니까. 무슨 이유에서건 부시는 그런 걸 원치 않는 거야. 정책 과정이 시작된 적은 한 번도 없었어."

대통령이 이런 방향으로 움직이게 만든 다양한 이유 가운데 가장 눈에 띄는 것은, 조지 부시가 자신의 확신에 대한 믿음에서, 특히 9·11 테러를 겪고 난 후 그를 힘들게 하는 복잡한 상황에 직면하게 되면서 그러한 확신에 대한 의지를 보호해야 할 필요에서 나온 것이라고 할 수 있다. 옳고 그름에 대한 그의 견해 그리고 정의로운 행동, 즉 악을 공격하거나 민주주의라는 "신의 선물"을 전파하는 행위에 대한 그의 견해는 역대 대통령들의 식단에서 주요 재료였던 전통적이며, 뭐가 뭔지 분명하게 드러나지 않는 분석에 의해 약화되고 있었다. 이번 대통령의 전통적 하루는 새벽에 일어나 성경을 읽고 운동을 하고 아침 식사를 한 다음, 테닛과 뮬러가 각기 이끄는 정보국과 수사국의 대외 및 대내 위협에 대한 보고를 받는 것으로 시작된다. 이런 틀 속에서, 어렵고 복잡한 분석은 대개는 변변치 못한 식사 취급을 받아 체니나 라이스라는 체로 걸러지거나, 그것도 아니라면 아예 보고조차 되지 않았다.

이것은 체니가 오래전부터 가지고 있는, 대통령을 특정 정보로부터 '보호해야' 한다는 생각을 새롭게 한 번 더 뒤튼 것이었다. 그리고 그렇게 함으로써 전형적인 제2인자 부통령에게 엄청난 무게가 실리게 하여,

대외 정책 분야에 있어서 중요한 판단들에 대해 부통령인 자신이 대통령이나 마찬가지로 행동할 수 있게 만들자는 것이었다.

하지만 그와 동시에, 이것은 어떤 면에서 부시에게 엄청나게 유리한 방식이기도 했다. 실제 결정에 내밀히 관여하는 사람 수를 줄여놓음으로써 보다 견고하게 비밀이 유지되고 정보가 누설되는 것을 줄일 수 있다. 또한 상세한 심리를 사전에 차단하거나 무시해버리고 즉각 실행에 들어갈 수 있게 하는 신속한 결정이 가능해짐으로써 집행 속도를 보다 빠르게 만들 수 있다. 이것은 실행의 '이유' 보다는 실행의 '방법' 을 강조하는 것이었다.

중요한 결정이 내려지기 전에, 또는 그런 결정이 내려지는 동안 부시가 그것에 대해 알고 있는지의 여부는 대개 수수께끼에 싸여 있었다. 체니, 라이스, 카드, 로브, 테닛, 럼스펠드 정도의 아주 소수 집단만이 이 봉인을 깨뜨릴 수 있었다. 대통령의 말이나 생각을 직접 접할 수 있는 최측근 집단의 다음 집단, 즉 뮐러, 울포위츠, 맥놀린 혹은 페이스 등에게 그러한 경고는 일찍부터 아주 확실하게 전달된 상태였다. 대통령의 면전에서 보고한 내용에 대해서는 그 누구든 다시 그 말을 꺼내서는 안 되었다. 그리고 이러한 경고를 위반한다면 집단에서 영원히 추방당하는 벌을 받는 게 마땅했다.

이처럼 긴밀하게 관리되는 합의는 몇 군데에서 틈을 드러내게 되었다. 재무부의 폴 오닐이나 콜린 파월 혹은 EPA(Environmental Protection Agency. 환경보호국) 국장 크리스틴 토드 휘트먼과 같은 각료급 관리들은 자신들이 "대통령의 마음을 알 수가 없어" 대통령의 명령을 수행하는 데 어려움이 많다고 불평하곤 했다. 그들은 만약 자신들이 정책을 효과적으로 보호해나가려면 저변에 깔려 있는 근본적 이유를, 그런 분명한 이유

같은 것이 있기나 한지 알아야 할 필요가 있다고 말한다. 하지만 보다 전통적이고 보다 투명한 정책 과정에 대한, 즉 대통령이 적극적으로 나서서 주재하는 정책 과정에 대한 욕구의 표명은 불충의 비난을 자초하는 짓이 되었다. 각료급 관리들 밑에 있는 각 분야의 뛰어난 전문가들은 자신들이 제공하는 도움이 대통령에게서 그리 큰 가치를 인정받지 못한다는 것을 알게 되자 2003년 이후로 계속해서 정부를 떠나기 시작했다.

이전의 행정부들이 미국이 직면하고 있던 갖가지 표준적인 도전에 대해 결론이 날 때까지 충분히 생각해왔던 방식에 대한 안목을 갖춘 상태에서 온건한 정신에 통상적인 사려 분별력을 지닌 개인이 할 수 있는 정도의 주의를 기울인다면, 사실상 대통령의 권한과 특권에는 일종의 제동이 걸리게 된다. 비록 "항구적 정부"라는 개념이 온갖 색깔의 정치인들로부터 폭넓은 비난의 대상이 되어 오긴 했으나, 해마다 주요 정책의 범위에 대해 오랜 시간을 들여 일관성 있게 진행되는 토론은 미국이라는 배가 어느 방향으로든 단 몇 도의 각도도 빗나가지 않도록 막아주는 것이 되고 있다. 그것은 세계 유일의 초강대국이 갑자기 방향을 확 틀어버리게 된다면 전 세계가 대혼란에 빠지게 될 수도 있는 상황에서는 대단히 귀중한 가치를 지닌 방침이 된다.

하지만 여기서 다시, 현 행정부와 그 전 행정부들 사이에 존재하는 차이가 있다. 즉 "건설적 불안정"의 인정이 그것이다. 이 용어는 여러 고위급 관리가 이라크 문제에 대해 사용해왔던 것으로, 9·11 테러가 발생하기 전 네오콘들 사이에서 새롭고, 강하며, 어느 것에도 속박되지 않은 미국의 입장에 대한 생각을 나타낸다는 데 뿌리를 둔 용어다. 그리고 그 부산물들은 테러가 발생하고 나서 급속하게 형성된 것들로 9·11 이전의 모든 것을 먼지투성이 과거에 속한 것으로 쉽게 분류해버리게 된다. 원인과 결과를 토대로 하는 구식의 심사숙고 과정, 합의에 의해 생겨난 전례 같은 과거의 유물은 더 이상 중요치 않았다. 또한 효과가 있는 정책 연구나 국가 간 합의, 세계의 풍경을 규정짓게 될 오래도록 유지되어 온 협정 등에 대한 정보를 가진 사람들 또한 중요한 존재가 될 수 없었다.

기본값으로 중요하게 여겨지는 것은 바로 9·11 이후의 새로운 지형을 가로질러 미국을 이끌어가게 될 대통령의 "본능에 의한 판단"뿐이었다. 그것은 아주 두터운 신임을 받는 소규모 집단에 의해 생겨날 수 있는 지도자의 유형이기도 하다.

미국은 모든 속박에서 풀려난 아무런 구속도 받지 않는 대통령에 의해 정식으로 이끌려가게 되었다. 그리고 이 정부는 정책에 대한 책임이라는 전래의 올가미로부터도 자유롭다. 사람들로 들어찬 방에서 벌어지는 심리를 대통령이 직접 들었다는 증거 같은 것도 필요가 없다. 그런 다음 갖가지 주도적 정책이 완성되는 대로 대통령은 그에 대해 아주 창조적인 이야기를 자유롭게 만들어낼 수 있게 된다.

그러한 창조적 기회는 현재 나란히 존재하는 군비 철폐에 대한 두 가지 중요한 실험을 구별 지어준다. 하나는 바그다드를 향해 우르릉거리며 진군하는 실험이었다. 고통스럽고 까다로운 내부 토론에 1년을 소비한 실험이었다. 토론은 힘과 충성심 그리고 정보 통제에 의해 뒷받침되는 의심스러운 주장들에 의해 마침내 고삐가 잡힌 것이다. 그것은 미국과 이라크 주민, 그리고 겁을 먹고 있는 나머지 세계 대부분을 지켜낼 수 있게 되었으면 하는 조심스러운 기대가 걸려 있는 15만 명에 이르는 남녀 미군과 관련된 사안이다. 다른 하나는 대통령 집무실의 몇 개 안 되는 의자에서도 몇 개의 빈자리를 남기게 될 정도로 소수의 사람과 관련된 것이었다.

비록 리비아와의 협상은 거의 10년 가까이 진행되어 오고 있었지만, 그것의 마무리는 부시의 것이 될 터였다. 필요로 하는 것이 무엇이든 부시 혼자서 자신이 바라는 방식대로 말이다. 캡스가 트리폴리Tripoli 출장 준비를 하고 있는 동안 부시가 말했다.

"이 문제를 완전히 비밀에 부쳐야 하네. 아무도 몰라야 하는 거야."

미국과 해외에서 분석관들과 비밀 요원들, 책략가들과 실행가들이 밤낮을 가리지 않고 1년 반에 걸쳐 미친 듯이 찾아 헤맨 끝에 알 카에다 최고 지휘자이며 진짜 두목이 마침내 미 당국에 체포되었고, 이제 심문을 받기 위해 대기하고 있었다.

할리드 쉬크 모하메드는 부재중일 때조차도 "비상한 조치"의 정당화를 위한 사냥감이자 목표물이었으며 이론적 틀에 해당했다. 절박한 조치라는 말이 보다 정확할 수도 있다. 그리고 체포된 다른 두 명의 중요 인물에 대한 심문이 아무런 결과를 내지 못하고 끝나는 경우를 생각한다면 한층 더 절박한 상황일 수 있었다.

이제 CIA가 KSM에 대해 어떤 조치가 취해지고 있는지, 그리고 심문 결과 얻어낸 정보가 얼마나 빈약한 것인지에 대해 일일 보고를 받게 되면서 랭리의 7층에서는 갑작스러운 논쟁이 벌어졌다.

4월 어느 날의 오후 5시 회의 시간, 크론가드가 문제를 제기했다.

"이제까지 우리가 알아낸 게 무엇이며, 어떻게 해야 다른 결과를 얻어낼 수 있을까?"

심문을 통해 그들이 알아낸 것은 무엇이었을까? 버지 크론가드는 그때를 이렇게 회상했다.

"전문가들조차도 인정하고 싶어하지는 않았지만 그자들이 정말 강인하다는 것에 감탄할 수밖에 없었습니다. 그들은 진짜 군인이었죠. 지옥이나 다름없는 고문을 당하면서도 털어놓는 것은 거의 없었으니까요."

이런 점은 KSM에 버금갈 정도의 중요성을 지닌 람지 빈 알 시브에 대한 심문의 경우 특히 그러했다. 체포된 이후로 6개월 동안, 그는 죽이겠다는 위협, 워터보딩, 푹푹 찌는 곳에 넣어놨다가 꽁꽁 얼리는 고문, 잠안 재우기, 신경에 거슬리는 소음, 그리고 또다시 죽이겠다는 위협이 반복되는 고문을 받았다. 아무것도 효과가 없었다. 몇몇 CIA 부장은 람지에게 역 정보를 흘리겠다는 위협을 하면 어떻겠느냐는 제안을 했다. 즉만약 람지가 끝내 협조를 거부한다면, 그들은 빈 알 시브가 완전히 태도를 바꿨고, 이제 미국을 위해 열성적으로 일하고 있으며, 돈을 받았고, 편안한 생활을 하고 있고, 적극적으로 나서서 옛 동료들을 팔아넘기고 있다는 이야기를 흘리겠다고 위협하자는 것이었다. CIA는 그가 도움을 줬다는, 즉 다른 수단을 통해 얻은 정보를 그가 알려준 것이라고 그에게 공을 돌리는 식의 문서를 만들어 퍼뜨림으로써 알 카에다나 그 지지자들이 빈 알 시브의 가족이나 친구들에게 보복을 하도록 만들자는 것이었다. 하지만 정보국은 이 방법은 추진하지 않기로 결정했는데, 포로에게 정보를 털어놓게 하기 위해 그의 가족을 위험에 빠뜨리는 행동이었기 때문이다.

빈 알 시브가 자신의 심문자들에게 그들이 그러리라 생각하고 있는 것보다 자신이 별반 아는 게 없다는 점을 그럭저럭 확신하도록 만드는 동안, KSM은 그런 정도로 모른다고 잡아떼는 태도는 보이지 않았다. 그는 알고 있는 것을 털어놓았다. 빈 라덴과 자와히리의 소재, 활동 중인 대다수 조직원의 상태에 대해 숨기는 것이 없었다.

심문을 위한 집중적 압박이 가해졌던 처음 몇 주일 동안 가장 효과적인 방법은 잠을 안 재우는 것이었다. 잠을 재우지 않은 상태로 며칠이 지나고 나면 그 상태에서 벗어나기 위해 뭐든 다 털어놓았다. KSM은 반쯤은 제정신이 아닌 상태에서 논의 단계에 있는 몇 건의 음모에 대해서 설명했다. 거기에는 2002년 로스앤젤레스에 대한 공격을 위해 다른 여객기를 납치한다는 계획도 포함되어 있었다. 그가 언급했던 다른 음모들은 논의 단계를 넘어서지 못한 것들이었다. 그런데 한번은 그가 이런 말을 꺼냈다.

"런던에 알 힌디라는 사람이 있다."

바로 그거였다. 정보 공동체의 모든 부서와 영국을 필두로 정보전에 참여하고 있는 미국의 모든 동맹국의 정보기관들이 "알 힌디라는 이름"의 인물에 대해 바짝 긴장을 하게 되었다. 그 한 문장 속에서 별다르게 알아낼 수 있는 것은 없었다. 아무도 단서 비슷한 것조차 찾아낼 수 없었다. 하지만 묻는 말이 전혀 들리지 않는 것처럼 침묵만 지키는 며칠이 지났고, 그동안 심문자들은 빈약하기 짝이 없는 일일 보고서를 랭리에 보냈다. 압력은 차츰 증가하고 있었다. 부시는 며칠째 조간 브리핑 시간마다 테닛에게 묻곤 했다.

"KSM에게서는 뭘 알아냈는가?"

테닛은 별로 알아낸 게 없다고 대답할 도리밖에 없었다. 그러고 나면 다음 날에도 마찬가지 질문과 대답이 계속되었다.

이것이 바로 반복을 통해 경계선이 확장되어 나가는 방식이었다. 대통령이나 부통령은 반복적으로 자신의 욕구나 필요를 정보국 최고 책임자에게 표명한다. 국민에 의해 선출된 대통령과 부통령 가운데 어느 쪽도 포로를 심문하는 방식에 대해서는 그다지 많은 것을 알고자 원하지 않는다는 것이 분명해진다. 그들은 어떻게든 그 일을 해치우고 목적을 달성해 대통령이 늘 고위급 보좌관들에게 말하던 것처럼 "자신이 할 능력이 없다고 생각하는 것"을 해낼 수 있게 되기만을 원하는 것이다.

그러한 자극과 함께, 미국은 윤리적인 면에서 가장 사악한 심연 속으로 빠져들게 되어 있었다.

하나는 일곱 살짜리 아들이고 하나는 아홉 살짜리 딸인 KSM의 두 아이도 미국 측이 보호하고 있었다. 앞서 9월 카라치 안가를 급습했을 때 데려온 것이다. KSM이 갇혀 있는 태국 비밀 포로수용소의 심문자들에게 CIA 본부에서 메시지가 전해졌다. 필요하다면 어떤 방법이건 다 동원하라는 것이었다.

몇몇 전직 CIA 관리의 말에 의하면, 심문자들은 KSM에게 협조하지 않으면 그의 아이들을 해치겠다는 협박을 했다. 이 상황에 대해 알고 있는 CIA 부장 하나가 KSM의 반응에 대해 이렇게 증언했다.

"그자는 간략하게 말해 이런 취지의 이야기를 했습니다. '그렇다면 할 수 없지. 그러셔, 그 애들은 알라의 품이라는 더 좋은 세상으로 갈 테니까.'"

FBI와 CIA 모두가 사용하는 전통적인 심문 방식은, 그 과정이 아무리 길고 끈기를 요하는 힘든 일이라 할지라도 하나의 관계를 구축해놓는 것이었다. 단순히 바닥을 모를 인간적 두려움보다는 인간적 접촉과 기본적인 편안함을 제공함으로써 결국은 승리를 이끌어내는 것이었다. 그래서 포로 이전 삶은 그를 포로로 잡고 있는 자들이 대개는 교묘하게 구축해놓은 방식의 삶에 의해 천천히 대체되고 희미해져 가기 시작한다. 하지만 FBI가 여전히 권장하는 이러한 방식은 그들이 KSM을 심문하면서 사용한 방식에 의해 상쇄되고 만 셈이었다. 그것은 하나의 도박이었다. 자식들을 해치겠다는 끔찍한 협박 방식을 동원했는데도 그게 먹히지 않는

다면 더 이상 어떻게 해볼 방법이 없는 것이니 말이다.

이스라엘 정보기관 신 벳Shin Bet의 책임자 아비 디히터Avi Dichter는
미국이 수행하고 있는 '테러와의 전쟁'에서 변화의 요인이자 중요한 카
메오 출연자이기도 했다.

9월 11일 오후. 디히터가 테닛에게 전화를 걸어왔다. 둘은 가깝게 지
내는 친구 사이기도 했다.

"조지, 우린 미국을 도울 수만 있다면 무슨 짓이든 할 걸세. 그건 우리
가 당한 것이나 마찬가지니까 말일세."

그 후로 여러 차례 미국을 방문하는 동안 디히터는 무슨 새로운 기술
이 사용되고 있는지를 구경하기 위해 자주 FBI에 들르곤 했다. 언젠가
FBI를 방문한 디히터가 데니스 로멜과 한담을 나누게 되었다. 데니스는
디히터에게 정부가 웨스턴 유니언을 이용할 수 있다는 이야기를 했다.
"도청을 당할 염려가 없는 실시간 정보를 수집할 능력"을 갖게 되었다면
서 말이다. 로멜은 그것이 어떤 방식으로 효과를 내게 될 것인지에 대해
설명했다.

4월 초로 되돌아가자. 웨스턴 유니언 중역들이 테닛을 만나고 난 2주
일 후 디히터는 다른 용무로 우연히 텔아비브에서 FBI 측과 통화를 하게
되었다.

디히터가 로멜에게 물었다.

"그러니까 당신은 우리도 웨스턴 유니언을 통해 할 수 있다고 말했던
것과 같은 정보 수집 방식을 한번 시도해봐야 한다는 생각인가요?"

디히터는 신 벳이 레바논에서 이스라엘로 유입될 예정인 송금 정보를
갖고 있다고 말했다. 그들은 송금자가 누구인지에 대해서는 상당히 정확

한 정보를 갖고 있다고 했다. 당연히, 그 돈을 받는 사람이 최고의 가치를 지닌 사냥감이 될 터였다. 그것도 놀라울 정도로 자취를 포착하기 힘든 사냥감 말이다.

자살 폭탄 공격의 전략적 우수성은 대원을 받아들일 때 누구든 가리지 않는다는 점, 쉽사리 그 정체를 알 수 있는 특별한 자격 조건을 정해 두지 않는다는 점, 대원이 되고자 하는 욕망 외에는 그리 대단한 선결조건 같은 것으로 방해를 받지 않는다는 점이다. 값싸게 이용할 수 있는 첨단 기술이 널려 있으며 뉴스거리가 되는 장면들이 순식간에 전 세계로 전파되는 시대에 텔레비전 앞에 앉아 있는 사람이면 한번쯤 느끼게 되는 참여 의식이 쌍방향으로 작용하는 암흑의 창구를 만들어내게 된 것이다. 뉴스나 들여다보고 있지 말고 "직접 뉴스거리가 되어보자". 역사의 드라마 속에서 주인공이 되어보자. 불후의 이름을 남길 드라마의 오디션에 참가하자. 19세기 부다페스트에서 한 무정부주의자가 저지른 것이든, 텔아비브에서 배낭을 멘 한 젊은이가 저지른 것이든, 오랜 연원을 가지고 있는 자살 폭탄 공격은 놀랍게도 최근 들어 상승 곡선을 그려왔다. 2003년 들어서 랜드 연구소(RAND Corporation. 애초 미군에 연구 및 분석 자료를 제공하기 위해 구성된 비영리 국제 정책 연구소였으나, 이후 활동 영역을 확대해 미국 정부 외에도 세계 각국 정부, 사설 재단, 국제기구, 나아가 기업체들에도 자료를 제공하며, 기밀이 해제된 정보를 홈페이지에 올린다. 폴 오닐이나 콘돌리자 라이스도 한때 이 연구소 소속으로 일한 적이 있다. RAND라는 명칭은 'Research and Development'의 두문자어. 혹자는 우스개로 Research and No Development의 두문자어라고 우기기도 한다—옮긴이)는 지난 30년 동안 있었던 500여 건의 자살 폭탄 공격 기록 가운데 4분의 3이 2000년 이후에 발생한 것이라는 점에 주목했다. 2000년 팔레스타인 자치구에서 알 아크사 순교자 여단(al-Aqsa Martyrs' Brigade), 하마스Hamas, 팔레스타인 이슬람 지하드(PIJ, Palestinian Islamic Jihad) 등과 같은 테러 단체들에 의해 시작된 '인티파다Intifada(팔레스타인 인들의 반이스라엘 저항운동—옮긴이)' 반란이 그 총계를 높이는 데 기여했지만, 또한 그 기술을 혁신하는 실험장이 되기도 했다.

지난 3년 동안, 일반적으로 정체가 식별되는 특징을 지닌 젊은 남자들이 자살 공격 대원으로 두려움의 대상이 되자 여성과 노인, 심지어 어린 이들까지도 대원으로 투입되기 시작했다. 어떤 자살 공격 대원들은 최신 유행을 따르는 이스라엘 여성 같은 차림을 하기도 했고, 정통파 유대교도 같은 복장을 하기도 했다. 2002년 초, 저항운동이 일어나기 시작했고, 목표물 선정은 복잡한 도심의 버스를 노리는 악몽과도 같은 전통적 방식의 범위를 훨씬 넘어서는 것으로까지 확장되었다. 그들은 작은 시장들이나 서점 같은 사람들의 예상을 벗어난 장소를 공격 목표로 삼았다. 이제 폭탄은 아주 소형이면서도 강력한 성능을 낼 수 있어서 폭탄 공격 대원은 이런 폭탄을 옷 속에 넣고 꿰매거나 벨트 형태로 몸에 두른 채 사람이 많이 모이는 장소를 찾아 거리를 돌아다닐 수 있을 정도다. 2002년 3월, 상황은 위기로 치달았다. 그달에만 119명의 이스라엘 인이 살해되었다. 인구 비례로 따질 때, 미국의 5,000명에 맞먹는 수치였다. 그러자 이스라엘 방위군은 '자위 방패 작전(Operation Defensive Shield)'이라는 프로그램을 시작했다.

그것은 공격적인 군사작전이었다. 개선된 정보 수집 업무로 효과가 훨씬 커진 야간 통행금지와 이동 제한이 자치구 내에서 실시되었고, 그 모든 작전은 자살 폭탄 공격을 막는 것에 집중되었다. 그러한 전략은 꾸준히 효과를 보였다. 이후 9개월에 걸쳐 자살 폭탄 공격 횟수가 감소했던 것이다. 그러다 2003년 1월 텔아비브에서 두 건의 자살 폭탄 공격이 있었고, 알 아크사 순교자 여단과 함께, PIJ가 그 공격이 자신들이 저지른 일이라고 주장했다. 그 폭탄 테러로 23명이 사망했고, 100명 이상이 부상했다. 신 벳은 행동을 개시했다. 이 이스라엘 정보기관은 테러를 사전에 차단하려면 정보 수집 역량을 더 강화할 필요가 있다는 것을 잘 알고 있었다. 미국이 벌이고 있는 테러와의 사투에서와 마찬가지로 정보는 여기서도 중요한 열쇠였다.

디히터가 데니스 로멜에게 전화를 걸었고, 전화를 받은 데니스는 그에게 아주 딱 좋은 때 전화를 해줬다고 말했다. 디히터는 군자금 "수신인"이 자신의 정체가 드러나고 있다는 사실을 전혀 모르는 상태에서 그의 정체를 실시간으로 비밀리에 밝혀낸다는 것을 기대할 수 있게 되다니 정말 놀랄 만한 발전이라고 말했다. 그 군자금 수신인은 대개는 담당자들과 '지휘자들'이 모여 있게 마련인 안가까지 미행을 당하게 될 것이었다. CIA가 파이잘라바드에서 주바이다가 숨어 있던 안가에 대해 최초로 사용한 전자정보 감시 체제가 그 지역 전체의 접선자들에 대한 단서를 얻게 해줬던 것과 마찬가지로, 이스라엘 측에도 자치구에서의 은신처를 발견해내는 성과를 얻게 해줄 것이었다.

디히터는 그 과정을 시작하기 위해 미국 측에 정보 하나를 넘겨줬다. 팔레스타인 이슬람 지하드 지지자 한 명의 이름이었다. 그자는 레바논에서 이스라엘 내 한 지점인 어딘가로 송금할 것으로 예상되는 자였다. 4월 초, 웨스턴 유니언의 레바논 사무소는 예상하고 있던 지시를 받았다. 법무부 대테러반은 24시간 근무 체제로 돌아가기 시작했다. 알렉산드리아 소재 버지니아 주 동부 지법의 연방 법정과 합의가 이루어졌고, 법정은 수색영장을 즉시 발부했다. 그 영장으로 본사가 미국에 있는 웨스턴 유니언은 송금 목적지가 되는 장소와 수신자가 누구인지를 FBI와 CIA에 통보해줄 수 있었다. 그 모든 일이 단 몇 분 사이에 일어났다. 이스라엘 정보기관 관리들은 환호했다. 그들은 신속하고도 은밀하게 송금 도착지인 헤브론에 있는 웨스턴 유니언 사무소로 향한 다음, 그곳에서 서안 지구(the West Bank)에 있는 안가로 향하는 PIJ 밀사의 뒤를 미행했다. 전자 감시 장비는 신속하게 팔레스타인 자치구 내에 있는 다른 지부와의 교신 내용을 추적했다.

5월 초, 두 건의 추가 송금 건이 목표물이 되었다. 그리고 매번 그렇게 해서 드러난 귀중한 정보를 미국 정부는 이스라엘 군 당국에 넘겼고, 강도가 낮은 전쟁에서 힘의 균형을 무너뜨리게 되었다.

이런 작전이 눈에 보이지 않는 물밑에서 수행되고 있는 동안, 공개적으로는 이스라엘이 가자 지구(Gaza Strip)와 서안 지구의 테러리스트 지도자들에 대한 '표적 살해(targeted killing. 테러와 관계된 것으로 여겨지는 자들을 골라 암살하는 것에 대해 일부 국가가 사용하는 완곡한 표현— 옮긴이)'라고 불리는 작전이 확산되고 있는 것이 분명했다. 이스라엘은 팔레스타인 저항운동 지도자들이 어디에 은신해 있는지를 전보다 훨씬 더 정확하게 알고 있는 것처럼 보였다.

4월 8일, 가자 지구에서 '표적' 타격으로 하마스의 군사 지도자 사이드 아라비드가 다른 여섯 명과 함께 살해되었다. 5월 1일, 이스라엘 군은 가자 지구에 있는 하마스의 요새를 공격했고, 다른 한편으로는 하마스의 고참 폭탄 제조 기술자 유세프 아부 헤인Yousef Abu Hein을 체포하기 위한 노력을 기울이고 있었다. 이 공격으로 아부 헤인과 몇 명의 다른 테러리스트 지도자를 포함한 14명의 팔레스타인 인이 사망했다.

봄철 내내 그런 작전이 계속되었고 더 많은 저항군 지도자가 살해되었다. 폭동과 시위를 포함하는 팔레스타인 측의 반발은 일주일 단위로 더욱 거세어지고 있었다. 폭력이 줄어들기는커녕 더 격화되고 있었다.

2년 전, 취임 후 처음으로 NSC 회의를 주재했을 당시 부시는 자신의 초점이 이라크에 맞춰져 있으며, 미국은 이스라엘-팔레스타인 갈등에서 발을 빼야 한다고 말했었다. 부시가 보기에 이스라엘-팔레스타인 갈등은 사소한 부분들과 불신으로 더 이상 어떻게 손써볼 수 없는 수렁에 빠진 것이나 마찬가지로 여겨졌던 것이다. 당시 파월은 미국의 철군은 샤론을 풀어놓는 꼴이 되어 팔레스타인 인들에게 잔학 행위를 하도록 만들 것이라고 말했다. 부시의 대답은 이랬다.

"이따금씩 힌쪽이 무력을 보여주는 것이 상황을 분명하게 만들어줄 수도 있는 법이야."

이해 봄은 '상황을 분명하게 만들기 위해' 무력을 사용하는 실험이 나일 지역에서 갠지즈 지역에 이르기까지 세계적으로 가장 혼란스러운 지역 전체에 걸쳐 시도되던 때였다.

4월 9일, 전광석화처럼 진군한 미군이 이라크 군을 제압해버렸고 바그다드에서 사담 후세인의 거대한 동상을 길바닥에 나뒹굴게 만들었다. 1년 전 아프가니스탄 군이 그랬던 것과 아주 흡사하게 미국의 침공에 저항하는 무장 세력은 뒤로 물러나 버티면서 폭동으로 맞서는 작전을 펼쳤다. 월등한 화력을 지닌 군대와 정면충돌하는 것보다는 분별 있는 전략이었다.

이스라엘에서는 송금 계좌 추적이라는 함정 작전이 반복되고 있었고, 이스라엘 측은 테러리스트들의 통제실 안쪽으로 점점 더 깊이 들어가게 되었다.

게임의 판도가 바뀌어버린 것이다.

전 세계 많은 사람의 눈이 이라크에, 그리고 서구인들의 눈에는 만족스러웠을 것이 분명한, 바그다드 시내의 거리를 따라 포진하고 있는 미군 탱크들의 생생한 화면에 집중되어 있는 동안, CIA 소속 분석관들과 비밀 요원들은 사우디 측에 다급한 메시지를 보내고 있었다. 뭔가 닥칠 조짐이 보였다.

육상 전화선 시스템이 일반적인 국가들의 표준 이하인 사우디 왕국은 휴대전화의 천국이라고 할 수 있는 곳이다. 그리고 적절한 때에 현명하게 버리고 새로 장만하는 것은 휴대전화만이 아니었다. 그것은 보다 능란한 지하드 운동 조직원들의 기교에도 해당됐다. 사우디 인들은 그들의 '이동전화'를 사랑한다. 그리고 휴대전화에 대한 애호는 신호정보 수집이 힘들 가능성이 높음을 의미했다.

그다음은 귀가 다 멍멍할 정도였다. 미국은 수천 명의 호전적인 투사, 알 카에다에 동정적인 사람들, 그리고 어쩌면 언제든 폭력적으로 변할 수 있는 사람들이 사우디아라비아 내에서 활동하고 있다는 증거를 확보하기 시작했다. 전년도 여름, 반다르 왕자에게 경고 메시지를 전한 이후로 CIA와 사우디 정보기관 사이의 협조는 그 폭이 확대되었다. 그래도 여전히 불신의 씨앗은 남아 있었다. 미국 측이 사우디 측에 자신들이 얻어낸 신호정보 회선을 공개하지 않았기 때문이다. 게다가 사우디 측에 넘겨진 작전에 활용이 가능한 정보들은 왕족들의 손에만 들어가면 사라져버리기 일쑤였다. 왕족들의 이해관계는 난해할 정도로 복잡한 경우가 많았던 것이다.

테닛은 모하메드 빈 나예프 왕자Prince Mohammed bin Nayef에게 전화를 걸었다. 오만하고 종교적인 나예프 왕자는 부왕을 도와 사우디의 내무부를 관장하며, 정보 관련 부서의 총책임자였다. NSC의 중동 담당 요원들도 사우디의 중간 관리들에게 전화를 걸었다. 사우디 주재 미국 대사 밥 조던은 국무부와 백악관으로부터 리야드에 있는 유력한 인물들과 직접 이야기해보라는 지시를 받았다. 미국은 시간이나 장소에 대해서는 아는 바가 없었다. 그러는 동안 사우디 내 알 카에다 전투원들이 집결하고 있었다.

이 상황에 딸려 있는 또 다른 메시지가 있었다. 미국의 국익과 관련해 대단히 절실한 메시지였다. 알 아이에리를 찾아내라는 것이었다.

3월 초, 정체를 파악하기 힘들었던 '스위프트 소드'라는 인물이 유세프 알 아이에리라는 사실을 미국인들이 알아낸 이후로 얼마 지나지 않아서 그는 사우디 측에 의해 석방되었고, 이 알 카에다 조직원의 위상은 순식간에 높아져버린 상태였다.

이름을 알아낸 것만으로도 충분했다. 정체를 확인하는 데 도움이 될 터였다. 먼저, 이 알 아이에리라는 자는 알 니다al-Nida라는 웹사이트 배후에 도사리고 있었다. 미국 측 수사관들은 오래전부터 이 웹사이트가 알 카에다의 동기와 계획에 대한 가장 전문화된 분석을 게시하며, 암호로 된 지령을 내리는 곳이라고 여겨왔다.

또한 이자는 익명으로 두 편의 아주 뛰어난 글을 써낸 장본인이기도 했다. 두 편의 글은 짤막한 책 두 권으로 최근 사이버 공간에 발표되었는데, 알 카에다의 근본적 전략에 관한 내용이었다. 미국이 공격을 준비하는 동안 쓰인 『바그다드 함락 이후 이라크와 아라비아반도의 미래(The Future of Iraq and the Arabian Peninsula After the Fall of Baghdad)』에서는 이라크에 대한 미국의 침공은 알 카에다가 얻어낼 수 있는 최상의 결과가 될 것이라고 언급하고 있다. 그 침공이 페르시아 만과 남아시아 전역에서 극단주의에 불을 붙일 것이며, 빈 라덴이 아프가니스탄에서 일어나길 바라던 대로, 미국이 절대 빠져나갈 수 없는 과격화된 수렁을 만들게 되리라는 이유에서였다. 두 번째 책『십자군 전사들의 전쟁(Crusaders' War)』은 이라크에 들어와 있는 미군들과 싸우는 전술의 틀에 대해 설명하고 있는데, 여기에는 "암살과 적의 음식이나 마시는 물에 독약을 넣는 것", 원격 조종 장치로 폭발시킬 수 있는 폭약, 자살 폭탄 공격 그리고 전격 매복 작전 등에 대한 내용이 포함되어 있다. 한마디로 플레이북play-book(공격과 수비의 포메이션을 수록한 책 — 옮긴이)이라고 할 수 있는 것이었다.

그 책들의 저자가 알 카에다 조직의 호감을 사기 위해 비위를 맞추는 누군가가 아닌, 아라비아 대륙 내의 조직을 총괄하는 자라는 것이 분명해지고 나자 그 글들은 미래에 대한 예측을 가능케 해줄 수도 있다는 점에서 중요성을 갖게 되었다. 알 아이에리는 빈 라덴이나 자와히리와 사이버공간을 통한 일종의 대화를 하고 있었던 것이다. 그리고 보다 구체적인 대화 또한 진행되고 있었다.

4월에 수집된 신호정보 잡담 속에 아라비아 왕국 내에서 앞으로 있게 될 공격에 대한 내용이 끼어 있었다. 증거가 되는 진지한 대화는 알 아이에리와 걸프 지역 조직에서 조금 낮은 계급에 속하는 또 다른 인물 알리 아브드 알 라만 알 파카시 알 함디Ali Abd al-Rahman al-Faqasi al-Ghamdi 사이에 이루어지고 있었다. 그것은 사우디 내의 알 카에다 조직이 사우디 정권에 본격적으로 도전하여 정권을 전복시키기에 충분할 정도의 인원과 무기, 그리고 조직을 갖고 있는지 여부에 대해 나눈 이야기였다. 알 아이에리는 사우디 정권을 전복하기에는 때가 너무 이르며 조직이 완전히 갖춰지지 않았다는 부정적 반응을 보였던 반면, 알 함디는 계획을 계속 추진할 것을 강하게 주장했다. 이 대화의 사회자 격인 자와히리는 알 함디 편을 들었다.

의사소통 내용이 신호정보에 모두 잡힐 수 있는 수단을 이용하고 있었다. 자와히리는 이제 사우디 정권에 대한 공격을 펼칠 때라고 말했다. 이 의사는 부시 행정부가 사우디아라비아에서 철군하기로 최근 내린 결정을 예로 들었다. 그것은 미군의 존재로 인해 촉발되는 국내의 불안한 상황을 잠잠하게 만들 수 있다는 이유에서 내려진 결정이었다. 또한 그것은 사우디 인들이 바라는 것이기도 했다. 알 카에다의 목적은 언제나 이 지역의 "부패하고 신앙심 없는" 정권에 대한 미국의 지지를 단념시키는 것이 되어 왔다. 자와히리는 이 정권에 대한 공격은 왕국 내에 있는 미국인들이 미군을 따라 국경 쪽으로 이동하게 만들 것이며, 그렇게 되면 미국과 사우디 사이의 중요한 연결 고리들이 단절되도록 만드는 데 도움이 되리라고 여겼던 것이다. 자와히리는 빈 라덴도 이러한 평가에 동의했다고 말했다.

실제로 5월 1일, 미국은 반드시 사우디에 머물러야 할 이유가 없는 모든 미국 시민은 사우디아라비아에서 떠날 것을 명령했다. 비록 사우디 인들은 전혀 개의치 않았지만 미국 측이 입수한 신호정보 내용을 무시할 수 없었기 때문이다. 5월 6일, 문제의 소지가 될 수 있는 최초의 어렴풋한 암시가 표면화되었다. 사우디 비밀경찰과 중무장한 테러리스트들이 리야드에서 벌인 한 차례의 총격전이 그것이었다. 사우디 정부는 긴급 수배자 명단을 발표했다. 그 명단에는 알 아이에리와 알 함디를 비롯한 19명의 반정부 운동가의 신상과 사진이 들어 있었다.

6일 후 5월 12일, 리야드 외곽에 있는 한 아파트 단지가 폭발로 산산조각 나버렸고, 9명의 미국인을 포함 35명 사망, 309명이 부상을 당했다. 리야드에서는 사우디 군이 중무장한 알 카에다 병사들과 충돌하면서

시가전이 벌어졌다. 마침내 사우디 국영 신문들의 1면에는 불타는 건물들과 무슬림이 무슬림과 전투를 벌이는 장면이 실리게 되었다. 사우디 종교 지도자들이 낸 성명은 모두 한목소리였다. 그것은 전 같았으면 표명하기 주저했을 것이 분명한 내용이었다. 즉 사우디 시민을 살해하는 것은 이슬람의 도리가 아니라는 것이었다.

CIA 내에서는 상황을 시간 단위로 모니터하고 있었다. 혼란에 휩싸여 있고 유정은 폐쇄된 국가 "이라크를 소유하는 것"과 사우디아라비아 정권의 전복은 전혀 별개의 문제였다. 미국의 추산에 의하면 사우디아라비아는 전 세계 석유 수출의 25퍼센트를 차지하며 오일과 알라신의 나라이자 전 세계에서 그 세력이 가장 널리 미치고 있는 테러리즘의 진정한 연결점이라고 할 수 있는 나라였다.

5월 중순 어느 날의 오후 5시 회의에서 CIA의 고위 관리자들은 의견 교환을 위해 한자리에 모여 있었다. 그날 아침, 테닛은 미국 내에 있는 무브타카르 설계도를 지니고 있는 알 카에다 지부에 대한 CIA의 수사 상황에 대해 체니로부터 된통 닦달을 당하고 나온 터였다. 체니가 CIA 요원들에게 채근했다.

"우리가 가지고 있는 정보는 뭔가? 이것은 또 다른 9·11이 될 수도 있는 문제야. 이번 걸 놓칠 순 없어."

테닛의 대답은 기운 빠지게 만드는 것이었다. 그는 부시와 체니에게 바레인 인 3인조나 사우디 인 3인조에 대한 심문은 이제까지 아무런 결과도 내지 못했다고 보고했다. 게다가 사우디 3인조가 최근 석방되었다는 이야기도 했다. 그들은 거의 3개월 동안이나 감금되어 있었다. 바레인 인들과 연계되어 있다는 점을 제외한다면, 그들에게 불리한 명백한 증거 같은 것은 전혀 존재하지 않았다. 사우디 측은 그들을 석방했다. 그런 조치에 대한 사우디 정보기관의 설명은 그들의 소재를 추적하기 위해서라는 그럴듯한 것이긴 했다. 하지만 거기에는 자와히리에 버금가는 계급으로, 미국 내에 있는 무브타카르 설계도를 가진 지부에 대해 밝혀줄 가능성이 있는 인물인 알 아이에리가 포함되어 있었다. 체니는 꺾이지 않았다. 그는 어디에 우선순위를 둬야 할지 분명해졌다고 읊조리듯 말했다. 이라크의 장래에 대해 약삭빠른 평가를 내리고, 자와히리와 정면으로 맞서며, 사우디아라비아 내 알 카에다 조직을 좌지우지하고, 어쩌면 대량살상 무기를 동원해 미국을 공격하는 작전을 유일하게 지휘하는 인물일 수도 있는 알 아이에리는 알 카에다에서 가장 중요하며, 가장 적극적으로 움직이고 있는 자일 수도 있었다. 그를 반드시 찾아내야 했다.

사우디 내에서의 상황이 점점 열기를 띠어가고 있는 동안, 백악관과 CIA에서 사우디 고위급 인물들에게 걸려온 전화의 요지는 화급하고도 분명했다. 알 아이에리를 반드시 산 채로 잡으라는 것이었다.

5월 31일, 일단의 젊은이가 탄 차가 조심스럽게 메카 인근에 있는 사우디 측 바리케이드 하나를 통과하고 있었다. 그리고 바리케이드를 통과하자마자 운전석에 있던 자가 경비병들을 향해 수류탄을 투척했다. 사우디 비밀경찰이 그자들을 추적했고, 쫓기던 젊은이들은 궁지에 몰리자 한 건물로 들어가 숨어버렸다. 양측은 대치 상태에 들어갔다. 사우디 측이 병력 지원을 요청했다. 압도적인 병력이 투입되었다. 테러리스트들은 모두 소탕되었다. 그들 가운데 사우디 전역에 배포된 수배 전단 사진으로 쉽사리 정체를 확인할 수 있는 인물도 하나 포함되어 있었다. 바로 유세프 알 아이에리였다.

총탄으로 벌집이 된 시신의 가슴 부분 주머니에는 오사마 빈 라덴에게서 온 편지 한 통이 들어 있었다. 그것은 애정이 넘치는 개인적인 서찰로 6개월 전에 받은 것이었으며, 이 젊은이에게 일을 훌륭하게 잘 해낸 것, 그리고 이드 알 피트르, 즉 라마단이 끝나면서 벌이는 연회를 성공적으로 치른 것을 축하하는 내용이었다. 그 편지는 이제 알 아이에리의 피로 범벅이 되어 있었다.

사우디 측은 그 총격전이 벌어지고 난 다음 날 신문에 그 소식이 나가지 못하도록 보도 통제를 하거나 하지는 않았다. 그 사실이 미국에 통보된 것은 그로부터 며칠이 지난 후였다. 사우디 측은 알 아이에리의 개인 소지품을 알뜰하게 수거하는 따위의 수고를 하지 않았다. 알 아이에리의 휴대전화, 그의 주소록 그리고 수색해볼 만한 가치가 있을 아파트로 되짚어가는 단서가 될 수 있는 추적 가능한 정보인 그가 타고 있던 자동차의 등록증 같은 것들 말이다.

그 소식은 CIA에 엄청난 충격이었다. 그것은 곧 하나의 비유가 되어 버렸다. '테러와의 전쟁'이 처해 있는 딜레마는 중국 음식점들의 테이크 아웃 박스에까지도 등장하게 되었던 것이다. 테러와의 전쟁에서 미국과 연합하고 있는 파키스탄, 예멘, 수단 그리고 동맹 관계에 있는 그 외의 수많은 "어두운 이면"의 국가와 마찬가지로 사우디 인들은 상대를 종종 실망시키는 방법을 제대로 알고 있었다. 만나면 서로 건네게 되는 따스한 악수와 애정이 넘치는 덕담 이면에는 언제나 불신의 씨앗이 자리를 잡고 있었던 것이다. 진정으로 우리에게 득이 된다는 보장이라도 있는 가? 그들이 우리에게 털어놓는 말은 무엇이며, 우리에게 감추는 말은 무엇인가? 그런 국가들은 모두 독재자들이 정권을 잡고 있었으며, 그들은 필연적으로 자신들의 권력과 자신들의 자기 보존 노력을 민주주의와는 판연히 다른 방식으로 바라보는 족속들이었다.

물론 미국은 사우디 측에 무브타카르라는 물건이 발견되었다는 사실에 대해서도, 그리고 미국 내에서 화학무기로 작전을 수행 중이라고 조직 상부에 보고한 사우디 인들로 이루어진 알 카에다 지부에 대해서도 이야기를 전한 상태였다. 그 사실을 어떻게 알아내었는지에 대해서는 상세히 밝히지 않았지만 미국은 파키스탄에 있는 알 카에다 조직의 내부 정보원 알리에 대해서도 절대 함구하고 있었다. 미국은 그럴 수밖에 없었다. 미국은 리야드의 친구들을 마음속 깊은 곳에서는 신뢰할 수 없었다. 마치 그들이 미국을 신뢰하지 않는 것처럼 말이다.

어쨌든 5월의 그 다급했던 날들에, CIA는 알 아이에리가 무브타카르 설계도를 가지고 있는 지부에 대해 알고 있을 수도 있다는 점과 이자가 그것에 대해 알고 있는 유일한 자일 수도 있다는 점을 사우디 측에 알렸다. 랭리를 뒤흔들고 지나간 사후 평가에서는 어쩌면 그 마지막 부분, 즉 알 아이에리가 그 사실에 대해 알고 있는 유일한 인물이라는 점을 밝힌 것은 실수였을 수도 있다는 의견이 지배적이었다.

9·11 테러를 자행한 19명의 비행기 납치범 가운데 15명이 사우디아라비아 출신이라는 점은 사우디와 미국 사이에, 싸구려 왈츠와도 같은 끌고 끌리는 관계에 오랜 시간 커다란 금이 가도록 만들었다. 화학무기를 사용하기로 되어 있으며, 사우디아라비아와 연관되어 있음이 분명한 두 번째 재난이 현실로 나타나게 된다면 그 결과는 누구도 잴 수 없는 것이 될 터였다. 대량 살상 무기를 동원한 공격을 계획하고 있는 미국 내 알 카에다 지부와 연결되어 있는 사우디 내 통로를 찾아내도록 해줄 수 있는 인물로 알 아이에리를 지목하고, 그에 대해 병적이다 싶을 정도로 집착하던 CIA 요원 가운데 한 명의 회상이다.

"운이 없는 날이었다. 우리는 사우디 측이 그자를 죽인 것이 우연이었는지 아니었는지가 궁금하다. 사우디 측은 그저 잘 모르겠다는 반응이었다. 그들은 진압 작전에 참가했던 사람들이 지나치게 열성적이었다는 식으로 둘러댔다. 결론은 이런 거였다. 빠져 있던 연결 고리 하나는 이미 죽어버렸고, 대단히 중요한 것일 수도 있는 그의 개인적인 소지품들은 사라져버렸다. 이런 나라들을 상대할 때 겪게 되는 너무도 많은 그 밖의 다른 경우에서와 마찬가지로, 우리는 절대로 뭐든 확신할 수가 없게 된다. 그자를 죽여버리고 소지품을 없애버린 것은 의도적인 것인가, 아니면 그 중요성을 간파할 능력이 없어서인가? 이런 것이나 따지고 있어야 하는 상황이 한심하다."

테닛은 그 안 좋은 소식을 다음 날 조간 브피펑 시간에 부시와 체니에게 알렸다. 부시는 격노했다. 그는 아주 간결하게 테닛에게 지시했다. 적어도 누군가를 리야드로 보내어 사우디 인들에게 최근에 석방해준 3인조를 다시 체포하게 하라는 것이었다.

며칠 후, 모와트 라센이 리야드의 왕궁에 있는 나예프 왕자의 집무실로 들어섰다. 그는 그리 큰 기대를 하지 말아야 한다는 것을 알고 있었다. 나예프 왕자와의 회의는 짧게 끝났고 성과도 없는 경우가 많았다. 모와트 라센은 의례적인 인사말 따위를 건네는 수고를 생략하고 본론으로 들어갔다.

"알 아이에리가 죽어버린 상황에서 우리는 귀국에서 그자와 함께 있던 나머지를 다시 체포해 가능한 한 오래 붙잡아뒀으면 합니다."

모와트 라센이 3인조 가운데 나머지 두 명을 가리켜 그렇게 말했다. 나예프가 고개를 끄덕였다.

"좋소. 하지만 그들에게 불리한 증거나 아무런 혐의도 없는 상황에서 사람들을 무한정 붙잡아놓고 있을 수는 없소."

사우디에서는 정당한 절차를 거쳐야 한다는 것과 시민의 권리를 존중해야 하는 것의 중요성에 대한 설교가 몇 분간에 걸쳐 더 이어진 후, 나예프는 자신들이 그자들을 다시 체포를 하긴 하겠지만 겨우 몇 개월 정도밖에 더 붙들어놓을 수 없다고 말했다.

"우리가 이렇게 하는 것은 당신들이 요청해서인 거요. 하지만 그들에 대해 불리한 증거를 뭐든 가지고 있다면 그걸 보여주는 게 좋을 거요."

회의는 겨우 5분이 걸렸을 뿐이다. 모와트 라센은 미소를 지어 보였다. 딱딱하고 긴장된 미소였다. 그런 다음 왕자에게 정말 귀한 시간을 내준 것과 협조에 감사한다고 말했다.

2003년 6월이 되자 이라크에서 찾아낼 수 있을 대량 살상 무기 같은 것은 존재하지 않는다는 것이 분명해졌다. 대량 살상 무기의 존재를 확인하기 위한 미국 측 팀들이 2개월 넘게, 이제는 점령국이 되어버린 이라크 전역을 헤집고 다닌 터였다. 그런데 아무것도 없었다. 국가정보평가서에서의 주장이나 파월의 유엔 연설이 모래성처럼 와스스 무너져 내리는 순간이었다.

조지 테닛의 친구 하나가 몇 가지 소문을 듣게 된 것은 바로 이 무렵이었다. 그를 국장 자리에서 교체시키기 위해 다른 누군가를 준비시키고 있다는 이야기였다. 그런 소식의 일부가 테닛이 신뢰하는 수석 보좌관 존 모스맨에게 전해졌다.

다른 일로 바빴던 테닛은 그 말을 대충 무시해버렸다. CIA에서 오래전부터 전해져 내려오는 한 가지 이야기는 정보에 대해 흔히 인용되는 규칙이기도 하다. 즉 어떤 정보가 확증할 수 없는 것이라면 그것은 가치 없는 것이라는. 그래서 모스맨은 그런 소문을 확인할 만한 증거를 찾아보기로 했다. 아무래도 CIA는 어디에나 연줄이 있게 마련이다. 이 문제를 약간 파고 들어간 그는 그것이 사실이라는 것을 알아냈다. 부시의 오랜 친구이자 정치자금 기부자이기도 하며, 공화당 선거운동을 위해 10만 달러 혹은 그 이상을 모금한 사람에게 주어지는 칭호인 '개척자'라고 불리는 짐 랭던Jim Langdon이 문제의 인물이었다. 그가 워싱턴 소재의 잘 나가는 로펌 애킨 검프 스트라우스나 하우저 앤 펠드Akin, Gump, Strauss, Hauser & Feld의 공동 경영자들에게 테닛이 부재하게 될 경우에 대비한 계획들을 세워두라고 말하고 다닌다는 것이었다.

랭던은 비록 정보 계통은 아니었지만 독특한 계보를 갖고 있었다. 그의 부친은 텍사스 철도위원회(Texas Railroad Commission)의 위원이었다. 그 단체는 1891년에 철도를 감독하도록 결성되었지만 얼마 안 가 미국 내 석유 및 천연가스 생산을 규제하는 역할을 맡게 되었고, 미국 전역의 석유 및 천연가스 가격과 공급에 강력한 영향력을 행사하게 된 단체였다. 랭던은 텍사스 대학교에서 법학사 학위를 받았고, 애킨 검프 로펌에 들어가 석유, 가스 그리고 에너지 관련 문제를 전문으로 처리하는 일을 해왔다. 그는 이후 30여 년 동안 파이프라인 건설에서부터 라틴아메리카에서 러시아, 페르시아 만 지역에 이르는 전 세계 석유 생산국들 정부를 대상으로 로비 활동을 하는 미국 에너지 복합 기업 대표를 맡기도 했으며, 결국에는 이 로펌의 에너지 관련 업무를 총괄하게까지 되었다.

랭던과 그의 아내 샌디Sandy Langdon는 조지 부시나 로라 부시Laura Bush와 절친한 친구 사이였다. 그는 2000년 선거전에서 가장 중요한 선거 자금 모금 담당이었으며, 에너지부의 업무 인수인계 팀 운영을 돕기도 했다. 그 팀은 미국의 에너지 정책에서 자신들이 "원하는 바"를 관철시키기 위한 그 지역 에너지 관련 로비스트 모임을 주최하는 등 곧 워싱턴 정가에서 하나의 전설적 존재가 되었다. 이러한 관례적인 참여는

2001년 봄, 로비스트들이 체니 부통령 직속 에너지 대책반에 어떤 식으로 부적절한 영향력을 행사했고, 그에 대한 체니의 반응은 관련 회의 기록들을 비밀에 부치도록 지시하는 것이었으며, 결국 그렇게 하는 데 성공했다는 사실에 대한 조사로까지 이어졌다.

하지만 2001년 초, 랭던에게는 새로운 직책이 맡겨졌다. 대외정보자문위원회 소속 16명의 위원 가운데 하나가 된 것이다. 당시 이 위원회의 위원장은 스코크로프트였다. 하지만 부시는 1950년대부터 대통령에게 정보 관련 문제의 자문을 해온 이 위원회를 거의 활용하지 않고 있었다.

모스맨은 자신이 캐낸 언짢은 소식을 테닛에게 전할 적절한 때를 기다리고 있었다. 어느 날 오후 늦게 그는 조지 테닛의 사무실에 들어와 문을 닫았다.

모스맨이 말했다.

"랭던이었습니다. 그리고 그가 사람들에게 자신이 국장님 대신 일을 맡을 수 있도록 자격 인정을 받았으며, 보안 검사도 마친 상태라고 말하고 다닌답니다."

모스맨이 상세한 부분까지 죽 이야기를 하고 있는 동안, 테닛은 아무런 말 없이 한동안 그저 듣고만 있었다. 자신을 밀어내고, 에너지 관련 변호사이며 로비스트이자 공식적인 외교정책 및 정보 분야 경험이라고는 부시가 거의 자문을 구하지도 않는 위원회 위원에 지나지 않는 랭던을 그 자리에 앉힌다는 것은 테닛에게는 곧 모욕이었다. 분명한 것은 랭던이 부시의 친구이며 충성을 다 바치는 지지자이자 금전적 후원자였고 석유의 대량 수급에 관한 전문가라는 것이었다. 그러한 점들이 다수의 외국을 상대해야 하는 정보기관의 수장으로서 그 복잡한 곡예를 해나가야 하는 것에 얼마나 대단한 지침이 될 수 있을까. 테닛의 견해로 볼 때,

그 자리는 국가의 장래를 위한 결정적인 사투를 벌여야 하는 자리라는 점에서 그 어떤 직책에 비해서도 그 중요도가 떨어지지 않았다. 그런데 그 정도가 이 자리에 대해 진정으로 대통령이 원하고 있는 바일까?

테닛이 고개를 저으며 모스맨에게 말했다.

"만약 대통령이 나를 교체하고자 원한다면 그렇게 하리라는 생각이 드네."

체념 조였다. 테닛은 자신이 그 자리에서 밀려나면 즐거워할 몇몇 사람의 얼굴을 떠올렸다. 아마도 체니일 것이다. 그와 그의 수하에 있는 자들은 지난 몇 년 동안 테닛을 끔찍이도 들볶았으니까. 테닛은 내심 이런 조치가 나오도록 만든 데는 아마도 그자들이 배후에 있을 것이라고 짐작했다. 자신의 아내는 아마 의기양양해할 것이다. 그의 아내는 2000년에 부시가 CIA 국장 자리를 제안했을 때 그가 그 자리에 앉아야 한다는 생각을 한 번도 하지 않았다. 그녀는 테닛이나 자신의 친구들에게 자신은 부시 떨거지들을 절대 믿지 않는다고 말했다. 그녀는 그들이 테닛을 실컷 괴롭히다가 내팽개쳐버릴 거라고 여기고 있었다. 그다음으로 이제 고교 3학년생인 아들이 좋아할 것이다. 테닛이 국장에 취임했을 때 아들은 초등 5학년생이었다.

한참 동안 침묵을 지키던 테닛이 말했다.

"최악의 상황은 아닌 것 같은데. 스테파니Stephanie Tenet랑 아들 녀석과 시간을 좀 더 많이 보낼 수 있게 될 테니까 말이야. 이야, 그거 정말 좋겠다."

6월 4일 오후. 존 모스맨의 전화벨이 울렸다. 그가 아주 잘 알고 있는 내선 번호로, 상원 시절부터 알고 지내던 옛 친구로부터였다. 모스맨은

1996년 CIA에 들어오기 전, 테닛과 마찬가지로 의사당에서 일했다. 11년 동안 알래스카 주 출신의 공화당 소속 상원 의원 프랭크 머코우스키 Frank Murkowski의 사무국장 및 법안 담당 국장, 그리고 상원정보특별위원회(SSIC, Senate Select Committee on Intelligence) 소수당 직원 담당 국장으로 보냈다.

전화는 상원정보특별위원회의 현 법률자문위원에게서 걸려온 것이었고, 이 위원회의 의장은 캔자스 주 출신 공화당 소속 상원 의원 패트 로버츠Pat Roberts였다. 이 위원회는 9·11 테러 공격으로 이어지게 된 사건들에 대한 한 건의 조사를 막 끝낸 참이었다. 그날, 그보다 앞서서, 로버츠 의원은 이라크 내 대량 살상 무기라는 새로운 조사에 대해 발표했다. 이제 이라크에는 그 어떤 대량 살상 무기도 존재하지 않고 있음이 분명해졌다. 로버츠와 위원회 간부로 야당 의원인 웨스트버지니아 주 출신 민주당 소속 상원 의원 제이 록펠러는 그런 실패가 어디서부터 일어나게 된 것인지를 밝혀내는 데 전력을 기울이고 있었다.

모스맨이 말했다.

"뭐든 필요한 게 있으면 우리가 자료를 끌어 모으는 대로 보내겠네. 우린 자네들이 모든 것을 알 수 있게 되길 바라네. 그리고 내 말을 듣게. 알아둬야 할 게 정말 많네."

지시가 떨어지지 않았지만 CIA는 무엇이 잘못되었는가 하는 점에 대해 이미 자체 조사를 시작한 터였다. 테닛은 고참 분석관들을 선발해 팀을 구성했고, 지휘를 맡은 것은 제이미 미식이었다.

그다음 2주일에 걸쳐 주석이 잔뜩 붙은 파일들로 들어찬 수십 개의 상자가 의사당으로 운반되었다. 모스맨의 말이다.

"우리는 이 일에 열의를 가지고 있었습니다. 우리가 느끼던 생각은 모든 것을 다 당장 넘겨주자는 거였습니다."

다시 전화가 걸려온 것은 몇 주일이 지나고 나서였다. 그 전화는 상원의 한 조사관으로부터 걸려온 것이었다. 그는 기밀로 분류된 신호정보 케이블에 대해 언급했다.

"존, 그 신호정보에는 자네들이 주장하는 내용이 실제로는 담겨 있지 않네."

모스맨이 대답했다.

"틀림없이 담겨 있을 텐데요. 제가 가서 확인해보죠."

모스맨은 그 케이블을 확인했다. 그러고는 돌아와서 전화를 걸었다.

"그 말씀이 맞는데요. 거기에 담겨 있다고 우리가 주장한 내용이 없는데요. 그래요, 그게 문제였군요."

모스맨은 전화를 끊으면서 "가슴이 철렁 내려앉는" 느낌을 받았다고 회상했다.

"문제가 있다는 사실을 처음으로 알게 된 것은 바로 그 순간이었습니다. 분석에서 뭔가 잘못되었던 거죠. 일부 경우에, 우리는 우리가 알아야 할 필요가 있는 사실들만 찾았던 겁니다. 우리와 다른 모든 사람이 백악관 측에서 우리가 알아냈으면 하고 바라는 것들만 말이죠. 그리고 우리는 늘 진짜 있는 그대로의 사실을 알아내려 들지는 않았다는 겁니다."

아이다호 주 구릉지에 아늑하게 자리를 잡고 있는 선 밸리 로지Sun Valley Lodge의 캄캄한 방 안에 전화벨이 울렸다. 테닛이 어둠 속에서 일어나 앉았다.

'지금이 도대체 몇 시지?'

한밤중이었다. 수화기를 집어 들었다. 여자 목소리였다.

"조지?"

전화를 건 사람은 아프리카 순방 중인 라이스였다.

"콘디… 무슨 일이죠?"

그녀는 그토록 늦은 시간에 전화를 건 것은 정말 미안하지만 '당장' 이야기를 해야 한다는 것이었다.

테닛은 그 한 주를 언론사의 중요 인물들과 기업체 총수들, 그리고 온갖 부류의 유명 인사가 참가하는 "여름 캠프"에 참가해 시간을 보내고 있었다. 그것은 뉴욕에 본사를 두고 있는 투자은행 앨런 앤드 컴퍼니가 주최하는 캠프였다. 그는 그날 늦게 미국의 정보에 관한 연설을 하기로 예정되어 있었다. 그날은 7월 11일이었다. 그의 연설은 한 주에 걸친 휴양과 화기애애한 회합, 그리고 이런저런 큰 주제에 대한 패널 토론의 대미를 장식할 것이었다. 하지만 세상은 그런 시간을 즐기도록 놔두지를 않는다. 전 가봉 주재 미국 대사 조지프 윌슨이 쓴 칼럼 한 편이 7월 6일자 〈뉴욕 타임스〉에 실렸던 것이다.

윌슨은 2002년 2월, 체니를 대신해 CIA가 파견한 인물이었다. 그의 임무는 후세인이 핵무기 개발 프로그램을 지원하기 위해 아프리카 니제르에서 '옐로케이크' 상태의 우라늄을 구매하려 시도하고 있다는 주장에 대한 조사를 하는 것이었다. 1,452단어의 그 칼럼은 빗발치는 비난이 쏟아지도록 만들어놓았다. 그의 칼럼은 이렇게 시작된다.

"부시 행정부는 이라크 침공을 정당화하기 위해 사담 후세인의 무기 개발 프로그램에 대한 정보를 조작한 것인가? 이라크 침공으로 이어지기까지 몇 개월 동안 이 행정부에 몸담았던 나의 경험에 근거해, 나는 이라크의 핵무기 개발 프로그램과 관련된 정보 가운데 일부가 이라크 측으로부터의 위협을 과장하기 위해 왜곡된 것이라는 결론을 내리는 것 외에 별다른 선택의 여지가 없었다."

국제원자력기구(IAEA, International Atomic Energy Agency)가 영국과 미국 양측 모두가 하고 있는 옐로케이크의 존재에 대한 주장을 담은 기본적인 문서들이 허위라는 것을 입증하는 보고서를 제출한 3월 이후로, 부시 행정부는 쟁점을 비켜가기 위해 그 사실을 부인하는 것에서 인정하는 것으로, 그리고 야단스럽게 놀란 척하는 것에 이르기까지 방법을 바꿔가면서 힘든 노력을 기울여 왔다. 목표는 부시가 1월 초 대통령 연두교서에서 전쟁을 정당화하기 위해 그 사실에 의존하기 훨씬 전부터 니제르와 관련된 주장이 헛소리에 지나지 않음을 알고 있었다는 사실 인정의 회피였다.

윌슨의 칼럼이 신문에 발표되고 나자 그러한 노력은 거의 물거품이 되어버렸다. 이제 쟁점은 죄를 뒤집어씌울 누군가를 찾아내는 것이 되었다. 대통령과 그의 수행원들이 수자원, 에이즈 그리고 테러리즘에 대한 이야기를 하면서 세네갈에서 남아프리카공화국, 나이지리아에서 보츠와나에 이르기까지 단시간에 아프리카를 두루 순방하는 동안 그들을 동행 취재하는 기자단은 대담해졌다. 니제르 문제에 대해 질문을 받은 대통령은 여전히 "사담 후세인의 제거는 훌륭한 일"이라고 대답하긴 했지만 그 이상의 언급은 피했다. 윌슨의 칼럼과 니제르 문제를 매끄럽게 마무리하는 것이 라이스에게 맡겨진 일이었다. 그리고 그게 바로 그녀가 테닛에게 전화를 건 이유였다. 라이스는 테닛과 자신들이 "한 배를 타고 있다는 사실"을 확신해야 할 필요가 있었던 것이다.

테닛은 잠이 완전히 깨느라 잠시 시간이 걸렸고, 그런 다음에는 라이스와 함께 상황의 전후 관계를 죽 되짚어갔다. 그는 지난 가을에 일어났던 일부터 폭넓게 점검해나갔다. 당시 그와 맥놀린은 의회의 상하 양원 정보 위원회 소속 위원들에게 브리핑을 했었다. 브리핑 내용은 옐로케이크에 대한 정보가 의심스럽다는 것, 그리고 그 존재에 대해 보다 더 확신하고 있으며, 그 정보를 공개하고자 하는 영국 정보기관의 계획에 대해 CIA는 반대하는 입장이라는 것이었다.

10월에 제출된 것으로 기밀로 분류된 90쪽짜리 국가정보평가서에는 수집된 주요 정보 가운데 옐로케이크에 대해서는 언급이 없었으며, 그런 주장에 대해서 의심스럽다는 입장인 국무부의 경고가 실려 있었다. 그리고 마찬가지로 그해 가을, 테닛은 해들리에게 대통령이 신시내티 연설에서 옐로케이크에 대해 "실제 목격자"처럼 이야기해서는 안 된다고 우려했었다. 그가 라이스에게 보낸 똑같은 보고서에도 그러한 우려가 포함되어 있었다. 그들은 대통령 연두교서가 있기 바로 전날 NSC와 CIA 사이에서 분주하게 오간 팩스에 대해서, 그리고 CIA는 NSC가 팩스를 보낼 때마다 달라지는 요구 사항을 마감 시한 안에 모두 처리하는 데 어려움이 있다는 점에 대해서 간단히 이야기를 나눴었다. 달리 말하면, 이 사안은 엄청난 양의 보고서와 몇 가지 명료한 기억들, 그리고 눈에 보이는 조치들이라는 단어로 요약해볼 수 있었다.

어쩌면 발견해낼 수도 있을, 이 사안에 대한 중요한 증거들을 해석하는 테닛의 방식은 이 사안에 대해 대통령과 함께 어느 정도까지는 비난을 듣게 될 수도 있는 라이스와 같은 누군가가 자신이 알고 있는 것이 무엇이며 그것을 언제 알게 되었는지를 인정하게 만들 그러한 것이었다.

두 사람이 통화를 끝내고 몇 시간이 지난 7월 11일, 대통령 전용기가 보츠와나에서 우간다로 날아가고 있는 동안 라이스는 기내에서 기자들에게 브리핑하는 과정에서 짤막한 성명을 발표했다. 여기서 오간 대화의 중요한 부분들은 곧 전 세계로 퍼져나갔다.

기자: 라이스 박사님, 대통령 연두교서가 발표되기 한참 전에 그 연설 내용에 포함된 자료에 문제가 있다는 것과 관련해 CIA 측 담당자들이 NSC에 통보했다는 이야기가 갑작스럽게 자주 나오고 있습니다. 무슨 이야기를 들으셨는지, 그리고 대통령께는 어떤 보고를 하셨는지에 대해 말씀해주시겠습니까?

라이스: CIA 측에서는 그 연설문에 대한 내용 검증을 마쳤습니다. 우리는 연설문을 관련된 기관들에 보내어 검증을 받는 절차를 시행합니다. NSC의 경우, 그런 관련 기관은 대개 국무부, 국방부, CIA 그리고 때로는 재무부입니다. CIA는 그 연설문 전체에 대한 검증을 분명 마쳤습니다.

라이스는 이야기를 계속 이어나갔다.

"지금 문제가 되고 있는 문장은 이라크 인들이 옐로케이크를 손에 넣으려 하고 있었다고 여기는 부분에서 나온 겁니다. 그리고 기억해둬야 할 것은, 국가정보평가서에도 '아프리카에서 옐로케이크를 구하고 있었다'는 문구가 나온다는 겁니다. 국가정보평가서는 CIA 국장이 그게 어떤 사안이든 간에, 특정 사안의 현재 상태에 대한 여러 정보기관의 견해를 종합해서 발표하는 것입니다… 국가정보평가서에 담긴 다른 여러 사안의 경우와 마찬가지로 그것은 대통령의 연설문을 작성할 때 의존하게 되는 정보였습니다. CIA는 그 부분에 대해 검증을 끝냈습니다. 구체적인 문장을 놓고 논의까지도 거친 상태였습니다. 그렇기 때문에 그 문장은 CIA가 어떤 생각을 가지고 있는지를 한층 잘 보여주는 것이기도 합니다. 그리고 연설문에 대한 검증도 끝냈습니다… 이제 저는 여러분께 말씀드릴 수 있습니다. 만약 CIA 그리고 CIA 국장이 이것을 연설문에서 들어내라고 말했다면, 그것은 두말할 것도 없이 연설문 원고에서 삭제되었을 겁니다. 그 결과, 우리가 이제 무엇을 알게 되었는지 우리도 잘 알고 있는 상태에서, 우리가 이제까지 한 이야기는 이런 겁니다. 만약 니제르와 관련된 문서의 일부가 날조된 것으로 여겨지는 것이었다면 그게 대통령의 연설문에 들어가 있지 않았으리라는 겁니다. 하지만 그거야말로 이제 우리가 대통령의 연설을 통해 다 알고 있는 사실이라는 겁니다."

테닛이 동트기 전까지 일껏 설명했음에도 '불구하고' 라이스는 이처럼 자신이 하려는 말만 했다고 보는 것이 일반적인 반응일 수도 있지만, 테닛이 자신에게 한 이야기 '때문에' 그녀는 조목조목 따져가며 CIA 탓을 했다고 보는 것이 보다 적절할지도 모른다. 테닛은 공동 책임을 져야 하리라는 온당한 근거를 제시했다면, 저항할 수 없는 힘을 내세워 그러한 근거를 제시하지 못하도록 사전에 차단해버리는 게 라이스의 역할이었다고나 할까.

한편 아침나절 내내 테닛은 자신들이 발표할 성명서를 꾸미느라 분주한 랭리의 자기 팀과 통화를 하고 있었다. 백악관의 칼 로브와 다른 보좌관들이 지휘해 작성하는 성명서였다. "CIA는 대통령이 발표하기 전에 이미 연두교서 내용을 승인했으며… 나는 내가 지휘하는 정보국의 승인 과정에 대해 책임이 있고… 대통령은 자신에게 제출된 연설 원고의 내용이 결함이 없는 것이라고 믿을 충분한 이유가 있었다. 그 열여섯 개의 단어는 대통령이 발표하게 될 원고에 절대 포함되지 말아야 하는 것이었다" 운운.

계속해서 테닛의 성명서는 니제르와 관련된 주장에 포함된 몇 가지 복잡한 문제에 대해 논의하고 있었고, 거기에는 영국 측이 그 문제에 대해 가지고 있는 확신에 신뢰를 잃게 되었다는 내용도 포함되어 있었다. 그것은 계속 터져 나오게 될 돌고 도는 뉴스 기사들 사이에 파묻혀 곧 잊혀지게 될 터였다. 하지만 테닛이 꼼짝없이 책임을 지게 되고, 그러는 동안 라이스는 비난의 화살을 맹렬하게 테닛에게 돌리고 있다는 것은, CIA 내 테닛을 따르는 부하들에게는 그대로 참아낼 수 없는 일이었다. 그들은 그 문제를 직접 나서서 해결하기로 했다. 그다음 일주일에 걸쳐, 언론에 고의로 정보를 흘리는 일을 담당하던 CIA 요원들은 신시내티 연설로 터진 사건의 상세한 부분들에 주목했다. 백악관은 해들리도 동일한 책임을 갖고 있다고 억지로 밀어붙여 희생양으로 삼으려 하고 있었다. 그도 결국 연설 원고에 담긴 그 문제의 문장과 거의 동일한 내용에 대해 반대하는 보고서를 받았다는 것이다. 하지만 그와 테닛은 연설 원고 검증을 하지 못하도록 차단되어 있었다.

과도한 자만에는 그 나름의 맥락의 상실이 따르게 마련이다. 자신들의 생각이 옳다고 지나칠 정도로 분명하게 자부하는 사람들은 사소한 패배조차 아주 대단한 모욕이자 자신의 번쩍이는 정체성에 대한 공격으로 받아들인다. 반대하는 쪽의 관점 같은 것은 아예 보이지도 않을 정도로 오그라들고 마는 것이다. 비난을 받는 해들리의 태도가 백악관 내에서는 항명으로 비춰졌고, 비밀금고에 온갖 파괴적 효과를 낼 가능성이 있는 정보로 가득한 CIA가 대통령에게 등을 돌릴 수도 있다는 증거로 여겨졌다. 이 시점부터 줄곧 정보국은 보호관찰 대상이 되었다. 앞으로 저지를 수도 있는 모든 범법 행위에 대해, 로브가 자주 이용하는 용어를 빌리자면, "충분히 주목하게" 되리라는 것이었다.

그럼에도 그 열여섯 단어에 대해서, 그리고 그 1월에 정말로 무슨 일이 있었는지에 대해서 아직도 폭로할 것이 잔뜩 남아 있었다.

그 연설이 있던 화요일, NSC가 니제르 사건에 앨런 폴리라는 CIA 분석관의 이름이 언급된 최종 원고와 달라진 페이지들을 팩스로 전송하면서, 마감 시한 직전에 부산한 소동이 벌어졌다. 마감 시한에 임박해 보내온 낭패스러운 부분 때문이었다. 그 다급한 순간에 NSC 부보좌관 밥 조지프가 CIA 분석관 폴리를 앞세워 "영국 정부는 알고 있었다"는 문구를 넣는 속임수를 막후에서 지휘했던 것이다.

그날 오후, 테닛은 그날 하루 동안 가장 중요한 논쟁이었던 것에 휩싸여 있었다. 그것은 대통령 연두교서에 발표될 예정인 테러위협통합센터, 즉 TTIC라고 불리는 것의 창설에 관해서였다. 센터의 성격과 그것에 대한 대국민 발표는 연설이 있기 바로 몇 주 전에 백악관 측에 의해 급조된 것이었다. 그것은 국내에서의 테러 위협에 대처할 수 있는 FBI의 능력을 비판하게 될 의회의 조사에 대비하고, 영국의 MI5와 같은 국내 문제를 전담할 정보기관에 대한 의회 의원들의 최근 요구에 부응하기 위한 것이었다. 늘 그랬던 것처럼, 대통령 집무실 쪽에서는 정보 공동체의 대다수 구성원이 이 생각에 반대하리라 예상하고 있었고, 그랬기 때문에 이 발의에 대해서는 그런 센터가 어떤 것이 되어야 할 것인지에 대해 의미 있는 부처 간 논의나 분석은 고사하고, 사실상 아무런 공지도 없었다. 그것은 느지막이 갑작스럽게 튀어나와서 연설 원고에 끼워 넣어진 것이었다. 반대하는 사람들이 의견을 내기도 전에 사전 차단하려는 수단이었다. 하지만 월요일이 되어 그것에 대한 이야기가 새어나오면서, 정보 공동체 수장으로서 테닛은 우려의 전화를 받느라 다른 일을 할 수 없을 지경이 되고 말았다. TTIC라는 기관이 필요하긴 한 건가? 일일 위협 매트릭스를 만들어내는 데 있어서, 그것은 CIA나 국토안보부(Homeland Security)가 하는 일과 중복되는 것이지 않는가? CIA가 이 새로운 센터의 책임자를 뽑게 되는가? 이 센터가 생기면 다른 정보기관에서 핵심 인물들을 모두 빼내가는 것은 아닌가 등등.

테닛은 카드에게 그 내용을 연설 원고에서 삭제해야 한다고 항변했다. 결론이 날 때까지 충분히 생각한 사안이 아니며, 관료 조직의 구조를 단순화하고 층을 줄여야 할 상황에서 새로운 관료 조직을 하나 더 보태는 꼴이 될 수 있다는 것이 반대 이유였다.

카드가 테닛의 말을 묵살하며 말했다.

"대통령께서는 그것이 원고에 포함되기를 원한다네. 그리고 그건 이미 원고에 포함되어 있네."

그렇게 테닛이 싸우는 동안, 다른 한편에서 맥놀린은 리비와 입씨름을 하고 있었다. 9·11 이전에 이미 사담 후세인과 알 카에다가 연계되어 있었다는 부분을 언급하고 있는 연설 원고 내용에 대해서였다. 라이스의 NSC가 그 내용이 담긴 원고 페이지들을 폴리에게 팩스로 전송했던 것이다.

이 시기에 대통령의 최측근 가운데 한 명으로, 대통령이 자기 아내와 보내는 시간보다도 더 많은 시간을 함께 보내던 인물인 라이스는 대통령이 임기 중에 하게 될 가장 중요한 연설의 하나가 될 그 연두교서를 대통령과 함께 준비하고 있었다. 라이스가 거느리고 있는 고위 간부 밥 조지프가 취한 조치와 3개월 전에 있었던 대통령의 연설에서, 그리고 니제르 문제에 대해 비슷한 수수께끼를 경험한 적이 있던 해들리 사이에서 테닛은 라이스나 어쩌면 대통령까지도 정확히 무슨 일이 일어나고 있는지를 모르고 있었을 개연성이 별로 높지 않다는 점을 알고 있었다.

그리고 이런 점이 대단히 예외적인 것인 반면, 라이스가 아프리카 순방 중에 한 공식 발표를 고려해볼 때 그것은 여전히 테닛의 행동이 보여주고 있는 수수께끼 같은 점을 완전하게 풀어주지 못하고 있다. 라이스가 아프리카를 순방할 때 기내에서 기자회견을 갖는 순간부터 테닛은 도무지 라이스의 이름을 입에 올릴 수가 없었다. 하지만 왜 그가, 라이스도 테닛 자신이 알고 있는 사실을 똑같이 알고 있노라고 직접 폭로해버리지 못하는 것일까? 그가 그렇게 하지 못하도록 제지하는 요소는 자신이 부시와 갖고 있는 관계 때문이었다. 어느 대통령이 되었든 그와 아주 가까운 측근이라면 누구나 갖게 되는 내밀하면서도 보이지 않는 관계 말이다.

노골적인 단호함과 자발적이고 그 무엇에도 꿈쩍하지 않는 확신을 갖고 있는 조지 W. 부시는 겨우 몇 명에 지나지 않는 아주 소규모의 비밀스러운 집단에 속한 사람들에 대해서만 약점과 혼란스러움을 보여주고 있었다. 그는 대통령들이 존중하는 몇 가지 점에 있어서는 대단히 뛰어난 면을 보이지만, 다른 면들에 있어서는 놀라울 정도로 부족함을 보여준다. 그의 최측근 가운데 누구도 그의 그러한 불균형이 특히 위기 상황이 닥쳤을 때 식자층의 일반인들에게 곱게 받아들여질 것이라고 믿지 않았다. 그렇기 때문에 그들은 놀라우리만치 그를 감싸며, 실수에 대해서도 너그러워지는 것이다. 거기에 해당하는 인물들은 대통령이 신뢰하는 6인조라고 할 수 있는 체니, 로브, 라이스, 카드, 럼스펠드 그리고 테닛이었다. 사실 그것은 그들 모두가 공유하고 있는 유일한 충동일지도 모른다. 이처럼 곤란한 처지에, 때로는 위태로운 지경에까지 빠져 있는 대통령을 보좌하고자 하는 욕구야말로 테닛이 라이스를 공격하지 못하게 만드는 것이기도 했다. 그녀를 상하게 하는 것은 곧 대통령의 입지를 상하게 하는 것이나 마찬가지였다. 그러는 한편으로 테닛은 대개의 경우 다른 사람들에게는 분명하기 짝이 없는 것을 억지로 못 본 것처럼 행동하도록 스스로에게 강요했다.

그 몇 주일 동안 아프리카와 선 밸리 사이에서, 랭리와 펜실베이니아 애비뉴 사이에서 전화와 팩스가 분주하게 오가는 동안에도, 테닛은 부시가 어떤 식으로든 연루되지 않도록 만들 방법을 계속해서 찾고 있었다. 테닛은 몇 번인가 보좌관들과 가까운 동료들에게 "이렇게 몰고 가는 건

콘디"이며, "대통령이 그러는 건 아닌" 상황임을 강조하곤 했다. 그러면 그때마다 그 말을 듣는 사람들은 번번이, 똑같은 반응을 보이곤 했다.

"세상에, 조지. 콘디는 대통령을 위해 일하는 사람이야."

두 가지 사실을 나란히 놓아보는 것은 때로는 사실을 드러내 보여주기도 하고, 때로는 감춰버리기도 한다. 병치된 두 가지가 뭔가를 알려주게 되는 한 가지 경우를 보자.

2003년 여름 동안, 백악관 쪽에서는 이라크가 보유하고 있다는 대량살상 무기에 관한 주장이 사실이 아니라는 것을 알면서도 짐짓 그것을 전쟁의 "정당한 구실"로 삼고 있다는 비난을 피해가는 작업에 상당한 에너지를 쏟고 있었다. 거기에는 조 윌슨Joe Wilson의 아내인 발레리 플레임Valerie Plame이 CIA 요원이라는 사실을 밝히면서, 조지 테닛이 공개 석상에서 말할 수도 혹은 말하지 않을 수도 있는 것을 조종하기 위해 팩스 기계들에 불이 날 정도로 만들었던 것까지 포함된다. 그러는 동안 진정한 '테러와의 전쟁'에 대한 요구는 비본질적이며 정치적이고 자기 방어적인 것들을 압도하기 시작했다.

여름 중반부터 늦여름까지 점차 축적되어 가고 있던 것은, 테닛이 처음 부르기 시작했던 것처럼, "지독한 폭풍우(a perfect storm)"였다.

최근에 일어났던 일에 든든하게 뿌리를 박고 있는 하나의 이론인 예상의 틀이라는 것에서부터 시작해보자. 그것은 이런 식이었다. 알 카에다가 테러를 저지르는 것은 여러 이유에서다. 이 조직은 상승작용에 의한 효과로, 그리고 보다 큰 목적을 달성하기 위한 방법으로 거의 동시에 몇 개의 작전을 결합시키는 것의 가치를 확실히 알고 있었다. 그렇게 해서 도달하게 되는 목표는 혼란과 공포를 조장하고 전 세계를 테러의 무대로 삼고 있는 것처럼 보이게 만들 수 있다는 점이었다.

이런 전략의 가장 전형적인 예가 바로 9·11이었다. 아프가니스탄 북부 동맹의 카리스마 넘치는 반군 지도자이자 미국이 가장 중요하게 여기는 동맹자이기도 했던 아메드 샤 마소드Ahmed Shah Massoud 암살 사건은 세계무역센터와 국방부 건물이 공격을 받기 이틀 전에 일어났다. 알 카에다는 미국이 아프가니스탄을 공격할 것이라고 예상하고는, 그 작전을 수립하고 이끌 능력을 가진 가장 중요한 인물을 선제공격 차원에서 살해해버렸던 것이다. 이렇게 아귀가 들어맞는 사건들은 그것이 전 세계를 무대로 하는 전략임을 보여준다.

미국이 신호정보나 내부 정보원 알리 같은 귀중한 인간 정보를 통해 조종하고 있는 사안들을 슬쩍 훑어만 봐도 그런 이론은 폭넓게 확증된다. 2002년 4월과 9월에 있었던 무샤라프에 대한 암살 기도가 모두 실패로 돌아간 것은 "테러 위협의 계획이 좌절된 것"이라고 봐도 된다. 이 사건들에 대해 CIA와 NSA는 전 세계에서 터질 수 있었던 다른 테러 공격의 단서들을 갖고 있었다. 그런 테러 공격은 그들이 바라고 있던 무샤라프의 사망과 그것이 파키스탄에 일으키게 될 대혼란과 동시에 일어나게 되어 있었다.

하지만 소위 "동시에 발생하는 사건들"이라는 그 독특한 문제는 이제 사우디아라비아와 관련되게 되었다. 봄철에 사우디아라비아에서 벌어졌던 몇 차례의 시끄러운 총격전과 이 사건들이 신문 머리기사를 장식하게 되자, 사우디아라비아의 지배계급은 국내에서 자생적으로 생겨난 테러리스트들의 위협에 대해 마침내 대단히 심각하게 받아들이도록 만든 요인이라고 공개적으로 언급할 정도가 되었다.

하지만 거기에는 그것을 훨씬 넘어서는 다른 뭔가가 존재한다. 그것은 사실 그해 여름 테닛이 리야드로 가지고 갔던 파일 속에 담겨 있었다. 이 시점에서, 그것은 테닛과 압둘라 왕세제 사이에서 유지되어 온 여러 해의 친교 관계라고 할 수 있는 것이었다. 이 중앙정보국장은 사실상 미국 정부의 어떤 인물보다도 이 사우디 지배자와 보낸 시간이 많다고 할 수 있었다. 수많은 시간을 함께 차를 마시거나, 뭔가를 요청하거나, 최근 정세와 정보에 대해 설명하거나, 압둘라가 이 모순의 왕국을 통치하면서 겪게 되는 어려움을 토로하는 것에 대해 귀를 기울여주거나 하면서였다. 그것은 테닛이 미국 정부 내 다른 누구도 할 수 없는 뭔가를 그는 할 수 있게 해줄 친밀한 관계를 쌓았다는 것을 의미했다. 그것은 바로 압둘라의 가슴을 손가락으로 쿡쿡 찌르는 행동 같은 것이었다.

테닛이 자기보다 더 나이가 많은 압둘라의 가슴을 손가락으로 부드럽게 찌르면서 말했다.

"그자들이 폐하를 죽이러 오고 있습니다. 폐하를 말입니다."

그러고 난 다음 테닛은 사우디의 과격파들이 이 왕세제를 살해하기 위해 세운 정교한 계획의 상세한 내용이 담긴 일건서류를 펼쳤다. 압둘라의 얼굴에서 핏기가 싹 가셨다. 메시지는 전해졌다. 왜냐하면 이후 몇 개월 동안 사우디 측의 협조는 아무런 방해를 받지 않고 순조롭게 진행되었기 때문이다.

그것은 늦여름이나 어쩌면 9·11 테러 1주년 되는 날에 일어날 수 있는 위험한 암살 계획의 제1부였다. CIA는 궁금해졌다. 압둘라의 죽음이라는 상서로운 순간에 알 카에다는 다른 어떤 테러 계획을 세워두고 있을까?

제2부에 대해 알아보기 위해서는 동쪽으로 가봐야 한다.

8월 11일. 태국 대테러 기동대가 방콕에서 북쪽으로 30마일가량 떨어진 도시 아유타야Ayutthaya에 있는 한 아파트 문을 부수고 진입했다. 그 안에서 체포된 자는 티셔츠에 청바지를 입고 야구 모자에 선글라스를 낀, 리두안 이사무딘Riduan Isamuddin이란 자였다. 그는 함발리Hambali 라는 이름으로도 알려져 있었는데, 제마 이슬라미야Jemaah Islamiyah의 지도자였다. 비록 일부에서는 제마 이슬라미야가 알 카에다와 동등한 지위를 갖는 조직이라고 말하기도 하지만, 사실 남아시아 지역에 존재하는 알 카에다의 외곽 조직이었다. 이 조직의 목표는 전체 인구 2억 5,000만 명 가운데 거의 2억 2,000만에 이르는 인구가 무슬림인 인도네시아에서부터 말레이시아와 필리핀에 이르기까지 모든 무슬림을 통합, 칼리프가 다스리는 신권정치 체제를 건설하는 것이었다.

1980년대에 서로 어깨를 나란히 한 채 소련군과 싸우면서 빈 라덴을 처음 만나게 되는 함발리는, 9·11 테러가 발생한 후 CIA와 그 지역 경찰의 추적을 받는 인물이 되었고, 그가 조직해 202명의 사망자를 낸 2002년 10월 발리의 한 나이트클럽 폭탄 테러 이후로 그 추적의 강도가 점점 더 높아지고 있었다.

CIA는 함발리를 심문하도록 요르단으로 이송했다. '테러와의 전쟁'에서 미국과 협력 관계에 있는 다양한 국가 가운데 요르단 인들은 믿을 수 있는 정보를 얻어낸다는 측면에서 볼 때 가장 성공적인 심문 기술을 가진 사람들에 속했다.

본질적으로 그렇게 얻어낸 정보를 소비하는 미국은 이 일을 지휘하고 있었다. 함발리는 오랫동안 알 카에다의 생물학무기를 사용하는 여러 작전에 밀접하게 연관되어 있는 것으로 여겨져 왔다. 함발리의 친구이며 새크라멘토 소재 캘리포니아 주립대학교에서 화학 및 과학 실험으로 학위를 받은 야지즈 수파트Yazid Sufaat가 2001년 12월 아프가니스탄에서 돌아오는 길에 말레이시아 경찰에 체포되었다. 미국에 협조한다는 것에 대해 착잡한 심경이었을 말레이시아 측은 2002년 말, 미국이 수파트에게 접근하는 것을 허용했다. 그 이후 몇 개월 동안 이어진 심문과 거기서 얻어낸 정보는 요르단 인들이 함발리를 심문하는 데 초점을 잡을 수 있도록 도움이 되었다.

특히 놀라운 정보 한 가지가 드러났다. 알 카에다 조직은 실제로 대단히 순도가 높은 탄저균(anthrax)을 생산하고 있었다는 것이다. 심문을 받는 동안, 함발리가 아프가니스탄에 있는 그 장소를 밝혔다. CIA는 곧 칸다하르에 있는 한 주택을 급습했고, 소량이지만 극도로 강력한 생물학 작용제 샘플을 발견했다.

2001년 12월에 체니와 라이스가 참가했지만 간단하게 끝나버린 탄저균 관련 대책 회의가 열린 이후로 줄곧 CIA와 FBI는 알 카에다가 탄저균이 담긴 편지를 통한 공격에 관련되어 있었는지, 그리고 그들이 무기화할 수 있을 정도로 치명적인 종류의 탄저균을 생산해낼 능력이 있는지 판단하는 데 초점을 맞춰왔다. 첫 번째 의문에 대한 대답은 아니라는 것이었고, 두 번째 의문에 대한 대답은 "어쩌면 아닐 수도 있다"는 것이었다. 비록 CIA가 생물학무기 생산 시설의 흔적을, 그리고 불발로 끝났지만 탄저균 생산 계획이 있었음을 알아내고도, 맹독을 지닌 치명적 탄저균의 한 종류를 분리해 그것을 복제해낸다는 것은 알 카에다의 능력 밖이라고 여겨졌다.

이제 더 이상은 그렇게 생각할 수 없게 되었다. 칸다하르 안가에서 발견된 탄저균은 극도의 맹독성을 지닌 것이었다. 게다가 거기서 얻은 정보에 의하면, 그것은 9·11 테러가 있기 몇 개월 전부터 생산되고 있었던 것으로 밝혀졌다. 그리고 그것은 쉽게 무기로 사용할 수 있을 정도의 양으로 복제해낼 수도 있었다.

워싱턴에서는 비상이 걸렸다. 알 카에다는 실제로 대량 살상 무기를 생산해낼 능력을 갖고 있었다는 것이 밝혀진 것이다. 그 무기는 엄청난 범위의 공포감을 일으킬 수 있는 것이기도 했다.

그다음 퍼즐 조각은 눈에 띄지 않게 컴퓨터 안에 감춰져 있었다. 그 컴퓨터는 ISI가 파키스탄에서 알 카에다 조직원들이 한때 안가로 사용하던 한 아파트를 급습하면서 입수한 것이었다. 컴퓨터의 하드드라이브에는 아주 정확하고 전문적인 뉴욕시티에 대한 테러 공격의 사전 답사 성과를 보여주고 있는 사진들이 담겨 있었다.

그랜드 센트럴 터미널과 그 터미널의 거대한 동굴과도 같은 둥근 천장이 온갖 각도에서 촬영되어 있었다. 그리고 은행들, 호텔 로비들. 맨해튼에 본사를 두고 있는 여러 유명한 회사 건물의 사진이 컴퓨터에 담겨 있었다. 거기에는 그런 회사 건물들의 난방 시설, 통풍 시설, 에어컨 시스템에서 보안문의 자물쇠들에 이르기까지 모든 것의 사진이 포함되어 있었다.

촬영된 장소의 대부분은 폐쇄된 장소들이었고, 각각의 장소는 서로 다르지만 나름의 방식으로 무브타카르 공격 또는 탄저균 공격에 매우 이상적인 장소였다.

이것이 그 "지독한 폭풍우(perfect storm)"란 말인가? 아직은 아니었다. 하지만 자신의 힘으로 이라크에서 폭동의 주모자가 된 자르카위라는 자도 있었다. 그자는 이라크에서 벌어지고 있는 싸움에서 이겨야 한다는 이야기를 공개적으로 하기 시작했다. 그러려면 적의 심장부인 미국 본토를 공격해야 한다고 말이다.

8월이 점점 가까워져 오는 동안에도 함발리는 계속 정보를 쏟아내고 있었다. 그는 심문자들에게 제마 이슬라미야의 특별한 계획 한 가지에 대해 말했다. 그것은 인도네시아에서 폭탄이 가득 실린 비행기를 몰고 미국 본토 영공으로 진입하는 것까지 포함되어 있었다.

여름 내내 각각의 퍼즐 조각이 제자리에 착착 들어맞는 것을 지켜보던 테닛은 가을로 접어들자 마침내 이 문제를 공개하고 대책 마련에 들어갔다. 그는 자신이 우려하는 사안을 부시에게 보고하고는 상황실에서 특별 대책 회의를 열게 해달라고 요청했다. 대통령은 동의했다.

그렇게 해서, 9·11 테러 1주년을 며칠 앞둔 9월 초, NSC에 참석하는 각부 장관들과 나머지 기관의 장들인 미국 정부의 고위 관리들이 상황실에 가득 모였다.

8월의 휴가로 충분한 휴식을 취했고, 갈색으로 보기 좋게 그을린 대통령이 회의 탁자의 상석에 앉았고, 좌중을 환영한다는 인사를 건넸다. 미국 정부 지도부 전체가 단 한 개의 방에 다 모여 있는 상황이었기 때문에, 보안상의 이유에서, 체니는 다른 안전한 장소에서 화상으로 회의에 참여하고 있었다. 다른 모든 사람도 출석해 있었다. 애쉬크로프트, 리지, 뮐러를 비롯해, 국내 문제를 관장하는 기관의 수장으로는 파월과 아미티지, 그리고 럼스펠드는 리처드 마이어스 장군을 대동하고 나와 있었다.

테닛과 맥놀린은 마지막 순간에 모와트 라센을 끌고 들어갔는데, 그것은 말하자면 "상을 확실하게 차리는 차원"에서였다. 모와트 라센은 특히 CIA가 사건들의 연계 관계를 보는 방식이라고 할 수 있는, "위협의 연결 조직"을 이론적으로 설명하는 데 특별한 재주를 지니고 있었다. 모와트 라센이 본격적인 회의에 들어가기에 앞서 그 부분에 대해 몇 분간에 걸쳐 간단히 짚고 난 다음 회의의 목적이 무엇인지를 회의 참석자들에게 이해시키기 위한 이야기를 해나갔다. 즉 각 기관의 수장들을 이렇게 한 자리에 모이도록 한 것은 "점점 커져가는 위협이 닥치고 있는 이 순간에 국내적으로 우리가 취할 조치에 대해, 그리고 어떤 대응을 하면 좋을 것인지에 대해 생각해보기 위한" 자리임을 설명했다.

이제 새로 구성된 TTIC, 즉 테러위협통합센터의 수장 존 브레넌이 위협 요소들을 정리해 보고했다. 보고서는 압둘라에 대한 암살 계획에서부터 새롭게 발견된 탄저균, 함발리가 털어놓은 인도네시아에서 폭탄을 실은 비행기가 미국으로 날아드는 계획, 뉴욕시티에 대한 테러 공격 사전 답사 사진에 이르기까지 모든 자세한 내용을 망라하고 있었다.

부시가 뮐러 쪽을 향해 말했다.

"밥, 이런 위협들에 대해 FBI는 어떤 정보를 가지고 있는가? 국내에서 보는 상황은 어떤가?"

뮐러는 잠시 뜸을 들였다. 그는 CIA가 이 회의에서 무엇을 발표할 것인지에 대해 이미 설명을 들은 터였다. 이것은 뮐러가 부시와 체니에게 보고하기 위해서는 테닛을, 그리고 그의 CIA에서 갖가지 위협 요인에 대한 정보를 그대로 따르기만 하고 있던 때인 2002년 초에 이미 확정된 의례와도 같은 것이었다. FBI가 무엇을 알아냈는지에 대해 별로 이야기할 거리가 없었던 까닭이었다.

뮐러는 CIA가 주장하는 위협 이론이나, 알 카에다가 "자신들이 원하는 시간과 방법을 선택해" 미국을 공격할 수 있다는 견해에 대해 자신은 것들이 맞는 것처럼 여겨지지 않는다고 이야기했다. 즉 그런 이론이나 견해는 믿을 수가 없다는 것이었다.

부시가 손을 저어 발언을 중단시키며 소리를 질렀다.

"거기까지! 좋아 롤프, 다시 한번 그 내용을 이야기해주게. 이번에는 좀 더 상세하게 말이야. 이 문제에 대한 답을 한번 내보잔 말일세."

모와트 라센이 그 말에 따랐다. 이번에는 무샤라프나 압둘라에 대한 암살 기도 같은 외국에서 벌어지는 사건들이 왜, 그리고 어떤 방식으로 알 카에다에게 다수의 전략적 상승효과를 줄 수 있는지에 대해서 자세한 부분까지 설명했다. 그런 다음, 그는 사람들의 이름을 거론하기 시작했다. 알 카에다 조직에 대한 지지자들, 그리고 CIA가 현재 미국 내에 있을 것이며 언제든 테러 공격에 돌입할 수 있으리라고 여기는 지부의 조직원 일지도 모르는 자들의 이름과 인물 소개였다.

이름이 하나하나 거론될 때마다, 뮐러는 차츰 매장되어 가고 있었다. 뮐러는 만약 그자들이 범죄를 저지르지 않는다면, "정체를 밝혀내어 격리시키기가 쉽지 않을 것"이라고 말했다.

화면 속의 체니가 논쟁에 끼어들었다. 그것이 자신에 대해 주의를 끌 만한 일을 아무것도 하지 않은 모하메드 아타와 같은 자들이 활개를 치고 돌아다니도록 내버려두는 것과 "동일한 정신 구조"라고 말하면서 말이다. 그런 자들을 "자신이 활동을 개시해야 할 순간이 될 때까지" 조용히 미국 내에 잠복하고 있게 해주는 것이 바로 그런 안이한 생각이라는 것이었다.

부통령이 뮐러를 더 몰아붙였다.

"밥, CIA의 이번 보고 내용과 관련해 국내적으로 알아낸 것이 뭔가?"

뮐러가 대답했다.

"이 시점까지는…. 현재 인지된 이런 위협 요인에 더하여, 국내적으로, 찾아낼 수 있는 것은 아직 아무것도 없었습니다."

부시가 물었다.

"아무것도 없었다?"

"추가할 것은 아무것도 없습니다, 대통령 각하."

방 안이 조용해졌다. 화면 속에서 체니가 말했다.

"그건 그리 좋은 조짐이 아닌데. 우리는 FBI로부터 이런 식의 답변을 너무 자주 듣는 것 같군."

부시가 끼어들어 사태가 지나치게 과장되는 것을 중지시키켰다. 그날 상황실 회의에 참석했던 주요 인사 가운데 하나의 말이다.

"끔찍했죠. 하지만 그게 FBI가 늘 당하는 일입니다. FBI는 정보국이 아닌데도 정보기관으로 활동하도록 요구받았죠. 그런데 그들은 대개 내놓을 만한 결과가 거의 없었죠."

부시가 논의의 방향을 바꿨다.

"우리는 말만 너무 많고, 충분히 행동에 옮기는 일이 적은 것 같군."

화면 속에서 체니가 1퍼센트 독트린에 대한 이야기를 꺼냈다. 방 안에 있던 대부분의 사람은 그것에 대해, 혹은 그것이 갖가지 다른 방식과 경로를 통해 설명되는 것을 들은 적이 있었다. 하지만 이제 미국의 대외 정책 대부분을 주무르고 있는 그 독트린의 주창자에 의해 바로 원본이라고 할 수 있는 것에 대해 듣게 된 것이다. 체니는 그것에 대해 죽 짚어나갔다. "충격은 높지만 가능성은 낮은 사건들의 본질"과 어떤 방식으로 "명백한 증거 없이도 우리는 이러한 위협 요인들이 확실한 것처럼 대응해야 할 필요가 있는지. 우리는 달리 선택의 여지가 없다는 것. 그렇다면 우리의 현재 상태는 어떠하며, 어떤 조치를 취해야 할 것인가?" 등등.

이 경우, 그것은 독트린의 적용이 사전 대응이라기보다는 상황이 이미 발생한 후 그에 대한 대응에 해당하는 것이었다. 이제 화제는 미국 본토의 안보 문제로 옮아갔다.

부시는 방 안을 돌아다니고 있었다. 회의 참석자들이 앉아 있는 의자마다 다가가서 현재 어떤 조치가 취해지고 있으며, 아니면 어떤 조치를 취하면 될 것인지를 물었다. 화제는 화학약품 공장들, 핵 발전소들, 그리고 고압 송전선망 등과 같이 '급소'라고 할 수 있는 곳들에 대한 것으로 옮아가 있었다.

부시가 물었다.

"우리는 실제로 얼마나 보호되고 있는가?"

톰 리지가 기탄없이 보고했다. 상황은 그리 고무적이지 못했다. 핵 발전소들은 확실하게 보호되고 있었고, 경계령도 이미 전해진 상태였지만, 화학약품 공장들은 그대로 노출되어 있었으며 도시에 인접해 있는 것들조차도 그대로였다.

부시는 교통안전청(TSA, Transportation Security Administration. 국토 안보부 산하 기관 — 옮긴이) 청장 쪽으로 향했다. 인도네시아에서 오는 비행 편들은 어떤 상황인가? 인도네시아에서 오는 비행 편들에 대해 비행 금지를 시키지는 않기로 며칠 전에 결정이 난 터였다.

부시가 물었다.

"국내에서 우리의 안전을 어떤 방식으로 보장할 수 있는가?"

TSA 청장은 배치되어 있는 요원들의 수가 얼마나 되는지, 그 위치가 어디어디인지, 그리고 특정 종류의 위협 요인들에 대한 검색 절차에 대해서 상세하게 보고해나가기 시작했다.

부시가 벌컥 화를 내면서 보고를 중단시켰다.

"난 더 이상 정책이니 절차 따위에 대해서는 듣고 싶지 않아! 내가 알고 싶은 것은 인도네시아에서 짐 검사를 하는 데 어떤 방식을 사용하는가 하는 점이야!"

이후 한 시간여 동안 부시와 체니 두 사람 모두 그런 식의 어조였다. 공항 보호를 위해서는 어떤 조치를 취하고 있는가? 사전 답사 사진에 나와 있는 그랜드 센트럴 터미널과 다른 건물들에 대해서는? 또 다른 탄저균 공격에 대해 대비가 되어 있는가? 그런 다음 다시 비행기 문제로 되돌아왔다. 함발리에게서 얻어낸 정보는 불완전한 것이었다. 그것은 타이머가 부착된 폭탄이 화물칸에 실리는 것으로 해석될 수도 있었다. 그것은 또 다른 9·11 방식의 비행기 납치가 될 수도 있었다.

그때 남성다운 호기를 부리고 싶었던지 럼스펠드가 시키지도 않는 말을 했다.

"걱정 마십시오. 만약 그런 비행기가 납치범들에 의해 통제 불능 상태가 되어 로즈볼 상공을 지나게 된다면 그걸 격추시키도록 하겠습니다."

부시는 럼스펠드를 험악한 눈길로 쏘아보았다.

"돈, 당신의 아들이나 딸이 그 비행기에 타고 있어요. 비행기를 격추시킬 것인지의 여부를 결정하는 것에 대해서 우리가 사용하게 될 기준이 바로 그거란 말입니다."

럼스펠드는 말없이 고개만 끄덕였다.

회의가 계속되면서 다른 사람들도 마찬가지 경우를 당하게 되었다. 대통령에게서 질문은 줄줄이 터져 나왔지만 모두들 거기에 대답할 말이 없었다. 위협 요인은 너무도 많았고, 전체적으로 도무지 방어를 할 수 없는 나라라는 사실이 드러났다.

깎인 점수 만회에 나선 럼스펠드가 잠시 후 다시 말문을 열었다.

"이것은 상당히 훌륭한 연습이라고 생각됩니다. 공격이 임박했을 때 우리 대처 능력이 어느 정도인지 제대로 판단해내기 위해서 말입니다."

그랬다. "우리의 대처 능력"은 대단히 분명하게 드러났다. "위협 매트릭스"에 경고의 불빛이 번쩍이는 상황에서도, 앞으로 있을 수 있는 공격에 미국이 대응할 능력은 2001년 9월 10일보다 단지 아주 약간 나아졌을 뿐이었다.

상황실을 나서는 모든 사람은 공포감을 애써 억누르고 있었다.

며칠 뒤, 모와트 라센과 리온이 뉴욕시티로 향했다. 그들은 FBI 뉴욕지국에 잠시 들렀다. 그들은 뉴욕경찰국 감독관 레이 켈리의 회의실에서 필요한 이야기를 나눴다. 그런 다음 뉴욕 대기업들의 보안 책임자들로 이루어진 단체를 방문했다. 단체의 대다수는 전직 FBI, 뉴욕경찰국(NYPD), CIA 출신이었다. 모두 비밀을 지킬 것을 선서했다. 두 사람은 그들이 어떤 장소와 어떤 물건을 살펴봐야 할지 알 수 있도록 그들에게 새로운 탄저균 공격 위협에 대해, 그리고 무브타카르에 대해 설명했다.

이 회의에 참석했던 몇 십 명의 보안 책임자는 경찰관들이나 보안 요원들과 같은 다른 사람들에게 경계 태세를 강화하도록 알리긴 했으나, 그것은 아주 개괄적인 수준에 그쳤다. 경계를 게을리 하지 말 것. 하지만 조용하고 남의 눈에 띄지 않게 경계 태세를 유지할 것. 이런 식이었다. 수상해 보인다면 그것이 어떤 물건이든, 또는 어떤 사람이든, 또는 무슨 통같이 생긴 것일 수도 있는, 예컨대, 페인트 통 같은 것이 방치되어 있다면 주의해서 살펴보라는 것이었다.

그런 다음, 이 몇 십 명의 사람은 귀가해 대개는 자기 부인을, 몇몇 경우에는 자기 남편을 포옹하게 된다. 무슨 말을 할 것인가? 그 사실은 기밀이다. 그 일에 대해서는 입도 벙긋하지 말아야 하는 것으로 되어 있다.

오늘 하루는 어땠어요, 자기?

별일 없었어. 늘 같은 하루였지 뭐.

하지만 그날은 결코 늘 같은 하루가 아니었다. 무브타카르와 탄저균 공격에 대해 알게 된 이 몇 십 명의 사람은, 하루하루 날짜가 흐르면서,

이 시대의 가장 커다란 딜레마인 소위 '테러와의 전쟁'이 피부에 와 닿는 것을 느꼈다.

그 사실을 알고 있는 것이 더 나은가, 아니면 모르고 있는 것이 더 나은가? 그 사실을 알게 되니 어떤가? 공포를 느낀다. 그게 바로 테러리스트들이 원하는 효과 아닌가?

평범하고 단조로운 시간의 흐름 속에서, 자각하고는 있지만, 그리고 어쩌면 경계는 하고 있지만 그러한 공포가 체념의 상태로 자리를 잡아가기 시작하는가?

한 가지는 반박의 여지가 없이 확실하다. 다른 모든 조건은 같다 하더라도 아주 소규모의 선택된 뉴욕 시민과 자신들이 사랑하는 사람들이 그랜드 센트럴 터미널에 가는 것은 피해야 한다는 사실을 알고 있었다.

8장

공포의 대가

지난 몇 십 년 동안 계속되어 온 핵무기 확산에 대한 논쟁. 이것은 어떤 회의실 안에서도 던져질 수 없는 질문의 고전적 사례가 되어 왔다. 가장 중심이 되는 물음은 늘 애써 피해왔던 것이다. 정확히 말해, 그 물음은 '왜 어떤 국가들은 핵폭탄을 보유해도 되지만 다른 국가들은 그래서는 안 되는가?'이다.

2차 대전 이후에는 상호확증파괴(MAD, mutually assured destruction, 타국으로부터의 핵무기 공격을 대비한다는 목적으로 상대를 확실하게 궤멸시킬 수 있을 정도의 핵 보복 전력을 보유해 상호 억지를 도모하자는 냉전시대 미국의 전략—옮긴이)의 위협이라는 특징이 있었다. 그리고 이 위협은 두 강대국, 나토와 바르샤바조약기구를 간헐적으로 교착 상태에 몰아넣곤 했지만, 핵무기는 실제 핵탄두처럼 보유하고만 있을 뿐 절대 사용하지는 않는다는 전략 이론으로, 민족주의나 특정 지역에 대한 지배 야망을 억제하는 평화 유지의 도구로 이용되었다. 최소한 핵클럽(nuclear club. 미국, 러시아, 영국, 프랑스, 중국 등 핵무기 보유국의 별칭—옮긴이)에 한자리를 차지하고는 거드름을 피우면서 앉아 있는 국가들에 대해서는 억제책으로 작용할 수 있었다. 그들은 핵무기의 위험성에 대해 거창하고도 독선적인 선언을 하고 있지만, 그러는 한편으로 엄청난 양의 핵무기를 비축해두고는 다른 어떤 국가든 핵무기를 보유하는 것을 막기 위해 열심히 술수를 쓰고 있었다. 이런 방식은 대체적으로 효과적이며 힘으로 특권을 더욱 강화하는 수단이기도 했다.

그러자 핵무기를 보유하지 못한 국가들이 불평하게 된 것은 당연했다. 그와 유사한 무기들의 확산이 'MAD'로 인해 생겨난 교착 상태를 훨씬 넘어서는 상황을 만들어내게 될 것인지, 재래식 군비의 사용을 주저하게 만들 것인지 전적으로 분명치 않다고 말이다. 그리고 적어도 이론상으로는 핵무기를 보유하고 있는 보다 특권을 가진 국가들만큼이나 자신들도 이런 종류의 방어 무기, 즉 자기 방어용 무기를 보유할 권리가 있다는 것이다. 여기에는 가진 자와 가지지 못한 자 사이의 문제도 존재한다. 특히 중동 지역에 속하는 국가 중 이스라엘은 서방 선진국들과 어깨를 나란히 한 채 핵클럽에 속해 있는 반면, 아랍 국가는 단 한 나라도 그 클럽에 들지 못한다는 점이 그것이다.

파키스탄이 그런 상황을 바꿔놓는다. 1984년 인도의 지하 핵실험—그 실험에서 폭발시킨 핵무기는 히로시마에 투하되었던 핵폭탄의 위력과 맞먹는 규모였다—으로 공포감에 휩싸였던 파키스탄이, 10년이 지난 후, 어떻게 하면 핵무기 보유국의 위치로 상승할 수 있는지에 대한 가장 주목할 만한 경우를 보여주게 된 것이다. 이 나라는 단독으로 그것을 추진했고, 필요한 무기를 만들어냈으며, 그런 다음 가장 큰 경쟁자 인도에 도전장을 내밀 수 있게 되었다. 그러자 핵무기 보유국으로 입지를 상승시킨 파키스탄의 경우와 비슷한 현대사를 돈으로 사고자 하는 국가들을 위해 1980년대에 '회색시장'(gray marketplace. 보통 시장과 black market의 중간에 해당하는 성격의 시장. 품귀 상품을 비싸게 판매하나 불법이라고는 할 수 없다—옮긴이)이 등장한다. 목적을 달성하기 위해 필요한 것을 어디서 찾아낼 것인지를 알아보기만 하면 되게 된 것이다.

1970년에 체결된 핵확산금지조약에도 불구하고 A. Q. 칸이나 서방의 그리 널리 알려지지 않은 몇몇 회사를 포함해 개인 회사들의 사업은 대성황이었다. 이들이 하는 일은 핵무기를 갖지 못한 정권들을 핵무기를 뚝딱 만들어낼 수 있는 지니genie에게 비밀리에 소개해주는 것이나 마찬가지였다. 그것은 흔히 "단계적으로 배열된" 수백 개의 우라늄 농축 원심 분리 장치의 건설과 관련된 아주 점진적 과정이었다. 고객들은 그것이 아무리 여러 해가 걸리고 몇 천억 달러가 들어도 충분한 가치가 있으리라 예상했다. 1970년대 말, 이라크가 처음으로 이런 시도를 했다. 그러나 그 실험은 오시락 원자로가 이스라엘 공군의 공습으로 파괴되면서 물거품이 되어버렸다. 1990년대 초가 되자 이란과 북한이 칸의 단골 고객이 되었다. 칸은 점점 더 수지맞아 가고 있는 자신의 국제적 기업에 파키스탄의 장성들, 과학자들, 기술자들 그리고 정보기관 요원들까지 끌어들였다. 또한 독일, 영국, 네덜란드, 터키 그리고 스위스 등지에 자신의 고객들을 위해 중요한 부품과 전문 분야의 기계들을 제공해주는 동업자와 부품 공급 업자들로 이루어진 조직도 두었다.

스위스의 기계 기술자 프리드리히 티너Friedrich Tinner도 그런 동업자들 가운데 하나로, 1980년대 이후로 A. Q. 칸과 계속 거래를 해오고 있었다. 그는 칸을 위해 안전밸브를 비롯한 원심 분리기 부품들을 마련해줬고, 일종의 구매자 역할까지 대행하기도 했다. 유럽 내 몇몇 회사에 필요한 물품들을 두바이에 있는 취급상에게 보내도록 하고 거기서 그것을 다시 부품 공급망을 통해 칸의 회사로 흘러 들어갈 수 있도록 주선해 줬던 것이다.

티너의 사업은 날로 번창했고, 결국 그는 자신의 아들들을 사업에 끌어들여 장남 마르코 티너Marco Tinner가 트라코 사Traco Company를 공식적으로 소유하게 되었다. 이 스위스 회사는 정교한 장비들을 물색하고, 채비를 갖춰 판매하는 일을 했다. 이 회사가 취급하는 물품은 고속 선반과 동력용 띠톱 그리고 공구 연마 장치 등이었다. 하지만 얼마 되지 않아 차남 우르스 티너Urs Tinner가 회사에 자부심이자 기쁨이 된다. 우르스 티너는 1990년대에 20대 후반이었다. 원자로 기술자로 훈련을 쌓은 우르스는 전 세계에서 장비 수입과 설치 책임을 맡고 있었다. 그는 과학 분야에 기술을 가지고 있었고, 세심하며, 야망도 있었다. 그는 각각의 부품이 어디로 보내져야 하는지를 알고 있었으며, 그런 까닭에 칸이 씨앗을 뿌리고 키워온 갖가지 프로그램의 진척도에 대해서도 알고 있었다.

CIA와 MI6가 이런 상황을 몰랐을 리 없다. CIA와 MI6는 신호정보와 계좌 추적이 포함된 빠져나갈 구멍이 없는 그물망을 던져두고 칸과 그의 동업자들을 집중적으로 감시해오고 있었다. 그리고 1990년대 후반이 되자, 유럽의 매우 전문화된 원심 분리 장치 판매상으로 잠복근무를 하고 있던 CIA 요원들이 우르스를 따로 떼어내어, 조직에 흡수시키는 데 성공한다.

그것은 첩보 작전에서의 커다란 승리라고 할 수 있었다. 정보 수집의 세계에서 적당한 자리에 배치된 첩자보다 더 큰 위력을 발휘하는 존재는 없으니까. 그것은 마치 CIA가 적외선 투시경을 쓰고 있는 것이나 마찬가지였다. 이제는 알아낸 것이 분명한 사실이라는 의미에 그치지 않고, 황혼녘에서 새벽까지 무슨 일이 벌어지는지 모든 것을 보게 된 것이었다.

하지만 한 가지 껄끄러운 의문점이 제기되었다. 군비 철폐와 군비 확산이 반복되는 역기능의 세계이자, 칸의 네트워크를 계속해서 번창하게 만드는 이 세계에서 그들이 알아낸 귀중한 정보를 가지고 무엇을 할 것인가 하는 물음이었다. 칸은 엄청난 부자가 되었고, 자신의 서비스를 선전하기까지 했는데, 2000년 어느 시점에선가 한 영자 신문에 파키스탄이 제공할 수 있는 핵무기 부품과 조립의 전문 기술을 크게 선전하는 전면 광고를 싣는 허가를 파키스탄 상무부로부터 받아내기도 했을 정도였다. 물론 미국은 그 광고 문구에 나와 있는 것보다 훨씬 많은 것을, 그리고 날이 갈수록 점점 더 많은 사실을 알게 되었다. 하지만 미국은 무샤라프에게 귀중한 내부 정보 제공자를 가지고 있다는 이야기를 할 정도로 그를 신뢰하지 않고 있었다. 그것은 미국이 사우디에게 국내에 존재하는 무브타카르 공격을 준비하던 지부에 대해 어떻게 정보를 갖게 되었는지 정확하게 말해줄 수 없었던 딜레마와도 아주 흡사한 문제였다. 사실 무샤라프에게 칸의 행동에 대해 가장 관련성이 있는 정보를 들이대고 닦달하는 것은 티너의 존재를 노출시키게 될 수도 있었다. 내부로 통하는 창구를 잃게 될 수 있었던 것이다. 9·11 이후 특히 첨예하게 표출되고 있는, 아는 것 대 행동하는 것, 정보 대 저지 사이의 갈등은 CIA와 다른 정책 입안자들이 무샤라프와 스무고개를 하게 만들어놓았다.

마침내 2000년이 되자, 미국 측이 간섭을 시도했지만 별반 신통치 못한 것이었다. 미국은 이 파키스탄 지도자에게 칸이 원심 분리기 부품을 거래하는 사진을 증거로 들이대고 따졌다. 그런 증거는 CIA의 내부 정보원을 더 이상 이용할 수 없게 만들 수도 있었다. 하지만 무샤라프는 전혀 당황하지 않았다. 그는 그저 파키스탄 정부가 개입된 일은 아니며, 자신들은 그 사안에 대해 전혀 아는 바 없다고만 했다. 미국의 압력이 계속되자 무샤라프는 결국 어쩔 수 없이 칸에 대해 정부에서 공식적으로 줬던 직함을 박탈하는 정도의 아주 조심스러운 방식으로 손을 대게 되었다. 하지만 파키스탄 핵무기 사업가는 전혀 굴하지 않고 장사를 계속해나갔고, 그러한 사실에 대해 CIA는 계속해서 보고를 받고 있었다.

전체적으로 보아, 그에 관련해 수집된 정보는 무샤라프를 비롯해 이란 인들, 북한의 김정일, 그리고 확실하게 가다피의 행동과 성격을 암암리에 드러내주는 것이었다. 이 리비아 지도자는 1997년 이후로 칸이나 그의 동업자들과 교류를 계속해왔다. 벤 본크가 런던에서 무사 코사를 만나고 있었던 2001년 10월, 리비아는 파키스탄에 있는 칸의 회사로부터 농축 초기 단계에 사용할 수 있는 원심 분리 장비와 소량의 농축우라늄이 담긴 꾸러미까지 받았다. 미국은 그런 모든 것을 주시하고 알고 있었으면서도, 그에 대해 어떤 조치를 취할 수 없었다.

무사 코사는 사회학 석사 학위 청구 논문 제출에 꽤나 시간을 끌었다. 그가 가다피 밑에서 일하기 위해 이스트랜싱 캠퍼스를 수료 상태로 학위도 없이 떠나 리비아로 귀국한 이후 꼭 5년 만이었다.

그것은 세련된 내용은 아니었다. 그러나 연구 과정을 끝마치기 위해 참고 문헌까지 포함해서 209쪽에 달하는 논문의 완성에 그가 대단한 노력을 기울였다는 사실은, 비록 다른 쪽은 차치하고라도, 여전히 서구 세계를 규정하고 있는 자유로운 연구, 경험론 그리고 다른 이성의 시대의 덕목들에 대해 여전히 호소력을 지닌다는 점에서 의미심장한 것이긴 했다.

코사가 이미 가다피의 충실한 측근 노릇을 하고 있는 동안 쓰인 그 논문은, 코사에게 허락된 가다피와의 긴 인터뷰를 통해 얻게 된 이 독재자의 말과 에릭 에릭슨Erik Erikson에서 세이무어 마틴 립셋Seymour Martin Lipset에 이르는 정치학과 지도력에 대한 사상가들에게서 인용한 구절들을 적당히 섞어 짜놓는 것이었지만, "사회 · 문화 · 경제적 조건들이 정치적 결과에 영향을 미치는 방식"에 대한 연구의 일종이라고 볼 수 있다. 좀 더 구체적으로 말하면, 그것은 가다피를 보다 넓은 역사적 맥락 속에 위치시키고자 하는 시도이기도 했다.

코사의 글은 당연히 이 리비아 지도자에 대한 찬양의 성격을 지니고 있었지만, 이따금씩 그리고 어떤 경우에는 무심코, 대단히 통렬한 비판도 눈에 띈다. 코사의 표현을 빌리자면 어떻게 해서 "행위자들의 개인적 품성이 정치 현상에 대한 중요한 결정 요인이 되는지"에 대한 부분이 그것이다.

그는 가다피의 '정통성'은 주로 "그가 지니고 있는 카리스마"에서 오는 것이라고 말한다. 그런 다음, 어떻게 해서 '지도자들'은 "보통 사람과 그들을 구별 짓는, 초자연적이고 초인적이며, 적어도, 특별히 예외적인 힘과 자질을 지녔다고 취급되도록 만드는 개별적 품성과 같은 특별한 자질을 지니게 되는지"에 대한 막스 베버의 유명한 글귀를 인용한다.

"나는 나이기 때문에 내가 다스리는 방식으로 다스린다"는 항진 명제는 오랜 세월을 거치고도 살아남았다. 이 명제가 유일하게 진정으로 도전을 받게 되는 것은 그리스 인들이 만들어냈고, 우여곡절을 거치면서, 자신의 시대에 민주주의 이상이 폭발적으로 생겨나도록 만드는 데 일조한 공화주의의 이상에 의해서다. 그것은 제퍼슨과 같은 18세기 신고전주의자의 예리한 주장 속으로까지 전해지게 된다. 주권은 곧 국민에게서 나오는 것이며 지도자는 대중이 만족하도록 섬겨야 한다는, 기존 질서를 모두 파괴해버리는 이들의 명제는, 역사 속에 존재하는 기존의 권력 유지와 권력의 정당화에 대한 등식을 뒤엎어버리는 것이었다. 비록 이제는 민주주의가 전 세계 정권의 대략 절반 정도로까지 확산되었지만, 민주주의와 독재 정권 사이에 존재하는 갈등은 단순히 새로 얻게 된 권리가 과거의 오류를 없애어 바로잡는 것이 아닌, 사실상 점점 더 진행 중인 것이자 끝나지 않는 논쟁이 되어 왔다. 두 체제 모두 결국 지배와 권력의 사용에 대한 것이며, 그 각각은 상대가 갖고 있는 당혹스러운 특징들을 공유하고 있음도 알고 있다. 독재자들은 비록 국민에 의해 선출된 것이 아니로되 국민의 불만이 심각한 지경에 이르게 되면 실제로 축출될 수 있으며, 정식으로 국민에 의해 선출된 지도자들은 비록 독재 권력을 휘두르도록 허락되지 않았음에도 자신들의 권력을 유지하고 정당화하며 어떤 경우에는 권력을 확대하기 위해 무슨 짓이든 서슴지 않는 것으로 알려져 있으니 말이다.

이 모든 것은 특히 미국의 9·11 테러 이후의 대외 정책과 관련 있다고 할 수 있다. 과장된 수사법을 동원하고 있음에도 미국의 대외 정책은 놀라울 정도로까지 독재자와의 대화에 의존하고 있다. 어떤 독재자에게 어떻게 하면 미국이 원하는 것을 따르도록 만들 것인가? 공개적으로 혹은 비밀리에 공통 목표의 추구에서 우위를 점할 것인가, 아니면 강압이라는 저급한 방식을 좇을 것인가? 그들을 정통성을 지닌 가부장권 소유자로 취급할 것인가, 아니면 쥐도 새도 모르게 그들의 경제가 일어서지도 못하도록 슬개골을 박살내버릴 것인가? 한때 미국은 비교적 번듯한 독재자라고 할 수 있는 필리핀의 페르디난드 마르코스Ferdinand Marcos를 지원해 논란의 원인을 제공했던 적이 있다. 마르코스가 온갖 약탈을 서슴지 않은 죄인이었다는 점에서였다. 이제 미국은 10여 명의 독재자와 정식으로 뭔가를 거래하기 위한 대화를 하고 있다. 물론 독재자를 각각 개별적으로 상대하게 된다. 그리고 미국은 테러리스트들에 대응하는 정책은 가지고 있지만 독재자에 대한 정책이라고 불릴 수 있는 것은 가지고 있지 못하다.

유일하게 단일화된 사안 한 가지는 별도로 치자. 2003년 가을 무렵, 조지 W. 부시는 각양각색의 독재자에게 그들이 가지고 있는 권력을 포기하도록 강요하기 위해 터무니없다 싶을 정도의 힘을 행사했다. 하지만 대개 독재자들이 맡게 되는 역할에 의해 구체화될 수 있는 전략 같은 것은 없어 보였다. 놀랄 만한 점이었다.

가다피나 무샤라프, 사우디아라비아의 압둘라 같은 독재자들에게 '정통성'이라는 것은 코샤와 다른 사람들의 저술에서처럼 주로 "그 인물의 개인적 카리스마에서 나오는 것"이고, 그 각각의 독재자가 자신의 권력을 국익과 자부심을 높일 수 있는 방식으로 사용하겠다는 암시에서 나온다. 이것은 호전적인 성직자든, 아니면 성마르고 야심에 찬 대령이든, 개개의 국민 누구나가 나름대로 갖게 되는 개인적 의견이다. 이것은 정부가 통제하는 언론이 자취를 감추고, 방송이나 인터넷과 같이 논평 성격의 글들이 덧붙여지는 진짜 뉴스가 순식간에 전파될 수 있는 시대에는 특히 더 그러하다. 이러한 시대적 변화는 "체면을 구기지 않아야 한다"는 독재자의 전통적 난제를 한층 더 껄끄럽게 만든다. 왜냐하면 독재자들의 권력은 그들의 개인적 품성에서 생겨나고, 그것이 충분히 먹혀들도록 강제해야 하는 것이기 때문에 '체면'이라는 것은 절대적인 요소가 된다. 그들은 자신보다 더 힘이 센 다른 나라의 지배자에 의해 반박할 수 없을 정도로 굴욕을 당해서는 절대로 안 되는 처지인 것이다. 그리고 특히, 최근 들어서는, 전 세계의 독재자들을 박멸하겠다고 나선 '십자군'이라고 할 만한 조지 W. 부시에게 그런 꼴을 당해서는 절대 안 되는 상황인 것이다.

그러는 동안, 역시 자신의 체면을 절대 손상시킬 수 없는 처지인 조지 W. 부시가 이라크나 해외의 다른 국가에서 전 세계 독재자들의 행동 변화 실험을 하려 하고 있었다. 복잡한 국내 사정에도 불구하고 국제사회의 독재자들이라는 유권자들의 욕구를 변화시키고자 싸움을 계속하고 있는 것이다. 그런 독재자들의 욕구는 대량 살상 무기일 수도, 민족주의 운동일 수도, 급진과격주의의 채용일 수도, 혹은 반미주의에 대한 지원일 수도 있다. 하지만 미국 내에서는 지지 기반에 활력을 주고 메시지를 통제할 수 있을 정도로 강력한 칼 로브의 고성능 선거운동 조직조차 해외에서는 전혀 편리하게 적용해볼 도리가 없었다. 9·11 테러가 발생한지 2년 후, 국제사회는 힘을 앞세운 미국의 명령들에 대해 끊임없이 거의 집착에 가까울 정도로 곱씹게 되었다. 각국의 방침이 어떤 것이든, 그것이 그들에게는 현실이었다. 미국 내 대다수 네오콘은 그런 상황에 대해 전혀 개의치 않는다. 그거야말로 그들이 바라는 바였기 때문이다.

하지만 미 행정부는 현재 "절대 포기하지 말라, 절대 굴복하지 말라, 절대 실수를 인정치 말라"는 식의 결의와 강경함이 담긴 어법으로 내부를 독려하는 상황에서 전 세계 사람들에게 백악관 식의 표현처럼 "그들이 이해할 수 있는 방식으로" 이야기를 하고 있다. 문제는 가다피, 압둘라, 무샤라프의 경우와 마찬가지로 부시에게도 "체면을 잃게 되는 것"은 어느 모로 보나 갑자기 너무도 예민한 문제가 되어버렸다는 점이다. 부시에게 있어서 "체면을 잃는다는 것"은 피 냄새를 맡은 독재자들이 떼거리로 들고 일어나 그에게 도전해오게 되리라는 것을 의미한다.

독재자에게 초점을 맞추는 미국의 대외 정책은 이처럼 일련의 대결 구도 속에 갇혀 있었다. 조지 W. 부시는 순순히 말을 듣지 않는 나라들이 유일한 초강대국인 미국 앞에 무릎을 꿇기를 원했다. 그들의 행동, 나아가 그들 정부의 형태를 바꾸게 되기를 말이다. 게다가 그들이 대량 살상 무기를 포기하고, 더 이상 만들지 않으며, 미국에 도전하지 않고, 민주주의와 자유로운 경제활동의 좋은 면을 볼 수 있다면 더 바람직할 게 없었다. 그리고 만약 이러한 전례를 행동의 모범으로 삼고자 하는 다른 국가가 있다면, 그들은 반드시 그 배후에 무엇이 있는지를 알아야 했다. 그것은 바로 새로운 세력이자 이제는 거리낄 것 없는 미국이라는 초강대국임을 말이다. 새로운 선례들이 생겨날 때마다 미국의 한마디에는 더 큰 힘이 실리게 될 거라는 것이 부시 진영의 노림수였다. 선례들이 점점 더 많이 생겨나면 무력 따윈 없이 그저 말 몇 마디로 타이르면 된다는 것이었다. 바로 그것이 "설득하여 단념시키는" 실험이 계획된 방식이다.

한편 어느 형태를 취하고 있든 다른 독재국가의 지도자들은 그것이 무엇이든, 미국이 그들에게 점점 더 강요하는 것이든 미국이 그들이 했으면 하고 바라는 것이든, 할 여유가 없게 되었다. 그랬다간 그들의 체면이 말이 아니게 될 것이기 때문이었다. 어느 독재자가 되었든 그것은 곧 자신에게 재앙을 부르게 될 수 있는 것이었다.

2003년 9월 하순. 무사 코사가 처음으로 토니 블레어에게 예비 교섭을 해온 때로부터 6개월이 지났다. 리비아는 그때까지도 '가시적인' 방안을 전혀 내놓지 못하고 있었다. 부시에게는 얌전하고 순종적이 된 가다피가 새로운 세계 질서에 굴복했음을 대대적으로 선전해댈 뭔가가 필요했는데도 말이다.

무사 코사의 논문을 한 번이라도 읽었더라면 상황을 진전시키는 데 도움이 되었을지도 모른다. 가다피의 선택은 그가 기꺼이 자진해서 군비 철폐를 하겠다는 것과는 거리가 멀었다. 자신이 원해 마지않던 국제적인 제재 조치에서 벗어나기 위해서는 그래야 한다는 것을 알고 있었지만 말이다. 문제는 어떻게 하면 다른 아랍 국가들뿐만 아니라 리비아 국민들에게 가다피 자신이 별 볼일 없는 존재로 비춰지지 않으면서 그렇게 할 수 있는가 하는 점이었다. 게다가 자신이 권력을 막 잡았을 때 결정한 것이 엉뚱한 방향으로 나아가고 있는 것처럼 보이지 않으면서 말이다. 그 결정으로 그는 10여 년이 넘는 세월 동안 리비아라는 나라를 제재 조치와 고립으로 몰아넣었다.

가다피는 1969년 무혈 쿠데타로 권력을 잡았다. 그는 자기 자신이 만들어낸 통치이념을 신봉하면서 언제나 자신을 통찰력이 뛰어난 지도자로 여기고 있었다. 그것은 사회주의와 이슬람교의 한 분파인 리비아 토착 부족의 관행을 결합한 '제3 보편 이론(Third Universal Theory)'이라는 것으로, 리비아 국민들이 일종의 직접 민주주의를 실행에 옮기게 될 수 있으리라고 예상한 이론이었다. 그는 1970년대와 1980년대에 이러한 이상이 해외에서도 활발하게 진척을 보이도록 만들기 위해 석유 수출을 통해 벌어들인 돈을 거기에 쏟아 넣었다. 그래서 그는 구세주적 위엄을 보이면서 테러리스트들에게 자금을 대주었고, 그것을 통해 자본주의와 공산주의가 종말을 맞게 만들 수 있다고 여겼다. 그러나 그의 예상과 달리 결과는 국제적인 비난과 제재 조치로 나타났다.

1986년, 로커비 상공에서의 여객기 폭파 사건이 터지기 전부터 미국은 리비아와의 상업적 거래나 리비아로의 여행에 대해 금지 조치를 취해버렸다. 또한 유엔은 1992년부터 리비아에 대한 무기 수출을 금지하고 항로를 폐쇄했으며, 정유 장비의 수출도 금지시켜버렸다. 이로 인해 리비아는 모래투성이 관 속에 갇혀버린 꼴이 되었고 그러는 동안 인접한 산유국들은 1990년대의 석유 수출을 통해 벌어들인 돈으로 빠르게 성장하고 있었다. 2003년 리비아의 1인당 국민소득은 대략 6,400달러 선으로, 석유수출국기구(OPEC) 회원국 대다수에 한참 떨어지는 것이었고 그리 다변화되지 못한 경제는 그나마도 고루 분포되어 있지도 못했다. 알래스카보다 약간 더 큰 땅덩어리에 인구는 600만이며, 그 인구의 97퍼센트가 수니파고, 국내 총생산의 54퍼센트를 석유 수출에 의존하고 있는 리비아가, 인접해 있는 아랍 국가들의 수준에 훨씬 못 미치는 사막의 한 베두인족 왕국에 가깝다고 할 정도였던 것이다. 이런저런 제재 조치를 받게 되어 석유 산업이 침체되어버린 리비아는 유정의 최고 생산 능력을 유지시킬 수 있는 기술자나 장비의 부품 수급에 문제를 겪게 되었다. 그것은 곧 경제적 어려움으로 이어졌고, 서서히 정권에 반대하는 집단이 생겨났다.

로커비 유족에 대해 보상하기로 한 봄철의 합의 결과에 따라 2003년 9월 유엔의 제재 조치가 풀리게 되어 있었다. 하지만 미국은 리비아에 대한 일방적 경제제재이기도 한 자체 제재 조치를 철회하기에 앞서 보다 더 많은 양보를 원하고 있었다. 즉 리비아가 군비 증강을 포기하고, 테러리스트들과의 연계 관계를 끊을 것이며, 변화된 국가의 의도와 성격을 국민들에게 강력하게 공표할 것 등을 추가로 요구했다. 그런 조치가 취해지지 않는다면 미국은 꿈쩍도 하지 않겠다는 것이었다. 그러자 가다피 쪽에서는 제재를 철회한다는 유엔의 조치에 미국이 동참하지 않는다면 로커비 유족에 대한 배상을 전혀 하지 않겠다고 맞섰다. 그리고 그런 상태로 대치가 계속되었다. 여름 내내 스티브 캡스와 영국 MI6의 대테러센터 국장 마크 앨런Mark Allen은 코사나 다른 리비아의 악덕 중개업자들을 만나면서 단시간에 전 세계를 휘젓고 돌아다녔다.

어떤 면에서 본다면, 그것은 공통의 이익을 위한 행동이기도 했다. 캡스와 마찬가지로 코사도 고집불통 리비아 지도자가 합의 사항을 생각해 낼 수 있도록 협상 테이블로 끌어내 앉힐 수 있게 되기를 바라는 것처럼 보였다. 이들은 상이한 조건들과 상이한 전략들, 협상을 순조롭게 만들 수 있을 것들, 그리고 대개는 가다피의 마음에 들 수 있을 것들에 대해 이야기를 나눴다.

그해 여름, 트리폴리에서 캡스와 앨런이 처음으로 가다피와 만나게 되었을 때, 그들은 리비아가 포기해야 하는 무기에 대해 거론하면서 그에 대해 구체적인 확답을 하도록 가다피를 압박했다. 가다피는 여러 화학 작용제, 특히 겨자탄(mustard gas)을 가지고 있다고 일반적으로 알려져 있었다. 정상적으로 작동할 수 있는 상태의 효과적인 발사 시스템을 보유하고 있는지의 여부는 별개의 문제였다. 게다가 미국은 우르스 티너를 통해 가다피가 창고 한두 개를 채울 수 있을 정도의 원심 분리 장치 부품들을 사들여 비축해놓고 있다는 것도 알고 있었다. 그럼에도 이 리비아 지도자는 화학무기든 핵무기든 어느 쪽에 대해서도 자신이 어느 정도를 보유하고 있는지 그 범위에 대해 좀처럼 털어놓으려 하지 않았다.

캡스와 앨런 팀은 무기에 대해 수없이 캐물었다. 그리고 가다피 쪽에서는 온갖 방식으로 빙빙 돌려가며 직접적인 답변을 피했다. 그러는 한편으로 가다피는 코사가 늘 말했던 것처럼 엄청난 카리스마로 두 사람을 압도하면서 자신의 '정통성'을 주장했다. 그러는 중간 가다피는, 문제는 리비아가 단순히 어떤 태도를 취할 것인가에 대한 것이 아니라 주권국가로서 어떤 태도를 취해야 하는가와 관련되어 있다고 말했다. 또한 그의 이야기는 이런 식으로 계속되었다. 만약 주변국들이 가다피의 이 새롭고 진보된 군비 철폐의 입장에 동의하지 않을 경우 리비아의 안전을 누가 보장할 것인가? 독립된 주권을 지닌 국가들 사이에서 구속력을 지니는 합의의 본질은 무엇이며 그러한 합의의 한계는 어디까지인가?

그 어떤 독재자든 혹은 권위주의자든 권력에 의해 확대되게 마련인 뛰어나게 매력적인 성격 한 가지쯤은 가지고 있다. 실질적인 쟁점이 무엇이었건 간에 가다피는 어떤 면에서 이러한 만남을 즐기고 있는 것처럼 보였다. 캡스와 앨런을 자신이 그토록 갈망해 마지않았던 제1세계에 대한 일종의 고위급 대리인으로서 변화시켜놓는다는 점을 말이다. 물론 다른 이유들도 마찬가지로 작용했겠지만, 그를 처음으로 협상 테이블에 끌어낼 수 있었던 것은 바로 그런 필요성이라고 할 수 있었다.

그해 늦여름의 어느 날 아침, 랭리로 돌아온 캡스가 복도에서 존 모스맨을 만났다. 캡스는 엄청난 중압감을 받았을 게 뻔한 트리폴리로의 출장과 밤을 꼬박 새운 비행기 여행에도 깔끔한 옷차림에 피곤한 기색도 별로 없는 눈빛이었다.

모스맨이 말했다.

"자네 정말 싱싱해 보이네그려. 며칠을 가다피와 싸우고 온 사람 같지 않은걸."

캡스가 대꾸했다.

"존, 날 미쳤다고 해도 상관없어. 가다피라는 자가 점점 마음에 들기 시작하거든."

부시와 블레어를 곤란하게 만들고 있는 이자를 신뢰하느냐의 여부는 별개의 문제였다. 물론 미국 측은 가다피가 핵무기 개발 프로그램의 초기 단계를 이미 진행하고 있는 중임을 알고 있었다. 하지만 영국과 미국의 협상 팀은 자신들이 그가 원심 분리기 부품을 비축하고 있다는 것과 어떻게 해서 그것을 알아내게 되었는지 증거를 내세우며 가다피에게 들이밀 수 있는 처지가 아니었다. 미국이 칸에 대해 온갖 것을 다 꿰고 있다는 사실을 가지고 무샤라프를 닦달하거나, 미국 내에 있는 무브타카르 공격 계획을 세우고 있는 알 카에다 지부에 대해 사우디 측에 노골적으로 따질 수 없는 것과 흡사한 상황이었다. 그걸 가지고 가다피를 몰아세우면 그것은 곧 티너를 위태롭게 만들 수 있기 때문이었다.

한편 가다피는 여러 차례 기회가 있었음에도 핵무기 개발 프로그램에 대해 도대체 인정하려 들지 않았다. 최근 들어서 미국조차 비슷한 경험을 하게 되었는데, 투명성이나 내부에 제동장치를 갖고 있지 못한 정부의 지도자들은 자신들이 인정하지 않을 수 없게 된 사안들에 대해서만 인정하는 습성이 있다.

캡스, 테닛, 부시, 체니 등과 같은 소집단에서 이르게 된 합의점은, 가다피의 팔을 좀 비틀어줘야 하리라는 것이었다.

팔을 좀 비틀어줘야 할 한층 더 중요한 또 다른 인물이 있었다.

2002년 후반에서 2003년으로 넘어오는 동안, 파키스탄의 상황은 몇 개월 상관으로 점점 더 심란해지고 있었다. 미국은 칸의 활동 상황에 대해 점점 더 많은 증거를 확보해가고 있었지만 그것을 무샤라프에게 알릴 수도 없는 처지였다. 그러는 동안, 이 파키스탄 독재자와 그가 알 카에다와 맞서 싸우는 전투원으로서 맡고 있는 역할에 대한 우려는 점점 더 커져가고 있었다. 이 과정은 한쪽으로는 수세를 취하면서 다른 한쪽으로는 공격할 수밖에 없음을 의미했다. 미국은 무샤라프에게 협조해준 것에 대해 계속 칭찬하는 한편으로, 핵무기로 권력을 유지하고 있는 또 다른 독재자인 북한의 김정일에 대해 점점 더 공격적으로 나가고 있었다. 공교롭게도 김정일은 무샤라프의 가까운 참모이자 친구인 A. Q. 칸의 최고 고객이기도 했다.

CIA의 작전을 총괄하는 작전실 안에 몇 개의 팀이 모여 있었다. 티너를 담당한 요원들과 분석관들이 캡스와 리비아 담당 팀들과 회의 중이었다. 2003년 들어서 칸의 회사에서 리비아로 보내는 원심 분리 장비의 선적이 이미 세 차례나 이루어진 터였다.

티너는 10월 초에 네 번째 선적이 있을 것이라고 담당 요원들에게 말했다. 테닛과 캡스는 부시와 체니에게 곧 있게 될 선적에 대해 보고했고, 양쪽을 한꺼번에 잡을 수 있는 계획 한 가지를 추천했다. 마침내 그토록 여러 해 동안 칸의 조직 내부에서 슬쩍슬쩍 내보이던 정보가 작전으로 이어질 수 있게 되었다. 이들을 저지할 순간이 다가온 것이다.

티너는 자기 담당 요원에게 비비시 차이나BBC China라는 이름의 선박이 리비아로 가는 원심 분리 장비를 싣고 두바이 항을 떠나 수에즈 운하로 향하고 있다고 정보를 줬다. 미국은 이 선박의 소유주인 독일의 한 선박 회사에 그 배의 방향을 틀어 이탈리아 타란토 항으로 입항하도록 조치해달라고 요청했다. 조사관들은 그 배에서 말레이시아에 있는 칸 소유의 생산 공장 스코미 정밀엔지니어링(Scomi Precision Engineering)에서 제작한 핵무기 제조 장비가 담긴 다섯 개의 커다란 포장용 상자들을 찾아냈고, 그것을 압수하도록 조치했다. 한편 말레이시아에 있던 우르스 티너는 회사 기록에서 자신의 인적 사항이 담긴 파일을 모조리 삭제해버린 다음 자신이 사용하던 컴퓨터 하드디스크에 담긴 회사의 핵심 기술 관련 도면들을 뜯어내서는 국외로 빠져나갔다.

며칠 이내로 A. Q. 칸의 후배 공동 경영자 부하리 사이드 아부 타히르

Buhary Sayed Abu Tahir를 포함한 몇 명의 인물이 말레이시아 경찰에 체포되었다. 칸은 파키스탄에서 가택 연금을 당했고, 그러는 동안 무샤라프는 자신의 아주 가까운 친구이자 참모와 관련된 이 미묘한 문제를 어떻게 처리해야 할 것인지 확실한 결론이 날 때까지 심사숙고하고 있었다.

이 선박에 대한 압수를 통해 미국은 여러 해 동안 비밀리에 알고 있었지만 공개할 수 없었던 사실에 대해 공개적으로 분노와 놀라움을 표명했다. 아울러 무샤라프와 가다피 두 사람 모두에게 조치를 취하도록 요구할 기회도 얻게 되었다. 이때쯤에는, 미국이 갖게 된 정보가 단 한 가지 분명한 사건에서 나온 것처럼 보이는 상황이었다. 그랬기 때문에 두 독재자는 자신들이 감추고 있는 숱한 비밀을 어물쩍 건너뛴 채 미국 관리들과 표리부동한 대화를 시작해볼 기회를 얻게 되었던 것이다. 그리 만족스럽지는 않았지만 그것은 선례에 따른 것이기도 했다.

CIA 분석관들과 NSC 정책 전문가들은 이 사건을 거의 시작 단계에서부터 느리지만 꾸준하게 정보를 축적하면서 행동을 취할 결정적인 순간을 노린다는 특징을 가진 하나의 전형으로 보기 시작했다. 그게 아니라면, 농구에 비유하는 어법을 즐겨 쓰는 한 CIA 관리의 표현대로 "확실한 슛을 날릴 기회를 기다리는 것"으로 말이다.

또한 비비시 차이나에 실린 화물 압수는 한 주일 한 주일 시간이 흐르면서 대개 사람들 눈에 띄지 않는 곳에서 전개되는 '싸움'의 작용과 반작용을 보여주었다. 불안정하게 마련인 작용과 반작용 말이다. 그것은 비밀과 가시적인 것 사이에서, 캄캄한 밤과 훤하게 동이 터오는 시간 사이에서 벌어지며, 미묘하기조차 했다. 물론 이 사건과 관련된 다양한 당사자는 이 배를 압수한 결과로 인해 생겨날 수 있는 상황에 대해서는 전혀 알 수 없었다. 미국, 영국, 파키스탄, 리비아, 어쩌면 말레이시아, 이란 그리고 당연히 북한 등의 모든 관련국은 여러 해 동안 이미 이런 내막에 대해 훤히 알고들 있었다. 그들은 비록 상대국이 어떤 방법을 동원해 그런 정보를 알아냈는지는 확실히 모르고 있었을지라도 상대가 어떤 것을 알고 있을지에 대해 알고 있었거나, 강한 의혹 정도는 갖고 있었을 가능성이 높다. 그것은 이 국가의 지도자들이 다스리는 국민들이나, 특히 투명한 민주주의 체제라고 여기는 국민들은 그러한 것에 대해 전혀 모르고 있도록 엄청난 공작이 이뤄지고 있었음을 의미한다.

미국 대외 정책의 진정한 지침이 어떤 것이어야 할지 알 권리를 내세우는 정부의 다른 부처 또는 국민에게서 나오는 경쟁 관계에 있는 주장들 사이에서의 작용과 반작용에서 거의 모든 선택권은 정보 전문가 집단에 귀속되게 되어 있었다. 정보 전문가들에 의해 내려지는 결정과 소규모 정책 입안자 집단에 의해 내려지는 결정 사이에서의 작용과 반작용과 마찬가지로 말이다.

칸의 고객 기반에서 북한이 가장 가치가 높은 자리를 차지하고 있었다는 것은 오래도록 일반에 공개되지 않았던 정보이다. 이런 이야기가 누설된 것은 2002년 10월 부시에게 사담 후세인에 대해 무력 제재 조치를 취할 수 있는 권한을 주기 위한 의회 표결이 있고 나서 겨우 몇 주일 후였다는 사실이 그 훌륭한 예가 된다. 김정일에 비하면 후세인은 핵무기를 만들어낼 능력이 훨씬 떨어진다는 것 정도는 아주 의심 많은 정책 입안자들조차 잘 알고 있는 사실이었다. 대신 후세인이 전 세계에서 가장 위협적인 세력인가를 놓고 거의 1년이 넘게 논쟁을 벌여온 의회나 미국 국민 그 어느 쪽에도 사실을 알리지 않는 쪽으로 결정이 나버리고 만 사실도 있었다. 리비아가 핵무기 개발 프로그램의 처음 몇 단계를 이미 거친 상태라는 것이나, 그 내용이 벤 본크가 코사와 만나고 있었던 2001

년 10월 일찌감치 CIA 내부에서 브리핑되었다는 것, 이란 또한 급속하게 칸의 고객이 되어 가고 있다는 것 등이 그것이었다. 이라크에 대한 전쟁의 북소리가 높아지는 가운데, 이런 모든 정보는 지나치게 형식에 구애되는 것이자 그리 중요치 않은 것으로 치부되었다.

비비시 차이나 호의 화물이 압수되고 난 뒤 무샤라프는 오히려 미국이 그랬던 것과 마찬가지로 충격을 받았다는 반응을 보였다. 그는 공개적으로 "우리는 우리의 무슬림 형제들에게 배신을 당한 것"이라며 노발대발했다. 그것은 파키스탄의 핵무기 개발 기술을 팔아 엄청난 이득을 챙긴 칸에 대한 것일 수도, 아니면 이 파키스탄의 영웅을 미국에 팔아넘겼으리라고 혐의를 둘 수 있을 가다피를 겨냥한 것일 수도 있는 언급이었다. 그 모호함이 거의 예술의 경지에 올라 있다고 할 만한 언급이었다.

가택 연금당한 칸은 심문을 받지 않았으며, 미국이 그에게 접근하는 것도 허용되지 않고 있었다. 그들은 절대 그것을 허용하지 않을 것이었다. 몇 개월 뒤 그는 파키스탄 텔레비전에 출연해, 국내 시청자들보다는 국외 시청자들을 염두에 둔 듯 영어로 작성된 메시지를 통해, 자신의 배신행위에 대한 사죄를 하면서 그 메시지의 가장 중요한 내용인 "자신의 이러한 모든 행위는 결코 파키스탄 정부의 허가를 받은 것이 아님"을 강조했다. 전체적으로, 무샤라프가 충격을 받았다는 반응을 보이는 것과 칸의 성명은 파키스탄 지도자가 체면을 구겼다는 것을, 하지만 그 강도는 아주 미미하며 어떻게든 손을 써볼 수 있는 것이라는 점을 의미했다.

그러한 점은 가다피의 경우에도 마찬가지였다. 선박에 실린 화물이 압수된 사건은 자신의 통제 범위 밖에 있는 게 분명한 하나의 상황에 대한 핑곗거리가 되어준 셈이었다. 어차피 이따금씩 그런 일은 터지게 마련이었으니까. 그 사건은 핵무기 개발 프로그램이 들통 난 것을 그저 상식 수준의 것으로 만들어놓았다. 어차피 그것은 이미 다 알려져 있는 일이기도 했다.

트리폴리에서 열린 협상에서 이 리비아 지도자는 캡스와 앨런에게 체셔고양이와도 같은 능글맞은 미소(Chesire cat's smile)를 지어 보였고, 협상은 속도가 붙었다. 가다피는 배에 실린 화물의 압수를 출발점으로 삼아 다른 사람들이 공개적으로 그렇게 하고 있는 것처럼 미국과 영국이 비밀리에 이미 알고 있는 사실이자 그 대부분이 자신의 핵무기 개발 프로그램에 관한 것인 내용에 대해 조심스럽고 명확하게 설명했다. 11월이 되자 그의 군비 철폐 일정의 세부 사항 가운데 일부가 결정되었다. 12월까지 미국과 영국은 국제원자력기구(IAEA, International Atomic Energy Agency) 대표들과 함께 리비아 내 핵 시설에 대한 시찰을 하게 될 것이었다. 그들은 대다수가 아직 포장도 뜯지 않은 상태인 원심 분리 장치의 부품들과 구성 장비들을 살펴보았다. 그 대가로 가다피는 자신이 원하던 것을 얻었다. 제재 조치가 철회된 것이다. 리비아 지배계급 사이에서 이 사안은 쿠데타를 통해 권력을 잡은 지배자의 체면이 구겨지지 않는 것처럼 보이도록 대단히 교묘하게 처리된 것으로 받아들여졌다.

그러면 조지 W. 부시 쪽에서는 어떤가. 그는 이라크 침공이라는 실험이 엉망이 되어버린 것을 상쇄시키기 위해 자신이 그토록 절박하게 원했던 이야기를 실컷 하게 되었다. 그것은 아주 적당한 "체면 살리기"용 아리아였다. 가다피가 무기를 포기하고 협상에 나선 것은 바로 미국의 이라크 침공으로 정세가 바뀐 때문이라고 말이다.

그것은 사실이 아니었다. 본질적으로 "한꺼번에 둘을 잡는 플레이"에 관련된 당사국들 모두의 거의 모든 공개적인 진술이 그러하듯 그것은 거짓이었다. 그것은 허위 진술의 문제가 아니었다. 무샤라프든 부시든 관계없이 모두 거짓말을 하고 있다는 것을 알게 되었다. 하지만 미국 정부에서조차 투명성이라곤 거의 찾아볼 수 없는 상황에서 이런저런 발표들에 대해 근본적인 증거를 들이대고 따진다는 것은 대단히 어려운 일이다. 적어도 가까운 장래에는 말이다.

그러한 점은 또한 관련 당사국들 모두가 잘 알고 있는 점이기도 했다. 대개는 곧 있게 될 합의 사항에 숨겨진 조건이기도 한 핵심 내용은, 권한을 갖고 있는 관련 당사국들 모두가 "체면을 유지"하게 되거나 적어도 크게 체면을 잃는 일이 없게 한다는 것이었다. 이슬라마바드나 트리폴리 워싱턴에서 흘러나올 그처럼 정교하게 짜인 메시지는 부풀려지거나, 아니면 최소한 그 상태 그대로 유지되게 마련이었다. 그것은 협정이자 "공통의 이익"이었다. 그리고 요즘 들어 민주주의 국가의 지도자든 독재국가의 지도자든 아주 공통적으로 지니게 된 부분이다.

장초점렌즈를 통해서 본다면, 이라크는 독재자와의 대화에서 완전히 실패한 경우이자 침략군이 이제는 점령군으로 변하는 전통적 형태로 결말이 나게 되는 개별적 처리 방식의 위험한 사례에 해당한다. 그러나 그들을 찾아내어 저지하라는 '테러와의 전쟁'에 비교한다면, 이라크의 경우는 그 장면들을 담으며 돌아가고 있는 카메라가 훤히 보이는 상황에서 치러진 것이었다. 그리고 그것은 2003년 가을 무렵까지 텔레비전 화면에서 눈을 떼지 못했던 미 행정부와 전 세계 선진국들의 수많은 관측통이, 미국의 침공 방식을 보면서 분노와 당혹감, 셔우드 앤더슨Sherwood Anderson(1876~1941. 미국의 소설가. 단편으로 특히 유명하다―옮긴이)의 표현을 빌리자면 "정교함이 주는 슬픔"을 경험할 수밖에 없었던 이유이기도 했다.

어느 견지에서 보든 분명하게 드러나는 명백한 실수가 여럿 존재한다. 이라크의 무기 저장소를 손에 넣지 못한 점과 이라크 군을 해산시켜 버린 조치가 그것이다. 이라크 군은 상대적으로 싼 값에 이라크를 잠잠하게 만들 수 있었던 일종의 용병이 될 수 있는 군대였다. 무슨 말인가 하면, 식수와 전력은 모자라지만 좌절감은 넘쳐났던 그 뜨거운 여름, 이라크 곳곳에서 일어났던 폭동과 폭탄 테러, 그리고 반란을 진압하는 데 수십억 달러의 비용을 들이느니 차라리 이라크 군을 그대로 유지하는 것이 훨씬 싸게 먹혔으리라는 뜻이다.

애초에 이라크에 대해 갖게 되었던 의심과 상황이 복잡해지면서 국무부와 CIA의 개전 반대론자들의 예측이 옳았다는 것이 입증되어 가던 그 여름에 대통령은 무엇을 생각하고 있었을까? 아무 때나 드러나지 않는 조지 W. 부시의 속마음을 어렴풋이나마 알게 해주는 예가 다소 지엽적인 두 가지에 대한 언급에서 나타난다. 첫 번째는 7월에 백악관에서 있었던 기자회견에서였다. 대통령은 이렇게 말했다.

"(이라크에서) 우리를 공격하면 우리가 조기에 철군할 것이라고 여기는 사람들이 있습니다. 만약 그게 사실이라면, 그렇게 생각하는 사람들은 자신이 무슨 말을 하고 있는지도 모르는 사람들이며… 그들이 그곳에서 우리를 공격할 수 있을 정도의 상황이라고 여기는 사람들이 있다는 뜻입니다. 그에 대한 나의 대답은 '그런 자들을 그곳으로 모두 불러들이라' 입니다."

물론 이런 행동은 보편적이라고도 할 수 있다. 챔피언이 확실한 펀치를 한 방 먹었거나 예상처럼 강력하게 싸움을 이끌어가지 못하는 상황이 되면, 그는 허풍을 떨어대기 시작하거나 적어도 자신의 마음속에는 두려움이나 싸움에 지리라는 의심 같은 것이 전혀 없다는 것을 보여주려 들게 마련이니까. 그리고 이러한 종류의 허세는 주로 남자들 사이에서 나타나는 편이다. 하지만 마하트마 간디Mahatma Gandhi 옹께서 언젠가 설파했던 진리가 있다.

"남성적인 용감함이란 과장이나 허세, 오만함 속에 존재하는 것이 아니다. 용감함은 옳은 일 하기를 두려워하지 않는 것에, 그리고 그 결과가 사회적, 정치적, 그 밖의 다른 무엇이든, 그것에 당당하게 맞서는 것에 있다. 용감함은 행동 속에 있는 것이지 말로 떠들어대는 것이 아니다."

정부라는 조직은 하나의 지도자에 의해 대표되지만 그것은 수많은 이런저런 부류의 사람으로 이루어진 존재다. 이번 경우, 간디가 말한 '행동'에 관해 말해보자면, 미국 정부는 인구 2,700만의 한 국가를 겨우 15만의 병력으로 통제하려는 시도를 했고, 이런 일에 경험이 아주 많은 군 지휘관이 그 수의 절반 내지 3분의 1이라도 되어야 하는 상황이었으나 실상은 그렇지 못했다. 그런 점이 대통령의 말에 공허함을 더해준다. 더구나 허세를 부리려 들 때 전혀 달갑지 않은 점이 바로 그러한 공허함을 상대에게 간파당하는 것이다. 내실이 없는 상태에서 싸우려는 흉내만 내는 것은 오히려 상대가 반격하도록 부추기는 격이 된다.

한데 그러한 괴리는 누가 봐도 알 수 있었다. 〈폭스 뉴스〉의 앵커로 친여 인사이기도 한 브릿 흄Brit Hume조차 9월에 대통령과 가진 독점 인터뷰에서 부시에게 "그런 자들을 그곳으로 모두 불러들이라"는 문구의 의미에 대해 물을 정도였으니 말이다. 부시는 그런 도전적 재담을 하게 된 목적은 미군의 존재에 대해 불만인 바스당원들Baathists(아랍민족주의 정당인 Baath당의 당원들—옮긴이), 종교적 과격주의자들, 그리고 지난 몇 개월 동안 온통 구멍투성이인 이라크의 국경을 통과해 꾸준히 흘러 들어오고 있는, 알 카에다를 포함한 외국의 테러리스트들의 도전을 맞아 "아주 치열한" 싸움을 벌이고 있는 미군을 격려하는 차원에서였다고 대답했다. 그러자 흄이 또 물었다.

"군사적 관점에서 본다면 대통령께서는 그것이 환영할 만한 상황 전개라고 생각하십니까, 아니면 그렇지 않다고 생각하십니까?"

이에 대한 부시의 대답은 특히 이 시기 들어 두 번째로 그가 속내를 내비치는 것이라고 할 수 있다.

"그거 흥미로운 질문이군요. 아시다시피 나는 평화를 사랑하는 사람이기 때문입니다. 그리고 분명한 것은 나는 우리 군이 가능하다면 전투를 치르지 않게 되기를 바랍니다. 나는 또한 '테러와의 전쟁'이 치러지는 동안 이 현실 세계에서 대통령 노릇을 하고 있지요. 그렇기 때문에 나는 그자들과 미국 본토가 아닌 그곳에서 싸우는 것이 낫다고 생각하는 겁니다. 나는 그자들과 미국 본토가 아닌 그곳에서 싸울 것이며, 그런 자들을 찾아내기 위해 애써야 하는 세계의 다른 외진 지역에서보다는 차라리 그곳에서 그자들과 싸우는 게 낫다고 여깁니다."

미국이 미국 본토에서 싸우지 않아도 되도록 '그자들'과 이라크에서 싸운다는 생각은, 대통령이 단 한 번도 공개적으로 논의하려 든 적이 없었던, 미국 본토를 지켜낼 수 없다는 인식에 근거한 것이었다. 이것은 부시와 그의 백악관에서 나오는 행동과 말의 저변에 깔려 있는 근심거리이기도 했다. 그리고 이 명백하고도 기운 빠지게 만드는 자각은 너무도 자주 그래 왔던 것처럼 그해 8월 테러리스트들이 뉴욕시티를 사전 답사했으며, 그자들이 엄청난 파괴력을 지닌 화학무기를 가지고 있을 가능성도 있다는 비밀이 드러나면서 한층 심화된다.

연이어지는 실수에 대한 분석이 이루어지면서 대통령 집무실 측에는 새로운 생각—"테러리스트들을 모조리 이라크로 끌어들여라", 그곳이 미국이 선택한 장소가 되도록 하라, 테러 집단들이 전 세계의 은신처에서 기어 나와 차례차례 그곳으로 꼬여들도록 하라, 그러면 미국의 강력한 군대와 그 누구도 의심할 수 없는 미국의 힘이 마침내 한곳에 모인 적들과 대면하게 되리라—이 천천히 뿌리를 내리고 있었다. 그것은 이라크를 보다 넓은 범위의 '테러와의 전쟁'의 전장에 통합시키기 위한 몇 차례 전략적 시도가 번번이 실패하고, 여론을 그런 식으로 몰아가려는 시도도 힘을 잃게 되면서 그 잿더미에서 자라난 생각이라고 할 수 있었다. 그것은 마음속에 품고 있다가 싹튼 단순히 본능적인 반응으로, 즉흥적으로 생각한다면 아주 훌륭하게 이치에 들어맞는 것처럼 여겨질 수 있었다. 그리고 그것이 바로 부시가 흄에게 그 이야기를 하고자 하는 충동을 느끼게 된 까닭이기도 했다. 그러한 생각은 수백 년에 걸쳐 서로 격돌해온 군대들 사이에서, 그리고 수십 년 동안 서부영화에서 널리 등장해온 최후의 일전 같은 것이었다.

언제나 주의를 늦추지 않는 럼스펠드는 이러한 공개적 행동을 대단한 우려하며 지켜보고 있었다. 그는 이런 종류의 전술적 때리기는 전략답지 못함을 잘 알고 있었다. 대통령이 공개적으로 언급한 이야기에는 괴리가 반영되어 있었고, 거기에는 전 세계 어디에나 퍼져 있는 테러리스트들과의 싸움이 이라크의 도전에 맞서 공격하는 것과 무슨 관계가 있는가에 대한 일관된 사고 절차의 경계가 부재했다.

럼스펠드와 함께 일한 적이 있는 수십 명의 의견을 종합해보면, 그는 회의 석상에서 자신의 입장을 분명하게 표현하지 않는 인물이었다. 그는 최고위급 회의 석상에서조차 '나'나 '우리'라는 1인칭이 아닌 총칭적 인칭이라고 할 수 있는 '사람' 혹은 '사람들'이라는 대명사를 즐겨 사용했다. 사람들은 어떤 점을 궁금해하고, 사람들은 이러이러하다고 생각하며, 사람들은 그렇게 생각할 수도 있을 것 등등처럼. 그것은 단단하게 굳지 않은 땅에는 절대 발을 내디디지 않고 언제나 조심스럽게 발끝으로 걸으려는 한 가지 방편인 셈이었다. 체니는 전 세계를 상대로 공표하는 이런저런 독트린에 대해 "우리는 이제 이러이러하게 생각하지 않으면 안 된다"는 식으로 말하는 데 비해, 회의 석상에서의 럼스펠드는 도대체 용감하게 나서는 인물과는 거리가 먼 사람이었던 것이다. 하지만 10월 중순 무렵이 되면서, 그도 굳지 않은 땅을 딛고 단호한 어휘의 영역으로 들어가 진정한 전략이 무엇인지에 대한 선언적 발언을 해야 할 절박함을 느꼈다. 결국 이라크에서의 전황이 아주 좋지 않게 돌아가던 한 주일을 보낸 참이었으니 말이다.

장관은 "전투를 담당하고 있는 지휘관들"과 만나 몇 가지 문제를 제기했다. 그런 다음 자신이 거느리고 있는 네 명의 최고위급 간부에게 비망록을 보냈다. 군대 쪽으로는 딕 마이어스 합참의장과 피트 페이스 해병대 사령관, 그리고 오랜 세월 자신의 참모였던 사람들 가운데서 울포위츠와 페이스에게였다.

2003년 10월 16일

딕 마이어스 장군
폴 울포위츠
피트 페이스 장군
더그 페이스

발신: 도널드 럼스펠드
주제: 전 세계를 무대로 하는 테러와의 전쟁

이번 주, 내가 전투 담당 지휘관들에게 제기한 의문은 이런 것들입니다. 우리는 전 세계를 무대로 한 '테러와의 전쟁'에서 이기고 있는가, 아니면 지고 있는가? 국방부는 21세기 안보 상황에 대처할 수 있을 정도로 신속하게 변화하고 있는가? 거대한 조직이 충분히 빠르게 변화한다는 것이 가능한가? 미국 정부는 충분히 빠르게 변화하고 있는가? 국방부는 육해공군을 대규모로 동원한 전투를 할 수 있도록 조직되어 있고, 훈련되었으며, 장비를 갖추고 있습니다. 하지만 전 세계를 전장으로 하는 '테러와의 전쟁'에서 성공적으로 전투를 수행하기에 충분할 정도로 국방부라는 조직이 신속하게 변화한다는 것은 가능하지 않습니다. 그 대안으로 국방부 내에 혹은 다른 조직 내에 새로운 조직을 설치하려는 노력을 기울일 수도 있습니다. 이 중요한 문제에 대해 몇 개의 부처와 기관이 갖고 있는 능력을 매끄럽게 결집시킬 수 있는 그런 조직 말입니다.

전 세계에서 벌어지고 있는 테러에 관해 말하자면, 9·11 이후의 기록은 다음과 같은 것으로 여겨집니다.

비록 우리가 알 카에다 조직에 대해 상당한 압박을 가해오고 있다고는 하나, 그럼에도 그들 대다수가 아직 여전히 활개치고 있다는 점을 본다면, 우리는 이 조직에 관련해서 좋은 결과와 나쁜 결과를 함께 갖고 있습니다.

미국 정부는 이라크 상층부 인사 55명에 대한 체포 및 제거에서 상당한 진척을 이뤄왔습니다.

미국 정부는 탈레반 정권의 오마르Omar, 헤크마티야르Hekmatyar 등의 인물을 추적하는 데 다소 느린 진전을 보여왔습니다.

안사르 알 이슬람Ansar Al-Islam에 대해서 말하자면, 우리는 이제 막 시작한 것이나 다름없는 상황입니다.

우리는 미국 내에서 보상, 사면, 보호 그리고 기밀 유지 등의 혼합 비율을 제대로 맞춰내고 있습니까?

국방부는 전 세계를 전장으로 하는 '테러와의 전쟁'을 수행해나갈 수 있도록 조직화하고, 훈련하며, 채비를 갖추고, 초점을 맞출 수 있는 새로운 방식에 대해 결론이 날 때까지 생각을 해야 할 필요가 있습니까? 우리가 이제까지 변화해온 것과 현재 진행되고 있는 변화는 너무 조심스럽고, 점진적인가요? 내가 받은 인상은 우리가 아직 진정으로 대담한 수를 두지 않고 있다는 것입니다. 비록 우리가 상당히 분별 있고 논리적인 조치를 제대로 된 방향으로 취해오고 있다고는 하나 그것으로 충분할까요?

현재 우리는 전 세계를 전장으로 하는 '테러와의 전쟁'에서 이기고 있는지, 아니면 지고 있는지를 측정할 척도조차 가지고 있지 못합니다. 우리는 마드라사madrassa(모스크에 부속되어 있으며, 이슬람 법학 따위를 배우는 고등교육 기관—옮긴이)나 과격한 성직자들이 테러범들을 모집하고, 훈련시켜, 우리에게 대항하도록 배치하고 있는 것보다 더 많은 테러리스트를 체포하거나, 죽이거나, 저지하거나, 마음을 고쳐먹도록 만들고 있을까요?

미국은 차세대 테러리스들을 막을 광범위하고 통합된 계획을 갖춰야 할 필요가 있습니까? 미국은 장기적인 계획에 상대적으로 거의 노력을 기울이지 않고 있지만 테러리스트들을 저지하는 데는 엄청난 노력을 기울이고 있습니다. 비용 대 편익 비율은 우리에게 불리하게 돌아가고 있습니다! 우리가 테러를 막기 위해 들이는 비용은 수십억 달러에 이르는 반면, 테러리스트들이 우리를 공격하는 데는 겨우 몇 백 만 달러 수준입니다.

우리에게 새로운 조직이 필요합니까?

과격 마드라사에 돈을 대주는 자들을 어떻게 하면 못하게 막을 수 있을까요?

우리의 현재 상황은 "우리가 더 노력하면 할수록 더 뒤쳐지게 되는" 그런 것인가요?

아프가니스탄과 이라크에서 이런저런 방식으로 다국적군이 이길 수 있다는 것은 아주 확실하지만 그것은 오래 끌게 될 힘든 교착 상태가 될 것입니다.

CIA는 새로운 조사 결과가 필요한가요?

과격 마드라사를 보다 온건한 길로 들어서도록 만들어줄 사설 재단 같은 것이 우리에게 필요합니까?

우리는 그 밖에 다른 어떤 것에 대해 고려하고 있어야 할까요?

토요일이나 월요일 회의에서 이 문제에 대해 논의할 준비를 해주시기 바랍니다.

감사합니다.

럼스펠트의 공문은 쉽사리 마침표가 찍힐 만한 자리에도 물음표가 붙어 있다는 점에서 애매한 식으로 이야기하려 드는 그의 태도를 여지없이 드러내고 있음에도 미국 정부의 정책이라는 온갖 무늬의 고양이를 한곳으로 끌어 모으려는 노력을 확연하게 보여준다. 그가 인용한 사안들 가운데 일부는 국방부 소관이지만, 공식적으로 CIA가 주도하는 것으로 되어 있는 테러리스트 체포를 포함한 몇몇 영역은 다른 부처의 소관이었기 때문이다. 게다가 아주 감정적인 대응을 하도록 만들 만한 문구가 있다.

우리는 전 세계를 전장으로 하는 '테러와의 전쟁'에서 이기고 있는
지, 아니면 지고 있는지를 측정할 척도를 가지고 있지 못합니다. 우리
는 마드라사나 과격한 성직자들이 테러범들을 모집하고, 훈련시켜, 우
리에게 대항하도록 배치하고 있는 것보다 더 많은 테러리스트를 체포
하거나, 죽이거나, 저지하거나, 마음을 고쳐먹도록 만들고 있을까요?

이것은 "그런 자들을 그곳으로 모두 불러들이라"는, 그리고 "그자들
과 미국 본토가 아닌 그곳에서 싸우는 것이 낫다"는 대통령의 발언에 대
한 교묘한 럼스펠드 식의 대응이라고 할 수 있다.

그러한 발표는 일종의 양적 척도의 성격을 지니는 것으로, 베트남에
서의 충돌이 시작되었던 초기에 린든 존슨Lyndon Johnson 대통령이 받
아들이고 있었던 생각인, 적의 수는 고정되어 있고, 어느 정도인지 헤아
리는 것이 가능하며, 쉽사리 알아볼 수 있으리라는 이야기와 아주 흡사
하다. 그들 모두를 죽여 없앤다면 전쟁은 끝난다는 것처럼 말이다.

행정부 출범 초기부터 럼스펠드가 내부 문서에서 가장 즐겨 쓰던 말
인 "단념하도록 만들기"는 "진척시키기"로 바뀌는데, 이는 용어가 움직
이는 목표물에 적절하게 적극적인 것으로 변했음을 보여준다. 그리고
2003년 가을 무렵까지, 의도하지 않았으며 바람직하지도 않은 방향으로
의 움직임이 분명히 있었다.

아랍 세계 한가운데 들어가 있는 15만 명의 미군은 거의 헤아릴 수 없
을 정도의 강한 자력으로 성전에 참여하겠다는 아랍인들을 끌어들이는
도구가 되고 있었다. 아랍 세계 전역에서 테러리스트가 되기를 자원하고
나서는 사람들의 수는 눈에 띄게, 그리고 엄청나게 증가하고 있었다.
CIA 보고서에 의하면, 예멘과 사우디아라비아 그리고 이란의 마드라사

들은 과격한 성향의 성직자들과 그들이 추진하는 작전을 지원하기 위한 기부금과 아울러, 테러리스트를 자원한 자들로 넘쳐나고 있었다. 알 자지라 방송은 바그다드와 티크리트Tikrit에 진주해 있는 미군 탱크와, 이제 온통 시신으로 뒤덮인 이라크 곳곳의 장면들을 매일 수백만의 아랍인에게 보여주고 있었고, 그것은 이라크와 걸프 지역 전체에서 아랍 젊은 이들이 방관자적 입장에 서 있기를 "단념하도록 만들"었다. 그들은 '십자군' 부시와 그의 이교도 군대들에 맞서는 싸움에 참여하는 것을 자신들 세대의 가장 큰 대의명분으로 삼고 있었다. 미국이 처한 상황은, 사실상 럼스펠드가 의구심을 갖듯이, "우리가 더 노력하면 할수록 우리는 더 뒤쳐지게 되는가?"였다. 이 또한 물음표가 필요 없는 문장이다.

그들을 찾아내어 저지하려는 사투와 후세인 정권 전복이라는 두 가지 장대한 계획 사이에 존재하는 공통 목적을 찾아내기 위한 모든 탐색과 양다리 걸치기 끝에 마침내 찾아낸 것이 이라크와 보다 폭넓은 '테러와의 전쟁'이라는 연결점이라니, 역사의 아이러니라고 할 수 있었다. 그것은 불 위에 끼얹은 휘발유처럼 상황을 더욱 악화시키는 촉매나 마찬가지였다.

당시에나 그 이후에나 미국 국민이 모르고 있던 것은 이때가 새롭게 밀려오는 테러리스트들의 물결에 맞서기가 특히 힘든 시기였다는 점이다. 그들의 다양한 인적 사항이나 테러 공격 방식에 대해 미국이 보다 많은 것을 알지 못해서가 아니었다. 그런 것들에 대한 정보는 전보다 더 많았다. 알 카에다 조직의 지도자급 인물들과 다양한 중간 계급의 간부 조직원들이나 후원자들을 체포하는 등의 진척도 이루어지고 있었다. 미국은 2년 남짓의 기간 동안 적의 형태나 의도에 대해 엄청나게 많은 정보를 갖게 되었다.

단지 그게 전부였다. 2003년이 저물어가는 마지막 몇 개월 동안, 미국은 장님이 되어 가기 시작했다. 말하자면, 미국 정부가 그랬다는 뜻이다.

조심스럽게 구축된 시긴트와 피닌트finint라고도 불릴 수 있는 금융 정보의 전 세계적 조직망이 잠잠해지기 시작했다. 요컨대 알 카에다와 그것의 지부나 모방하는 단체들이 남기던 전자 발자국이 중단되어버린 것이다. 그것은 천천히 시작되었지만, 그런 다음에는 뚜렷하고 명백하며 확실하게 설명할 수 있는 방향성을 지니게 되었다. 그들은 지하로 숨어들고 있었다.

테러리스트들 쪽에서 본다면, 그것은 작전의 정책 문제처럼 여겨지는 것이었다. 빈 라덴은 특히 여러 해 동안 자신의 의사소통에 주의를 기울여왔던 반면, 자와히리를 포함한 다른 자들은 그다지 조심스럽게 행동하지 않았다. 작전은 수행되어야 했다. 해야 하는 일은 계획된 속도로 해치워야 했다. 전 세계의 어수선하고 혼란스러운 전자 정보의 움직임 속에서는 자신들의 정체가 드러나지 않을 것으로 생각하던 알 카에다 조직원들은 약간의 주의를 기울이면서 움직이긴 했으나 그 주의는 충분치 못했다. 위성 전화의 사용이나 은행 계좌에서 돈을 인출하는 것처럼 전자적으로 추적이 가능한 활동이 CIA 본부 지하실에 있는 세계 매트릭스에 길을 환하게 밝혀주기 시작했고, 이렇게 되자 CIA는 정부 내에서 좀처럼 찾아보기 힘든 중요한 자질을 보여주었다. 그것은 바로 인내심이었다.

조급증의 원인이라고 할 수 있는 정치권의 피지명자들이 이 프로그램에 일정한 거리를 두도록 하는 것을 포함해 모든 것이 아주 조심스럽게 처리되었다. NSC 소속 장관들이 잇따라 랭리 본부의 지하실로 들어섰고, 그곳에서 흥분을 잘하는 편인 안달쟁이 필이 침착하고 우아하게 프레젠테이션을 해냈다. 그는 파워포인트 화면을 척척 넘기며 설명을 해나갔다. 그는 작은 데이터의 점들이 어떻게 해서 전 세계를 거미줄처럼 뒤덮고 있는 그물망을 환하게 밝히게 되었는지를 보여줬다. 이어 그는 눈에 띄지 않는 빅풋Bigfoot이 실컷 돌아다니며 커다란 발자국으로 흔적이나 잔뜩 남겨놓았기를 빌었다.

이런 일 처리 과정에서 관계에 일정한 거리를 두는 것의 가치를 CIA는 잘 알고 있었다. 조급증은 부시나 체니, 직접 그리고 정기적으로 접촉하는 최상층 정책 담당 관료들에게서 나왔다. 물론 부시와 체니 두 사람은 언제나 조급증 상태에 있었고, 그것은 그들이 행정부를 이끌어가는 방식의 핵심이라고 할 수 있었다. 그리고 그 둘 주변에 있는 사람들은 뭔가 "보여줄 수 있는 것"을 내놓아야 상을 받을 수 있었다. 아주 강력한 단서. 가명과 일치되는 본명이나 테러리스트를 체포하는 성과 등처럼 말이다.

안달쟁이 필은 그 거미줄이 CIA라는 거미의 방적돌기에서 아주 천천히 흘러나와 테러 용의자들을 점진적으로 감싸 가둬야 한다는 것을 잘 알고 있었다. 그래야만 특정 작전으로 인해 용의자가 체포되었다는 느낌이 전혀 들지 않게 만들 수 있었기 때문이다. 결국 대개의 경우 목적하는 것은 직접적인 체포가 아니라 "그 짐승에게 꼬리표를 붙이는" 실험 계획 같은 것이라고 할 수 있었다. 그렇게 하고 나면 그 먹잇감이 카라치나 리야드라는 정글을 헤집고 돌아다닐 테고, 그러면 그곳에서 길을 환하게 밝힐 것이다. 다른 짐승들, 어쩌면 아주 큰 녀석에게로 이어진 길 말이다.

그것이 바로 2002년과 2003년에 미국이 알 카에다라는 조직에 대해 엄청나게 많은 정보를 알아내고 누가 누구와 연결되어 있는지 냄새를 맡아내며 적지 않은 수의 테러 용의자를 체포할 수 있었던 방법이다. 체포된 자들 대부분은 해외에 있는 미국의 수용 시설이나 감옥과 유사하거나 어쩌면 훨씬 더 끔찍한 곳일 수도 있는 예멘, 파키스탄, 사우디아라비아, 요르단, 혹은 이집트로 보내지면서 자취를 감추었다. 그런 자들 대부분이 혐의에 일치하는 죄를 지었을까? 일부는 확실히 유죄라고 할 수 있다. 그들 모두는 의심을 살 만한 행동을 했다는 죄를 지은 셈이며, 의심을 살 만한 행동은 곧 미국으로 하여금 작전에 들어가게 만드는 발단이 된다.

궁극적으로 그리고 놀라울 것도 없이 미국의 적들은 그것을 알아차리고 있었다. 그것은 사실 추론의 문제였다. 충분한 수의 용의자가 체포되었으며 그들이 공통적으로 어떤 행동을 하고 있었기 때문이라는 것에 생각이 미치게 되면, 그들이 어떤 방식으로 정체가 밝혀지고 체포에 이르게 되었는지에 대한 단서가 드러나게 마련이다. 정보국의 한 고위 관리는 이렇게 말했다.

"우리는 그자들이 그것을 깨닫는 데 그렇게 오래 걸렸다는 것에 놀랐습니다. 하지만 여기서 얻을 수 있는 교훈은 적응력이 강하고 참을성 있는 적을 상대할 때는 승리가 곧 또 다른 도전들에 직면하게 만드는 원인이 될 수 있다는 점입니다. 이 경우, 우리는 정말 효과적인 작전을 펼쳤고, 적은 그것에 맞춰 다시 진화하기 시작했습니다."

그게 아니라면 보다 원시적인 방법으로의 퇴화라고 할 수 있다. 알 카에다의 잔존 세력, 지부와 모방자 들은 현금을 직접 운반하고 편지도 직접 가서 전하는 식으로 행동하라고 강조하기 시작했다. 이것은 반드시 작전 규모가 줄어들게 만드는 것은 아닐지라도 작전 속도를 늦추는 것이어서 사실상의 승리라고 할 수 있었다. 2004년까지 CIA 운영 사무 처장으로 재직한 버지 크론가드의 말이다.

"금융 분야는 '테러와의 전쟁'을 수행하는 미 정부 전체를 통틀어 가장 성공적이고 가장 잘 조정된 분야입니다. 이 분야의 도움으로 우리는 엄청난 득을 보았습니다. 그것은 진정한 조정의 힘이 어떤 것인지를 보여주는 그 어떤 것보다도 뛰어난 사례라고 생각합니다. 그들은 적에게 탐지되지 않고 조용히 일했습니다. 모두에게 득이 되었던 셈이죠."

그러는 동안 테러 지부들의 구체적인 형태가 잡혀가고 있었다. 은밀하고, 널리 퍼져 있으며, 대개는 중심 세력으로부터 통제를 받는 조직과는 연계되어 있지 않은 이런 조직들은, 알아서 작전을 펼치고 대개는 자금도 스스로 조달하며 넘쳐나는 지하드 웹사이트에서 언제든 작전 지침을 다운로드할 준비가 되어 있다. 이런 조직들에서는 현금의 흐름을 추적할 방법이 없다. 이전 같으면 그래야 할 필요가 있었던 명령 체계를 거치지 않아도 되기 때문에 부지런히 전화 통화를 해야 할 필요도 없다. 그런 조직의 일부는 완벽하지는 못하지만 프랜차이즈와 같은 형태로 알 카에다 작전 계획을 사용하며, 무브타카르 공격 계획을 가지고 있던 사우디 인들로 구성된 지부 경우처럼, 대규모 작전에서는 작전 계획에 대해 검증을 요청하기도 한다. 다른 조직들보다 자율적이어서 빈 라덴의 연설을, 혹은 자와히리의 열광적인 설교를 경건한 태도로 경청하고는 마치 암웨이 같은 방식으로 자기들 나름의 소규모 작전을 수행하는 것이다.

그런 모든 조직이 정말 특별하고도 비용이 엄청나게 든 계획인 매트릭스를 점점 더 무용지물로 만들어가고 있었다. 그런 자들의 흔적이 자취를 감추기 시작하면서 그 계획을 운영하던 사람들이 매주 90시간 넘게 일을 해야 했던 것에서 차츰 해방되기 시작했다.

9월 2일. 재무부의 데이비드 아우프하우저가 부시에게 사직서를 제출했다. 몇 개월 후, 그는 지난 몇 십 년의 세월을 보낸 로펌 생활을 청산하고 전 세계를 무대로 하는 금융 회사 UBS의 수석 고문 변호사로 자리를 옮겨 엄청난 돈을 벌어들이고 있다.

다른 사람들도 갖가지 금융 관련 그룹으로부터 취업 권유를 받고 있었다. 정부는 기업체라는 영역의 높은 난간으로 뛰어내리기에 아주 좋은 횟대였다. 물론 이 시점에서도 정부 전역의 회전문은 핑핑 돌아가고 있었다. 테러 방지는 전 세계를 무대로 삼는 글로벌 기업들에게도 중요한 문제였으며, 그런 기업들은 이제 진정한 테러 위협이 어떤 것인지를 잘 알고 있는 보안 책임자들을 절실히 필요로 하고 있었다. 이런 상황에서도 CIA의 고위 관리들은 얼마 안 되는 급료와 정부가 약속하는 연금에 죽어라 매달리는 성향을 보이고 있었다. 그들을 그 자리에 붙잡아두는 것은 기진맥진하게 만드는 것이긴 하나 매력적인 싸움, 그리고 테닛과 맥놀린에 대한 충성심이었다. 그러는 동안 뮐러는 더티 해리Dirty Harry보다 더 자주 파트너를 바꿔가며 버티고 있었다. 9·11 이후로 부국장이 다섯 번이나 바뀌었던 것이다.

데니스 로멜도 예외는 아니었다. 여전히 활동 중이며 진짜 작전다운 작전을 펼치는 테러리스트들을 체포하거나 기소하는 전과를 한 건도 올리지 못하고 있는 FBI 지도부의 모든 고위 간부 가운데 데니스 로멜은 용의자들에 대한 가장 가치 있는 인적 사항들을 가지고 있었다. 테러리스트들이 전 세계 금융의 하부 조직을 헤집고 다니면서 그런 단체들을 자신들의 숙주이자 작전 기지로 변모시키는 방식이야말로 그가 다른 누구보다도 잘 알고 있는 분야였다. 2003년 여름이 되자 기업체들이 그에게 접근하기 시작했으나 그는 그런 제의를 모두 거절했다.

뒤이어 그저 스쳐 지나가기 힘든 일이 벌어졌다. 이 무렵, 정부 최고위층에 있는 사람들이 분명하게 인식할 수 있었던 것은 새롭게 드러난 '테러와의 전쟁'을 어떻게 해야 성공적으로 대응해나갈 수 있을 것인지에 대해 뭔가를 제대로 알고 있는 수십 명의 전문가급 인물이 잇따라, 그것도 몇 주 단위로, 계속해서 자리를 내놓고 떠나버리고 있다는 사실이었다.

수동적이면서도 공격적인 관료주의 체계 내부로부터 모습을 보이지 않고 요리조리 잘도 빠져나가는 적과의 싸움이 주는 압박감이 특히 심각해서였다. 일이 제대로 처리되지 않았거나 제대로 처리되었을 때, 그것은 단순히 누가 했고 누가 하지 않았는가, 다음번에는 누가 창문이 달린 사무실을 쓸 수 있는 위치로 승진하게 될 것인가의 문제가 아니었다. 그것은 사람들의 생명이 달린 문제였다. 인정을 받는 것과 신세를 지는 것의 작용은 너무도 중대했다. 단서를 놓친다거나, 제시간에 지정된 사무실로 전달되지 않은 보고서라든가, 부처 간 분쟁으로 일이 진척되지 못하고 교착 상태에 빠진다거나 하는 것처럼 거대 조직에 늘 있어 왔던 안 좋은 일들은 이제 악몽과도 같은 중압감을 지니게 되었고, 그것은 종종 현실로 나타나곤 했다. 우울증이나 불안감이 원인인 갖가지 장애와 자살 기도가 작은 칸막이 안에서 일하는 하위직 공무원들 사이를 휩쓸었고, 일부 고위 공무원에게까지 영향을 미쳤다. 2003년 4월, FBI의 헤즈볼라Hezbollah 및 과격 시아파 원리주의자 radical Shiite fundamentalist 전담반의 책임자가 수사국에서 지급한 리볼버로 자기 목숨을 끊는 일이 있었다.

여름이 끝나갈 무렵, 와지르의 송금 사무소가 폐쇄되었고, 수많은 중간급 밀사나 조직원이 체포되었으며, 그 덕분에 엄청난 양의 금융 관련 정보를 입수할 수 있었다. 제한된 포도탄식 효율성의 한계를 극복하기 위해 이제는 보다 강화된 백업 과정으로 퍼스트 데이터를 거쳐 지나가는 신용카드에 대한 정보 수집 장치는 저절로 돌아갈 수 있게 되었다. FBI는 아비 디히터를 위해 웨스턴 유니언을 통해서 몇 개의 송금 함정을 추가로 운영하고 있었다. 그 하나는 8월에, 다른 하나는 10월 들어서부터 가동되고 있었다. 하지만 팔레스타인 지도부 내에 있는 사냥감들은 마침내 점점 더 똑똑해져 가고 있는 것처럼 보였다.

초가을의 어느 날, 로멜이 평소처럼 잠자리에서 일어나 침대 가장자리에 앉았다. 그는 아내 몰리Molly Lormel에게 자신은 최근 들어 "자신도 모르게 혼잣말을 하게 되었다고" 털어놓았다. 지난 20년 동안, 러시아워의 교통체증을 피하기 위해 새벽 4시 45분이라는 캄캄한 밤중에조차 잠자리에서 일어나는 것을 전혀 마다하지 않던 사내에게 그것은 아내와 단둘이서 나누기에는 조금 낯선 대화였다. 49세의 나이로, 한때는 대학 축구팀의 코너백cornerback(미식축구 수비 포지션. 디펜스 라인 가장 외곽을 맡는 하프백이다─옮긴이)이었던 군살 없던 체격에 60파운드나 군살이 붙어버린 몸을 하고 앉아서 나지막한 웅얼거림처럼 방백을 늘어놓고 있다는 것 말이다.

"내가 정말로 침대에서 일어날 수 있을까?"

과연 일어나서 길고 긴 하루라는 전장으로 또 걸어 들어갈 수 있을까? 로멜은 점점 더 모든 것을 몇 번이고 반복해서 의회감독위원회에서 설명해대야 했다. 그건 도대체 그의 장기라고 할 수 없는 것인데도 말이다. 그는 최근 의사당에서 FBI 소속 관리들과 프랭크 울프Frank Wolf 의원 사이에서 벌어진 설전에 휘말려 있었다. 프랭크 울프는 버지니아 주 공화당 소속 의원으로 하원세출위원회(House Appropriations Committee) 위원이기도 했다. 울프는 그레그 캠벨Greg Campbell의 『피의 다이아몬드(Blood Diamond)』를 읽고 그 내용으로 인해 한껏 격앙되어 있었다. 그 책은 알 카에다가 다이아몬드 거래를 통해 수익을 올리고 있다고 주장하는 내용이었는데, 울프는 그걸 보고 FBI 측에 답변을 해보라며 닦달하고 있었다. 그런 증거도 불확실한 주장에 대해 부하 요원들이 전혀 보강 증거를 제시할 수 없는 처지가 되자 로멜은 울프가 "미디어의 졸(a pawn of the media)" 노릇을 한다고 말했다.

울프가 목에 핏대를 세운 채 반격했다.

"자네, 지금 나보고 졸이라고 했나?"

로멜은 "삼가 의원님 자신을 위해서" 말한 거였다고 응수했지만 결국 험악한 장면이 연출되고 말았다. 험악하고도 당혹스러운 장면이었다. 범죄자들과의 혹은 테러리스트들과의 싸움조차 그것은 명쾌한 싸움이자 공정하기까지 한 싸움이었다. 서로의 수를 읽어내려 애쓰거나, 상대가 용케 빠져나갈 때도 있지만, 어떤 때는 이쪽이 상대의 멱살을 잡아 꼼짝 못하게 만들 때도 있다는 점에서. 하지만 사무실 안에서나 청문회장에서 충돌할 경우 공정하게 싸움을 하는 사람은 아무도 없다. 그들은 입으로는 이런 말을 하면서도 행동은 열심히 정반대로 한다. 미소를 띤 얼굴로 상대에게 칼질을 하는 것이다. 그리고 그것은 당신이 차라리 진짜 악한이 낫다고 생각하게 만드는 충분한 이유가 된다.

10월 말. 로멜이 늘 그렇듯 10시에 먹는 저녁 식사를 끝낸 후 휴대전화로 통화하면서 이리저리 주방을 돌아다니고 있던 것도 바로 그런 이유에서였다.

로멜이 스카우트 담당자에게 말해버렸다.

"그러시오. 그쪽에 내가 제안을 수락한다고 전해주시오."

그가 전화를 끊고는 아내 몰리를 바라보았다.

몰리가 한마디 했다.

"믿을 수가 없어. 당신이 진짜로 그만둔다는 걸."

몰리는 늘 그가 강제 정년퇴직 나이인 56세가 될 때까지 계속 FBI에 다닐 거라고 여기고 있었다. 그래서 로멜이 어떻게 하면 좋겠느냐는 상의를 해와도 그녀는 몇 개월을 계속 관심이 없는 척, 내색을 하지 않고 지내오고 있었다. 그럴 때마다 그녀는 "데니스, 이건 당신이 결정할 문제예요. 하지만 당신의 진짜 마음이 당신에게 어떻게 하라고 말하는지에 귀를 기울여 보세요"라고 말하곤 했다.

로멜이 대꾸했다.

"그래, 이제 때가 된 것 같아. 다른 일을 해볼 때가 말이야."

그리고 그걸로 일은 거의 결정 난 것이나 마찬가지였다.

한 달 하고 사흘 뒤인 12월 1일. 로멜은 그동안 밀려 있던 휴가비를 지급받았다. 그는 11년 동안 거의 단 하루도 휴가를 쓰지 못하고 지냈다. 그것은 결국, 데니스가 늘 말했던 것처럼 "생활을 버젓하게 변화시킬 수 있는 밑천"으로 쌓이게 되었다. 데니스 자신이나 금융 회사의 투자가 PR(investor relations) 일을 하는 아내 몰리가 버지니아 북부 외곽에 있는 그들의 타운하우스를 벗어나 집을 새로 짓기에 충분한 금액이었다. 데니스는 집 안의 방 한 칸을 아주 세밀하게 설계했다. 지하실을 스포츠 바로 꾸밀 생각이었다. 제대로 된 스포츠 바 말이다. 당구대도 두어 개 갖추고, 셔플보드shuffleboard(원반 밀어치기) 게임용 원목 테이블, 수도 시설이 되어 있는 카운터, 케이블 방송을 시청할 수 있는 텔레비전 다섯 대. 그랬다. 다섯 대였다. 각기 다른 미식축구 다섯 경기를 한꺼번에 시청할 수 있도록 말이다. 그는 자신이 뉴저지 세인트 피터스 칼리지에서 미식축구(football) 선수로 뛰던 시절에 입었던 모직 운동 셔츠와, 이제는 다 커버린 두 아들이 어렸을 적 축구(soccer) 경기에서 뛰던 장면이 담긴 옛날 사진을 벽에 걸어 장식할 참이었다. 데니스는 자신의 아들들이 뛰는 팀의 코치였었다.

로멜은 AES에서 얻은 일자리를 벌써부터 별로 좋아하지 않고 있었다.

이 회사는 버지니아 주 알렉산드리아에 본사를 두고 있는 큰 에너지 회사였다. 엔론 사의 경우와 비슷한 사태를 예방하고 그런 일이 실제로 터지는 것을 막기 위해 법규를 엄격하게 준수하도록 감독을 해줄 인물을 원한다고 했다. 하지만 새 집을 짓는 일이 곧 시작될 참이었다. 로멜은 그 일로 바빠지게 될 터였다.

FBI에서 송별 파티가 열렸다. 술은 없고 대량으로 주문한 쿠키나 늘어놓고 조용히 치러진 행사였다. 뮐러는 마지막 순간까지 일에 쫓겨 얼굴을 내밀 수 없었다. 대테러 및 대적 정보 활동(counterintelligence) 운영 사무처 부처장 존 피스톨이 잠깐 들러 몇 마디 인사를 했다.

그런 다음 데니스는 자신의 사무실을 정리했다. 20년을 근무한 곳이지만 개인 소지품은 별로 많지 않았다. 책상 위에 놓고 썼던 몇 가지 집기, 가족사진, 액자에 넣은 상장 몇 개 그리고 9월 12일자 각 신문의 1면에서 오려낸 사진들을 모아 포스터 크기로 표구한 몽타주 한 점이 전부였다. 그것은 그가 데리고 있던 부하 하나가 만들어준 것이었다.

그날은 미국에서 새로운 시대가 시작된 날이기도 했다. 멋진 해변과 산과 일렁이는 곡식들로 넘쳐나는 운 좋은 나라가 더 이상 운 좋은 나라일 수 있을까 자문해봐야 했고, 그런 다음 적들과 맞붙어야 했던 그날 말이다. 부하들이 그의 방으로 들어올 때면 불안감과 좌절감에 핏발이 선 눈으로 의자에 무너지듯 털썩 앉아 이렇게 말하곤 했다.

"이 짓 못해먹겠어요!"

그건 그 싸움이 불가능한 싸움이며 빌어먹을 적들은 어디에나 존재할 수 있으며 테러를 모의하고 눈에 띄지도 않으며 찾아낼 수도 없고, 자신들은 밤이면 밤마다 화염에 휩싸여 무너져 내리는 건물들과 비행기들과 상가에서 폭발한 폭탄에 대한 생각이 머리에서 떠나지 않는다는 뜻이었다. 그럴 때마다 데니스는 그저 그 몽타주를 가리켰다.

"가서 한번 들여다보게. 그게 우리가 여기 이 자리에 있는 이유를 자네에게 상기시켜줄 걸세."

이제 그는 그 신문 사진 몽타주가 담긴 액자를 벽에서 내렸고, 두툼한 손가락으로 액자가 걸려 있던 못을 뽑아냈다. 9·11 당시 느꼈던 긴장감의 일부는 지나가버렸고, 대금 청구서나 시트콤, 웨딩마치 등과 같은 시시하고 평범한 일상의 일들에 섞여 점점 희미해지고 있었다. 그리고 그것은 또한 당연히 그래야 했다. 하지만 그는 며칠 전 안달쟁이 필과 나눴던 대화에 대해 생각하고 있었다. "이따금씩 만나 점심이나 같이 하자"는 취지의 전화였다. 통화를 할 당시 필은 커다란 상황판의 불이 점점 꺼져가기 시작하는 것을 바라보면서 랭리의 지하실에 앉아 있노라고 했다. 1/4분기는 지났다, 그리고 필 자신과 데이비드 그리고 나머지 인원으로 이루어진 그의 팀은 당연히 계속 돌아가고 있다, 9·11에 대한 기억이 차츰 희미해져 가고 있다, 새로운 테러 계획에 대한 각본도 전혀 발견되지 않았다, 적들은 점점 더 영악해져 가고 있다, 이 상황에서 앞으로 6개월은 고사하고 다음 분기 동안만이라도 어디서 긴장감을 얻어내야 한단 말인가?

로멜은 다시 한번 '9월 12일자 신문 사진 스크랩 액자'를 들여다보고는 그것을 옆구리에 끼었다. 이게 얼마나 소모적이며, 무슨 난장판이란 말인가? 그는 그 액자를 어디에 써야 할지를 이미 생각해두었다. 스포츠바 벽에 걸린 자신의 운동부 셔츠 옆에 걸어둘 참이었다

일단 탄탄하던 NSA의 통화 회선 검색이나 계좌 추적으로 얻어내던 정보가 사라져버리기 시작한다면 조지 W. 부시, 딕 체니 그리고 정부 내

다양한 주요 부처에는 도대체 무엇이 남게 될 것인가? 모든 것이 점점 더 비현실적으로 되어버릴 것이다.

12월이 끝나갈 무렵. 구체적으로 드러난 정보는 스테가노그래피stega-nography(은현잉크로 쓴 메시지가 그 한 예라고 할 수 있는 비밀 메시지로, 보내는 사람이 받아보기를 원하는 사람만이 해독 방법을 알고 있는 암호 메시지 ― 옮긴이)와 관련되어 있었다.

CIA의 과학 기술부 담당 부국장 돈 커Don Kerr는 크리스마스를 일주일 앞둔 시점에 대통령 집무실에서 대통령에게 한 브리핑을 시작으로, 그 용어에 대한 간략하고도 다급한 설명을 수차례나 해야 했다. 스테가노그래피는 전송되는 포맷 속에 암호화된 메시지를 숨기는 방법이다. 암호화된 메시지는 동영상이나 사진, 사진이 포함된 컴퓨터 파일, 그리고 소리 전송 속에까지도 숨길 수 있다. 이런 식으로 의사소통을 한다는 것은 복잡하고, 엄청나게 노동 집약적인 작업이다. 암호 해독 장비를 가지고도 사진이나 움직이는 이미지 뒤에 숨겨진 숫자들을 해독해낸다는 것은 어려운 일이다. 이런 일에서 두각을 나타내는 전문가들인 비밀 메시지 분석가(steganalyst)들조차도 이것이 허위 경보 영역에 속한다고 여길 정도다. 즉 거기에 숫자로 나타나 있는 패턴들이 뭔가를 의미할 수도 혹은 의미하지 않을 수도 있다고 애매한 태도를 보이거나, 대개는 아무런 의미도 없는 것으로 치부해버릴 정도다.

하지만 CIA의 과학 기술부는 알 자지라 방송이 텔레비전 화면 하단에 끊임없이 내보내는 주요 기사의 제목들 같은 '자막'에 가장 음험한 비난이 담겨 있다는 사실을 발견했다고 확신하고 있었다. 커와 그의 팀은 그런 수비학(numerology)에 숨겨진 메시지는 9·11 테러를 훨씬 능가하는 수준의 엄청난 테러 계획이라고 단언했다.

연휴가 시작되면서 평상시와는 다른 갖가지 신랄한 설전이 벌어졌다. 그것은 크리스마스만 되면 아랍 세계에서 벌어지는 상황이었다. 전화 통화량이 폭주하고, 수백 개의 이슬람 관련 웹사이트에서는 '십자군들'과 무슬림 성전 전사들이 대결하는 시대가 계속되는 동안 벌어졌던 투쟁들에 대한 거친 언쟁이 오갔다. 그보다 앞서 몇 개월 전에 가슴이 철렁 내려앉도록 만드는 메시지가 널리 유포되었다. 그것은 워싱턴과 로스앤젤레스, 뉴욕에 거주하는 무슬림들에게 그곳에서 대피하라는 공지였다.

12월에 들어서면서 그것은 여러 웹사이트를 통해 여러 차례 되풀이되었다. 그리고 크리스마스 전 주 금요일인 19일에는 아이만 알 자와히리가 알 자지라 방송을 통해 메시지를 내보냈다. "토라 보라에서의 사태 이후로 우리는 세계 곳곳에서 계속 미국인들에 대한 추적을 계속해왔으며… 이슬람과 지하드를 위해 싸우는 용사들은 아프가니스탄, 이라크, 팔레스타인 그리고 아라비아반도의 십자군들과 위선자들을 뒤쫓기 시작했다." 방송을 통한 이런 종류의 메시지는 대개의 경우 테러 공격에 앞서 내보내졌던 선례가 있었다. 하지만 이런 모든 것은 배경이자 상차림에 해당했다.

CIA가 민간 회사의 첨단 기술 서비스를 이용해 알아냈고, 대통령에게까지 보고가 올라간 내용은 놀라울 정도로 구체적이었고 범위가 넓었다. 어떤 숫자들은 20개 이상의 비행 편과 비행기 시간을 나타내는 것이었다. 몇 개씩 붙여져 숨겨진 다른 숫자들은 공격 목표에 대한 좌표—그리 심하게 통제되지 않는 외국의 공항들에서 출발한 국제선 비행 편이 승객과 연료 그리고 어쩌면 화학 및 생물학 작용제들을 잔뜩 싣고 일단 미국 영공에 진입하면 향하게 될 불운한 장소들의 좌표—를 나타냈다. 공격 목표는 태평양 연안에서 대서양 연안, 로스앤젤레스에서 뉴욕에 이르는 곳곳에 위치하고 있었다. 그런 숫자에는 백악관, 시애틀에 있는 스페이스 니들 전망대, 그리고 버지니아 주에 있는 작은 시골 소읍 타파하녹Tappahannock의 좌표도 들어 있었다.

금요일. 뉴욕과 로스앤젤레스에 예비 경보가 전달되었고, 모든 사람이 서서히 공황 상태에 빠져들었다. 만약 그런 숫자 메시지가 맞다면, 메시지에 명시된 첫 비행기가 이륙을 하기에 앞서 다음 주 초까지는 며칠의 시간적 여유밖에 없었다. 상황이 그랬기 때문에 행정부 최고위층에 있는 사람들은 대책을 마련하느라 모두 주말을 뜬눈으로 보내야 했다. 이 정보를 알고 있는 사람들은 NSC 소속의 주요 인사들, CIA의 고위급 관료들, 국토안보부의 고위 관리들, 그 밖의 몇 명에 지나지 않았다.

마침내 일요일 아침나절이 되었고, 대통령은 NSC 소속 인사들과 자신의 보좌관들에 둘러싸인 채 상황실 탁자 앞에 자리를 잡았다. 참석한 사람들 모두 자기 몫의 보고를 했지만 대부분의 눈길은 테닛과 그가 데려온 브리핑 담당자들에게 쏠려 있었다. 참석한 사람들 모두가 분명하게 느낀 것은 CIA의 작전실 소속의 패빗이나 캡스와 같은 일부 인물은 회의적이라는 점이었다. 돈 커와 그가 거느리고 있는 과학자들은 그렇지 않았다. 테닛은 중립을 지키고 있는 것처럼 보였다. 하지만 정부 내 각 부처에서 내놓는 테러 위협 대책의 결집점이라고 할 수 있는, 새로 구성된 테러위협통합센터는 그 정보가 확실한 것이라고 여기고 있었다. 좀 더 너른 시각에서 본다면, 그것은 TTIC와 전에는 테닛의 참모였던 브레넌John Brennan이 힘을 과시할 기회이기도 했고, 실제로 그들은 그렇게 했다.

그 논의는 폭넓은 변수들과 복잡한 증거들을 다뤄야 했다. 마치 수학 경시 대회에서 참가팀들의 논증처럼 미묘한 의미상의 차이와 겹겹의 층을 이루는 증거들 말이다. 그것은 대통령이 과히 탐탁히 여길 수 있는 종류의 논의가 아니었다.

대통령이 끼어들었다.

"좋습니다. 질문 하나 하지요. 자기 가족 중 누군가가 그 비행기들 가운데 하나에 타고 있어도 괜찮다고 생각하는 사람?"

그가 좌중을 죽 훑어보았다.

"돌아가며 한 사람씩 대답해야 할 필요가 있을까요?"

그가 개인별로 질문을 하려 들지 않으리라는 것은 분명했다. 참석자들 모두 고개를 숙이고 끄덕이며 입술만 지그시 깨물고 있었다.

"그렇다면 이제 그걸 하기로 합시다."

90분 후, 톰 리지는 국토안보부 기자회견실에서 브리핑을 했다. "가까운 시일 내에" 미국 본토에 대한 공격 위험은 "어쩌면 이제는 2001년 9월 11일 이후의 그 어느 시점에 그랬던 것보다 더 규모가 클 수도 있다"는 것이 보고의 요지였다.

그것 말고도 또 있었다.

"미국 정보 공동체는 보고받고 있는 위협 관련 정보의 양이 상당히 증가했습니다. 이러한 확실한 정보는 연휴 기간이나 그 이후 무렵에 미국 본토에 대한 공격의 가능성이 존재함을 시사합니다."

마지막으로 규모의 문제가 남아 있었다. 톰 리지가 결론을 내리듯 말했다.

"해외의 과격분자들은 9·11 테러 공격에 비견되거나, 그것을 넘어설 것으로 여기는 규모의 공격을 가까운 시일 내에 할 것으로 예상됩니다."

그리고 난 뒤 공식적인 경보의 수위는 주의를 요하는 황색에서 경계 상태인 오렌지색으로 높여졌다. 오렌지 경보는 9·11 이후 다섯 차례 발령되었으며, 마지막 것은 그해 5월 사우디아라비아에서 폭탄 테러와 총격전이 빈발했던 시점에 내려졌다. 하지만 이번 것은 그때와는 판이했다. 국토안보부는 이제 완전히 전시 체제로 가동되고 있었고 시험 받을 준비가 다 되었다고 느끼고 있었다. 이 부서의 장관은 펜실베이니아 주 주지사를 지냈으며 현 대통령의 친한 친구이기도 한 톰 리지였고, 부장관은 아칸소 주 출신 공화당 의원을 지낸 아사 허친슨Asa Hutchinson이었다. 그들은 사근사근하고 친절한 사람들로, 훌륭한 동료가 될 수 있었고, 익살스러우면서도 침착하고, 기지가 있었으며, 힘에서 우위를 차지하고 있는 적과 맞붙을 결심이 서 있었다.

자신들이 맞붙겠다고 수락한 도전은 그 상대가 누구건 사실상 똑같은 이야기를 할 수밖에 없는 것이었다. 애초부터 그것은 도무지 유지될 수 없는 것이었다. 미국 정부 내 두 개 기관을 통합한다는 것은 기가 질릴 정도로 버거운 작업이다. 세 개를 통합한다는 것은 아수라장이 되리라고 예상해도 좋을 그런 것이다. 그런데 국토안보부는 그 산하에 이제 22개의 기관을 거느리게 되었다.

리지는 9·11 테러가 발생한 지 일주일 후, 국토안보부에서 대통령 자문 역을 맡게 되었고, 이번 이 부서가 구성되기 전까지는 거의 1년 가까이 부하나 예산도 없이 일종의 느슨한 조정자 역할을 맡는 쪽으로 옮겨가 있었다. 바로 그때 허친슨이 한 배를 타게 되었고, 자신의 직무에 대해 브리핑을 하게 되었다. 그것은 "합법적인 교역의 흐름과 시민적 자유의 보호가 일관되게 이뤄질 수 있는 방식으로 미국의 국경과 교통 체계를 테러리스트들로부터 지켜내는 것"이었다. 그것은 법규집에 다 나와 있는 이야기로, 각론으로 들어가서 연간 3억 건의 국경 통과가 이뤄지는 것에서 시작해 항공기와 화물선, 컨테이너선 등으로 넘어가게 되는데, 그렇게 되면 모두 합해 연간 18억 건의 교류가 이뤄지게 된다.

브리핑이 끝나고 나자 리지의 참모 브루스 롤러Bruce Lawlor 소장이 허친슨에게 쪽지를 보냈다.

아사에게,
연간 18억 건의 교류라.
당신에게 승산이 있다고 생각하시오?
불비례,
브루스

리지와 마찬가지로 허친슨도 승산은 계산하고 자시고 할 수도 없을 정도라는 것, 그가 나중에 재담처럼 이야기했듯이 "성공 가능성은 최저 선"이라는 것을 잘 알고 있었다.

9·11 테러가 발생한 지 2년이 넘는 세월이 지난 2003년이 끝나갈 무렵, 미국으로 반입되는 화물 컨테이너는 겨우 5퍼센트만이 검사를 받고 있었다. 그리고 화학약품 공장들은 전혀 보호되지 못하고 있는 상태였다. 도시 지역에 인접해 있는 공장들조차 그대로였다. 핵 발전소의 경우도 마찬가지였다. 미국이 가지고 있는 모든 기반 시설은 저항이 거의 불가능한 목표물이었다. 하지만 꼼짝 못하고 공격을 받게 될 범위가 어느 정도인지에 대해서는 일반에 전혀 공개되지 않고 있었다.

크리스마스 경보가 내려지기 몇 개월 전인 8월에 뉴욕시티가 갑자기 정전으로 암흑이 되자 국토안보부 소속 관리들은 정전 사고 발생 처음 몇 시간이 지난 뒤 그것이 테러와 관련되어 있다고 확신했다. 왜였을까? 한 달 전쯤 그들은 국방부 및 에너지부 관리들과 함께 극비의 사이버전 시뮬레이션 게임을 수행했던 적이 있다. 그것은 연방 정부가 고용한 도급 업자들이 아이다호 주에 세워놓은 거대한 송전선의 전자관 한 개를 고용된 일단의 해커가 무너뜨리려 시도한다는 것이었다. 미국 전역의 다른 모든 종류의 기반 시설의 경우와 마찬가지로, 그 전자관도 SCADA라고 불리는 것에 의해 제어되고 있었다. SCADA는 끝없이 이어지는 지하 케이블과 파이프들을 따라 중요한 지점들마다 설치되어 있으며 간단한 기술로 원격 조정이 가능한 단순한 장치였다. '아이다호의 천둥(Idaho Thunder)'이라고 불리는 그 시뮬레이션 게임에서 해커들이 무너뜨리려 한 목표가 바로 그 장치였다. 해커들은 몇 분 내에 그것을 무너뜨리고 전자관 제어 패널에는 아무 이상 없다는 표시까지 띄워놓을 수 있었다.

간단히 말하면, 미국은 처참할 정도로 공격에 속수무책이었다. 이제 정부 각 부처의 관리들은 그들이 진짜 전 세계적인 경보라고 여기는 것에 직면하게 되면 취약한 입장에 처해 어떤 기분이 들지 잘 알게 되었다.

몇 개의 팀이 로스앤젤레스로 급파되었고, 그들은 시내 전역과 공항 인근에 수백 개의 생물학 작용제 탐지 장치를 설치했다. 버려진 꾸러미 하나 때문에 뉴욕 메트로폴리탄 미술관(New York Metropolitan Museum)에 대피령이 내려지기도 했다. 또 다른 꾸러미 하나로 뉴욕시티 지하철이 일시적으로 폐쇄되기도 했다. 백악관은 대피 훈련을 준비했다. 주요 공격 목표 인근에 있는 기지에서 F-15 전투기들이 만약의 경우에 대비해 발진했다. 브리티시 에어웨이와 에어 프랑스에 비행 금지 연락이 취해지는 동안 전국에 있는 수천 명의 경찰 병력이 비상경계에 들어갔다.

일요일 늦게, 국토안보부에 있는 허친슨에게 전화가 걸려왔다. 프랑스 대사 장 다비드 레비뜨Jean-David Levitte였다. 에어 프랑스 측에서 레비뜨에게 비행을 금지시킨 사실에 대해 귀띔을 했던 것이다.

"부장관님, 현재 취하신 조치는 잘못된 것입니다. 우리는 전혀 동의할 수 없는 조치란 말씀입니다. 이 비행 편들의 운항을 막을 수는 없습니다."

허치슨이 어떤 위협이 있는지 세세한 부분에 대해서 설명을 죽 하고 난 후 덧붙였다.

"대사님, 이 비행 편들은 절대 미국 영공으로 들어와서는 안 됩니다."

레비뜨 대사는 잠시 뜸을 들였다. 샤를 드 골 국제공항(Charles de Gaulle International Airport)에서 무슨 일이 일어나든 일어나지 않든, 프랑스는 그에 대해 미국이 이래라 저래라 하는 것을 절대 용납할 수 없었던 것이다.

마침내 대사가 말했다.

"부장관님, 프랑스 정부는 문제가 되고 있는 비행 편들에 대해 자체적으로 비행을 금지시키기로 결정했습니다."

프랑스에 신의 축복이 있기를. 그런 다음 논쟁은 승객들에게 내일과 모레 그리고 크리스마스이브 바로 직전까지 그들이 탈 비행 편이 취소되었다는 것을 통보해줘야 할 것인지에 대해서였다.

레비뜨 대사가 말했다.

"당연히 승객들에게는 통보가 되어야 합니다."

허친슨은 한 번 더 밀어붙였다.

"무슨 말씀인가 하면, 그 비행 편 승객들 가운데 만약 테러리스트가 있다면, 우리는 그들을 체포할 수 있도록 그들이 공항에 모습을 나타내게 되기를 바란다는 뜻입니다."

그렇게 해서, 그다음 한 주일은 수십 개의 국제 비행 편이 테러리스트를 잡는 기계로 변해버렸다. 히드로 공항이나 샤를 드골 공항에 도착한 승객들은 비행기에 탑승한 다음 짐들을 샅샅이 검사당하고, 승객 명단에 올라 있는 각 탑승자의 이름이 FBI와 CIA의 글로벌 보안 검색을 거치는 동안 기다려야 했다.

당연히 아랍식 이름을 가진 사람들은 관심의 대상이 되었다. 프랑스에서 출발하는 한 비행 편에 탄 승객 이름이 무하마드라고 한다면 그 이름은 분명 테러리스트일 가능성이 있는 사람이라고 여겨지게 되었다. 그런데 그는 일곱 살짜리 남자애로 밝혀졌다.

비행기들이 활주로에 몇 시간씩 붙잡혀 있는 동안 숫자 조합 메시지에서 나타난 화학 및 생물학 공격 가능성을 가진 단서들은 위험물 취급 복장을 한 조사원을 비행기에 오르도록 할 것인지의 여부를 포함하는 또 다른 논쟁을 촉발시키게 되었다.

그 생각은 실행에 옮기지 않기로 했다. 승객들을 공황 상태에 빠뜨리게 될 것이었기 때문이다. 하지만 비행기는 허친슨이 승객 명단에 올라 있는 최후의 한 사람까지 검증을 마쳤다는 전화를 기다리는 동안 그대로 지상에 붙잡혀 있어야 했다.

새벽 3시, 승객으로 가득 찬 에어 프랑스 여객기 한 대가 지구를 반 바퀴나 돈 곳의 한 공항 활주로에 몇 시간 동안 붙잡혀 있는 동안, 허친슨은 자신의 사무실에서 정보 공동체의 국토안보부 담당 연락관 마이크 그라시아Mike Gracia의 전화를 기다리고 있었다. 딱 한 개의 이름이 남아 있었다. 그들은 마지막 한 사람의 이름이 확인되기를 기다리고 있었다. 그러는 동안 한 시간이나 흘렀다. 마침내 전화가 왔다. 허친슨은 그라시아에게 고맙다고 인사를 했다. 동이 틀 시간이 가까워지고 있었다. 그는 데이비드 콜스턴David Colston에게 전화를 걸었다. 콜스턴은 연방항공청 소속으로 프랑스에 파견된 교통안전청, 즉 TSA 관리들을 감독하는 대장 격의 인물이었다.

허치슨이 안도감으로 한숨을 내쉬며 말했다.

"이상 없으니 이륙해도 되겠네, 데이비드."

데이비드가 대답했다.

"잠깐만요, 아사."

잠시 말이 끊겼다. 그러고는 그의 목소리가 다시 들렸다.

"뭐라고 말씀을 드려야 할지 모르겠는데요, 이 프랑스 인들이 알아서 해버렸거든요. 비행기는 이미 이륙했습니다."

2004년 2월 무렵. 사후 분석이 이미 진행 중이었다. 그 정보와 맞아떨어지는 것이라곤 아예 없었다. 전혀. 숫자 조합을 분석해 만든다는 메시지는 중세의 숫자 점보다 별로 나을 게 없었다. 몇 차례의 심리에 관여했던 한 CIA 부장은 몇 년 후 그 모든 것을 전체 맥락 속에 놓아보기 위해 애쓰며 이렇게 말했다.

"전문 기술자들이 가지고 있는 한 가지 문제점은 그들이 늘 자신의 가치보다 낮게 평가된다고 여긴다는 겁니다. 그렇기 때문에 그들이 맨 앞 중앙에, 즉 무대에 올라가 있는 상황이 되면 그들은 가능한 한 많은 데이터를 사람들에게 보여주려 듭니다."

하지만 문제는 그것보다 훨씬 더 광범위했다. 공포의 대가와 관련이 있었기 때문이다. 제정신을 가진 사람들이 제자리를 벗어나 집단적으로 모두 공황 상태를 향해 추락하는 상황 말이다. 그 CIA 부장은 이런 경고를 하면서 목소리를 높였다.

"아무도 그런 말을 하는 사람이 없었습니다. '아무 증거도 없잖아!' 우리는 뭔가 얼토당토않은 것을 보고한다는 것이 제정신이 아닌 것처럼 느껴져 자발적으로 뭔가를 보고하지 않는 판단력을 가진 사람이 하나도 없는 그런 시점에 도달했던 겁니다. 도대체 경계선 같은 것이 없어요. 뭐든, 어디서든 다 보고가 됩니다. 이 체계에는 도대체 판단력이라는 걸 발휘할 여지가 존재하지 않습니다. 아무도 이렇게 말하는 사람이 없다는 거죠. '내 경험에 비춰볼 때, 이 사람은 거짓 정보로 긁어 부스럼을 만드는 인물이야.' 아무도 이렇게 말하는 사람이 없어요. '이 보고서들은 전혀 근거가 없는 것이야.'"

9장

감정과 이성

선거가 있던 2004년은 모든 것을 숨김없이 공개하기에 적절한 때였다. 이제 미국인들이 떼로 투표기에 몰려들 이때가 되면 미국 내에서나 해외에서나 결국 선거에 너무도 많은 것이 걸려 있게 된다.

소련이 붕괴되고, 미국이라는 초강대국 하나만이 달랑 존재하게 된 단극 체제의 세계에서, 미국의 선거는 역사적 특성이라고 할 수 있는 기미마저 띠는 것이 되어버렸다. 물론 오랜 옛날부터 대제국은 늘 존재해왔다. 그리스, 로마, 이집트, 터키 등등. 하지만 피지배자인 국민의 "고지에 의한 동의(informed consent)"라는 미묘하고도 변덕스러우며 자극적인 어떤 것으로부터 그토록 엄청난 권력이 나왔던 예는 한 번도 없었다.

그 문구 자체로는 자치라는 것이 일종의 도로 주행 시험과 같이 들린다. 좀 더 정확히 말하면 그 동의가 무엇에 의해 고지되었느냐는 질문을 던지게 만든다. 그 고지는 열정에 의한 것이었나? 이성에 의한 것이었나? 신념에 의한 것이었나? 두려움에 의한 것이었나? 그도 아니라면, 최근 들어 권좌에 오르게 된 지도자들 혹은 그들의 수사가 까다롭고 다루기 힘든 것이 되어버린 이 세계에 보내게 될 어떤 메시지에 의한 것이었나?

이성은 그러한 선택들 중 아주 많은 노력을 필요로 한다. 그리고 가장 제어하기 힘들다. 적어도 위에서 아래로 내려가는 관계에서는 그러하다. 왜냐하면 이성은 그것이 어디에 속해 있건 움직일 수 없는 사실과 증거에 가치를 두는 경험적 틀에 의존하기 때문이다. 그 증거는 그 밖의 다른 어떤 것도 아닌 반박의 여지가 없는 공통의 전문 영역을 제공한다. 미국이라는 나라의 기초가 된 이성의 시대의 이상은 공개적이고 엄격하며 사실에 근거한 토론을 옹호했다. 언론, 출판, 집회의 자유처럼 제어하기 힘든 종류의 자유를 위해 헌법상으로 일정한 규정을 따로 마련해두면서까지 말이다.

이성은 건국자들이 아무리 현명하게 에두르려 들더라도 신념과 거대 권력에 일종의 평형을 이루도록 만들며, 대개는 사실을 모르고 있는 데서 비롯되는 경우가 많은 두려움과 알려지지 않은 것에 대해 생겨나는 불안감에 평형을 이루도록 만든다. 건국자들은 제어와 균형에 대한 토론의 지침으로 삼기 위해서 '투명성' 같은 말은 사용하지 않았으며, 일반 대중의 의지에 충분한 자양물과 함께 권한을 주려는 그들의 시도는 적어도 지혜와 공화정체가 가지고 있는 장점 같은 것을 가능하게 만들었다. 그들은 아마도 '햇볕'이라는 말을 사용했을지도 모른다.

그다음으로 '메시지'가 있다. 이것은 인식 작용에서 다른 요소들— 몇 가지 작용이 동시에 생겨나도록 만들면서 모든 것을 다 포괄하는 인식 작용 배열 관계 같은 것—의 근본적인 바탕을 이루는 밀도라고 할 만한 것을 전혀 갖추고 있지 않다. 이것은 상대에게 뭔가를 설명하려는 것이라기보다 상대를 설득해 뭔가를 하도록 한다. 또한 이것은 수용하는 사람들이 자신의 개인적인 반응뿐만 아니라 다른 수용자들은 어떻게 반응하는지에 대한 평가를 기초로 판단할 수 있게 한다. 달리 말하면, 사람들은 마음에 들지 않거나 나아가서는 불쾌하게 느껴지는 메시지에 대해서까지도 만약 그것이 다른 사람들을 바람직한 방향으로 움직이도록 만들 수 있다고 여겨진다면 환호하게 되는 경우가 있다는 뜻이다.

자치라는 영역에 있어서 메시지 창출은 오랜 역사를 지녔다. 고대 그리스 철학자들은 "대중을 설득하기 위한 수사"를 만들어낼 때 필요한 것으로 엄격한 합리성을 권하면서 저열한 감정이나 열정 따위에 호소하려드는 사람들을 훈계했다. 제퍼슨Thomas Jefferson이나 프랭클린Benjamin Franklin, 워싱턴George Washington 같은 인물들은 각기 가장 큰 가치를 지닌 것으로 여기는 메시지가 있었다. 그들은 그것을 자주 반복해 이야기하면서 그것에 대한 굳건한 신뢰를 과시했다. 하지만 그들이 선호했던 그런 구절들은 경험과 연구, 격렬한 토론, 그리고 무엇이 알려진 것이며 알아둬도 될 것인지에 대한 탐색의 결과가 명령하는 삶의 산물이자 거기서 추출된 일종의 정수였다. 그러니까 그것은 출발점이 아닌 과정의 결과물이라고 할 수 있었다.

요즘 들어서 적절한 메시지라고 할 때 첫 번째로 고려되는 부분은 그것이 깊이는 없으나 폭은 넓은 것이어야 한다는 점이다. 그리하여 최근 들어서는 그것의 폭, 즉 그것이 미치는 범위가 메시지라는 것의 성격을 바꿔놓게 되었다. 요즘 메시지라는 것은 건국자들이 봤다면 눈이 핑핑 돌 정도로 현대화되었을 뿐 아니라 점점 더 세계화를 향해 치닫고 있다. 그것의 근원이 될 수 있는 자료는 나른하고 범위도 한정된 이성이니 분석이니 하는 것이 아니라 숨 돌릴 틈 없이 쏟아져 나오는 생생한 이미지들에 의존하게 된 것이다. 우리 시대에 만들어지는 메시지는 특이하고 공기 역학적인 특성을 지녔으며 진정한 힘까지 지니게 되었다. 그리고 이런 점을 놓고 본다면 미국이 새로운 특성을 지닌 메시지 사용의 선구 자가 되어 왔다는 것은 놀라울 것도 없는 일이다.

그 적절한 예로 〈워싱턴 포스트〉에서 1970년대와 그 이후 얼마간 전 설적인 존재였던 월터 핀커스Walter Pincus 같은 노련한 기자들의 이야 기를 한번 들어볼 필요가 있다. 그들이 들려주는 이야기는 로널드 레이 건이 대통령에 재직했을 동안의 변화에 대한 회고담이다. 당시 미디어 쪽을 맡고 있던 마이클 디버Michael K. Deaver(레이건 전 대통령의 선거 참 모이며 수석 보좌관. 레이건 재임 시 레이건의 이미지를 매력적으로 그려내는 데 결정적인 역할을 했다—옮긴이)는 텔레비전 화면에 나타나는 모습이 연 설만큼이나, 어쩌면 정책 이상으로 중요하다는 생각을 철칙처럼 만들어 놓는 데 도움을 준 인물이다. 그는 미국의 각 텔레비전 방송사들이 매일 저녁 뉴스에서 22분을 채울 뉴스거리를 찾고 있다는 것을 알게 되자, 레 이건이 거의 날마다 새로운 뉴스거리로 등장하는 "미디어 이벤트"를 하 도록 했다. 방송사들은 그런 화면이 필요했기 때문에 곧 레이건을 취재 하기 시작했다. 그 미디어 이벤트라는 것은 정치적 입장 혹은 특정 선거 구민들과의 유대감, 뭐가 되었든 확실히 선전을 해대자는 것이었다. 핀 커스의 말대로 대통령에 대해 단지 "뭔가 기사로 쓸 만한 가치가 있는 일 을 할 때"나 대통령에 대한 기사를 쓰겠다고 버티던 주요 신문들도 곧 방송사들을 따라 하기 시작했다. 매일 한 가지 이벤트와 하나의 메시지 가 백악관에서 흘러나오게 되었다. 그런 다음에는 두 가지씩. 그런 다음 에는 세 가지씩. 그 이후 20년이 지난 지금, 메시지 관리는 해가 다르게 진화해 자치 과정의 대부분을 담게 될 정도가 되었다.

근래 들어, 대통령들은 그들이 "메시지를 계속 내놓고 있는가"의 여부에 의해 판단되는 경우가 많다. 전문가들이 만들어내고 매끄럽게 다듬는 그 메시지 자체가 마치 정식으로 선출된 지도자의 주인이기라도 한 것처럼 말이다. 정책 결정을 위한 공개적인 정책 토론이 국민 전체의 복지에 대한 복잡하며, 대개는 어찌해볼 도리가 없는 문제들의 뒤범벅임을 보여줄 수밖에 없는 반면, 이미지까지 곁들여진 수사이기도 한 메시지라는 부드러운 찰흙은 한 사람과 그의 성격을 장대한 서사로 빚어놓는다.

그러한 운영 틀은 최근 들어 꾸준하게 그 영향력을 키워왔다. 그리고 9·11 테러 이후에는 거기에 놀라울 정도의 투사 중량이 실리게 되었다. '테러와의 전쟁'에 대한 진정한 정책 토론은 결국 비밀리에 이뤄지고 있었으며, 합리적이고 사실에 근거한 공개적 담론은 씨가 말라버렸기 때문이다. 정확히 말해 대통령은 갑자기 투명성이 꼭 필요해진 때에 나라를 다스리게 된 셈이었다. 백악관의 메시지 제조 기계들은 자신들이 하는 말을 뒷받침해줄 수 있는 근본적인 증거를 제시할 수 있게 되리라는 기대 같은 것은 꿈도 꾸지 못한 상태로 과부하가 걸린 채 돌아가고 있었다. 이 순간, 혁신은 놀라울 정도로 효과적이었다.

자신의 개인적 신념에 대해 국민들에게 늘 이야기를 해온 대통령은, 미국의 책임과 미국이 9·11 이후 새롭게 맡게 된 역할에 대해 과감한 행동과 구세주적 신념을 담은 언어를 택했다. '사명'이니 '십자군'이니 하는 낱말들이 바로 그것이었다. 이 경우에 그는 이슬람 테러리스트들, 증오, 폭력 등을 가리키게 되는 "악을 물리치는 데" 신의 의지에 의해 인도되며, "신의 선물"인 민주적 형태의 정부를 온 인류에게 선사할 수 있는 국가에 대해 이야기했다. 근래의 대통령들은 자신들의 개인적 신념에 대해 이야기하는 한편으로 열정이라는 불을 그들의 정책에 갖다 붙이는 식의 프로메테우스적 책략을 쓰지는 않았다. 이따금씩 윌슨Woodrow Wilson이나 링컨Abraham Lincoln이 "신의 의지"를 끌어다 대는 경우가 있긴 했으나, 신의 뜻이 무엇인지 자신들도 잘 알고 있다는 것을 국민이 알 수 있도록 유도할 줄 알았다. 하지만 지금처럼 폭력이나 인간에 대한 공격을 지지하는 데 신의 의지를 들먹였던 경우는 한 번도 없었다.

이쯤 되니, 명백한 사실에 굶주려 있음에도 두려움과 신념이 결합되자 맑은 정신의 이성적 토론은 본질적으로 무기한 연기되어버린 것이나 마찬가지였다. 확신과 행동의 메시지는 국내에서 큰 호응을 얻게 되었다. 그리고 처음부터 외국의 지지를 끌어들이게 되었다. 미국이 알 카에다, 탈레반 그리고 전 세계적인 테러리즘에 맨 처음 포문을 열게 된 것에 동서를 막론하고 국제적 지지를 받게 된 이유가 그것이다.

본질적으로 분명해진 것은 미국 대통령이 자신의 고객 명부에 또 하나의 새로운 후원자를 보태놓게 되었다는 점이다. 그것은 9·11 이후 모든 것을 새롭게 정의하는 기간 동안 어떻게든 행동을 취할 생각밖에 없는 이 세계에 새롭게 나타난 유일한 초강대국의 말 한마디에 지나칠 정도로 마음을 쓰는 국제사회라는 지지 기반이었다. 하나는 국내, 하나는 국외라는 그 두 지지 기반은 미국이 하는 말 한마디 한마디에 바짝 매달려 있었다.

이런 모든 상황은 미국을 특이한 방식으로 구속하게 되었다. 타국의 반응에 대해서도 판단해야 하는 것처럼 메시지 이면에 깔려 있는 계산을 국제적 시각으로 할 수밖에 없게 된 것이다. 긴밀하게 연결되어 있는데다 순식간에 전달되는 뉴스로 포화 상태가 된 이 세계는 상호 관계를 고려하지 않고 구획으로 나눠버리는 짓이 더 이상 용납되지 않는 곳이 되었다. 하나는 국내용, 하나는 대외용, 하나는 우리 것, 하나는 그들 것이라는 식으로 취향대로 골라 사용할 수 있는 수사가 더 이상 먹히지 않는 곳이 되어버렸다는 뜻이다. 정식으로 선출된 지도자라면 두 고객 모두에게 효과적으로 먹혀 들어갈 메시지가 분명 필요하게 되었다. 그 고객들 가운데 국외에 해당하는 후자에는 불량 국가들과 테러리스트들까지도 포함되어 있었다. 하나의 세계, 하나의 메시지가 필요했다. 미국은 이제 공식적으로 메시지 사업에 뛰어든 것이나 다름없었다.

단호함, 맹렬함 그리고 신념은 미국의 표어가 되어버렸다. 물론 그것을 누구나 탐탁하게 여기지는 않았다. 빈 라덴과 그의 적의에 찬 '우리 대 그들'이라는 종교적 갈등을 조장하는 견해가 점점 더 널리 알려지면서, 입지가 불안해진 미국과 해외에 거주하는 무슬림들은 백악관 측의 발표문에서 '십자군 전쟁'이라는 등의 용어를 삭제해줄 것을 촉구하고 나섰다. 백악관 측을 그렇게 하겠다고 말했지만 그것을 삭제하는 대신 부시 대통령이 그 말뿐만 아니라 성전의 의미가 함축된 비슷한 다른 말까지 더 동원하도록 만들곤 했다. 한편 이런 태도를 취하는 것은 같은 신념을 지닌 부시의 국내 지지자들에게 엄청난 힘을 불어넣었다.

부시의 측근들은 골수 지지자들에게 하게 될 연설문 작성에 그런 식의 어법이 포함되도록 세심한 주의를 기울였다. 지지의 이미지가 포함되도록 하면서 우리 대 그들로 갈라놓는 방법은 효과가 있었다. 비록 이런 방법이 어떤 방식으로든 빈 라덴을 의인으로 만들어놓는다 하더라도, 까짓 것 상관없었다. 그자는 어쨌든 곧 죽어 나자빠질 테니까. 2002년 미 행정부의 매파들은 이런 식으로 생각하고 있었다. 하지만 그들은 중대한 문제 한 가지를 간과하고 있었다. 미국 내에서 정치적으로 유리한 입장이 될 수 있게 한 메시지는, 미국의 적들에게도 점점 더 훌륭한 기회를 만들어주었던 것이다.

국제적으로 부시는 자신의 메시지가 표와는 전혀 상관이 없는 해외 '지지자들'에게 어떤 식으로 작용하게 될지에 대해서는 전혀 우려하지 않았다. 미국은 그의 목소리를 통해 자국의 의도와 생각을 명백하게 전하고 있었다. 전 세계의 반응 따위는 전혀 우려할 바가 아니었다. 가장 다급한 선결 과제는 거의 절반 정도가 자신들을 열렬한 복음주의자라고 밝힌 일반 시민들과 마음이 맞는 서방 국가들, 새로 겁을 먹게 된 아랍 국가들 가운데서 '테러와의 전쟁'에 동맹국이 된 나라들을 열광적으로 만들어놓는 것이었고, 그것을 위해 정의감 넘치는 승리의 구호가 상황에 어울리도록 맞춤 제작되어야 했다.

　　2003년이 끝나갈 무렵, 보수파와 대체적으로 종교적 지지 기반을 갖고 있는 공화당 의원들이 힘을 과시하면서 중간선거에서 의석을 확보하고 난 뒤, 새로 찾아낸 정치적 영향력과 신념에 기반을 둔 확신의 아리아는 실제로 빈 라덴을 도와주고 있는 것일 뿐이라는 사실이 분명히 드러나고 있었다. 그것도 아주 강력하게 말이다. 아프가니스탄에서 패배하고 세계 각지로 흩어지고 난 뒤에도 빈 라덴과 자와히리는 그럭저럭 목숨을 부지해 살아남았고, 이제는 미래에 일어날 일들을 단언하듯 예언까지 하고 있었다. 그들이 오래전부터 예언해왔던 서쪽과 동쪽, 기독교도와 무슬림 사이의 성전이 마침내 시작되었다는 것이다. 부시가 입에 올리게 된 '십자군'이라는 말은 아랍 세계 전역으로 끝없이 퍼져나갔다. 그것은 부시의 서명과도 같은 말이 되어버렸다.

　　하지만 그것은 여전히 저쪽 나라, 세상을 한참 건너간 다른 세계에서 벌어지는 일이었다. 이런 상황에서도 미국인들은 여전히 이 위태로운 시대에 자신들이 완수해야 할 의무에 대해서만 생각하고 있었다. 결국 실제로 아프가니스탄에서 군 복무를 한다거나 테러리스트들을 추적한다거나, 해안선을 지킨다거나 하는 사람들은 소수에 지나지 않지만, 나머지 모든 사람은 미국이 전 세계에 전파하는 메시지와 그것을 전달하는 가장 높은 자리에 있는 메신저인 대통령을 지지함으로써 자신의 본분을 다할 수 있다고 여겼다. 뭔가를 알고 있으나 논쟁을 할 수 있게 해줄 정보의 원천이 될 만한 자료를 전혀 입수할 수 없는 비판가들은, 미국 정책에 대해 단지 산발적인 비판만을 내놓았을 뿐이다. 그리고 그들이 그런 비판을 하고 나면 그들은 오히려 적을 편하게 만들어준다는 비판을 당하게 되었다.

2003년 여름, 이라크를 통한 실험이라는 게 맛이 살짝 가버리기 시작하고, 훈련되지 않은 시각을 가진 사람들이 보기에 반란 지역이 점점 더 확대되어 가고 있는 것처럼 보이기 시작했다. 그런 상황에서도 오랜 경험에서 이끌어낸 현실에 바탕을 둔 평가이기도 한 대단히 당연한 종류의 질문—이라크를 완전히 손에 넣기 위해서는 정말로 어느 정도의 병력이 필요한가, 아랍 국가의 민주주의라는 것이 실제로 어떤 식으로 구성되어 있는지에 대해 생각해본 적이 있는가 같은—을 하게 되면 사방에서 공격의 화살이 날아왔다. 대개는 보는 사람의 마음을 괴롭게 만드는 이라크의 상황에 대한 생생한 영상들은 차라리 속 편하게 비밀에 부치는 쪽으로 낙착되고 말았다. 하지만 2003년 대부분의 기간 동안 덧붙여진 "우리 편이 될 것인가, 아니면 우리의 적이 될 것인가"라는 메시지는 수많은 젊은 남녀 병사을 위험에 빠뜨렸다. 대체적으로 미국은 이제 메시지로 간신히 명맥을 유지하고 있었다.

거북이 토끼를 따라잡듯이 이성이 메시지를 진짜로 따라잡게 된 것은 "고지에 의한 동의"가 거의 헌법상 명령처럼 작용하게 되는 2004년 1월,

선거철이 되고 나서였다. 그리고 늘 그랬던 것처럼 가장 중요한 요소는 확연히 구분이 되며 반박할 수 없는 사실의 등장이었다. 실제로 그것은 수천 년 동안 이성적인 담론에서 산소와도 같은 존재였다.

그 가운데 하나는 전 재무부 장관이었던 폴 오닐Paul O'Neill에게서 나왔다. 그의 말에 따르면, 미 행정부는 2001년 1월 부시 취임 후 첫 번째로 열린 국가안보회의에서 이미 사담 후세인 정권을 전복시킬 계획을 세우고 있었으며, 그것은 널리 광고해왔던 것과는 달리 9·11 이후의 증거에 입각한, 보다 신중한 과정과는 거리가 먼 것이었다. 그는 또한 자신이 NSC 소속 인사로서, 이라크 침공에 앞서 정보 공동체에서 부시 대통령에게 전달된 모든 관련 브리핑 자료를 직접 읽었으며, 그런 보고 자료 가운데 어느 것에서도 대량 살상 무기에 대한 "증거로서 자격을 갖춘" 내용이 포함된 것을 전혀 찾아볼 수 없었다고 말했다.

이런 유형의 비난 가운데 일부가 소문으로 떠돌고 있었지만, 그의 말이 정말 중요한 것은 그런 문서를 실제로 읽은 사람이 그 사실을 털어놓았다는 점에 있다. 대통령과 직접 정기적으로 접촉했고, 최고위급 회의에 참석했으며, 중요 문서들을 직접 목격한 사람의 말인 것이다.

미흡한 것이긴 했으나, 사실상의 전술적 싸움이 시작되었다. 9·11 이후 쭉 투명성을 보여야 한다는 전통적인 구속으로부터 완전하게 자유로웠던 미 행정부로서는 실제로 정책의 추진력으로 작용했던 골칫거리가 될 수 있을 근거도 없는 확신들뿐만 아니라, 소위 '테러와의 전쟁'에서 저지르게 된 고문에서 불법 도청, 아슬아슬한 온갖 불운한 일에 이르기까지 아직 드러나지 않은 판단과 조치 들에 대해 숨겨야 했다.

일주일 뒤 2004년 1월 20일. 부시 대통령이 연두교서에서 전한 메시지는 종래의 입장을 굳건히 고수하는 것이었다. 이 시점에서 대통령의 연두교서는 지난 2년 6개월 동안의 수사적 승리에서 이끌어낸 것이라고 할 수 있었다. 두터운 신앙심이니 굳은 결의니 하는 것에 대한 주제와 잔뜩 강조된 분사들을 뒤섞어 짜놓은, 재선을 향한 선거운동의 시작이라고 할 수 있는, 늘 듣던 노래 말이다.

대통령이 상하 양원 의원들과 정부 각 부처 수장들이 모인 자리에서 말했다.

"우리 모두는 힘을 합쳐 심각한 도전에 맞서 싸워왔고, 이제 선택의 기로에 서 있습니다. 우리는 확신과 굳은 결의로 앞으로 나아가거나, 아니면 테러리스트들이 테러 음모 같은 것은 꾸미지 않고 있으며 불량 국가들이 우리에게 전혀 위협이 되지 않는다는 위험한 환상으로 회귀하거나 할 수 있습니다. 하지만 우리가 커다란 비극, 그리고 시련과 전쟁을 겪으면서 여기까지 오게 된 것은 단지 주저하면서 하던 일을 중도 포기하기 위해서였던 것이 아닙니다."

자신들이 취하지 않았던 입장을 야당 탓으로 돌리는 것은 늘 동원되는 정치적 전술이며, 선거철의 공식적인 시작을 알리는 것이기도 하다. 그런 다음, 1분 정도에 걸쳐 연설을 해나가던 부시 대통령은 자신의 재선이 왜 필요한지를 설명하는 가장 중요한 이유를 이야기했다.

"2001년 9월 11일의 그 사건이 있은 지 꼭 28개월이 지났습니다. 미국 본토가 공격받지 않고 2년의 세월이 흘렀습니다. 그리고 우리가 위험을 벗어났다고 생각하고 싶은 유혹이 있는 것도 사실입니다. 그러한 희망이 안도감을 느끼게 해줄 거라는 점은 이해 못할 것도 없지만 동시에 사실이 아니기도 합니다. 테러리스트들은 계속해서 미국과 문명 세계를 공격하기 위한 음모를 꾸미고 있기 때문입니다. 우리는 이러한 위험을 우리의 의지와 용기로 물리칠 것입니다."

방 안에 모인 사람들에게서 우렁찬 함성과 박수가 터져 나왔다. 민주당 소속 의원들까지도 마찬가지로 환호했다. 우리 미국은 공격을 받지 않았다. 비록 그 '이유'는 명쾌하지 않았지만 공격받지 않았다는 것만은 엄연한 사실이었다. 그 이유에 대해서는 정보 공동체 내에서 격렬하게, 비밀리에 이뤄지고 있는 논쟁의 주제였다.

그것이 재선을 위해 계속해서 사용될 선전용 문구의 핵심이었다.

부시 대통령은 더 이상 지체하지 않고 이어서 자신이 가장 가치를 두는 '결과물'을 꺼내 들었다. 블레어로부터 처음 소식을 전해 들었을 때의 감회가 아직도 새로운, 가다피가 제안해온 예비교섭에 관한 이야기였다.

"미국의 지도력과 굳은 결의로 인해 전 세계는 보다 나은 방향으로 변해가고 있습니다. 지난달 이 리비아의 지도자는 자발적으로 자신의 정권이 보유하고 있는 핵무기 제조를 위한 우라늄 농축 시설을 포함, 모든 무기와 대량 살상 무기 제조 계획을 공개하고 해체하겠다고 약속했습니다… 12년이나 외교 관계를 갖고 있었던 이라크 문제에서는 그렇지 못했던 반면, 미국과 영국이 개입해 지난 9개월에 걸쳐 진행해온 강도 높은 협상이 리비아 문제를 해결하는 데 성공했습니다. 한 가지 이유는 분명합니다. 외교 노력이 효과를 보기 위해서는 신뢰할 수 있는 말이 무엇보다 우선인데, 이제 미국 정부의 말에 대해 누구도 의심을 품을 수 없게 된 것입니다."

사실이 아닌데도 리비아가 이라크 침공 결과 얻게 된 결실의 증거라고 단언을 해버렸기 때문에, 대통령은 부담이 되고 있는 이라크 침공 실험이라는 기둥에 버팀목을 세우는 쪽으로 재빠르게 화제를 돌렸다.

"이 방 안에 있는 사람들 가운데 일부, 그리고 미국 국민 가운데 일부는 이라크를 해방시킨다는 것에 대해 지지하지 않고 계십니다. 전쟁에 대한 반대는 대개의 경우 도의심에 의거한 동기에서 나옵니다. 하지만 사담 후세인이 그대로 정권을 잡고 있게 놔두는 것의 결과에 대해 솔직해져봅시다. 케이 보고서는 이미 수십 개의 대량 살상 무기의 존재를 확인해주고 있습니다. 이라크가 유엔 사찰단에게 공개하지 않고 숨긴 대량 살상 무기와 관련된 무기 제조 계획과 상당량의 장비들 말입니다."

사흘 뒤 1월 23일 금요일. CIA는 이라크 무기 사찰단의 단장으로서 케이 데이비드Kay David가 해낸 일을 칭찬하는 보도 자료를 내면서, 그가 사임하게 될 것이며, 그의 후임은 무기 전문가 찰스 듀엘퍼Charles Duelfer가 맡게 될 것이라고 발표했다. 그날 오후, 케이는 중앙정보국장과 작별 인사라도 나눌 수 있게 되기를 바라면서 조지 테닛의 사무실에 잠시 들렀다. 테닛은 한 외국 정보기관 책임자들과 회의 중이었다.

모스맨이 케이에게 그날은 테닛을 만나기 힘들 것 같다고 사정을 말했다. 그는 테닛의 사무실 가까이 붙어 있는 한 사무실에 앉아 있었다.

"하지만 데이비드, 허락해주신다면 다음 주 언제 점심 식사라도 대접하고 싶으니 함께 일하셨던 분들 모시고 나와주셨으면 합니다."

케이는 발을 질질 끌며 걷고 있었다.

"그게 괜찮은 생각 같지가 않아서 말이야."

그는 그렇게 말하고는 조용히 자리를 떴다.

한 시간 후, 오랜 세월 CIA의 대변인을 맡고 있는 빌 할로Bill Harlow가 모스맨에게 전화를 걸어왔다. 못마땅해 죽겠다는 말투였다.

"케이가 방금 전에 로이터통신 쪽에 이야기를 흘린 모양이야. 성명을 발표하기로 했다나 봐."

닷새 후, 케이는 상원군사위원회 청문회장의 증인석 뒤로 조용히 들어와 앉았다. 청문회장은 만원이었다. 버지니아 주 출신으로 그 어느 때보다도 더 불만인 공화당 소속 상원 의원 존 워너John Warner가 의장을 맡고 있었다. 그는 현 대통령의 열렬한 지지자였지만 점점 더 자신이 그동안 속아왔다고 여기는 인물이었다.

케이가 험악한 말투로 말문을 열었다.

"우리 모두가 잘못 알고 있었다는 말로 이야기를 시작하겠습니다. 그 우리에는 여기 있는 저 자신도 분명 포함됩니다. 이제까지 이 부분에 대해 기울여온 노력은 충분히 강도가 높았다고 생각합니다. 따라서 그곳에 실전 배치된 군용 화학 및 생물 무기가 대량으로 비축되어 있지 않을 가능성이 아주 높다고 판단됩니다."

그런 진술이 있고 난 다음에는, 공화당의 존 맥케인John McCain, 민주당의 테드 케네디Ted Kennedy 등의 여러 상원 의원이 미국 국민이 속고 있었는지의 여부와 어느 부분에서 그러한지 케이에게 의견을 말하라고 몰아대게 되면서 질문은 보다 개인적인 쪽으로 흘러갔다.

"만약 제가 의원님의 주식 중개인이고 의원님은 제 조언에 따라 투자를 해야 하는 상황인데, 제가 의원님에게 투자하도록 조언하지 않을 그런 종목이 있습니다. 장이 끝나고 난 후에 제가 이렇게 말했습니다. '엔론Enron은 전 세계에서 가장 큰 회사였습니다.' 그리고 의원님은 거기 투자해서 엄청난 금액의 손실을 보게 되었다고 한다면, 의원님은 제가 의원님을 악용했다고 생각하게 될 겁니다."

며칠 뒤, 콜린 파월은 〈워싱턴 포스트〉 각 부 편집장들과 기자들을 만난 자리에서 이라크에 대량 살상 무기가 존재하지 않는다는 사실을 미리 알고 있었더라면 그 전쟁을 찬성하지 않았을 수도 있었다고 말했다. 파월은 "미국이 이라크에 대량 비축된 무기와 (금지된) 무기가 존재한다는 것을 알고 있는 상태에서" 전쟁에 돌입했다는 점을 특별히 언급하면서,

"(이라크 내에 금지된 무기의) 대량 비축분이 존재하지 않는다는 사실은 정치적 계산에 변화를 주게 된다"고 편집장과 기자 들에게 말했다. 2월 3일 동트기 전에 〈워싱턴 포스트〉는 이 일말의 솔직함을 게재하여 신문을 내보냈고, 그 소식은 놀라운 속도로 거의 동시에 전 세계로 퍼져나갔다.

파월의 논평은 백악관을 공황 상태에 빠뜨렸다. 그의 논평은 대통령의 주장을 정면에서 반박하고, 부시가 연두교서에서 천명한 굳은 결의의 '메시지'를 확 깎아내리는 듯 보였던 때문이다. 이제 뭘 어쩐다? 대통령 집무실이 자리 잡고 있는 백악관의 서편 건물은 대응 전략을 짜느라 한바탕 소란스런 돌풍이 휩쓸고 지나가게 되었다.

아침나절, 파월은 신속한 피해 대책 마련 차원의 기자회견을 열기 위해 그날 방문객인 코피 아난 유엔 사무총장을 국무부 기자실로 안내해갔다.

파월은 큰 소리로 외치듯 이야기를 시작했고, 그의 목소리는 계속 높아지고 있었다.

"결론부터 말씀드리자면 이렇습니다. 대통령은 올바른 결정을 내리셨다는 겁니다. 대통령은 이라크 정권의 내력, 지독한 독재자인 그 나라 지도자가 가지고 있던 의도, 다양한 수준의 무기 생산 능력, 그곳에 비축되어 있던 발사 시스템들 등에 근거해 제대로 된 결정을 내리셨으며, 거기에 대해서는 그 누구도 이견이 없습니다… 이 정권은 의도와 능력을 가지고 있었다는 것이 분명하며, 그것은 우리가 무릅쓰기에는 너무 큰 위험이라고 대통령은 절실히 느끼고 있었습니다. 그리고 그것은 우리가 모두 동의한 사안이며, 다른 그 어떤 상황에 놓이더라도 우리는 그 문제에 대해 동의할 것입니다."

3월 11일 아침. 승객들로 붐비는 전철이 스페인 마드리드Madrid를 향해 부지런히 달리고 있었다. 전철의 승객들은 대체적으로 마드리드 시내 가까운 곳에 괜찮은 주택을 마련할 형편이 안 되어서 동쪽 교외의 노동 계급 밀집 지역에 거주하는 사람들로 새벽같이 일어나서 아침 식사를 하고 열차에 오른 것이었다. 그들 가운데 대다수는 학생들이거나 젊은 남편들과 아내들, 혹은 갓 부모가 된 사람들, 앞길이 구만리인 이제 막 인생을 시작하는 사람들이었다. 그날 아침 그들은 〈엘 문도El Mundo〉(신문 이름. 스페인어로 '세계'라는 의미이다—옮긴이)를 읽거나 아이팟iPods으로 음악을 듣거나, 그것도 아니면 잠을 청하거나 아늑한 통근 열차 속의 웅성거림 속에서 창밖을 구경하거나 하고 있었다. 넓게 펼쳐진 초원이 시야에서 사라지고 다닥다닥 줄지어 늘어선 주택들을 스쳐 지나간 다음, 멀리 다른 건물이 보이기 시작했다. 멀리 프라도 박물관(Prado Museum) 건물의 웅대한 자태가 시야에 들어오기 시작했다.

그들 대다수에게 그 건물은 그들이 살아서 마지막으로 보게 될 것이었다. 열차가 아토차Atocha 역으로 진입하는 동안 세 개의 배낭이 폭발했고, 깨진 돌조각과 강철 파편, 그리고 그런 일이 있으리라고는 꿈에도 생각지 않던 희생자들의 시신 조각이 사방으로 튀어 올랐다. 세 개의 폭탄 배낭이 폭발한 첫 번째 폭탄 테러로 70명이 사망했다. 그다음 몇 분동안 비슷한 방식으로 아홉 편의 다른 열차에 설치된 폭탄이 연이어 폭발하면서 또 다른 121명이 사망했다. 사망자는 모두 합쳐 191명이었고, 1,500명이 부상을 당했다.

소식은 순식간에 퍼져나갔고, 전철 플랫폼에 쓰러져 있는 시신들의 주머니에서 휴대전화들이 울려대기 시작했다. 스페인 전역에서 사람들은 침묵 속에서 자기들이 사랑하는 사람이 제발 전화를 받기를 기도했다. 제발, 좀, 받아! 9·11이 터지던 날 사고 현장에서 울리던 휴대전화에 전화를 건 사람들이 제발 받으라고 기도하던 것과 똑같은 상황이었다.

그와 같은 순간에 사람들이 무슨 행동을 했든 그걸 가지고 뭐랄 생각은 아예 없다. 사람들은 눈물을 흘렸고, 공포감에 사로잡혔으며, 그날 밤과 다음 날 밤을 마드리드 시내의 화려하게 장식된 고풍스런 광장에서 경야를 했다. 야당의 반대에도 부시 행정부와의 결속을 과시하기 위해 1,300명의 병력을 이라크로 파병했던 호세 마리아 아스나르Jose Maria Aznar 대통령의 보수파 정부는 엉뚱한 길로 접어들었다. 스페인 역대 정부에 복수의 여신들처럼 계속 따라다니며 괴롭혀온 바스크 분리주의자(Basque separatist) 테러 조직인 ETA(Euskadi Ta Askatasuna. '바스크 인의 조국과 자유'라는 의미의 바스크어로, 스페인으로부터의 독립을 주장하는 바스크 민족주의자들의 준군사 조직이다—옮긴이)의 소행이라고 서둘러 비난하고 나섰던 것이다. 스페인 정부에게는 그럴 만한 이유가 있었다. 그들은 2월 말 ETA가 은닉해놓은 다량의 폭발물을 압수했던 것이다. 그렇기 때문에 전투 중이라면 누구라도 당연히 그랬겠지만, 자연스럽게 가장 익숙한 적을 향해 포문을 열었고 ETA에 대한 수사에 초점을 맞췄다. 동시에 오래전부터 계획되어 있던 이슬람 원리주의자 테러 지부들에 대한 감시 활동을 중단해버렸다. 만약 분석이, 모든 분석이, 냉정하지 못하고 조심성이 없으며 전혀 가능성이 없어 보이는 것까지 찬찬히 살피는 것이 아니라면, 그것은 자기 지시적이자 자기 좋을 대로 해석하는 병폐에 물들어버리게 된다.

폭발이 있고 나서 사흘 후, 스페인 내 거주하는 지하드 운동가들의 소행임이 거의 확실하다는 게 점점 명백히 드러나면서, 바스크 분리주의자들의 소행이라고 여겼던 때가 차라리 낫다고 여겨질 정도가 되었다. 스페인 내 지하드 운동가 지부들 가운데 일부는 스페인 군대가 이라크에 주둔하고 있는 것에 대해 특히 불만을 갖고 있는 것처럼 보였기 때문이다. 그랬기 때문에 아스나르 정부는 2월 한 달 내내 여론조사 결과로는 야당을 앞서고 있었으나 폭탄 테러가 터지고 나서 사흘 뒤 실시된 선거에서 참패하고 말았다. 승리한 사회당은 반미 구호를 내걸었고, 이라크에서 스페인 군대의 철수를 공약했다. 그 시점에서라면 이것은 선거에서의 승리를 보장해주기에 충분한 무기였다.

마드리드 폭탄 테러가 있고 난 다음 몇 주일 동안, 프랑스에 있는 미국과 유럽 합동 대테러정보센터 CTIC와 유럽 대륙 전역의 정보기관들은 발생한 테러가 누구의 소행인지 알려줄 퍼즐을 풀기 위해 미친 듯이 돌아가고 있었다. 4월 3일, 스페인 경찰은 일곱 명의 용의자를 포위했고, 궁지에 몰린 그자들은 마드리드 교외 레가네스Leganes의 한 아파트 건물로 숨어 들어간 다음 함께 자폭해버렸다. 얼마 지나지 않아, 연루된 몇 명이 체포되었다. 그자들은 자급자족하는 성격의 테러 지부 소속이라는 사실이 분명해졌다. 그들은 폭발물 구입 비용을 포함해 여타의 작전 비용을 해시시hashish와 엑스터시Ecstasy를 판매해 조달했는데, 메카에서 길어온 성수를 마시는 것으로 마약을 판매한 행동에 대한 나름의 자체 정화 의식도 만들어낸 것으로 알려졌다.

유럽 전역에서 실시된 용의자 색출 작업으로 그와 유사한 자생 테러 단체들이 그리 긴밀하지 않게 연합되어 있는 조직의 존재가 드러나게 되었다. 그들은 알 카에다 지도부로부터 직접 지휘를 받는 긴밀한 조직에 연계되어 있지 않은 것이 분명했다. 차라리 프랜차이즈 형태에 가까웠다. 독자적 운영 체계를 가진 집단들이 보다 큰 범위의 운동에 부응할 수 있는 이런저런 목표들을 수행하도록 되어 있었다. 즉 빈 라덴이나 자와히리의 정신적 지도를 받는 것으로 되어 있었지만, 자급자족을 하면서 자유롭게 시골 지역에 깊이 은둔해 꾸준히 파괴 공작을 수행하는 형태였다. 전년도 가을 빈 라덴은 방송을 통해 스페인과 영국을 비롯해 이라크에 파병해 미국을 돕고 있는 다른 국가들에 대한 테러를 감행할 것이라고 위협했었다. 그리고 첩보 요원들은 스페인 폭탄 테러범들 가운데 일부가 빈 라덴의 대리인과 모종의 연계 관계를 가지고 있다는 것을 보고했지만 마드리드 폭탄 테러는 본질적으로 자급자족하는 종류의 파괴 세력이 빈 라덴의 담화에 부응한 것으로 볼 수 있었다.

그것은 새로운 알 카에다 조직이 어떤 형태로 운영되고 있는가를 확실하게 보여주는 증거였다. 지난 2년 동안 이 조직의 진화라는 개념에 부분적인 초점을 맞추고, 신호정보와 금융 정보를 통해 얻어낸 성과였다. 의사소통, 지휘, 자금 지원 등을 캐내기 위해 지금까지 헤아리기 힘들 정도로 숱한 조직원의 체포가 이어졌지만, 이제 필요가 없는 것으로 확인이 된 셈이었다. CIA 작전 책임자들은 이것으로 인해 자신들이 전술적인 면에서 막다른 골목에 이르게 될 수 있다는 것을 알고 있었다. 그리고 실제로 그렇게 되었다.

빈 라덴과 자와히리에게서 나오는 메시지들은 광범위한 전략적 목표물들로 이루어진 우산이나 다름없었다. 그 우산 아래에서 상이한 테러 집단들이 독자적으로 작전을 수행하는 것이다. 한 CIA 분석관은 이렇게 표현한다.

"추론해보면 그 관계에는 명확한 특성이 있습니다. 아이들이 자라나면서 부모를 기쁘게 해줄 방법을 점점 더 많이 알게 되는 것과 같다고 할 수 있지요."

1990년대 중반 인터넷 관련 신생 회사들이 급증했던 것과 마찬가지로, 진입 장벽은 낮았고 임기응변으로 활용할 수 있는 에너지는 높은 상태였다. 여기서 목표가 되는 것은 주식 공개로 벌어들이는 떼돈은 아니었지만 나름대로 그에 못지않게 매력적이라고 할 수 있었다. 전 세계적으로 악명을 떨칠 수 있으며 성스러운 순교자로서 자신의 얼굴 사진이 리야드나 카라치의 수많은 아파트 거실을 장식하게 된다는 것이었다. 영원한 희열인 것이다.

그것 말고도 더 있었다. CIA와 NSC 정보 분석실에서는 마드리드 폭탄 테러와 신속한 후속 수사가 또 다른 일치된 의견에 의해 깔끔하게 넘어가고 있었다. 백악관의 그 누구도 일반에 공개되기를 원치 않을 그러한 결론이었다. 즉 이 시점에서 알 카에다는 사실상 미국에 대한 공격을 원치 않을 수도 있다는 것이었다. 분석에서 가장 중요한 요소가 된 것은 몇 개월 전인 2003년 12월 노르웨이 정부 산하 정보 수집 및 전략 연구기관 노르웨이 국방연구소(Norwegian Defense Research Establishment)가 사우디 내 알 카에다 지부와 긴밀한 관계에 있는 한 지하드 운동가의 웹사이트에서 입수한 정보에 대한 보고서였다.

「지하드가 벌어지고 있는 이라크, 희망과 위험성(Jihadi Iraq, Hopes and Dangers)」이라는 42쪽짜리 이 보고서는 2003년 9월에 완성되었다. 거기에는 다름 아닌 유세프 알 아이에리의 영향을 보여주는 흔적이 곳곳에 있었다. 일단 이 보고서는 알 아이에리에게 헌정된 것이었고 그의 저술에서 발췌한 인용문들이 실려 있었다. 또 종교적인 것이라기보다는 분석적 열정이 내비치는 논리가 적용된 것으로 보아, 그것은 알 아이에리의 것이 틀림없다는 것을 확연히 알 수 있게 해주었다. CIA 분석관들 가운데 일부는 그것이 2003년 5월 알 아이에리가 사망하기 전에 부분적으로 직접 집필된 것일 수 있으며, 이후 그의 추종자 혹은 제자 들이 내용을 확장하고 매끄럽게 다듬은 것일 수도 있다고 여긴다.

그 전략 문서는 이라크에서 미국이 기울이고 있는 노력을 약화시킬 수 있는 방법에 대한 여러 가지 예리한 제안이 담겨 있다. 가장 기본이 되는 전략 한 가지는 미국을 동맹국들로부터 떼어놓아 이라크에 혼자 남도록 만든다는 것이다. 영국, 스페인, 폴란드와 같은 몇 안 되는 중요 동맹국들이 어쩔 수 없이 이라크에서 병력을 철수시키지 않을 수 없도록 하면 미국의 재정적 부담은 늘어날 수밖에 없으리라는 것이었다.

이러한 설명 방향은 각국의 국내 상황에 대한 정교한 분석과 스페인은 다수의 인구가 이라크 문제 개입에 반대하고 있어서 미국과 분리시키는 전략에서 가장 공격하기 쉬운 나라라는 평가 등에서 그 깊이를 더하고 있다. 이 문서는 2004년 봄이나 여름으로 예정되어 있는 스페인 선거 기간에 즈음해 이라크에 주둔하고 있는 병력이나 다른 곳에 주둔해 있는 병력을 가리킬 수도 있는 스페인 '군대'에게 "통렬한 타격"을 가할 것을 제안하고 있다. 전체적인 전략적 임무에 대해서는 보고서에 강조된 문장으로 상세히 설명해놓고 있다.

우리는 스페인 정부가 두 차례, 최대치로 잡아서 세 차례의 타격 이상은 견뎌내지 못할 것이라고 생각한다. 그러한 공격을 받고 나면 스페인 정부는 국민들의 강력한 요구에 굴복해 주둔 병력을 철수시킬 수밖에 없을 것이다. 만약 스페인 군대가 그러한 공격을 받고 난 후에도 여전히 이라크에 남아 있다면, 선거에서 사회당의 승리는 보장된 것이나 마찬가지가 되며, 스페인 군대의 철수는 선거공약에 포함될 것이다.

마지막으로, 우리가 강조하는 것은 이라크에서 스페인이나 이탈리아

군의 철수는 (이라크에 주둔하고 있는) 영국군의 존재에 엄청난 압력으로 작용하게 되리라는 점이다. 토니Toni(원문 그대로임) 블레어는 그러한 압력을 견뎌낼 수 없을 것이며, 그렇기 때문에 도미노 패는 순식간에 무너지게 될 것이다. 그렇지만 첫 번째 도미노 패를 쓰러뜨린다는 기본적인 문제는 여전히 해결되지 않은 채이다.

스페인 병력의 철수가 시작되면서 곧 "테러리스트 쪽의 승리"를 알리는 뉴스가 전 세계로 퍼져나가게 될 터였다. 하지만 그런 머리기사의 이면에 함축된 의미는 2002년 봄까지 거슬러 올라가는 시점에서 CIA 분석관들이 맨 처음 알아내기 시작했던 정보를 추가로 확증해주는 것이었다. 그것은 신호정보와 제한된 것이긴 하나 인간 정보를 통해서였다.

'알 카에다가 미국 본토에 대한 공격을 하지 않는 쪽으로 전략을 바꿨을 가능성이 있다. 테러 공격의 후보지들은 사우디아라비아나 무슬림 인구가 많은 유럽 각국이 될 수 있다. 그런 면에서 본다면 스페인은 확실한 테러 공격 후보지가 될 가능성을 갖추고 있다.'

한편 철저하게 비밀이 유지되는 가운데 벌어진 왜 자와히리가 화학무기 공격을 취소시켰는지에 대한 논쟁은 미국이 알 카에다 조직에 대해 가하는 압박 때문일 수도 있다는 주장에 영향을 미쳤다. 그 주장은 예전의 자축하는 분위기 속에서 나온 것이었으나, 알 카에다가 9·11이라는 단 한 차례의 대승리를 거둔 이후 3년 동안 미국 본토에 대한 공격을 하려 하지 않고 있다는 증거들이 속속 드러나면서 힘을 잃게 되었다. 이 기간 동안 고위급 관리들 사이에 벌어졌던 빈 라덴과 자와히리에 대한 논쟁에 관여했던 한 CIA 관리는 이렇게 말한다.

"CIA 내부에서 우리가 알고 있는 것은 알 카에다가 단지 피에 굶주려서, 혹은 병적인 분노에서 그런 공격을 일삼지 않았을 거라는 점입니다. 비록 전술은 끔찍하지만 그들은 단순히 살인에 재미 들인 살인광들이 아닙니다. 그자들은 자신들이 특정한 전략적 목표를 달성하기 위해 해야 하는 공격을 하고 있는 것입니다. 분명한 것은, 그들이 한 100여 가지의 상이한 방법을 동원해 우리를 공격할 수 있는 능력을 충분히 갖추고 있었다는 겁니다. 그런데 그들은 그러지를 않았다는 거죠. 의문점은 도대체 그 이유가 뭐냐는 거죠."

이제 미국 국민들은 알 카에다가 미국 본토를 공격하려 들지 않고 있었다는 사실을 알 자격이 있지 않을까? 두말할 나위도 없이 중요한 사안인 중간선거를 앞두고 9·11 테러와 세계정세의 변화에 대한 대답을 듣는 차원에서라도 말이다.

이것에 대해 모르고 있는 상태에서라면, 자신이 미국 국민들이 공격받는 것을 막을 수 있었기 때문에 중간선거에서 승리해야 한다는 대통령의 가장 핵심적인 주장을 제대로 평가할 수 있을까?

한 국가가 민주주의의 가치를 그대로 유지하면서 비밀리에 전쟁을 수행할 수 있는가 하는 가장 핵심이랄 수 있는 딜레마는, 9·11 테러가 터지고 나서 처음 치러지는 중간선거에서는 시간이 갈수록 더 심각한 문제로 대두되고 있었다.

어느 경우가 되었든, 2004년 봄, 알 카에다의 현재 상태와 진짜 전략과 같은 수많은 중요한 문제는 수면 아래 여전히 잠겨 있는 상태였다. 메시지를 통해 국민을 따라오도록 만드는 방식을 좇는 데서 생겨나는 피할 수 없는 전략적 결과물은 무엇일까? 그건 바로 이러한 사실들을 국민들에게는 알리지 않는 것, 그리고 '테러와의 전쟁'을 벌이고 있는 미국이 취한 조치와 그 조치에 대한 이론적 설명에 드리워지고 있는 어두운 그림자를 정당화하려 들 거라는 점이었다. 즉 알 카에다가 사실은 미국 본토를 공격할 의사가 없다는 사실을 미국이 알고 있었다는 것을 포함해, 미국이 알고 있는 이런저런 정보를 알 카에다가 알도록 내버려둔다는 것은, 알 카에다가 자신들의 전략을 세우는 데 아주 귀중한 도움을 주게 되리라는 것이었다. 그리고 알 카에다와 그 지지자들, 모방자들, 그리고 그들의 행동에 열광하는 자들은 이제 미국 대통령이 생각하기에 자신에게 직접 표를 던지지는 않지만 자신의 지지 기반의 일부가 되었기 때문에, 절대 그런 사실을 알려서는 안 되었다.

그것은 교전 중인 적에 대해 적용될 수 있을 '정보전'이 미국 본토에도 마찬가지로 적용되게 되었음을 의미한다. 비록 이제 이 미국이라는 민주정체에서 4년마다 한 번씩 국민이 자신들 지도자의 행동에 대한 평가를 내리게 되는 때가 되었음에도 말이다. 미국 정부의 의도에 대해 미국 국민이 갖는 알 권리는 알 카에다 중간 간부가 미국 정부의 의도에 대해 알 권리를 갖는 것이나 다름없었다. 설사 그런 모든 일이 권력을 잡은 자들에게 득이 되는 것이라 할지라도 그걸 어쩌겠는가.

이러한 권리와 이해관계 사이에 벌어지는 충돌은 마치 미끄러져 어긋나고 있는 지각 구조 판처럼 미국의 정부 체계와 고지에 의한 동의라는 전통 저 아래 깊은 곳에서 심각한 지중 스트레스를 일으키고 있었다.

한편 표면상으로 보이게 되는 부분은 메시지를 통해 국민을 훈련시키려 드는 세력과, 혼란스럽고 간헐적인 의미심장함을 지니는 논쟁이나 벌이는 세력 사이에서 벌어지는 공멸로 향하는 투쟁이나 다름없었다.

백악관 측을 대변해야 하는 입장에 있는 테닛은 날이면 날마다 이런 싸움에 점점 더 깊이 끌려 들어가고 있었다. 결국 그는 그런 숱한 싸움에서 하나의 핵심 인물이라고 할 수 있었기 때문이다. 그는 당연히 알고 있어야 할 정보를 모두 알고 있었지만 선거에 의해 선출된 관리도 아닐뿐더러 중앙정보국 국장으로서 선거에서 표를 의식해야 하는 사람도 아니었다. 최소한 이론상으로는 국방부나 국무부처럼 자신을 보호하고 평판을 높이기 위한 맹렬한 충동을 필요로 하지 않는 정직한 중개자 역할을 맡고 있으며, 증거에 의해 움직여야 하는 정부의 한 부서로서 CIA가 가지고 있는 오랜 역사는 그 싸움에서 테닛을 특히 높은 가치를 지닌 존재로 만들어놓았다.

따라서 데이비드 케이의 폭로와 파월이 허락도 없이 잠시 솔직함을 보인 순간이 지난 뒤, 테닛은 조지타운에서 이라크의 대량 살상 무기 문제라는 뜨거운 쟁점과 관련해, CIA와 거기서 나오는 정보의 주요 소비자들인 대통령 및 부통령에 대한 폭넓은 변호의 연설을 했다. 테닛은 사찰이 아직 완전히 끝나지 않았다고 말했다. 또한 관련된 모든 사람이 충분한 심증을 가지고 일하고 있다고도 했다. 그는, 첩보 업무는 결코 완벽할 수 없는 것이라면서, CIA가 그동안 제대로 해내지 못한 것일 수도 있지만 할 수 있는 최선을 다하고 있다고도 말했다. 대통령은 테닛에게 연설이 마음에 들었다면서 정말 잘했다고 했다.

"훌륭했네, 테닛."

하지만 지각 구조 판은 계속해서 바뀌어가고 있었다. 진실이 무엇인지 알고 있는 얼마 안 되는 고위 관리에게 백악관에서 매일 쏟아져 내려오는 메시지는 일이 제대로 처리되어야 하는 방식에 대해 공직자로서 그들이 소중하게 간직하고 있는 생각들을 마치 샌드페이퍼처럼 갈아대어 쓰리게 만들어놓는 것이었다.

9·11에 대한 진상 조사를 해야 한다는 제안이 처음 나왔을 때, 백악관 측은 다른 여러 가지 예를 다 젖혀두고 일본의 진주만 공습에 대한 진상

조사 위원회가 종전 뒤로 미뤄졌었다는 선례까지 동원해 격렬하게 저항했다. 9·11 진상조사위원회는 이제 1년이 넘게 시간을 끌어오고 있었다. 이제 위원회는 중요한 결론을 앞두고 있었고, 대통령의 최측근 가운데서 증인을 소환할 예정이었다.

위원회 출석 날짜를 3일 앞둔 3월 21일. 대통령의 대테러 분야 보좌관 리처드 클라크가 CBS 방송의 〈식스티 미니츠60 Minutes〉에 출연했다. 물론 그전에도 의견을 달리하는 사람들은 있었다. 2001년에 9·11을 막을 수도 있었던 단서를 FBI가 그냥 놓쳐버린 일이 있다고 상세하게 폭로해버린 FBI의 내부 고발자 콜린 로울리Colleen Rowley부터 니제르와 관련된 백악관 측 주장은 근거가 희박하다는 글을 발표한 조 윌슨, 파월의 대량 살상 무기 분석 팀장으로 2월에 텔레비전에 출연해 미국인들은 속고 있다고 폭로한 그레그 테일만에 이르기까지 말이다. 하지만 클라크는 그들과 달랐다. 그는 폴 오닐 다음으로 최고위급 관리로서 그런 자리에 나선 터였으며, 엄청난 이해관계가 얽힌 분야에 관련된 직책을 가지고 있는 인물이었기 때문이다. 그는 어떻게 해서 부시 대통령이 9·11 테러가 발생하기에 앞서 이라크 문제에 집중하느라 알 카에다의 위협과 관련된 정보를 무시해버리게 되었는지에 대해 털어놓기 괴로웠을 정황들을 상세하게 설명해나갔다. 그것은 1월에 오닐이 폭로했던 사실과 퍼즐 조각처럼 꼭 들어맞는 진술이었다.

3월 24일. 9·11 진상 조사를 위한 청문회에서 클라크는 오래전부터 자라나고 있었던 이슬람 테러리즘의 위협에 제때 대처하지 못한 것에 대해 미국 국민에게 사과했다. 뜨거울 정도로 밝은 방송용 조명등 아래에서도 침착함을 잃지 않고 청문회 탁자 앞에 앉은 클라크는 "9·11 테러로 사랑하는 사람들을 잃은 희생자 유족들"에게도 사과했다.

"현 정부는 여기 방청석에도 앉아 계실 것이고, 텔레비전으로도 이 장면을 지켜보고 계실 그 유족들을 실망시켰습니다. 여러분을 보호하도록 권한을 위임받은 정부가, 그리고 제가 여러분을 보호해드리지 못했습니다. 저희는 열심히 노력했습니다만, 여러분을 지켜드리지 못했기 때문에 그건 내세울 수 있는 일이 아닙니다. 그리고 그런 실패에 대해 저는, 이제 모든 사실이 다 드러난 마당이니, 국민 여러분의 이해와 용서를 구하는 바입니다."

그것은 하나의 계기가 되는 순간이었다. 대통령을 자주 만나지 못하는 클라크는, 제도상 대통령의 대외 정책 결정에서 최고위 입안자인 콘돌리자 라이스를 주로 겨냥해 라이스와 대통령이 계속되는 경고에 충분히 주의를 기울이지 않았다고 비난하면서 분통을 터뜨렸다.

"조지 테닛과 저는 알 카에다의 위협에 관련된 첩보 보고서를 대통령과 다른 고위 관리들에게 여러 차례 제출했습니다. 그것이 화급한 사안임을 감지할 수 있도록 하기 위해 무진 애를 썼던 것입니다. 그리고 알 카에다 문제를 처리하기 위한 방침이 진행 중에 있었습니다. 하지만 비록 제가 계속해서 그것이 다급한 문제라는 사실을 보고했지만, 그 문제가 단 한 번도 그런 화급함에 어울리는 방식으로 처리된 적이 없다고 생각합니다."

지난 2년 동안 수없이 많이 있었던 청문회에서 부시와 라이스의 열 차폐막과 흡사한 역할을 해온 테닛이 칭찬을 받게 된 것은 그때가 거의 처음이었다. 그러는 동안 라이스는 클라크로부터 몰매질을 당하고 있었다. 2001년 봄 무렵까지도 라이스는 '알 카에다'가 뭘 가리키는 말인지도 모르고 있었을 정도로 이 문제에 도대체 관심이 없었으며, 그것에 대한 가장 중요한 분석 자료를 부시가 볼 수 없게 차단했다고 주장했던 것이다.

이 무렵 미국 국민들은 이런 상황의 전후 관계에 대한 정보와 이 문제와 밀접하게 관련된 몇 가지 직관을 전혀 갖지 못했다고 할 수 있다. 부시가 국가안보회의로부터 업무 처리 과정이 완전히 그 기능을 상실했다는 보고를 받고 있었다는 점이 그 하나다. 그것도 아주 거듭해서 말이다. 그런 보고를 한 관리들 가운데는 아버지 부시의 국가 안보 보좌관이었으며, 현 정부의 국무 장관 콜린 파월도 포함되어 있었다. 파월은 어떤 회의 석상에서 부시에게 NSC 업무 처리 과정이 제 기능을 못하고 있으며, 그런 역기능의 중심에 라이스 박사가 있다고 말했다. 또한 순조롭게 제 기능을 다하는 NSC라는 장치가 없다면, 대통령은 자신이 알고 있어야 할 것을 알아야 할 필요가 있을 때 알고 있을 수 없게 된다고도 했다. 부시는 그 말을 듣고 곰곰 생각을 했다. 하지만 이후로도 변한 것은 아무것도 없었다.

NSC의 업무 처리 방식과 점점 더 복잡해져만 가는 세계에서 벌어지는 여러 사안을 대통령의 이해 범위에 맞춰 종합적으로 처리해낸다는 역할을 넘어서 문제는 라이스와 관련되어 있었다. 파월이나 다른 NSC 소속 장관들이 제기하는 물음은 단 하나의 축을 따라 늘어서게 되었다. 즉 라이스는 국가안보회의 소속 장관들에게서 나온 중요한 사안들과 그것에 대한 이견들을 대통령에게 보고하지 않고 있는가? 아니면 라이스는 소속 장관들이 심리를 거쳐 도출된 최종 견해들을 부시에게 제대로 전달하고 있지만, 부시가 그녀의 보고 내용에 대해 제대로 반응하지 않는 것인가? 또 그것도 아니라면 체니가 라이스와 부시 사이에 끼어들어 일종의 차단막이자 여과 및 검사소 노릇을 하고 있는가?

이 세 가지 모두 어느 정도는 그 원인에 해당된다. 테닛과 라이스 두 사람 모두 대통령의 생각 속으로 들어갈 수 있는 열쇠는 체니가 제공하고 있는 틀 속에서 찾아야 한다는 것을 알고 있었다. 그 1퍼센트 해법은, 말하자면, NSC가 처리하기로 되어 있는 사안들, 즉 정책 과정 대부분의 중요성을 현저하게 감소시켜버린다.

라이스와 테닛이 있는 자리에서 체닛이 이렇게 말한 적이 있다.

"그것은 우리의 분석에 대한 이야기가 아닐세. 그것은 우리가 어떻게 대응할 것인가에 관한 이야기야."

체니 독트린은 조지 W. 부시를 최대의 약점이며 동시에 미국의 정책 전문가들이 그토록 가치 있는 것으로 치는 분석 능력을 발휘하지 않아도 좋게 해줬고, 최근 역대 대통령들에게서는 전례를 찾아볼 수 없을 정도로 그의 의사결정 과정을 충동과 즉흥적인 방식에 의존할 수 있도록 해방시켜놓았다. 본질적으로 체니는 부시가 여전히 대통령으로 남아 있는 상태에서 부시가 원래의 모습의 부시로 행동할 수 있는 근거와 체계를 만들어준 셈이었다. 이러한 방식을 실행에 옮길 때의 문제점은 꾸준히 등장하는 갖가지 불편한 사실로부터 나오게 된다. 정부 내에 엄청나게 존재하는 정책 입안 부서들은 갖가지 정책을 기계로 찍어내듯 착착 만들어내어 그것을 다듬은 다음 대통령이 소비할 수 있도록 준비하게 된다. 그들이 바로 메시지를 통해 국민을 따라오도록 훈련시키는 방식에 반대하는 사람들이며, 1퍼센트 해법을 실행에 옮기는 데 방해가 되는 불편한 사실들에 해당되는 사람들이다. 대통령이 그렇게 만들어진 정책을 전혀 좋아하지 않는다는 사실이 각료급 위치에 있는 장관들에게는 하나의 놀라운 사건이었다.

부시가 당선된 이후 몇 년 동안, 대통령의 취향이 그러하다는 사실에 대한 암시는 재무부와 EPA 그리고 보건후생성 등과 같은 부서들을 통해 조금씩 밖으로 흘러나왔다. 그러자 정부에 몸담고 있으며, 자기 분야에서는 최상이자 가장 명석하다는 것이 공인된 다수의 뛰어난 분석가와 전문가는 지휘 계통을 따라 보고서를 올려 보내는 것조차도 별반 의미가 없다는 것을 확신하게 되었다. 잘못된 정책 과정에 대한 불만과 우려는 대통령이 자신의 직무에서 벗어나 있다는 점에 대해 중상에 가까운 이반과 공개적인 비판까지 촉발시켰다. 하지만 워싱턴 정가의 속사정에 훤한 사람들이며 그 비난의 대상이 되는 '관료'에 속한 인물들이 볼 때 그런 반대자들은 백악관의 역습 한 방이면 쉽사리 속아 넘어갈 얼간이들에 지나지 않았다.

그런 자신감에도 백악관이 즉흥적이고, 신념을 근거로 대통령으로서의 직책을 수행한다는 인상을 국민에게 주는 것은 '테러와의 전쟁'이나 이라크전과 같은 핵심적이고 고도의 긴장을 요하는 영역으로까지 절대 확대되지 않도록 만들어야 한다는 것은 대단히 중대한 문제였다. 그것은 미국의 젊은이들이 죽어가고 있는 영역이자, 평가할 수도 없을 정도의 가치를 지닌 것이 걸린 영역이었다. 대통령이 그런 사안들에서 실제적인 정책 입안 장치로부터 그토록 유리되어 있는 것은, 미국 내에서는 말할 것도 없고 합리성에 뿌리를 두고 있는 선진 세계에서도 모든 사람을 공황 상태에 빠뜨릴 수도 있었고 미국 정부에 대한 신뢰를 추락시키게 될 수도 있는 일이었다.

대통령을 그러한 하강 기류에 휩쓸리지 않도록 보호하는 혹은 막아주는 일은 주로 라이스의 몫이었다. 대외 정책 수립을 위한 통로로서 그녀가 맡고 있는 역할 때문이었다. 국방부의 참모진이 럼스펠드의 엄격한 통제를 받고 있으며 이념적으로도 협력적인 네오콘들로 채워지고, 국무부가 2004년 무렵 정책 수립 과정에서 대개는 제외되면서, 라이스와 부시를 옹호해야 한다는 압박감은 고스란히 테닛의 몫이 되었다.

그것은 문제가 일어나게 될 소지를 안고 있었다. 결국 CIA는 대통령이 가장 주의 깊게 살펴야 마땅한 있는 그대로의 세계에 대한 실제적인 분석이나 증거 대부분의 생산자였다. 요컨대 너른 범위의 갖가지 사안 가운데 무엇이 진정한 선택이자 결과냐는 것이다. 대통령의 말이나 행동이 그러한 분석을 등한시하는 것처럼, 혹은 입증될 수 있는 증거를 무시하는 것처럼 보이게 되면 그것은 마치 폭발성 기체처럼 순식간에 정부 내부로 퍼져나가게 될 갖가지 의문을 낳게 된다. 위기 상황에서 대통령이 자신의 직책을 수행할 능력은 있는지, 대통령 자신이 해야 할 일을 알고나 있는지, 아니면 체니든 누구든 진짜로 책임을 지는 사람은 있기나 한 건지 등등에 대한 의문들이 다급하게 생겨나는 것이다. 그리고 그러한 재난은 당장에 비정상적인 사건들로 비쳐질 것이 분명하므로 그것에 대한 비난은 누군가가 대신 떠안지 않으면 안 된다. 대통령은 바쁘신 몸이기 때문에 그걸 보고받지 못한 것으로 해둔 채 말이다. 그 누구도 감히 대통령이, 자신이 가장 신뢰하는 부하에게 자신은 보고받고 싶어하지 않는다고 분명히 밝혔다는 이야기를 할 수는 없다. 특히 그 정보가 대통령이 어떤 결정적인 확신들에 대해 가지고 있는 자신감을 약화시킬 수도 있는 경우에는 더욱 그러하다.

그런 역할은 테닛의 차지가 되는 경우가 많았다. 테닛은 CIA로부터 나온 분석을 자신의 윗선에 보고해야 하는 인물이자 비난을 떠안기에 가장 좋은 위치에 있었다. 그리고 라이스는 그런 비난의 화살을 테닛에게 향하도록 책임을 떠넘기는 솜씨가 일품이었다. 대통령의 연두교서에 포함되지 말았어야 한다는 그 열여섯 단어로 된 문장이 확실한 예이다. 라이스는 해들리와 함께 테닛이 그 열여섯 단어의 문장에 대한 책임이 있는 것처럼 행동하지 않을 수 없도록 미리 꾸몄던 것이다.

테닛의 측근들은 자신들의 상관이 대통령 이하 윗선으로부터 끊임없이 엉뚱한 사람 대신 매를 맞는 것을 보고 격분했다. 그들은 그를 보호하기 위해 나섰다. 그들이 흘린 정보는 테닛이 매를 맞아야 한다면 해들리도 거기에 책임을 져야 된다는 것이었다. 그때까지 테닛은 그것이 자신의 책임인 것처럼 행동해야 했다.

NSC와 CIA 사이의 몇몇 부문에서도 비슷한 싸움이 격렬하게 계속되고 있었다. 라이스는 대통령과 대단히 긴밀한 사이이기 때문에 라이스를 겨냥한 비난은 곧 대통령에게도 불똥이 튈 염려가 있었다. 호가호위라는 말 그대로였다. 라이스는 늘 승리자가 되곤 했다. 하지만 이제 자신이 다급한 처지가 되었다. 백악관 쪽에서는 라이스를 9·11 진상조사위원회에 내보내지 않으려고 뻗대고 있었지만 어쩔 수가 없었다. 그러자 라이스는 다른 사람이 아닌 조지 테닛에게 전화를 걸었다.

라이스가 갑자기 걱정스런 말투로 물었다.

"나 어떻게 해야 하죠, 조지?"

테닛이 말했다.

"콘디, 당신에겐 달리 선택의 여지가 없다고 봐요. 자신을 위해서도 이 일을 해야 한다고 생각해요. 당신 정도의 위치에서 출석하지 않으면 그것은 회피하는 것으로밖에 안 보일 겁니다. 만약 할 말이 있으면 그것도 말해버리는 게 좋을 겁니다."

2주일 후 4월 8일. CIA 7층에는 텔레비전이 있는 곳마다 사람들이 떼를 지어 그 앞에 모여 있었다. 화면에 비친 라이스는 크림색 정장에 금목걸이 차림이었다. 그녀는 오른손을 들었다. 선서 증언을 위해서였다. 위원회의 두 의장 가운데 하나인 뉴저지 주 토머스 킨 주지사가 라이스에게 요구했기 때문이다. 라이스는 이제 진실만을 말하기로 맹세해버렸다.

하지만 정확하고 옳은 일만을 말하게 하려는 압력 따위는 그리 큰 효과를 내지 못하는 것처럼 보였다.

라이스는 테닛을 옹호한 클라크의 행적을 들어 그를 비난했다. 또 CIA가 FBI와 조화롭게 협력을 해나가려 들지 않고 있었으며, 9·11 이전에 위협 요인들을 구체적으로 전달하지 않았다면서 CIA에 대해 공격의 화살을 몇 대 날렸다.

테닛도 그 증언 과정을 지켜보고 있었다. 그리고 측근들에게 거의 감탄에 가까운 반응을 보였다. 라이스가 "정말 영리하다"는 것이었다.

사실상, 라이스는 중간선거가 있는 해를 맞아 백악관 측에서 대통령에 대한 비판가들이나 불편한 증거들을 잠재울 반격 작전의 한 단계를 이끌고 있는 참이었다.

4월 18일 일요일 아침. 우드워드의 『공격 계획(Plan of Attack)』에서 발췌된 내용이 다섯 부로 나뉘어 그 첫 번째가 〈워싱턴 포스트〉에 게재되었다. 그리고 다음 날 실리게 된 발췌문에는 2002년 12월 21일 대통령 집무실에서 있었던 회의에 대한 생생한 장면 묘사와 '슬램 덩크' 운운하는 내용이 들어 있었다.

테닛은 그 구절을 읽으면서 칼날이 몸에 들어와 박히는 느낌을 받았다. 그는 궁금했다. 도대체 테닛 자신도 말한 기억이 나지 않는 말을 대통령이 어떻게 그토록 분명하게 기억하고 있을까 하고 말이다. 그는 만약 대통령이 그걸 기억하고 있을 정도라면, 그 어구는 자신의 사고 작용 속에서 뭔가 대단히 중요한 순간에 나온 것이어야 한다고 생각했다. 비록 그 회의가 전쟁을 시작하기 위한 무슨 근본적인 증거에 대한 것이기보다는 전쟁을 시작하기 위한 이론적 근거에 대한 세련된 설명 자료를 마련하기 위한 것이었음에도 말이다. 테닛 자신과 맥놀린 두 사람 모두 그 회의가 그런 취지였다는 사실을 인정하고 있었다.

한 달 전쯤, 테닛은 자신의 대변인 빌 할로의 사무실로 별 생각 없이 들어갔다. 마침 빌은 우드워드와 통화를 하는 중이었다. 이 베테랑 기자는 할로에게 2002년 12월 회의에 대해 상기시키고 있는 중이었다. 할로, 맥놀린과 함께 셋이서 1월에 만났을 때 테닛이 했다는 '슬램 덩크'라는 말에 대해 언급하지 않았느냐고 기억을 일깨워주려 애쓰고 있었던 것이다. 할로는 '슬램 덩크'라는 말을 언급했는지 기억이 잘 나지 않았다. 그는 아마 우드워드가 지나가는 말로 그걸 언급했던 것 아닌가 하는 생각을 했다. 하지만 테닛이 근처에 와 있는 것을 보자, 할로는 우드워드와 통화하도록 전화를 바꿔줬다. 우드워드는 테닛에게 그 정황에 대해 설명하면서, 당시 상황에 대해 테닛이 회상한 바에 따르자면, "별일 아닌" 것이라고 했다.

나중에 질문을 받게 되었을 때 우드워드는 자신이 테닛에게 무슨 말을 했는지 혹은 하지 않았는지에 대해 언급을 피했지만 한 가지만은 분명하게 기억이 난다고 말했다. 즉 자신은 할로에게 어느 시점에선가 그해 봄에 발간된 그 책의 〈워싱턴 포스트〉 게재 발췌문에서 그 장면에 대한 설명은 그리 중요한 역할을 하지는 않을 거라고 말한 기억은 있다고 했다는 것이다.

이제, 그 내용이 실린 신문을 손에 들고 있는 상황에서, 테닛은 모스맨과 할로 그리고 크론가드가 백악관 쪽에서 테닛을 '희생양'으로 삼으려 흉계를 꾸미고 있다면서 당장에라도 무슨 짓을 저지를 것처럼 흥분해 걱정했던 일이 괜한 짓이 아니었다는 생각이 들기 시작했다.

대량 살상 무기를 가지고 있는 후세인을 체포하며, 오래전부터 벼르고 있던 체제 변화를 정당화한다는 다층 드라마 전체는 이제 테닛 자신이 말했다는 것을 기억해낼 수 없는 단 두 개의 낱말로 압축되어버렸다. 그것은 CIA를 국방부와 부통령 사무실의 연합 세력과 자주 부딪치게 만드는 것이기도 했다.

테닛은 그런 사실을 별것 아닌 것으로 치고 잊어버리려 애썼다. 4월은 바쁘게 돌아갈 것이었다. 늘 그랬던 것처럼 주의를 기울이고 에너지를 쏟아 넣어야 할 일은 그것 말고도 얼마든지 있었다. 생물학무기 테러를 맡고 있는 부서 쪽에서 몇 가지 돌파구가 마련되었다. 파키스탄에서 몇 명의 용의자에 대한 체포를 실행할 시기가 얼마 남지 않았던 것이다. 우드워드 저서의 발췌문 첫 부분이 신문에 게재되던 바로 그날, 실제로 스페인은 이라크에서 자국 병력을 철군시키겠다는 사실상의 공식 발표를 했다. 그것은 아랍 세계 전역이 들떠 승리를 자축하도록 만들었다. 그들은 그런 승리감 표출 대부분에 대해 CIA가 감시하고 있다는 사실을 잘 알고 있었다. 그랬기 때문에 오히려 보란 듯이 그런 축제 분위기를 연출하고 있었다. 맥놀린은 나중에 '슬램 덩크'라는 말의 효과에 대해 이렇게 말했다.

"그게 당장 효과가 날 것 같지는 않아. 타고 있는 사람을 떨어뜨리려고 날뛰는 야생마에 올라탄 채로 한층 더 심각한 문제로 향하고 있는 상황이라는 걸 명심해야 할 것 같은데. 워너브라더스 만화를 닮은 구석이 있는 상황이지. 내려치는 망치에 맞아 납작해지고 나서야 겨우 누군가에게 맞았다는 걸 알아채게 되는 거야. 얻어맞아 팬케이크처럼 납작해졌던 벅스 버니Bugs Bunny가 원래의 모습으로 돌아오면서 이렇게 말할 때 겨우 얻어맞았다는 사실을 알게 되는 것처럼 말이야. '이봐, 누군가가 날 때렸어. 누군가가 우리를 죽이려고 작정한 거야.'"

맥놀린은 그로부터 1주일인가 2주일인가 지나 또 이렇게 말했다.

"그래서 우리는 말했죠. '누군가가 진짜로 우리를 죽이려 한다'고."

그 '누군가'가 누구인지에 대한 심증을 굳히고 나자 테닛은 막다른 골목에 몰린 느낌이 되었다. 그가 거느리고 있는 부국장급의 최측근 대부분은 그 '누군가'가 바로 대통령 자신이라고 분명하게 느끼고 있었다. 이번 경우, 라이스나 카드 혹은 체니는 다른 여러 경우에서와 마찬가지로 자기들의 대장인 대통령으로부터 모종의 지시를 받지 않고는 그렇게 행동하지 않을 터였기 때문이다. 그렇다고 테닛은 자신이 나서서 대통령 탓을 할 수가 없었다. 그와 대통령 사이의 관계는 아주 우호적이었다. 대통령은 9·11 테러가 터지고 나서도 테닛을 해임하지 않았고, DCI는 이런 새로운 종류의 전쟁을 수행하기 위한 싸움에서 다른 그 어떤 부서보다도 더 많은 일을 해냈고 그렇게 해서 그런 신뢰에 충분히 보답했다고 테닛 자신은 느끼고 있었다. 테닛은 자신의 가치를 증명해보였다. 대통령은 그런 충성을 받을 정도로 베푼 게 있었던 것이다.

하지만 4월이 가고 5월로 접어들 무렵, '슬램 덩크'라는 말이 세간에 오르내리게 되면서 테닛은 몸속의 기운을 누가 쫙 뽑아 내어버린 것처럼 보였다. 그는 피곤해 보였고, 그의 아내 스테파니와 이야기하는 시간이 점점 더 늘어갔다. 스테파니가 부시와 그의 떨거지들을 신뢰하지 않았던 이유를 이제 알 것도 같았다. 대통령이나 체니, 럼스펠드, 울포위츠, 혹은 페이스가 했던 일이, 혹은 하지 않았던 일이 무엇이든, 압력을 받고 있었든, 혹은 그렇지 않든, CIA 분석실에서 했던 일, 혹은 하지 않았던 일이 무엇이든, 그 전쟁을 진정으로 정당화시키는 것이, 혹은 정당화시키지 못하는 것이 무엇이건 간에, 테닛은 이제 파멸을 당해 마땅할 죄를 저지른 사람이 되어버렸다.

조지와 스테파니의 외아들 존 마이클John Michael Tenet은 3개월만
더 있으면 고교 4학년이 될 것이었다. 딱 1년 후면 대학에 진학해야 할
때가 된 것이다. 완전히 지쳐버렸고, 이제는 희생양의 역할을 완수해냈
으며, 9·11 이후 부시가 자신에게 책임을 떠넘기게 될 것을 두려워해왔
던 사내 테닛은 아내를 껴안았다.

　6월 2일 수요일 이른 아침. 테닛은 조간신문을 읽고 있었다.

　〈워싱턴 포스트〉는 이라크에 세워진 과도 정부 관련 내용을 주요 기
사로 다루고 있었다. 1년 전까지만 하더라도 그것은 "임무 완수"의 대미
를 장식하는 사건으로 떠들썩하게 선전되던 것이었다. 비록 과도 정부
최고위직 다섯 명 가운데 세 명이 이라크 인들로부터 본질적으로 전혀
지지를 받지 못하는 실패한 조직 이라크 임시통치위원회(Iraqi Governing
Council) 소속 위원들에게 돌아갔지만, 이라크 내 사회 불안은 꾸준히 증
가하고 있었다. 테닛에게 보다 흥미로운 기사는 〈뉴욕 타임스〉 1면에 실
린 것이었다. 6주 전에 CIA가 내린 결론과 관련된 내용이었다. 이라크의
반체제 인사로 오래전부터 네오콘 인사들과 친밀한 관계를 유지해온 아
메드 찰라비Ahmed Chalabi(이라크의 먼 왕족으로 정치권력을 동원해 축재한
재벌 가문 출신. 1958년 이라크 왕정이 무너지자 미국으로 망명, 수학 박사 학위
를 취득했다. 해외에서 호화 생활을 해왔고, 미 의회 일부 의원이나 체니와 친분
관계가 있다. 1992년 런던에서 이라크국민회의를 창립했다―옮긴이)가 한 이
란 관리에게 이란 첩보 기관에서 사용하는 비밀 통신 암호를 해독해냈다
는 사실을 누설해버렸다는 것이었다. 그러한 폭로로 인해 이란과 관련된
정보로 통하는 창구는 그야말로 아주 확실하게 닫혀버리게 되었다. 그것
은 이란의 핵무기 야망에 대한 정보뿐만 아니라 시아파가 지배하는 이라
크에 이란이 어떤 식으로 영향력을 행사하고 있는가 하는 점 등에 대한

중대한 정보를 얻을 수 있는 통로였다.

첩보 부문에서는 아주 안 좋은 쪽으로 상황이 빗나가버렸던 것이다. 이란 첩보 기관은 너무도 많은 작전의 목표물이었기 때문이다. 찰라비는, 국방부를 거치면서 변질되어버리는 이라크의 대량 살상 무기 프로그램에 대한 정보 관련 문구를 조율하는 데 있어서, 그리고 말할 수도 없이 중요한 것인 NIE(National Intelligence Estimate. 국가정보평가서)를 포함, CIA가 확인하게 되어 있는 다양한 평가의 조율에 있어서도 대단히 중요한 존재가 되어온 인물이었다. 그러한 점을 고려할 때, 그것은 CIA에 대한 일종의 복수라고도 할 수 있었다. CIA는 오래전부터 찰라비를 신뢰하지 않고 있었지만, 그렇다는 주장이 타당한 것으로 받아들여졌던 적은 한 번도 없었다. 그를 이라크에 새롭게 들어서는 민주 정부의 수반으로 앉히기를 바라는 국방부의 네오콘들이나 부통령실에서는 그런 의심에 대해 고함을 질러대며 묵살해왔던 것이다(찰라비 쪽에서는 자신이 미국을 배반했다는 CIA의 주장은 근거 없는 중상모략이라고 일관되게 주장해왔다).

지난 몇 개월 동안 테닛과 그의 휘하에 있는 간부들을 놀라게 해왔던 것은 국방부가 얼마나 고집스럽게 미국에 대한 찰라비의 충성을 주장해대고 있는가 하는 점이었다. 3월이 되어 한 차례 회의가 열렸다. 찰라비가 이끄는 이라크국민회의(INC, Iraqi National Congress)가 미국 정부로부터 지원받은 자금을 유용한 징후가 포착되었다는 내부 보고가 있고 나서였다. 찰라비가 자금의 일부를 자신이 착복하거나 국민회의의 다른 구성원들에게 뇌물로 사용했다는 것이었다. 부시는 연두교서를 발표할 때 로라 부시 바로 뒤의 가장 좋은 자리에 앉혔던 찰라비를 지원하는 것에 대해 이미 인내심을 잃은 터였다. 그는 NSC 회의 석상에서 럼스펠드 국방부 장관에게 이 지조 없는 이라크 놈과의 관계를 단절하라고 말하면서 불만을 터뜨렸다. 럼스펠드는 즉시 조치를 취하겠다고 말했다. 하지만 취해진 조치 같은 것은 전혀 없었다.

4월과 5월 회의에서도 똑같은 일이 벌어지자 부시는 울포위츠를 꾸짖었다.

"내가 찰라비와의 관계를 끊어야 한다고 누차 말했는데도 아무런 조치를 취해지지 않고 있소."

그런 다음 그는 라이스 쪽으로 고개를 돌려 엄한 표정으로 말했다.

"당신이 이 문제를 직접 처리하시오!"

국방부의 처사는 거의 반항에 가까웠다. 부시는 사방이 네오콘들로 둘러싸여 있고 NSC 기능은 엉망이 되어 있어 도대체 손이 돌아가질 않는다는 것은 모르고 있다.

이런 모든 것에 생각이 미친 테닛은, 자주 그랬던 것처럼, 부시에 대해 동정심이 일었다. '슬램 덩크' 사건과 그들의 관계가 복잡하게 꼬여가고 있음에도 부시가 나름대로 최선을 다하고 있다고 생각했던 것이다. 하지만 이제부터 부시는 이제까지 해왔던 그런 일들을 테닛의 도움 없이 해나가지 않으면 안 될 터였다. 그게 아니라면 적어도 그렇게 하도록 만들 계획이었다.

테닛이 수화기를 집어 들고 모스맨의 사무실로 전화를 걸어 문을 잠그라고 말했다.

"그때가 되었어."

테닛이 신뢰하는 측근이자 의사당 시절부터 내내 친구로 지내온 모스맨은 전화를 받으며 고개를 끄덕였다. 두 사람은 이 문제로 몇 주일에 걸쳐 결론에 이를 때까지 이야기를 나눴었다. 테닛이 마침내 결심을 굳힌 것이 분명했다.

잠시 이야기를 듣고 있던 모스맨이 질문을 던졌다.

"대통령이 받아들일까?"

지난번 테닛이 사의를 표했을 때 부시는 그걸 받아들이지 않았다. 이제 두 친구는 전화로 가상 대화를 도상 연습하고 있었다. 만약 부시가 이런 말을 하면, 테닛은 이렇게 저렇게 말한다, 등등.

그런 다음 모스맨이 앤디 카드에게 전화를 걸었다.

"조지가 오늘 밤에 대통령을 뵈어야 하네."

그는 이런저런 이유를 댈 것도 없이 그렇게만 말했다. 카드는 대통령의 스케줄에 틈이 없다고 했다. 모스맨은 시간을 조정해보도록 압력을 넣어두었다. 몇 분 후 카드에게서 전화가 걸려왔다. 바로 그날 저녁 대통령과 정보국장의 저녁 약속이 잡혔다는 것이었다.

부시 대통령은 이틀 예정으로, 곧 있을 예비선거에서 어느 쪽을 지지할 것인지 아직 확실한 입장을 정하지 못하고 있는 콜로라도 주를 순회하고 있었다. 이틀째 날인 그날 아침, 대통령은 덴버에 있는 미 공군사관학교 졸업식에 참석해 대외 정책에 대한 연설을 했다.

"우리는 현재 미국인을 살상하는 것을 자신들 삶의 소명이라고 생각하고 있는 살인자들을 상대하고 있습니다. 그리고 미국은 이런 테러리스트들에 어떻게 대응할 것인지를 이미 결정해두고 있습니다. 그런 자들이 우리 미국의 심장부를 또다시 가격하기를 기다리는 대신 우리는 이런 자들이 은신해 있는 곳을 찾아내어 없애는 싸움을 할 것입니다."

부시가 연설을 하는 동안 2004년에 임관하게 되는 981명의 생도는 자신들의 모토인 파라티 아드 벨룸Parati ad Bellum, 즉 "전투 준비 완료"라는 문구가 적힌 깃발들이 나부끼는 가운데 모두 일어서서 환호하며 기립 박수를 보냈다.

"우리는 이라크에서의 전쟁을 수행할 정당한 근거를 가지고 있다고 확신하고 있지만, 우리가 시작한 이라크에서의 이 투쟁이 성공적으로 끝나지는 못할 것입니다. 중동 지역의 여러 국가에서 테러리즘을 극복하고, 보다 큰 자유를 누릴 수 있게 만드는 것은 수십 년에 걸쳐 이뤄내야 할 과업입니다. 이런 적들을 압도하기 위해서 미국은 신속하고도 유능하게 변화된 군대가 필요하게 될 것이며, 그런 군대를 키우고 이끌어나갈 사람은 바로 여러분입니다. 미국은 아랍어에 능통한 인재들, 중동의 역사와 문화 전문가들을 엄청나게 많이 필요로 하게 될 것입니다. 미국은 보이지 않는 적들로부터의 위협을 추적해내고, 그들의 계획을 폭로하기 위해 개선된 첩보 능력을 필요로 하게 될 것입니다. 그 무엇보다도, 미국은 인내력을 필요로 하게 될 것입니다."

점심 식사를 마치고 난 후, 부시는 워싱턴으로 돌아오는 오후 여행을 위해 공군1호기에 올랐다.

경호 요원들이 뒤따르는 가운데 테닛은 좀 이른 저녁 약속에 맞춰 관저에 도착했다. 두 사람은 자리를 잡고 앉았고, 테닛은 자신의 입장을 이야기하기 시작했다. 테닛은 자신이 애초에 하겠다고 작정한 것을 끝낸 셈이고 이제는 좀 지치기도 했으며 근래 들어 CIA 국장으로서는 가장 오랜 재직 기간을 기록한 7년을 일하고 난 참이기 때문에 떠날 준비가 되었다고 말했다. 그런 다음 그와 부시는 이 문제에 대해 충분한 논의를 했다.

몇 시간이 지나도록 모스맨은 랭리의 본부 건물 복도를 서성이고 있었다. 그날 아침, 그와 테닛은 만일 회의가 길어진다면 그건 대통령이 테닛을 유임시키기 위해 설득하는 것일 테니까 일이 잘 풀리지 않는 것으로 알고 있자고 했었다.

그런데 테닛은 한번 시도해볼 만한 이유를 가지고 있었다. 대부분의 관측통은 부시가 테닛의 사임을 내심 반길 것이라는 입장들이었다. 그러나 모스맨은 분별이 있었다. 테닛은 부시에게 특별한 전략적 유용성을 제공하는 인물이었다. 대량 살상 무기 문제에서는 엄폐물이자 피뢰침 역할을 톡톡히 해냈다. 대량 살상 무기라는 문제는 부시와 체니에게 언제나 주무르기 대단히 껄끄러운 문제가 되어 왔다는 것을 테닛도 알고 있었던 것이다. 그리고 동시에, 테닛은 "그자들을 찾아내어 저지하라"는 구호를 내건 대테러전을 이끄는 인물이기도 했다. 그것은 이 행정부의 얼굴 격인 작전이며 재선을 위한 최상의 대국민 설득 수단이기도 했다. 바로 전주에 발표된 〈워싱턴 포스트〉와 〈ABC 뉴스〉가 합동으로 실시한 여론조사 결과는 미국인들 가운데 58퍼센트가 부시를 정치적 위험인물로 보고 있으며, 그가 이라크 문제를 다루는 것에 반대 입장인 것으로 나타났다. 당연히 점점 더 재선을 위한 구원의 수단으로 여겨지게 된 '테러와의 전쟁'은 본질적으로 테닛이 이끄는 작전이었다.

맥놀린와 할로 그리고 다른 여러 사람이 그랬던 것처럼 모스맨이 잘 알고 있던 또 한 가지는 테닛이 지니고 있는 충성의 규칙이 작동하는 방식이었다. 누구든 그에게 호의를, 진정한 호의를 베풀어준 사람은 결국 판단의 기준 같은 것은 적용되지 않는 그만의 만신전에 모셔지게 된다는 것이다. 9·11 이후에도 테닛에 대한 신뢰를 접지 않은 대통령은 그 만신전에서 가장 영예로운 자리를 차지하고 있다고 할 수 있었다. 하지만 일방적이고 "무조건적인 윗사람에 대한 충성" 방식인 부시의 규칙과의 조화는 대통령에게 엄청난 운신의 폭을 제공하였고, 거의 3년이 넘는 세월 동안, 부시, 좀 더 자세히 말하자면, 부시 자신과 그의 최측근 보좌 역들이 테닛에게 해왔던 숱하고 다양한 요구 속에서 행사되고 있었다.

시간이 오후 9시에 가까워지면서 모스맨은 혹시 테닛이 이제 마침내 반드시 떠나야 할 때라고 작심을 하고 있음에도 부시가 테닛에게 권위를 동원한 절대적인 명령으로 테닛을 그 자리에 유임시키려는 강압적 수단을 사용하고 있는 것이나 아닌지 궁금해졌다. 자신의 의지에 반해 뭔가를 하도록 사람들에게 강요하는 것은 대통령의 취미 생활이라고 할 수 있었다. 이제 그런 식의 강요를 다시 한번 받는다면 테닛은 아주 폐인이 되어버리고 말 터였다.

9시가 되자 모스맨이 경호 책임자에게 전화를 걸어 간곡하게 일렀다.

"끝나거든 나한테 전화 좀 하라고 국장에게 전하게. 난 여기 사무실에 있다고 하게. 기다린다고 말이야."

몇 분 뒤 전화벨이 울렸다. 테닛이었다. 그의 목소리는 안도감이 내비치고 있었지만 또한 무겁게 들렸다.

"다 잘되었네, 존. 원하는 대로 될 것 같아."

세상은 계속 돌아가고 있었다. 미국이 책략과 과장된 수사법에, 책임 떠넘기기와 메시지를 통해 국민을 따라오도록 만들기에, 그리고 지나간 전투의 유물들을 파헤치는 것에 집중하고 있던 그해 여름에도 여전히 세상은 돌아가고 있었다.

눈에 보이는 전투가 벌어지는 전장의 지평선을 살짝 넘어선 곳에서는 '테러와의 전쟁'에서 실제 전투를 벌이고 있는 사람들이 다음번에 닥치게 될 수 있는 위협이 무엇인지를 찾아내기 위해 보이지 않는 적을 향해 까막잡기로 무작정 찾아 헤매고 있었다.

그 보이지 않는 전장의 전선은 계속 변화하고 있었다. 금융 정보와 통화 기록에 의한 신호정보 분야가 위축되어버리면서 미국 정보기관 내부 요원들은 그 어느 때보다도 더 인터넷에 집중하게 되었다. 그것은 마치,

그해 봄 이후로 인터넷을 통해 이라크와 아프가니스탄이라는 수렁에 빠져 허우적거리고 있는 미군의 영상들을 보면서, 그리고 아부 그라이브 Abu Ghraib(후세인 정권 시절 반대파를 고문하고 처형하던 이라크 최대의 정치범 수용소—옮긴이) 교도소에서 미군에 의해 이라크 포로들에게 자행된 고문과 수치심을 자극하는 행위들이 담긴 동영상을 보면서 수많은 젊은 이슬람 과격주의자, 성전의 '토대'가 되는 남녀들이 힘을 얻는 것과 마찬가지 경우였다.

인터넷이라는 그물망으로 연결되어 있는 이 세계에서는, 정보가 행동을 시작하도록 자극하면, 그것이 영상과 음성으로 갈무리된 다음, 다시 인터넷에서 순환하는 식으로 모든 종류의 환상 회로를 다 만들어낸다. 신화 속에나 나오는 영구적으로 움직이게 되어 있는 자동 기계가 실제 세계에 나타난 것이다. 현재 지하드 운동가들이 운영하는 수천 개의 탄탄한 웹사이트가 존재하는데, 그것들은 "실행에 옮길 수 있는" 대화라고 할 수 있는 뭔가가 일어나기에 아주 이상적인 장소이며, 그런 대화는 이념과 그에 대한 지지를 바탕으로 공동체들을 형성하게 되고, 그런 이념에 대한 신속한 지지는 끊임없이 재생될 수 있지만 데이터로 집적되어 있어서 언제든 검색이 가능하다. 그런 각각의 대화는 사용자의 블로그나 채팅방에서 엄청나게 광대하게 나타나는 등화 현상(equalizing phenomenon)에 일조하며, 빈 라덴과 부시의 블로그나 채팅방 옆에 나란히, 언제든 부르면 응답할 수 있게 영구적으로 존재한다.

서로 면식이 있는 사람과의 대화와 직접 상대를 지명해 하는 의사소통의 차이를 구분하거나 제안과 지시의 차이를 구분하는 것은, 비록 그것이 모두 영어로 되어 있으며 한 도시의 인구에 해당하는 수의 학위를 받은 박사들이 금방 달려들어 그것을 검토할지라도 기가 죽을 수밖에 없는 과제다. 자, 이번에는 그 내용이 모두 아랍어나 근동 혹은 남부 아시아어 계열의 몇 가지 언어로 된 그런 대화니 지시니 하는 것을 검토하고 구분해내야 한다고 해보자. 아마 그것은 아예 감당할 수 없는 과제가 될 것이다.

오랜 세월 NSA의 책임자로 일해온 마이크 헤이든처럼 맥놀린도 그것을 "따분한 고역"이라고 부른다. 둘 다 그 작업을 가리킬 때 똑같이 매력적이지 못한 어구를 사용한다. 그것은 잠시도 늦출 수 없이 꾸준히 해나가야 하는 외로운 싸움으로, 하루 종일, 그리고 매일, 대개는 맥놀린이 지적하기를 좋아하는 것처럼 "아주아주 똑똑하고, 직관력이 넘치는 한 무리의 여성에 의해" 처리된다. 하지만 테닛과 부시가 함께 늦게까지 저녁 식사를 하고 있던 바로 그 무렵인 6월 초, 그런 데이터 처리반원 하나가 약간의 신호정보가 담긴 이메일의 공통부분에 의존해 한 건 터뜨리는 개가를 올렸다.

그것은 할리드 쉬크 모하메드의 조카 무사드 아루치Musaad Aruchi가 보낸 것으로 밝혀졌다. 그는 또한 1993년 세계무역센터 폭탄 테러범으로 종신형을 선고받고 현재 미국 교도소에서 복역 중인 람지 아메드 유세프와는 사촌 간이기도 했다. 그렇게 중간에서 가로챈 정보는 신속하게 파키스탄 정보기관에 전달되었고, 그들은 사람들로 북적대는 카라치에서 아루치를 추적했다. 6월 12일, 파키스탄 정보기관은 그를 체포해 한 공군 기지에 감금하고 사흘 동안 혹독한 심문을 한 다음 CIA에 넘겼다. 그자를 넘겨받은 CIA는 아무런 표지도 되어 있지 않은 비행기에 태워 '블랙 사이트'로 이송했다.

이 시기 들어 파키스탄이든 사우디든 아니면 예멘이든 가릴 것 없이 외국의 정보기관들은 미국 측 동업자들이 정해놓은 수사 계획에 아주 익숙해져 있었다. 그자들이 숨어 있던 아파트를 봉쇄해버리고는 지문이나 컴퓨터 그리고 휴대전화를 포함해 세밀하게 조사를 한 다음 그것들에서 정보를 뽑아낼 수 있도록 과학 수사 팀에 넘겼다.

아루치의 컴퓨터에는 테러 사전 답사 사진들이 담겨 있었다. 이번 것은 뉴욕과 다른 여러 도시의 육표가 될 만한 대형 건물들에 대한 것이었다. 거기서는 또한 전화번호들과 이메일 링크들도 나왔는데, 조사관들은 그것들 중 하나에 대해 아루치를 다그쳤다. 그것은 무하메드 나엠 누르 칸Muhammed Maeem Noor Khan이라는 이름이었는데, 이자는 1998년 빈 라덴의 훈련 캠프에도 갔던 자로, 25세의 아주 재능 있는 전자 분야 전문 기술자였다.

거의 2년 전, 파차 와지르의 송금 사무소에서 사용되었던 함정수사 기법과 동일한 방식이 이제는 가상의 전선에서 다시 시작되고 있었다. A. Q. 칸이 파키스탄에서 알 카에다를 위한 인터넷 허브라고 할 수 있는 것을 운영하고 있다는 사실이 곧 밝혀지게 되었다. 6월 중순, 그는 엄중한 감시가 이루어지는 가운데 일종의 디지털 테라리움terrarium(외부에서 관찰이 가능하도록 유리 등으로 만들어진 육생동물 사육장―옮긴이) 안에 들어가 있는 꼴이 되었다. CIA와 NSA 지하실에서는 데이터 처리반원들이 단체로 숨을 죽이고 있었다. 칸과 한패로 연락하고 있는 자들의 컴퓨터에서 나오는 이메일, 아이피IP 하나하나가 암흑이었던 이 전장을 환하게 밝혀주기 시작하고 있었기 때문이다.

롤프 모와트 라센과 걸프 지역에 있는 CIA 요원들은 바레인 지하드 지부에서 벌어지고 있는 활동 상황에 대한 보고들을 다시 입수하고 있었다. 컴퓨터에 최초의 무브타카르 설계도를 가지고 있던 바삼 보코와는

2003년 말 이래로 그의 동국인들과 함께 석방된 상태였다. 그 무렵 사우디 인들 또한 그들을 계속 구금해둘 죄목에 대한 구체적인 증거가 너무 부족하다고 주장한다면서, 바레인 인들은 그들을 풀어줬다. 미국은 그들이 다시 나타나게 될 거라고 말했다. 그리고 2004년 봄, 그 말대로 되었다. 뭔가가 계획되고 있었다. 그것은 어쩌면 그 나라에 있는 미 해군 기지와 수천 명의 미국 시민이 살고 있는 공동체에 대한 공격이 될 수도 있었다. 두려운 점은 그 공격에서 무브타카르가 사용될 수 있으리라는 점이었다.

CIA는 그 정보에 대해 확신하고 있었다. CIA는 바레인의 이슬람 과격주의자 사회 내부에 강력한 인간 정보 정보원을 갖고 있었다. 그러나 대개의 경우 그러했듯, 사우디나 파키스탄 경우와 마찬가지로, 바레인 또한 친구였지만 신뢰할 수 있는 진짜 친구는 아니었다. 그랬기 때문에 미국은 그 정보원을 바레인 측에 공개할 수 없었다. 모와트 라센과 바레인 사무소 책임자가 말했다.

"그저 우리 자신만을 믿는 거죠."

물론 미국이 첩보 활동의 '연계성'을 유지하기 위한 한 방편으로 수백만 달러를 들여 장비를 마련해주고 그쪽 첩보 요원들을 훈련시켰음에도 그들 또한 여전히 미국을 진짜로 신뢰하고 있지 않았다.

모와트 라센은 자신의 오랜 친구로 CIA 작전 부서 최고 책임자이며, 근동 지방 담당 부서장이기도 한 로브 리처Rob Richer와 선택 방안들에 대해 논의했다. 바레인 인들에게 함께 행동을 취하는 것이 "그들에게 이득"임을 설득해낼 수 있는 몇 명의 주요 인사와의 비밀회의를 주선할 무슨 방법이 있을 수도 있었다. 도대체 먹혀들지 않는 대통령령이라든가 의회 결의안, 무역 제재 같은 방법보다 은밀하게 거래를 타결 짓고 싶었던 것이다.

결국 그것은 9·11 테러 발생 이후 기간 동안 테닛이 지휘하고 있는 CIA의 특징이 되어 왔다. 국가 수호의 임무 수행은 대단히 개인적 노력이라고 할 수 있었다. 수십 개의 나라에 충분한 자금을 지원해 그들과 정보 공유하는 관계를 형성하거나 대테러정보센터를 운영하도록 하고, 그런 곳들의 담당자가 누구든 간에 테닛과 솔직하고 친밀한 관계를 유지하는 방식을 통해서였다. 그들이 토후나 국왕, 왕세자, 혹은 우쭐대는 장군이든 누구든 간에 말이다. 그것은 CIA가 수없이 다양한 다른 문화권에서나 대규모 조직에서 모두 효과를 볼 수 있는 방식이다. 한 조직의 대장이 다른 조직의 대장과 친밀한 사이라는 것이 일단 알려지고 나면, 그 밑에 있는 모든 사람은 자신의 대장과 행동을 같이하게 되며, 최소한 그렇게 하려는 노력이라도 하게 된다.

물론 지금은 정보국 내에서 급속한 변화가 이루어지고 있는 시기였다. 테닛이 사직했다는 사실은 6월 3일에 공개되었다. 짐 패빗은 다음 날 사직했다. 대통령은 존 맥놀린이 잠정적으로 국장 직을 맡게 될 것이라고 발표했다. 그리고 대부분의 관측통은 그것이 단지 한동안에 그치게 될 것이라고 생각했다. 스티브 캡스는 승진해 패빗이 맡고 있던 작전실을 지휘하게 될 것이었다. 마이크 술릭Mike Sulick은 캡스의 직책을 넘겨받아 작전실의 제2인자가 되고, 로브 리처는 세 번째 서열의 직책을 맡게 될 터였다.

테닛은 이 지역에 대한 마지막, 고별 작전을 한 차례 수행하기로 계획을 세웠다. 우선 반다르 왕자에게 전화부터 해뒀다. 그는 바레인의 쉬크 하마드 빈 이사 알 할리파Sheikh Hamad bin Isa al-Khalifa와 친한 친구였다. 그리고 할리파가 바로 중요한 역할을 하게 될 인물이었다.

2003년 할리파가 미국을 방문했을 때, 하원은 결의안을 발표해 그를 칭찬했다. 해군 기지를 제공함으로써 미군을 지원해왔다는 "사실에 대해", 1999년 집권하게 된 이래로 경제 분야의 다변화를 이루도록 도움을 주었다는 "사실에 대해", 그리고 2002년 여성도 투표를 할 수 있고 입후보도 할 수 있도록 하는 지방자치 선거를 부활시켰다는 "사실에 대해" 등등. 이 지역 지도자들이 대개의 경우 그러듯이 편리하게도 그냥 덮어두고 넘어가는 어떤 "사실에 대해"가 몇 가지 있긴 했다. 예를 들면 그가 대부분의 시간을 모로코에 가서 흥청망청 즐기는 데 써버렸다는 "사실에 대해" 같은 것이 그것이다.

마찬가지로 전혀 아쉬운 것 없이 흥청망청 살아가는 반다르 왕자가 이 54세의 국왕과 친밀한 사이가 된 것은 이런 부분에서 통했기 때문이다.

반다르가 전화를 걸어줬다. 할리파에게 어떤 계획이 있든 그것을 변경해 테닛 일행을 만나야 한다고 말했던 것이다. 반다르는 "이것이 안보와 관련된 심각한 문제"라고 할리파 국왕에게 압력을 가했다.

"자네도 반드시 그 자리에 참석해야 하네."

이틀 후, 테닛과 모와트 라센, 리처는 모로코에 있는 할리파의 웅장한 저택 뒤쪽의 유리로 둘러쳐진 전망대에 앉아 있었다.

호색한들의 성지라고 할 수 있는 마라케시에서 방금 돌아온 할리파 국왕은 테닛과 리처 사이에 자리를 잡았고, 뭐가 그리 중요한 일이기에 자신의 일정까지 바꾸게 만들었는지 물었다.

테닛은 한 손을 왕의 무릎에 얹고는 상체를 바짝 숙여 자신의 그 살집 좋은 얼굴을 할리파의 얼굴에 바짝 갖다 대었다. 두 사람이 마치 서로를 머리로 들이받고 있는 것처럼 보일 정도로.

"폐하, 이것은 정말 두려운 일입니다. 제 부하들이 폐하께 그에 대해 말씀드릴 겁니다. 폐하께서도 제 부하들이 어떤 친구들인지 잘 아실 겁니다. 이들이 드리는 말씀에 귀를 기울여주십시오. 저희 대통령께서도 이 일을 알고 계십니다. 사우디 측에서도 이 일을 알고 있고요. 그리고 이제 말씀드리려는 건 진짜 위협적인 테러 가능성에 관해서입니다."

반대편에 앉아 있던 리처가 할리파의 왼편 옆구리를 세게 쿡 찔렀다.

"롤프가 폐하에게 그 위협이 어떤 건지 구체적으로 말씀드릴 겁니다. 그리고 저는 폐하께서 그 위협에 대한 조치를 강구하지 않으실 경우 파생될 갖가지 문제점에 대해 말씀드리게 될 겁니다."

세 명 가운데 가장 덩치가 크며, 키는 6피트가 훨씬 넘는 모와트 라센이 그 위협이 어떤 것인지에 대해 구체적으로 설명해나갔다. 그 바레인인 집단은 쉽게 만들 수 있지만 끔찍한 악몽이 될 수 있는, 화학무기 폭탄 장치의 설계도를 가지고 있다. 그들의 목표는 미국을 걸프 지역에서 쫓아내는 것으로, 알 카에다가 초점을 맞추고 있는 작전 목표와 동일하다. 그들은 미국인들과 바레인 인들 사이에서 대규모의 사상자가 생겨나도록 하는 것으로 목적을 달성하려 한다. 이런 내용으로 몇 분 동안을 더 이야기한 다음, 그가 나사를 한 번 더 틀어 바짝 죄었다.

"백악관에서도 그 위협에 대해 알고 있고, 사우디에서도 그 위협에 대해 알고 있습니다. 그 집단이 사우디아라비아 쪽에도 연결되어 있기 때문입니다. 다른 아랍 국가 지도자들도 그 위협에 대해 알고 있습니다. 폐하께서는 조치를 취하셔야만 합니다. 그러지 않으면 저희가 취할 겁니다."

그러고는 잠시 뜸을 들였다.

"보십쇼, 폐하. 지금 이 나라에는 미 해군 제5함대(the US Fifth Fleet)가 주둔해 있습니다. 그들은 폐하의 권력을 보호해드리고 있는 겁니다. 그런데 제5함대가 철군하게 될 수도 있습니다."

할리파에게 있어서 미 해군 제5함대의 철수는 최악의 시나리오가 될 터였다. 할리파가 당황한 듯 말까지 더듬었다.

"이 문제에 대해 조치를 취하겠소. 당장, 그 문제에 관한 조치가 취해지도록 만들겠소."

그걸로 끝이었다. 테닛은 일어섰고, 그의 부하들도 따라 일어섰다. 그것은 테닛과 그가 이끄는 극단이 늘 써온 레퍼토리였고 이제는 고전이 되어버린 작전이었다. 메모지 한 조각 없었지만, 모든 게 정확했다. 그 연극에서는 테닛의 인맥과 강력함이 배어 나오는 풍채가 무대장치가 되곤 했다. 그의 부하들은 상대가 거부하기 힘든 논점을 밀어붙여 거래를 성사시키는 역할이었다.

테닛이 국왕에게 자신과 리처는 사우디아라비아의 압둘라 왕세제와 만나기로 약속이 되어 있어 당장 떠나야 한다고 말했다. 사우디아라비아는 바레인에 대해 엄청난 영향력을 행사하고 있었다. 모와트 라센도 그들과 함께 갔다가 내일 비행기로 바레인으로 곧장 돌아와 테러 위협에 대응하는 방안을 마련하는 것을 도울 거라면서 말이다.

할리파가 고개를 끄덕였다. 그의 얼굴은 핏기가 싹 가셔 있었다. 그는 모로코에서의 일을 얼른 마무리 짓고, 다시 바레인으로 돌아와 이 문제를 처리하겠노라고 말했다.

"당신들은 걱정할 것 없소."

몇 시간 후, 이들 3인조는 그곳에서 남동쪽으로 3,000마일 떨어진 사우디아라비아의 항구도시 지다에 내려앉았다.

그것은 미리부터 계획되어 있던 저녁이었다. 테닛이 사임을 앞둔 마지막 임무 수행을 기념하는 뜻에서 맛있는 식사도 하고 좀 즐기자는 계획이었다.

대개 비용은 밝히지 않은 상태로 언제든 선물을 건넬 태세가 되어 있어 믿음직한 반다르 왕자가 이들에게 며칠 동안 자신의 장원에서 지내면 어떻겠느냐는 제안을 했다. 왕자의 수하들이 그들을 챙겨주게 될 것이었다. 그렇게 쉬는 동안 그들은 필요한 전화를 걸거나 한두 차례 회의까지도 할 수 있다. 그중 하나는 압둘라와 하기로 되어 있는 회의였다.

달리 할 일이 없었던 그날 저녁 일정의 가장 우선순위를 차지하고 있는 것은 좀 즐기자는 것인 게 분명했다. 테닛과 리처, 모와트 라센은 1999년 이후로 테닛이 신뢰하는 대변인 빌 할로, 그리고 테닛의 또 다른 친구로, 여전히 비밀 조사 활동에 종사하고 있으며 CIA를 위해 이 지역에서 일어나는 일 대부분을 처리하고 있는 지역 사무소 책임자 한 사람과 합류했다.

얼마 지나지 않아, 그들은 모두 수영복 차림으로 시가를 물고 브랜디 잔을 든 채 풀 주변으로 모여들어 홍해 너머로 사라지는 붉은 석양을 바라보고 있었다. 이 모든 것은 얼마 지나지 않아 끝나게 될 터였다. 그들의 이런 생활도, 대규모이며 대개는 필사적인 전투가 벌어지고 있는 이 특별한 시기가 끝날 날이 오게 될 것처럼, 언젠가는 끝나게 될 것이었다. 좋든 궂든, 그들이야말로 이런 싸움의 대부분을 주도해온 인물들이었다. 그 사실에 대해서는 그 누구도 부인할 수 없었다. 미래의 전쟁은 실제로 전투를 벌이는 것만큼이나 중요한 것이 바로 적을 찾아내는 일이 될 터였다. 덧없이 존재했다가는 사라지고, 다른 엉뚱한 곳에서 불쑥 나타나는 전장과 전선이 어디인지를 찾아내는 것, 잠재적인 적들을 억지로라도 친구가 되도록 설득하는 것, 그것이 바로 미래의 전투일 것이었다.

모래 바람이 휘몰아치는 이역에 사는 생판 모르는 상대의 삶과 그의 판단 기준이 분명 외계인의 그것이라고 할 수 있을 정도로 내 것과 다르더라도 어떻게 해서든 그 상대에 대해 알아내도록 하는 것. 그러한 감각은 마치 상대와 첫 대면하는 곳이 탱크의 포탑 위에서였다는 설정처럼 거의 생겨날 가망성이 없는 그런 것이다. 바로 그 시간에도, 수영 풀에서 동쪽으로 몇 백 마일 떨어진 곳에 있는 이라크에서 싸우고 있는 전통적인 전사들은, 이런 사실을 깨달아가고 있을 터였다.

하지만 그것은 머나먼 나라의 일처럼 느껴졌다. 그래서 그들은, 일찍 잠자리에 든 할로를 제외하고, 자리를 잡고 앉아서 이제까지의 실적을 평가해보며 반다르의 브랜디를 마시고 있었다.

테닛은 그 팀을 이끌어왔다. 바로 그랬기 때문에 그는 사납게 호통을 쳐대거나, 욕설을 퍼붓거나, 그리고 결정적으로 어떤 사실을 모두에게 알려야 할 필요가 있을 순간임에도 자신이 진짜로 어떤 기분인지 말하려 들지 않았다. 그래도 하고 싶은 이야기는 있게 마련이다. 이제 그걸 이야기할 수 있었다.

테닛이 담배를 피우고 앉아 있는 그들을 향해 자신의 생각을 털어놓았다. 그들은 CIA에서 잔뼈가 굵었고 이제는 최고의 요원들이었다.

"있잖은가, 난 언제나 자네들 같은 사람들이 되고 싶었네. 자네들로부터 존경도 받고 말이야. 그건 내게 중요한 것이었어. 정말 중요했거든."

모와트 라센과 리처, 비밀 조사 활동을 하고 있는 사무소장, 세 사람 모두 고개를 끄덕였다. 그들은 바로 자신들, 투명 인간들을 이끄는 테닛이야말로, 모든 공인, 즉 유명 인사들 가운데서 진짜 싸움이 어디서 벌어지고 있는지를 진정으로 이해하고 있는 사람이라는 점을 잘 알고 있었다. 그런 그가 보여주는 솔직함에 마음이 움직였던 것이다. 진짜 싸움은 유명 인사들이나 정식으로 선출된 공직자들이 연단 위에 올라가서 장황하게 떠들어대는 것을 비춰주는 강렬한 조명 아래에서, 혹은 회의실 안에서 벌어지는 것이 아니었다. 그러기는커녕, 그것은 그늘 속에서 조준선 바로 아래에서 적을 추적하고, 적을 직접 대면하고, 자신과 대등한 위치에 있는 타국의 다른 정보 요원들과 만나며, 그렇게 해서 "적을 알라"는 온전한 원칙을 실행에 옮기게 되는 장소에서 벌어졌다. 이것은 승리의 씨앗을, 그리고 결국에는 자비의 씨앗을 품고 있는, 정말 오래된 것이자 믿을 수 있는 충고다.

들끓고 있는 아랍 세계의 꼭대기에 우뚝 서 있는 쾌락의 돔 안에 들어와 있으며, 자신들이 하고 있는 그런 일이 얼마나 위험한지를 체험해보았고, 카라치의 먼지투성이 카페에서나 모로코의 왕궁에서, 적을 알되 왜 자신이 그곳에 와 있는지와 무엇이 현재의 자신을 만들어놓고 있는지를 잊지 않고 있는 중년의 백인 남자들은 수평선 너머로 사라져가는 태양을 바라보며 한동안 말없이 앉아 있었다. 어쩌다 보니 테닛은 날이면 날마다 이 어스름의 세계를 헤집고 다니며 다른 어떤 유명 인사들보다 내켜지지 않는 친구들, 언제든 적이 될 수 있는 자들과 아는 사이가 되어, 어쩌면, 정말로 어쩌면, 사람들의 생명을 구하게 될 수도 있을 거래를 성사시키기 위해 애쓰고 있었던 것이다.

한동안 말없이 앉아 있던 모와트 라센이 입을 열었다.

"국장님은 우리처럼 처음부터 이 일을 해오지 않았다고 하지만, 우리는 언제나 국장님을 우리와 같은 부류로 여기고 있었습니다. 우리 뒤에는 국장님이 있었죠. 국장님은 우리를 챙겼어요. 아시다시피, 우리는 함께 정말 많은 일을 해냈다는 생각이 듭니다."

테닛이 고개를 끄덕였다.

"그래, 그랬던 것 같군."

그가 사용한 동사는 벌써 과거 시제였다.

다음 날 모와트 라센이 바레인으로 날아갔다. 일주일 후, 바레인 지부에 대한 소탕 작전이 벌어졌다. 6월 22일, 여섯 명이 체포되었다. 그 남자들의 모든 가택이 수색을 받았다. 발견된 것은 아무것도 없었다. 몇몇 물라mullah들이 정부에 탄원을 했다. 한 예로, 보코와는 이 나라의 시아파 인구들 가운데 종교적으로 높은 직위에 있는 지인이 있었다. 그들은 23일에 모두 석방되었다.

그다음 한 달 동안 이어진 것은 공개적으로 펼쳐진 서투른 한바탕의 극단 정책이었다. 좋든 궂든, 다른 곳의 분위기가 어떤 기승을 부리든 상관없이 언제나 열려 있는 CIA의 정보 채널은 소위 '정책적' 혹은 정치적 채널로 대체되었다. 그들의 석방을 괘씸하게 여긴 미국이 기지를 철수시킬 것이며, 그 나라에 있는 모든 미국 공관과 미국 시민들에게 철수 명령을 내리겠다고 위협했다.

미국의 고압적 수단에 밀려 조치를 취하는 모습이 공개적으로 드러날 것을 우려한 바레인 측은 거기에 저항했다. 이 상황에서 고분고분하게 구는 것은 친미든 반미든 어떤 성향을 가지고 있든 아랍 국가로서는 전혀 득 될 것이 없는 행동이라고 할 수 있었기 때문이다.

결국 미국은 모든 공관원을 철수시키기 시작했고, 국방부의 지원으로 마나마에 세웠던 학교를 영구적으로 폐쇄해버렸다. 그 사립학교는 왕족의 아이들을 포함해 전국의 엘리트 계층의 아이들이 다니고 있었다. 여러모로 고려해봤을 때, 모든 책략은 결국 국지적이며 나아가서는 지정학적이기까지 한 것임이 드러났다. 7월 중순 무렵, 비록 할리파의 왕국과 미국의 관계가 원래처럼 돌아간 것은 아니었지만, 그 여섯 명은 다시 체포되었다. 국왕은 공개적으로 가해진 위협에 굴복했음을 보여준 셈이었다. 특히 그동안 미국에 협조적 태도를 취해왔던 독재자에게는 그것은 절대 긍정적인 결과라고 할 수 없었다. 게다가 이 사건의 본격적인 계기가 된 전국의 과격 이슬람 파벌들의 싸움은 그 어느 때보다도 더 격렬해지고 있었다.

만약 테닛이 사임하기로 되어 있지 않았다면, 6월에 그 여섯 명이 그토록 쉽게 석방되지 않을 수도 있었을까? 그건 논쟁의 여지가 있는 부분이다. 그리고 논쟁의 여지가 전혀 없는 부분은 맥놀린이든 정부 내 그 누구든 '테러와의 전쟁'에서 중요한 조건으로 작용할 수 있는 주요 협력자들인 무샤라프에서 압둘라, 그리 핵심적이라곤 할 수 없으나 여전히 중요한 인물들인 카타르의 알 타니, 바레인의 할리파에 이르기까지 그토록 다양한 인물과 개인적인 유대 관계를 갖고 있다는 점에서는 테닛을 따라올 사람이 아무도 없었다는 점이다. 신속하게 적응하지 못한다는 약점에도 테닛이 미국 내에서 있었던 몇 건의 잘 알려진 논쟁에서 불리한 입장에 처해 있다는 사실은 외국의 독재자들을 행동으로 따르도록 자극하는 중대한 특징이 되었다. 매력 있는 성격이야말로 이 세계에서 효과적으로 통하며, 부인할 수 없는 것은, 테러리스트와의 싸움 대부분을 통틀어 테닛이 가장 핵심적인 요소였다는 점이다.

이제 없어서 아쉬움을 느끼게 될 것은, 쉽게 다른 것으로 대체할 수 없는 가치 있는 인력이었다.

7월 29일 오후 10시가 막 지난 시각, 보스턴에서 열린 민주당 전국대회(the Democratic National Convention)에서 매사추세츠 주 출신 상원의원 존 케리John Kerry가 연단에 올라섰다.

그때까지 대회는 케리와 함께 참전했던 옛 전우들의 증언과 우아하게 제작된 비디오 상영을 포함해 베트남전의 전쟁 영웅으로서의 케리의 면모를 부각시키는 것에 집중적으로 초점이 맞춰지고 있었다.

부시 대통령이 연두교서를 발표하면서 미국은 끊임없이 테러의 위협을 받고는 있지만 두 번 다시 공격을 받지는 않았다는 주장에 본질적으로 재선의 승부를 걸고 있는 것과 마찬가지로, 케리는 가장 시청률이 높은 시간대에 30분 잡힌 연설에서 뚜렷한 목적을 갖고 이렇게 말했다.

"이라크에 대량 살상 무기가 있다는 이야기로 이라크에 대량 살상 무기가 생겨나는 것은 아닙니다. 우리가 큰 비용을 들이지 않고 전쟁을 수행할 수 있다는 이야기로 전쟁 비용을 줄일 수 있는 것도 아닙니다. 그리고 '임무 완수'라고 이야기하는 것으로 임무가 완수되는 것도 아닙니다. 이 위태로운 시기에는 강하게 행동하는 제대로 된 방식과 잘못된 방식이 있습니다. 강력한 힘은 강경한 말에서 나오는 것이 아니라는 뜻입니다."

그곳에서 남쪽으로 400마일 떨어진 곳에 있는, 부산하게 돌아가는 CIA 분석관들과 기술 전문가들의 방 안에 있는 텔레비전 수상기 화면은 잔뜩 곤두세워 부풀린 머리칼에 붉은 타이를 매고 환하게 웃고 있는 케리의 모습을 비추고 있었다.

행정부의 운명과 함부로 논의하기 힘든 테러리즘, 두려움 그리고 미국의 대응이라는 문제 사이의 관계를 살펴보기에 이 방들보다 더 좋은 장소는 별로 없다고 봐야 했다. 드러내놓고 하는 전투라는 영역에 있어서, 케리는 본질적으로 투표권과는 관계가 없는 전 세계의 청중 그리고 여기에 더하여 알 카에다와 이 조직의 지지자가 될 수 있는 자들에게 어떤 메시지를 전해야 하는가의 문제에 대해 초점을 맞추고 있었다. 또 그런 메시지는 강경한 것이어야만 하고, 강경한 국가를 이끄는 것은 강경한 지도자여야 한다는 점에서 부시와 같은 의견을 보이고 있었다. 하지만 그는 한술 더 떠서 "강경한 발언" 이상의 것이 필요하다는 주장을 하고 있는 것이다.

물론 부시가 강경하지 않다고 여기는 사람은 아무도 없었다. 설혹 그런 주장을 할 사람이 있다손 치더라도, 현재 상당수의 미군 병력이 머나먼 두 국가에 주둔하고 있는 상태에서 그가 미국이 강경하게 행동하도록 강요하지 않았다고 여길 사람은 맹세코 아무도 없다고 할 수 있었다. 사실상 케리의 주장은 합리적인 이상에 대한 호소였다. 즉 뭔가에 대한 이야기와 그것이 실제로 그렇게 되도록 하는 것 사이에 존재하는 괴리에 대한, 그리고 온전한 분석은 말과 행동의 일치에 의해 지탱되어야 한다는 믿음에 대한 호소였다.

그것은 그리 큰 영향력을 행사하지 못했다. 부시의 원칙은 합당한 이유가 있든, 전혀 해당되지 않는 이유가 있든, 혹은 전혀 이유가 없든 상관없이 강경하게 나가야 한다는 것이었다. 그런 태도가 전하는 메시지는 전 세계 국가들 가운데서 가장 중요한 영역이자 메시지의 목표가 되는 청중으로 광적이며 피에 굶주린 테러리스트들에게 전해졌으면 하고 대다수가 바라는 것이기도 했다. 만약 준군사 작전 팀을 보내어 빈 라덴을 응징할 수 없는 상황이라면, 최소한 강경한 말이 그에게 전해지게라도 만들 수는 있을 테니 말이다.

CIA 측 사람들은 곧 케리의 연설 같은 것에 주의를 기울이게 되었다. 대테러 분야에서 얼마 안 있으면 벌어지게 될 최초의 무서운 전투에 겹겹이 포위되어 있는 것이나 마찬가지였기 때문이다. 2주일 전 7월 13일, 라호르에서 무하메드 나엠 누르 칸이 체포되었고, CIA와 협력 관계에 있는 파키스탄 심문자들의 강요로 다양한 부류의 조직원에게 긴급 이메일이 발송되었다. 이메일 수신자들은 인도네시아에서 영국에 이르기까지 활동하고 있는 조직원들이었다.

그는 그들에게 즉시 회신을 보내라고 명령했다. 그리고 그들은 회신을 보냈고, 그렇게 해서 그들의 위치가 노출되었으며, 가능한 한 많은 조직원을 검거하기 위해 국제적 규모의 용의자 추적이 진행되고 있었다. 수십 명의 테러 조직원 소재가 파악되었다. 거기에는 1998년에 자신의 조국인 탄자니아에서 미국 대사관에 폭탄 테러를 저지른 혐의로 내내 수배 중이던 아메드 할판 가일라니Ahmed Khalfan Ghailani도 포함되어 있었다.

추적을 당하던 가일라니는 다른 네 명의 알 카에다 조직원과 함께 파키스탄 구즈라트Gujrat에서 한 주택 안으로 도망쳐 들어가 대치했다. 가일라니와 두 명의 다른 알 카에다 조직원, 그리고 그들의 가족들이 16시간의 총격전 끝에 투항했고, 그들을 진압한 파키스탄 준군사 부대는 놀라운 증거물을 찾아냈다. 뉴욕 시티콥Citicorp의 본사 건물, 뉴욕증권거래소(New York Stock Exchange), 뉴저지 주 뉴아크Newark에 있는 프루덴셜 타워Prudential Tower, 그리고 워싱턴에는 세계은행(World Bank) 본부와 국제통화기금(IMF) 건물 등 다섯 개 건물에 대한 대단히 상세한 사전 답사 차원의 연구 자료가 포함된 여러 대의 컴퓨터와 디스크들이었다.

주말 내내 계속된 여러 차례의 회의를 통해 그 계획은 상세하게 검토되었다.

크리스마스 휴가 무렵 결국은 아무것도 아닌 것으로 인해 그 끔찍한 공황 상태를 겪도록 만들었던 수비학에 담긴 위협에 대한 기억을 가지고 있는 사람들은, 이제 놀라울 정도의 정확성을 갖춘 폭력혁명주의자들의 작전 계획을 들여다보게 되었다. 각각의 건물에 대한 20쪽짜리의 사진과 건물 각부를 연결하는 경사로들의 경사도, 구조상의 견고성, 통행 인구의 흐름과 같은 설계와 관련된 내용이 포함된 자료였다.

　주말 동안 그들은 그것이 실제적인 위협이 될 수 있는지의 여부를 놓고 논쟁을 벌였다. 그 다섯 건물에 대한 테러 계획 가운데 하나는 지난해에 상당 부분 새롭게 계획을 고쳐 세운 것이긴 했으나, 원래 2000년과 2001년에 세워진 것이었다. 하지만 이제, 컴퓨터 통신이나 심문, 인간 정보에서 나오는 모든 은근한 협박은 체니 독트린이 엄격하게 적용되어야 했다. 물론 그것들 가운데 어떤 것들은 완전히 백일몽에 가까운 것들도 없지 않았다. 그런 위협 가운데 단 1퍼센트의 가능성이라도 존재하는가? 당연히 존재한다.

　8월 1일 일요일. 국토안보부 장관 톰 리지는 지목된 건물들 주변 지역의 위협에 대해 경보 수준을 황색으로 높여 발령했다. 기자회견에서 그는 사전 답사 디스크들이 2000년과 2001년의 것이라는 사실에 대해서는 언급하지 않았지만, 그러한 정보를 알아낼 수 있었던 것을 "대통령의 지도력" 덕분으로 돌린다는 말은 겨우 할 수 있었다.

　그 디스크에 담긴 계획이 언제 것이었는지에 대해서는 다음 날 발표되었고, 관리들은 문제가 되고 있는 건물에 대해 대피 명령을 내리려는 참이었다. 9·11 진상조사위원회 의장 톰 킨Tom Kean의 불평이다.

　"그 건물들에 대한 정보 수집 활동이 4년 전에 있었던 것이라는 사실을 다음 날 발표하지 말았어야 합니다. 그건 도움이 안 되었습니다."

　민주당 소속 의원들은 대체적으로 충격이라는 반응이었다. 하워드 딘Howard Dean 의원은 이 문제에 대해 만연해 있는 의심을 표명했다.

　"이 문제의 어디까지가 진실이고, 어디까지가 정략인지 알아낸다는 게 도대체 불가능하다."

　대개 비밀에 싸인 전쟁 수행이 핵심 쟁점이 되고 있던, 재선이 있는 해에 그 두 가지를 구분해보려 하는 것은 대체적으로 쓸데없는 짓이라고 할 수 있었다. 하지만 주말 동안 행해진 여론조사에서 한 가지 분명해진 것이 있었다. 톰 리지의 발표가 있고 난 후에도 케리는 전국대회로 인한 지지율 상승 같은 것을 전혀 기록하지 못했다는 점이다. 그의 지지도에 대한 여론조사 결과는 실제로 약간 떨어졌을 정도였다. 두려움에 대해 거듭해서 주장한 것이 추가로 지지도에 악영향을 미쳐서 그런 것은 아니었다.

그러는 동안, 테러리스트 체포 기계는 앞을 향해 계속해서 돌아가고 있었다.

8월 3일. 잉글랜드에서 10여 명의 남자가 체포되었다. 그들 가운데는 에사 알 힌디Esa al-Hindi도 포함되어 있었는데, 이자는 파키스탄에서 발견된, 그 우아한 문체로 씌어진 사전 답사 보고서를 작성한 인물이었으며, 알 카에다 영국 지부의 우두머리기도 했다. CIA는 KSM이 16개월 전 무자비한 심문을 당하면서 털어놓은 몇 가지의 정보 가운데 알 힌디의 이름이 나온 이후로 그의 행방을 계속 추적해왔다.

8월 첫 주 동안 네트워크 뉴스 방송사들의 특별 보도, 각 신문의 머리기사, 그리고 각 잡지를 통해 장문의 기사가 쏟아져 나왔다. 적은 싸움터에 나타났지만, 정의의 군대는 출병하고 있는 중이다. 맞잡은 왼손과 오른손처럼 꽉 물려 있는 공포와 작전, 운운.

그 대부분이 CIA의 소관인 이 모든 것은 대통령에게는 좋은 조짐이 되었다. 그의 지지도에 대한 여론조사 수치는 상승하고 있었다. 그 주에 중서부 지역을 순회하는 선거 유세를 위해 미국 본토에 대한 추가 테러 공격을 예방하기 위한 기본 대책에 더할 수 있는, 새롭고 싱싱한 방안들을 갖게 되었고, 리비아가 고분고분해진 성과도 보탤 수 있게 된 것이다.

그렇지만 이 모든 것은 칼 로브와 대통령 정치 연구소 소속인 그의 수하 간부들, 그리고 국무부와 마찬가지로 사실상 부통령 주변의 모든 사람이 CIA가 힘을 합쳐 대통령에 맞서고 있다는 견해를 별반 변화시키지는 못했다. 이런 판단은 대개 이 두 정부 부처에서 최근 몇 개월 동안 일어난 것으로 연이은 정보 누출을 근거로 한 것이었다. 국무부의 정보 분석실은 이라크 침공에 앞서, 대체로 이 전쟁이 폭동과 질질 끌게 되는 전황이 결합된 골치 아픈 것이 되리라고 예측하는 갖가지 보고서를 제출하고 있었다. 그 내용은 미국이 점령 첫해의 상황이 보였던 특징을 정확히 짚어낸 것이었다. CIA 또한 그런 부분에서 자기 몫을 다하고 있었다. 미국의 침공이 어떤 방식으로 전 세계 지하드 운동에 더 크게 불을 지펴놓을지, 그리고 폭력 성향의 신규 테러 조직원들을 끌어들이도록 그 근거지를 확대해나갈 환경을 조성하게 될지에 대해 암담한 평가를 내놓고 있었던 것이다.

마찬가지로 이제는 테닛이 했다는 그 두 단어짜리 평가로 발목이 잡혀버린 CIA 분석관들은 다른 분야에서의 정책에 대한 자문이 잘못된 것이 아님을 보여줘야 한다는 절박감을 느끼고 있었다. 한 전직 CIA 부장의 말이다.

"힘든 상황이었다. 우리는 이라크를 침공한다는 생각에 대해 모두 반대 의견이었다. 그리고 그런 분석 결과를 사전에 충분히 알렸음에도 이제 대량 살상 무기 때문에 우리는 그런 분석을 낸 것에 대해 비난을 받게 되었다."

국무부와 CIA가 대통령의 재선을 좌절시키려 드는 파벌이라는 평가는 좀 미묘한 문제였다. 그들의 반응은 정치적인 것이 아니라 구조적인 것이라고 할 수 있었기 때문이다. 국방부 소속의 다수 장성의 경우와 마찬가지로, 정책을 생산해내는 이 두 공장 사람들이 알고 있는 것은 대외 정책이라는 많은 것이 걸려 있는 영역에서조차, 상식에 근거한 분석이라는 기본이 사실상 무시되어 왔으며, 그게 아니라면, 그 '제품'이 백악관에서 이미 다 결정해놓은 정책을 뒷받침하는 데 필요한 경우에만 그것을 꺼내놓도록 한다는 사실이었다. 공화당 소속 보수파 폴 오닐이나 오래도록 침묵의 규약을 무서울 정도로 지켜온 인물로 공인된 공화당원 클라크가 내린 것과 흡사하게, 그들이 내린 결론은 이런 기본에 대한 무시는 정부와 국가에 제도적 위태로움을 초래하게 된다는 것이었다.

백악관의 대응은 근본적인 문제를 처리하고, 당장에라도 불만을 잠재워버릴 수 있는 손쉬운 방식인 소위 '정책 과정'이라는 것에 대한 어떤 조정안을 내놓는 것이 아니었다. 그 대응은 전술적이었다. CIA와 국무부, 또는 다른 부서의 비밀 정보 사용 허가를 갖고 있는 고위 관리들에 대한 지속적인 거짓말탐지기 테스트를 실시함으로써 정보 누설자에 대한 조사를 강화했고(이때 가장 중요한 질문은 '허가 없이 기자와 이야기를 나눈 적이 있는가?'이다), 연방 정부가 지급하는 휴대전화를 포함, 행정부에서 사용하는 전화의 각 지선들에 대한 일제 수색을 시행하는 것이었다. 그와 같은 대통령 권한의 적나라한 과시는 궁극적으로 두려움을, 그리고 그런 두려움의 전통적인 부산물인 상호 불신을 낳게 된다. 그리고 그것은 정부 내에서 이미 소용돌이치고 있는 다른 많은 교훈과 마찬가지로 또 다른 교훈을 주게 된다. 목적이 "필요한 어떤 수단이든 사용해"야 한다는 기준을 정당화시켜줄 수 있는 경우는 거의 없다는 점이다. 어느 경우가 되었든, 정보 누출은 계속 증가하게 된다.

CIA에 남아 있는 부장들은 이제 자신들을 엄호해줄 수 있는 대장을 잃었다는 사실을 절실히 느끼고 있었다. 부시와 테닛 사이에 존재하는,

온후함과 신랄함이 층층이 뒤섞여 있으며 서로가 상대에 대한 과도한 책임감을 느끼고 있기도 한, 복잡한 유대 관계로 인해 쉽게 예상할 수 없을 정도로 엄청나게 보호되어 왔던 것이다. 조지는 언제든 부시와 독대해 어떤 사안에 대해 항변을 하거나, 도맡아 질책을 듣거나 할 수 있었다. 이 두 대장은 끈끈한 관계를 갖고 있었고, 그들의 부하들도 서로에 대한 공격을 약간이나마 자제하고 있었다.

이제 그건 끝난 상황이었다. CIA에서 32년을 근무했고, 고전적 방식의 훈련을 받았으며, 강인하고, 진지한 인물인 맥놀린은 예전 같았으면 전통적 기준에서 보았을 때 딱 국장 감이었을 터였다. 하지만 그는 부시와의 끈끈한 관계 같은 것이 별로 없었고, 그런 관계가 대단히 중요한 역할을 하게 되는 행정부 내에도 인맥이 없었다. 그리고 그 점은 정치에 있어서도 마찬가지였다.

7월에 들어서면서 케리는 자신이 9·11 진상조사위원회의 모든 권고를 다 받아들이겠다고 말함으로써 어느 정도 지지를 얻어낼 수 있었다. 그는 정보 수집을 게을리 한 것에 대해, 테닛이나 CIA가 아닌 부시를 비판하면서, 대통령이 진상조사위원회의 권고도 전적으로 수락하라고 요구했다.

8월 10일. 그런 요구에 대한 대응이 나왔다. 대통령은 플로리다 주 출신으로 공화당 소속 의원이며, 하원정보위원회 의장을 맡고 있는 피터 고스Peter Goss가 CIA 국장 직을 맡게 될 것이라고 발표했다. 그는 플로리다 주 출신 민주당 소속 상원 의원 밥 그레이엄Bob Graham과 함께 9·11 조사를 위한 합동정보위원회, 즉 JIC의 공동의장을 맡고 있었다. 그가 새로운 시각으로 진상조사위원회의 제안들을 엄밀하게 검토하게 되리라는 것이었다.

고스가 지니고 있는 독특한 면은 그가 젊은 시절 CIA 조사원 생활을 했다는 점이다. 그는 1960년대에 서유럽과 중미에서 첩보원들을 모집하는 일을 했고, 1972년에 건강상의 이유로 은퇴한 다음, 새니벨 아일랜드 Sanibel Island(플로리다 주에 있는 도시—옮긴이)에서 신문사를 차렸고, 그런 다음 정계에 발을 들여놓았다. 1988년 초선 의원이 되고, 1997년 정보 위원회 의장이 된 고스는, 합동정보위원회 청문회가 열리는 동안 CIA를 가리켜 '역기능적'이라고 말했을 정도로 CIA에 대해 비판적이랄 수 있는 인물이었다.

랭리 쪽에서는 일차적으로는 조심스럽기는 했으나 과히 언짢게 여기지는 않는 반응들이었다. 그가 과거에 그리 대단한 요원이 아니었다는 것에 대해 고참 관리자들은 각 남녀 요원들이 최고 지위에까지 올라갈 수 있게 해주는 CIA 내부 능력 위주의 승진제도와 어느 정도 관계가 있지 않나 여기고 있었다. 그게 아니라면 적어도 그러기를 바라고 있었는지도 모른다.

맥놀린은 승진을 하지 못했고, 백악관 쪽에서도 이 정보 관련 부서를 장악하고 있음을 보여주고자 하는 의도는 분명했으나, CIA의 다른 분석관들이나 요원들은 마치 아무런 일도 일어나지 않은 것처럼 전혀 영향을 받지 않은 상태로 일을 해나가고 있었다. 근동 및 남아시아 지역에 대한 정보 분석 업무를 조정하던 폴 필라Paul Pillar는 이제 체니가 그해 봄에 의뢰한 이라크 침공 이후의 상황에 대한 평가 보고서를 거의 완성시켜가고 있었다. 그것은 백악관이 최초로 CIA에 이라크 상황에 대한 평가를 내려달라고 요구한 경우였다. 그 보고서는 특히 예리한 것이었다. 그것은 이라크 내에서 벌어지고 있는 폭동이 전국적인 규모의 게릴라전이나, 심지어는, 내전으로까지 번질 수도 있다고 경고하고 있었다.

9월이 되어, 그 보고서 내용이 언론에 새어나갔다. 한참 선거유세 중이던 부시는 이 사실에 격노했다. 유세 기간 내내 그 문제와 관련해 엄청난 질문 공세에 시달려야 했기 때문이다. 하루에 하나의 메시지, 다음 날 또 새로운 메시지를 펼쳐 보인다는 전략은 메시지와 전혀 관계가 없는 소음에 파묻혀버리고 말았다. 재선 날까지의 귀중한 시간은 이제 겨우 며칠밖에 남지 않았다. 부시는 자신이 읽어본 적도 없었던 그 보고서 관련 내용에 대해 시험적으로 그것은 "단지 추측"일 뿐이라면서 싹 무시해버리기로 했다.

며칠 뒤, 언론에 내용이 흘러나간 보고서를 쓴 사람이 필라라는 사실이 로버트 노박Robert Novak의 칼럼에서 확인되었다. 노박은 필라가 캘리포니아에서 콘돌리자 라이스도 참석한 한 개인적인 만찬에서 언론에 공개하지 않는 것을 조건으로 그 내용에 대한 이야기를 했다고 밝혔다. 이것은 백악관이 찾고 있던 증거로 작용하게 될 터였다. 오래도록 심증은 있었지만 물증이 없는 불충의 증거 말이다.

백악관 관리들은 사석에서 CIA가 적극적으로 나서서 현 행정부를 약화시키려 들고 있다고 주장하면서 로비스트들에게도 이야기를 퍼뜨리도록 만들기 시작했다.

고스가 국장으로 취임한 상황에도 여전히 CIA에 남아 있던 존 맥놀린은 점점 더 커져가는 공포감으로 그 모든 사태를 주시하고 있었다. 그는 앤디 카드의 사무실로 전화를 걸어 부시와 이야기를 할 수 있도록 주선해달라고 요청했다. 대화는 전화를 통해 이뤄졌다.

맥놀린이 말했다.

"대통령 각하, 저희 CIA에서는 각하가 힘을 잃도록 만들려는 것이 아닙니다."

부시가 대답했다.

"그렇게 말해주니 고맙네."

대통령은 선거철에는 잔뜩 긴장이 될 수도 있는 일이라고 단언했다.

통화는 끝났다. 정보가 대포나 탄약에 맞먹는 가치를 지닌 시점에서 대통령과 그가 거느리고 있는 정보기관 사이에서 갈등이 생기도록 몰고 온 근본적인 문제에 대해서는 서로 이야기도 꺼내지 않은 채였다.

9월 24일. 고스가 신임 국장으로 출근했고, 자기 밑으로 네 명의 최고 책임자 자리는 자신이 의회에서 데리고 있던 참모들 가운데서 골라 채우겠다고 발표했다. 부국장 급인 그 네 명은 주로 고스의 최측근이 되어, 정보국 내에서 벌어지는 모든 작전에 대해 그에게 직접 조언을 하는 고위급 참모로 움직이게 될 터였다. 예외 하나가 있다면, CIA에서 그럭저럭 제몫을 해내는 인물인 카일 '더스티' 포고Kyle 'Dusty' Foggo였는데, 그는 의회에 근무하던 시절부터 고스의 친구이자 한편이었다. 고스는 정보국에서 세 번째 서열인 운영 사무 처장 자리에서 A. B. 크론가드를 밀어내고 그 자리에 포고를 앉혔다.

공식적으로 숙청 작업이 시작되었던 것이다.

미국에는 폭력에 의한 체제 변력이 없다. 정부군을 공격하기 위해 무기를 비축하는 반정부 집단도 존재하지 않는다. 정권을 잡고 있는 측에서 안전하다고 판단할 때까지 선거를 연기하게 만들 수도 있는 비상사태 같은 것도 없다. 내전이 임박해 있는 것도 아니다.

이곳 미국에는 하나의 절차가 존재한다. 1억 2,500만 정도의 성인이 자신들이 알아도 되는 것에 대해 알고, 그들의 국가의 미래에 대해 결정을 내리는 절차다. 하지만 새로운 종류의 적들을 맞아 "마음과 정신"으로 싸워야 하는 전투인 이 시대의 가장 핵심적 투쟁에 관여하고 있는 사람들에게, 이번 선거일까지 이어지는 한 달여의 기간은 기괴하고도 단절된 시간처럼 여겨졌다.

어떤 것에 대해 알게 된다는 것은 즐거움이나 책임감과 아울러 부담감도 갖게 만든다. 뜨겁고 건조하며, 모든 것이 충돌해 이온화하고 있는 것에나 비유할 수 있는 시기이자, 불타는 건물들과 먼지구름이 솟아오르는 장면이 기억 속에 여전히 존재하며 예전에 찍은 영화 속에서 세계무역센터 쌍둥이 건물의 모습이 스쳐 지나가기라도 하면 여전히 움찔 놀란 시선이 되는 요 몇 년 동안은, 모든 것을 다 볼 수 있는 높은 자리는 겨우 몇 개밖에 되지 않는다고 할 수 있었다. 어쩌면 너무 많은 것을 보게 되는 자리일지도 모른다. 우리의 지도자들이 너무 높은 자리를 차지하고 있지 않아서가 아니다. 그들은 그런 자리를 차지하고 있다.

그들은 또한 헤아릴 수도 없고, 얼굴을 기억할 수도 없는 우리들, 우리의 친절한 관심으로 유명 인사들을 만들어내는 평범한 사람들이 자신들에 대해 어떻게 생각하고 있을지에 대한 걱정을 하고 있다. 그들은 자신들의 모습이 어떻게 비칠지에 대해 신경을 쓰지 않으면 안 된다. 이런 점은 비단 대통령이나 누구인지 금방 알아볼 수 있는 상원 의원들의 경우에만 해당되는 것이 아니다. 수많은 조지 테닛들과 밥 밀러들, 럼스펠드들 그리고 파월들에도 해당된다. 이런 유명 인사들에게, 지지 기반을 갖는다는 것은 앞날에 대한 통찰력을 흐리게 만드는 것이 될 수도 있다.

그들 바로 밑에는 전 세계를 무대로 하는 투쟁의 주역인 '투명 인간들'이 있다. 그들은 여러 면에서 살인을 일삼는 그들의 적수만큼이나 눈에 보이지 않는 존재들이다. 그들은 싸움과 싸움에서 이기는 것에 대해서만 염려해야 하는 공무원들이다. 대개 이 집단은 그 규모가 그리 작지 않다.

대개의 큰 싸움에는 집단적 관심이 쏠리게 된다. 엄청나게 많은 사람이 그날 하루의 전투에 대한 기사를 읽게 되며, 그날의 싸움에서 이겼는지 혹은 졌는지의 여부와 승패의 이유에 대해 분명히 알게 된다. 미국인들과 이라크 인들이 죽거나 불구가 되는 등등의 마음 아프게 하는 세세한 내용들을 넘어서서, 이라크에서 벌어지고 있는 전쟁이 그토록 많은 사람의 관심을 끌게 되는 한 가지 이유는 그것이 눈에 보이는 전쟁이라는 전통적인 유리함을 지니고 있기 때문이다. 하지만 이 새로운 종류의 전쟁은 그렇지가 못하다. 이름도 발음하기 쉽지 않은 어떤 도시에서 분노한 적들에게서 또 다른 분노한, 폭력으로 대응하는 적들로 옮겨 다니며 그들과 맞붙어 소리 없이 처치해버리는 싸움이야말로 엄청난 군대를 소집해 벌이는 것에 맞먹는 전투인 것이다. 그리고 폭탄이 터지고 전체 미국 국민의 정신을 산산조각으로 찢어놓고 무고한 사람들을 죽음으로 몰아넣던 그날은 여러 해에 걸친 사소한 승리에서 비밀에 묻혀버리게 되는 패배들 사이를 오락가락하던 것에 종지부를 찍게 될 것이다. 그런 싸움을 하던 사람들 가운데 그런 날이 오리라는 것을 의심하거나 그것이 집단적으로, 그리고 다급한 마음에서 이런 질문을 던지게 만들 거라고 여기는 사람은 아무도 없다. "다시 말하지만 도대체 우리 군대는 이라크에서 뭘 하고 돌아다니는 거지?"

2004년 10월. FBI 요원들은 위협 요인을 찾아 전국을 샅샅이 훑고 다녔지만 대개는 두 손 가득 모래만 움켜쥔 채 물러났다. 그해 여름, 파키스탄에 있는 알 카에다 지부의 몇몇 연락책이 미국에 있는 이메일 주소들로 연락을 취한 것으로 나타났지만 그것에서는 아무런 결과도 얻어내지 못했다. 그걸 확인코자 수천 명에 대한 조사가 실시되었음에도 말이다.

온 국민의 마음을 찢어놓은 공격이 있은 지 이제 3년이 흘렀고, 결과에 따라 유죄로 이어질 수 있는 사례는 겨우 몇 건 되지 않는 게 사실이었다. 그리고 그처럼 유죄가 될 수 있는 것들 대부분은 범행의 증거가 희박한 경우 적용하게 되는 다목적 혐의인 소위 "물질적 지원"에 해당하는 것이었다. 대통령은 여전히 미국 내에 언제든 작전에 돌입할 수 있는, 활동 중인 지부들이 있는지 여부를 물었다. 그에 대한 대답은 아직 하나도 발견하지 못했다는 것일 뿐이었다.

댄 콜맨이 FBI를 사직했다. 공식적으로는 건강상의 이유였다. 그를 소개할 때 보통 사용하는 표현이었던 "빈 라덴을 처음으로 미국에 소개한 남자"로서 그는 지난 한 해 동안 상부로부터 유례없이 솔직한 조언을 해 달라는 부탁들을 받았고 그 일을 하면서 지냈다. 하지만 적에 대해 배우게 될 수밖에 없는 교훈에 대해 몇 번이고 거듭해서 알게 되고, 매번 새로운 관리자가 들어설 때마다 그 교훈을 다시 되새겨야 한다는 사실에 화가 나면 날수록 그의 천식도 심해졌다. 그는 53세의 나이에 연금 수령자 신분으로 퇴직했고, 아내 모린과 함께 고향으로 돌아갔다. 그의 다락방 어디엔가 한때 자와히리의 머리통이 들어 있던 양철 상자가 놓여 있다. 그 상자 안에는 바싹 말라 부서져 떨어지는, 지구 반대편에서 온, 강바닥의 진흙이 붙어 있다. 그는 그걸 잘 뒀다가 손자들에게나 보여줄까 하고 생각했다.

데니스 로멜에게 회사 생활은 도대체 맞질 않았다. 그건 별반 놀라울 것도 없는 일이었다. 돈을 번다는 것은 마음에 들었다. 하지만 대다수의 대규모 회사가 그렇듯 AES는 데니스가 제공할 수 있는 서비스가 자신들이 지불하는 급료에 비해 충분하지 못하다는 편협한 시각을 갖고 있었다. 그는 6개월을 그곳에서 버티고 나서 코퍼리트 리스크 인터내셔널이라는 컨설팅 회사로 옮겼다. 이 회사는 정부나 기업체에, 테러 자금으로 이용될 수 있는 것까지도 포함해, 전 세계의 자금이 움직이는 방식에 대한 자문을 제공하고 있었다. 어쨌든 그는 자신의 지하실 공사를 끝낸 상태였다. 싸워서 이겼고, 누군가가 신의 도움으로 득점을 하게 되었던 전투들에 경의를 표하는 진짜 스포츠 바였다.

다섯 대의 텔레비전에 모두 ESPN과 ESPN2, ESPN 클래식, 그리고 좀 덜 알려진 스포츠 케이블 방송이 틀어져 있는 지하 스포츠 바가 10월 20일 그가 〈월스트리트 저널〉을 읽으면서 앉아 있던 장소였다. 그가 읽고 있었던 그 신문의 1면은 이 신문이 자랑하는 민완 기자 가운데 한 사람이며, 독자적인 취재 전문 기자인 글렌 심슨이 쓴 웨스턴 유니언 관련 기사였다. 그 기사는, 웨스턴 유니언의 전 세계에 걸쳐 존재하는 지사들, 테러리스트들이 자유롭게 활개치고 돌아다니는 파키스탄과 같은 특정 지역에 대한 전념, 그리고 그 누구에게라도 마찬가지였겠지만, 이 회사가 누가 누구에게 돈을 보냈는지를 모니터하는 것에서 겪게 되는 어려움 등을 포함하는 대단히 상세한 내용이 죽 설명되어 있었다.

그는 600만의 독자를 가지고 있는 그 신문의 1면에 실린 기사 시작 부분의 인용문을 읽었다. 거기에는 옛 동료이자 재무부 금융범죄단속반(Financial Crimes Enforcement Network, FinCen) 반장 윌리엄 폭스 William Fox가 한 말이 인용되어 있었다.

"우리는 금융 서비스 업체들의 해외 계열사나 대리점이 심각하게 우려되는 문제가 있음을 인식하게 되었습니다. 우리가 우려하는 점은 국내의 금융 서비스 업체들이 해외에서 자신들이, 비록 대리점을 통한 것이긴 하나, 거래하고 있는 상대가 누구인지를 진짜로 알고나 있는가 하는 점입니다. 그들이 상대가 누구인지를 모르고 있는 것만큼 그것은 그들에게 심각한 취약점이 될 것입니다."

그런 다음 폭스는 자신이 "웨스턴 유니언을, 곧 발표되게 될 '사업 지침'이라고 알려진 규제 과정을 통해 그 대리점들에 대한 감독을 보다 강화하도록 강력한 조치를 취하게 만들 것"이라고 말했다.

로멜이 미소를 지었다.

"웨스턴 유니언에게 새로운 테러리스트 색출 작업을 시킬 작정인 게 분명하군. 어림도 없을걸!"

그는 테러리스트들이 돈을 추적이 불가능한 하왈라나 직접 들고 가서 주고받는 방식으로 전달하고 있다는 것을 잘 알고 있었다.

그가 한참 후에 혼잣말을 했다.

"만약 그자들을 돌대가리라고 생각한다면, 실망이 클 텐데. 녀석들은 전혀 멍청이들이 아니거든. 우린 지금 체스 비슷한 게임을 하고 있는 셈이야. 전 세계를 판으로 하는 체스라고나 할까. 하지만 규칙은 골 때리는 것이지. 우리가 상대해야 하는 자들은 말이 얼마든지 있거든. 우리가 졸이나 성을 잡아버리면, 그자들은 커다란 상자에 손을 집어넣어 잽싸게 잡힌 말을 보충하니까. 우리 쪽에서도 똑같이 하지 않는다면, 얼마 후에는 왕을 보호하는 데 애로가 좀 생기겠지. 정말 더러운 게임이야."

포토맥 강 건너편의 CIA 본부에서 늘 열리던 오후 5시 회의는 점점 불규칙해지고 있었다.

'고즐링스Gosslings(비슷한 발음으로, '새끼 거위'라는 뜻의 gosling에 빗대어 붙인 별명인 듯하다—옮긴이)'라고 불리는 고스의 부하들은 요즘 충성도 테스트를 받고 있는 중이었다. 고스는 자신이 거느리고 있는 간부들에게 정보국 전체에 보내게 될 내부 문서에 어떤 내용을 써야 할지를 분명하게 인식시켰다.

'CIA가 존재하는 것은 행정부의 정책을 지원하기 위해서임. 이상.'

하지만 옛 기억을 잊지 않으려는 듯 그들은 여전히 오후 5시 회의 석상에서 서로들 만나고 있었다. 회의는 존 맥놀린이 이끌고 있었다. 9·11 이후 내내 그래 왔던 것처럼 이 새로운 종류의 '전쟁'에서 싸우고 있는 다른 전투원들과 마찬가지로, 그들은 대통령 이하 유명 인사들이 국민에게 해대는 멋진 약속들을 떠맡아 도대체 어떻게 하면 그것의 이행을 위해 도움이 될 수 있을 것인가를 고민하고 뭔가 방법을 모색해보려 애쓰고 있었다.

모와트 라센이 말했다.

"정말 기분 더럽군. 우리는 여전히 이렇게 모이지만, 조지는 빠지고 존만 남아 있어. 다 예전 같지가 않아. 사람의 힘으로 가능한 일이라면 뭐든 해치우면서 전 세계를 동에 번쩍 서에 번쩍 휘젓고 다니던 우리의 시대는 끝난 거야. 지금 이 꼴을 보면 그 시절은 마치 페리클레스의 시대(the Age of Pericles. 그리스의 전성기. 페리클레스는 기원전 5세기경 아테네의 정치가—옮긴이)처럼 생각될 정도지."

그들은 모두 자신들의 이력서를 준비해 가지고 다니면서 여기저기 전화를 걸어 자리를 알아보고 있었다. 현재 모두들 정보와 관련된 다른 자리에 대해 알아보는 일에 푹 빠져 있었고, 그래도 되는지 혼란스러워하고 있었다. 어디나 가릴 것 없이. 정부의 각 부처에서는 정보와 관련된 모든 분야가 어떻게 돌아가는지를 가르쳐줄 수 있는 '훈련 요원들'을 절실하게 필요로 하고 있었다.

모와트 라센 역시 자리를 옮길 준비를 하고 있었고, 그로부터 몇 개월 후, 에너지국(Department of Energy) 정보실장으로 가게 된다. 우라늄이나 핵 관련 기술이 아무런 제재도 받지 않고 자유롭게 돌아다니는 것을 보면서 그는 밤잠을 이룰 수가 없었다. 행크 크럼프튼은 국무부 쪽 정보 책임자로 옮겨가게 되어 있었다. 72세로 CIA의 전설적인 분석관이며 수석 경보관이기도 한 찰리 앨런은 국토안보부 정보 책임자로 가게 되어 있었지만, 그것은 지구를 떠메고 있다는 아틀라스조차도 외면할 정도의 엄청난 중압감을 받게 될 업무가 분명했다.

실제로 그 회의에 참석하고 있는 열 명 남짓한 사람도 거의 모두가 곧 떠나게 되어 있었다. 그들 가운데는 전 세계의 믿을 수 없는 우방들과 직접 대면해 일 처리를 할 수 있는 유대 관계를 가진 가장 귀중한 작전실 책임자들도 끼어 있었다. 남아 있는 사람들 가운데서 그들의 떠난 자리를 채우게 될 사람들도 마찬가지로 얼마 안 있으면 다 떠나게 되어 있었다. 이제 CIA의 역할은 정책을 입안하는 데 도움이 될 정보를 수집한다기보다 정부의 나머지 대부분의 부처와 마찬가지로 이미 입안된 정책을 지원하는 역할을 맡고 있었다.

10월 29일 금요일. 석양이 길게 드리워지기 시작하면서 그들은 7층으로 모였다. 그날의 뉴스는 빈 라덴의 소위 "10월 기습" 방송이었다. 그는 거의 1년 가까이 모습을 드러내지 않고 있었다. 하지만 이제 선거일을 나흘 남겨놓고 있는 시점에서 유령과도 같은 그의 존재는 미국인들의 모든 가정에 깊숙이 침투해 들어와 반향을 일으키고 있었다. 방송을 통해 퍼져나간 알 카에다 지도자의 연설은 동기, 작전 그리고 현 미국의 상황에 대한 견해 등을 피력한 것으로 놀라우리만치 완성도가 높은 성명이었다.

그는 알라신을 찬양한 다음, 연설이 계속되는 18분 정도의 시간 내내, 현 정부로부터 엄청나게 비난을 받았고 진보적 성향 기자들의 주요 취재 대상이 되었던 마이클 무어의Michel Moore 〈화씨 9/11(Fahrenheit

9/11)〉, 그리고 무어가 CNN 방송과 〈타임〉, 다른 각종 주류 언론의 출구를 통해 인터뷰한 내용 등 다양한 자료를 총동원하면서 부시를 공격했다. 그는 부시가 멍청한 데다 미국 국민을 속이고 있으며, 거대 석유 회사들이나 헬리버튼Halliburton(유전 탐사 회사—옮긴이) 같은 대기업들과 유착한 철저히 타락한 자라고 조롱했다. 연설 말미에, 그는 간신히 케리를 멀리하는 듯한 발언을 했으나 그것은 "부시만 제외한다면 누구나 상관없다"는 논리에서 나온 추가 표현일 뿐이었다.

정오의 방송이 나가고 나서 몇 분 후, 유세 중인 부시와 케리 양 진영은 모두 빈 라덴이 선거에 영향력을 행사하려 든다는 것에 대한 강한 반감을 표시하면서 한목소리를 냈다.

케리가 먼저였다.

"미국 시민으로서, 오사마 빈 라덴을 끝까지 추적해 없애버린다는 결의에서 우리는 완전히 하나가 되었습니다."

다음은 부시 차례였다.

"미국 국민은 적에 의해 겁을 먹거나 영향을 받는 일이 없을 것입니다. 케리 상원 의원도 여기에 동의하시리라고 확신합니다."

연설이 있고 난 뒤 몇 시간 동안 어느 쪽 진영의 성명이 도움이 될 것인지를 평가해보기 위해 의욕적으로 뛰어들었던 전문가라는 사람들에게도, 이 문제는 함부로 건드릴 수 있는 것이 아니었다. 대량으로 살육을 일삼는 테러리스트가 미국의 선거를 뒤흔들어놓고 있다는 데 동의하는 것은 본질적으로 테러에 굴복하는 꼴이 될 것이기 때문이었다.

당연히 CIA 내부에서의 분석은 상이한 궤적을 그리고 있었다. FBI에 있는 빈 라덴 전담반이 그래 왔던 것과 마찬가지로, CIA도 알 카에다의 지도자와 그의 부관 자와히리가 한 말의 낱말 하나까지도 해부라도 하듯 철저하게 분석하는 일을 여러 해째 해오고 있었다. 거의 10여 년에 걸쳐 그들이 알게 된 것은, 빈 라덴은 오직 전략적 이유가 있을 때만 연설을 한다는 점이었다. 그리고 그런 전략적 이유들은 이 조직 지도부에서 놀라울 정도로 깊이 토론되는 경우가 많다는 사실이었다. 결국 그들이 내리는 평가는 미국의 일반 대중이나 나아가서는 전 세계라는 보다 넓은 범위의 공동체가 들을 수 없는 것이자 일종의 비밀스러운 내부의 대화에서 뽑아낸 정수라고 할 수 있는 것, 즉 전략 분석인 셈이었다.

이날 내린 결론은 빈 라덴의 메시지는 현 대통령이 재선에서 이기도록 도와주려는 게 분명하다는 것이었다.

오후 5시 회의에서는, 다시 한번, 최근의 위협 요인들에 대한 각 부서의 보고서가 제출되었다. 존 맥놀린은 분석자들의 합치된 견해를 이야기하는 것으로 그 문제에 대한 논의를 시작했다.

"오늘 빈 라덴은 현 대통령에게 대단한 호의를 베푼 게 확실해."

탁자에 둘러앉은 회의 참석자들이 고개를 끄덕였다. 모와트 라센은 회의 진행을 지켜보고 있었다. 빈 라덴이 그런 짓을 한 것은 당연히 전략적인 이유에서라는 결론이 이미 내려진 상태였기 때문에 그 저의가 무엇일까에 대한 추측들이 오갔다. 모와트 라센의 회상으로는 그 자리에서 구소련이 닉슨 대통령 같은 특정 미국 지도자를 선호했던 이유와 마찬가지라는 이야기도 나왔다. 일관되고 예측할 수 있는 행동을 하기 때문이라는 것이다. 제이미 미식은 빈 라덴이 성장하는 자와히리의 세력에 도전을 받고 있기 때문에 알 카에다 지도자로서 자신의 입지는 부시와의 지속적인 맞대결을 통해서만 우위를 유지할 수 있음을 너무도 잘 알고 있다는 점을 지적했다.

미식이 의견을 말했다.

"분명한 것은 빈 라덴은 부시가 이제까지 해오고 있던 짓들을 앞으로 몇 년간 더 해주기를 원하고 있다는 것입니다."

하지만 빈 라덴이 부시가 재선되기를 원하게 만드는 미국의 정책들에 대해 그 보고서에서 어떻게 이야기하고 있는가 하는 점과 같은 너른 대양과도 같은 분명한 진실이 그들 앞에 손도 대지 못한 채로 펼쳐져 있었다. 모와트 라센은 당시 상황에 대해 이렇게 말했다.

"처량했죠. 우리는 망연히 그곳에 앉아 있었습니다. 우리는 기가 팍 꺾여 있었으니까요. 그 시점에서는 뭘 어떻게 해볼 도리가 없었거든요."

어쩌면 또 다른 기회를 기다려야 할지도 모를 일이었다. 그렇지만 정부의 최고위층 사람들 가운데는 이미 그 대양을 건너 진실의 해안에 도착해 있는 사람들이 몇 있었다. CIA가 빈 라덴의 동기에 대한 문제를 훑어보고 분노를 가라앉히는 동안, 그들은 이 열띤, 세계를 무대로 하는 대화가 바로 쌍방향의 미러 게임이라는 것을 간파하고 있었다. 이념과 메시지와 권력 보존의 대화이며, 아군과 적을 가르기 위한 대화임을 말이다. 그 점에 대해서라면 NSC 소속 장관들이 뭔가 해줄 수 있는 이야기가 있을 터였다. 너무나 혼란스러워서 그들조차도 건드리려 들지 않는 진실 말이다. 즉 부시에 대한 평가는 아랍 세계에서 빈 라덴에 대한 평가와 궤를 같이 하고 있다는 점이다.

조지 W. 부시가 9·11 테러의 희생자들에 대해 생각하거나 그 테러의 배후에 있는 자들을 붙잡아 정의의 심판을 받게 한다는 바람에 대해서 말할 때, 그의 말이 지니고 있는 진실성에 대해 의심하는 사람은 아무도 없다. 그러나 그는 야심과 복잡한 욕망을 가진 국가의 맨 꼭대기에 앉아 있는 야심만만한 인물이다. 그는 알 카에다의 지도자가 강력한 존재를 과시할 때는 자기 자신의 지지율이 높아지며, 자신의 지지율이 높아지면 빈 라덴의 지지율도 높아진다는 것을 잘 알고 있다.

일찍이 아무도 그것이 간단한 문제라고 이야기한 사람은 없었다. 그런 까닭에 우리는 정말 너무도 많은 사람이 살아 있는 동안 늘 그래 왔던 것처럼 이 공포의 시대를 무턱대고 헤쳐 나아가고 있는 것이다.

에필로그

어느 전쟁이든 전쟁의 서막이 되는 군사행동은 전장에서 가설이 도전을 받았을 때, 적의 힘과 성격이 어떤 것인지에 대한 평가가 내려졌을 때, 그리고 싸움의 성격이 서서히 모습을 드러내기 시작할 때 이루어진다.

알 카에다가 9·11 테러를 저지르고 난 후 처음 3년 동안 미국의 대응은 지속되는 싸움의 "첫 번째 군사행동"이라는 표현이 적당할 것이다.

이미 핵심이 되는 딜레마의 윤곽이 그 모습을 모두 드러냈다. 즉 미국은 자국의 정체성을 결정지어주는 원칙에 충실하면서 이 싸움에서 우위를 점할 수 있을 것인가? 이 문제는 새롭지 않다. 과거에 미국은 전시에 동원령을 내려 자원과 에너지를 보다 광범위하고 전략적인 목표를 지원하는 데 투입한 적이 있었다. 그런 목표들 가운데 어떤 것은 미국이라는 국가의 성격이 파괴적인 쪽을 향한 일탈로 두드러져 보이도록 했다. 하지만 그렇게 하는 데는 언제나 한계를 정해둘 수 있었다. 신의 뜻이라면 곧 지나가버리게 될, 위기의 시간에 절대적으로 필요한 것이라는 이유로 말이다.

하지만 테러리스트들이라는 보이지 않는 군대와 치루는 이 신종 전쟁에서는 그런 게 해당되지 않는다. 그자들은 자신들의 전술적 위치가 얼마나 큰 우위를 차지하고 있는지를 계산에 넣고 있는 것이 분명하기 때문이다. 살아남은 그자들이 지하드의 꿈을 이야기하고, 우리는 두려움에 전전긍긍하면서 제한된 자유 속에서 살아가는 동안, 흐르게 되는 매 순간이 그들의 공적부에는 승리의 순간으로 기록되는 것이다. 그런 순간들은 점점 더 증가하게 될 것이다.

2004년 말, "그 싸움"을 수행해나가고 있는 거의 모든 사람, 수많은 모와트 라센들과 로멜들에게 분명해진 것은, 형세가 미국 쪽에 유리하게 돌아가지 않고 있다는 점이었다. 폭력과 불만이라는 이념에 길들여져 있고, 언제든 손에 넣을 수 있는 정보와 파괴 수단의 지원을 받으며, 순교라는 목적을 향해 나아갈 추진력을 갖추고 있는 오늘날의 전형적인 이슬람 테러리스트들은 정연한 대오를 갖추고 있는 데다 쉽게 복제가 가능하며, 대응하기 힘들다.

그리하여 대부분이 CIA와 FBI에 소속되어 있으며, 적의 입장이 되어 움직이는, 사냥꾼과 채집자 들인 요원들과 분석자들은 검댕이 잔뜩 낀 채 걱정스러움과 분노에 이글거리는 눈으로 흥분해 전장에서 물러나온다. 대다수의 "첫 번째 군사행동"의 전술적 승리에 책임이 있는 쪽은 그런 승리가 무엇을 의미하는지, 그런 승리의 효과가 지속될 것인지의 여부에 의해 고무될 이유가 전혀 없는 사람들이다. 자신의 상관들에게 그러한 우려를 표명하게 되더라도 이치에 닿는 전략을 세우는 것에 대한 열정은 더욱 커졌으며, 정보에 입각한 명확성 같은 바라던 반응을 늘 얻는 것도 아니었다.

그런 싸움이 시작된 첫해에 날이 갈수록 분명해진 것은, 이 두 집단은 공통의 목표를 가지고 있지만 언제나 공통의 이해관계를 가지고 있지는 않다는 점이었다. 높은 자리에 있는 사람들은 자신들의 자리를 유지하는 것에 대해서만, 그리고 최상층부에 앉아 있는 사람들은 정치적으로 필요한 민감한 부분들에 대해서만 걱정하고 있었다.

그 부분에 대해 몇 가지 추가로 짚고 넘어갈 것들이 있다. 하나는 CIA 정보실장 제이미 미식과 관련된다. 그것은 본질적으로 그 대부분이 테러리스트와의 싸움에서 서막에 해당하는 것이라고 보면 된다.

2004년 11월 중순. 대통령이 재선에서 이기고 몇 주일 후, 미식의 부하들 가운데 한 명이 부통령에게 브리핑을 하고 돌아왔다. 그는 미식에게 뭔가 요청할 것이 있다고 했다. 체니가 CIA 보고서의 일부 기밀을 해제해 일반에게 공개했으면 한다는 것이었다. 미식은 그 보고서가 어떤 것인지 알고 있었다. 그것은 이라크에서의 전쟁과 그것보다 큰 범위의 테러와의 전쟁 사이에 존재하는 복잡하면서, 대개는 다른 문제로 번지게 될 수도 있는 관계에 관한 것이었다. 부통령이 기밀 해제를 원하는 조목은 얼마 되지 않는 양이었지만, 일반인들에게 그 전쟁이 폭력적인 지하드 운동가들과 맞붙는 보다 넓은 의미에서의 전쟁에 도움이 된다고 설득할 수 있는 부분이었다. 그녀는 그 보고서의 결론이 그런 것과는 전혀 관계없는 것임을 알고 있었다. 보고서의 대부분 결론은 오히려 정반대로 흐르고 있었다. 작은 부분만을 발표해버리는 것은 고의적으로 국민을 속이는 행위가 될 터였다. 그녀는 그 보고자에게 자신은 그것을 그리 괜찮은 생각으로 여기지 않는다는 뜻을 체니에게 전하도록 했다.

부통령은 자신의 분통을 포터 고스에게 고스란히 터뜨렸다. 며칠 뒤,

고스의 사무실에서 전화가 왔다. 그 전화는 고스의 행정 담당 보좌관들 가운데 한 명이 건 것이었다. 고스가 직접 전화를 하지 않았다는 점에서, 그것은 CIA 수뇌부가 얼마나 역기능적 관계를 갖는지를 상징적으로 보여준다. 고스의 보좌관은 국장이 그런 일 처리에 대해 언짢아하고 있다는 소식을 전했다. 그는 미식에게 재고할 것을 종용했다. 그는 고스의 입장을 간략하게 설명했다. "부통령의 지시를 거부하는 것은 잘못된 대답을 한 것"이라고.

언어라는 것은 믿을 수 없을 정도로 강력하다. 결국 그것은 소음으로 가득한 이 세상에서 내뱉어지는 낱말들에 지나지 않는 것이지만 말이다. 하지만 어떤 낱말들은 특정하게 조합되면, 산을 움직이고 인생을 바꿔놓을 수도 있다. 미식에게도 그런 결과가 빚어졌다. 싸움터가 된 정부의 각 위치에 있는 다른 사람들과 마찬가지로, 그녀도 그들이 없어도 굴러가게 마련이며, 무엇보다도 '대응'을 최고의 가치로 치는 1퍼센트 독트린에 맞서 분석의 기본 수칙과 통상적인 사려분별을 지닌 인간으로서 처리할 수 있는 수준의 방식을 고수하려 애써왔다.

미식이 대답했다.

"사실, 때로는 부통령의 요구라도 거절해야 하는 것이 우리가 여기서 급료를 받고 앉아 있는 이유입니다."

그녀는 전화를 끊고 고스에게 보고서를 급송했다. 그녀가 뒤에 가서 회고한 바에 의하면, 그 내용은 이렇다.

"이것은 지난 몇 년 동안 번번이 우리를 곤란한 처지에 빠뜨렸던 것과 똑같은 종류의 사안입니다. 우리에게 유리한 부분만을 공개하고 나머지는 기밀로 분류해버리는 것 말입니다. 결국 그것은 드러나게 되고, 상황은 정말 크게 악화되게 될 것이며, 우리는 도덕적 자산을 잃게 됩니다."

며칠 뒤 미식은 고스의 보좌관을 통해 또다시 말을 전해 들었다. 국장은 마지못해서긴 하지만 그녀의 결정을 지지했다는 것이다. 그러고는 몇 주일이 더 지나자 미식은 그 자리에서 밀려나고 말았다. 미식은 이렇게 회상한다.

"그 시기에 모든 것은 결국 시간문제였던 겁니다."

그녀도 수많은 열광자 가운데 하나였다. 그리고 오랜 전통을 가진 사상의 정수라고도 할 수 있는 그녀의 보고서는 당연히 기밀로 분류되었다. 그런 사안에 대한 정의 중 인정된 것에 의하면, 그것의 공개는 국가의 안보를 위태롭게 한다는 의미였다. 정말 그럴까.

두 번째로 간단히 짚고 넘어가야 할 것은 테닛과 관련된 부분이다. 그는 티셔츠에 쓰인 문구처럼 "우리의 분석"과 "우리의 대응"이라는 빠르게 분리되고 있는 두 대륙 사이의 "틈새에 신경을 써야" 했던 인물이다. 그것은 해낼 수 없는 임무였고, 그는 그것에 비싼 대가를 치렀다.

CIA를 떠난 후, 그는 한동안 휴식을 취했다. '테러와의 전쟁' 첫 장이 지속되는 동안 그자들을 찾아내고 저지한다는 전투를 진두지휘하면서 녹초가 된 몸을 진짜로 회복시키고 있었다. 평소에는 캐주얼한 복장으로 지냈다. 대개는 실크처럼 매끈거리는 감촉의 뉴욕 자이언츠 팀의 재킷—진짜 죽여주는 재킷이다—에 청바지 차림이었고, 잘생긴 아들과 예쁜 아내와 함께 시간을 보내다가, 이따금씩 이곳저곳에서 상당히 두둑한 사례비를 받으면서 강연을 하러 갈 때만 고이 모셔뒀던 정장을 꺼내 입었다. 흥미롭게도 이 시기에 테닛이 하는 연설은 투명성에 대한 옹호, 대중을 보다 깨어 있게 만들고자 하는 욕망 등이 주제였다. 어느 날인가의 전화 통화에서 그는 자신의 입장을 깔끔하게 요약해서 들려준 적이 있다.

"이것은 구조에 관한 것이 아니라 데이터에 관한 것이라고 할 수 있습니다. 이것은 오리건 주 레드몬드에서 순찰에 나선 한 경관에 대한 이야기라고 할 수 있지요. 그는 마이크로소프트 본사의 외곽에서 이상한 감시 활동을 목격하게 됩니다. 그는 그 데이터를 디지털 의사소통 시스템에 입력할 수 있습니다. 그런 행위가 아부다비, 앙카라, 인디애나폴리스, 디트로이트에서도 목격되는지 알아보기 위해서입니다. 만약 당신의 경우라면 이런 상황에 어떤 조치를 취할까요? 그것에 대해서 어떻게 생각해야 할 것이며, 어떤 조치를 취해야 할까요? 일반적인 의사소통 체계의 근간이라고 할 수 있는, 중앙에 집중되지 않은 독립된 데이터들이 전국적으로 존재할 필요가 있는데도 정부는 지나치게 중앙 집중 방식 쪽으로 옮아가고 있습니다. 중앙에서 통제하지 않는 방식의 의사소통은 자신들의 공동체를 소유하고 있는 사람들, 그리고 워싱턴 정가에 있는 그 누구보다도 그런 공동체에 대해 잘 알고 있는 사람들이 그것은 무엇이며, 그것에 어떤 방식으로 대처하면 될 것인지를 더 잘 풀어낼 수 있게 해줍니다."

그런 다음 그는 잠시 숨을 돌리고 이야기의 수준을 한 단계 높였다.

"9·11이 터진 후로 거의 5년이 흘렀고, 미국은 여전히 디지털 의사소통 체계를 갖추고 있지 못합니다. 말하자면 데이터를 가장 낮은 단계에서, 그리고 보다 바람직한 것으로서, 기밀로 분류되지 않은 단계에서 알카에다가 전략적 목표로 삼는 원칙에 대해 우리가 알고 있는 것을 모든 사람에게 다 공개하는 단계로 이행하지 못하고 있는 것입니다. 그렇게만 된다면, 정말 그렇게만 된다면 우리는 엄청나게 많은 것을 알게 되는데 말이죠. 지하철에 설치하는 폭탄이나 화학무기 같은 것도 늘 새롭게 수선을 떨 필요가 없게 됩니다. 그것은 그자들의 테러 각본에 다 나와 있으니까요… 그것은 테러가 저질러지는 날짜, 시간 그리고 장소에 관한 것이라고 할 수 없는데… 그 이유는 그것을 발견해내는 것은 요행이자 우연이며, 힘든 것이자 정말 운이 좋아서이기 때문입니다. 그것은 데이터에 토대를 둔 보호 시스템의 구축에 관한 것이라고 할 수 있으며… 뭐냐하면, 그것은 정부에서 짜맞춰놓은 거대하고 다층적이며, 빌어먹을 구조에 대한 것이 아니며, 속도와 민첩성, 속도와 민첩성이란 말입니다. 그리고 싸울 수 있는 사람들에게 데이터가 흘러갈 수 있어야 한다는 것에 관한 이야기죠. 1991년 이후, 걸프전 이후에 일어난 정보 분야의 혁명이라고 할 수 있는 것은, 최전선에서 싸우고 있는 군 지휘관이 전장에서 벌어지고 있는 진짜 상황을 파악할 수 있게끔 데이터를 컴퓨터에 밀어 넣을 수도, 또 빼낼 수도 있도록 허락하고 있다는 점에서 상당히 실제적 개선이 이루어진 셈입니다. 그와 마찬가지 종류의 속도와 민첩성이 국내에서도 그대로 실시되어야 합니다. 그게 내가 하려는 이야기입니다! 보세요, 사람들은 모두, 그러니까, 이것이 외국으로부터 가해지는 위협이라고 말합니다. 글쎄요. 그래요, 외국에서 가해지는 것 맞습니다. 한 가지만 제외한다면 말입니다. 신사 숙녀 여러분, 그 위협은 국내에 존재합니다. 영국인들도 그것이 외국으로부터 가해지는 위협이라고 말할 수 있겠지요. 하지만 그 테러리스트들은 영국 내에 살고 있습니다. 그런 자들은 이 미국이라는 나라 안에서 살고 있습니다. 그 점을 우리가 마음에 들어하지 않든 말든 상관없이 말입니다."

뒤에 가서, 또 다른 계제에 대화를 나누게 되었을 때, 그는 이라크가 보유하고 있다는 대량 살상 무기에 대한 이야기를 조금 내비쳤다.

"하지만 우리가 잘못 알고 있었던 겁니다."

그는 마치 자기 자신에게 혼잣말을 하듯 말했다.

"우리가 부도덕했던 것은 아니었습니다."

테닛은 그 부분에 대해 말하면서 더 흥분하거나 하지 않았다. 그는 머리가 좋은 사람이었기 때문에 자신의 목에 '슬램 덩크'라는 간판을 달아 놓는다는 백악관 측 전략이 특히 성공적인 결과를 냈다는 사실을 잘 알고 있었다.

2004년 가을, 대통령 부시는 L. 폴 브리머L. Paul Bremer(전 이라크 최고 행정관—옮긴이)와 토미 프랭크스Tommy Franks(전 중부군 사령관—옮긴이) 그리고 테닛에게 자유의 메달Medal of Freedom(미국 시민에게 최고의 영예로 꼽히는 메달. 각 분야의 공로자, 연예인, 운동선수, 작가 등을 망라하는 영예로운 시민들에게 수여된다—옮긴이)을 수여했다. '슬램 덩크'라는 간판은 그의 목에 걸린 자유의 메달 곁에 나란히 걸려 있게 될 터였다.

그것들은 목에 거는 물건치고는 대단히 서로 어울리지 않는다고 할 수 있었다. 비극에서 공통적으로 나타나는 묘미라고 한다면, 힘은 곧 취약함의 씨앗을 담고 있다는 점이다. 그 결함을 발견해내는 사람에게 이용당할 수 있는 취약함 말이다. 테닛은 부시를 좋아했고 그를 신뢰했다. 이 뉴요커는 그 텍사스 인이 9·11 테러가 터지고 난 이후에도 명예를 회복할 기회를 준 것에 대해 감사하고 있었다. 미국이 다시 공격을 당하지 않도록 만드는 데 가장 큰 공이 있는 인물을 꼽는다면 그에 해당할 수 있는 인물인 테닛은, 자신이 개인적으로 지니고 있는 충성의 규약을 지켰고, 자신에게 베풀어진 은혜에 대해 결코 잊지 않았으며, 국가를 보호하기 위해 할 수 있는 모든 일을 다하여 그 호의에 보답했다고 느끼고 있었다. 하지만 부시는 테닛보다 충성이라는 것에 대해 좀 더 상거래 같은 견해를 지니고 있었다. 부시의 충성관은 지시를 받으면 그것이 무엇이건 간에 해냄으로써 입증해 보여야 한다는 쪽에 더 가까운 것이었다. 둘은 어울리지 않는 짝이었다.

그랬기 때문에, 부시는 테닛의 목에 메달을 걸어줬고, 바로 며칠 뒤에,

백악관은 지옥의 사냥개들을 풀어놓아, 이름이 밝혀지지 않은 고위 관리들에 대한 정보 누출에서부터 외부의 특정 인사를 겨냥한 정보 누출에 이르기까지, 모든 것을 테닛의 탓으로 만들어놓았다. 이라크 전쟁에서부터 담보대출 이자에 이르기까지 모든 것이 다 그의 책임인 것처럼 보일 정도로 말이다. 중앙정보국장으로서 테닛의 행동과 노력의 대부분은 편리하게도 '기밀'로 분류된 금고 속에 처박혀버렸고, 테닛은 도시 한복판 광장에 세워진 말뚝에 묶여 개들이 달려들어 뼈에서 살점을 뜯어내는 꼴을 당하면서도 그가 대통령과 갖고 있는 유대 관계의 증거를 움켜쥐고 있도록 만든 것이다. 날이 갈수록 그 가치를 점점 잃어가는 메달이라는 증거 말이다.

여전히 입을 꽉 닫고 있는 테닛이 언제 스스로 말문을 열게 될지 모를 일이다. 틈틈이 하는 작업이긴 하지만 그는 회고록을 집필하고 있으며, 언젠가는 그것이 출판될 것이다. 하지만 그는 백악관 측이 비난을 피하면서 대신에 어떤 방식으로 CIA가 그 덤터기를 쓰도록 만들었는가에 대한 부분에서 고통스러워할 것이 분명하다. 그것이 9·11이라는 기습공격에 대한 것이든 이라크에 대량 살상 무기가 존재한다는 추정에 관한 것이든, 그것은 곧 정보국이 고통을 받고 알맹이가 쏙 빠진 존재가 되어 국가가 보다 쉽게 공격을 받을 수 있는 상황에 처하게 만들 수도 있음을 의미하기 때문이다.

그것은 위기에 처했을 때 내려지는 정치적 명령이 치러야 하는 대가처럼 보인다. 또한 충성 기록 대장과 관련된 보다 개인적 부분에 대해서 말하면, 이 경우, 셰익스피어의 「헨리 8세 (Henry VIII)」에서 종말을 맞은 울시 추기경이 하는 모질다 싶을 정도의 자기반성과도 같은 특징을 지닌다. 3막에서 처형을 기다리면서, 그는 자신의 충실한 하인 크롬웰을 향해 이렇게 말한다.

"만약 내가 현 왕을 섬겼던 것처럼 주님을 섬겼더라면, 그분께서는 나를 지금처럼 벌거벗겨 적들의 손아귀에 던지시지는 않았을 것이다."

2005년 늦가을. 나는 존 맥놀린과 하루를 함께 보낸 적이 있다. 그는 다트무스 칼리지에 연설을 하기 위해 와 있었는데, 그것은 몇 달 전에 계획이 잡혀 있었다. 그런데 공교롭게도 그 연설 날짜는 〈워싱턴 포스트〉의 뛰어난 기자로 곧 퓰리처상을 수상하게 되어 있는 다나 프리스트가 동유럽 각국에 깊숙이 숨겨져 있는 CIA의 '블랙 사이트'에서 자행되는 고문에 대한 폭로 기사를 신문에 게재한 지 겨우 며칠이 지난 후였다. 다트무스에서 맥놀린과 함께 연설하기로 되어 있는 인물은 체니의 충실한 동지 래리 실버만Larry Silberman 판사였다. 그는 문제점 많았던 백악관 역할에 대해서는 쑥 빼놓은 채 CIA가 이라크 전쟁 개전 이전의 정보 수집에서 실패했다는 점을 비난하는 로브 실버만 보고서(Robb-Silberman Report)를 막 끝낸 참이었다.

다트무스의 강연장은 500명이 넘는 신랄한 청중으로 꽉 들어차 있었고, 그들은 설명을 요구했다. 실버만은 이라크나 고문을 조장한 사안들에 대해 국민을 속이는 데 있어서 행정부가 하게 되었을 수도 있는 역할과 관련된 질문들은 대충 무시하면서 넘어가고 있었다. 반면 맥놀린은 침착했고, 가시 돋친 논평과 질문 들로 청중도 놀라게 만들었을 정도의 솔직함으로 분위기를 누그러뜨리고 있었다. 그는 그것이 고문에 찬성하느냐, 반대하느냐에 대한 것이 아니라고 몇 차례에 걸쳐 교묘한 방식을 동원해 이야기했다. 그것은 힘든 시간이었고, 우리는 나중에 후회하게 될 수 있음을 곧 깨닫게 된 몇 가지 일을 하게 되었다고 말이다.

그날 밤 늦게, 그와 나는 하노버 인의 바에서 글레니벳 온더락스를 마시고 있었다.

우리는 여러 가지에 대해 이야기를 나눴다. 이 시대에는 공개적 대화가 얼마나 분노와 역기능으로 가득한 것이 될 수 있는가에 대해서였다. 그리고 경험과 계획에 의해 미국을 다음번 공격으로부터, 이 책에 등장하는 다른 모든 사람과 마찬가지로 그도 그것이 '만약'의 문제가 아닌 '언제'의 문제라고 여기고 있는, 공격으로부터 보호할 수 있는 유일한 기관인 CIA의 알맹이를 제거해버리는 것이 얼마나 "이 나라를 무방비 상태로 활짝 열어두게 될 것인지" 등에 대해서였다.

그런 다음, 시간이 흘렀고, 마시던 스카치 잔에 차가운 물방울이 맺히게 되었을 즈음, 그는 자신의 친구 테닛에 대한 이야기를 꺼냈다.

맥놀린은 잠시 아무 말도 없이 그대로 앉아 있었다. 두 명의 조지에 대한 그 긴 이야기를 생각해내려 애쓰고 있었다.

마침내 그가 고개를 가로 저었다.

"그 친구, 그 빌어먹을 메달을 돌려줘버리고 싶어하리라는 것은 알 것 같군."

맹렬한 당파 근성으로 인해 갖게 된 잘못된 생각은, 정적들을 온전한 판단력이나 인간으로서 기본적으로 갖고 있어야 하는 정서 따위를 아예 갖지 못한 족속들쯤으로 여기는 견해다. 또한 패배한다는 것은 자기 자신에게는 언짢은 손해일 뿐만 아니라 그런 따위를 전혀 의식하지 않는 국가라면 재난이라고 할 만한 견해다.

상대를 죽이지 않으면 자신이 죽게 된다는 식의 사고에서 나오는 이러한 천박한 태도는 절대 과오를 저지르지 않아야 한다는 덫으로 곧장 빠져들게 만든다. 실수는 절대 공개적으로 인정해서는 안 되며, 확실성은 철회를 요구하는 증거 앞에서도 용기를 대신하게 된다. 의지는 힘들여 얻은 확신을 대신하게 되며, 정기적으로 시험을 받게 된다.

이 책의 밑바닥에 깔려 있는 물음은, 이 나라의 정치적 대화라는 것이 뒤이어 나타나게 될 군사행동이라는 난제—즉 열광적이고, 공격 능력을 갖추고 있으며, 어쩌면 역사의 상승 돌풍을 타고 솟아오르고 있는 적을 맞아 싸워야 하는 전투에 대처할 수 있을 정도로 기민하게 작동할 수 있는지의 여부—에 대해서다. 첫 번째 교전에서 어느 때보다 더 심하게 기승을 부리는 싸움은 미래의 성공에 대한 강력한 예언자가 되지 못한다.

정직한 중개자가 되어야 한다는 낡은 신조를 갖는 경향이 있는 이 투명 인간들은 '절대 과오가 없음'이라는 이 미묘한 규칙 속으로 세차게 내팽개쳐졌다. 비록 그들이 실제로 하루 24시간 내내 벌어지고 있는 그 전투에서 자신의 용기를 입증해 보였다 할지라도, 그러한 노력은 일관된 전략이라기보다는 전술적 혼전에 더 가까웠다. 이라크에서의 전쟁을 포함, 고위층에서 쏟아내는 말과 행동으로 인해 한층 더 싸워나가기 힘들어지는 혼전 말이다. 그런 점에 대한 그들의 점점 더 커져가는 우려는 현재 대통령의 권한이 행사되는 방식에 의해 그들을 더욱 불리한 입장으로 내몰고 있다.

2004년 말 무렵조차 이 두 집단 사이—하나는 세간의 조명을 받고 있고, 하나는 어스름 속에 몸을 감추고 있어야 하는—에서 벌어지는 전투는 전자 쪽에 유리하게 돌아가고 있었다. 9·11을 겪었고, 개전 초기에 적과 싸웠던 사람들은 떼를 지어 정부를 떠나고 있었다. 그들의 후임자들은 비록 전임자들만큼이나 열심이긴 하지만, 완전히 바뀌어버린 규칙 아래에서 일하게 되었다. 가장 치열했던 싸움에 참가했으며, 그러한 경험에서 생겨나는 행동과 진실에 보다 가까이 있던 사람들은 그들이 생각하고 있는 것에 의해서라기보다는 그들이 하게 되는 행동으로 인해 귀중한 존재가 된다.

그들의 일은 필요하다면 무슨 수단을 동원해서든 일을 추진해나가는 것이다. 비록 분명한 목적이 나타나 있지 않은 수단으로 인해 그 자리에서 밀려나게 되는 한이 있다 할지라도 말이다. "수단을 정당화시키는 목적"이라는 것의 위험성에 대한 전래의 경고는 당연한 결과를 보여준다. 분명하고 달성할 수 있는 목적이 없다면, 수단은 통제할 수 없고, 즉흥적이며, '본능'의 명령과 검증되지 않은 가설에서 생겨나는 경향이 있다.

아부 그라이브와 관타나모 베이에서의 고문, 머리는 통신이고 몸은 금융으로 되어 있는 거대한 테러리스트 체포용 기계의 건설, 정치적 목적을 추진하기 위한 기밀 자료의 이기적인 전용, 불편한 기밀 사항을 삭제해버리고 "알려야 할 필요가 있는 것만 알린다"는 방침에 득이 되도록 9·11 이후 일어난 일들의 진짜 성격을 은폐하는 행위들, 이 모든 것은 어떤 가치로 선전되든 국가의 평판에 타격을 입힐 것이다. 그리고 이것은, 유감스럽게도, 바랄 수 있었던 것보다 더 많은 신병 모집 수단을 갖게 된 우리의 적들에게 진정한 위안을 줄 것이다.

9·11 테러와 우리가 그에 대응한다는 것이 생판 처음 같은 기분이 드는 것은, 공평하게 말하자면, 우리는 애초부터 목적과 수단이라는 음양의 관계를 한 번도 경험한 적이 없었던 것처럼 우연히 마주치게 되었던 것을 의미한다.

다행스럽게도, 그런 시기는 이제 끝나가고 있다. 우리는 이제 이 예로부터 목적과 수단이라는 아이를 분명하게 볼 수 있게 되었다. 언제나 우리 곁에 바싹 붙어 있으며, 두 얼굴에 죄의식이라곤 전혀 없는 요정이 바꿔치기했다는 말썽꾸러기 아이를 말이다.

그렇기 때문에 이 책에서는 위기의 순간에 우리가 반드시 해야 하는 것에 대해 우리가 어떻게 느끼고 있으며, 그런 다음 우리는 어떤 시도를 했는가 하는 것과 같은 수단에 관해 정말 많이 이야기하고 있다. 그리고 이제 이 책을 마치기 위해 각기 성격이 다른 두 가지 예를 들어보겠다.

한쪽 극단에 멀리 서 있는 사람은 바로 이 수수께끼 같은 문제를 붙들고 씨름했던 인물로, 20세기의 비범한 사상가이자 지정학적 실용주의의 실천가이기도 했던 조지 케넌George Kennan(2차 대전 무렵에는 소련 주재 외교관으로 활동했고, 1950년대에는 소련 주재 미국 대사를 지낸 인물. 미국 내에서 대표적인 소련 전문가로 알려져 있으며, 냉전 시대에는 소련의 팽창주의에 맞서 '봉쇄정책'을 입안하기도 했다—옮긴이)이다. 1947년 젊은이였던 케넌은 폐허가 되어버린 함부르크 시를 응시하면서 자신의 일기에 이런 글을 남겼다. 함부르크는 2차 대전 당시 연합군 폭격기들의 폭격으로 4만 명의 민간인이 목숨을 잃은 곳이다.

만약 서구 세계가 인간 자신의 내부뿐만 아니라 인간이 만들어내고 아끼는 물건들에도 표현되어 있는, 신의 피조물로서의 ·인간에 대한 보다 큰 동정과 이해라는 보다 높은 도덕적 출발점에 대해 진정으로 타당한 주장을 하고자 한다면, 군사적으로뿐만 아니라 도덕적으로도 받아들일 수 있는 전쟁 방법을, 아예 전쟁을 하지 않는 방법을 배워야 했다. 서구 세계가 가지고 있는 힘의 일부가 바로 도덕적 행동 원리이기 때문이다. 이런 힘을 빼앗겨버린 상태라면 서구 세계는 더 이상 전과 같을 수 없다. 이들이 거둔 승리는 진정한 승리가 아니다… 군사적 측면에서 본다면 이런 견해는 순진한 것으로 치부될 것이다. 그들은 전쟁은 전쟁이며, 일단 전쟁에 휘말리게 되면, 가지고 있는 모든 수단을 다 동원해 이기든가, 그렇지 않으면 패배하는 수밖에 없다고 말하리라. 하지만 만약 그게 사실이라고 친다면, 이런 주장에 대단히 속이 쓰릴 수도 있겠지만, 서구 세계는 대립하고 있는 적보다 군사적으로 더 강해야 할 의무가 생긴다. 단지 승리를 약화시키는 대가로 패배를 비켜가게 만들 수 있는 수단 따위가 없어도 충분할 정도의 여유를 갖고 있을 정도로 말이다.

이런 일기를 쓴 뒤 얼마 지나지 않아 케넌은 그의 시대의 대립 이념인 공산주의라는 것과 그것이 가지고 있는 결함들에 대해 오랜 시간 철저한 사색을 했다. 영향력과 안목을 갖춘 대다수 미국인은 "신을 부정하는 괴물"에 대해 공공연히 비난을 퍼부었으며, 소련과 중국에 대해서도 정면으로 공격해야 한다고 충고했다. 외교관으로서 "그런 싸움에 참가한" 적이 많았으나 당시로서는 그리 알려지지 않은 인물이었던 케넌은 '미스터 엑스'라는 가명으로 잡지에 긴 글을 발표해 널리 알려지게 되었다.

『외교(Foreign Affairs)』라는 잡지에 발표된 그의 글은 얼마 지나지 않아 '봉쇄정책'이라는 이름으로 불리게 되며, 미국 정부가 채택하게 될 정책의 개요를 설명하고 있었다. 케넌은 러시아에서 많은 시간을 보냈기 때문에 적에 대해 잘 알고 있었고, 그들의 입장이 되어 행동할 수도 있었으며, 적을 악마처럼 그려낼 수도 없었고, 만약 우리의 적이 봉쇄를 당한다면, 미국처럼 인간의 잠재력과 성장에 대한 정신적 능력에 잘 의지하고 있지 못한 그들의 자치 체계는 결국 안에서부터 썩어 문드러질 것이라고 제대로 된 예측을 해냈던 것이다.

그것은 어려운 선택이었고, 40년을 공산주의 체제하에서 살아온 사람들은 동의하지 않을 수도 있는 것이었지만 적절한 정책에 대한 결정을 내리기에 앞서 엄청난, 그리고 겸손한 태도로 결론이 날 때까지 문제에 대해 철저하게 생각하는 노력에 기반을 둔 것이었다. 미국은 어느 경우가 되었든 자신의 적수에게 핵무기로 강화된 엄청난 무력을 행사하지 않았다. 만약 그랬더라면 2차 대전 당시 함부르크를 한 1,000개쯤 합쳐놓은 정도의 피해를 초래했을 것이다. 그 과정에서 미국은 "보다 높은 도덕적 출발점"을 2차 대전 이후 대부분 기간 동안 유지해올 수 있었다.

그건 그때의 일이다.

미국과 전 세계에 걸쳐 너무도 많은 사람이 종교적 확신에 넘쳐 있고, 또 그만큼 많은 사람이 변화의 속도와 케넌과 같은 식의 경험주의에 정통해지고자 하는 힘든 도전으로 녹초가 되어 있기도 한 시대가 되어버린 이제, 필자는 기독교와 이슬람교 양쪽 모두의 기초가 되고 있는 아주 오래된 글을 여기에 인용한다. 구약 신명기 16장 20절의 말이다.

너는 마땅히 공의만 좇으라(Justice, Justice, This you must pursue).

요즘 너무도 과도하게 사용되고 있는 말이기도 한 정의라는 말이 여기서 두 번 언급된 것은 강조하기 위해서가 아니다. 쉽게 다른 의견에 동의하려 드는 법이 없는 히브리 학자들조차 이 부분에 대해서는, 그 하나는 목적이 정의로워야 한다는 것이고 나머지 하나는 수단이 정의로운 것이어야 한다는 의견에 동의한다.

건투를 그리고 신의 가호가 있기를.

지은이 말

2005년 10월, 나는 윌리엄 슬론 코핀과 함께 버몬트에 있는 한 거실로 허둥지둥 들어갔다. 슬론 코핀은 한때 맨해튼의 리버사이드 교회와 예일 대학교에서 봉직한 적이 있는 말썽꾸러기 선동가 목사로, 81세의 나이에도 대단히 원기 왕성하게 활동하고 있었다. 그리고 그때 그는 자신의 고향인 스트래포드 근처에 있는 한 교회에서 막 연설을 하고 난 참이었고, 막 거실을 가득 채우고 있는 차 향기와 손으로 집어먹을 수 있는 마른 음식, 그리고 숭배자들 속으로 들어와 자리를 잡고 앉았다.

난 이 사람을 전에 한 번도 만나본 적이 없었다. 물론 그와 그가 특별히 집요하게 강조하는 책임이 있는 대중의 도덕성에 관한 견해에 대해 많이 듣긴 했다. 우리는 다양한 분야를 전공하는 뉴잉글랜드 칼리지 교수들, 그리고 전직 〈뉴욕 타임스〉 기자였던 톰 위커와 함께 어울려 이런저런 흥미로운 세상사에 대한 이야기를 나눴다.

슬론 코핀 목사가 장황하게 늘어놓은 이야기는 "권력이 가지고 있는 특권들"과 "정치적 이상을 조종하기 위해 공포감이 효과적으로 이용되어 온" 방식에 대해서였다. 그는 내가 무슨 일을 하고 있는지 알고 있었고, 몇 가지 상세한 부분으로 나를 달달 볶아댔다. 그런 다음 짓궂은 눈초리로 나를 바라봤다.

"구닥다리 언론이 일종의 시민 불복종으로 작용하게 되는 날이 올 때까지 내가 살아 있게 될 거라고는 한 번도 생각 못했었네."

그리고 그로부터 7개월 뒤 슬론 코핀은 세상을 떴다.

지금 와서 말한다면 그때의 슬론 코핀이 약간 과장을 했을 수도 있다. 그는 과장하는 재주를 타고난 사람이었으니까. 하지만 그리 크게 과장한 것은 아니라고 본다.

이 말 많은 세상에서 국가적인 차원의 사안에 대한 기사를 쓰는 것, 특히 국가 안보와 관련된 기사를 쓰는 것은 최소한 약간의 불복종이 요구된다. 권력을 잡고 있는 쪽에서, 복종은, 하다못해, 아무것도 걱정하지 않아도 되게 해주는 것으로 보상이 될 거라고 호언장담하는 것에 대한 대응책인 셈이다.

2년에 걸쳐 기사를 쓰고, 이 책을 집필하는 동안, 나는 진심으로 내 취재원들에 대해서, 그리고 그들을 보호한다는 부분에 대해서 신경 쓰고 있었다. 그것은 내가 20년 동안 기자 생활을 해온 그 어느 때보다도 더 강했다.

그들 가운데 그 누구도, 단 한 사람도, 법적으로든 아니면 윤리적으로든 부적절한 행위를 저지른 사람은 없었다. 하지만 그들은, 그리 대단치는 않지만 모두들 비슷하게, 불복종 행위를 저지른 셈이었다. 거기에 포함된 사람들은, 자신이 속해 있는 "정당의 공식 노선을 벗어나서" 미국이 직면하고 있는 갖가지 도전에 어떻게 대처할 것인가에 대한 직관을 얻기 위해 그들이 힘들게 얻어낸 교훈에 대한, 그리고 민주주의 정체 속에서 투명성과 책임은 편리하게도 필요할 때나 발휘될 수 있는 것이 아니며, 이제까지 단 한 번도 그랬던 적이 없다는 것에 대한 믿음을 가지고 있는 사람들이다.

이 글을 쓰는 과정에서 순서대로 정리해둔 노트가 몇 개 있다. 그중 하나는 알 자지라 방송의 기자 요스리 포우다에 관련된 것이다. 포우다와 나는 워싱턴과 런던에서 만났다. 그곳에서 그는 자신이 겪은 놀라운 이야기의 글자 하나, 문장 하나 빼놓지 않고 찬찬히 검토하고 있는 참이었다. 그 이야기는 그가 닉 필딩과 공저자로 집필한 저서 『테러의 배후 조종자들(Masterminds of Terror)』에도 훌륭한 솜씨로 갈무리되어 들어가 있다. 나와의 회견에서, 포우다는 자신의 독점 취재 사실의 자세한 부분을 카타르 토후가 CIA에 몽땅 넘겨줬다는 사실을 전혀 모르고 있음이 분명해 보였다. 확신하건데, 그는 정말 모르고 있었다.

이와 비슷하게, 내가 이 책의 집필을 위해 의존해온 거의 100여 명에 이르는 믿을 수 있는 취재원 가운데 대다수는 "알아야 필요가 있는 것들만" 알아야 한다는 신분으로, 9·11 이후 힘들게 자신이 맡은 일을 해왔다. 그들은 이런저런 계획들의 전부가 아닌 일부만을 알고 있었을 뿐이다(그리고 설사 그들이 어쩌다 전체적인 계획이 어떤 것인지를 알게 되었다 할지라도 그들은 분명 그것을 폭로하지 않았을 사람들이다). 이 너른 범위의 전체 그림에서 이끌어낸 조각들을 짜 맞추는 일은 대개 나의 몫이었다.

이 책에 담긴 내용은, 어느 경우가 되었든, 그들이 공통적으로 기억해낼 수 있었던 부분들이 한데 모아진 지혜의 산물이라고 할 수 있다. 그들 대다수는 전직 CIA, FBI, 백악관, 그리고 또한 NSC, 국무부, 국방부, 그리고 재무부, 그 밖에 갖가지 분야에서 일해온 전직 관리들이다. 또한 그들 가운데 상당수는 여전히 정부에서 일하고 있다. 이 후자 집단에는 내 질문에 답변을 해주기 위해서 비공식 허락을 얻은 여러 부처의 관리도 일부 포함되어 있다. 나는 그들의 이름을 일일이 거론하며 공개적으로 감사를 표할 수도 있지만, 그들은 내가 그러지 말기를 바랄 것이다.

그들에게, 그리고 도와주신 다른 모든 분에게, 이 작업에 참여하는 것은 일종의 신뢰에 의한 행동이었다. 이 작업이 미국 역사에서 그 긴장된 기간 동안 어떤 일들이 일어났었는지 정확하고 사려 깊게 설명해주리라는 신뢰 말이다. 나는 그런 신뢰를 대단한 영광으로 여긴다. 필자라면 누구나 마찬가지겠지만, 나는 그분들이 내가 도움이 되었으면 하는 나의 독자들과 마찬가지로 결과에 실망하지 않기를 바란다.

이 책이 완성되기까지 애써주신 분들, 감사의 인사를 당연히 받아야 할 분들은 일일이 헤아리기 힘들 정도다. 이 자리에서는 몇 분에 대해서만 이야기하고 넘어가기로 한다.

사이먼 앤 슈스터의 담당 편집자 앨리스 메이휴는 이 프로젝트에 대해 대단한 열정을 갖고 능숙한 솜씨를 발휘했으며, 선견지명을 가지고 어디로 향해야 할지 이끌어주었다. 그녀는 내게 자신의 시야를 늘 최고의 목표—독자들에게 큰 영향을 미칠 수 있는 책을 만들어내는 것—에 두고 있으며, 거기에서 그치지 않고, 그 목표를 이루어내는 사람으로 보였다.

사이먼 앤 슈스터의 발행인 데이비드 로젠탈은 특히 이 프로젝트에 대, 그리고 이 프로젝트가 안고 있는 도전에 대해 처음부터 끝까지 세심하게 신경을 써줬다. 데이비드와 앨리스, 편집부 차장 로저 래브리 그리고 사이먼 앤 슈스터 팀 전체는 정말 빠듯한, 원고 집필에서부터 출간까지의 기한에 맞추기 위해 육해공 합동의 상륙작전을 방불케 할 정도로 모든 힘을 다 결집시켜 급박하게 움직이는 팀워크를 발휘했다.

필자의 저작권 대리인 앤드류 와일은 끊임없이 앞으로 나아가게 만드는 힘이자 명쾌하기 그지없는 통찰을 주곤 했다. 그는 또한 필자가 웃음을 잃지 않도록 유머를 보여줬는데, 그것은 중압감에 시달리는 사람에게는 꼭 필요한 것이었다.

워싱턴 소재의 코빙턴 앤 벌링 법률회사의 공동 경영자 커트 위머는 2004년부터 필자에게 법률적 도움을 주고 있는데, 그때는 필자가 19만 건에 달하는 재무부 및 다른 부처의 내부 자료들을 소장하고 있어 정부의 면밀한 감시를 받고 있었다. 그는 이 프로젝트를 진행하는 동안 그 문제를 능란하게 처리해내도록 기술적 도움을 아끼지 않았고, 정말 뛰어난 법률 관련 조언자가 되어주었다. 그의 도움을 받으며 필자는 언론인에게 과연 변호사가 필요한가 싶어 마음에 걸렸지만, 한편으로는 훌륭한 법률회사의 재능 있는 옹호자를 갖고 있다는 사실로 인해 용기와 기운을 얻기도 했다.

믿음직한 연구자 패트릭 클리프도 빼놓을 수 없다. 그는 그 엄청난 파일들을 검색하고, 수많은 서류의 내용을 파악하며, 끝없이 계속해야 하는 자료 필사, 나아가서는 몇 가지 중요한 보고 업무까지도 능숙하게 처리해줬다. 그에게 감사를 보낸다. 아울러 필자의 오랜 친구 앨런 위르즈비키에게도 고맙다는 인사를 전한다. 그는 신선한 시각과 분석 능력으로 원고의 최종 사실을 확인하고 최신 정보로 수정해주었다.

또한 다트머스 칼리지의 록펠러 센터 친구들은 오래전부터 여름철 동안 마음 편하게 글을 쓸 수 있는 휴양처와 필자의 일과 딱 들어맞도록 정교하게 미세 조정된 정신적 도움을 제공해왔다. 이 책은 필자가 그곳을 떠나 있는 동안 어떤 논쟁에 휘말리든 상관하지 않고 되돌아가면 언제나 환영해주며, 아무리 귀찮은 질문을 퍼부어도 모두 받아들인 그들의 포용심에 대한 증언이기도 하다.

이 책을 쓰는 일은 세상에 공표하거나 글로 옮기기에 특히 어렵고, 다루기 힘들고 애매하기까지 하며, 대개는 그 요구 사항이 불합리하기까지 했다. 그리고 이 점이 바로 필자가 가족에게 특별히 감사를 표하고자 하는 이유다. 이 프로젝트를 진행하는 동안, 두 아들, 열일곱 살 월터와 열다섯 살 오웬은 사춘기의 중요한 몇 해를 보내면서 성장하고 있었다. 그들을 지켜보며 영감을 받기도 했다. 녀석들은 내게 희망과 힘을 주는 존재다. 녀석들 덕분에 날마다의 기적 속에서 스스로가 대단히 중요한 역할을 하고 있다는 자부심을 갖게 되었고, 전문 분야에서 요구되는 엄격함의 상대적 중요성에 대한 적절한 겸손을 유지할 수 있었다.

한편 아내 코닐리어는 지난 8년 동안 세 번째 책인 이번 책을 쓰는 데 있어서 자신의 입장을 정리해두고 있었다. 언제나 뭔가 읽을 만한 가치가 있는 글을 써내려 애쓰는 동안 그녀가 보여주는 아량과 지혜와 희생에 대해 감사해서는 안 된다는 것이었다. 그녀의 이런 분별력을 존중하지만, 결국 나는 일종의 대단한 시민 불복종을 단행하는 쪽을 택했다.

모든 것에 대해 감사하오, 콘.

'단 1퍼센트의 테러 위협 가능성만 존재하더라도 확실한 증거로 간주
하고 대응하겠다.'

미합중국 정부 부통령이신 체니 선생의 머리에서 나온 아이디어란다.

알 카에다든 뭐든 테러 조직을 옹호할 생각은 추호도 없다. 하지만 이
건 전 세계 사람들의 정신에 대한 폭력이다. 그야말로 웃기는 힘의 논리,
가진 자의 논리다. 아니, 제대로 된 논리 범주에 포함시킬 수도 없는 해
괴한 논리이자, 미국이라는 나라를 주무르고 있는 네오콘의 정신 구조가
얼마나 자기 본위이며, 얼마나 비논리에 지배되고 있는지를 단적으로
보여주는 부분이기도 하다.

이런 논리를 옹호하는 자들은 히틀러를 스승으로 삼고 있음이 분명하
다. 테러로부터 미국을 지킨다는 명분은 외견상 그럴듯하다. 그것으로
미국 국민이나 전 세계에서 터져 나오게 될 비판의 목소리를 잠재우는

데 어느 정도까지는 성공한 듯 보이니 말이다. 하지만 그거야말로 제3제국 초기 히틀러가 반대파의 목소리를 잠재우기 위해 사용했던 논리를 그대로 모방한 것 아닌가.

구소련 붕괴 이후 미국은 전 세계 유일의 초강대국이 된다. 이 책에 따르면, 9·11 테러가 발생하기 훨씬 전부터 미국의 네오콘은 미국이라는 위대한 나라의 비위를 거스르면 어떻게 될 것인지를 보여줄 수 있는 본보기를 찾아내기 위해 부심해왔던 것처럼 보인다. 전 세계에 대한 미국의 헤게모니를 확실하게 해두겠다는 취지에서다. 그러다 9·11 테러가 발생했고, 이 비극은 그들에게 호재를 제공하게 된다. 때가 온 것이다. 불량 국가로 지목되어 온 만만한 나라 하나가 본보기로 선택된다. 그러나 그 잘난 1퍼센트의 가능성을 내세워 한 나라를 쑥대밭으로 만들고 나니 테러 조직이나 대량 살상 무기와는 사실상 관계가 없었음이 드러난다. 다시 한번 가진 자의 무식한 논리가 찬란한 빛을 발하는 순간이다. 은나라 주왕의 폭정을 바로잡겠다고 군대를 일으킨 주나라 무왕을 만류하다 뜻을 이루지 못하고 수양산으로 은둔, 자진했다는 백이, 숙제 형제의 절명시 채미가采薇歌 구절이 생각난다.

이포이포혜以暴易暴兮, 부지기비의不知其非矣
(포악한 방법으로 포악한 일을 저지르고도 그 흠을 모르는구나)

어쨌거나 미국은 헤게모니 확립과 자원 확보라는 두 토끼를 쫓기 위해 나섰다. 그것을 위한 정책 입안 및 실행 과정에서 갈등이 빚어지게 된다. 미국의 정보 공동체, 특히 CIA는 정부의 대외 정책이 확실한 정보에 입각해 세워져야 한다는 입장을, 체니의 조종을 받는 부시가 거느린 백악관 고위 정책 입안자들은 그 반대의 입장을 택하고 있었던 것이다. 이 책은 바로 그 부분에 대한 이야기다.

론 서스킨드는 퓰리처상을 수상한 전직 기자이자 다큐멘터리 작가이기도 하다. 그가 2006년에 발표한 이『전쟁중독-9·11 테러 이후 미국의 선제공격 전략』은 수많은 전현직 정치인, 관료와 직접 관련된 내용 탓인지 직설보다는 에두르기 위해 고심한 흔적이 곳곳에서 느껴진다. 과문한 이 번역자는 그 덕분(?)에 생략된 연결 고리를 찾아내고 문장 속에 숨겨진 의미를 찾아내느라 진저리를 쳐야 했다. 엉성한 번역문을 그나마 읽힐 수 있게 손봐주느라 고생한 담당자들에게 진심으로 감사드린다.

옮긴이 박범수

종이 표지_한장 실기카펫 210g/㎡ 본문_한솔 미색백상지 80g/㎡

전쟁
중독

1판 1쇄 찍음 2015년 9월 15일
1판 1쇄 펴냄 2015년 9월 25일

지은이   론 서스킨드
옮긴이   박범수
펴낸이   정혜인
편집주간   성한경
기획위원   고동균
편집   성기승 천경호 배은희
디자인   김수연 한승연
책임 마케팅   심규완
경영지원   박유리
제작처   영신사

펴낸곳   알마 출판사
출판등록   2006년 6월 22일 제406-2006-000044호
주소   (우)121-869 서울시 마포구 연남로 1길 8, 4~5층
전화   02) 324-3800(판매) 02) 324-2845(편집)
전송   02) 324-1144
전자우편   alma@almabook.com
페이스북   /almabooks
트위터   @alma_books

ISBN   979-11-85430-77-5 03300

알마 출판사는 아이쿱생협과 더불어 협동조합의 가치를 구현하기 위한 출판공동체입니다.
살아 숨 쉬는 인문 교양, 대안을 담은 교육 비평, 오늘 읽는 보람을 되살린 고전을 펴냅니다.

살아 숨 쉬는 인문 교양, 대안을 담은 교육 비평,
오늘 읽는 보람을 되살린 고전을 펴냅니다.

인문교양 | 자연과학 | 과학과 사회 | 샘깊은오늘고전

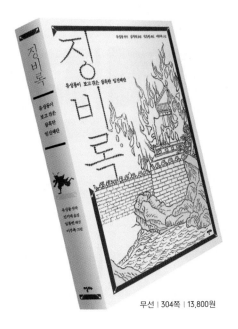

징비록

유성룡이 보고 겪은 참혹한 임진왜란

유성룡 원작 · 김기택 옮김 · 임홍빈 해설 · 이부록 그림

무선 | 304쪽 | 13,800원

이순신의 전쟁, 〈명량〉을 보았다면,
이젠 유성룡의 전쟁, 《징비록》을 읽을 차례다!

_로쟈 이현우(인터넷 서평꾼)

시인 김기택과 미술작가 이부록 그리고 전 국방부 전사편찬위원 임홍빈이 만나
오늘의 한국어 《징비록》을 새롭게 펴내다